DIERCKE
GEOGRAPHIE

Herausgeber
Wolfgang Latz, Linz (Rhein)

Wissenschaftliche Beratung
Prof. Dr. Fred Scholz, Berlin

Autorinnen und Autoren
Dr. Norman Backhaus, Zürich
Prof. Dr. Dieter Böhn, Würzburg
Andreas Bremm, Bonn
Klaus Claaßen, Groß Ippener
Dieter Engelmann, Dortmund
Dr. Thomas Feldhoff, Duisburg
Peter Gaffga, Karlsruhe
Dr. Wolfgang Gerber, Leipzig
Dr. Ulrike Gerhard, Würzburg
Prof. Dr. Peter Hartleb, Karlsruhe
Matthias Heier, Bietigheim-Bissingen
Dr. Thomas Hennig, Marburg
Wolfgang Latz, Linz (Rhein)
Prof. Dr. Fred Scholz, Berlin
Prof. Dr. Jörg Stadelbauer, Freiburg
Dr. Dorothea Wiktorin, Köln

Mit Beiträgen von: Jürgen Bauer, Knut Heyden, Hans Nitsch, Gerhard Ortmann, Lothar Püschel, Winfried Sander, Dr. Walter Weidner

CD-ROM

Dem Buch liegt eine CD-ROM mit ergänzenden Materialien und Tools bei. Eine Inhaltsübersicht finden Sie auf Seite 544.

Internetergänzung

Unter www.diercke.de finden Sie weiterführende Links und zusätzliche Materialien zu den einzelnen Kapiteln.

© 2007 Bildungshaus Schulbuchverlage
Westermann Schroedel Diesterweg
Schöningh Winklers GmbH, Braunschweig
www.westermann.de

Das Werk und seine Teile sind urheberrechtlich geschützt. Jede Nutzung in anderen als den gesetzlich zugelassenen Fällen bedarf der vorherigen schriftlichen Einwilligung des Verlages. Hinweis zu § 52 a UrhG: Weder das Werk noch seine Teile dürfen ohne eine solche Einwilligung gescannt und in ein Netzwerk eingestellt werden. Dies gilt auch für Intranets von Schulen und sonstigen Bildungseinrichtungen.

Auf verschiedenen Seiten dieses Buches befinden sich Verweise (Links) auf externe Internet-Adressen.
Haftungshinweis: Trotz sorgfältiger inhaltlicher Kontrolle wird die Haftung für die Inhalte der externen Seiten ausgeschlossen. Für den Inhalt dieser externen Seiten sind ausschließlich deren Betreiber verantwortlich. Sollten Sie bei dem angegebenen Inhalt des Anbieters dieser Seite auf kostenpflichtige, illegale oder anstößige Inhalte treffen, so bedauern wir dies ausdrücklich und bitten Sie, uns umgehend per E-Mail unter www.westermann.de davon in Kenntnis zu setzen, damit beim Nachdruck der Verweis gelöscht wird.

Druck A^4 / Jahr 2008

Alle Drucke der Serie A sind im Unterricht parallel verwendbar.

Redaktion: Manfred Eiblmaier
Herstellung: Yvonne Ullrich
Umschlaggestaltung: Jürgen Brohm
Layout und Typographie: Jürgen Brohm, Jennifer Kirchhof
Druck und Bindung: westermann druck GmbH, Braunschweig

ISBN   978-3-14-**151065**-2

Inhalt

1 Geofaktoren – Grundlage des Lebens und Wirtschaftens 6

1.1 Geoökosystem – Zusammenwirken der Geoökofaktoren 8
1.2 Plattentektonik – endogene Gestaltung der Erde 12
1.3 Klima – im Wandel 24
  Raumbeispiel: Deutschland 50
1.4 Wasser – eingebettet in ein globales Beziehungsgeflecht 52
  Raumbeispiel: Nordsee 60
  Geoökologische Praxis: Untersuchung eines Fließgewässers 64
1.5 Oberflächenformen – Wirken exogener Faktoren 66
1.6 Boden – Lebensgrundlage für Mensch, Tier und Pflanze 78
  Geoökologische Praxis: Analyse von Bodenfaktoren 86
1.7 Geofaktoren – ihr Zusammenwirken 88
  Raumbeispiel: Oberrheinische Tiefebene 90
DIERCKE Geographie vor Ort 96

2 Ökozonen – Nutzung und Gefährdung 98

2.1 Ökozonen – zonale Geoökosysteme 100
2.2 Immerfeuchte Tropen – Zone der Tropischen Regenwälder 110
  Raumbeispiel: Amazonien (Brasilien) 118
2.3 Sommerfeuchte Tropen – die Savannenzone 120
  Raumbeispiel: Benin (Sahelzone) 128
2.4 Wüsten und Halbwüsten – Trockenräume der Erde 130
  Raumbeispiel: Ägypten 134
2.5 Winterfeuchte Subtropen – Zone der Hartlaubgewächse 136
  Raumbeispiel: Spanien 140
2.6 Trockene Mittelbreiten – Steppenzone 142
  Raumbeispiel: Great Plains (USA) 146
2.7 Feuchte Mittelbreiten – Laub- und Mischwaldzone 148
  Raumbeispiel: Südoldenburg (Niedersachsen) 152
2.8 Polare Eis- und boreale Kaltzone – Tundra und Taiga 154
  Raumbeispiel: Finnland 158
DIERCKE Geographie vor Ort 160

3 Wirtschaft – Entwicklung und Konzepte 162

3.1 Wirtschaftssektoren – Grundlagen 164
3.2 Primärer Sektor – Energie und Bergbau 168
  Raumbeispiel: Naher Osten und kaukasisch-kaspischer Raum 176
3.3 Sekundärer Sektor – traditionelle Standorte 178
  Raumbeispiel: Ruhrgebiet (Nordrhein-Westfalen) 188
3.4 Sekundärer Sektor – innovativ und global 192
  Raumbeispiel: Dresden (Sachsen) 202

3.5 Tertiärer Sektor – dynamische Entwicklungen 206
  Raumbeispiel: Großbritannien 214
3.6 Tertiärer Sektor – Konzentrationspunkte 216
  Raumbeispiel: Frankfurt am Main (Hessen) 220
3.7 Tertiärer Sektor – Wachstumsbranche Tourismus 224
  Raumbeispiel: Bali (Indonesien) 228
DIERCKE Geographie vor Ort 231

4 Globalisierung – Neugestaltung der Weltwirtschaft 234

4.1 Globalisierung – Begriff und Entstehung 236
4.2 Triebkräfte – globale Wirkungen 238
4.3 Weltwirtschaft – Strukturen 242
4.4 Globalisierung – Gewinner und Verlierer 249
  Raumbeispiel: Erde 254
DIERCKE Geographie vor Ort 256

5 Leben in Städten – siedlungsgeographische Grundlagen 258

5.1 Stadt und Land – Lebensraum 260
5.2 Stadtentwicklung und Stadtstrukturen – in Deutschland 266
  Raumbeispiel: Münster (Nordrhein-Westfalen) 268
  Raumbeispiel: Hamburg 276
5.3 Städtische Teilräume – Konkurrenz um Fläche und Nutzung 280
  Raumbeispiel: München (Bayern) 286
5.4 Verstädterung weltweit – Megastädte im Wachstum 288
  Raumbeispiel: São Paulo (Brasilien) 294
5.5 Stadtökologie – Lebensqualität und Umweltbelastungen 298
  Geoökologische Praxis: Analyse ausgewählter Faktoren 300
5.6 Zukunft der Städte – Planungen und Visionen 304
DIERCKE Geographie vor Ort 306

6 Raumplanung – Grundlagen der Raumordnung 308

6.1 Raumordnung in Deutschland – Triebkräfte und Ziele 310
6.2 Ebenen und Akteure – Gestaltungsmöglichkeiten 316
  Raumbeispiel: Emsland (Niedersachsen) 324
6.3 Raumplanung – Instrumente und Strategien 326
  Raumbeispiel: Berlin – Brandenburg 332
DIERCKE Geographie vor Ort 336

7 Un-„Eine Welt" – Problemfelder von Entwicklung 338

7.1 Entwicklungsunterschiede – Indikatoren und Klassifizierungen 340
7.2 Soziale Lage – Kernfrage der Entwicklung 346
7.3 Bevölkerungsentwicklung – global von Bedeutung 350
  Raumbeispiel: Kenia 356

7.4 Nationale Disparitäten – in Entwicklungsländern   358
    Raumbeispiel: Brasilien   368
7.5 Einbindung in die Weltwirtschaft – historisch und aktuell   370
    Raumbeispiel: Brasilien   376
7.6 Entwicklung – Ziele, Modelle und Strategien   378
DIERCKE Geographie vor Ort   386

8 Wege in die Zukunft – Herausforderungen und Perspektiven   388

8.1 Tragfähigkeit – globale Herausforderungen   390
8.2 Migration – weltweite Wanderungen   398
8.3 Nachhaltigkeit und nachhaltige Entwicklung – Perspektiven   402
DIERCKE Geographie vor Ort   406

9 Ausgewählte Räume – regionale Entwicklungen und Prozesse   408

9.1 Im Fokus: Staaten und Staatengruppen   410
9.2 Deutschland   412
    Naturraum (414), Bevölkerung (418), Industrie (423), Landwirtschaft (427), Hauptstadt Berlin (431)
9.3 Europäische Union   434
    Gemeinsame Politikfelder (436), räumliche Disparitäten (440), Wirtschaft (442), Gemeinsame
    Agrarpolitik (443)
9.4 Vereinigte Staaten von Amerika (USA)   444
    Landwirtschaft (446), Wirtschaft (450), Städte (456)
9.5 Russland und seine Nachbarstaaten   462
    Naturraum (464), Wirtschaft und Bevölkerung   (469)
9.6 Japan   474
    Naturraum und Landesentwicklung (476), Bevölkerung und demographischer Wandel (479),
    Globalisierung der Wirtschaft (483)
9.7 China   486
    Kulturelle Basis (488), räumliche Strukturen (490), weltwirtschaftliche Bedeutung (495)
9.8 Indien   498
    Bevölkerung (500), Landwirtschaft (502), Wirtschaft, Globalisierung und Infrastruktur (505)
9.9 Sahel-Sudan-Staaten   508
    Allgemeine Entwicklungssituation (510), Ursachen der Misere (512), externe Maßnahmen zur
    Entwicklung (516)

10 Wichtige geographische Arbeitsweisen im Überblick   518

Anhang   530

Register   530
Geologische Zeittafel   538
Literaturverzeichnis   540
Bildquellenverzeichnis   543

CD-ROM – Inhalt   544

Die Erde im Satellitenbild

1

Geofaktoren

Grundlage des Lebens und Wirtschaftens

Suddenly from behind the rim of the moon, in long, slow-motion moments of immense majesty, there emerges a sparkling blue and white jewel, a light, delicate sky-blue sphere laced with slowly swirling veils of white, rising gradually like a small pearl in a thick sea of black mystery. It takes more than a moment to fully realize this is Earth ... home. (E. Mitchell)

Der Blick auf die Erde offenbart zahlreiche Details wie Berge, Flüsse, Grasländer, Wälder, Seen. Eine unendliche Vielzahl von Einzellandschaften, die nach eigenen Regeln existieren und eng miteinander verknüpft sind. Sie formen unsere Erde, das globale Geoökosystem. Die Kenntnis seines Regelwerkes, seiner Energie- und Stoffkreisläufe sind notwendig, um es für zukünftige Generationen zu erhalten und die Erde nachhaltig zu nutzen.

1.1 Geoökosystem – Zusammenwirken von Geoökofaktoren

Mopanewürmer sind in der südafrikanischen Savanne eine Delikatesse. Dieser beliebte Leckerbissen ist die Raupe der Kaisermotte. Ihren Namen haben die Würmer von dem Mopanebaum, von dessen Blättern sie sich ernähren. Eine Handvoll Raupen sind so nahrhaft wie ein Rindersteak, die Einheimischen essen sie getrocknet, gegrillt oder als Eintopf.

Bislang haben die Raupen den Bestand an Mopanebäumen kontrolliert. Mit der massiven Nachfrage werden nun aber ganze Raupen-Populationen abgeerntet und der Mopanebaum breitet sich flächendeckend aus. Dadurch werden Weidegebiete eingeengt und der Viehbestand dezimiert. Verantwortliche denken bereits über eine industrielle Madenmast nach, was zwar der Natur und den Feinschmeckern helfen, der verarmten Landbevölkerung aber das lukrative Geschäft mit den Maden zerstören würde.

Es gibt unzählige ähnliche Beispiele dafür, dass auf der Erde zwischen Organismen innerhalb einer Lebensgemeinschaft eine Vielzahl von Abhängigkeiten bestehen. Werden diese Beziehungen als ein System (vgl. M2) betrachtet, so wird das zum Teil hochkomplexe Wirkungsgefüge zwischen den einzelnen Elementen des Systems deutlich. Diese Elemente sind zum einen Lebewesen oder biotische Faktoren, zum anderen unbelebte, abiotische Elemente. Man nennt die Letzteren **Geofaktoren**. Dazu zählen in erster Linie Relief bzw. Gestaltung der Erdoberfläche, Boden, Wasser und Klima. Sie formen die Umwelt und bilden die Grundlage für die Existenz der Lebewesen. Bio- und Geofaktoren stellen in ihren wechselseitigen Beziehungen ein **Ökosystem** dar. Wenn innerhalb dieses Systems das Beziehungsgeflecht der Lebewesen, also das Biosystem (M1) überwiegt, so spricht man von einem Bioökosystem, überwiegt das Beziehungsgeflecht der Geofaktoren, also das Geosystem, von einem **Geoökosystem**.

Die räumliche Manifestation des Geoökosystems ist der **Geoökotop**. In ihm verlaufen (nach H. Leser) einheitliche stoffliche und energetische Prozesse. Die nach Inhalt und Struktur homoge, abgrenzbare geoökologische Raumeinheit ist der Grundbaustein ökologischer Raumgliederungen.

Diese erstrecken sich auf alle räumlichen Maßstabsebenen (M1, S. 10), von der gesamten Erde, also der globalen Dimension, bis hin zu den Topen und Choren. Je größer der Raumausschnitt, desto zahlreicher und heterogener sind seine Teilräume, desto schwieriger, wenn nicht gar unmöglich, ist die Untersuchung und modellhafte Darstellung des jeweiligen Ökosystems. Soll die Zusammenschau übersichtlich sein, müssen die Geoökofaktoren stark generalisiert dargestellt werden.

M1 *Landschaftsökologie: Geoökosysteme sind modellhafte Ausschnitte unserer Erde, der Geobiosphäre, mit eng verwobenen physikalischen, chemischen und biologischen Prozessen zwischen Lebewesen und deren anorganischer Umwelt. Landschaftsökosysteme beziehen den Menschen als weiteres Systemelement ein.*

System bezeichnet allgemein den Zusammenhang von Dingen, Vorgängen und/oder Teilen, die eine funktionale Einheit darstellen und die ein geordnetes Ganzes bilden. Das System wird definiert als eine Menge von **Elementen** und eine Menge von Relationen, die zwischen diesen Elementen bestehen, wobei Letztere die **Systemstruktur** repräsentieren. Mehrere Elemente können ein **Subsystem** (Partialkomplex) bilden. Können innerhalb eines Systems einzelne Elemente zu Teilmengen mit gleichen Eigenschaften zusammengefasst werden, so werden diese Teilmengen als **Kompartimente** bezeichnet. Die in Geo- und Biowissenschaften untersuchten Systeme sind komplex und dynamisch, das heißt ihre Elemente weisen vielfältige Beziehungen auf, entwickeln und verändern sich. Sie sind auch selbstregulierend und geraten damit nicht selbstständig außer Kontrolle. Die Elemente der Geo-/Biosysteme stehen in einem stofflichen und energetischen Beziehungsgeflecht. Dieses befindet sich in einem dynamischen Gleichgewicht. Systeme und Subsysteme können eine **Systemhierarchie** bilden.

(Nach: Leser, H. (Hrsg.): Diercke-Wörterbuch Allgemeine Geographie. München 2005, S. 927)

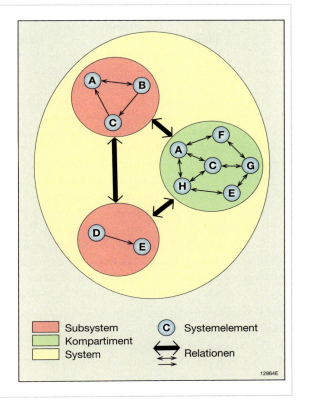

M2 System, Systemelement, Subsystem und Kompartiment

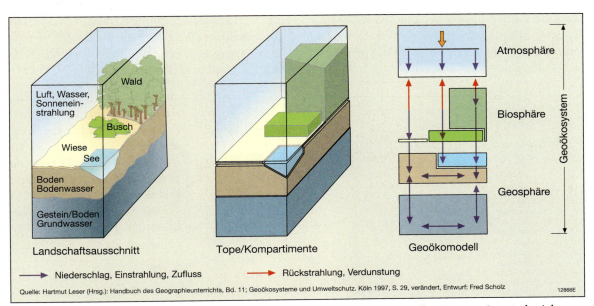

M3 Vom Landschaftsausschnitt (Geoökotop) zum Geoökomodell. Die Tope stellen Kompartimente beziehungsweise Subsysteme im Geoökomodell dar.

1.1 Geoökosystem – Zusammenwirken von Geoökofaktoren

Dimensionsstufe	landschaftsökologische Raumeinheit („Arealeinheit")	Dimensionsstufe	landschaftsökologische Raumeinheit („Arealeinheit")
topisch (lokal)	Top / topische Elementarlandschaft (z.B. Geo-/Ökotop)	regionisch (zonal)	Makrochore / Megachore / Zone (z.B. Ökozone)
chorisch (regional)	Topgefüge / Mikrogefüge / Mesochore	geosphärisch (global)	Zonen / Gesamt-Geobiosphäre / „Erde"

M1 Die unterschiedlichen geographischen Dimensionen

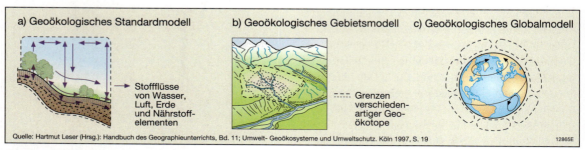

M2 Geoökologische Modelle

Geofaktoren – abiotische Elemente eines Geoökosystems

Die Geofaktoren sind die Grundlage der natürlichen Umwelt. In ihrer räumlichen Differenzierung, Verbreitung und Wechselwirkung sind sie Gegenstand der Physischen Geographie. Deren Teildisziplinen befassen sich zum Beispiel mit den Formen der Erdoberfläche (Geomorphologie) und den Gewässern (Hydrogeographie) sowie deren Einfluss auf den Lebensraum des Menschen (Physische Anthropogeographie). Geofaktoren innerhalb eines Geoökosystems bezeichnet man als **Geoökofaktoren**.

In einem Geoökosystem ist zum Beispiel auch der Boden ein Geoökofaktor. Er bestimmt über die pflanzliche Primärproduktion die Humusmenge und damit in hohem Maße das agrarische Nutzungspotenzial einer Ökozone beziehungsweise eines zonalen Ökosystems. Er kann als ein eigenes System, das Pedosystem, untersucht werden, aber auch als **Pedosphäre**. Dabei bildet der Boden ein Subsystem der **Geosphäre** beziehungsweise der Geobiosphäre und damit des globalen Ökosystems. Die Bodengeographie als wichtige Teildisziplin der Physischen Geographie untersucht Entstehung, räumliche Verteilung und Beschaffenheit von Böden.

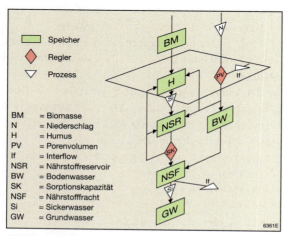

M3 System Boden – Pedosystem

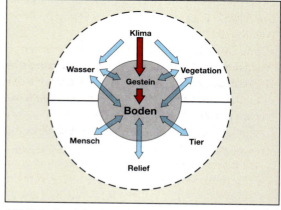

M4 Primäre (oben) und sekundäre (unten) Einflussfaktoren auf die Bodenbildung

Der Mensch – ein Element im Geoökosystem

Ökosysteme sind für ihr Funktionieren nicht auf die menschliche Spezies angewiesen. Dennoch nimmt der Mensch innerhalb der Geobiosphäre – und hier auf allen geographischen Dimensionen (M1) – eine zentrale Rolle ein. Dies verdankt er der Tatsache, dass er als kulturell geprägtes, geistbestimmtes sowie in unterschiedlichen Gemeinschaften lebendes und wirtschaftendes Individuum die Fähigkeit besitzt, Speicher, Regler und Prozesse von Geoökosystemen sowie neue technische Ökosysteme aus eigener Kraft zu schaffen. Die Eingriffe des Menschen in Geoökosysteme beeinflussen weltweit seine biotische und physikalische Umwelt, vor allem, weil sie häufig wichtige Regelmechanismen außer Kraft setzen. Dadurch geraten Kreisläufe aus den Fugen, die Selbstregulierungskraft des Systems ist überfordert und es kommt zum Kollaps, so zum Beispiel, wenn bei zunehmender Eutrophierung eines Sees dieser vergiftet und als Lebensraum für die Fische zerstört wird (vgl. Kap. 1.4).

Die Rolle des Menschen als Systemgestalter zeigt sich in besonderem Maße bei städtischen und agraren Geoökosystemen. Städtische Lebensräume zählen zu den Hauptverursachern der ökologischen Probleme auf der Erde, obwohl sie sehr wichtig für die wirtschaftliche und gesellschaftliche Entwicklung der Menschheit sind. In städtischen Geoökosystemen finden sich Elemente anthropogener Natur und Beziehungen zwischen ihnen, so zum Beispiel Häuser, Straßen, Verkehrsmittel, Verkehrs-, Energie- und Versorgungsströme. Aber auch Geoökofaktoren sind in zahlreiche Verflechtungsgefüge einbezogen. Dies zeigt sich besonders dann, wenn das Geoökosystem seine Selbstregulierungskraft verliert, etwa bei Smog, Hitzestress oder Verkehrsinfarkt (vgl. Kapitel 5.5).

Agrare Geoökosysteme (M7) sind vom Menschen zur Produktion von Nahrung aus pflanzlicher und tierischer Herkunft ausgestaltet. Von daher greift der Mensch in ihren Organismenbestand, Energiefluss und Stoffkreislauf ein und übernimmt Steuerungsfunktionen. Unter hohem technischen und vor allem energetischem Aufwand erreicht er Wachstumssteigerungen. Diese haben neben einem Anstieg der Nahrungsmittelproduktion auch negative Folgen: zum Beispiel die Verarmung der Spezies in der Landschaft und die Verstärkung des Treibhauseffektes durch die Emission von Methangas (vgl. Kapitel 1.3). Die zunehmende Beanspruchung der

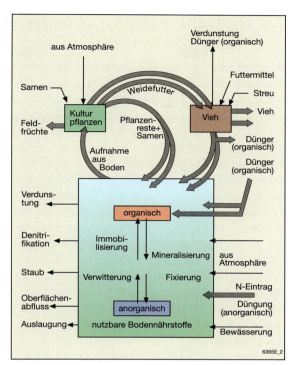

M5 Schema eines agraren Geoökosystems

Umwelt und die Veränderung beziehungsweise Zerstörung zahlreicher Stoff- und Energiekreisläufe erfordern eine stärkere Beachtung ressourcenschonenden und nachhaltigen Handelns.

1. Stellen Sie am Beispiel von M2, Seite 9, rechts, das Wesen und die Funktion eines Systems dar.
2. Definieren Sie den Begriff „Ökosystem".
3. Erklären Sie den Unterschied zwischen Geofaktor und Geoökofaktor sowie zwischen Pedosystem und Pedotop.
4. Ein Landschaftsökosystem geht über ein Geoökosystem hinaus. Erklären Sie diese Aussage und versuchen Sie, ähnlich wie M2, Seite 10, ein landschaftsökologisches Modell darzustellen.
5. Sie können Ihr Wohnhaus auch als ein technisches Ökosystem sehen. Erklären Sie.
6. Diskutieren Sie folgende Aussage: „Das Ökosystem ist ein von Forschern erzeugtes Konstrukt und wird folglich nicht mehr als Landschaft in der Natur empfunden."

1.2 Plattentektonik – endogene Gestaltung der Erde

Plattentektonik – der Schlüssel zum Verständnis der Erde

Die Entstehung der Erde, ihrer Kontinente und Ozeane blieb lange Zeit ein Rätsel. Erst ab dem 19. Jahrhundert begannen zahlreiche Wissenschaftler, sich mit dieser Frage intensiv zu beschäftigen. Es gab unterschiedliche Theorien zur Dynamik und zum Bau der Erde. Diese wurden zwar immer wieder ganz oder teilweise widerlegt, aber sie warfen stets neue Fragen auf, die Forscher zu beantworten versuchten, um ein zutreffendes Bild zur Geschichte der Erde zu entwerfen. Zum ersten Mal scheint nun die Theorie der Plattentektonik nicht nur wissenschaftlich abgesicherte, sondern auch umfassende Erklärungen für den Bau der Erdkruste und die tektonischen Prozesse der Vergangenheit und Gegenwart zu liefern. Die wichtigsten Stationen zur Erforschung der Erde werden im Folgenden aufgezeigt.

Wegeners Kontinentalverschiebungstheorie

Einer der bedeutendsten Forscher des 20. Jahrhunderts war der Meteorologe und Geologe Alfred Wegener (1880–1930). Ihn interessierte die Frage, warum Afrika und Südamerika wie zwei Puzzleteile zusammenpassen und es zu beiden Seiten des Atlantischen Ozeans eine ähnliche Fauna und Flora gibt. Die Lehrmeinung der führenden Geologen, dass zwischen den Kontinenten Landbrücken bestanden, die irgendwann einmal versunken waren, überzeugte Wegener nicht. Stattdessen entwickelte er die Idee von einem zusammenhängenden Urkontinent (Pangäa), der im Laufe der Erdgeschichte in Einzelteile zerbrach, die dann über den Globus zu wandern begannen. Dazu schrieb Wegener 1911:

„Den Vorgang kann man sich auf zweierlei Weise vorstellen. Erstens durch Versinken eines Kontinents oder zweitens durch Auseinanderbrechen einer großen Bruchspalte. Bisher hat man von der unbewiesenen Vorstellung der unveränderlichen Lage jedes Landes ausgehend nur das Versinken von Landbrücken berücksichtigt und das Auseinanderziehen einer großen Bruchspalte ignoriert. Dabei widerstreitet das Erste aber unseren physikalischen Vorstellungen. Ein Kontinent kann nicht versinken, denn er ist leichter als das, worauf er schwimmt."

Wegener, der viele Expeditionen in die Arktis unternahm, verglich die Kontinente mit Eisbergen, die im Meer treiben. Warum sollten die leichteren Kontinente nicht auf einer tieferen, plastischen und schwereren Schicht driften?

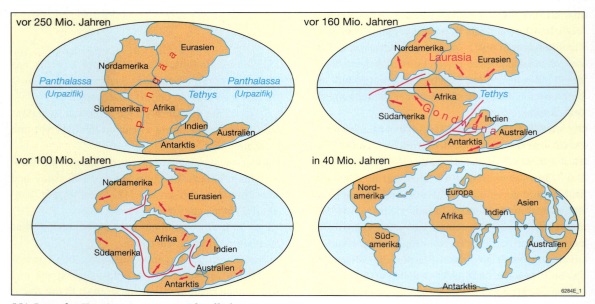

M1 Lage der Kontinente zu unterschiedlichen Zeiten

Die Reaktion auf Wegeners Thesen

Als Wegener seine Thesen 1912 öffentlich vortrug, erhob sich ein Sturm der Empörung. Eduard Berry, ein angesehener amerikanischer Geologe, reagierte mit folgenden Worten:

„Mein Haupteinwand gegen Wegeners Hypothese richtet sich gegen seine Methode. Sie ist meiner Meinung nach nicht wissenschaftlich, nimmt vielmehr den üblichen Ausgang von der am Anfang stehenden Idee; es folgt die Auswahl von stützenden Anhaltspunkten in der Literatur, wobei alles, was dem Gedanken widerspricht, übersehen wird. Und das Ende ist ein Zustand der Berauschtheit, worin man die subjektive Hypothese als objektive Wahrheit betrachtet."

Die Suche nach Beweisen

Wegener wusste, dass seine **Kontinentalverschiebungstheorie** so lange angreifbar blieb, bis die Antriebskräfte, die Kontinente bewegen konnten, gefunden waren. Seine Vorschläge, die Zentrifugalkraft (Polflucht), die Trägheitskraft (Westdrift) oder die Anziehung von Sonne und Mond (Gezeiten) zu berücksichtigen, wurden verlacht. Diese Kräfte waren viel zu gering, um Kontinente bewegen zu können. Wohl aus diesem Grund sagte Wegener: „Die Frage der Ursachen der Kontinentalverschiebung ist verfrüht. Zuerst muss die Verschiebung selber verifiziert werden."

Wegener blieb ein wissenschaftlicher Außenseiter. Er verbrachte seine letzten Lebensjahre mit der unermüdlichen Suche nach Beweisen für seine Theorie. Er vermutete, dass die Lösung auf dem Grund der Ozeane zu suchen sei. Bei dem Versuch, Gesteine mit Schleppnetzen von dem Meeresboden vor Grönland zu bergen, um ihr spezifisches Gewicht zu bestimmen, starb Wegener 1930.

Im Gegensatz zu Wegeners Gegnern, den „Fixisten", war ein anderer Forscher, Arthur Holmes, von der Idee des „Mobilisten" Wegener beeindruckt. Er vermutete, dass Konvektionsströme im Erdinneren für die Drift der Kontinente verantwortlich sind. Im Gegensatz zu Wegener verfolgte Holmes diese Idee, die sich später als zutreffend erweisen sollte, jedoch nicht weiter.

1. Rekonstruieren Sie Wegeners Vorgehensweise bis hin zur These der Kontinentalverschiebung.
2. Begründen Sie, warum Wegeners Thesen keine Anerkennung fanden.

M2 Das „Gesicht der Erde" verändert sich. In Kalifornien haben sich in den letzten 15 Millionen Jahren Teile der Erde 315 km gegeneinander verschoben.

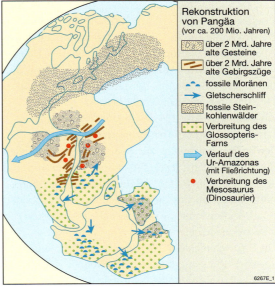

M3 Belege für die Existenz des Urkontinents Pangäa

1.2 Plattentektonik – endogene Gestaltung der Erde

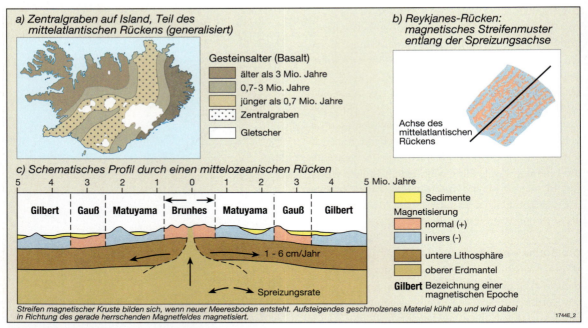

M1 Ergebnisse geowissenschaftlicher Forschungsprojekte

Sea Floor Spreading – eine neue Theorie

Wie Wegener schon vermutet hatte, sollte die Erforschung des Meeresbodens entscheidende Hinweise für die Mobilität der Erdkruste liefern. Über viele Jahre jedoch blieb der Ozeanboden für die Wissenschaftler unerreichbar und deshalb ein unbekanntes Terrain. Erst als mithilfe der Sonartechnik, die vor allem in U-Booten eingesetzt wurde, der Ozeanboden vermessen werden konnte, stellte man fest, dass mitten durch den Atlantik ein 15 000 km langes untermeerisches Gebirge verläuft, ein **mittelozeanischer Rücken**. Island und die Bouvet-Inseln zum Beispiel sind Spitzen dieses Gebirges, die aus dem Ozean herausragen.

Ab 1963 finanzierten die USA ein ozeanisches Forschungsprogramm. Ablagerungen auf dem Ozeanboden sollten untersucht, die Sedimentdecke an vielen Stellen durchbohrt sowie submarines Gesteinsmaterial geborgen und im Labor analysiert werden. Dadurch, so hoffte man, ließ sich die Geschichte der Ozeanböden rekonstruieren und die Stichhaltigkeit der Thesen von Wegener überprüfen.

Die Erforschung des Meeresbodens und der mittelozeanischen Rücken erbrachte sensationelle Ergebnisse. Sie bildeten die Grundlage für eine neue Theorie: das **Sea Floor Spreading**.

1. Die mittelozeanischen Rücken sind an ihrem Scheitel auf einer Breite von 20–50 km eingebrochen. An diesem **Rift** tritt Lava aus.
2. Die Ozeanböden bestehen aus Basalt, einem relativ jungen Ergussgestein. (Basalt ist schwerer als der die Kontinente aufbauende Granit.)
3. Die Ozeanböden sind mit nur einer dünnen Schicht von Sedimenten bedeckt, deren Mächtigkeit vom Rücken zum Kontinent zunimmt.
4. Der Ozeanboden zeigt eine deutliche Altersgliederung (M3). Die ältesten aus dem Ozeanboden gebohrten Gesteine sind nur 160–190 Mio. Jahre alt. (Auf den Kontinenten hat man dagegen erheblich ältere Gesteine gefunden, z.B. im Rheinischen Schiefergebirge mit bis zu 400 Mio. Jahren).
5. Am Rift liegen „Black Smokers", sogenannte Auslassventile, aus denen extrem heiße Gase und mineralreiches Wasser mit Überdruck in die Ozeane schießen.
6. Der Ozeanboden ist in normale (+) und inverse (−) magnetische Streifen gegliedert (M1).

M2 Ergebnisse des Programms zur Erforschung der Ozeanböden (Auswahl)

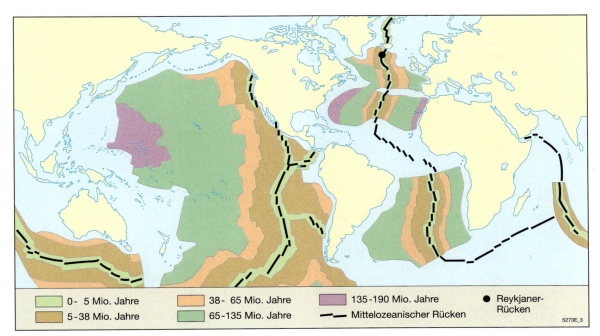

M3 *Alter der ozeanischen Kruste*

- 0–5 Mio. Jahre
- 5–38 Mio. Jahre
- 38–65 Mio. Jahre
- 65–135 Mio. Jahre
- 135–190 Mio. Jahre
- ▬ ▬ Mittelozeanischer Rücken
- ● Reykjaner-Rücken

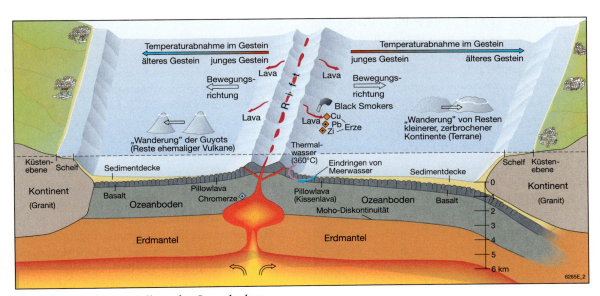

M4 *Schematische Darstellung des Ozeanbodens*

1. Beschreiben Sie das weltweite System der ozeanischen Rücken (Lage und Namen der Rücken, Spreizungsraten).
2. Die Spreizungsrate des Atlantiks beträgt im Durchschnitt 3,4 cm pro Jahr. Berechnen Sie, wann der Atlantik entstanden sein könnte.
3. Versetzen Sie sich in die Situation der Forscher, die mit den Ergebnissen des Sea Floor Spreading konfrontiert wurden (M2). Beschreiben Sie jeweils ein Ergebnis. Schätzen Sie dessen Bedeutung ein und interpretieren Sie das Ergebnis mithilfe der Materialien.

1.2 Plattentektonik – endogene Gestaltung der Erde

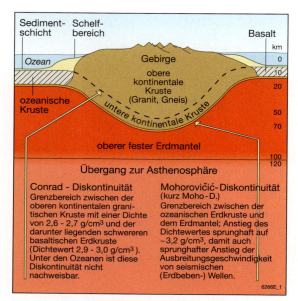

M1 Bau der Lithosphäre – idealisierter Schnitt durch die Erdkruste und den oberen Erdmantel

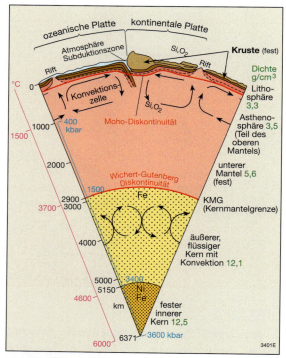

M2 Die Grobgliederung der Erde in Kruste, Mantel und Kern geht auf die Erdbebenforschung zurück. Erdbebenwellen ändern ihre Geschwindigkeit an Grenzschichten (Diskontinuitäten).

Plattentektonik – ein umfassendes Modell

Nachdem bekannt war, dass im Rift-Bereich der mittelozeanischen Rücken ständig neue Erdkruste produziert wird, stellten sich die Geologen die Frage, wo die ältere Kruste bleibt. Denn eine Vergrößerung der Erdoberfläche war nicht festzustellen. Die Lösung wurde an den Kontinentalrändern, zum Beispiel an der Westküste Südamerikas gefunden. Als man hier die Lithosphäre (griech. Gesteinsschale) mit seismischen Wellen „durchleuchtete", stellte man fest, dass der Ozeanboden unter den Kontinent abtaucht und aufgeschmolzen wird. An solchen **Subduktionszonen** wird also Kruste vernichtet. Diese Erkenntnis war die Grundlage für eine neue, umfassende Theorie, die der **Plattentektonik**.

Diese Theorie geht davon aus, dass es nicht die Kontinente sind, die „wie Schiffe den Ozeanboden durchpflügen" (Alfred Wegener), sondern etwa 20 weitgehend starre Platten der Lithosphäre. Diese Lithosphärenplatten sind unterschiedlich groß, in der Regel 70 bis 150 Kilometer dick und bewegen sich relativ zueinander auf einer Gleitschicht, der Asthenosphäre (griech. schwache Schale). Die Kontinente sind in die Lithosphärenplatten „eingeschweißt" – sie sind also keine isolierten Schollen wie dies Wegener annahm – und machen als passive Passagiere die Reise mit. Unterstützung fand diese Theorie durch neue Erkenntnisse über den Aufbau der Erde und ihren Energiefluss (M1, M2).

Die ozeanischen Rücken als konstruktive Zonen, die Subduktionszonen als destruktive Zonen und die Transformgrenzen, an denen Platten horizontal aneinander vorbeigleiten, wurden von nun an bevorzugte geologische Forschungsorte.

In einer Subduktionszone wird der Meeresboden beim Abtauchen in die Tiefe gekrümmt und es bilden sich **Tiefseegräben**. Ein Teil der Sedimentdecke wird am Kontinentrand abgeschabt, der Rest wird subduziert. Schiebt sich der Meeresboden unter ozeanische Kruste, entstehen **Inselketten**, schiebt er sich unter einen Kontinent, bilden sich durch Stauchung und Hebung **Faltengebirge**.

Schon in 70 bis 80 km Tiefe herrschen Temperaturen, bei denen Gestein zu schmelzen beginnt. Dabei werden Wasser und Gase ausgetrieben, die den Schmelzpunkt des Gesteins weiter herabsetzen. Flüssiges Gestein ist spezifisch leichter als festes Gestein und versucht, über Klüfte wieder aufzusteigen.

16

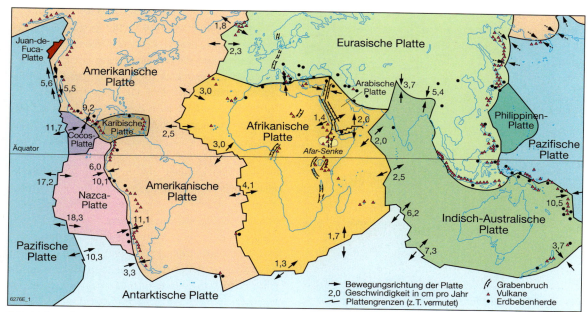

M3 *Lithosphärenplatten und ihre Bewegungen*

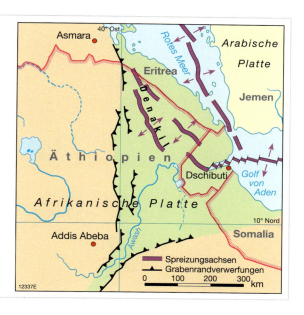

In der Afar-Senke öffneten sich im Jahr 2005 Hunderte von Bodenspalten. Die Erde sank bis zu 100 m ab. Binnen eines Monats weitete sich ein 60 km langer **Grabenbruch** (vgl. Kap. 1.7) um bis zu acht Meter. Magma stieg auf und bildete basaltischen Boden, der typisch für Ozeane ist. Es wird nur noch ein paar Hunderttausend Jahre dauern, bis das Rote Meer die Region überflutet und ein Meeresarm entsteht. In der Afar-Senke driften die afrikanische und arabische Erdkrustenplatte um über einen Zentimeter pro Jahr auseinander. Das Rote Meer und der Golf von Aden füllen den entstandenen Graben. Ein dritter Bruch verläuft bis zum Viktoriasee. Die Flanken des Grabens entfernen sich einen Millimeter pro Jahr voneinander.

(Quelle: Bojanowski, A.: Geburt eines neuen Ozeans. In: Süddeutsche Zeitung vom 21.07.2006)

M4 *Geburt eines neuen Ozeans*

1. Erstellen Sie eine Tabelle der Großplatten mit den dazugehörigen Kontinenten und Meeren (M3, Atlas).
2. Beschreiben Sie M2. Welche Gesetzmäßigkeiten erkennen Sie?
3. Begründen Sie die regionale Verteilung von Hochgebirgen nach der Theorie der Plattentektonik (Atlas).
4. Zeichnen Sie in eine Kopie von M3 die konstruktiven Zonen rot, die destruktiven blau und die Transformgrenzen braun ein.
5. Beschreiben Sie die geologische Situation von Chile, Japan und vom Afar-Dreieck (Atlas, Lexika und andere Nachschlagewerke).

1.2 Plattentektonik – endogene Gestaltung der Erde

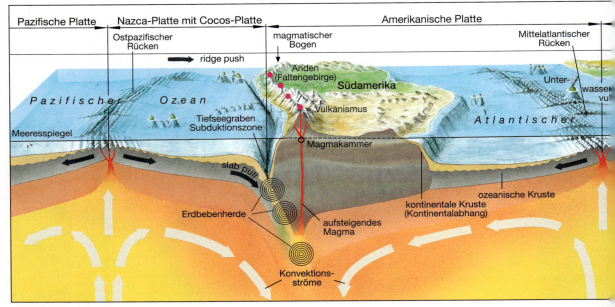

M1 Modell der Plattentektonik

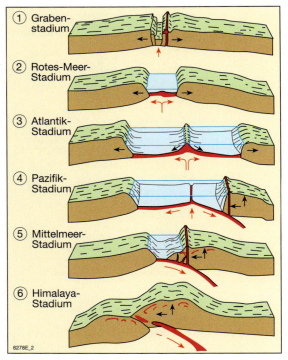

M2 Die plattentektonische Bewegung unterliegt nach Wilson einem typischen Zyklus, der von der Bildung eines Ozeans durch Riftingprozesse über die Subduktion bis zur Kontinent-Kontinent-Kollision reicht.

Wegeners Frage in einem neuen Kontext

Bislang beschrieb die Forschung einzelne geologische Phänomene und Prozesse, die durch die Theorie der Plattentektonik logisch erklärt werden konnten. Die bloße Beschreibung ist aber noch kein Beweis für die Stimmigkeit dieser Theorie. Daher richtet sich heute die Aufmerksamkeit auf die Frage, die schon Wegener nicht beantworten konnte: Welche Antriebsmechanismen sind für die Drift der Platten verantwortlich?

Press (1994): „Why should plates move? Because the mantle is hot and moldable. Convective motion occurs in a flowing material ... when hot matters rises from the bottom and cool matter sinks from the surface. The slow movement of the mantle by convection ... drags the plates along."

Bahlburg/Breitkreuz (1998): „Die Plattentektonik ist ... eine Folge der Mantelkonvektion. Daneben spielen das gravitative Herabgleiten der Lithosphäre vom Mittelozeanischen Rücken, das Absinken der schweren ozeanischen Lithosphäre in den Subduktionszonen sowie die Reibungskräfte an den Transformgrenzen eine Rolle. Ozeanische Lithosphäre wird in Subduktionszonen problemlos konsumiert, wenn die Subduktion erst einmal in Gang gekommen ist."

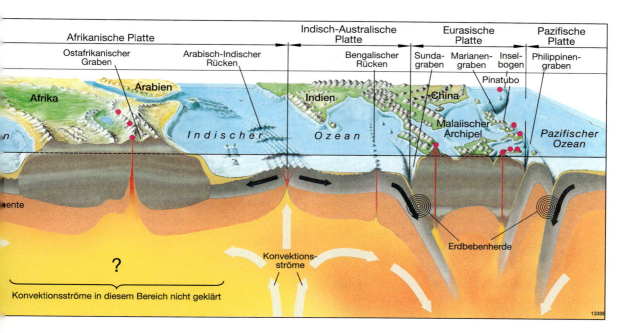

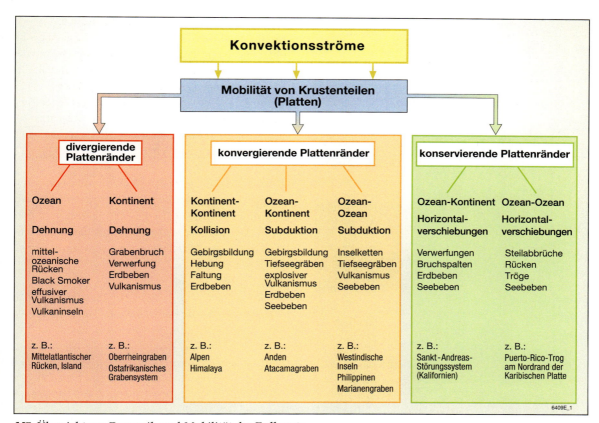

M3 Übersicht zur Dynamik und Mobilität der Erdkruste

1.2 Plattentektonik – endogene Gestaltung der Erde

Vulkanismus

Vulkane und andere vulkanische Erscheinungen faszinieren die Menschheit seit jeher. Vulkane wie der Fujisan in Japan werden beispielsweise noch heute verehrt. Ihnen haftete lange Zeit etwas Mystisches an. Erst seit der Erkenntnis, dass geodynamische Prozesse und damit die Plattentektonik in ursächlichem Zusammenhang mit dem Vulkanismus stehen, können die vielfältigen vulkanischen Erscheinungen, ihre Ursachen und räumlichen Verbreitungsmuster besser verstanden werden. Die Mobilität der Erdkrustenteile spielt dabei eine wichtige Rolle.

Entlang der Subduktionszonen der Erde sitzen die gefürchteten „Killervulkane", die jederzeit ausbrechen können, wie der Pinatubo (Philippinen), der Merapi (Indonesien) oder der Mount St. Helens (USA). Die Schlote dieser hohen, meist schnee- und eisbedeckten **Schichtvulkane** sind mit einem Pfropfen aus verfestigter Gesteinsschmelze verstopft, unter dem sich etwa 800 Grad Celsius heißes, SiO_2-reiches (saures) zähflüssiges Magma sammelt. Wird der Druck des aus der Magmakammer (Ansammlung von Magma in der Erdkruste) aufstrebenden gasreichen Magma zu groß, „explodiert" ein Vulkan. Bei solchen Eruptionen werden sowohl zerfetztes Magma als auch Bruchstücke von Gesteinen mit einer Geschwindigkeit von bis zu über 2000 Kilometern pro Stunde an der Vulkanmündung aus dem Schlot herauskatapultiert. Kilometerhohe Eruptionssäulen, die manchmal gar bis in die Stratosphäre hinaufreichen, gefährden den Flugverkehr. Sie verdeutlichen die explosive Wirkung magmatischer Gase. Dabei werden Asche, Lapilli (festes vulkanisches Auswurfmaterial bis Nussgröße) und Bomben (Lavafetzen, die durch Rotation in der Luft eine Kugel-, Birnen- oder vergleichbare Form annehmen) in die Atmosphäre geschleudert. Wenn mit der Asche größere Brocken in die Atmosphäre hinausschießen, so expandieren diese durch die Gase, schäumen ähnlich wie Sahne auf und es entstehen poröse, leichte Bimssteine, die vom Menschen weiterverarbeitet und als Bausteine verwendet werden.

In singulären Fällen ist die Gesteinsschmelze bei Intraplattenvulkanen bisweilen so starr, dass nur die zuvor

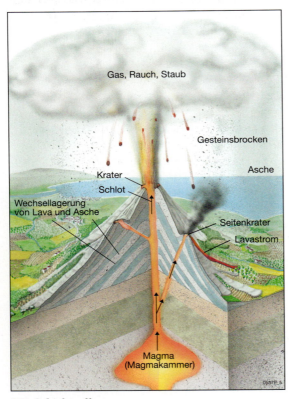

M1 *Schichtvulkan*

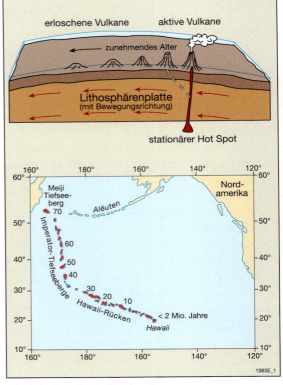

M2 *Wandernde Vulkaninseln*

Fokus

Am 18. Mai 1980 explodierte der Vulkan Mount St. Helens mit der Energie einer Zehn-Megatonnen-Atombombe. Eine 200 bis 500 Grad Celsius heiße, mit Asche beladene Gaswolke wälzte sich zu Tal. Alle Bäume in der Blasrichtung der Wolke wurden verbrannt, entwurzelt oder wie Streichhölzer abgeknickt. Noch in 20 Kilometer Entfernung schmolz das Plastikmaterial umgeworfener Campingwagen. Die Wolke vergrub die Erdoberfläche unter einer Bimsdecke. Gleichzeitig ergossen sich Ströme von überhitztem Felsschutt aus den seitlichen Klüften an den Flanken des Vulkans. Zusammen mit starken Gewitterregen aus der Aschenwolke setzten sich mit Bäumen vermischte bis zu zehn Meter hohen Schlammströme in Bewegung, die mit einer Geschwindigkeit von bis zu 80 Kilometern pro Stunde zu Tal rasten.

Als sich die bis zu 27 Kilometer hohe Aschenwolke verzog, wurde das Ausmaß der Veränderungen am Mt. St. Helens sichtbar: Der einst symmetrische Schichtvulkan hatte sich zu einer Caldera (Kraterkessel) verwandelt. Der Gipfel selbst war weggesprengt. Statt 3220 Meter war der Mt. St. Helens nur noch 2723 Meter hoch.

(Nach: Geipel, R.: Mount St. Helens. In: GR 6/81, S. 222-232)

M3 *Mount St. Helens während des Ausbruchs*

hoch komprimierten Gase austreten und das darüber liegende anstehende Gestein weggesprengt wird. Zurück bleibt dann ein kreisrunder, kraterförmiger Explosionstrichter, ein **Maar**, das sich mit Wasser füllen kann.

An divergenten Plattengrenzen verläuft der Vulkanismus im Gegensatz zu den Subduktionszonen vergleichsweise harmlos. So tritt an der etwa 35 km breiten und ein bis drei Kilometer tiefen Riftzone des mittelatlantischen Rückens und anderen mittelozeanischen Rücken episodisch Magma aus. Das Ausfließen (Effusion) der über 1000 Grad Celsius heißen, SiO_2-armen (basischen) dünnflüssigen Gesteinsschmelze ist auch deshalb nicht spektakulär, weil in der Tiefe der Ozeane ein hoher Wasserdruck herrscht, der eine explosionsartige Entgasung des aufsteigenden Magmas verhindert. Die Lava breitet sich am Meeresboden decken- oder schlauchförmig aus. Neue Lavadecken kommen sukzessive über älteren zu liegen, sodass immer höhere submarine Vulkane mit flach geneigten Flanken (höchstens zehn Grad Neigung), sogenannte **Schildvulkane**, entstehen. Manche davon ragen schließlich bis über den Meeresspiegel und bilden temporäre Inseln. Andere wiederum, wie der heute 4168 Meter hohe Mauna Loa auf Hawaii (USA), können sich gegenüber den exogenen Kräften auf Dauer behaupten. Dieser Vulkan ist weltweit der größte. Er hat ein Volumen von rund 42 500 Kubikkilometern, wovon allerdings 84 Prozent unter dem Meer liegen. Die Lavaströme bedecken überirdisch eine Fläche von über 5000 Quadratkilometern.

Die Geologen vermuten, dass sich unter der Hawaii-Inselgruppe seit 85 Millionen Jahren ein stationärer **Hot Spot** befindet, der in dem im sublithosphärischen Mantel verankerten Schmelzbereich liegt. Dieser extrem „heiße Fleck" wirkt wie ein Schweißbrenner. Von ihm aus quillt basisches Magma auf, das sich durch die Erdkruste brennt und Vulkane durch effusive Tätigkeit generiert. Da die ozeanische Kruste jedoch über den Hot Spot hinweg wandert, reißt die direkte Verbindung zum Erdinneren ab und der Lava-Nachschub bleibt aus. In der Folgezeit entstehen jedoch neue Vulkane, die insgesamt eine Inselkette mit Vulkanen unterschiedlichen Alters ergeben (M2).

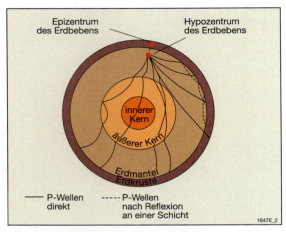

M1 Ausbreitung von Erdbebenwellen

Erdbeben

„Ich habe abgehackte Stöße empfunden, die einen taumeln und fallen ließen, sah Holzschuppen, Garage und Haus sich an den Berührungsflächen voneinander entfernen und im nächsten Moment wieder zusammenschlagen, einen Bretterzaun hin und her schwanken, den Schornstein stoßweise zucken ..." berichtet der deutsche Geographieprofessor Wolfgang Weischet, der ein schweres **Erdbeben** am 22.5.1960 in Valdivia (Südchile) miterlebte. Dieses Beben verwüstete nicht nur große Teile der Stadt Valdivia und der Küstenlandschaft. Die Erschütterungen der Erde lösten im Pazifischen Ozean einen **Tsunami** aus, der 15 Stunden später die Hawaii-Inseln und 22 bis 23 Stunden später auch Japan erreichte.

Erdbeben sind kurzzeitige Erschütterungen der rund 100 km mächtigen spröden Lithosphäre, Erdstöße, die in ursächlichem Zusammenhang mit den Konvektionsströmen im Innern der Erde stehen. Sie sind demnach Folgen der inneren Wärme, die die Erde seit ihrer Entstehung vor 4,6 Milliarden Jahren nach außen abgibt, wobei Wärmeenergie in mechanische Energie umgesetzt wird. Erdbeben sind ein Beleg für die endogenen Kräfte der Erde.

Die Erde bebt etwa 10 000 bis 30 000 mal pro Jahr spürbar. 90 Prozent aller Erdbeben werden wie das von Chile durch tektonische Bewegungen ausgelöst. Diese treten an Plattengrenzen, Grabenbrüchen und in Räumen junger Orogenese (Gebirgsbildung) auf, zum Beispiel in den Alpen oder im Himalaja. Vulkanische Beben, die auf einen Vulkanausbruch und Einsturzbeben, die auf einen Einsturz unterirdischer Hohlräume zurückgehen (zum Beispiel am 11.9.1996 im Salzbergwerk von Teutschenthal/Sachsen-Anhalt) spielen dagegen eine untergeordnete Rolle.

Die meisten Beben und auch die breiteren Bebenzonen der Erde finden sich an den schräg abtauchenden Subduktionszonen konvergierender Plattenränder, etwa entlang des Pazifischen Ozeans. Dagegen konzentriert sich die Bebentätigkeit bei konservierenden Plattenrändern auf einen eng begrenzten Raum, zum Beispiel entlang von Verwerfungen, da die Störungslinien meist vertikal verlaufen. Auch an divergierenden Plattenrändern, wie zum Beispiel am Oberrheingraben (vgl. Kap. 1.7), kommt es immer wieder zu meist schwächeren Erdbeben. Kleinere Erdbeben wurden erstmalig 2006 bei Basel auch durch das Niederbringen von Bohrungen zur Nutzung der Geothermie ausgelöst.

Durch Erschütterungen der Erde wird Energie spontan freigesetzt. Die Erdbebenstärke wird international seit 1935 nach der **Richter-Skala** (benannt nach dem US-amerikanischen Seismologen Charles Francis Richter, 1900–1985) angegeben. Maßstab ist eine mithilfe von Seismographen (Erdbebenmessern) definierte logarithmische Skala, die auf Aufzeichnungen der maximalen Amplitude von Erdbeben in 100 Kilometer Entfernung vom Erdbebenherd beruht. Erdbeben der Stärke 2 bis 2,9 sind fühlbar, solche der Stärke 4 bis 4,9 richten geringe Schäden an, bei einer Stärke von 7 bis 7,9 haben sie katastrophale Auswirkungen. Nach der Richter-Skala ist beispielsweise ein Beben der Stärke sieben zehnmal stärker als ein Beben der Stärke sechs und tausendmal stärker als ein Beben der Stärke vier. Die Skala ist nach oben offen, weil niemand weiß, wie stark ein Erdbeben sein kann. Geläufig ist auch die zwölfstufige, 1905 erstmals vorgelegte Mercalli-Skala (benannt nach dem italienischen Vulkanologen Guiseppe Mercalli 1850–1914), die auf der Beobachtung und Beschreibung makroseismischer, das heißt ohne die Benutzung von Instrumenten wahrnehmbarer Erscheinungen beruht (zum Beispiel schlafende Menschen wachen auf, Ausmaß der Veränderungen an der Erdoberfläche wie Erdspalten, Schäden an Gebäuden).

Erdbeben lösen seismische Wellen aus, das heißt Schwingungen kleinster Materieteilchen. Sie breiten sich ausgehend vom **Hypozentrum** (Erdbebenherd) aus, wobei der Herd entweder nahe der Erdoberfläche (weniger als 70 Kilometer tief, Flachbeben), in der Tiefe

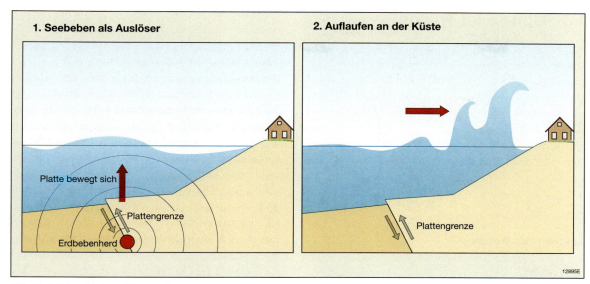

M2 *Entstehung eines Tsunamis*

der Erdkruste (70 bis 300 Kilometer tief, Mittelbeben) oder des Erdmantels (300 bis 700 Kilometer tief, Tiefbeben) liegen kann.

Bebenwellen, die durch den Erdkörper verlaufen, werden als Raumwellen bezeichnet. Zu unterscheiden ist zwischen den schnell laufenden Druckwellen, den sogenannten P-Wellen (P steht für englisch pressure), und den etwas langsameren Scherwellen beziehungsweise S-Wellen. Die P-Wellen sind Longitudinalwellen, bei denen sich die Energie durch Vor- und Zurückschwingen von Materieteilchen fortsetzt, das heißt in Fortpflanzungsrichtung. S-Wellen sind Transversalwellen, bei denen sich die Energie durch Auf- und Abschwingen von Materieteilchen fortsetzt, das heißt quer zur Fortpflanzungsrichtung. Die Raumwellen erreichen die Erdoberfläche zuerst am **Epizentrum**, an dem die stärksten Erschütterungen verzeichnet werden. Vom Epizentrum aus, das senkrecht über dem Hypozentrum liegt, laufen Oberflächenwellen weiter, die sich nur flächenhaft und nicht wie die Raumwellen nach allen Seiten ausbreiten.

Durch starke Erdbeben und submarine Beben (Seebeben) können verheerende **Tsunami**-Wellen ausgelöst werden. Dabei werden die Wassermassen durch eine plötzliche, ruckartige vertikale Verschiebung von Erdkrustenplatten in der Größenordnung von bis zu über zehn Metern verdrängt. Die dadurch verursachten bis zu 800 Kilometer pro Stunde schnellen Wellen sind auf hoher See kaum zu bemerken (Höhe maximal ein Meter), schaukeln sich jedoch in Küstennähe auf (Höhe bis über 30 Meter), verwüsten das Land und fordern Menschenleben. Ein beeindruckendes Beispiel ist der Sumatra-Andaman-Tsunami vom 26.12.2004. Damals überfluteten bis zu 35 Meter hohe Wellen, die durch ein Seebeben der Stärke 9 nach der Richter-Skala verursacht wurden und deren landwärtige Reichweite bis zu fünf Kilometer betrug, die Küstengebiete Indonesiens und weiterer Anrainerstaaten des Indischen Ozeans. Über 300 000 Menschen kamen ums Leben, Sachschäden entstanden in Milliardenhöhe.

Die Vorhersage von Erd- und Seebeben steckt noch in den Kinderschuhen. Erdbebenfrühwarnsysteme existieren zurzeit nur für Mexiko-City (Vorwarnzeit über eine Minute), Taipeh (Taiwan) und Japan. Im Pazifischen Ozean gibt es ein Tsunami-Warnsystem und im Indischen Ozean wird eines aufgebaut. Sie können zwar keine Katastrophen verhindern, aber im Rahmen eines effektiven Katastrophenmanagements mindern.

1. Erläutern Sie den Zusammenhang zwischen der Geodynamik und dem Auftreten von Erdbeben.
2. Erklären Sie, warum der Mount St. Helens gefährlicher ist als der Mauna Loa.
3. Begründen Sie, warum sich an den Plattenrändern eine auffällige Häufung von Vulkanen zeigt.

1.3 Klima – im Wandel

Wärme, Stürme, Dürre – Klimaanomalien in aller Welt
(Die Welt, 03.02.2007)
Die Katastrophe hat schon begonnen – Forscher belegen mit drastischen Zahlen, wie genau sie den globalen Wandel vorhersagen können.
Süddeutsche Zeitung, 03./04.02.2007
"Die Klimakatastrophe kann nur durch eine nie da gewesene globale Bewegung aufgehalten werden".
Al Gore, ehemaliger Vizepräsident der USA, Umweltaktivist und Initiator von „Live Earth", dem größten Benefizkonzert aller Zeiten am 07.07.2006 zugunsten des Klimaschutzes

Zeichen des Wandels

Die Jahre 1996 bis 2005 waren mit Ausnahme von 1996 und 2000 die wärmsten seit Beginn der Wetterbeobachtungen. Die globale Mitteltemperatur liegt heute etwa 0,7 Grad Celsius über den Werten des 19. Jahrhunderts, und neue Analysen der Klimageschichte zeigen, dass die Menschheit in der wärmsten Phase seit mindestens 1000 Jahren lebt. Regional sind die Klimaextreme sehr unterschiedlich verteilt: Indien und Australien melden Hitzewellen, Nordafrika und Ostasien extreme Kälteperioden. Es kommt sowohl zu verheerenden Dürreperioden als auch zu Überschwemmungen; die Zahl schwerer Stürme nimmt weltweit zu.

In den Alpen ist seit 1900 etwa die Hälfte der Gletschermassen abgeschmolzen und auch die Permafrostböden in den Polarregionen beginnen zu tauen, durchschnittlich um 330 Quadratkilometer pro Tag. Schließlich gibt es auch erste Anzeichen, dass sich die Vegetationszonen verschieben. Deutlich wird dies in den Hochgebirgen und in den Polarzonen (vgl. Kapitel 2.8).
Trotz dieser sehr deutlichen Zeichen eines Wandels ergeben sich Fragen, zum Beispiel: Sind dies tatsächlich Anzeichen für einen globalen **Klimawandel**? Und wenn sich das Klima wirklich wandelt, sind die Ursachen anthropogen, das heißt durch Menschen verursacht, oder gibt es natürliche Gründe?
Zu verstehen ist die Änderung unseres Klimas nur, wenn man sich näher mit den Grundlagen des Klimageschehens auseinandersetzt. Das Klima ist ein komplexes System, das wiederum aus verschiedenen Subsystemen mit zahlreichen Einzelelementen besteht (M3).
Jede Änderung innerhalb eines der Teilsysteme hat mehr oder minder große Auswirkungen auf das Gesamtsystem. Ändert sich zum Beispiel die Größe der mit Eis oder Schnee bedeckten Fläche, dann hat dies direkt Auswirkungen auf die Temperaturverhältnisse unseres Planeten.

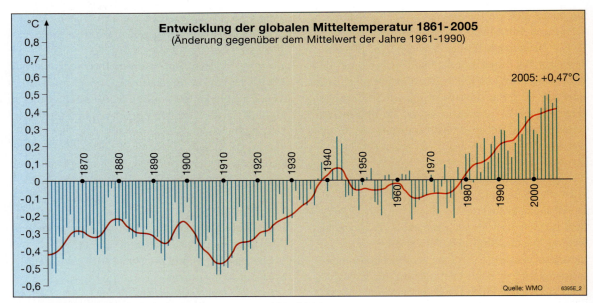

M1 Entwicklung der globalen Mitteltemperatur 1861–2005

M2 *Jamtalferner-Gletscher im Jahre 1929 ...*

M3 *... und 2005*

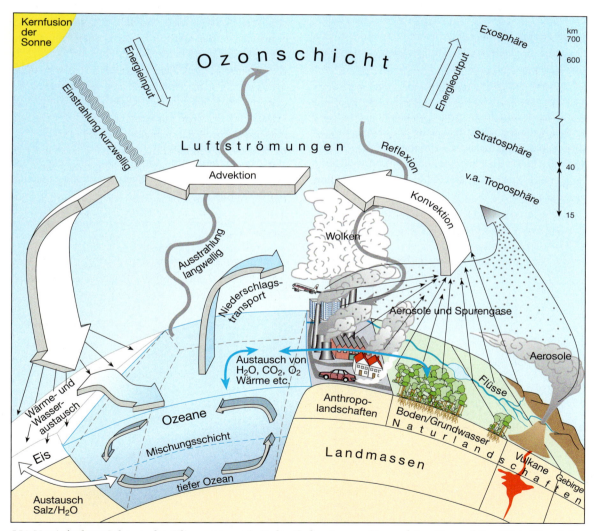
M4 *Vereinfachtes Schema des Klimasystems (mit den Subsystemen Atmosphäre, Kryosphäre (Eis), Biosphäre, Lithosphäre, Hydrosphäre, Anthroposphäre)*

Der Strahlungs- und Wärmehaushalt der Erde

Seit Milliarden von Jahren sendet die Sonne eine mehr oder minder gleiche Energiemenge als kurzwellige Strahlung in Richtung Erde. Auf den Außenrand unserer Atmosphäre treffen circa 1367 Watt pro Quadratmeter (Solarkonstante). Von dieser Energiemenge trifft nur ein Teil auf die Erdoberfläche. Der Rest geht durch Reflexion und Absorption in der Atmosphäre für die Erdoberfläche verloren. An der Strahlungsbilanz (M2) wird dies deutlich.

Von der auf die äußeren Stockwerke der Atmosphäre auftreffenden kurzwelligen Strahlen werden schon in der Ozonschicht der Stratosphäre drei Prozent absorbiert. Das heißt, die Sonnenstrahlung wird vom Gas aufgenommen und in langwellige Strahlung umgewandelt. Dasselbe geschieht in der Troposphäre zum Beispiel durch Wasserdampf (Wolken), CO_2, durch andere Gase oder durch **Aerosole** (kleinste in der Luft schwebende Partikel, insbesondere Rauch und Staub). Fast ein Drittel der Strahlen wird direkt in den Weltraum reflektiert. Somit gelangt nur etwa die Hälfte der Strahlung entweder direkt oder diffus bis auf die Erdoberfläche.

Erst hier findet die Umwandlung von kurzwelliger in langwellige Strahlung, das heißt in Wärmestrahlung statt. Wie viel jedoch in Wärme umgewandelt werden

Material	Albedo
Neuschnee	75-95 %
Wolken	60-90 %
Gletschereis	30-45 %
Sandboden	15-40 %
Ackerboden	7-17 %
tropischer Regenwald	10-12 %
Wiesen, Weiden	12-30 %
landwirtschaftliche Kulturen	15-25 %
Siedlungen	15-20 %
tiefes Wasser bei - hoch stehender Sonne - tief stehender Sonne (5°) - streifender Sonne	3-10 % rund 80 % bis 100 %

M2 *Beispiele für kurzwellige Albedo*

kann, ist sehr unterschiedlich. Es hängt wesentlich von der Beschaffenheit der bestrahlten Fläche ab (M1). Helle Oberflächen, zum Beispiel Schnee, Wolken oder auch Sand, reflektieren sehr stark, dunkle Flächen absorbieren die auftreffende kurzwellige Strahlung und wandeln sie in langwellige Strahlung um. Je nach dem Anteil der reflektierten Strahlung, das heißt der Größe der **Albedo**, kann die Erdoberfläche die kurzwellige Strahlung absorbieren und wird damit unterschiedlich stark erwärmt.

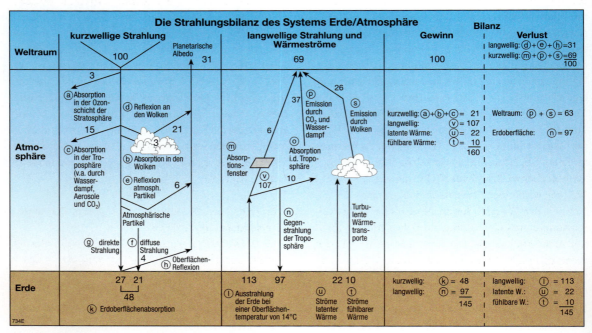

M1 *Strahlungsbilanz des Systems Erde / Atmosphäre*

Die Atmosphäre besteht aus verschiedenen Schichten. Die Troposphäre ist für uns die bedeutendste, da sich in ihr die wichtigsten Wettervorgänge abspielen. Der untere Teil der Troposphäre wird auch als Grundschicht der Atmosphäre bezeichnet. Hier wird die Windstärke und ihre Richtung besonders durch die Reibung an der Erdoberfläche beeinflusst.
Die Temperatur nimmt in der Troposphäre durchschnittlich um 0,65 °C pro 100 Meter ab. Oberhalb dieser Schicht erfolgt dann jedoch wieder eine Temperaturzunahme. In der Stratosphäre konzentriert sich das Spurengas Ozon, das (in einem Prozess ständiger Bildung und Zerstörung, vgl. Seite 31) einen großen Teil der für Menschen schädlichen UV-Strahlung absorbiert. Dadurch kommt es auch zur Erwärmung an der Obergrenze der Ozonschicht.

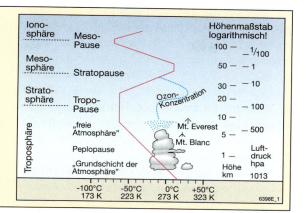

M3 *Der Aufbau der Atmosphäre*

Ein Teil dieser Wärme wird nach unten in den Boden abgegeben, ein weiterer Teil wird für Verdunstungsvorgänge verwendet. Der für unser Klima wichtigste und größte Teil wird als langwellige Strahlung, als Wärmestrahlung, wieder in die Atmosphäre zurückgestrahlt. Dabei wird die umgewandelte Strahlung von der erdeigenen Wärmestrahlung ergänzt. Die langwellige Strahlung versetzt die Luftmoleküle in stärkere Bewegung, so entsteht warme Luft, fühlbare Wärme.
Nur ein kleiner Teil der langwelligen Strahlung (sechs Prozent) entweicht in die äußeren Schichten der Atmosphäre. Wasserdampf, Kohlendioxid (CO_2), Methan (CH_4), Lachgas (N_2O), das in der Troposphäre enthaltene Ozon (O_3) und weitere Spurengase absorbieren den weitaus größten Teil der Wärmestrahlung und strahlen ihn zur Erde zurück. Ohne diese **Gegenstrahlung** läge die globale Durchschnittstemperatur bei minus 18 Grad Celsius, es wäre also 33 Grad Celsius kälter und die Erde wäre ein lebensfeindlicher Planet. Da die Gegenstrahlung in ihrer Wirkung der Aufheizung in einem Treibhaus ähnelt, bezeichnet man sie auch als **natürlichen Treibhauseffekt** und die bei diesem Vorgang wirkenden Gase als **Treibhausgase**.
Der Teil der Energie, der an der Erdoberfläche Verdunstungsvorgänge bewirkt, ist nicht verloren. Er ist nur nicht fühlbar, sondern im verdunsteten Wasser verborgen (latent) und dort als „latente Wärme" enthalten. Kondensiert der Wasserdampf, dann wird die latente, die verborgene Wärme wieder frei und an die Umgebung abgegeben. So wird mit der Wanderung der Wolken nicht nur Wasser, sondern auch Energie transportiert.

Luftdruck und Erwärmung

Die Atmosphäre wird durch die Anziehungskraft der Erde festgehalten. Das Gewicht der Luftsäule, das auf einem Punkt der Erde lastet, wird als **Luftdruck** bezeichnet. Auf Meereshöhe beträgt der durchschnittliche Luftdruck 1013 hPa, das entspricht einer Atmosphäre (1 atm) und dem Gewicht einer Quecksilbersäule von 76 cm pro cm^2 Oberfläche. Für einen Menschen heißt das, dass auf ihm circa eine Tonne Luftgewicht lastet.
Der Luftdruck nimmt mit zunehmender Höhe ab, zum einen weil sich mit zunehmender Höhe die irdische Schwerkraft verringert, zum anderen weil die Mächtigkeit der auflagernden Luftsäule abnimmt. Daher ist die Luft in Meereshöhe auch weitaus dichter als im Hochgebirge. Dies hat Folgen für die Erwärmung der Luft: Je dichter die Luftmoleküle beieinander liegen, desto stärker ist die Reibung bei ihrer Bewegung und desto schneller kommt es zur Erwärmung. So ist die Aufheizung der Luft in Meereshöhe wesentlich stärker als im Hochgebirge. Durchschnittlich nimmt in der Troposphäre die Lufttemperatur je 100 Meter um 0,65 Grad Celsius ab.

1. Erläutern Sie die Funktion von H_2O und CO_2 in der Strahlungsbilanz der Erde.
2. Begründen Sie, warum es im Winter bei klarem Himmel besonders kalt ist, selbst wenn den ganzen Tag die Sonne scheint.
3. Das Abtauen der Gletscher und der Rückgang der Eisbedeckung im Nordpolargebiet hat auch Folgen für den Strahlungshaushalt. Stellen Sie diese in einem Wirkungsschema dar.

Natürliche Klimaänderungen

Die globalen Temperaturen weisen über die Jahrtausende und Jahrmillionen gewisse Schwankungen auf. Phasen mit höheren Durchschnittstemperaturen und solche mit niedrigeren Temperaturen (zum Beispiel die sogenannten Eiszeiten, vgl. S. 73) wechseln sich ab. Die Ursachen für die teils großen Temperaturschwankungen lagen bis ins 20. Jahrhundert überwiegend in nur kleinen natürlichen Veränderungen innerhalb des Strahlungshaushaltes:

So ist die von der Sonne auf die Erde treffende Energiemenge, die **Solarkonstante**, nicht konstant. Denn die Form der Erdbahn um die Sonne ändert sich in einem Zyklus von etwa 100 000 Jahren (Milankowich-Zyklus). Zudem schwankt die Schrägstellung der Erdachse zwischen 21,5° und 24,5° in einer Periode von ca. 40 000 Jahren. Und schließlich ist ein Taumeln der Erdachse (Präzession) im Verlauf von 22 000 bis 26 000 Jahren zu beobachten. Dadurch kommt es zu Schwankungen der Solarkonstante um 1,7 Prozent.

Hinzu kommt eine wechselnde Strahlungsaktivität der Sonne (gemessen an der Zahl der Sonnenflecken) in einem Zyklus von etwa elf Jahren. Obwohl sich dann die Solarkonstante nur um wenige Promille verändert, gilt doch die verminderte Zahl an Sonnenflecken als wahrscheinlichste Ursache für die „kleine Eiszeit" von 1645 bis 1715 mit langen Wintern und kühlen Sommern. Dass trotz solch relativ kleiner Veränderungen der Solarkonstante die Wirkung auf der Erde so groß sein kann, hängt mit komplizierten Rückkopplungseffekten innerhalb des Klimasystems zusammen.

Nach neuesten Forschungen kommt dem Schnee dabei eine Schlüsselrolle zu: Ist die Sonne im Sommer über den nördlichen Kontinenten zu schwach, um den Schnee des letzten Winters zu schmelzen, dann steigt die Albedo und das Klima kühlt weiter ab. Ein „Teufelskreis" kommt in Gang und das Eis kann langsam bis auf mehrere tausend Meter Dicke wachsen. In dieser Eis-Albedo-Rückkopplung sehen Wissenschaftler heute auch eine mögliche Erklärung für einige der größten Katastrophen der Erdgeschichte, ihre mehrmalige fast komplette Vereisung, selbst in den Tropen. Die letzte dieser Snowball-Earth-Phasen fand vor 600 Millionen Jahren statt.

Neben der Sonneneinstrahlung ändert sich auch die Zusammensetzung der Atmosphäre. Durch Meteoriteneinschläge oder Vulkanausbrüche gelangen in kurzer

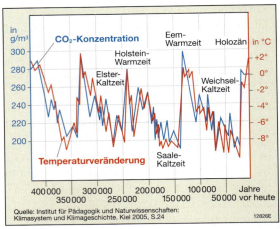

M1 Änderungen der Temperatur und CO_2-Konzentration der Atmosphäre in der Antarktis

Zeit große Mengen an Gasen und Aerosolen in die Atmosphäre. Der Ausbruch des Krakatau (1883), bei dem zehn Kubikkilometer Gestein (überwiegend Asche) ausgeschleudert wurden, führte in den folgenden Jahren zu einer globalen Temperatursenkung von bis zu 0,35 Grad Celsius und die Eruption des Pinatubo (1991) senkte die Temperatur sogar bis zu 0,5 Grad Celsius. Neuere Untersuchungen zeigen deutlich, dass eine Rückkopplung zwischen der Temperatur und dem CO_2-Gehalt der Luft existiert: Ändert sich die Temperatur, so folgt mit einer für den Kohlenstoffkreislauf typischen Verzögerung das CO_2, verändert sich der CO_2-Wert, so folgt wenig später die Temperatur (M2). Diese Rückkopplung ist auch eine mögliche Erklärung für die extremste bisher bekannte Klimaerwärmung vor 55 Millionen Jahren zwischen Paläozän und Eozän (PETM – Paleocene-Eocene Thermal Maximum). Damals stieg die Temperatur sehr schnell um fünf bis sechs Grad Celsius an, während gleichzeitig aus bislang unbekannten Gründen große Mengen Kohlenstoff in die Atmosphäre gelangten.

Neben den Veränderungen im Strahlungshaushalt spielen auch Veränderungen im System der globalen **Meeresströmungen** eine Rolle. So stieg während der letzten Eiszeit die Temperatur in Grönland um bis zu zwölf Grad Celsius innerhalb von nur ein bis zwei Jahrzehnten an und blieb dann mehrere Jahrhunderte auf diesem Niveau. Die wahrscheinlichste Erklärung dafür ist heute die Verlagerung eines warmen Meeresstroms aus dem nördlichen Atlantik.

Anthropogene Einflüsse

Zu den natürlichen kommen in verstärktem Maße anthropogene Veränderungen im Strahlungshaushalt der Erde. Sie bewirken in ihrer Gesamtheit einen zusätzlichen, den **anthropogenen Treibhauseffekt**. Dieser beruht auf einer Erhöhung des Anteils der Treibhausgase in der Atmosphäre.

Den größten Anteil hat dabei mit 60 Prozent das Kohlenstoffdioxid (CO_2). Bis zum Beginn der Industrialisierung blieb der **Kohlenstoffkreislauf** der Erde (M3) vom Menschen weitgehend unbeeinflusst. Doch seit 1860 haben sich die CO_2-Emissionen weltweit verachtzigfacht und der Kohlenstoffdioxidgehalt in der Atmosphäre steigt stetig an (vgl. M2, Seite 30).

Für diesen Anstieg der CO_2-Konzentration gibt es zwei Ursachenkomplexe, die in engem Zusammenhang stehen: Zum einen ist dies die Erhöhung der CO_2-Quellen und zum anderen eine Verminderung der CO_2-Senken, das heißt der Faktoren, die den CO_2-Gehalt der Atmosphäre verringern.

Die meisten CO_2-Emissionen entstehen durch die Verbrennung fossiler Energieträger. Durch die steigende Zahl der Weltbevölkerung und den weltweit steigenden Lebensstandard nimmt der Energiebedarf weiter zu. Die Brandrodung in den Tropen (zum Beispiel für Viehfarmen, Sojaanbau) trägt gleich doppelt zur Erhöhung des CO_2-Gehaltes bei: Zum einen durch die **Emissionen**, zum anderen dadurch, dass die Aufnahme von CO_2 durch die Vegetation vermindert wird.

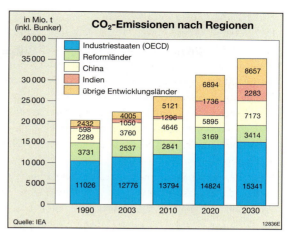

M2 CO_2-Emissionen nach Regionen (Berechnungen der Internationalen Energieagentur IEA)

Allerdings kann das Meer als Hauptsenke für Kohlenstoff derzeit noch 50 Prozent des vom Menschen zusätzlich in die Atmosphäre eingebrachten Kohlenstoffdioxids aufnehmen. Zum einen wird CO_2 chemisch in das Meerwasser eingebunden (H_2CO_3) und durch vertikale Strömungen in die Tiefe geführt. Zum anderen verarbeitet vor allem das Plankton der Schelfgebiete über die Photosynthese CO_2. Dies ist eine biologische Pumpe. Wird allerdings das Meer durch den zunehmenden Treibhauseffekt erwärmt, dann sinkt die Planktonproduktion und es wird auch weniger CO_2 vom Meer aufgenommen.

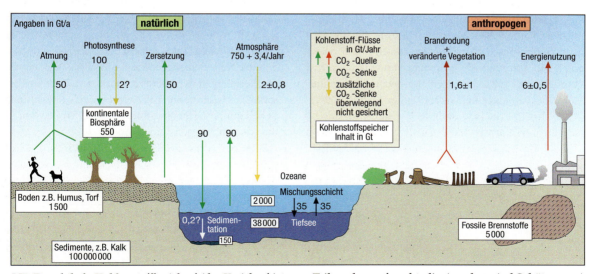

M3 Der globale Kohlenstoffkreislauf (der Kreislauf ist zum Teil noch unerforscht, die Angaben sind Schätzungen)

29

1.3 Klima – im Wandel

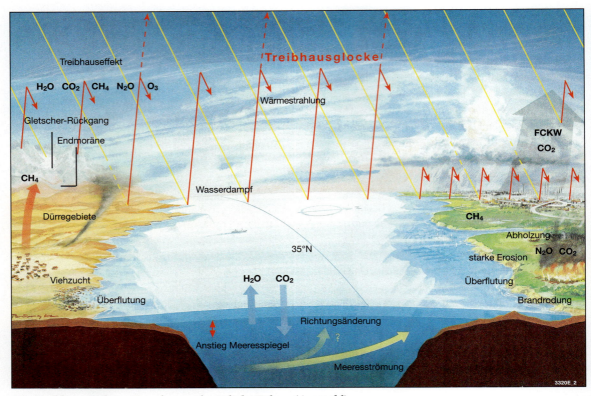

M1 „Treibhaus Erde" – Ursachen und mögliche Folgen (Auswahl)

Voraussichtlich in den frühen 2020er-Jahren werden die CO_2-Emissionen der Entwicklungsländer erstmals die der Industriestaaten übersteigen. Dennoch wird nach Voraussage der Internationalen Energieagentur IEA die Pro-Kopf-Emission in den Entwicklungsländern mit drei Tonnen pro Jahr auch 2030 noch deutlich unter denen der Industriestaaten liegen (13 Tonnen pro Jahr). Auf einen Deutschen kommen heute circa 10-mal mehr CO_2-Emissionen als auf einen Inder und 150-mal mehr als auf einen Bewohner Malis.

Allein der im Rahmen der Globalisierung besonders wachsende Transportsektor emittiert über 900 Millionen Tonnen CO_2 pro Jahr, über 60 Prozent davon kommen aus den Ländern mit hohem Lebensstandard, in denen nur 16 Prozent der Weltbevölkerung leben.

Neben CO_2 spielen noch weitere Treibhausgase eine bedeutende Rolle beim Klimawandel: Methan (CH_4) wird zum Beispiel bei der Massentierhaltung (37 Prozent), durch Nassreiskulturen, das Abfackeln von Erdgas und

	CO_2	CH_4	N_2O	FCKW	O_3
atmosphärische Konzentration vorindustriell derzeitig	280 ppm 381 ppm	0,60 ppm 1,78 ppm	0,29 ppm 0,32 ppm	0 0,3–0,5 ppb *	0 30 ppb
Konzentrationsanstieg pro Jahr %	0,5	0,9	0,25	4	1 (?)
mittlere atmosphärische Verweilzeit	5–10 Jahre	10 Jahre	100 Jahre	65–130 Jahre	1–3 Monate
Treibhauspotenzial (CO_2 =1)	1	11	270	3500–7300	2000

* abnehmend; ppm = parts per million (10^{-6}), ppb = parts per billion (10^{-9}) Volumenanteile/Datenstand 2006; Angaben für Ozon (O_3) beziehen sich auf die Troposphäre und sind unsicher.

M2 Klimawirksamkeit von Spurengasen

Ozon in der Atmosphäre – Schutz und Gefahr!

Das dreiatomige Sauerstoff-Molekül O₃ wirkt je nachdem, in welchem Stockwerk der Atmosphäre es auftritt oder fehlt, lebensfeindlich oder lebensfreundlich.

In den Sommermonaten kommt es immer wieder zu einem Anstieg der Ozonkonzentration in den bodennahen Luftschichten (sogenannter Photosmog). Das für Menschen und auch für anorganische Stoffe schädliche Gas entsteht, wenn eine Vielzahl von Luftschadstoffen (zum Beispiel Autoabgase) sich bei hohen Temperaturen und starker Sonneneinstrahlung mit Luftsauerstoff vermischen.

Die Ozonkonzentration in über 20 Kilometer Höhe schützt vor zu hoher UV-Einstrahlung. Die in den vergangenen Jahrzehnten in großen Mengen emittierten Fluorchlorkohlenwasserstoffe (FCKW) zerstören das Ozon. Dies hat zur Bildung eines sogenannten **Ozonlochs** über den polaren Regionen und verstärkter UV-Strahlung geführt. Obwohl die Produktion von FCKW 1987 verboten wurde, wird sich wegen der hohen Verweildauer dieses Gases in der Atmosphäre die Ozonschicht erst 2065 erholt haben. Da durch die Stärke der UV-Strahlung unter anderem auch das Phytoplankton der Meere geschädigt wird, kommt es so auch zu einer Verstärkung des Treibhauseffektes.

(Quelle: Süddeutsche Zeitung vom 21./22.10.06)

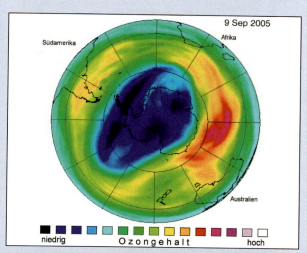

M3 *2005 war das Ozonloch mit 27,45 Millionen Quadratkilometern so groß wie nie.*

---

von Mülldeponien freigesetzt. Rund 500 Millionen Tonnen werden jährlich durch menschliche Aktivitäten in die Atmosphäre eingebracht, das ist fast fünfmal so viel wie in vorindustrieller Zeit. Zudem wird es nach neuesten Forschungen bei steigenden Temperaturen aus den tauenden Permafrostböden und vom Meeresgrund emittiert.

Stickoxide (N_2O, NO_2) entstehen bei der landwirtschaftlichen Düngung und bei Verbrennungsprozessen. Weitere Treibhausgase sind teilhalogenierte (H-FKW) und perfluorierte Fluorkohlenwasserstoffe (PFC) sowie Schwefelhexafluorid (SF_6). Diese und die anderen anthropogen verursachten Spurengase stehen zwar bezüglich der emittierten Mengen weit hinter dem Kohlenstoffdioxid zurück, sie sind jedoch deutlich wirksamer als diese. Dies liegt unter anderem an der wesentlich höheren Verweildauer dieser Gas-Moleküle in der Atmosphäre. Bis zu 200 Jahre bleiben die vom Menschen ausgestoßenen Treibhausgase in der Atmosphäre, erst dann werden sie durch chemische oder biologische Prozesse wieder entfernt.

1. Erstellen Sie eine Liste mit allen anthropogen verursachten Treibhausgasen, aus der ihre Entstehung, Wirkung und Bedeutung deutlich wird (Fachbücher, Lexika, Internet).

2. Erstellen Sie für die Wirkung von CO_2 beim anthropogenen Treibhauseffekt ein Wirkungsschema.

3. Wasserdampf hat am natürlichen Treibhauseffekt einen Anteil von circa 60 Prozent. Erklären Sie die möglichen Wirkungen im anthropogenen Treibhauseffekt.

4. „Trotz Produktionsstopps von FCKW wird dieses Gas noch über Jahrzehnte unser Leben und Klima mitbestimmen." Gehen Sie den komplizierten Zusammenhängen dieser These nach und berichten Sie über Entwicklung und Folgen des Ozonlochs. Gehen Sie dabei aus von den Forschungen des deutschen Nobelpreisträgers Paul Crutzen.

1.3 Klima – im Wandel

	Einstrahlungswinkel am 21.3. und 23.9	Tageslänge in Stunden 21.6. / 21.3. 23.9 / 21.12.			Mittagshöhe der Sonne höchster Wert / niedrigster Wert		Temperatur im Jahres-durchschnitt	Breitengrad	Durchschnittliche Strahlungsenergie KJ/cm²/Tag
Nordpol 90°	–	24	12	0	23,5°	–	-23 °C	90°	0,74
nördlicher Polarkreis 66½°	23,5°	24	12	0	47°	0°	-7 °C	80°	0,83
50°	40°	16	12	8	63,5°	16,5°	+6 °C	70°	0,94
nördlicher Wendekreis 23½°	66,5°	13,5	12	10,5	90°	43°	+24 °C	60°	1,13
Äquator 0°	90°	12	12	12	90°	66,5°	+26 °C	50°	1,42
								40°	1,55
südlicher Wendekreis 23½°	66,5°	10,5	12	13,5	90°	43°	+22 °C	30°	1,86
50°	40°	8	12	16	63,5°	16,5°	+4 °C	20°	1,95
südlicher Polarkreis 66½°	23,5°	0	12	24	47°	0°	-8 °C	10°	2,00
Südpol 90°	–	0	12	24	23,5°	–	-33 °C	0°	2,02

M1 Strahlung und Temperatur im Zusammenhang zur geographischen Breite

Globale regionale Temperaturunterschiede

Um die Erwärmung der Atmosphäre zu erklären, sind wir bisher von einem einfachen Modell ausgegangen: Wir haben so getan, als sei die Erdoberfläche eine homogene, von der Sonne gleichmäßig bestrahlte Ebene. Damit haben wir wichtige Faktoren außer Acht gelassen, die die Temperaturen regional differenzieren:
- die Kugelgestalt der Erde,
- die Stellung und Bewegung der Erde im Planetensystem,
- das Relief der Erdoberfläche,
- die Beschaffenheit der Erdoberfläche, insbesondere die Verteilung von Wasser und Land.

Die Abnahme der Temperatur mit zunehmender geographischer Breite liegt vor allem in der Kugelgestalt der Erde begründet. Weil die Sonnenstrahlen in den Tropen steiler einfallen als in den polwärts gelegenen Regionen, ist hier die zur Verfügung stehende Strahlungsenergie pro Quadratmeter wesentlich höher. Außerdem ist in den Polargebieten der Weg der Sonnenstrahlen durch die Atmosphäre auch deutlich länger und damit die Reflexion und Absorption größer. Und schließlich wird

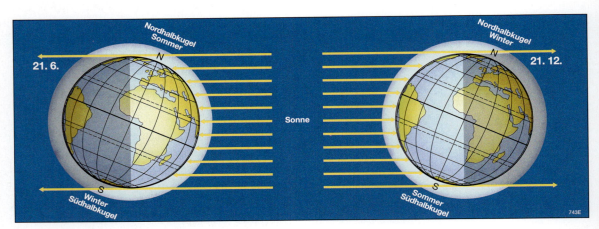

M2 Entstehung der Jahreszeiten

in den mit Eis und Schnee bedeckten Polargebieten die auf die Erdoberfläche auftreffende Strahlung aufgrund der hohen Albedo kaum in Wärme umgewandelt.
Die Stellung und Bewegung der Erde im Planetensystem führt zu tages- und jahreszeitlichen Veränderungen der Temperatur. Durch die Drehung der Erde kommt es zur Entstehung von Tag und Nacht und damit zu dem typischen Tagesgang der Temperatur. Die Bewegung der Erde um die Sonne führt zusammen mit der Schrägstellung der Erdachse zu jahreszeitlichen Unterschieden in den Einstrahlungsverhältnissen (Zenitstände in den Tropen, Polartag und -nacht in den Polargebieten). Während in den Tropen der Einfallswinkel ganzjährig steil ist (zwei Zenitstände), bleibt er in den Polargebieten sogar während des Polartages flach. So kommt es in den Tropen zur Ausprägung eines typischen **Tageszeitenklimas**, in dem die Tagesamplitude immer größer ist als die Jahresamplitude. Für die Außertropen sind **Jahreszeitenklimate** mit hohen Jahresamplituden kennzeichnend. Doch auch in Orten mit derselben geographischen Breite können völlig verschiedene Temperaturverhältnisse herrschen. Ein Grund dafür kann eine unterschiedliche Höhenlage sein. Ein weiterer wichtiger Einflussfaktor ist die Verteilung von Wasser und Land. Große Wasserflächen wirken thermisch ausgleichend, im Winter als Wärmespeicher, im Sommer kühlend. Denn Wasser hat zum einen eine höhere spezifische Wärme als Land, das heißt es benötigt mehr Strahlungsenergie, um sich zu erwärmen. Zum anderen wird die zugeführte Energie durch Turbulenzen auch in größere Tiefen abgeführt. Landflächen dagegen erhitzen sich nur an der Oberfläche und kühlen auch schnell wieder aus. Mit zunehmender Entfernung vom Wärmespeicher Meer sinken die Jahresmitteltemperaturen.

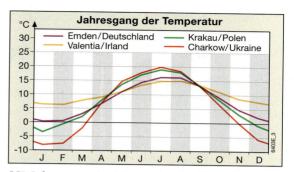

M3 Jahresgang der Temperatur im Bereich des 50. Breitengrades in Europa

So ist das kontinentale Klima, die **Kontinentalität**, gekennzeichnet durch geringere Jahresdurchschnittstemperaturen und eine hohe Temperaturamplitude. Für die **Maritimität** (Meeresklima) sind dagegen etwas höhere Durchschnittstemperaturen, ein ausgeglichenerer Jahresverlauf, das heißt eine geringere Temperaturamplitude, und zeitlich verzögerte Minimal- und Maximaltemperaturen typisch.

1. Erläutern Sie die Abgrenzung und die wesentlichen Merkmale der „strahlungsklimatischen" Klimazonen: der Tropenzone, der Mittelbreiten, der Polarzonen.
2. Erstellen Sie zur Veränderung der Strahlungsenergie vom Äquator zu den Polen ein Diagramm.
3. Interpretieren Sie den Jahresgang der Temperaturen europäischer Stationen in M3.
4. a) Begründen Sie den Jahresgang der Temperatur in einem der Thermoisoplethendiagramme (M4).
b) Setzen Sie die Angaben zu Belém und Norway Base in je zwei Kurvendiagramme um, sodass Jahres- und Tageszeitenklima deutlich werden.

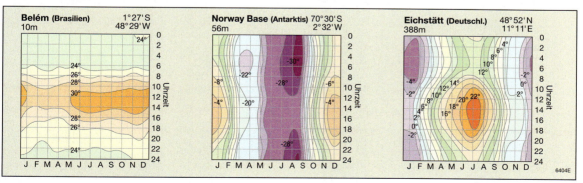

M4 Thermoisoplethendiagramme

Von Temperaturunterschieden zu Druckunterschieden

Temperaturunterschiede führen immer zu Luftdruckunterschieden. Dies wird am eng begrenzten Fallbeispiel des Land-See-Windsystems besonders deutlich.

„Geht man zunächst von einer gleichmäßigen Temperaturverteilung über einem Küstengebiet aus, dann ergibt sich eine horizontale Lage der Flächen gleichen Drucks (Isobaren), was gleichbedeutend ist mit Luftruhe. Wenn sich nun durch die Sonneneinstrahlung das Land schnell erwärmt, führt dies zu einer Ausdehnung der Luft über dem erwärmten Gebiet, sodass hier die Isobaren angehoben werden. Damit entsteht, während der Druck am Boden noch keine Änderung erfährt, in der Höhe ein Druckgefälle vom erwärmten zum kühlen Gebiet. Dort liegen die Isobarenflächen noch niedriger, das heißt in derselben Höhe herrscht tieferer Druck. Dieses Druckgefälle hat eine Luftströmung zur Folge, wobei in der Höhe über dem erwärmten Gebiet Luft zum kühlen Gebiet hin abfließt. Aus der Luftsäule über dem erwärmten Land wird Luft über das noch kühle Meer verlagert. Als Folge dieser Luftverlagerung sinkt über dem erwärmten Gebiet am Boden der Druck, während er über der kühlen Wasseroberfläche ansteigt. Es ergibt sich also auf Meereshöhe über dem Wasser höherer Druck und über Land vergleichsweise tieferer Luftdruck. Es ist also wiederum eine Luftdruckgefälle entstanden, das zu einer Ausgleichsströmung führt. Auf diese Weise entsteht eine Luftkreislauf, in dem – angetrieben durch die schnelle Erwärmung des Landes – die Luft aufsteigt (Konvektion), in der Höhe zum kühleren Gebiet abfließt, dort absinkt und in Meereshöhe zum Zentrum der Erwärmung zurückfließt. Somit herrscht in Meereshöhe Seewind. In der Nacht kehren sich die Verhältnisse um, es herrscht in Meereshöhe ablandiger Wind, das heißt Landwind."

(nach: Heyer, E.: Witterung und Klima. Leipzig 1993, S. 92 f.)

Wenn das Land-Seewind-System auch nur bei starker Sonneneinstrahlung (besonders in den Subtropen und Tropen) und regional begrenzt auftritt, so lassen sich doch daran die wichtigsten Regeln für die Entstehung von Druck und Wind ableiten:

- Temperaturunterschiede führen immer zu Druckunterschieden.
- Druckunterschied heißt: In derselben Höhe über NN ist das Gewicht der auflastenden Luftsäule unterschiedlich.
- Entstehen in derselben Höhe über NN Druckunterschiede, so kommt es zu einer Ausgleichsströmung, dem Wind (Advektion).
- Je stärker die Druckunterschiede sind, das heißt je höher der Gradient des Luftdrucks, die **Gradientkraft**, ist, desto stärker ist der Wind.
- Kalte Luft ist am Boden immer mit Hochdruck verbunden, warme Luft mit Tiefdruck.
- Über dem Hochdruck herrscht immer eine absinkende Luftbewegung, über dem Tiefdruck dagegen herrscht immer eine aufsteigende Luftbewegung (**Konvektion**).
- Winde werden immer nach ihrer Herkunftsrichtung bezeichnet.

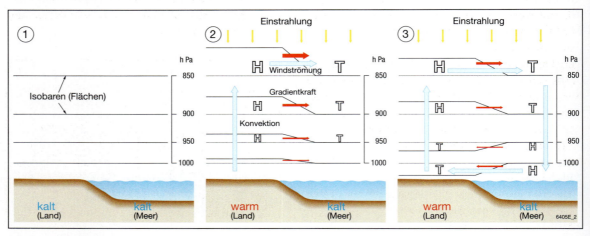

M1 Land-See-Windsystem

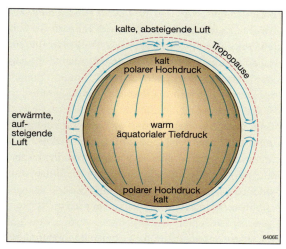

M2 Globale Strömungsverhältnisse ohne Erdrotation

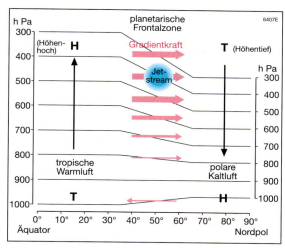

M3 Die Bildung der Frontalzone

Die Entstehung des Westwindjets

Die beim lokalen Windsystem wirkenden Mechanismen sind in ihren Grundsätzen auch auf die globalen Verhältnisse übertragbar: Auch global existieren große Temperaturgegensätze, die von globalen Druckunterschieden begleitet werden. In den warmen tropischen Gebieten bildet sich in Bodennähe ein Gürtel von Tiefdruckgebieten, die **äquatoriale Tiefdruckrinne**, und in der Höhe ein Hoch. Diesem steht in den Polarregionen in der Höhe ein Tiefdruckgebiet gegenüber, aus dem die Luft auf das polare Kältehoch am Boden absinkt. Auch im globalen System ziehen diese Druckunterschiede Ausgleichsströmungen nach sich. Sie sind dort besonders stark, wo das Druckgefälle, die Gradientkraft, besonders groß ist. Dies ist der Bereich zwischen dem 35. und dem 65. Breitengrad (vgl. M1, S. 32). Dieser Übergangsbereich wird auch als **planetarische Frontalzone** bezeichnet. Hier käme es nun in der Höhe zu starken polwärts gerichteten Winden und in Bodennähe zu äquatorwärts gerichteten Ausgleichsströmungen – wenn die Windrichtung nicht durch verschiedene Effekte erheblich abgelenkt würde. Dies ist in der Höhe neben der Fliehkraft vor allem die **Coriolisablenkung**:

- Sie lenkt auf der Nordhalbkugel jede horizontale Bewegung nach rechts und auf der Südhalbkugel nach links ab.
- Sie wirkt am Äquator so gut wie gar nicht, nimmt aber mit wachsender geographischer Breite zu.
- Sie ist umso stärker, je größer die Gradientkraft, das heißt, die Windgeschwindigkeit ist.

Somit entstehen (durch Gradientkraft, Coriolisablenkung und Fliehkraft) in den Frontalzonen beider Halbkugeln in der Höhe reine Westwinde. Sie erreichen am Rand der Troposphäre (circa 10 km) in den **Jetstreams** (Westwindjet) ihre höchste Geschwindigkeit. In der Regel sind sie in zwei Äste aufgespalten: den Subtropenjet am äquatorwärtigen Rand der Frontalzone und den Polarfrontjet (vgl. M3, Seite 37). Dieser liegt über dem Grenzbereich zur Polarzone (35. bis 40. Breitengrad), der sogenannten **Polarfront**. Hier herrscht zwischen Pol und Äquator der größte Temperaturgegensatz und damit auch die größte Gradientkraft. So erreicht der Polarfrontjet hier Windgeschwindigkeiten von bis zu 300 Kilometer pro Stunde. An der Erdoberfläche werden die Winde erheblich abgelenkt und durch die Reibungskraft stark abgebremst, die Coriolisablenkung wirkt also nicht mehr so stark.

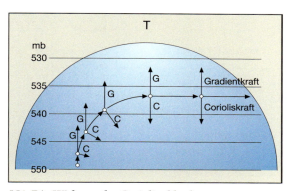

M4 Die Wirkung der Coriolisablenkung

Die Jetstreams – Mäander und Wirbel

Die Jetstreams wehen so stark in östlicher Richtung, dass sie für den globalen Energieaustausch wie eine Barriere wirken. Daher steigt der Temperaturgegensatz und damit auch der Druckgradient zwischen Pol und Äquator immer weiter an, bis ein kritischer Wert überschritten ist. Werden die Energiekontraste zwischen Polargebieten und Äquator zu groß, dann geraten die Jetstreams ins „Schlingern". Sie nehmen dann an Geschwindigkeit zu und bilden äquatorwärts mächtige Kaltlufttröge sowie polwärts große Warmluftrücken. Im Zusammenspiel mit den großen oft nordsüdlich verlaufenden Hochgebirgen ergeben sich an einzelnen Stellen der Jetstreams Druck- und Saugeffekte. Es kommt innerhalb der Strömungsbahnen zu Verengungen und Erweiterungen, zu Stauchungen und Dehnungen. So entstehen **dynamische Luftdruckunterschiede**.

Strömt in größerer Höhe ein Windfeld bei Beschleunigung auseinander, dann fließt von unten Luft in diese Höhenströmung nach, die Luft wird von unten hochgesaugt – es entsteht ein dynamisches Tiefdruckgebiet mit aufsteigender Luftbewegung. Kommt es in der Höhe zu einer Verringerung der Windgeschwindigkeit und dazu, dass das Windfeld gleichsam zusammengedrückt wird, dann wird Luft nach unten weggedrückt – es entsteht ein dynamisches Hochdruckgebiet mit absinkender Luftbewegung.

Diese dynamischen Tief- und Hochdruckgebiete bezeichnet man als **Zyklonen** und **Antizyklonen**. Sie entstehen vor allem im Einflussbereich des Polarfrontjets, weil dort die extremsten Druck- und Temperaturgegensätze herrschen. Sie stehen nicht still, sondern drehen sich als Folge der Coriolisablenkung um sich selbst. In die Zyklonen strömt die Luft von außen herein; sie wird durch die Coriolisablenkung in Bewegungsrichtung nach rechts (auf der Nordhalbkugel) abgelenkt und emporgerissen. So drehen sich auf der Nordhalbkugel die Zyklonen gegen den Uhrzeigersinn und die Antizyklonen mit dem Uhrzeigersinn. Auf der Südhalbkugel ist die Bewegungsrichtung genau umgekehrt.

Diese dynamischen Druckgebilde werden nun mit den Jetstreams in Richtung Osten mitgeführt. Diese oft mehrere Hundert Kilometer breiten Wirbel sind es, die letztlich für den Energieaustausch zwischen tropischen und polaren Regionen sorgen. Durch ihre Drehung lenken sie polare Kaltluft nach Süden und tropische Warmluft nach Norden.

Sind die extrem Temperaturgegensätze durch die Verwirbelung kalter und warmer Luftmassen abgebaut, dann lösen sich die dynamischen Druckgebilde wieder auf. Der Wechsel von dynamischen Hoch- und Tiefdruckgebieten (durchschnittlich alle drei Tage) bestimmt das Wetter in der Westwindzone, so auch bei uns in Mitteleuropa.

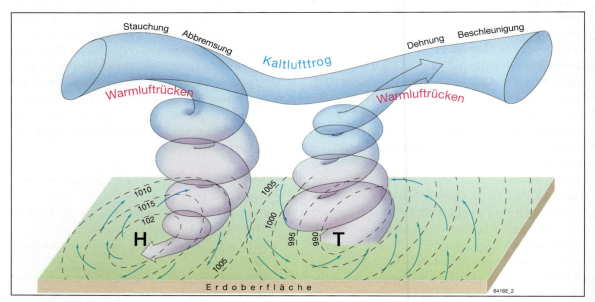

M1 *Die Entstehung dynamischer Tief- und Hochdruckgebiete (Zyklonen / Antizyklonen) auf der Nordhalbkugel*

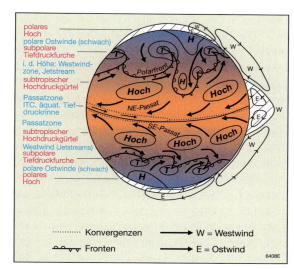

M2 Die Druck- und Windgürtel der Erde

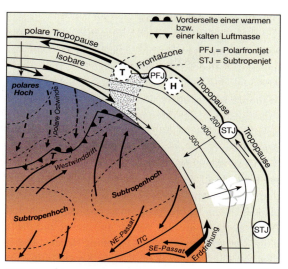

M3 Druck- und Windverhältnisse (Nordhalbkugel)

Wind- und Druckgürtel

Die Westwindzone mit den darin treibenden Zyklonen und Antizyklonen stellt das „Schwungrad der Atmosphäre" dar. Die Tief- und Hochdruckgebiete scheren durch ihre Drehung langsam aus den Jetstreams aus, und zwar die Zyklonen pol- und die Antizyklonen äquatorwärts. Daraus ergibt sich eine verstärkte Anzahl von Tiefdruckgebieten auf der polaren und von Hochdruckgebieten auf der äquatorialen Seite der planetarischen Frontalzone. Sei bilden den **subtropischen Hochdruckgürtel** in 25 bis 35° Breite und die **subpolare Tiefdruckrinne** in 55 bis 65° Breite. Beide „Luftdruckgürtel" sind also aus Zellen aufgebaut, die in dauerndem Entstehen und Vergehen begriffen sind.

Durch die Luftdruckgürtel ergeben sich nun neue Luftdruckgegensätze. Der subpolaren Tiefdruckrinne steht das polare Hochdruckgebiet gegenüber. Durch die ablenkende Wirkung der Coriolisablenkung entstehen zwischen diesen beiden Druckgebieten die polaren Ostwinde.

Auf der anderen Seite der Westwindzone ergibt sich ein Druckgefälle aus dem subtropischen Hochdruckgürtel hin zu den Tiefdruckgebieten im Bereich des Äquators. Auch die hier entstehenden Luftströmungen werden durch die Coriolisablenkung (auf der Nordhalbkugel nach rechts und auf der Südhalbkugel nach links) abgelenkt, sodass sich in der Höhe eine Ostströmung ergibt, der sogenannte Urpassat. In Bodennähe, bei verringerter Coriolisablenkung, entstehen die **Passate**: auf der Nordhalbkugel ein Nordostwind und auf der Südhalbkugel ein Südostwind, der Nordostpassat und der Südostpassat.

Im Bereich des Äquators treffen die Passatströmungen der Nord- und Südhalbkugel zusammen; es kommt zur **innertropischen Konvergenz (ITC)**. Die starke aufsteigende Luftbewegung in der ITC (maximale vertikale Windgeschwindigkeiten von 10–14 m/s) führt zu mächtiger Quellbewölkung, zu Schauern und Gewittern.

Die ITC verlagert sich mit dem wandernden Zenitstand der Sonne. Dadurch verändert sich die Lage aller globalen Druck- und Windgürtel. In einigen Regionen macht sich dies im Jahresverlauf des Klimas deutlich bemerkbar. Der Mittelmeerraum zum Beispiel liegt im Sommer unter stabilem Hochdruckeinfluss (Azorenhoch als Teil des subtropisch/randtropischen Hochdruckgürtels). Im Winter dagegen ist dort das Wetter gekennzeichnet durch den Wechsel von Hoch- und Tiefdruckgebieten der Westwindzone.

1. Stellen Sie die Entstehung des Seewindes in einem Wirkungsschema dar.
2. Erklären Sie anhand von M1 S. 32 und M3 S. 35 die Entstehung der planetarischen Frontalzone.
3. Erstellen Sie eine Mindmap zum Thema Wind und Druckgürtel.
4. Erläutern Sie die Ursachen und Auswirkungen der jahreszeitlichen Verschiebung der Druck- und Windgürtel anhand des Mittelmeerraumes.

Der Einfluss der Ozeane

Neben den globalen Windströmungen tragen auch die **Meeresströmungen** zum Energieaustausch zwischen hohen und niederen Breiten bei (vgl. M3, Seite 37). Allein mit dem Golfstrom gelangen jede Sekunde eine Milliarde Megawatt in den nordatlantischen Raum – das entspricht der thermischen Leistung von 25 000 Kernkraftwerken. Ohne den Golfstrom wäre es an den Küsten Norddeutschlands im Winter mindestens fünf Grad kälter und weite Teile Skandinaviens wären mit Eis bedeckt. Der Golfstrom, einer der schnellsten und mächtigsten Oberflächenströme der Erde, ist 50 bis 150 Kilometer breit und einige hundert Meter tief. In der Karibik wird das Wasser aufgeheizt und fließt dann, von Winden getrieben, Richtung Norden. Dabei fließt es teilweise so schnell, dass Segelschiffe ihre Geschwindigkeit verdoppeln können. Von der Höhe Neufundlands an fließt der Strom nach Nordosten über den offenen Ozean. Dabei mäandriert er wie ein Fluss und bildet riesige Wirbel, die Monate oder Jahre stabil bleiben können.

Angetrieben wird der Strom von den vorherrschenden Westwinden. Zunehmend wird er jedoch auch von einem Sog im Europäischen Nordmeer angezogen. Hier sinken pro Sekunde etwa 17 Millionen Kubikmeter Wasser nach unten – ungefähr 20-mal mehr, als sämtliche Flüsse der Erde führen.

Ursache dafür ist eine Veränderung von Temperatur und Salzgehalt. Auf dem Weg nach Norden gibt der Golfstrom immer weiter Wärme ab, zudem wird durch die ständige Verdunstung sein Wasser immer salziger. Beides zusammen macht das Wasser dichter und schwerer, sodass es schließlich nach unten bis in etwa 2000 bis 3000 Meter Tiefe sinkt. Dort fließt es dann in einer Tiefenströmung wieder äquatorwärts. Nach einigen Hundert bis Tausend Jahren steigt ein Teil wieder im Indischen oder Pazifischen Ozean an die Meeresoberfläche und fließt wieder Richtung Karibik.

Diese durch Unterschiede in Temperatur und Salzgehalt angetriebene **thermohaline Zirkulation** ist jedoch sehr störanfällig: Wenn durch verringerte Verdunstung oder größeren Süßwasserzufluss der Salzgehalt sinkt, kann die Strömung plötzlich zum Erliegen kommen. In wärmeren Phasen der letzten Eiszeit brach sie etwa sechsmal komplett zusammen.

Wie die Wind- so werden auch die Meeresströmungen durch den Coriolis-Effekt beeinflusst: In allen Ozeanen bilden sich riesige Wasserwirbel, die warmes Tropen-

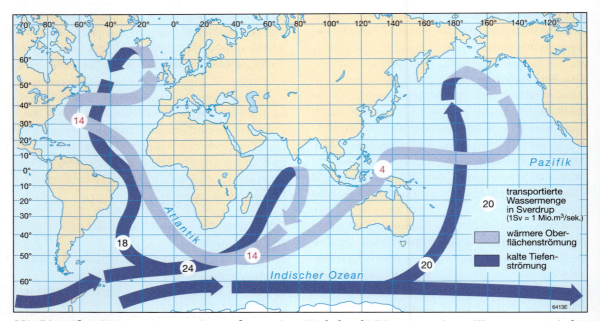

M1 Die größten Meeresströmungen im „großen marinen Förderband". Die transportierten Wassermengen sind so gewaltig, dass sie sich nur mit einer dafür geschaffenen Maßeinheit beziffern lassen, die nach dem norwegischen Ozeanographen Harald Sverdrup benannt ist: 1 Sverdrup (Sv = 1 Mio. m³/s).

Gewitter, Blitz und Donner

Eine typische Gewitterwolke bildet sich nach starker Erwärmung aus schnell aufsteigender, feuchtwarmer Luft. Bei Abkühlung mit zunehmender Höhe kommt es zur Kondensation und es bildet sich eine Quellwolke. Die frei werdende latente Wärme verstärkt den Auftrieb weiter. In großer Höhe kühlt die Luft so stark ab, dass sie wieder absinkt. So entstehen in der Gewitterwolke neben den Aufwinden auch starke Abwinde, die am Boden heftige Böen verursachen können. Innerhalb der Wolke bilden sich in den Turbulenzen große Wassertropfen, die von den Abwinden mitgenommen werden. So kommt es zu starken Niederschlägen.

Stoßen die Regentropfen auf Graupelkörner, die hochgewirbelt werden, findet ein Ladungsaustausch statt. Die Graupelkörner werden dabei positiv geladen, die Wassertropfen negativ. Nach einiger Zeit bilden sich innerhalb des Gewitters Räume mit stark unterschiedlichen Ladungen heraus: Der obere Rand der Wolke lädt sich nach und nach positiv, die Wolkenunterseite mit den schwereren Regentropfen negativ, der Erdboden wiederum positiv. Nun bauen sich gewaltige Spannungsunterschiede auf, die nicht selten mehrere Millionen Volt betragen können. Sie entladen sich in Blitzen. Im Bereich des Blitzes wird die Luft auf bis zu 30 000°C erhitzt. Dies führt zu explosionsartiger Ausdehnung der Luft, dem Donner.

Steigt keine Warmluft mehr auf, weil es durch Wind und Regen zum Temperaturausgleich gekommen ist, regnet sich die Gewitterwolke aus und löst sich auf.

M2 Blitze über Tucson (Arizona)

wasser immer an den Ostküsten der Kontinente entlang polwärts führen, während am Westrand kaltes Wasser äquatorwärts strömt.

Das Wasser in der Luft

Auch innerhalb der Atmosphäre ist das Wasser der wichtigste Energietransporteur. Bei der Aufheizung des Golfstroms im Golf von Mexiko verdunsten an einem heißen Tag stündlich etwa 21 Milliarden Liter Wasser. Die bei der Verdunstung eingesetzte Energie bleibt als **latente Wärme** im Wasserdampf enthalten. Vom Wind Tausende Kilometer weit transportiert, wird sie beim Regen über New York oder Pennsylvania wieder frei. Es wurde errechnet, dass 2,5 Zentimeter Regen etwa ebenso viel Energie frei machen können wie drei Tage Sonnenschein im selben Gebiet. Dieses Beispiel zeigt gut die Funktionsweise des globalen **Wasserkreislaufs** (vgl. Kapitel 1.4) Durch **Evaporation** (die Verdunstung freier Wasserflächen) oder die **Transpiration** von Fauna und Flora gelangt der Wasserdampf in die Atmosphäre. So kann eine ausgewachsene Buche an einem Sommertag bis zu 600 Liter Wasser an die Luft abgeben.

Grundsätzlich kann warme Luft deutlich mehr Wasser aufnehmen als kalte (M3). Die Energie, die eingesetzt wurde, um das Wasser vom flüssigen in den gasförmigen Zustand zu überführen, bleibt so lange als la-

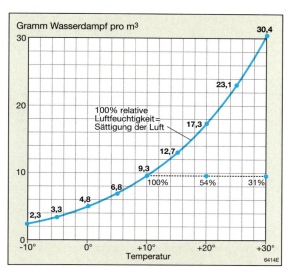

M3 Maximal möglicher Wasserdampfgehalt (Luft)

39

1.3 Klima – im Wandel

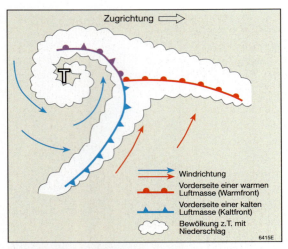

M1 *Wandernde Zyklone in der Frontalzone*

tente Energie im Wasserdampf gespeichert, bis es zur **Kondensation** kommt, das heißt zum Übergang des Wassers vom gasförmigen in den flüssigen Zustand. Damit dies geschieht, muss die Luft zunächst bis zum Kondensationspunkt abkühlen (Temperatur, bei der der Wasserdampf kondensiert). Das Wasser lagert sich dann an kleinsten, in der Luft befindlichen Partikeln (zum Beispiel Aerosole, Eiskristalle), den Kondensationskernen, an. Es bilden sich Wolken, Nebel, Regen oder Schnee.

Bei der Kondensation wird die latente Wärme freigesetzt und die umgebende Luft erwärmt. Daraus ergibt sich ein klimatisch bedeutsames Phänomen: Eine feuchte Luftmasse kühlt sich beim Aufstieg weniger schnell ab und heizt sich aber auch beim Absinken weniger schnell auf (0,4 bis 0,7 Grad Celsius pro hundert Meter) als eine trockene Luftmasse (circa ein Grad Celsius pro hundert Meter). Regional ist dies bedeutsam bei der Entstehung der Föhnwinde (M3).

Ob sich aus den kleinen Wolkentröpfchen dickere und schwerere Regentropfen bilden, hängt von der Menge des kondensierenden Wassers ab. Stößt zum Beispiel warme, feuchte Tropenluft in der Frontalzone auf eine sehr kalte arktische Luftmasse, dann kommt es zu sehr heftigen Niederschlägen. Sind die Temperaturunterschiede der aufeinandertreffenden Luftmassen nur gering, dann entstehen nur Wolken oder Nebel.

Die Niederschläge, die weltweit die unterschiedlichen Klimate bestimmten, entstehen grundsätzlich auf drei Arten:

1. Unterschiedlich temperierte Luftmassen stoßen aufeinander. Bei der Vermischung kommt es zur Abkühlung der wärmeren Luft und damit zur Kondensation. Solche Vorgänge spielen sich häufig in der Frontalzone in den dynamisch entstandenen Zyklonen ab. Sie saugen aus weitem Umkreis Luftmassen an und transportieren sie in die Höhe. So treffen warme und kalte Luftmassen zusammen und vermischen sich (M1).

2. Durch starke Erwärmung bildet sich ein thermisches Tief, in dem die Luft aufsteigt und abkühlt, bis es zur Kondensation kommt. So ist es zum Beispiel bei sommerlichen Hitzegewittern der Fall. Eine Gewitterwolke kann durchaus 1000 Tonnen Wasserdampf enthalten.

3. Eine Luftmasse wird durch ein Gebirge zum Aufsteigen gezwungen, dabei kommt es an der Luv-Seite nach dem Erreichen des Kondensationspunktes zur Wolkenbildung und zu Stauregen. An der Lee-Seite entstehen dann häufig Föhnwinde (M2, vgl. auch Kapitel 1.7).

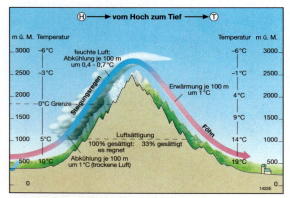

M2 *Steigungsregen und Föhneffekt*

1. Beschreiben Sie die Funktionsweise des „großen marinen Förderbandes".
2. Weisen Sie den Einfluss von Meeresströmungen auf das Klima anhand einer Atlaskarte zur globalen Temperaturverteilung nach.
3. Erklären Sie auf Basis von M2 die wichtigsten Gesetzmäßigkeiten im Bereich Niederschlag, Temperatur und Druck.
4. Erläutern Sie die im Satellitenbild erkennbaren Wolkenformationen über Europa und Nordafrika.

40

M3 Europa und Nordafrika – mit allen Formen von Niederschlag

1.3 Klima – im Wandel

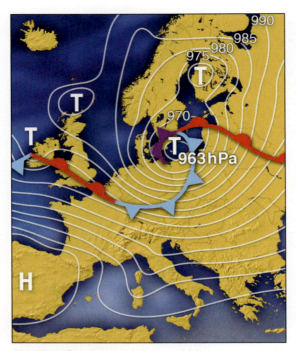

M1 Wetterkarte vom 18. Januar 2007

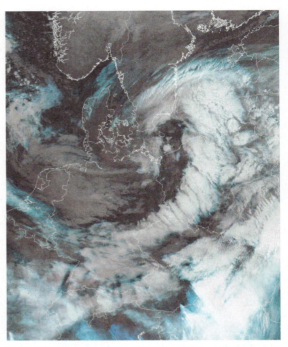

M2 Orkantief „Kyrill" – eine Satellitenaufnahme

Schon seit dem Jahreswechsel 2006/2007 herrschte eine sehr zonale Westwetterlage, bei der in rascher Folge Sturmtiefs über Deutschland hinwegzogen. Der Höhepunkt der Sturmtätigkeit wurde mit dem Orkantief „Kyrill" am 18. Januar 2007 erreicht. Im Zentrum des Tiefs über Dänemark sank der Luftdruck dabei bis auf 963 hPa und der Sturm erfasste das gesamte Land von der Küste bis zu den Alpen. Die höchste Windgeschwindigkeit wurde auf dem Wendelstein mit 202 km/h erreicht, aber auch im Flachland wurde verbreitet Windstärke 12 (zum Beispiel Berlin-Adlershof mit 146 km/h) gemessen. Erstmals in der Geschichte der Bundesrepublik stellte die Bahn AG ihren Betrieb im ganzen Land ein. Das Tief ließ sich schon Tage zuvor gut prognostizieren, mithilfe der Unwetterzentrale mit Sitz in Bad Nauheim (Hessen) konnte eine sehr genaue Abschätzung der zu erwartenden Windgeschwindigkeiten und damit der möglichen Gefahren und Schäden gemacht werden.

Sven Plöger, meteomedia

M3 Wettersituation des Orkantiefs „Kyrill"

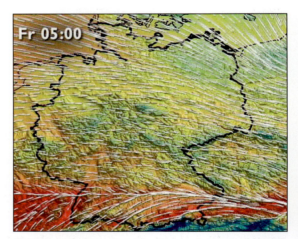

M4 Stromlinien – Ausschnitt aus der Fernsehwetterkarte. Im Strömungsbild werden Richtung und Geschwindigkeit der Luftströmung durch Pfeile dargestellt (je länger desto windiger). Die Farben zeigen die Temperatur der Luftmasse (je rötlicher desto milder). „Kyrill" liegt zu diesem Zeitpunkt über der Ostsee und führt hier zu einem nordwestlichen Wind. Gut zu erkennen sind auch Taleinschnitte, wie zum Beispiel das Donautal, wo eine Konvergenz stattfindet und somit die Luft stark beschleunigt wird.

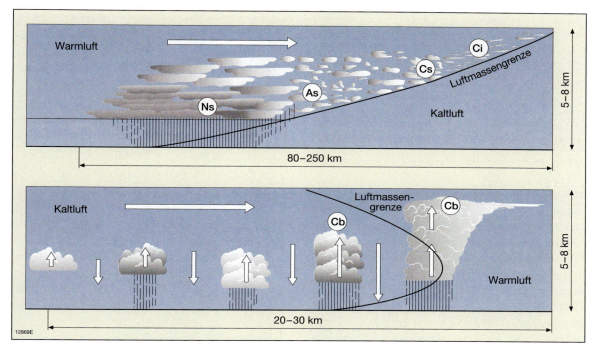

M5 *Schnitt durch die Warm- und Kaltfront einer Idealzyklone*

Mitteleuropa – Durchzug einer Zyklone

Wenn der Kern eines Tiefdruckgebietes nördlich von uns beispielsweise über die südliche Nord- und Ostsee von Westen nach Osten zieht, ergibt sich für den Beobachter in Mitteleuropa im Idealfall eine Abfolge von bis zu fünf verschiedenen Wettersituationen (M1, S. 42).

Auf der Vorderseite herrscht in der Regel ruhiges wolkenarmes Wetter. Häufig kommt es dabei unmittelbar vor der Warmfront über einige Stunden zu einem Absinken der Luft mit der Auflösung aller Wolken.

Die **Warmfront** selbst ist eine sehr flach ansteigende Grenzfläche, an der die von Süden in die Zyklone einströmende Warmluft auf die vor ihr liegende Kaltluft aufgleitet und gleichzeitig zum Zentrum der Zyklone geführt wird. Die Schichtung der Luft ist dabei stabil mit einer charakteristischen Abfolge von Schichtwolken: Sie reicht von einzelnen Federwolken (Cirrus) in der oberen Troposphäre über hohe Schleierwolken (Cirrostratus) und mittelhohe Schichtwolken (Altostratus) bis hin zu einheitlich dunkelgrauen Regenwolken (Nimbostratus), aus denen es mehrere Stunden gleichförmig regnet (Landregen). Dabei sinkt die Untergrenze der Wolken ständig. Ihre vertikale Mächtigkeit nimmt zu. Bis zum Durchzug der Warmfront beim Beobachter am Boden nimmt der Luftdruck ab, weil sich immer mehr leichtere Warmluft keilförmig über die schwere Kaltluft schiebt. Die Temperatur bleibt fast unverändert.

Innerhalb des **Warmsektors**, dem Bereich zwischen Warm- und Kaltfront, hat sich die Warmluft vollständig durchgesetzt. Der Niederschlag geht deutlich zurück. Es ist nur noch wechselnd bewölkt mit einzelnen Stratocumuluswolken.

Mit dem Herannahen der **Kaltfront** entsteht ein völlig anderes, ein konvektives Wettergeschehen. Die Schichtung der Luft ist labil, außerdem hebt die in der unteren Troposphäre einströmende Kaltluft die warme, wasserdampfreiche Luft stark an. Insgesamt ergibt sich so ein starker Vertikalaustausch mit hochreichenden Quellwolken (Cumulonimben), im Sommer häufig mit Gewitter und gelegentlich auch Hagel. Die Niederschläge an der Kaltfront fallen als heftige Schauer von in der Regel weniger als einer Stunde Dauer. Beim Durchgang der Kaltfront steigt der Luftdruck kräftig an, der Wind nimmt an Heftigkeit zu, die Temperatur sinkt spürbar ab.

Im „Rückseitenwetter" hinter der Kaltfront klingt das konvektive Geschehen mit einzelnen Schauern allmählich aus. Dazwischen sind Abschnitte mit sehr klarer Luft und ausgezeichneter Fernsicht.

1.3 Klima – im Wandel

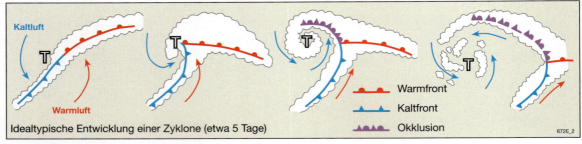

M1 Idealtypische Entwicklung einer Zyklone (etwa fünf Tage)

Mitteleuropa – mit unterschiedlichen Wetterlagen

Das Wetter in Mitteleuropa wird geprägt durch eine Vielzahl von Großwetterlagen. Dabei handelt es sich um Luftmassen aus unterschiedlichen Herkunftsgebieten und mit unterschiedlichen Eigenschaften. Gesteuert werden diese Luftmassen durch großräumig verteilte Hoch- und Tiefdruckgebiete. Die Luftmassen, die zu den unterschiedlichen Wetterlagen in Mitteleuropa beitragen, sind im Wesentlichen geprägt durch ihre Temperatur und ihren Feuchtigkeitsgehalt. Diese beiden Parameter hängen entscheidend vom Entstehungsgebiet und dem Wanderweg der Luftmassen ab. Danach werden kalte Polarluftmassen aus dem Norden und warme Tropikluftmassen aus dem Süden unterschieden, getrennt durch die **Polarfront**, also die polwärtige Begrenzung der Tropikluft. Bei maritimer Prägung sind die Luftmassen feucht, bei kontinentaler trocken. Die im Herkunftsgebiet der Luftmassen erworbenen Eigenschaften wirken sich je nach Jahreszeit und Wanderweg unterschiedlich in Mitteleuropa aus; sie verändern sich umso stärker, je weiter ihr Weg ist.

Der in Mitteleuropa am häufigsten vorkommende Typ einer Wetterlage ist der zyklonale Westwetterlagentyp. Ihn kennzeichnen wandernde **Zyklonen** mit wechselndem Wettergeschehen. In den wenigen Tagen von der Entstehung einer Zyklone bis zur **Okklusion** (Zusammenfall der Fronten) in Bodennähe (M1) kommt es zur Ausbildung von Regen bringenden Warm- und Kaltfronten. Wegen der Corioliskraft drehen sich auf der Nordhalbkugel Zyklonen gegen und **Antizyklonen** mit dem Uhrzeigersinn.

Den Zyklonen ist es zu verdanken, dass ein Großteil der Energie aus dem äquatorialen Überschussgebiet in das polare Defizitgebiet transportiert wird und Wasserdampf vom Meer auf das Land gelangt.

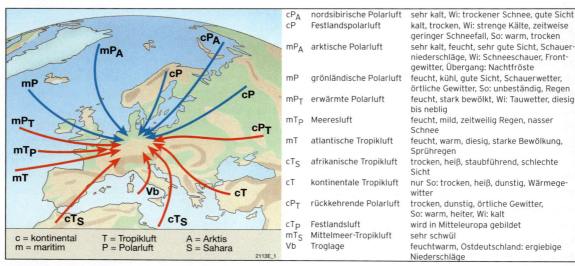

M2 Luftmassen in Europa und deren Eigenschaften

Klimaklassifikationen – Klimazonen

Das komplexe Zusammenwirken der Elemente des globalen Klimasystems führt überall zu ganz speziellen regionalen bzw. lokalen Ausprägungen des Klimas (vgl. auch S. 47 (Fokus) und S. 43–44).

Grundsätzlich lassen sich maritime und kontinentale Klimate unterscheiden, wobei zu den schon beschriebenen thermischen Merkmalen beim maritimen Klima noch die typisch höhere Zahl von Regentagen kommt.

Außerdem kann das Klima noch nach dem Verhältnis von Verdunstung und Niederschlag eingeteilt werden. Liegt die Verdunstung höher als der Niederschlag, bedeutet das **Aridität** (arid = trocken), eine geringere Verdunstung als der Niederschlag steht für **Humidität** (humid = feucht).

Über diese Grobeinteilung hinaus lassen sich Gebiete mit ähnlichen klimatischen Gegebenheiten zu **Klimazonen** zusammenfassen.

Dazu gibt es unterschiedliche Modelle: Die genetischen Klimaklassifikationen gehen bei der Gliederung der Erde von der Entstehung der Klimate aus. Die Gliederung der Erde in Wind- und Druckgürtel ist eine solche (grobe) genetische Klassifikation.

Die effektiven Klimaklassifikationen beschreiben die Ergebnisse und Auswirkungen der klimatischen Vorgänge. Dabei geht man meist von den effektiv herrschenden klimatischen Bedingungen aus, das heißt vor allem von den sich jahreszeitlich verändernden Werten der Lufttemperatur und des Niederschlags.

Ein Beispiel für eine effektive Klimaklassifikation ist die von Wladimir Köppen. Er erfasst zum einen die jahreszeitliche Verteilung von Temperatur und Niederschlag und berücksichtigt zum anderen bei der Abgrenzung der Klimazonen auch den Zusammenhang zwischen Klima und Vegetation.

1. Beschreiben Sie anhand der mit Csa gekennzeichneten Regionen, welche Kriterien Köppen bei seiner Klimaklassifikation berücksichtigt.
2. Vergleichen Sie die Einteilung Köppens mit einer anderen (Atlas) und beschreiben Sie an Beispielen aus Afrika und Europa, wo es in der Abgrenzung der Zonen Gemeinsamkeiten und wo es Unterschiede gibt.

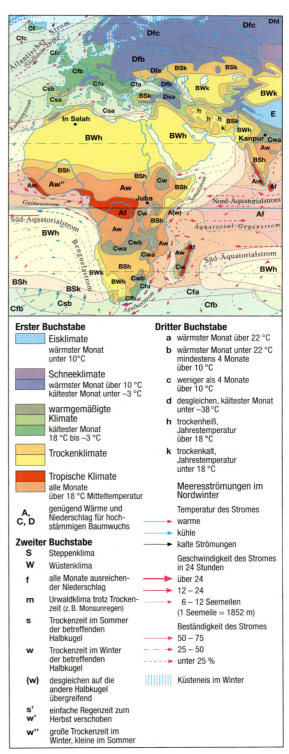

M3 Klimaklassifikation nach Köppen

M1 Dürre in Indien

M2 Überschwemmungen im Süden Chinas

Der Klimawandel und mögliche Folgen

Sicher ist: Die globale Durchschnittstemperatur wird steigen, nach Berechnungen des IPCC (vgl. S. 49) um etwa 2 bis 4,5 °C. Sicher ist auch: Die Temperaturen werden sich regional sehr unterschiedlich entwickeln. Weitgehend unsicher ist jedoch, wie die anderen Geoökofaktoren im globalen Ökosystem reagieren werden. Folgende Auswirkungen gelten als wahrscheinlich:

- Es wird häufiger zu Wetterextremen und damit verbundenen Naturkatastrophen kommen: zu Dürreperioden, Überschwemmungen, Hitze- und Kälteperioden sowie starken Stürmen.
- Durch die weitere Erwärmung des Ostpazifik könnten El-Niño-ähnliche Zustände der Regelfall werden (vgl. Fokus S. 47).
- Der Monsun in Südasien wird sich verstärken und es wird häufiger zu extremen Monsunregen kommen.
- Große Permafrost-Gebiete und das darin gefrorene Methanhydrat tauen auf, dadurch werden große Mengen Methan freigesetzt.
- Die Ozeane erwärmen sich. Allein die thermisch bedingte Volumenzunahme des Wassers wird den Meeresspiegel bis 2100 um bis zu 43 cm steigen lassen.
- Durch das Schmelzen des Inlandeises (zum Beispiel in Grönland oder der Antarktis) werden Landflächen frei und die Albedo verändert sich.
- Durch das geschmolzene Süßwasser wird der Salzgehalt des Meeres gesenkt – mit Auswirkungen auf die thermohaline Zirkulation.
- Die Klima- und Vegetationszonen verschieben sich.

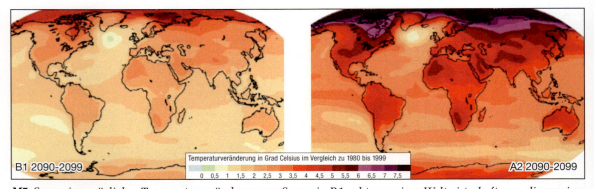

M3 Szenarien möglicher Temperaturveränderungen: Szenario B1 geht von einer Weltwirtschaft aus, die weniger energieintensiv ist als die heutige. Der technologische Fortschritt macht neue, CO_2-arme Energiequellen nutzbar. Szenario A2 geht von einer Welt aus, in der die heutige Energieversorgung weitgehend bestehen bleibt.

Fokus

Klimaphänomene im Wandel

Der südasiatische Monsun – verstärkt?

Mit dem Höchststand der Sonne verlagert sich die ITC. Polwärts am weitesten gelangt sie über dem indischen Subkontinent. Hier kommt es innerhalb der Tropen zur stärksten Ausprägung von **Monsunen**.
Durch die Verlagerung der ITC nach Norden strömen die aus Südosten wehenden Passatwinde über den Äquator hinaus: Es entsteht der Südwestmonsun. Dessen warme Luftmassen nehmen über dem Arabischen Meer viel Feuchtigkeit auf. Diese geben sie über dem Land, vor allem an den Gebirgshängen, wieder ab. Mit der Verlagerung der ITC wandert auch die den Monsun kennzeichnende Regenfront (Zenitalregen) nach Norden.
Im Herbst und Winter verlagert sich die ITC wieder nach Süden und Indien gerät unter den Einfluss kalter, trockenen Festlandsluft aus dem asiatischen Kontinent (Wintermonsun). Nur die Luftmassen, die über den Golf von Bengalen strömen, bringen dem Osten Südindiens und Sri Lanka noch relativ hohe Niederschlagsmengen.

El Niño – der Regelfall?

Wenn die Druckdifferenz zwischen dem südostpazifischen Hoch und dem indonesischen Tief nicht wie gewöhnlich deutlich ausgeprägt ist, dann kann es passieren, dass das warme Oberflächenwasser des Pazifik mit dem äquatorialen Gegenstrom an die peruanisch-ecuadorianische Küste zurückfließt. Hier kommt es zu hohen Niederschlägen in den ansonsten trockenen Küstengebieten.
Die Folgen der Luftdruck- und Wassertemperaturveränderungen (El Niño) zeigen sich weltweit, etwa durch plötzlich auftretende Nässe und Kälte in Florida oder verheerende Dürren in Australien, Südostasien und Teilen Afrikas.

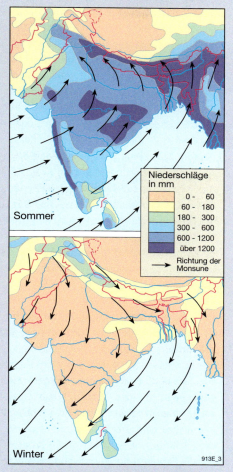

M4 Monsun: Winde und Niederschlagsverteilung in Südasien

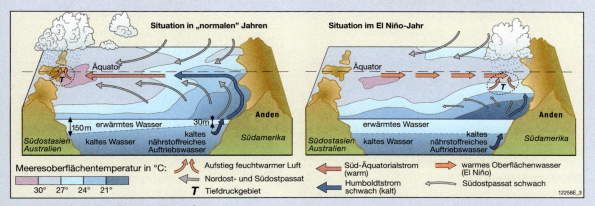

M5 Normale und „El Niño"-Wetterlage

Herr Professor Rahmstorf, Sie sind Mitautor des neuen Berichtes des IPCC zum Klimawandel. Wie sicher ist es, dass es einen Klimawandel gibt und die vielen beobachteten Phänomene wie Hitzeperioden und starke Stürme nicht reine Zufälligkeiten sind?
Dass wir mitten in einer raschen globalen Erwärmung stecken, ist hervorragend belegt. Die Messungen der Wetterstationen weltweit zeigen, dass in den letzten hundert Jahren die Temperatur im globalen Mittel um 0,7 Grad Celsius angestiegen ist. Gemessen wird auch eine ähnliche Erwärmung der Ozeane. Die Gebirgsgletscher gehen fast überall auf der Erde zurück – in den Alpen ist bereits die Hälfte der Gletschermasse weg. Und selbst vom Weltall aus ist deutlich das Schrumpfen der Meereisdecke auf dem arktischen Ozean zu sehen. Auch in der Tier- und Pflanzenwelt gibt es inzwischen deutliche Veränderungen, so beginnt der Blattaustrieb im Frühling jetzt schon eine Woche früher als vor zwanzig Jahren.

Können es nicht doch auch natürliche Ursachen sein, zum Beispiel eine Veränderung der Sonnenaktivität?
Die Sonnenaktivität wird ja gemessen und hat seit 50 Jahren gar nicht zugenommen. Auch die Erdbahnzyklen, die den Wechsel zwischen Eiszeiten und Warmzeiten in der Erdgeschichte verursachen, können die derzeitige Erwärmung nicht erklären. Es gibt in der Fachliteratur keine seriöse alternative Erklärung für die Erwärmung, auch wenn man in den Medien manchmal dergleichen liest. Aber das Wichtigste ist: wir wissen ja, dass wir Menschen die CO_2-Konzentration bereits um ein Drittel erhöht haben, sie ist jetzt weit höher als jemals in den letzten 650 000 Jahren. Und dass dies zu einer Erwärmung des Klimas führen muss, ist schon seit dem 19. Jahrhundert physikalisch verstanden und außerdem durch die Erdgeschichte immer wieder bestätigt. Was die Physik vorhersagt, tritt derzeit auch genau ein.

Ihr Spezialgebiet ist die Meeresforschung. Über den Anstieg des Meeresspiegels werden sehr unterschiedliche Aussagen gemacht. Welche Bedeutung hat dies für Deutschland?
Der Meeresspiegel ist in den letzten 100 Jahren um knapp 20 Zentimeter gestiegen. Die weitere Vorhersage ist sehr ungenau, weil die Reaktion der großen Eismassen in Grönland und der Antarktis auf die Erwärmung schwer berechenbar ist. Bis 2100 rechnet man global mit etwa einem halben Meter Anstieg – wenn die Eismassen ins Rutschen kommen, könnte es aber deutlich mehr sein. Für Deutschland kommen noch zwei Dinge hinzu: Im ganzen nördlichen Atlantikraum wird mit einem überdurchschnittlichen Anstieg gerechnet, etwa 10 bis 20 Zentimeter mehr als im globalen Mittel. Und bei uns sinkt außerdem das Land an den Küsten etwas ab, das ist noch eine Folge vom Ende der letzten Eiszeit. Es könnte an unseren Küsten also auch einen Meter Anstieg in diesem Jahrhundert geben. Längerfristig, über mehrere Jahrhunderte, dürften es sogar mehrere Meter werden, wenn wir nicht entschlossen handeln.

Könnten sie drei Maßnahmen nennen, die für Sie persönlich ein Beitrag zum Klimaschutz wären?
Die Effizienz, mit der wir Energie nutzen, kann drastisch erhöht werden – durch sparsamere Geräte, Wärmedämmung an Häusern usw. Wir verschwenden immer noch den größten Teil der Energie durch schlechte Technik. Die Energieversorgung kann auf erneuerbare Energiequellen umgestellt werden – Wind, Sonne, Meeresenergie, Biomasse. Und jeder einzelne hat durch seinen Lebensstil seine eigene Klimabilanz in der Hand – man kann zum Beispiel mit dem Fahrrad fahren, wenig Fleisch essen und auf Fernflüge verzichten.

Stefan Rahmstorf
Professor für Physik der Ozeane an der Universität Potsdam, Leiter der Abteilung Klimasystem am Potsdam-Institut für Klimafolgenforschung und Mitglied des Wissenschaftlichen Beirats der Bundesregierung zu globalen Umweltveränderungen (WBGU).

M1 Interview mit Professor Rahmstorf (22.03.2007, geführt mit dem Herausgeber)

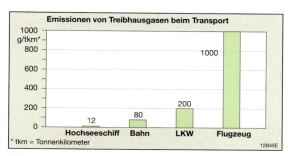

M2 Emissionen von Treibhausgasen beim Transport

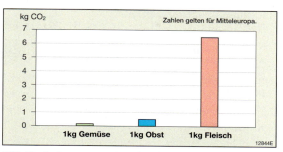

M3 Emissionen von CO_2 bei der Produktion

Was ist zu tun?

Dem Klimarat der Vereinten Nationen, dem Intergovernmental Panel on Climate Change (IPCC), gehören Hunderte Klimaforscher sowie Wissenschaftler und Experten der unterschiedlichsten Fachrichtungen an. Seit seiner Gründung 1988 beschäftigt er sich mit den wissenschaftlichen Aspekten des Klimawandels, der Verwundbarkeit ökologischer und sozioökonomischer Systeme durch den Klimawandel und Maßnahmen zur Eindämmung des Klimawandels.

Sein vierter Bericht von 2007 erregte weltweites Aufsehen: Das erste Mal wurde auch festgestellt, dass der momentane Klimawandel anthropogen verursacht ist, dass der Mensch nicht nur dem Klima ausgesetzt ist, sondern es aktiv verändert.

Mit mehr als 20 hoch komplexen Klimamodellen haben 600 Wissenschaftler mögliche Klimaentwicklungen bis zum Ende des Jahrhunderts berechnet. Sie spielten verschiedene Szenarien durch (vgl. M3, Seite 46), in denen sie unterschiedliche soziale, ökonomische und ökologische Entwicklungen zugrunde legten.

Dabei wurde deutlich, dass zwar die Temperaturen auf jeden Fall weiter steigen werden, dass aber bis 2020 noch eine Trendwende möglich ist. Ob dies gelingt, dafür ist vor allem eine nachhaltige Lebensweise mit einer deutlichen Reduktion der Treibhausgase entscheidend. Wichtige Maßnahmen sind:

- Steigerung der **Energieeffizienz**: Mit der eingesetzten Energiemenge muss mehr Leistung erbracht werden (zum Beispiel Kraftwerke mit höherem Leistungsgrad, Kraft-Wärme-Kopplung, Nutzung von Abwärme in der Industrie);
- Einsparung von Energie, vor allem im Bereich der Verkehrsmittel (zum Beispiel Kraftstoff sparende Motoren, Ausbau und Nutzung öffentlicher Verkehrsmittel, Vermeidung von Transporten, Wärmedämmung);
- Nutzung regenerativer Energien (zum Beispiel Sonne, Wind, Erdwärme);
- Verringerung der Methan-Emissionen aus der Bewässerungslandwirtschaft (zum Beispiel Anbau von Trockenreis statt Wasserreis, Neuzüchtung ertragreicherer Trockenreissorten);
- Umstellung der Ernährungsgewohnheiten, vor allem in den Industrieländern: Häufigere Nutzung von vegetarischen und von regional erzeugten Nahrungsmitteln, da diese deutlich weniger zur CO_2-Belastung der Atmosphäre beitragen.
- Verringerung der CO_2-Emissionen durch modernste Techniken wie CO_2-Abscheidung und unterirdische Endlagerung (CO_2-Sequestrierung).

Die 1997 im Protokoll von Kyoto vereinbarte Verringerung der Emissionen von Treibhausgasen ist ein erster Schritt in Richtung auf eine nachhaltige Entwicklung. Doch der Leiter des Umweltprogramms der Vereinten Nationen, Achim Steiner, nimmt jeden einzelnen in die Verantwortung: „*Jeder Mensch kann, wenn er morgens vor die Tür tritt, Entscheidungen treffen, die weit über alle Klimaschutzverträge der Regierungen hinausgehen, er kann sich für Verhaltensweisen und Produkte entscheiden, die den Ausstoß an Treibhausgasen verringern.*"

1. Recherchieren Sie in verschiedenen Medien eine der möglichen Folgen des Klimawandels genauer, stellen Sie Ihre Ergebnisse in einer Grafik (Wirkungsschema, Mindmap) dar und referieren Sie Ihre Ergebnisse.

2. Erläutern Sie anhand zweier Raumbeispiele die beiden Szenarien (M3, Seite 46).

3. Fassen Sie die Aussagen von Professor Rahmstorf thesenartig zusammen.

4. Diskutieren Sie, welches die drei wichtigsten Maßnahmen zum Klimaschutz sein könnten.

1.3 Klima – im Wandel

Raumbeispiel: Deutschland

Der Klimawandel wird auch für Deutschland tief greifende Veränderungen mit sich bringen. Vor allem die Niederschläge, die Temperaturen und die Windverhältnisse werden sich verändern – von Region zu Region sehr unterschiedlich. Damit wird auch eine wirtschaftliche Veränderung vonstatten gehen, sowohl in der Landwirtschaft als auch im Tourismus, sowohl zum Positiven als auch zum Negativen. Das Deutsche Institut für Wirtschaftsforschung (DIW) rechnet damit, dass bis zum Jahr 2050 in Deutschland 800 Milliarden Euro Kosten für Schadenbewältigung und Schutzmaßnahmen (zum Beispiel Deiche) entstehen könnten.
Als eine der führenden Industrienationen innerhalb der EU und weltweit wird Deutschland aber auch seiner Verantwortung bei der Verminderung der Treibhausgase gerecht werden müssen. Zum einen indem die Emission von Treibhausgasen vermindert wird, zum anderen indem neue Technologien entwickelt werden, um den Klimawandel und seine Auswirkungen zu begrenzen. Letzteres könnte wiederum positive Effekte für die deutsche Wirtschaft mit sich bringen. So liegt im Klimawandel für Deutschland sowohl eine Bedrohung als auch eine Herausforderung und Chance.

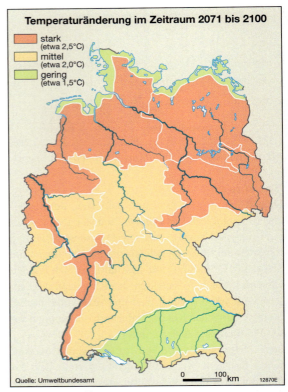

M1 Mögliche Änderungen der Temperatur

M2 Im Klimawandel – *Auswirkungen*

„Europas Winter werden tendenziell milder und feuchter, und der Kontinent erlebt immer häufiger sommerliche Hitzeperioden. Wie jene im Jahr 2003, die zwischen Helsinki und Rom vermutlich 35000 Menschen das Leben kostete und unter Experten als eine der größten europäischen Naturkatastrophen seit Menschengedenken gilt.
‚Hitzewellen wie die von 2003 werden keine Ausnahme bleiben', so Hans Joachim Schellnhuber, der Direktor des Potsdam-Instituts für Klimafolgenforschung (PIK), ‚in etwa 80 Jahren kann jeder zweite Sommer so aussehen.' (...)
Nach Berechnungen des Deutschen Instituts für Wirtschaftsforschung könnten die direkten Schäden durch extreme Wetterereignisse in Deutschland bis 2050 auf jährlich 27 Milliarden Euro ansteigen. (...) 2005 wurden in Europa erstmals zwei Hurrikans beobachtet – ‚ein Phänomen, mit dem bisher niemand gerechnet hatte', so Schellnhuber. Versicherungsexperten erwarten daher steigende Prämien.

Der Bodensee ist vom Klimawandel besonders betroffen: In den kommenden 50 Jahren wird dort ein mittlerer Temperaturanstieg um 1,7 °C erwartet. Im See haben sich bereits neue Tierarten angesiedelt. Zudem bringt die Verschiebung der Jahreszeiten die fein austarierten Beziehungen in der Natur aus dem Lot: Kabeljau laicht nun so früh, dass noch kein Plankton zur Ernährung der Jungtiere vorhanden ist.
Ökologen sehen in Mitteleuropa auch mehr als die Hälfte der heimischen Pflanzenarten bedroht. Besonders betroffen sind die Alpen. Diese könnten Ende des 21. Jahrhunderts eisfrei sein. Während der Wintertourismus in den Alpen extreme Rückschläge wird hinnehmen müssen, könnten die Küstengebiete Norddeutschlands im Sommer wesentlich attraktiver werden: Im zunehmend heißen und trockenen Spanien wird starker Wassermangel herrschen, gleichzeitig wird mehr Strom zur Kühlung gebraucht, wobei aber Kraftwerke wegen Kühlwassermangel abgeschaltet werden müssen."

(nach: Der überheizte Planet. In: GEO kompakt Nr. 9, Wetter und Klima, Hamburg 2006, S.118–126)

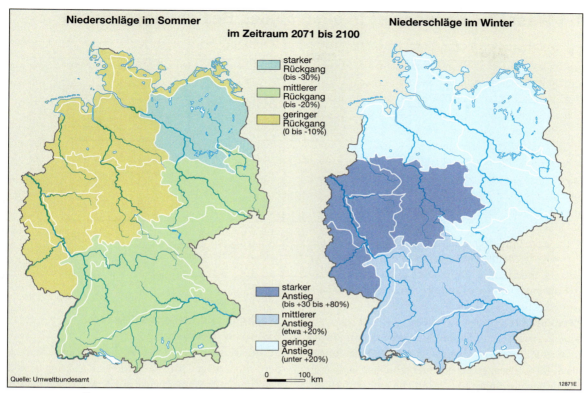

M3 Mögliche Änderungen der Niederschläge

M4 Im Klimawandel – Reaktionen

„Es ist bislang noch keiner Volkswirtschaft gelungen, das Wirtschaftswachstum von den CO_2-Emissionen zu entkoppeln. Aber wir vertrauen auf die innovative Kraft von Marktwirtschaft. Marktwirtschaften können ungeheuer flexibel reagieren, wenn es neue Herausforderungen gibt. Wir stehen heute vor einer industriellen Revolution.

Heute ist das Emittieren von CO_2 noch kostenlos, jeder kann die Atmosphäre kostenlos nutzen. Wenn die Emission von CO_2 einen Preis bekäme, würden die Unternehmen ihre Investitionsrechnungen neu auflegen. Dann würden Kohlekraftwerke nicht mehr rentabel sein, dann könnte sich die Energieeffizienz viel mehr lohnen und dann könnten findige Ingenieure mit CO_2-Einsparung Geld verdienen. Das können sie heute nicht.

Wir müssten sofort unsere Investitionen umstrukturieren. Was die Emissionen anbelangt, so müssen sie bis 2020 / 2030 stabilisiert und danach abgesenkt werden.

Als die Löhne gestiegen sind, ist die Arbeitseffizienz gestiegen, es gibt keinen Grund, warum die Energieeffizienz nicht auch steigt, wenn CO_2 einen Preis bekommt."

(Quelle: Edenhofer, O., Potsdam-Institut für Klimaforschung, Mitautor des IPCC-Berichts 2007. In: Tagesthemen, 22.02.2007, 22.15 Uhr)

1. Erläutern Sie auf der Basis zusätzlicher, aktueller Materialien
a) Anzeichen des Klimawandels in Deutschland,
b) Maßnahmen der EU und der Bundesregierung zum Klimaschutz.
2. a) Diskutieren Sie, mit welchen Maßnahmen Sie selbst zum Klimaschutz beitragen könnten.
b) Erstellen Sie zu dieser Thematik eine Umfrage in Ihrem Bekanntenkreis und präsentieren Sie die Ergebnisse.

1.4 Wasser – eingebettet in ein globales Beziehungsgeflecht

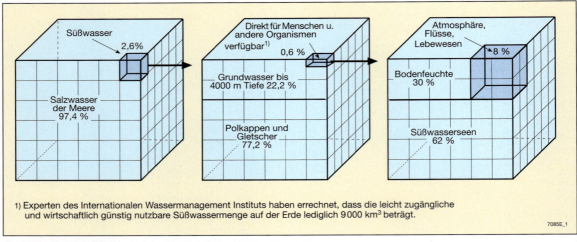

1) Experten des Internationalen Wassermanagement Instituts haben errechnet, dass die leicht zugängliche und wirtschaftlich günstig nutzbare Süßwassermenge auf der Erde lediglich 9000 km³ beträgt.

M1 Wasservorkommen auf der Erde (schematische Darstellung)

Wasser – knapp und kostbar

Von den rund 1,4 Milliarden Kubikkilometern Wasser unseres Planeten stehen nicht einmal drei Hundertstel als Süßwassermenge für den menschlichen Gebrauch zur Verfügung. Steigende Ansprüche an Komfort und Hygiene sowie ein anhaltendes Bevölkerungswachstum haben die für jeden Einzelnen rein rechnerisch zur Verfügung stehende Wassermenge schrumpfen lassen. Während um Christi Geburt die vorhandene Wassermenge etwa 250 Millionen Menschen zur Verfügung stand, müssen sich heute mehr als sechs Milliarden Menschen dieselbe Menge teilen.

Weltweit gesehen ist Wasser zu einem knappen Gut geworden. **Wasserknappheit** (das heißt weniger als 1700 Kubikmeter durch Niederschläge und unterirdischen Zufluss erneuerbares Wasser pro Kopf und Jahr; darin sind alle Nutzungen inkl. der Bewässerungslandwirtschaft enthalten) ist weltweit stark verbreitet. **Wasserarmut** und **Wassermangel** (weniger als 1000 bzw. 500 Kubikmeter erneuerbares Wasser pro Kopf und Jahr) nehmen ständig zu. Nach einer FAO-Studie wird im Jahre 2025 ein Drittel aller Menschen weniger als 1000 Kubikmeter erneuerbares Wasser pro Kopf und Jahr zur Verfügung haben. Dies gilt besonders für Trockenregionen, die heute schon auf die Versorgung durch **Fremdlingsflüsse** angewiesen sind. Wassermangel schränkt nicht nur die Nahrungsmittelproduktion ein, er bedroht auch die Hygiene und Gesundheit der Menschen.

Stehende und fließende Gewässer – Süßwasserökosysteme

Süßwasserseen bilden sich in geschlossenen Senken der Erdoberfläche, wo die Verdunstung gering ist und der Zufluss die Wassermenge erhält. Mit zunehmender Tiefe verändern sich hier die Temperatur- und Lichtverhältnisse sowie der Gehalt an Gasen, gelösten Stoffen und Organismen. Je nach Entstehungsart spricht man von Seen tektonischen, glazialen oder vulkanischen Ursprungs, von **Karstseen** oder **Stauseen**.

Flüsse und Bäche überziehen netzartig die Erdoberfläche. Größere Flüsse bilden mit ihren Nebenflüssen ein **Flusssystem**. Der Wechsel von Niedrig- und Hochwasser im Jahresgang eines Flusses wird von den Niederschlägen im Einzugsgebiet der Flüsse und von der Verdunstung beeinflusst. Extrem hohe Niederschläge oder eine rasche Schneeschmelze können das Flusswasser weit über seinen normalen Pegelstand hin anschwellen lassen und zu Hochwassern führen. Dazu tragen auch weitflächige Versiegelungen und Rodungen bei, die beide zu einem verstärkten oberirdischen Wasserabfluss und damit zu einer geringeren Versickerungsrate führen. Auch Deichbauten und Flussbegradigungen, wie zum Beispiel die des Rheins, begünstigen die Entstehung von Hochwasser. Sie verkürzen den Flusslauf, führen zum Rückgang der natürlichen Überflutungsgebiete und erhöhen zusätzlich die Abfließgeschwindigkeit des Wassers (vgl. Kapitel 1.7).

Zwischen dem Canal du Rhône à Sète und der Grand Rhône erstreckt sich mit der Camargue der zentrale Teil des Rhônedeltas. Seit rund 10 000 Jahren lagert der Fluss hier Material im Mündungsbereich ab; gröberes Material an der landwärtigen Wurzel, Schwemmstoffe an den Rändern. Die Ablagerungen haben zu Stromverlagerungen und durch die Meeresströmung zu Lagunen geführt. Diese Vorgänge haben die Küstenlinie nach Süden verlagert. Heute ist die Camargue ein Parc Naturel Régional. Zahlreiche Touristen erleben hier, wie die menschliche Nutzung (Salzgewinnung, Reis- und Weinanbau; Rinder- und Pferdehaltung) und die natürlichen Lebensräume für zum Teil seltene Pflanzen und Tiere relativ harmonisch nebeneinander existieren können.

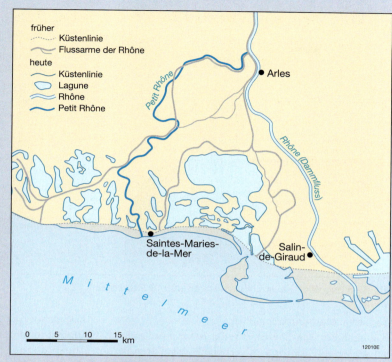

M2 *Verlauf von Rhônearmen und Küstenlinien im Mittelalter*

Die vielgestaltigen Mündungen der Flüsse ins Meer reichen von Trichtermündungen (Ästuar) wie bei der Elbe über Fjorde (ehemalige einszeitliche Trogtäler, wie zum Beispiel in Norwegen) bis hin zu **Deltas** (vgl. S. 70). Dies sind fächerartige Aufschüttungen sedimentreicher Flüsse in Mündungsgebieten mit geringem Gezeitengang. Wasser und Boden in den Deltas sind sehr nährstoffreich; hier finden sich einzigartige Lebensgemeinschaften, wie zum Beispiel die Flamingos des Rhônedeltas. Deltagebiete wie

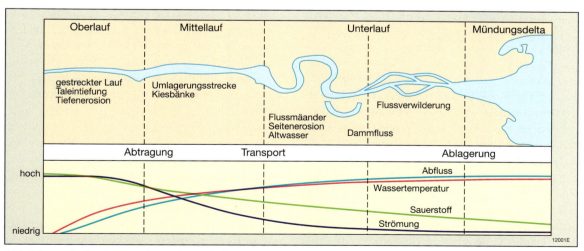

M3 *Schematischer Längsschnitt eines Fließgewässers*

53

1.4 Wasser – eingebettet in ein globales Beziehungsgeflecht

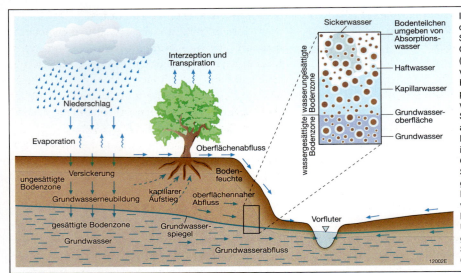

M1 Der Weg vom Niederschlagswasser zum Grundwasser

In der ungesättigten Bodenzone bewegt sich das Sickerwasser abwärts zum Grundwasserspiegel hin (Perkolation), das Haftwasser haftet in dünnen Häutchen an den Bodenpartikeln und das Kapillarwasser steigt entgegen der Schwerkraft in Kapillaren bis an die Bodenoberfläche. Die gesättigte Bodenzone ist zusammenhängend mit Grundwasser ausgefüllt. Sie ist von zahlreichen Organismen besiedelt. In der Regel mikroskopisch klein, wurmförmig und augenlos haben sie sich an ihre Umweltbedingungen angepasst. Sie bewirken die Selbstreinigungskraft des Grundwassers.

auch Wattlandschaften stehen deshalb häufig unter Naturschutz. Das Eindringen von Salzwasser selbst bei geringem Gezeitenhub verursacht **Brackwasser**, eine Vermischung von Süß- und Salzwasser.

Boden- und Grundwasser (M1) bilden das unterirdische Wasservorkommen. Ist lockeres oder festes Gestein mit Grundwasser angefüllt und von wasserundurchlässigen Schichten begrenzt, so spricht man von **Aquifer**. Im Unterschied zum erneuerbaren (juvenilen) Grundwasser gibt es das **fossile Grundwasser**. Es entstammt früheren Erdzeiten mit einem anderen Klima (zum Beispiel der letzten Kaltzeit), liegt sehr tief unter der Erdoberfläche, wird durch normalen Wasserzufluss nicht erneuert und ist nicht in den Wasserkreislauf

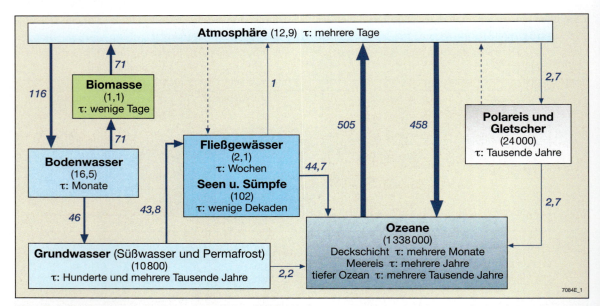

M2 Globaler Wasserkreislauf: Reservoire (in 1000 km^3), bewegte Wassermenge (in 1000 km^3/Jahr) und typische Verweildauer (τ)

eingebunden. In vielen MENA-Staaten (Middle East and North Africa) wie auch im Westen der USA (zum Beispiel beim Ogallala-Aquifer) ist es die wichtigste Wasserquelle.

Wasser – in einen Kreislauf eingebunden

Auch wenn Wasser auf der Erde ungleich verteilt ist, so ist seine Gesamtmenge doch konstant. Im langzeitlichen Mittel weist der globale Wasserhaushalt ein ausgewogenes Verhältnis zwischen Verdunstung und Niederschlag auf. Dies rührt daher, dass das Wasser, das aus der Atmosphäre als Niederschlag ausscheidet, verdunstet, kondensiert und erneut als Regen wieder zur Erde fällt – in einem permanenten Kreislauf. Dabei wird das Wasser in der Atmosphäre alle acht bis neun Tage ausgetauscht, rund 42-mal im Laufe eines Jahres.

Das Süßwasserdargebot gibt Auskunft über die Wassermenge, die für die Menschen und die Wirtschaft einer Region oder eines Landes zur Verfügung stehen. Hier werden die Niederschlagsmenge und der Wasserzufluss von außen der Verdunstung, der **Evapotranspiration**, gegenübergestellt. Diese setzt sich zusammen aus der Transpiration, also der Verdunstung durch die Pflanzen, der Evaporation, der Verdunstung an freien Wasser- und Bodenoberflächen, sowie der Interzeption, der Verdunstung von Niederschlagswasser auf der Pflanzendecke.

Wasser – vielerorts verschmutzt

Die weltweite Trinkwasserknappheit wird unter anderem durch die **Wasserverschmutzung** hervorgerufen. Dazu tragen in erster Linie ungereinigte landwirtschaftliche und industrielle, kommunale und Haushaltsabwässer bei. Der Grad der Verschmutzung wird vor allem über den **biologischen Sauerstoffbedarf** (BSB) und den **Einwohnerwert** (EW) angegeben.

Ersterer gibt die Sauerstoffmenge an, die Mikroorganismen bei 20 °C innerhalb einer bestimmten Zeit (zum Beispiel fünf Tage = BSB_5) für den aeroben Abbau von organischen Substanzen benötigen; letzterer gibt den Verschmutzungsgrad industriell-gewerblicher Abwässer mit organisch abbaubaren Stoffen an, gemessen als BSB_5. Da der natürliche Prozess der **Selbstreinigung** durch Bakterien an Grenzen gestoßen ist, müssen die Abwässer gereinigt werden, bevor sie in den Vorfluter gelangen. In drei Stufen werden die Wasserschmutzstoffe weitestgehend entfernt: zunächst über die mechanische Klärung, dann über die biologische Reinigung und schließlich über eine chemische Behandlung (Ausscheiden von Phosphaten).

Die **Eutrophierung** (Überdüngung) resultiert aus der Anreicherung unverbrauchter Düngemittel in stehenden Gewässern. Dabei wird vor allem über die Einleitung von Phosphaten aus einem **Einzugsgebiet**, das

M3 *Eutrophierter See*

Land	Anteil der aus anderen Ländern bezogenen Wassermenge in Prozent
Turkmenistan	98
Ägypten	97
Ungarn	95
Mauretanien	95
Botsuana	94
Usbekistan	91
Bulgarien	91
Niederlande	89
Gambia	86
Deutschland	51
Israel [1]	21 bzw. 60

[1] Wasserströme, die ihren Ursprung jenseits der derzeitigen bwz. der international anerkannten Grenzen haben

M1 *Abhängigkeit von eingeführtem Oberflächenwasser in ausgewählten Ländern*

heißt aus einem durch Wasserscheiden abgetrennten Flusssystem, die pflanzliche Produktion gesteigert. Das führt zu einem Anstieg der Menge an abgestorbenem pflanzlichen Material und an Sauerstoff verbrauchenden Organismen, besonders aeroben Bakterien, die es abbauen. Bei einem weiteren Anstieg dieser beiden Parameter und nach einer entsprechenden Zeit verringert sich der Sauerstoffgehalt im Wasser immer mehr, so dass **anaerobe Bakterien** die Prozesse im Wasser bestimmen. Wird der Prozess nicht unterbrochen, führen Schwefelwasserstoff-, Ammoniak- und Methanbildung zu einem Absterben der Tier- und Pflanzenwelt (tote Gewässer).

Nachhaltiger Umgang mit Wasser

Der nachhaltige Umgang mit Wasser ist eine Möglichkeit, diese wertvolle Ressource zu schonen. Nachhaltiger Umgang bedeutet, nur so viel an Süßwasser zu verbrauchen wie auf natürliche Weise durch Regen wieder regeneriert werden kann. Das künstlich durch Entsalzung von Meerwasser gewonnene Trinkwasser ist kosten- und energieintensiv.

Ein großes Sparpotenzial bietet die Landwirtschaft, die weltweit den weitaus größten Teil des Wassers verbraucht. Bei der üblichen Bewässerung über Gräben und auf Beeten beziehungsweise mittels Beregnung erreichen durchschnittlich nur 40 Prozent des Wassers

die Pflanzen; der Rest versickert oder verdunstet. Durch technologisch verbesserte Verfahren, wie zum Beispiel die **Tropfenbewässerung**, können riesige Mengen an Wasser eingespart werden. Bezüglich der industriellen Wasserentnahme und der Wasserentnahme durch Privathaushalte erwarten Experten in den Entwicklungsländern bis zum Jahr 2025 einen deutlichen Anstieg. Dies ist eine Folge der zunehmenden Industrialisierung und des Bevölkerungsanstiegs.

Früher wurden bei der Bewertung des Gewässerzustandes lediglich die biologische und chemische Wasserqualität gemessen und der jeweilige Gewässerzustand in sieben Gewässergüteklassen von unbelastet / gering belastet bis zu übermäßig verschmutzt ausgewiesen. Neben der Wasserqualität spielt jedoch die Gewässerstruktur eine entscheidende Rolle im Gewässerökosystem. Zahlreiche Parameter, wie zum Beispiel die Fließgeschwindigkeit oder die Ufergestaltung, werden zur Bestimmung der **Gewässerstrukturgüte** (vgl. Seite 64) eines Flusses und seiner Uferregion herangezogen. Insgesamt gibt es sieben Strukturgüteklassen (kaum, gering, mäßig, deutlich beeinträchtigt beziehungsweise merklich, stark, übermäßig geschädigt). Diese erlauben eine Aussage darüber, welchen Grad an Natürlichkeit ein Gewässer noch oder schon wieder hat.

Wasser – ein kostbares Gut wird gemanagt

Weltweit versuchen Staaten die Verfügung über ausreichende Wassermengen in ihre Gewalt zu bekommen. Dies gilt besonders für grenzüberschreitende Flusseinzugsgebiete. Hier teilen sich über 40 Prozent der Weltbevölkerung die knappe Ressource. Das führt leicht zu Konflikten auf nationaler Ebene (zwischen einzelnen Nutzergruppen wie Kommunen, Landwirtschaft und Industrie) und zwischen Staaten. Zusätzlich verstärkt werden diese Konflikte dort, wo koloniale Grenzziehungen Einzugsgebiete von Grund- oder Oberflächenwasser zerschnitten beziehungsweise Auseinandersetzungen zu Grenzverschiebungen geführt haben, wie zum Beispiel im Jordangraben.

In den letzten Jahrzehnten sind zahlreiche Überlegungen zur Lösung der Wasserproblematik angestellt worden. Im Mittelpunkt standen dabei Regeln für einen sorgsamen Umgang mit Wasser, die politische, institutionelle und ökonomische Bereiche umfassen. Darunter befinden sich konkrete Projekte, die einen nachhaltigen Umgang mit der knappen Ressource Wasser und eine Lösung regionaler Wasserverknappung anstreben, wie zum Beispiel der Handel mit **virtuellem Wasser**. Das ist Wasser, das in landwirtschaftlichen Produkten wie Melonen, Ananas, Gemüse etc. gespeichert ist oder zu deren Produktion verwendet wird. So benötigt man für ein Kilo Getreide bis zu 2000, für ein Kilo Rindfleisch bis zu 16 000 Liter Wasser. Vor dem Hintergrund eines nachhaltigen Umgangs mit der begrenzten Ressource Wasser stellt sich die Frage, ob es nicht besser ist, über den Import von Lebensmitteln und das in ihnen enthaltene Wasser das eigene knappe Wasser einzusparen und wirtschaftlich anderen Nutzungen zuzuführen. In Israel wird bereits die Hälfte des benötigten Wassers virtuell über die Einfuhr von Getreide sichergestellt.

Darüber hinaus sind der Handel mit Wasser, zum Beispiel von Trinkwasser in riesigen Tankschiffen zwischen Israel und der Türkei, die Entsalzung von Meerwasser, die Privatisierung der Wasserversorgung sowie die Umleitung beziehungsweise Anzapfung großer Flüsse von Bedeutung. Obwohl wegen der unkalkulierbaren Auswirkungen heftig umstritten, stellt letztere Maßnahme eine Möglichkeit dar, Wassermangelgebiete mit dem kostbaren Nass zu versorgen. Ein Beispiel dafür ist das zurzeit größte Wasserumleitungsprojekt: Mithilfe des Jangtsekiangwassers sollen Städte und Regionen im trockenen Norden Chinas versorgt werden.

M2 *Wasserwächter in Nordpakistan*

1. Setzen Sie die M3, Seite 53 in einen Text um.
2. Fertigen Sie auf der Grundlage des Textes von Seite 52 bis Seite 55 (… „Wasserquelle") ein Schaubild an.
3. Informieren Sie sich zum Reisanbau in der Camargue und referieren Sie.
4. Erläutern Sie den globalen Wasserkreislauf.
5. Beschreiben Sie den Weg des Niederschlagswassers auf und in dem Boden.
6. Informieren Sie sich über die Eutrophierung eines Sees in Ihrem Bundesland. Zeigen Sie a) die Gründe der Eutrophierung und b) geplante oder erfolgte Maßnahmen gegen die Eutrophierung auf.
7. Erkundigen Sie sich bei einem Wasserwerk in Ihrer Umgebung über Maßnahmen nachhaltigen Umgangs mit Wasser und informieren Sie Ihren Kurs über Ihre Recherche.

M3 *Öffentliche Wasserzapfstelle im Außenbereich von Windhuk (Namibia). Kinder, vor allem Mädchen, müssen häufig für die Bereitstellung des Wassers im Haushalt sorgen. Um an das kostbare Nass zu gelangen, müssen sie eine vorher aufgeladene Geldkarte in den automatischen öffentlichen Wasserspender stecken.*

Weltmeere – das größte aquatische System

Mit rund 381 Millionen Quadratkilometer entfällt auf die Weltmeere deutlich mehr Fläche als auf das Festland (149 Millionen Quadratkilometer). Dabei sind die **Randmeere** durch Inselbögen oder Meerengen von den Ozeanen getrennt und die **Mittelmeere** von größeren Landmengen umschlossen. Die Verteilung von Land und Meer in seiner jetzigen Gestalt ist das Ergebnis plattentektonischer Bewegungen (vgl. Kapitel 1.2). Im Laufe der Erdgeschichte sind alte Ozeane verschwunden und neue entstanden. Das untermeerische Relief (M1) zeigt vier unterschiedliche Regionen und deren prozentualen Anteil am Meeresboden.

Die Bezugsfläche für Erhebungen und Absenkungen auf der Erde ist der Meeresspiegel. Da er wegen der Gezeiten schwankt, wird eine bestimmte Mittelwasserhöhe als Ausgangspunkt für Höhen- und Tiefenmessungen genommen. Diese wird in der Regel als **Normalnull(fläche)** (NN) bezeichnet. Normalnull in Deutschland bezieht sich auf das Mittelwasser der Nordsee.

Das Meerwasser wird vor allem durch Gezeiten und Meeresströmungen bewegt. Bei den **Gezeiten** findet über **Ebbe** (von **Hochwasser** aus fallendes Wasser) und **Flut** (von **Niedrigwasser** aus ansteigendes Wasser) eine Bewegung der Wasserteilchen in der Höhe und in der Entfernung statt. Alle 24 Stunden und 50 Minuten ereignet sich ein zweimaliger Durchlauf der Gezeiten. Der **Tidenhub**, d.h. die Höhendifferenz zwischen Hoch- und Niedrigwasser, beträgt in der Regel zwischen zwei und fünf Metern. Bei **Sturmfluten**, einem Zusammentreffen von Hochwasser und starken auflandigen Stürmen, entsteht die Gefahr von Deichbrüchen, Überschwemmungen und Landverlusten (vgl. Seite 60).

Die **Meeresströmungen** bewirken den Transport riesiger Wassermassen über große Entfernungen hin. Die Wassermenge, die der Golfstrom jede Sekunde befördert, wird zum Beispiel auf mehr als die 25-fache Menge des Wassers des Amazonas geschätzt. Ursache für die Meeresströmungen sind zum einen Winde, hier vor allem in der Passatzone. Zum anderen führen Dichte- und Temperaturunterschiede (z.B. thermohaline Zirkulation, vgl. Seite 38) in unterschiedlichen Meeresbecken zu **Ausgleichsströmungen**, zum Beispiel zwischen der Nord- und Ostsee. Des Weiteren bewirkt kaltes Auftriebswasser an den Westküsten der Kontinente, bedingt durch ablandige oder küstenparallele Winde, einen Massentransport von Wasser aus der Tiefe an die Oberfläche. An den flachen Gezeitenküsten bildet sich ein **Watt**. Der aus Sand und Schlick bestehende Wattboden liegt bei Ebbe trocken und wird bei Flut vom Wattenmeer überspült.

Das Meer – ein bedeutsames Rohstoffreservoir

In den Sedimentgesteinen der Festlandsränder, vornehmlich im Bereich der Schelfgebiete/Geosynklinalen, findet sich ein Großteil heutiger Erdöl- und Erdgasvorkommen. Der Einsatz neuer Techniken hat den Offshore-Anteil der Welterdölförderung auf ca. 30 Prozent erhöht. Daneben werden die Schelfgebiete als Standorte für geplante **Offshore-Windparks** bevorzugt.

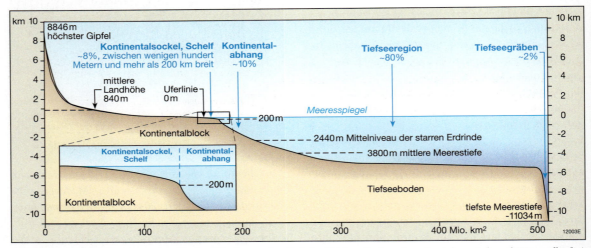

M1 Hypsographische Kurve (vertikale Gliederung der Erdoberfläche; %-Angaben beziehen sich auf Wasserfläche)

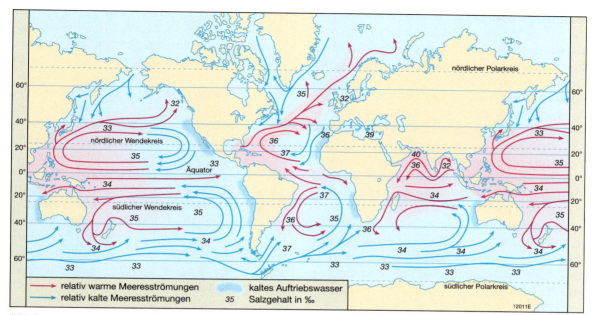

M2 Strömungen und Salzgehalt der Meere

Wirtschaftlich interessante Mengen von Erzen wie Mangan, Kupfer, Eisen, Zinn, Titan sowie Gold, Silber, Diamanten und Platin finden sich in **Erzschlämmen** und in marinen **Schwermineralseifen**. Erstere sind dicke Sedimentpakete entlang tektonischer Schwächezonen. Letztere sind überwiegend terrestrischen Ursprungs, zum Beispiel durch den Transport von Mineralen über Flüsse in das Küstengebiet mit anschließender Sedimentation. Der **Salzgehalt** des Meeres (rund 35 Gramm pro Liter) wird zur Gewinnung von Meersalz genutzt; marine Kiese und Sande finden Einsatz in der Baustoffindustrie.

Auch als Nahrungsquelle hat das Meer eine große Bedeutung. Die größte biologische Produktion (vor allem Algen und Krebse) und damit die wichtigsten Fischfanggebiete finden sich in den atlantischen und pazifischen Nordmeeren, den Schelfgebieten und den großen Auftriebsgebieten (zum Beispiel an der Westküste Südamerikas und Afrikas), in denen kaltes Wasser aus großen Tiefen an die Meeresoberfläche gelangt. Der Fischfang jedoch stagniert seit Jahren, er hat eine biologische Grenze erreicht. Um den steigenden Bedarf an Fischprotein zu decken, muss die Nahrungsquelle Meer nachhaltig bewirtschaftet und stärker auf **Aquakulturen** (Fischfarmen im Meer) zurückgegriffen werden.

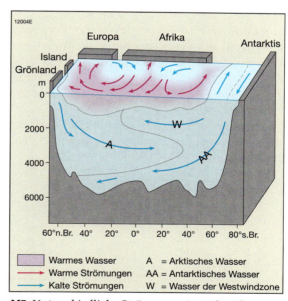

M3 Unterschiedliche Strömungen im Atlantik

1. Fertigen Sie auf der Grundlage des Textes eine Mindmap mit dem Thema „Die Weltmeere" an.
2. Werten Sie M2 und M3 sowie M1, Seite 38 in einem zusammenhängenden Text aus.

1.4 Wasser – eingebettet in ein globales Beziehungsgeflecht

Raumbeispiel: Nordsee

Die Nordsee ist eines der größten Schelfmeere der Erde. Sie beherbergt einen unvergleichlichen Artenreichtum, jedoch führt die wirtschaftliche Nutzung zu extrem hohen Belastungen und zu einem Missbrauch des Randmeeres als Kloake, Giftmülldeponie oder Schrottplatz. Die Feuchtgebiete, die die Nordsee umgeben, gehören neben den Korallenriffen und tropischen Regenwäldern zu den produktivsten Ökosystemen der Erde. Jedes Jahr entstehen im Durchschnitt wenigstens zwei Kilogramm organische Substanz pro Quadratmeter Bodenfläche.

In den letzten Jahrhunderten ist dieser Lebensraum weitgehend zurückgedrängt und zerstört worden. Immer mehr Land wurde eingedeicht oder trockengelegt, um es für Landwirtschaft, Industrie und als Bollwerk gegen Sturmfluten zu nutzen.

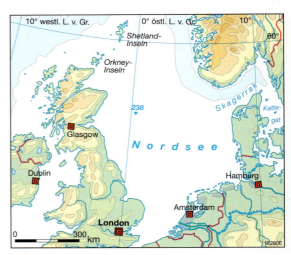

M1 Lage der Nordsee

M2 Landverluste an der Nordseeküste in den letzten 10 000 Jahren

M3 Watt und Wattenmeer

Beim Anstieg des Meeresspiegels nach der letzten Eiszeit bildeten sich die friesischen Inseln aus dem Sandmaterial vom Boden der Nordsee. In ihrem Schutz entstand landwärts das Watt, ein bis 30 km breiter, seichter Saum der Nordseeküste von den Niederlanden bis nach Dänemark. Der Meeresboden besteht hier aus Sand und Schlick. Er ist ein riesiger Sedimentationsraum, der an den flachen Gezeitenküsten ständig durch die Strömungsverhältnisse des Wassers umgestaltet wird. Wellen, Gezeiten und Strömungen wühlen das flache Wattenmeer bis zum Grunde auf, Schlick und Sand werden immer wieder an der einen Stelle abgetragen und an der anderen Stelle abgelagert; die feinsten Teilchen gelangen dabei am weitesten küstenwärts. Die Brandungswelle spült den Sand zu Strandwällen und Sandbänken zusammen, aus denen der Wind Sand abträgt und zum Teil an den Inseln ablagert.

Bei Flut wird das Watt vom Meerwasser überspült. Viele verzweigte Priele durchziehen als Zu- und Abflussrinnen der Gezeitenströme das Watt. Wenn sich genug Schlick, zum Beispiel durch menschliche Eingriffe (Buhnen), abgelagert hat und der Boden gegenüber dem Meerwasser hoch genug ist (über der mittleren Tidehochwasserlinie), entsteht aus dem schwarzen fetten Schlickboden fruchtbarer Marschboden.

60

M4 Artenfülle in der Nordsee

Die Nordsee ist zusammen mit dem 450 Kilometer langen Wattenmeer, das mit dem Gezeitenlauf rund alle 12 Stunden trockenfällt, Lebensraum für eine unendliche Anzahl von Pflanzen und Tieren. An ihrem Ufer brüten über 70 Seevogelarten und in ihrem Wasser leben 30 Wal- und Delfin-, sechs Robben- und über 170 Fischarten. Unzählige wirbellose Tiere und Kleinstorganismen haben sich über Jahrmillionen in unterschiedlichen Meeresgebieten entwickelt.

Diese Vielzahl unterschiedlicher Lebensräume – von dem nahrungs- und fischreichen Atlantikwasser im Norden bis zu den wärmeren Gebieten des westlichen Ärmelkanals, von Schlick- und Sandböden bis zu Algenwäldern – sowie eine reichhaltige Nahrung sind der wesentliche Grund für den außerordentlich hohen Artenreichtum der Nordsee. Die Wassersäule eines Quadratmeters enthält bis zu 2700 Planktonarten. Das Phytoplankton, mikroskopisch kleine einzellige Algen, bildet die Grundlage der Nahrungskette im Wasser. Sie leben in den oberen, lichtdurchfluteten Schichten des Wassers und nutzen die Sonnenenergie zum Aufbau mineralreicher organischer Verbindungen, zum Beispiel Eiweiße (Proteine). Mittels Fotosynthese wandeln sie jährlich etwa ein Kilogramm Kohlenstoff auf einer Fläche von 10–15 m^2 in organisches Material um.

M5 *Riesige Ölförderanlagen erhöhen das Bedrohungspotenzial der Nordsee.*

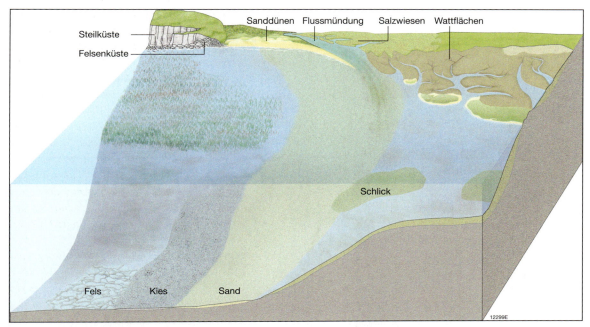

M6 *Lebensraum Nordsee. Die Nordsee ist kein unstrukturierter Lebensraum: Unterschiedliche Wasser- und Bodenschichten bilden vielfältige Lebensräume. Hier haben sich die mannigfaltigsten Organismen, Pflanzen und Tiere zu einem unübersehbaren Formenreichtum entwickelt.*

1.4 Wasser – eingebettet in ein globales Beziehungsgeflecht

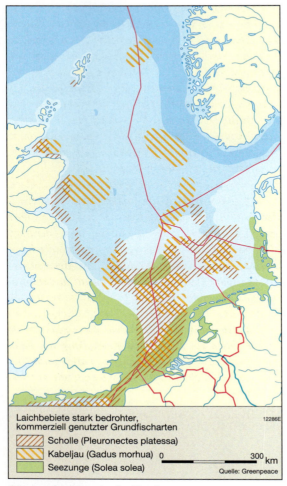

M1 *Laichgebiete in der Nordsee*

M2 *Fischfang in der Nordsee*

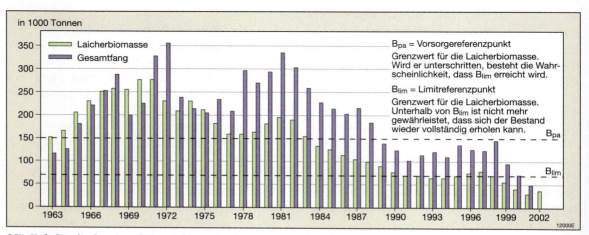

M3 *Kabeljaufischerei und Entwicklung der Biomasse in der Nordsee (1963–2002)*

M4 Keine Entwarnung für das Randmeer

Mit der Prospektion und Förderung von Erdöl und Erdgas in der Nordsee seit den 1960er- und 1970er-Jahren veränderte sich nicht nur die wirtschaftliche Situation einiger Anrainerstaaten schlagartig, sondern auch die ökologische Situation des Randmeeres. Der tägliche Bohrbetrieb belastet Wasser, Boden und Lebewesen in hohem Maße: Hunderttausende von Tonnen an Chemikalien, ölverseuchtem Produktionswasser und Bohrschlamm sowie zahlreiche Unfälle bei der Förderung schädigen nicht nur die Lebewesen in der Nähe der Plattformen. Die im Meerwasser gelösten Schadstoffe werden darüber hinaus von den Organismen aufgenommen, gelangen in die Nahrungskette und landen auf unserem Teller.

Trotz der zum Teil beachtlichen Umweltschutzanstrengungen in den vergangenen Jahren ist die Nordsee weiterhin stark belastet. Dies ist im Wesentlichen zurückzuführen auf Überfischung, Schadstoffeinträge, Eutrophierung und die intensive Nutzung des Meeres durch Schifffahrt, Rohstoffabbau und Tourismus. Gegenüber der wirtschaftlichen Nutzung befindet sich die Natur der Nordsee weiterhin auf dem Rückzug. Ein wirksamer Meeresumweltschutz erfordert daher einschneidende politische Initiativen und grundlegende Korrekturen insbesondere in der Fischereipolitik, der Agrarpolitik und bei der Chemikalienregelung.

M5 Nährstoffeinträge und Eutrophierung

„Anthropogene Nährstoffeinträge belasten die Nordsee und führen zu Eutrophierungseffekten. Von besonderer Relevanz sind dabei die Einträge von Stickstoff- und Phosphorverbindungen, die vorwiegend aus der Landwirtschaft und aus kommunalen Abwässern stammen. Die erhöhte Verfügbarkeit dieser Nährstoffe kann sich negativ auf den Zustand des aquatischen Ökosystems auswirken. Große Nährstoffmengen führen sowohl zu verstärktem Phytoplankton-Wachstum als auch zu einer Verschiebung des Artenspektrums.

Das massenhafte Auftreten von Mikroalgen („Algenblüte") gehört zwar zu den natürlichen Vorgängen in der Nordsee, übermäßige Algenblüten können jedoch schädigend wirken, weil die Abbauprozesse der abgestorbenen und abgesunkenen Algen sauerstoffzehrend sind und es zu Sauerstoffmangel am Meeresboden kommen kann. Dieses Phänomen wird in der Deutschen Bucht seit Beginn der 1980er-Jahre regelmäßig beobachtet. Die Folgen der Eutrophierung sind im Wattenmeer besonders gravierend. Sie umfassen hier Schaumberge im Küstenbereich als Folge der Blüte der Schaumalge, großflächige Algenmatten und einen Rückgang des einzigartigen Lebensraumes der Seegraswiesen."

(nach: Deutscher Bundestag, Sondergutachten zum Meeresumweltschutz für Nord- und Ostsee, 14.02.2004, S. 69 f.)

M6 Offshore-Parks in der Nordsee

Experten sagen der Windkraft in Deutschland eine große Zukunft voraus. Ein aktuelles Greenpeace-Gutachten weist nach, dass die Hälfte des Stromverbrauchs in Deutschland mit der Energie aus Offshore-Windparks gedeckt werden könnte. Doch bevor die zurzeit geplanten neun Großwindanlagen in der Nordsee Energie liefern können, müssen Gutachten zur Meeresumwelt und zum Schiffsverkehr auf der Nordsee erstellt und das nötige Know-how sowie entsprechende Erfahrung mit drei bis fünf Megawatt starken Windanlagen in Wassertiefen bis zu 40 Metern erworben werden.

Die insgesamt 24 in der Nordsee geplanten Windparks sind heftig umstritten. Küstenfischer fürchten um ihre besten Fanggebiete, ja sogar um ihre Existenz. Zahlreiche Inselbewohner sehen in den Offshore-Parks eine Gefahr für den Tourismus.

---

1. Fertigen Sie eine schriftliche Ausarbeitung zu dem Thema: „Die Nordsee – ein einzigartiger Lebensraum" an. Informieren Sie sich dazu auch im Internet.

2. a) Legen Sie eine Liste der Faktoren an, die eine Bedrohung für die Meeresumwelt der Nordsee darstellen.

b) Wählen Sie einen Faktor aus und erstellen Sie eine Mindmap mit dem Thema: „Eine Bedrohung für die Nordsee".

3. Informieren Sie sich über einen geplanten Offshore-Windpark in der Nordsee (Internet; Betreiberfirma). Fertigen Sie einen Bericht an, der die ökonomischen und ökologischen Dimensionen des Vorhabens zum Thema hat.

Geoökologische Praxis

Untersuchung eines Fließgewässers

Zur Bestimmung der ökologischen Gewässergüte eines Fließgewässers tragen die Güte der Gewässerstruktur, die chemisch-physikalische Wasserqualität und die biologische Gewässergüte bei. Geographen können sich vorrangig mit der ersten Komponente auseinandersetzen. Die hierbei untersuchten abiotischen Faktoren sind unter anderem die Grundlage für Art und Menge einer einzelnen Spezies und ihrer Lebensräume.
Um zunächst die Gewässerstruktur zu untersuchen und das Ergebnis anschließend in eine Gesamtbeurteilung einzubringen, sind folgende Arbeiten zu erledigen:

- Festlegung der Beobachtungsstelle / des Gewässerabschnitts

- Anfertigung eines Beobachtungsbogens mit folgendem Kopf:

Beobachtungsprotokoll Thema:	Blatt Nr.	Logo der Schule
Gewässername:	Abschnitt / Probestelle:	
Namen der Schülerinnen und Schüler:	Datum:	

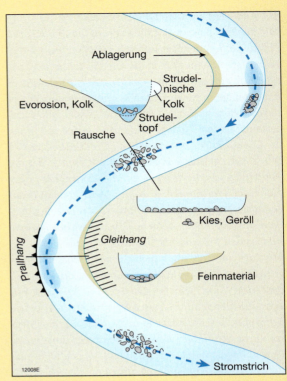

M1 *Strömungsverlauf eines Gewässers*

- Beschreibung des Flusses
  - Art des Gewässers (Rinnsal, Bach, kleiner Fluss, großer Fluss [Strom]),
  - Laufentwicklung (gestreckt, mäandrierend, verzweigt, begradigt, ausgebaut, zum Beispiel mit Beton, Steinen, Wehren [Stau]),
  - Gewässerbreite (gleichmäßig, wechselnd, einzelne Werte, zum Beispiel <0,5 m, 0,5–2 m, usw.),
  - Gewässertiefe (gleichmäßig, wechselnd, einzelne Werte, zum Beispiel <0,1 m, 0,1–0,5 m, usw.),
  - Substrat (Felsblöcke, Steine, Grobkies, Sand, Schlamm, Fallaub, Totholz, Pflanzen, Wurzeln, Sonstiges).

- Beschreibung / Messung des Fließverhaltens
  - Verlauf des Stromstriches (Linie im Bach mit der größten Fließgeschwindigkeit; Einsatz verschiedenfarbiger Schwimmkörper wie zum Beispiel Korken, die gleichzeitig in der gesamten Bachbreite ins Wasser gegeben werden),
  - Strömung: turbulent, gleichförmig, Fließgeschwindigkeit (messen[1], zum Beispiel <0,05 m/s, 0,05–0,5 m/s, >0,5 m/sec); Abflussmenge (messen: Querschnittsfläche des Baches / Flusses[2] an der Stelle X multipliziert mit der Fließgeschwindigkeit an der Stelle X); Stromschnellen, Wirbel, stehende Zonen, Kolke (tiefe Strudellöcher als Folge der Unterspülung an Prallhängen mit feinkörnigem oder schlammigem Untergrund [Evorosion]); Rausche (Stellen mit kiesigem oder geröllligem Substrat →Laichplätze).

- Beschreibung des Wassers
  - Wasserstand (niedrig, mittel, hoch),
  - Trübung (keine, fast klar, schwach, stark),
  - Geruch (ohne, schwach, stark),
  - Geruchsart (erdig, modrig, jauchig, aromatisch [chemisch], Mineralöl, Abwasser, anders),
  - Ausmaß der Verkrautung (gering, mäßig, stark),
  - Art der Verkrautung (zum Beispiel Moose, Oberwasserpflanzen, Schwimmblattpflanzen, Unterwasserpflanzen).

Geoökologische Praxis

- **Beschreibung des Ufers**
  - Profil (Bett, Ufer, Böschung, Prall-, Gleithang, Talform),
  - Bewuchs (wenig bewachsen, Bäume und Sträucher, Kräuter, Gras, Sonstiges),
  - Nutzung (bis an das Gewässer genutzt, zum Beispiel für Bauten, Landwirtschaft oder Wege; Nutzung hört in einer bestimmten Entfernung vom Ufer auf; Ausbildung eines naturbelassenen Uferrandes; Vorhandensein und Ausprägung einer Aue mit Gehölzen).

- **Beschreibung der Belastungen**
  (Bauschutt, Schrott, Abfälle, Abwassereinleitungen, Trittschäden, landwirtschaftliche Abwässer, sonstige Belastungen).

- **Anfertigen einer Skizze mit wichtigen Ergebnissen (Anschaulichkeit); Festhalten der übrigen Ergebnisse in Tabellen- oder Textform**

Hinweise:

[1] Eine möglichst gerade Fließstrecke von zehn Metern wird genau abgemessen. Dann werden Laub, Korken oder kleine Äste wenigstens dreimal an einem Ende der Messstrecke in die Mitte des Gewässers verbracht. Anschließend wird die Zeit, die das Material für die Strecke jeweils braucht, gemessen und mithilfe des Mittelwertes die Fließgeschwindigkeit (m/s) errechnet.

[2] Zur Berechnung der Bachquerschnittsfläche werden zunächst die unterschiedlichen Wassertiefen an einem leicht zugänglichen Bachquerschnitt gemessen. Die Werte werden im Maßstab 1:10 auf ein Blatt Papier mit quadratischen Feldern, zum Beispiel mit einer Kantenlänge pro Feld von 0,5 cm, übertragen. Dann wird der Bachquerschnitt eingezeichnet und die Anzahl der Kästchen innerhalb desselben ausgezählt. Multipliziert mit der Fläche eines einzelnen Kästchens ergibt sich dann die Bachquerschnittsfläche.

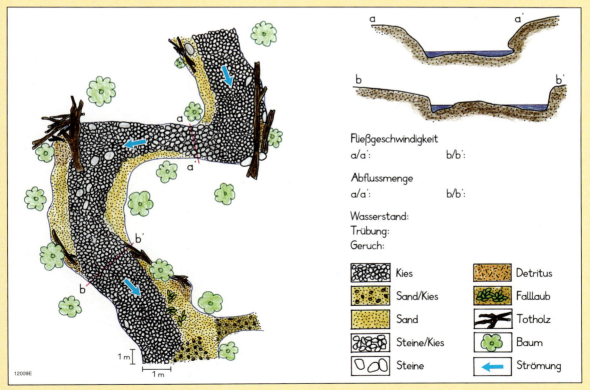

M2 *Skizze eines Gewässerabschnitts*

1.5 Oberflächenformen – Wirken exogener Faktoren

Exogene Prozesse

Die Erde wird von **endogenen** Kräften, die aus dem Erdinnern wirken, und von **exogenen** Kräften, die ihre Oberfläche von außen beeinflussen, geformt. Endogene Prozesse, zum Beispiel plattentektonische Prozesse, Gebirgsbildungen, weiträumige Hebungen und Senkungen der Erdkruste oder Vulkanismus und Erdbeben, gestalten große Teile der **Lithosphäre**, der Gesteinhülle der Erde, um. Exogene Prozesse, hervorgerufen durch die Wirkung von fließendem Wasser, Wind, Gletscher, durch die Erdschwerkraft oder die menschliche Tätigkeit, formen dagegen lediglich nur den erdoberflächennahen Bereich der Lithosphäre. So findet durch **Erosion** (Abtragung), Transport und Akkumulation bzw. **Sedimentation** (Ablagerung) von Gesteinsmaterial ein Prozess der Materialumlagerung auf der Erde statt. Voraussetzung für diese Vorgänge ist die Zerkleinerung des Gesteins, seine **Verwitterung**. Der Fluss Po zum Beispiel räumt mit seinen Nebenflüssen einen Teil der Alpenregion aus. Das erodierte und transportierte Material wird in der norditalienischen Tiefebene bei gleichbleibender Wassermenge akkumuliert bzw. in der Adria abgelagert.

Die Bedeutung exogener Prozesse für die Entwicklung der Naturlandschaft der Erde

Erste exogene Vorgänge gibt es auf der Erde schon seit Milliarden Jahren. Die ältesten Sedimentgesteine der Erde weisen ein Alter von circa 3,9 Milliarden Jahren auf und signalisieren somit den Beginn der Formung der Erdoberfläche durch exogene Prozesse.

Als erste Sphäre bildete sich die Gesteinshülle heraus. Später entstanden durch die Entgasung des Erdkörpers die Uratmosphäre und mit den ersten Niederschlägen die Hydrosphäre. Durch diese Voraussetzungen konnten bereits die ersten exogenen Prozesse zur Gestaltung der Erdoberfläche einsetzen, die auch die ersten Sedimentgesteine auf der Erde formten. Eine zweite Stufe der Landschaftsentwicklung, die zur Biolandschaft führte, wird mit der Besiedlung des Festlandes durch Pflanzen und Tiere eingeleitet. Nun begann die Bodenbildung durch die Entstehung von Humus sowie die durch Wasser und Bodentiere hervorgerufenen Verlagerungsprozesse im verwitterten Ausgangsgestein auf dem Festland. Gegen Ende der letzten Eiszeit vor circa 12 000 Jahren greift der Mensch gestaltend in die Naturlandschaft ein. Die Kulturlandschaft bildet sich heraus.

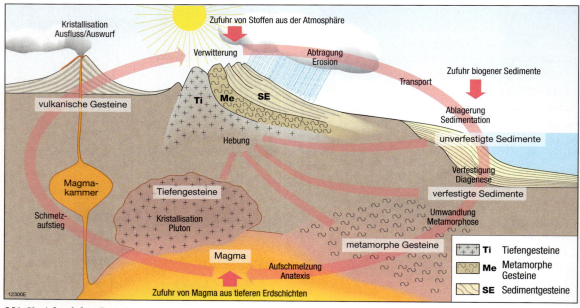

M1 *Kreislauf der Gesteine*

Exogene und endogene Gesteinsbildung

Während **Sedimentgesteine** durch exogene Vorgänge entstehen, werden **kristalline Gesteine** (magmatische und metamorphe Gesteine) durch endogene Prozesse gebildet. Magmatisches Gestein kristallisiert langsam in der Tiefe der Erdkruste aus Magma. Dringt Lava an die Erdoberfläche, erkaltet sie rasch und bildet poröse bis glasig/homogene Gesteinsmassen, zum Beispiel Basalt. Metamorphe Gesteine werden innerhalb der Erdkruste aus schon vorhandenen kristallinen beziehungsweise Sedimentgesteinen gebildet. Infolge hohen Drucks und hoher Temperaturen werden sie aufgeschmolzen und kristallisieren bei Erkalten aus (Metamorphose). Sedimentgesteine entstehen durch Ablagerung und Verfestigung (Diagenese) von verwittertem Gesteinsmaterial, Pflanzen und Tieren oder durch Ausfällungsprodukte von Lösungen.

M2 Sandsteinfelsen auf Helgoland – „Lange Anna"

Arten von Sedimentgesteinen

Die Sedimentgesteine sind die vielfältigsten aller Gesteinsgruppen der Erde. Nach Art der Entstehung lassen sich Trümmer- (mechanisch, klastisch entstanden), Ausfällungs- (chemisch gebildet) und biogene Gesteine unterscheiden. Trümmergesteine entstehen durch Verwitterung vorhandener Gesteine zu Lockermaterial. So aufbereitet wird es abgetragen, transportiert, abgelagert und wieder verfestigt (Diagenese). Dies geschieht in den tiefer liegenden Ablagerungen unter Beteiligung kalzitischer oder quarzitischer Bindemittel und dem Druck, der durch die darüber sedimentierten Schichtpakete entsteht. So bilden sich aus Sandablagerungen Sandsteine. Unter ariden Klimabedingungen sind sie rot gefärbt (zum Beispiel Sandsteine auf Helgoland, „Lange Anna"). Bei Ablagerungen der Sande im Meer nehmen die Sandsteine eine graue bis grünliche Farbe an (zum Beispiel Elbsandsteingebirge).

Kalke, Mergel, Gips und Salze zählen zu den chemischen Sedimentgesteinen. Sie entstehen durch Ausfällung aus hoch angereicherten sulfidischen, chloridischen Lösungen und aus Kalkschlamm.

Auf abgestorbene organische Substanzen gehen die biogenen Sedimentgesteine zurück. Dazu gehören Braun-, Pech- und Steinkohle sowie Torf. Auch Erdgas und Erdöl haben hier ihren Ursprung. Dabei wandelt sich abgestorbenes Plankton in den in Meeresbecken abgelagerten Tonen (Faulschlamm) zu Erdöltröpfchen (Erdölmuttergestein).

M3 Metamorphit (Gneis) im Bayerischen Wald

1. Beschreiben Sie das Wirken exogener Kräfte im Prozess der Gesteinsmaterialumlagerung an der Erdoberfläche.
2. Erläutern Sie die Bedeutung der ältesten auf der Erde gefundenen Sedimentgesteine für die Erforschung der Entwicklung der Landschaftssphäre.
3. Erläutern Sie endogene und exogene Gesteinsentstehungsprozesse im Kreislauf der Gesteine.

M1 Frostsprengung (Montafon / Österreich)

Verwitterungsprozesse

Unter Verwitterung versteht man die Zerkleinerung festen Gesteins an der Erdoberfläche. Art und Intensität der Verwitterung hängen von verschiedenen natürlichen Faktoren wie Klima, Vorhandensein von Wasser und Gesteinseigenschaften ab. Dabei werden physikalische und chemische Verwitterungsarten unterschieden (M2).

Bei der **physikalischen Verwitterung** kommt es zu einer mechanischen Zertrümmerung des Gesteins zum Beispiel durch Frostsprengung sowie durch Insolationsverwitterung infolge extremer Temperaturschwankungen. Im mitteleuropäischen Raum dominiert die Frostverwitterung, bei der die Volumenausdehnung gefrorenen Wassers in Rissen und Spalten das Gestein auseinandersprengt. Schroffe, spitze Felsformen in den meisten Hochgebirgen der Erde mit Schutthalden scharfkantiger Gesteinstrümmer am Gebirgsfuß sowie Kernsprünge oder Gesteinsabschuppungen (Desquamation) in den Wüsten sind nur einige Beispiele der physikalischen Verwitterung.

Bei der **chemischen Verwitterung** wirken meist hohe Temperaturen, Wasser und Säuren mit. Dabei kommt es zu einer Umwandlung kristalliner Gesteine, zur Zerstörung ihrer Kristallgitter bzw. zur ihrer Auflösung. Verwitterungsvorgänge sind unabdingbare Voraussetzung für den Ablauf weiterer exogener Prozesse.

Zwischen chemischer und physikalischer Verwitterung steht die **biologische Verwitterung**. Sie wird unterteilt in die chemisch-biologische Verwitterung, bei der die Wirkung der Hydrolyse durch organische Säuren verstärkt wird, und die physikalisch-biologische Verwitterung (Wurzelsprengung). Dabei dringen Pflanzenwurzeln in Klüfte des Gesteins ein, durch den Druck findet letztendlich eine Sprengung des Gesteins statt.

	Verwitterungsart	Verwitterungsprozess	Ergebnis	Hauptverbreitungsräume
physikalische Verwitterung	Frostverwitterung	Frostsprengung durch wechselndes Gefrieren und Auftauen von Wasser in Gesteinsspalten	grobe bis feine Gesteinsstücke, scharfkantig und spitz	subpolare und gemäßigte Klimazonen, Hochgebirge
	Salzsprengung	Gesteinssprengung durch auskristallisierendes Salz, das sich ausdehnt	grobe bis feine Gesteinsbruchstücke	aride Räume
	Insolationsverwitterung	Gesteinsabschuppung bzw. -sprengung durch extreme Temperaturschwankungen	feine bis grobe Gesteinsbruchstücke	aride Räume
	Wurzelsprengung (physikalisch-biologische Verwitterung)	Gesteinssprengung durch Ausdehnung von Baumwurzeln	Verbreiterung von Gesteinsspalten	Räume mit Baum- und Strauchvegetation
chemische Verwitterung	Lösungsverwitterung	Dissoziation löslicher Gesteinsbestandteile	in Wasser aufgelöstes Gestein	humide Räume der Tropen, Subtropen und gemäßigten Zone mit löslichem Gestein
	hydrolytische Verwitterung	Zerstörung des Kristallgitters durch H^+-Ionen und dissoziierende Säuren	Zerstörung von Gesteinen durch Bildung neuer Minerale	humide Räume mit nicht löslichen silikatischen Gesteinen

M2 Verwitterungsarten im Überblick

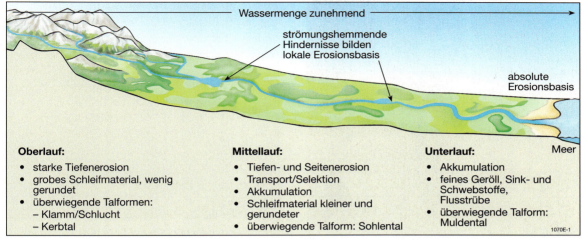

M3 Entwicklung eines Flusslaufes und fluviale Tätigkeit

Die exogene Wirkung des fließenden Wassers

Die umfangreichsten exogenen Veränderungen auf der Erde bewerkstelligen in erster Linie die Flüsse. Sie sind die größten Transporteure von Gesteinsmaterial, Schwebe- und gelösten Stoffen an der Erdoberfläche. Neben ihrer transportierenden Tätigkeit wirken sie sowohl zerstörend als auch aufbauend.

Ein Fluss transportiert gelöste und ungelöste Substanzen. Im Flussbett wird Gesteinsmaterial rollend, springend und schiebend bewegt, dabei abgerundet und zu Geröllen geformt. Die unterschiedlich großen Gerölle bearbeiten Untergrund und Ufer der Flüsse. Auf diese Weise tiefen sich Flüsse ein (**Tiefenerosion**) oder/und verbreitern ihr Bett (**Seitenerosion**). Von der Wassermenge (m) und der gefällsbedingten Fließgeschwindigkeit (v) hängt die Transportkraft (W_{kin}) und damit die Erosionswirkung eines Flusses ab ($W_{kin} = 1/2\, mv^2$). Die größte erosive Arbeit leistet ein Fluss im Oberlauf, wo Gefälle und Fließgeschwindigkeit wegen des steilen Gebirgsreliefs höchste Werte erreichen. Hier findet linienhafte Abtragung (Tiefenerosion) statt. Die sedimentierende Arbeit des Flusses (Akkumulation) setzt im Mittel- und vor allem im Unterlauf und somit dort ein, wo sich die Transportkraft infolge abnehmender Fließgeschwindigkeit verringert.

Gerölle bewegen sich am Boden des Flussbettes. Feinere bis feinste Gesteinspartikel, Schwebstoffe und Sande, durchsetzen den gesamten Wasserkörper. Sie bewirken die Flusstrübe und lassen das Wasser schlammig erscheinen.

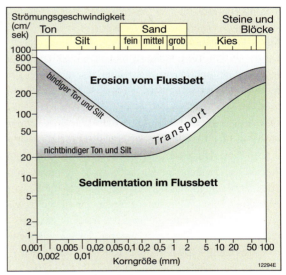

M4 Zusammenhang zwischen Korngröße und Strömungsgeschwindigkeit (Hjulström-Diagramm)

1. Erläutern Sie ausführlich die Verwitterungsarten (M1, M2).
2. Begründen Sie, warum die Verwitterung Voraussetzung für weitere exogene Vorgänge ist (M1).
3. Erklären Sie, wovon die Transportleistung eines Flusses abhängig ist (M4).
4. Beschreiben Sie die exogene Tätigkeit eines Flusses und verorten Sie sie in seinem Verlauf (M3, M4).

1.5 Oberflächenformen – Wirken exogener Faktoren

M1 Nildelta (Satellitenfoto)

M2 Schwemmfächer (Silvretta-Stausee, Österreich)

Die Akkumulationstätigkeit

Verringert sich das Gefälle, lässt die Fließgeschwindigkeit eines Flusses nach, und die Transportkraft reicht nicht mehr zur weiteren Beförderung der gesamten Geröllfracht aus. Der Fluss lagert Material ab. Sedimentation bzw. Akkumulation treten auch ein, wenn die Wassermenge zum Beispiel in trockenen Sommermonaten abnimmt und nicht mehr einem Weitertransport des Gesteinsmaterials im Fluss genügt. Das mitgeführte Material bleibt nach Korngrößen sortiert hauptsächlich in den Tiefländern der Erde liegen. Es entstehen Aufschüttungsebenen. Aber auch an Mündungen von Fließgewässern in Flüsse, Seen und Meere kommt es zur Akkumulation. Dabei entstehen Schwemmkegel bzw. -fächer und **Deltas**. Einer der größten Transporteure unter den Flüssen der Erde, der Mississippi, schiebt sein Delta jährlich um 80–100 m in den Golf von Mexiko vor.

Fluss	Schlammfracht
Neckar (bei Gundelsheim)	300 000 t
Rhein	4 300 000 t
Elbe	630 000 t
Donau	82 000 000 t
Oder (bei Breslau)	400 000 t
Rhône	70 000 000 t
Kongo	68 000 000 t
Nil	69 000 000 t
Mississippi	bis zu 980 000 000 t
Euphrat-Tigris	1 050 000 000 t
Mekong	1 300 000 000 t
Huangho	bis zu 1 386 000 000 t
Ganges-Bramaputra	1 800 000 000 t
Amazonas	bis zu 2 300 000 000 t

M3 Schlammführung von Flüssen pro Jahr (geschätzt)

Der Mensch greift in die Flusstätigkeit ein

Verschiebt sich bei einem Fluss der Stromstrich, das heißt die Linie des stärksten Strömung, kann es zur Bildung von **Mäandern** (Flussschlingen) kommen. Mäandrierende Flüsse haben einen sehr kurvenreichen Verlauf und sind häufig im Tiefland anzutreffen. Bei einem Mäander werden der Prallhang, an dem es zu Erosionserscheinungen kommt, und der Gleithang, an dem akkumuliert wird, unterschieden. Der Prallhang wird unterhöhlt und bricht mit der Zeit Stück für Stück ab. Das Gleithangufer verbreitert sich dagegen. Durch diese unterschiedlichen exogenen Tätigkeiten verändert ein mäandrierender Fluss seinen Verlauf, was zu Nutzflächenverlusten führt (vgl. Seite 53).

Der Mensch versucht schon seit langem, die Laufeigenschaften von Flüssen zu seinen Gunsten zu verändern. Durch **Buhnen** im Fluss verhindert er die Mäanderbildung. Stark mäandrierende Flüsse werden mithilfe künstlicher Durchstiche von ihm begradigt, zurück bleiben stehende Altwässerbereiche, die vom einstigen Flussverlauf zeugen. Die sich dabei vergrößernde Fließgeschwindigkeit ruft einen Tiefenerosionsimpuls hervor, und der Fluss gräbt sein Flussbett mit der Zeit tiefer. Überschwemmungen bleiben so aus (vgl. Kap. 1.7).

Wehre dagegen führen zur Verminderung der Fließgeschwindigkeit und zu einer Flussbettverbreiterung. Der Bau von **Talsperren** verfolgt oft mehrere Ziele. Wasserregulierung, Vermeidung von Hochwasser, Trink- und Brauchwasser sowie Energiegewinnung sind die Hauptfunktionen von Talsperren und Rückhaltebecken. Oft werden sie auch als Erholungsgebiete genutzt.

Talformen

Täler sind das Resultat unterschiedlich intensiver Erosions- und Akkumulationstätigkeiten von Fließgewässern oder Gletschern. So bilden sich im Oberlauf von Flüssen enge tiefe Täler heraus. Bei nachlassendem Gefälle und abnehmender Fließgeschwindigkeit werden im Mittel- und Unterlauf die Talformen breiter und flacher.

Typische Talformen in oberen Lagen von Gebirgen sind das **Kerbtal** (**V-Tal**) und die **Klamm**. Während bei der Formung eines Kerbtales die Tiefenerosion gegenüber der Seitenerosion deutlich überwiegt, ist die Klamm ausschließlich durch Tiefenerosion entstanden. Hier verhindert morphologisch sehr widerständiges Gestein oder die sehr rasche Heraushebung des Gesteinsverbandes eine Verbreiterung des Tals. Beispiele für diese Talform sind die Partnachklamm bei Garmisch-Partenkirchen und die Drachenschlucht bei Eisenach. In ariden Gebieten bilden sich bei einer Wechsellagerung von unterschiedlich morphologisch widerständigem Gestein **Canyons** mit getreppten Hängen wie zum Beispiel der Grand Canyon im Colorado-Plateau und das Gorge du Tarn in Südfrankreich. Gletscher dagegen formen in Gebirgen **Trogtäler** (**U-Täler**).

In mittleren Lagen unserer Gebirge gehen die Kerbtäler in **Sohlenkerbtäler** über, da es hier neben der starken Tiefenerosion und einem intensiven Hangabtrag infolge verschiedener Denudationsprozesse auch zur Akkumulation von Gesteinsmaterial kommt.

Die typische Talform im Unterlauf eines Flusses ist das **Muldental**. Es weist bei meist großer Breite eine nur geringe Eintiefung auf. Die exogene Haupttätigkeit ist hier die Akkumulation von feinem Geröll. Bei Hochwasser treten hier die Flüsse häufig über ihre Ufer und überschwemmen weite Teile des Tieflandes. Das dabei abgelagerte Material lässt Aufschüttungsebenen entstehen. Ausnahmen bilden die Dammuferflüsse, deren Ufer von natürlichen, durch Aufsedimentation entstandenen Dämmen begrenzt sind.

1. Erläutern Sie, unter welchen Bedingungen Flüsse akkumulieren (M1 bis M3).
2. Beschreiben Sie Akkumulationsformen von Flüssen (M1, M2).
3. Erklären Sie die Bedeutung von Maßnahmen und Bauten, mit denen der Mensch in die Fließtätigkeit von Gewässern eingreift.
4. Ordnen Sie Talformen Flussabschnitten zu und erläutern Sie, welche exogenen Prozesse zu ihrer Entstehung führten (M4).

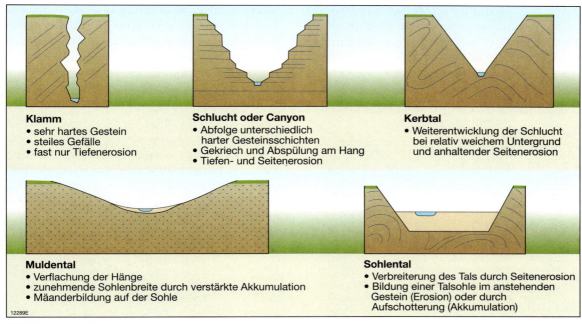

M4 Talquerprofile

1.5 Oberflächenformen – Wirken exogener Faktoren

M1 Pilzfelsen

M2 Dünen an der polnischen Küste

Die exogene Wirkung des Windes

Die Transportkraft des Windes ist maßgeblich von der Windgeschwindigkeit abhängig. So transportiert Wind bereits bei einer Geschwindigkeit von 0,1 Meter pro Sekunde feinste Staubteilchen, Sand ab einem Meter pro Sekunde. Bei der Winderosion unterscheidet man Deflations- und Korrasionsvorgänge. Als **Deflation** wird das Ausblasen beziehungsweise Abwehen gelockerten verwitterten Gesteinsmaterials von Oberflächen bezeichnet. Die abschleifende und glättende Wirkung der vom Wind transportierten Sandkörner auf Gesteinsoberflächen wird dagegen **Korrasion** genannt. Sie ist dann besonders intensiv, wenn die Sandkörner aus Quarz bestehen. Wie durch ein Sandstrahlgebläse entstehen Pilzfelsen und Windkanter bei isolierten Felsbrocken und wechselnder Windrichtung oder Furchen, Waben, Narben auf Felswänden (Windschliff).

Bei nachlassender Windgeschwindigkeit wird das transportierte Material sedimentiert. Es entstehen Sandfelder und Dünen von unterschiedlichster Form (zum Beispiel Sichel-, Längs-, Quer-, Stern-, Parabeldünen), die beträchtliche Höhen (bis 3000 m) erreichen können. Durch Ablagerung äolischer Sedimente aus den Moränengebieten der Eisrandbereiche entstand im Pleistozän der Lössgürtel (Börde) vor den mitteleuropäischen Mittelgebirgen (vgl. Seite 74 f.). Die von den Gletschern abgehenden Fallwinde beförderten feines Material, bestehend aus Quarz-, Feldspat- und Kalkteilen nach Süden und lagerten es dort ab. Unter semiariden, winterkalten Bedingungen bildet sich aus Löss die fruchtbare Schwarzerde (Tschernosem, vgl. Seite 83).

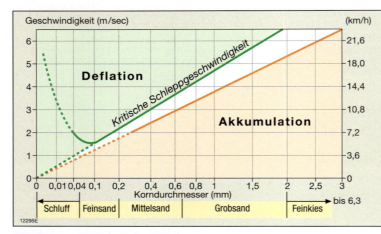

Grenzkurven der Zustandsbereiche von Deflation, Transport und Sedimentation in Abhängigkeit von der Windgeschwindigkeit und der Korngröße am Boden bei trockenem Untergrund.
Die obere Kurve stellt die kritische Schleppgeschwindigkeit dar im Übergang von kriechender zu schwebend fliegender Fortbewegung eines Sandkorns.
Die untere Kurve benennt die Grenzgeschwindigkeit, bei der sich das Korn bei einer bestimmten Aufprallgeschwindigkeit wieder ablagert.

M3 Exogene Tätigkeit des Windes

Die Erde – ein „Eiszeitplanet"

Der Planet Erde ist mit seinem hohen Wasseranteil bei niedrigen Temperaturen wie kein anderer Planet des Sonnensystems anfällig für Eiszeiten. Als **Eiszeiten** werden Perioden bezeichnet, in denen die Vereisung nicht auf die Polarregionen begrenzt bleibt, sondern auf die gemäßigten Zonen übergreift. So gab es im Kambrium, im späten Ordovizium, im Karbon und im Perm sowie im Quartär Eiszeiten auf der Erde. Ihre Ursachen können terrestrisch sein, zum Beispiel durch Kontinentaldrift, Änderung der Erdalbedo, Hebung untermeerischer Schwellen, die Meeresströmungen abriegeln oder verlegen, Hebung großer Festlandsblöcke oder durch Änderungen in der Zusammensetzung der Erdatmosphäre. Es könnte aber auch extraterrestrische Gründe geben, wie zum Beispiel durch Änderung der Erdbahnelemente oder durch Schwankungen der Strahlungsintensität der Sonne (vgl. S. 28).

Das quartäre Eiszeitalter (Pleistozän) kündigte sich bereits vor über zwei Millionen Jahren mit der Ablösung warmgemäßigter Floren durch Kältesteppen in Mittel- und Nordeuropa an. Der Höhepunkt der Eisbedeckung mit einer Gesamtfläche von 25 bis 30 Millionen Quadratkilometern weltweit war vor 300 000 bis 400 000 Jahren. Wissenschaftler sprechen von einem Super-Polyglazialismus mit vier bis sieben Kaltzeiten (in denen ganzjährig kühles bis kaltes Klima vorherrschte), unter denen drei bis vier Vereisungsperioden stattfanden. Die wärmste Phase während des Pleistozäns war die Eem-Warmzeit mit einer Durchschnittstemperatur von 10 °C. Der Übergang von der letzten Eiszeit zur gegenwärtigen Warmzeit begann vor 10 000 bis 12 000 Jahren. Erste Eichenbestände entwickelten sich in Mitteleuropa erst wieder vor ca. 8800 Jahren in den Flussauen des Tieflandes. Damals herrschten Jahresdurchschnittstemperaturen von 6 bis 7 °C, im Sommer wurden 15 °C erreicht.

1. Erläutern Sie die exogene Wirkung des Windes anhand solcher Erscheinungen wie Dünen und Pilzfelsen (M1, M2).

2. Erklären Sie das Verhältnis von Deflation, Transport und Sedimentation von Gesteinsmaterial in Abhängigkeit von Windgeschwindigkeit und der Korngröße (M3).

3. Erläutern Sie die Gliederung des Quartärs (M4). Unterscheiden Sie dabei in Eis-, Kalt- und Warmzeiten.

Alter	Chronostrat.	Norddeutschland	Alpen
	Holozän		
10 000			Würm-Eiszeit Riß/Würm-Warmzeit
110 000	Jung-pleistozän	Weichsel-Eiszeit Eem-Warmzeit	
	Mittel-pleistozän	Saale-Eiszeit Wacken-Warmzeit Fuhne-Kaltzeit Holstein-Warmzeit Elster-Eiszeit	Riß-Eiszeit
			Mindel/Riß-Warmzeit Mindel-Eiszeit Haslach/Mindel-Warmzeit
780 000			Haslach-Eiszeit Günz/Haßlach-Warmzeit Günz-Eiszeit
990 000		Pinneberg-Warmzeit Elmshorn-Kaltzeit Uetersen-Warmzeit Pinnau-Kaltzeit	Donau/Günz-Warmzeit Donau-Kaltzeit
1 070 000			
	Alt-pleistozän	Tornesch-Warmzeit (I) Kryomer Tornesch-Warmzeit (II)	
1 770 000		Lieth-Kaltzeit	Biber-Kaltzeit
1 950 000			
2 600 000		Ellerhoop-Warmzeit Krückau-Kaltzeit Nordende-Warmzeit Ekholt-Kaltzeit Meinweg-Warmzeit Prätegelen-Kaltzeit	
	Tertiär		

M4 Gliederung des Quartärs

1.5 Oberflächenformen – Wirken exogener Faktoren

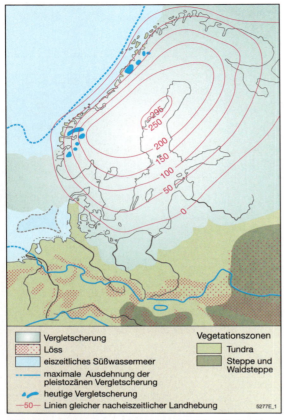

M1 Gletscherausdehnung in der Weichselkaltzeit

Legende:
- Vergletscherung
- Löss
- eiszeitliches Süßwassermeer
- maximale Ausdehnung der pleistozänen Vergletscherung
- heutige Vergletscherung
- –50– Linien gleicher nacheiszeitlicher Landhebung

Vegetationszonen:
- Tundra
- Steppe und Waldsteppe

Glazialüberformung in pleistozänen Sedimentations- und Erosionsgebieten

Südskandinavien und das Nordeuropäische Tiefland fungierten im Pleistozän als Ablagerungsgebiet. Hier wurde das aus Nordskandinavien stammende Gesteinsmaterial beim Abschmelzen der Gletscher sedimentiert. Neben großen Blöcken, den Findlingen, finden sich vor allem Moränenaufschüttungen der Grund- und Endmoränen sowie durch das Schmelzwasser gebildete Sander und Urstromtäler. Diese Oberflächenformen werden unter dem Begriff **Glaziale Serie** zusammengefasst (M3).

Die Ablagerungen der Elster- und Saale-Eiszeiten bilden das sogenannte Altglazial (Altmoränengebiet), die der Weichsel-Eiszeit das Jungglazial (Jungmoränengebiet). Die Oberflächenformen im Jungglazial (zum Beispiel der Nördliche Landrücken) sind relativ gut erhalten, wogegen die älteren im Altglazial weitestgehend abgetragen sind. Und auch die eiszeitlich geprägten Seen im Altglazial sind gegenüber den wesentlich jüngeren Seen des Jungmoränengebietes (zum Beispiel Mecklenburger Seenplatte) bereits verlandet.

Auch aus den Hochgebirgen im Süden drangen die Gletscher bis in ihre Vorländer vor. So wurde das nördliche wie südliche Alpenvorland glazial überprägt. Davon zeugen beispielsweise Moränenwälle um den Chiemsee und den Gardasee.

Vor 110 000 Jahren: Eem-Warmzeit
- „Klimaparadies" in Europa
- großes geschlossenes Waldgebiet in Nordeuropa

Vor 50 000 Jahren
- Tundren und Kältesteppen in Europa bis Nordspanien, Mittelitalien, Griechenland
- Mammuts, Moschusochsen, Wildpferde und Rentiere durchstreifen die karge Landschaft
- unwirtliche Lebensbedingungen für den Menschen (Jahresdurchschnittstemperatur um 10 bis 15 Grad Celsius niedriger im Vergleich zu heute)

Vor 15 000 bis 20 000 Jahren: Weichsel-Eiszeit
- Inlandeis und Gebirgsgletscher überprägen die Landschaft
- südliche Eisrandlage in Nordeuropa: Linie Berlin-Warschau-Moskau

Vor 10 000 Jahren
- Eisabbau nach raschem Temperaturanstieg:
  - vor 10 000 Jahren: 0 °C
  - vor 8000 Jahren: 6 bis 8 °C
  - vor 5000 Jahren: 8 bis 9 °C
- Herausbildung günstiger Lebensbedingungen für den Menschen:
  - Bildung leicht zu bearbeitender und fruchtbarer Böden
  - Grundwasser in ausreichender Menge und Qualität vorhanden
  - weitgehend geschlossene Vegetationsdecke und dadurch eine relativ geringe exogene Dynamik

M2 Die letzten Jahrtausende des Eiszeitalters in Europa

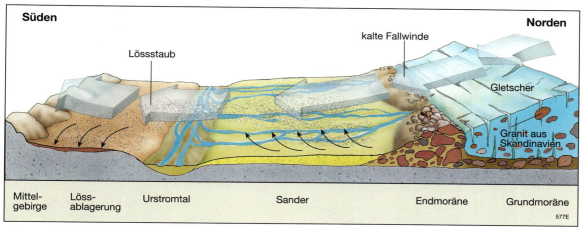

M3 Die Glaziale Serie

Das Skandinavische Gebirge unterscheidet sich von den meisten Hochgebirgen der Erde durch seine abgerundeten Oberflächenformen. Es gehörte zum glazialen Abtragungsgebiet im Pleistozän. Hier wirkten die Gletscher erosiv. Das Inlandeis schuf weite, ebene Hochflächen, die **Fjells**, die – abgesehen von Flechten und Moosen – nahezu vegetationslos sind. Oft sind auf den Felsflächen noch Kratzspuren der von den Gletschern mitgeführten Gesteinsmaterialien zu erkennen (**Gletscherschliff**). Weiterhin formten die Gletscher Trogtäler, die sich nach Abschmelzen des Eises mit Meereswasser füllten (**Fjorde**), **Rundhöcker**, das sind vom Eis abgeschliffene Felsbuckel, und die **Schären**. Diese vom Eis abgerundeten Felseninseln befinden sich zu Tausenden vor den Küsten Skandinaviens.

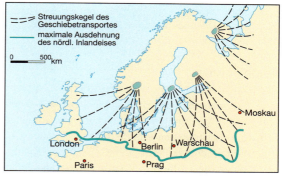

M4 Streuung der Geschiebe und maximale Ausdehnung des Inlandeises während der Weichselkaltzeit

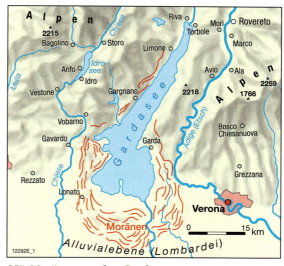

M5 Moränen um den Gardasee

1. Erläutern Sie die Vorgänge des Eiszeitalters in Europa (M1 bis M5).
2. Lokalisieren Sie den weitesten südlichen Vorstoß der wechselkaltzeitlichen Gletscher in Europa und beschreiben Sie die Klima- und Vegetationsverhältnisse zu dieser Zeit (M1, M2, M4).
3. Beschreiben Sie die Teile der Glazialen Serie, erklären Sie ihre Entstehung und schlussfolgern Sie auf ihre heutige Nutzung (M3, vgl. auch Seite 417).
4. Erklären Sie die Existenz der Moränenwälle um den Gardasee (M5).
5. Begründen Sie die Existenz ausgedehnter Lössgebiete (zum Beispiel Börden) in Mitteleuropa (M3).

1.5 Oberflächenformen – Wirken exogener Faktoren

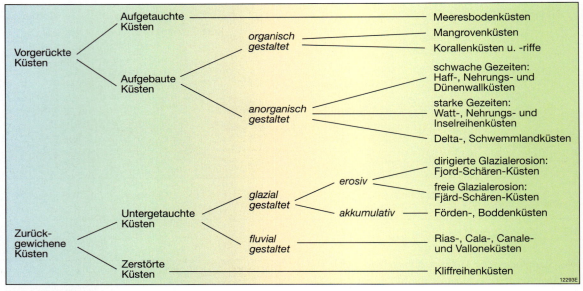

M1 Küstenklassifikation

Küstenformen

Alle Küstenformen der Erde sind geolgisch gesehen sehr jung und entstanden innerhalb der letzten 6000 – 7000 Jahre. Dabei haben unterschiedliche exogene Vorgänge zahlreiche Küstentypen gebildet (M1).

Eine wesentliche Rolle bei der Genese von Küsten spielt dabei die Höhe des Meeresspiegels, das heißt Abtauchen des Festlandes einerseits (untergetauchte Küsten) und ein Absinken des Meeresspiegels bzw. Hebung des Festlandes andererseits. Weltweit sind untergetauchte Küsten am häufigsten zu finden, da nach der letzten Eiszeit der Meeresspiegel aufgrund des abgetauten Inlandeises um bis zu 100 Meter gestiegen ist.

Zu ihnen zählt die **Fördenküste**, wie sie an der Ostseeküste Schleswig-Holsteins und Dänemarks zu finden ist. Sie ist geprägt durch schmale, lang gestreckte Buchten (Förden). Diese ehemaligen glazialen Schmelzwasserrinnen wurden früher mit Meerwasser gefüllt, wodurch die Förden jetzt zum Teil weit ins Land hineinragen (zum Beispiel Kieler Förde). Hat das Meer dagegen eine ehemals wellige bis kuppige Grundmoränenlandschaft überflutet, spricht man von **Boddenküsten**. **Fjorde** sind ehemalige, durch Gletscher geformte Trogtäler, in die nach der Eiszeit Meerwasser eindrang. Vom Meerwasser überflutete Rundhöckerlandschaften im glazialen Abtragungsgebiet der Eiszeit bilden heute **Schärenküsten**.

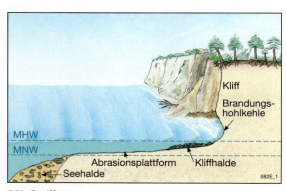

M2 Steilküste

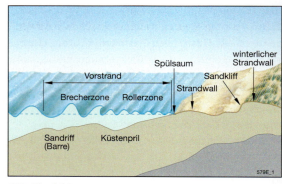

M3 Flachküste

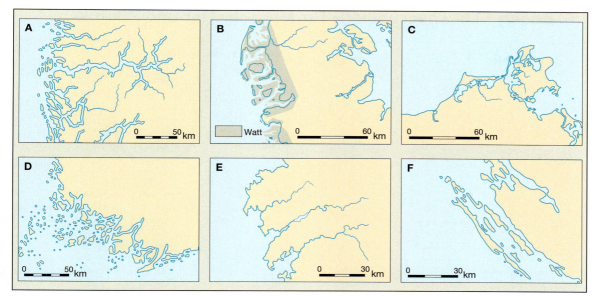

M4 *Küstentypen: A Fjordküste (Norwegen), B Watten- und Fördenküste (Schleswig-Holstein), C Boddenküste (Mecklenburg-Vorpommern), D Schärenküste (Finnland), E Riasküste (Spanien), F Canaleküste (Dalmatien)*

Ebenfalls zu den untergetauchten Küstentypen zählt die **Riasküste**. Dabei handelt es sich um ehemalige Flusstäler, die sich während der Weichsel-Kaltzeit durch Erosion eintieften und nach Abschmelzen des Eises beim Meeresspiegelanstieg überflutet wurden. Eine Küste mit abgesunkenen küstenparallelen Gebirgsketten, bei denen nur noch die Bergrücken aus dem Wasser ragen, nennt man dagegen **Canaleküste**, da die überfluteten Täler zwischen den Bergketten wie kanalartige Wasserstraßen aussehen.

Neben den Küstenformen, deren Differenzierung vorwiegend durch Meeresspiegelschwankungen hervorgerufen wird, unterscheiden sich die Küsten auch durch ihr Relief.

Steilküsten (M2) haben auffällige Kliffs, die als senkrechte Aufragungen die Abrasionsplatte landwärts abschließen. Durch die Meeresbrandung kommt es im Laufe der Zeit zu einer Rückverlagerung des Kliffs. Dabei unterhöhlt die Brandung mithilfe von Brandungsgeröllen im Niveau der Abrasionsplatte die Kliffwand und bildet Brandungshohlkehlen. Wird der Überhang zu groß, dann stürzt die Kliffwand ab. Die Gesteinsbrocken werden zu Brandungsgeröllen. Der Mensch kann sich durch die Errichtung von Mauern, Steinwällen und Buhnen vor der Brandung schützen und so der Zerstörung des Kliffs Einhalt gebieten.

Die **Flachküsten** (M3) werden von Sandstränden eingenommen, auf denen Dünen aufsetzen. Seewinde können die Verlagerung der Dünen in das Hinterland bewirken. An ungeschützten Stellen nehmen Küstenströmungen infolge der vorherrschenden Windrichtung große Mengen von Sand auf und lagern ihn oft kilometerweit davon entfernt wieder an der Küste ab. Dadurch bilden sich an Küstenvorsprüngen Strandhaken (zum Beispiel Hela in der Danziger Bucht) und Sandbänke, die sich zu Nehrungen vergrößern können. So werden ganze Strandbereiche vom Meer abgeschnitten (Strandseen). Auf diese Weise erhält die Küste einen recht geradlinigen Verlauf. Es entsteht eine **Ausgleichsküste** (zum Beispiel Teile der Ostseeküste).

1. Erläutern Sie die Wirkung exogener Kräfte bei der Entstehung aufgetauchter und untergetauchter Küsten (M2 - M4).
2. Beschreiben Sie die Rückverlagerung des Kliffs an einer Steilküste (M2).
3. Erklären Sie die Entstehung von Ausgleichsküsten.

1.6 Boden – Lebensgrundlage für Mensch, Tier und Pflanze

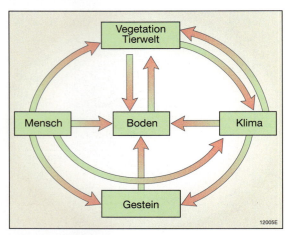

M1 *Zusammenwirken der Bodenbildungsfaktoren (Pedogenese)*

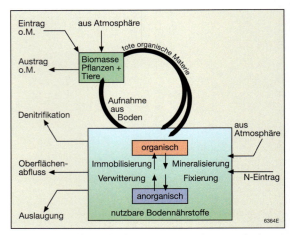

M2 *Nährstoffkreislauf in einem unbewirtschafteten Ökosystem (o.M.=organische Materie)*

Boden – Teil eines natürlichen Ökosystems

Wie die Schale eine Kartoffel, so umspannt die Erdkruste den Erdmantel als hauchdünne Haut. Die oberste Schicht dieser Haut ist der Boden. Er ist von wenigen Zentimetern bis zu mehreren Metern dick, geht aus verwittertem Gestein hervor, ist mit organischem Material vermischt und von so vielen Organismen und Kleinlebewesen besiedelt, dass eine Handvoll Muttererde mehr Lebewesen enthält, als Menschen auf der Erde wohnen. Der Boden zählt zu den wertvollsten, aber begrenzten Gütern der Menschheit. Dennoch gehen die meisten Menschen oft mit ihm um, als sei er der „letzte Dreck". Viel zu wenigen ist bewusst, dass eine der wichtigsten Lebensgrundlagen vielfältig genutzt (M1, Seite 84) und zunehmend gefährdet ist.

Der Boden ist Bestandteil eines jeden Geoökosystems auf der Erde. Er bietet Menschen, Tieren und Pflanzen Wohnraum und Nahrung. Als Geoökotop ist er eine „Lebensstätte", wo Licht in Nahrungsenergie umgewandelt und in der Biomasse der Pflanzen gespeichert wird. Diese sichert die Existenz der Konsumenten und wird als tote Biomasse (Pflanzen und Tiere) von den Bodentieren und Bakterien sowie Pilzen (Destruenten) aufgenommen und wieder in ihre anorganischen Ausgangssubstanzen zerlegt. Durch diese **Remineralisierung** des organischen Materials werden den im Boden wurzelnden Pflanzen lebenswichtige mineralische Nährstoffe wieder zur Verfügung gestellt und der Stoffkreislauf geschlossen.

Boden – Typ mit starkem Profil

Je nach Einfluss der bodenbildenden Faktoren (M1, M4) sind die Böden in Aufbau und Zusammensetzung unterschiedlich und für die landwirtschaftliche Nutzung gut oder weniger gut geeignet. Ihre Tragfähigkeit, das heißt ihr Vermögen, den Pflanzen Nährstoffe für deren Wachstum zur Verfügung zu stellen, hängt entscheidend von dem **Mineralgehalt** (dem Gehalt an Nährstoffen) und der **Kationenaustauschkapazität (KAK)** ab (vgl. M4, Seite 81; dies ist die Fähigkeit des Bodens, die als Kationen vorliegenden Nährstoffe zu speichern und sie an die Pflanzen abzugeben. Nährstoffgehalt und Kationenaustauschkapazität sind sehr wichtige Merkmale sowohl der organischen als auch der anorganischen, mineralischen Bestandteile des Bodens.

Der mineralische Anteil im Boden rührt vom (Ausgangs-)Gestein her, die organischen Anteile von der Streu, den Wurzeln und dem abgestorbenen Edaphon – also von den tierischen und pflanzlichen Bodenorganismen (M2, Seite 80 und M3, Seite 81).

Die für die Pflanzen wichtigen Mineralien werden im Bodenwasser als Kationen gelöst. Mithilfe der **Kolloide** werden sie zwischengespeichert und an die Pflanzenwurzeln abgegeben. Diese Bodenkolloide sind mit weniger als 0,002 mm Durchmesser die kleinsten organischen und anorganischen Bestandteile des Bodens. Sie befinden sich fast ausschließlich im obersten **Bodenhorizont**, dem sogenannten A-Horizont (M4).

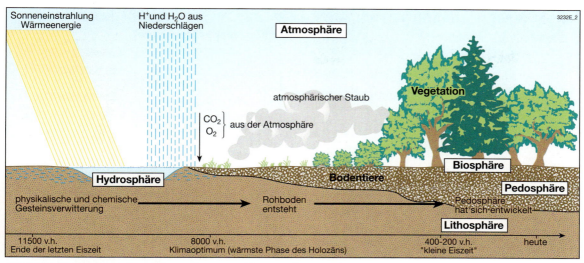

M3 Modellhafte Darstellung der Bodenentwicklung in der gemäßigten Zone

Die Bodenhorizonte sind durch Prozesse der Bodenbildung entstanden und relativ einheitlich ausgeprägt. Sie unterscheiden sich grob in organische (zum Beispiel O=organischer Auflagehorizont) und mineralische Bodenhorizonte (z.B. A=mineralischer Oberbodenhorizont). Sie werden mit lateinischen Großbuchstaben versehen und erhalten zur weiteren Charakterisierung noch einen oder mehrere kleine Buchstaben (zum Beispiel Ae=verarmter [beispielsweise an organischer Substanz] und daher aufgehellter, meist hellgrauer Auswaschungshorizont; e von eluvial). Sie verlaufen relativ parallel zur Bodenoberfläche. Eine charakteristische Ausprägung von Horizonten ergibt ein **Bodenprofil**. Dieses zeigt neben der Entstehung des Bodens auch dessen Beschaffenheit und Nutzungsmöglichkeit an. Böden mit ähnlichem Profil und folglich ähnlichem Entwicklungsstand werden zu **Bodentypen** zusammengefasst. So weist beispielsweise der Schwarzerdeboden (M3, S. 83) einen besonders mächtigen und mit viel Humus durchsetzten A-Horizont (Ah; h von Humus) auf.

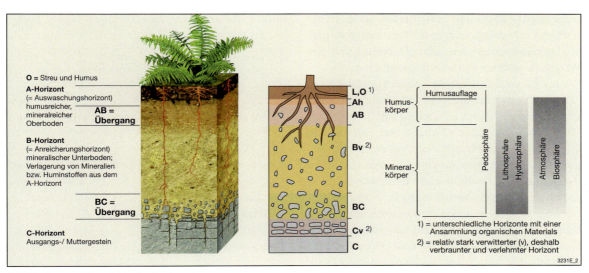

M4 Bodenprofil und Bodenhorizonte

M1 Sorptionsvermögen von Zwei- und Dreischichttonmineralen

Bestandteile und Eigenschaften des Bodens

Im Boden werden der Pflanze etwa 50 verschiedene Minerale als Pflanzennährstoffe angeboten, davon sind jedoch nur 16 für das Wachstum unentbehrlich. Sie stammen aus den anorganischen und den organischen Bestandteilen des Bodens.

Anorganische Bestandteile

Die Aufbereitung der anorganischen Ausgangssubstanz, des Ausgangsgesteins, geschieht durch physikalische, chemische und biologische Verwitterung (vgl. S. 68). Die **physikalische Verwitterung** führt zu einer mechanischen Lockerung und Zerstörung des Gesteins. Besonders gilt das für die Salze. Sie können im Kontakt mit Wasser eine Volumenvergrößerung in Poren, Klüften und Kapillaren von Gesteinen von über 300 Prozent erreichen. Die **chemische Verwitterung** verändert die stoffliche Zusammensetzung der Gesteine und ihrer Minerale überwiegend mithilfe der lösenden Kraft des Wassers. Von daher ist sie an das Vorhandensein von Wasser gebunden. Besonders abhängig von dessen Säuregrad und Sauerstoffgehalt tritt sie erst ab Bodentemperaturen über dem Gefrierpunkt auf. Die einzelnen Verwitterungsvorgänge werden wesentlich von der Temperatur und der Durchfeuchtung, der Art der Minerale und dem Vorhandensein von Bodenorganismen (**Edaphon**) und Pflanzenwurzeln beeinflusst.

Auch die **biologische Verwitterung** verändert das Gestein. Sie beginnt, wenn bei der Gesteinsaufbereitung Feinmaterial über Wasser und Wind in den Hohlräumen des Gesteins angelagert wird. Dabei quellen dort eingedrungene Samen und Wurzeln so stark, dass sie das Gestein sprengen. Daneben führen Säureausscheidungen von Pflanzen und Bodenlebewesen im Zusammenhang mit CO_2 von der Atmung der Bodentiere und der Pflanzen zu Lösungsvorgängen.

Die Verwitterung des Gesteins und seiner Bausteine (Minerale) führt auf der einen Seite zur Freisetzung von Pflanzennährstoffen in Form von Kationen (positiv geladene Ionen). Andererseits werden Kristallbausteine neu geordnet und somit Minerale neu gebildet. Unter ihnen sind die **Tonminerale** von besonderer Bedeutung, da sie als mineralische Bodenkolloide Träger der Kationenaustauschkapazität und folglich auch ein bestimmendes Element für die Fruchtbarkeit des Bodens sind. Dabei können die Zweischichttonminerale nur wenige Kationen binden (adsorbieren), während die Drei- und Vierschichttonminerale wegen ihrer sehr großen spezifischen Oberfläche eine hohe Kationenaustauschkapazität besitzen (M1).

Gruppe	Anzahl
Bakterien	60 000 000 000 000
Pilze	1 000 000 000
Algen	1 000 000
Einzeller	500 000 000
Fadenwürmer	10 000 000
Milben	150 000
Springschwänze	100 000
Weiße Ringwürmer	25 000
Regenwürmer	200
Schnecken	50
Spinnen	50
Asseln	50
Tausendfüßler	150
Hundertfüßler	50
Käfer	100
Fliegenlarven	200
Wirbeltiere	0,001

M2 Edaphon im Ackerboden (oberste 30 cm / m²)

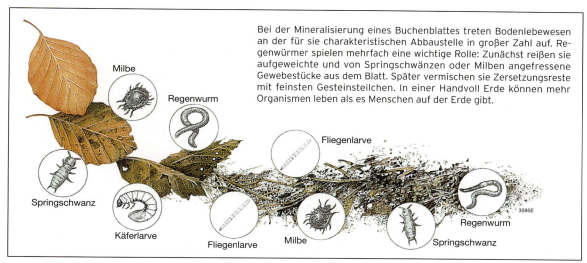

M3 Vom Blattfall zum Zerfall – das Werk des Edaphons

Organische Bestandteile

Der **Humus** – abgestorbene pflanzliche und tierische Substanzen mit ihren organischen Umwandlungsprodukten in und auf dem Boden – stellt eine weitere wichtige Quelle pflanzlicher Nährstoffe dar. Die mechanische, chemische und biologische Zersetzung der organischen Substanz geschieht durch das Edaphon, das die wasser- und luftgefüllten Hohlräume des Bodens besiedelt (M2).

Bei der Zersetzung bzw. Umwandlung organischen Materials ist zwischen der Humusbildung, der **Humifizierung**, und der Verwesung, bei der es zur Mineralisierung kommt, zu unterscheiden. Ergebnis der Humifizierung sind unter anderem die **Huminstoffe**. Diese sammeln sich im oberen Bodenhorizont und verleihen ihm seine charakteristische Schwarzfärbung. Als Kolloide haben die Huminstoffe eine sehr große spezifische Oberfläche, damit eine hohe Sorptionsfähigkeit und eine große Kationenaustauschkapazität (100–150 mval/100 g).

Die **Mineralisierung** stellt die letzte Stufe beim Abbau der organischen Substanz dar. Dabei werden organische in anorganische Verbindungen überführt, zum Beispiel in Kohlendioxid (CO_2), Wasser (H_2O), Ammonium (NH_4), Phosphate (PO_4), Stickstoff (N) und Eisen (Fe).

Material	Austauschwerte (mval/100 g Trockengewicht) [1]
organisches Bodenmaterial Mull	150–500
Kaolinite	3–15
Illite — Ton-	10–40
Montmorillonite — mineral-	80–150
Vermiculite — gruppen	100–150
Aluminium- und Eisenhydroxide	4
Feldspäte	1–2
Minerale	
Quark	1–2

[1] Die KAK wird in Milliäquivalent pro 100 g Trockengewicht gemessen. 1 mval ist die austauschbare Menge von Kationen, die 1mg H^+-Ionen entspricht.

M4 Kationenaustauschkapazität (KAK)

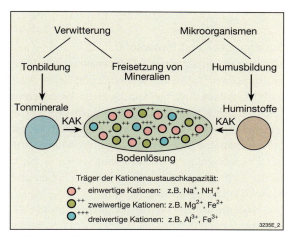

M5 Bodenbildungsprozess und Nährstoffbereitstellung

1.6 Boden – Lebensgrundlage für Mensch, Tier und Pflanze

Name	Grobboden	Feinboden								
Kornfraktion	•	Sand (S)			Schluff (U)			Ton (T)		
Bodenart	Geröll / Kies	Grob-sand	Mittel-sand	Fein-sand	Grob-schluff	Mittel-schluff	Fein-schluff	Grobton	Mittel-ton	Feinton
Korngröße (μm)	200 000–2000	2000–630	630–200	200–63	63–20	20–6,3	6,3–2,0	2,0–0,63	0,63–0,2	<0,2
Korngröße (mm)	200–2	2–0,063			0,063–0,002			<0,002		
durchschnittliche Partikel je Gramm	•	5×10^2			5×10^5			5×10^8	5×10^{11}	•
ungefähre spezifische Oberfläche (cm²/g)	•	20			200			2000	20 000	•

M1 Eigenschaften des Bodens nach Korngröße

Da alle Kulturpflanzen (mit Ausnahme der Pilze) die Nährstoffe nur in anorganischer Form aufnehmen können, muss das Edaphon die in organischer Substanz gebundenen Nährstoffe mineralisieren. Durch sie wird der Nährstoffkreislauf zwischen Boden und Pflanzen geschlossen.

Die aus den organischen und anorganischen Bestandteilen des Bodens resultierenden Kolloide halten die freigesetzten und in der Bodenlösung befindlichen Nährstoffe vorübergehend fest und tauschen sie gegen andere Kationen oder Anionen aus. Die Austauschfähigkeit eines Bodens resultiert aus der Menge der mineralischen und organischen Austauscher, also der Kolloide, und aus deren (unterschiedlicher) Austauschkapazität. Diese beträgt bei mitteleuropäischen Böden für die Tonminerale durchschnittlich 40–60 mval/100 g, für die organische Substanz 150–300 mval/100 g.

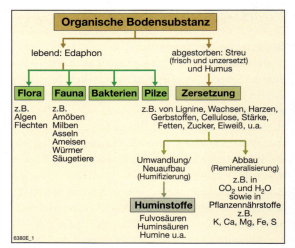

M2 Zusammenstellung und Unterscheidung der wichtigsten organischen Substanzen im Boden

Bodenwasser und Bodenluft

Mittler zwischen der festen Bodensubstanz (mineralisch und organisch), in der die Nährstoffe gespeichert sind, und den Pflanzen ist das **Bodenwasser**. Es stellt den Pflanzen das lebenswichtige Wasser zur Verfügung und ist Sammelstation für die aus dem Verwitterungshorizont stammenden Mineralstoffe, die in Ionenform den Pflanzen sofort zugänglich sind, sofern sie nicht an Ton- oder Huminkolloide angedockt haben und dadurch längerfristig verfügbar sind.

Die **Bodenluft** dient den Pflanzenwurzeln und Mikroorganismen zur Atmung. Damit beeinflusst sie die Bildung und Tragfähigkeit von Böden.

Bodenarten

Die chemischen und physikalischen Eigenschaften eines Bodens und mithin dessen Tragfähigkeit werden auch durch die **Bodenart** bestimmt. Sie wird nach dem Anteil der verschiedenen **Korngrößen** der Bodenpartikel benannt. Diese bestimmen die Partikeloberfläche des Bodens und damit auch dessen Kationenaustauschkapazität. Sie sind abhängig von der Art des Ausgangsgesteins, der Dauer der Verwitterung und der Korngröße bei Mineralneubildungen. Man unterscheidet zwischen Ton, Schluff, Sand und Kies (M1). Die Bodenarten kommen fast nie in reiner Form, dafür fast immer als Gemisch unterschiedlicher Korngrößen vor.

M3 Tschernosem (Hildesheimer Börde); Horizontfolge: Ap – Ah – Cw – Wühlgänge mit Humus im C-Horizont (p=Pflugboden, d.h. bearbeiteter Boden)

M4 Podsol (Neuburger Wald); Horizontfolge: Ah – E – Bh – Bsc – Cw (sc= Anreicherung von Oxiden, w=verwittert)

Unterschiedliche Bodenbildungsprozesse haben weltweit zu einer Vielzahl von Bodentypen geführt. Zwei für Mitteleuropa charakteristische Bodentypen sind die Schwarzerde und der Podsol. Die **Schwarzerden** (russisch: Tschernosem) besitzen sehr humusreiche, bis zu einem Meter mächtige A-Horizonte. Diese gehen auf die hohe Produktion von Biomasse zur Zeit ihrer Entstehung zurück (bis vor ca. 10 000 Jahren). Die Pflanzen wurden von zahlreichen Bodentieren tief in den Boden verbracht, wegen des ungünstigen Kontinentalklimas (winterliche Kälte, sommerliche Trockenheit) aber nur teilweise mineralisiert. Eine hohe Austauschkapazität und ein ständiger Nährstoffnachschub aus dem lösshaltigen Ausgangsgestein machen die Schwarzerde zu einem der fruchtbarsten Boden weltweit.

Der **Podsol** (russisch für aschefarbiger Boden) ist typisch für die humide, kühl- bis kaltgemäßigte Zone, kommt aber auch in der warmgemäßigten Zone vor. Die schwer abbaubare Streu der natürlichen Vegetation (vor allem Nadelwald und Heidekraut) wächst wegen der eingeschränkten Tätigkeit der Bodenlebewesen zu einer dicken, stark sauren Rohhumusauflage an. Hohe Niederschläge waschen den A-Horizont aus. Er wird zu einem Eluvialhorizont mit vorwiegend hellem Quarz. Mit dem Sickerwasser reichern sich die ausgewaschenen Stoffe in dem Unterboden an und verfestigen sich bisweilen zu einem fast wasserundurchlässigen **Ortstein**. Nährstoffarmut und geringe Wasserkapazität machen den Podsol zu einem wenig ertragreichen Boden.

1. Nennen Sie Arten und Funktion der Verwitterung von Gestein.
2. Setzen Sie die Abbildung M3, Seite 79 in einen Text um.
3. Erklären Sie den Stellenwert der organischen Substanz für die Austauschfähigkeit des Bodens.
4. Nennen Sie die Faktoren, die die Austauschkapazität des Bodens bestimmen.
5. Beschreiben Sie die Abbauprozesse der mineralischen und organischen Substanz im Boden (M5, Seite 81, M2, Seite 82).
6. Begründen Sie die starke Humusauflage der Schwarzerdeböden.
7. Informieren Sie sich zum dem Thema " Der Podsol, ein vorherrschender Bodentyp des borealen Nadelwaldes" und präsentieren Sie Ihr Ergebnis.

1.6 Boden – Lebensgrundlage für Mensch, Tier und Pflanze

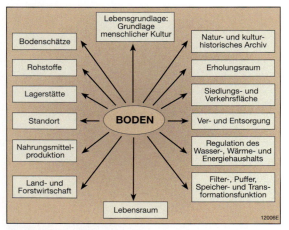

M1 Funktionen des Bodens

Kontinent	künstlich bewässertes Land	regenbewässertes Land	Weideland	degradierte Böden in Mio. ha	in %*
Afrika	18	61	74	1046	73
Asien	35	56	76	1332	70
Australien	13	34	55	376	54
Europa	16	54	72	95	65
Nordamerika	28	16	85	429	74
Südamerika	17	31	76	306	73
Welt	30	47	73	3584	69

* in % der gesamten Landfläche
(Quelle: Leisinger, K.M.: Die sechste Milliarde. Weltbevölkerung und nachhaltige Entwicklung, S. 172.)

M2 Degradation landwirtschaftlich genutzter Böden (in % der für landwirtschaftliche Zwecke genutzten Böden)

Boden – übernutzt und degradiert

Die intensive Nutzung des Bodens, vor allem in Industrieländern (M1), macht ihn anfällig für Schäden, erschöpft seine natürlichen Potenziale und führt damit zu einer andauernden und oft irreversiblen Veränderung oder Zerstörung seiner Merkmale. Die Hauptursache der **Bodendegradation**, von der abnehmenden Fruchtbarkeit des Bodens bis zu seiner unumkehrbaren Zerstörung, ist nach Meinung zahlreicher Fachleute das anhaltend exponentielle Wachstum der Weltbevölkerung und ihrer Ernährung. Mehrere Hundert Millionen Menschen, vorwiegend in Entwicklungsländern, müssen auch solche Böden landwirtschaftlich nutzen, die dafür eigentlich nicht geeignet sind. Hierzu zählen zum Beispiel die Gebiete an den Rändern der Wüste mit unregelmäßigem und geringem Niederschlag sowie spärlicher Vegetationsdecke. Der vorwiegend durch menschliche Übernutzung hervorgerufene Wandel landwirtschaftlicher Nutzflächen in Ödland führt zur **Desertifikation**, der völligen Bodendegradation.
Andererseits führt Bewässerung häufig zu Staunässe und zu **Versalzung** und damit zum Verlust riesiger landwirtschaftlicher Flächen.
Durch die Übernutzung wird der Druck auf die Ressource Boden erhöht, seine Belastbarkeit überschritten und seine Qualität vermindert. Im Zusammenhang mit der Aufgabe traditioneller, bodenschonender Wirtschaftsweisen setzt häufig ein schleichender und über lange Zeit kaum sichtbarer Prozess des Verlusts von Bodenqualität ein.

Bei der Bodendegradation überwiegt bei weitem die **Erosion** (M4). Für ackerbaulich genutzte Flächen stellt der Niederschlag das größte Problem dar. Er allein ist weltweit für mehr als die Hälfte aller Bodenverluste verantwortlich. Vor allem von den zahlreichen Böden in Hanglage, wie zum Beispiel in Nepal, transportiert er riesige Mengen fruchtbaren Erdreichs in tiefer gelegene Gebiete oder unwiederbringlich ins Meer. Allein in der Provinz Shanxi in China werden jährlich rund 1,6 Milliarden Tonnen fruchtbarsten Lössbodens in den Huang He, den Gelben Fluss, gespült.
Menschliche Aktivitäten (Waldrodung, Wanderhirten, Ackerbau) verursachen ein Vielfaches der Bodenerosion aller natürlichen Prozesse zusammen. Jährlich geht mehr Boden verloren als neu gebildet wird. So führt in Deutschland die Bodenerosion zu einem Verlust von bis zu neun Tonnen Boden je Hektar und Jahr gegenüber einer durchschnittlichen Bodenneubildungsrate von nur zwei Tonnen.
Gemessen an den Erosionsschäden sind alle anderen Bodenbelastungen im weltweiten Maßstab von relativ geringer Bedeutung. Hierzu zählen der Landverlust durch Nutzungsumwandlung mit einem hohen Anteil an **Versiegelung** sowie die abnehmende Bodenqualität als Folge der landwirtschaftlichen Bodenbearbeitung.
Dem **Bodenschutz** ist in Deutschland erst ab Mitte der 1980er-Jahre durch gesetzliche Regelungen Rechnung getragen worden. Seit 1998 existiert ein Bundesbodenschutzgesetz, ein Gesetz zum Schutz vor schädlichen Bodenveränderungen und zur Sanierung von Altlasten.

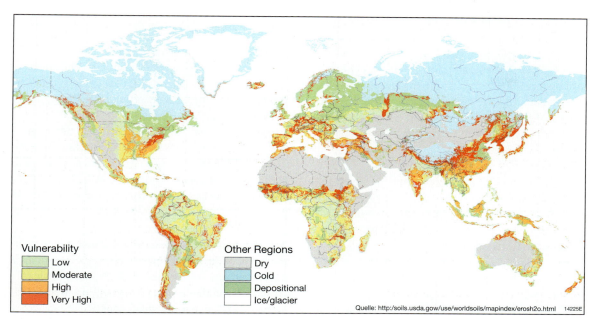

M3 Weltweite Erosionsgefährdung durch Wasser

Daneben versuchen zahlreiche Organisationen, den Boden als existenziell wichtigen, lebenden und leicht verletzbaren Organismus in das Bewusstsein der Menschen zu bringen.

Soll die Nutzung und Verfügbarkeit des Bodens für zukünftige Generationen weiterhin erhalten bleiben, muss der Boden nachhaltig genutzt werden. Dabei geht es vor allem um die „Zuweisung von Flächen für Nutzungsformen, die den größtmöglichen nachhaltigen Nutzen gewährleisten, und die Förderung des Umstiegs auf eine nachhaltige und integrierte Bewirtschaftung der Bodenressourcen" (Agenda 21, Kapitel 10.5). Der Schutz des Bodens wird in diesem Zusammenhang unter anderem durch eine Reduzierung des Flächenverbrauchs (zum Beispiel bei der Stadtplanung), durch Verringerung der Versiegelung durch bodenschonende Verfahren in Land- und Forstwirtschaft und durch Sanierung von hoch belasteten Industriebrachen angestrebt.

International gibt es trotz der europäischen Bodencharta aus dem Jahr 1972 und der Weltbodencharta (1981) kaum völkerrechtlich verbindliche Abkommen zum Schutz des Bodens. Eine Ausnahme bildet das 1996 in Kraft getretene multilaterale „Übereinkommen der Vereinten Nationen zur Bekämpfung der Wüstenbildung."

Degradationstypen	Anteil	wesentliche Ursachen
Wassererosion	56 %	Entwaldung / Überweidung
Winderosion	28 %	Überweidung
chemische Degradation	12 %	landwirtschaftliche Aktivitäten
physikalische Degradation	4 %	landwirtschaftliche Aktivitäten

Quelle: http://hypersoil.uni-muenster.de/0/02/02/01.htm

M4 Typen, Anteile und Ursachen der Bodendegradation weltweit

1. Zeigen Sie den Zusammenhang zwischen Bodendegradation und Bevölkerungswachstum auf.
2. Informieren Sie sich bei Ihrem Landesumweltamt über die Bodendegradation und den Bodenschutz. Berichten Sie in Ihrer Gruppe. Vergleichen Sie mit der Situation in anderen Bundesländern.
3. Erstellen Sie zu den Auswirkungen der Bodenversiegelung eine Kausalgeflecht.

Geoökologische Praxis

Analyse von Bodenfaktoren

Die Kruste, von der der Mensch lebt, wird heute von einer eigenen Wissenschaft, der Pedologie, mit immer raffinierteren Methoden untersucht. Die meisten Wissenschaftler arbeiten dabei interdisziplinär, bedienen sich der Methoden anderer Wissenschaften und arbeiten beispielsweise mit Chemikern, Geographen, Biologen und Physikern zusammen.

Auch Sie können Elemente des Systems Boden beschreiben und analysieren, ihre wechselseitige Wirkung erfassen und sie in ein geoökölogisches Standortmodell einordnen. Dabei sollten folgende Arbeitsschritte berücksichtigt werden:
1. Beschreibung des Standortes (zum Beispiel Höhe, Relief, Wasserhaushalt, Klima, Vegetation oder Nutzung),
2. Analyse der Bodenelemente,
3. Zeichnung eines Wirkungsgefüges,
4. Zusammenfassende und erweiterte Bewertung des Standortes.

Analyse eines Bodenprofils

Bodenprofile kann man am leichtesten in Baugruben oder an Hängen gewinnen. Stechen Sie mit einem Spaten eine möglichst glatte Fläche ab, auf der Farb- und Strukturunterschiede deutlich erkennbar werden. Dabei empfiehlt es sich, folgende Arbeitsschritte zu beachten:
1. Beobachtung sowie Beschreibung des Bodenprofils,
2. Dokumentation des Profils (Foto und Zeichnung), verwenden Sie eine Messlatte oder einen Zollstock,
3. Untersuchung und Interpretation der Bodenhorizonte,
4. Entwicklung weiterführender Fragestellungen.

Hinweis: Bodenprofile können auch mit einem Bohrstock gewonnen werden. Die Bohrkerne kann man fixieren, dann eignen sie sich hervorragend für eine Präsentation (z. B. Ausstellung). Fachbücher oder Internetadressen helfen bei der genauen Bestimmung des Bodentyps.

Bestimmung der Bodenart

Die Bodenart kann in etwa durch die „Fingerprobe" bestimmt werden. Kneten Sie dabei eine kleine Bodenprobe zwischen Daumen und Zeigefinger, rollen Sie sie zwischen den Handflächen.
Die Probe ist nicht formbar und bröckelt: Sandboden. Sie bindet, ist aber nur schwer formbar: lehmiger Sand. Sie ist deutlich formbar und ausrollbar: sandiger Lehm. Sie ist roll- und knetbar und es sind keine Körner fühlbar: Lehm. Sie ist dünn ausrollbar und hat glänzende Flächen: Ton.

Wissenschaftlich genauer wird die Bodenart mit Siebsätzen oder durch Schlämmanalysen (M1) bestimmt. Geben Sie zum Beispiel eine Probe trockener Feinerde in einen Messzylinder und notieren Sie die Menge. Füllen Sie den Zylinder mit Wasser auf und schütteln Sie ihn kräftig. Bestimmen Sie anschließend die Menge der abgesetzten Stoffe nach zehn Minuten und vergleichen Sie sie mit den Prozentwerten der Abbildung.

Zweck: Die Bodenart gibt das Verhältnis der Korngrößengruppen an. Sie hat Einfluss auf die Bodenfaktoren Durchlüftung, Wasserhaushalt, Durchwurzelung, Bearbeitung und Bodenfruchtbarkeit.

M1 Schlämmprobe

Geoökologische Praxis

Bestimmung des pH-Wertes

Nehmen Sie Bodenproben von verschiedenen Standorten. Mischen Sie eine kleine Probe gemörserten Bodens mit einem Bodenindikator und lassen Sie sie etwa zwei Minuten ruhen. Messen Sie dann mit einem pH-Meter die Werte.

Zweck: Eine neutrale, saure oder basische Reaktion des Bodenwassers ist von der Konzentration freier H^+-Ionen abhängig. Der pH-Wert beeinflusst die Verwitterung, die Verfügbarkeit und Speicherung von Nährstoffen, das Edaphon (niedrige pH-Werte führen zu Schädigungen) und die Humusbildung. Auch Waldbäume und die Kulturpflanzen bevorzugen bestimmte Bodenmilieus.

pH-Wert	Eigenschaft
0 bis 4	sehr stark sauer
4 bis 5	stark sauer
5 bis 6	mäßig sauer
6 bis 7	schwach sauer
7	neutral
7 bis 8	schwach basisch
8 bis 9	mäßig basisch
9 bis 0	stark basisch
10 bis 14	sehr stark basisch

M2 *pH-Wert*

Kiefer	4,5-6,0	Tanne, Birke	5,0-6,0
Buche	6,0-8,0	Kartoffel	5,0-6,5
Tomate	5,0-7,5	Roggen	5,0-6,0
Weizen	6,5-7,5	Zuckerrübe	6,5-7,5

M3 *Günstige pH-Werte für das Wachstum einzelner Pflanzen*

Bestimmung des Kalkgehalts im Boden

Nehmen Sie verschiedene Bodenproben über möglichst verschiedenen Ausgangsgesteinen. Versetzen Sie die Bodenproben mit verdünnter Salzsäure und beobachten Sie die Reaktion. Schätzen Sie den Kalkgehalt nach folgenden Kriterien ein:

Reaktion	Kalkgehalt	Boden
kein Aufbrausen	unter 1%	kalkfrei, kalkarm
schwaches Aufbrausen	1-3%	schwach kalkhaltig
kurzes, deutliches Aufbrausen	3-5%	kalkhaltig
anhaltendes Aufbrausen	über 5%	stark kalkhaltig

Zweck: Kalk ($CaCO_3$) hat die Fähigkeit, H^+-Ionen zu binden und verhindert damit eine Versauerung des Bodens. Eine zu hohe Kalkzufuhr kann jedoch zu einer Auswaschung insbesondere von K-Ionen und damit zu einer Verarmung des Bodens führen.

Bestimmung des Humusgehalts im Boden

Da Humus aus organischem Material besteht, verbrennen seine Bestandteile bei Erhitzung. Nehmen Sie Bodenproben von verschiedenen Bodentypen und aus verschiedenen Profiltiefen, lassen Sie sie an der Luft trocknen und wiegen Sie dann jeweils zehn Gramm ab. Glühen Sie die Proben anschließend durch und wiegen Sie sie erneut. Notieren Sie nun den Humusanteil in Prozent.

Zweck: Humus baut ein günstiges Bodengefüge auf, indem er die Mineralkörner miteinander verbindet und ein hohes Gesamtporenvolumen schafft. Damit kann sich der Wasser- und Lufthaushalt des Bodens verbessern. Humus liefert ferner über die Humifizierung und Mineralisierung wertvolle Pflanzennährstoffe und ist ein effizienter Sorptionsträger.

M4 *Bestimmung des Kalkgehalts*

1. Versuchen Sie, zu folgenden Fragestellungen im Team Experimente zu entwickeln und stellen Sie Ihre Ideen dem Plenum vor:
a. Bestimmung des Wassergehalts und der Wasserspeicherfähigkeit von Böden,
b. Entwicklung von Bakterienkolonien aus verschiedenen Böden,
c. Folgen der Versalzung,
d. Beobachtung und Bestimmung des Edaphons.
2. Entwickeln Sie selbst weitere Fragestellungen und geeignete Experimente.

1.7 Geofaktoren – ihr Zusammenwirken

Geoökofaktoren wie Klima, Boden, Relief und Wasser bilden in einem **Geoökotop** die Grundlagen für die Existenz der Lebewesen. Man kann eine Landschaft als ein Geoökotopgefüge, als ein Mosaik von zahllosen Geoökotopen sehen (landscape pattern), in denen jeweils homogene Wechselwirkungen zwischen den Ökofaktoren herrschen (vgl. Kapitel 1.1).
Die Bedeutung der Geoökofaktoren für die Genese der Landschaft und als Grundlage des Lebens und Wirtschaftens wird am Oberrhein sehr deutlich: Hier wurde durch endogene Vorgänge ein sehr markantes Relief geschaffen, welches durch exogene Vorgänge modelliert wurde.
Es bildet die Basis für eine deutliche Kleinkammerung aller Geo- und Biofaktoren. So ergibt sich ein stark gegliedertes Gefüge von Geoökotopen mit zum Teil sehr stark divergierenden klimatischen, hydrographischen und pedologischen Verhältnissen. Diese wirken sich auf das Leben und Wirtschaften in dieser Region aus.

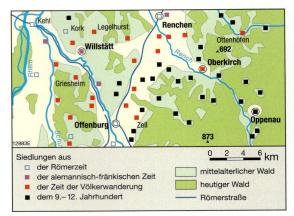

M1 Besiedlungsphasen – Raum Oberkirch

1. a) Erläutern Sie anhand von Beispielen das Landschaftsmosaik Oberrhein (M2, M3).
b) Beschreiben Sie den Zusammenhang zwischen naturräumlichen Gegebenheiten und Siedlungsentwicklung (M1).

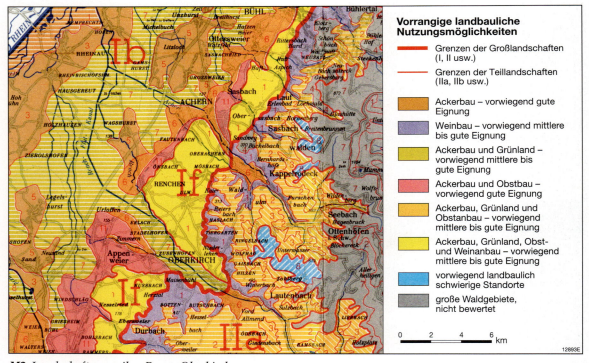

M2 Landschaftsmosaik – Raum Oberkirch

M3 Ausschnitt aus der Satellitenbildkarte 1:250 000 – Rheinland-Pfalz und Saarland

1.7 Geofaktoren – ihr Zusammenwirken

Raumbeispiel: Oberrheinische Tiefebene

Tektonik und Geologie

Der Rheingraben ist ein Teilstück eines großen Bruchsystems, der sogenannten Mittelmeer-Mjøsen-Zone, die sich mitten durch Europa zieht. Sie verläuft vom Mittelmeer durch das Rhône- und Saônetal sowie die Burgundische Pforte bis zum Oberrhein. Von dort führt die Bruchzone nach Norden weiter bis zum Mjøsensee in Norwegen.

Der Oberrheingraben ist erdgeschichtlich gesehen recht jung, denn seine Genese reicht nicht weiter zurück als ins Tertiär (Erdneuzeit). Als Motor der Grabenbildung (Taphrogenese) fungierte die Afrikanische Platte. Sie driftete zunächst nach Norden, kollidierte mit der Eurasischen Platte und vollzog später eine Rotationsbewegung gegen den Uhrzeigersinn. Dadurch baute sich eine ungeheure Druckspannung in der Lithosphäre auf, die orogenetische Prozesse in Gang setzte (Auffaltung der Alpen) und am Oberrhein zu einer Aufwölbung des Gesteinskörpers führte. Hier wurden das Grundgebirge und die ursprünglich waagerecht gelagerten Gesteinsschichten des Deckgebirges auf einer Länge von 200 bis 400 km aufgedomt; dies geschah quer zur Nord-Süd-Achse des heutigen Grabens. Die Lithosphäre dehnte sich und riss auf. Die Absenkung des Grabens begann entlang von Grabenrandverwerfungen, die im Zuge der Heraushebung entstanden und nordsüdlich („rheinisch") verlaufen. Die Erdkruste wurde dabei so stark beansprucht, dass sie in zahlreiche, unterschiedlich große Teile zerbrach. Die zerstückelte Kruste sank jedoch nicht im Ganzen, sondern stufenförmig an den Randverwerfungen ab. Zahlreiche Bruchschollen wurden gegeneinander versetzt und ineinander verkeilt (Bruchschollenmosaik, M1).

Mit der Einsenkung des Grabens setzte in den Randgebieten die Hebung der Grabenschultern, der heutigen Mittelgebirge im Westen und Osten des Rheins, ein. Gesteine des Grundgebirges, die im Laufe der Zeit durch Erosion freigelegt wurden und auf den Höhen des Schwarzwaldes oder der Vogesen vorkommen, findet man im Zentrum des Oberrheingrabens erst in 2000 bis 4000 Meter Tiefe. Die vertikale Höhendifferenz zwischen der tiefsten Stelle der Grabensohle und den gehobenen Schultern (Sprunghöhe) erreicht bis zu 5000 Meter.

Erst vor etwa zwei bis fünf Millionen Jahren, also in geologisch jüngster Zeit (Wende vom Tertiär zum Quartär), entwickelten sich der uns vertraute Rheinlauf und die Grundstrukturen des heutigen Entwässerungssystems. Damit ging eine verstärkte Sedimentation im zentralen Bereich des Rheingrabens einher. Ältere tertiäre Ablagerungen wurden von jüngeren, eiszeitlichen und nacheiszeitlichen überdeckt (insgesamt rund 20 000 Kubikkilometer). Die Mächtigkeit der Sedimente nimmt von Süden nach Norden tendenziell zu und erreicht westlich von Heidelberg im Einmündungsbereich des Neckars mit über 3000 Meter Spitzenwerte.

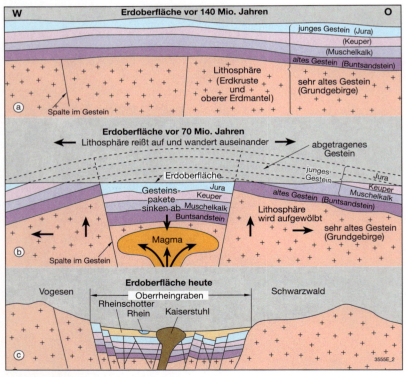

M1 Zur Entstehung des Oberrheingrabens

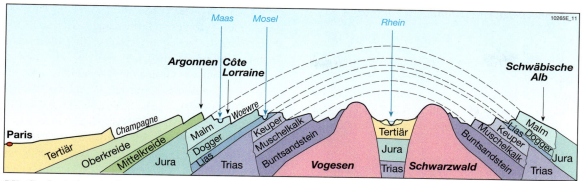

M2 Geologisches Profil von Frankreich bis nach Südwestdeutschland. Die Gesteinsschichten des Deckgebirges wurden während der Grabenbildung quergestellt und sind vom Grundgebirgssockel abgerutscht bzw. erodiert.

M3 Unruhige Erde – selbst heute noch

Der Oberrheingraben ist nicht zur Ruhe gekommen. Durch Satellitenmessungen wurde nachgewiesen, dass sich der Oberrheingraben Jahr für Jahr um etwa 0,3 mm verbreitert. Gesteinsschollen, von denen die meisten durch Sedimente bedeckt sind, sinken weiter ab. Immer wieder kommt es zu vulkanischen Begleiterscheinungen und Erdbeben, von denen aber keines mehr die Stärke des historischen Bebens von Basel (1356) erreicht hat.

An den Verwerfungen und Bruchlinien, den Nahtstellen der Lithosphäre, steigen heiße Wässer aus dem Innern der Erde auf, die schon in römischer Zeit bekannt waren. Thermalbäder reihen sich wie an einer Perlenschnur entlang der Grabenränder auf. Davon ist Baden-Baden nicht das Einzige, aber eines der ältesten und bekanntesten am Oberrhein. Heiße, zirkulierende Wässer sind es wohl auch, die innerhalb des Erdmantels von unten nach oben Wärme transportieren, die in Zukunft wirtschaftlich genutzt werden soll.

M5 Energie aus der Tiefe

„Der Oberrheingraben ist für die Nutzung der Erdwärme (Geothermie) besonders interessant, weil hier in Tiefen von rund 2500 Metern mit etwa 150°C höhere Temperaturen herrschen als anderswo in Deutschland. Diese Tatsache lockt immer mehr risikofreudige Unternehmen an, die das Energiepotenzial auf beiden Seiten des Rheins für die Wärme- und Stromerzeugung anzapfen wollen. Auf dem Gebiet der rheinland-pfälzischen Stadt Landau wurde bereits ein Geothermie-Kraftwerk in Betrieb genommen (Investitionskosten: 15 Mio. Euro), das 5400 Haushalte mit Strom versorgt; darüber hinaus nutzen 1000 Haushalte die Wärme, die bei der Stromerzeugung entsteht. Pläne für rund 20 weitere Kraftwerke liegen vor, einige davon sind allerdings noch wenig konkret.

Wirtschaftlich interessant ist die Nutzung der Erdwärme für die Betreiber eines Kraftwerkes allerdings nur, weil der erzeugte Strom mit bis zu 15 Cent je Kilowattstunde vom deutschen Staat subventioniert wird."

M4 Erdbeben am Oberrhein (1973–2005)

(Quelle: Badische Neueste Nachrichten vom 19.12.2004 und 6.2.2006)

1.7 Geofaktoren – ihr Zusammenwirken

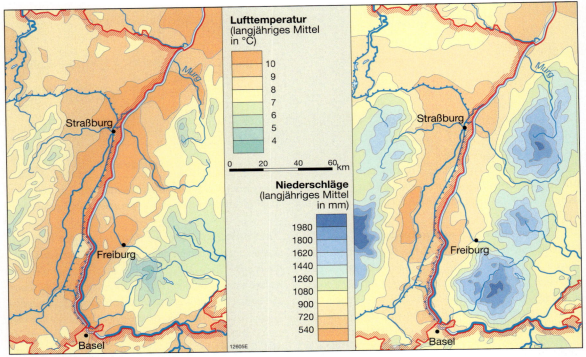

M1 Jahresmitteltemperatur und Jahresniederschläge am Oberrhein

Das Klima am Oberrhein

Das Oberrheinische Tiefland gehört zu den klimatisch begünstigten Gebieten Deutschlands (hohe Jahresmitteltemperatur, Vegetationsperiode März bis November). Das liegt zum einen daran, dass warme Luftmassen aus dem Mittelmeerraum von Südwesten her durch die Burgundische Pforte (südlich Mülhausens) leicht in die Tiefebene eindringen können. Zum anderen ist das Rheintal gegen kalte Luftströmungen aus anderen Richtungen durch die Randgebirge weitgehend geschützt.

Die Jahresmitteltemperatur liegt im Rheintal bei 10 °C und auf den Kammlagen der Randgebirge teilweise unter 4 °C (vertikaler Temperaturgradient: 0,6 °C/100 m). Im Sommer heizen sich die Luftmassen in der Oberrheinischen Tiefebene aufgrund des dann steileren Einfalls der Sonnenstrahlen stark auf. Tageshöchsttemperaturen von über 35 °C sind keine Seltenheit. Diese hohen Temperaturen wirken sich in Zusammenhang mit einer hohen Luftfeuchte auf das Wohlbefinden der Menschen negativ aus.

Im Winter kommt es bei windstillen Hochdruckwetterlagen häufiger zu Inversionswetterlagen. Kaltluft, die aus den Höhenlagen der Randgebirge abfließt, sammelt sich in den Niederungen und bildet sogenannte Kaltluftseen.

Die räumliche Differenzierung der Jahresniederschläge spiegelt die orographischen Verhältnisse wider. Hohe Jahresniederschläge von über 2000 mm in den Vogesen und im Schwarzwald stehen Niederschlägen von zum Teil unter 600 mm in geschützten Tallagen gegenüber. Vorherrschende Westwinde bringen reichlich Niederschläge. Dies gilt in erster Linie für die Luvseiten der Randgebirge, wo sich die feuchten, maritimen Luftmassen stauen und zum Aufsteigen gezwungen werden. Solche Staueffekte sind besonders ausgeprägt in den Vogesen und im Pfälzer Wald, die quer zur Windrichtung streichen. Sie sind markante Hindernisse, die sich den Tiefdruckgebieten auf ihrem Durchzug nach Osten entgegenstellen. Haben die Westwinde die westlichen Randgebirge der Tiefebene passiert, sinken sie im Bereich des Oberrheingrabens föhnartig ab. Dabei löst sich die Wolkendecke im Lee der Gebirge teilweise auf, manchmal sogar bis über den Rhein. Zu einer nennenswerten Wolkenverdichtung kommt es erst wieder an den östlichen Randhöhen der Tiefebene.

M2 Die Klimagunst der Deutschen Weinstraße

Ihringen									48° 03' N / 7° 39' O			284 m ü. M.	
	J	F	M	A	M	J	J	A	S	O	N	D	Jahr
T (°C)	0,1	1,5	4,9	8,7	12,8	15,9	17,6	16,8	13,8	8,8	4,2	1,0	8,8
N (mm)	50	49	51	62	88	102	85	100	65	53	63	47	815

Feldberg									47° 52' N / 8° 00' O			1486 m ü. M.	
	J	F	M	A	M	J	J	A	S	O	N	D	Jahr
T (°C)	-4,3	-4,1	-1,2	1,4	5,8	9,0	10,8	10,7	8,4	4,0	0,3	-2,8	3,2
N (mm)	163	154	116	111	126	164	164	170	147	144	152	120	1732

Sonnenscheindauer: Kaiserstuhl 1529 Std., Schwarzwald 1673 Std.
Frosttage: Kaiserstuhl 72 Tage, Schwarzwald 165 Tage
Schneebedeckung: Kaiserstuhl 22 Tage, Schwarzwald 170 Tage

M3 Klimadaten von Ihringen (Kaiserstuhl) und Feldberg (Schwarzwald)

M4 Klimawandel

„Lange Zeitreihen zur Temperatur (für Karlsruhe liegen seit 1876 Daten vor) zeigen, dass die Jahresmitteltemperatur in den letzten hundert Jahren um 0,8 °C angestiegen ist. Flora und Fauna haben sich den veränderten klimatischen Verhältnissen angepasst. So hat sich beispielsweise der im mediterranen Raum (Camargue/Südfrankreich) heimische Bienenfresser, der zu den farbenprächtigsten Vögeln Mitteleuropas zählt, am Kaiserstuhl niedergelassen (zur Zeit 140 Brutpaare), und die Mönchsgrasmücke, ein Zugvogel, kehrt aus ihren Winterquartieren bis zu zwei Wochen früher an den Oberrhein zurück. Die Wärme liebende Gottesanbeterin, ein Insekt, ist in der Rheinebene von Süden bis nach Karlsruhe vorgedrungen. Orchideen wie das Affenknabenkraut oder die Pyramidenorchidee erweitern ihre Lebensräume. Die Signale der Natur sind eindeutig. Sie weisen auf den Klimawandel mit tendenziell steigenden Jahresmitteltemperaturen hin."

(Quelle: SWR-Fernsehsendung „Signale der Natur" vom 5.8.2006)

M5 Schneesport ohne Schnee?

„Während in den 1960er-Jahren im Schwarzwald auch in den niedrigeren Mittelgebirgslagen ideale Wintersportbedingungen (...) herrschten, weisen heute selbst die Hochlagen in manchen Jahren kaum noch befriedigende Schneeverhältnisse auf. Seit 1960 ist es im Südschwarzwald im Winter (...) um mehr als 2,5 Grad wärmer geworden und die Zahl der Tage mit einer Schneedecke über 9 cm Höhe hat sich um rund 30 Tage verringert. Heute werden zum Teil Schneekanonen eingesetzt, um für gute Pistenverhältnisse zu sorgen. Der Klimawandel ist ein Risikofaktor für den Tourismus, weil das Buchungsverhalten potenzieller Gäste gerade im Schwarzwald von der Schneesicherheit abhängt. Schneesicher sind Gebiete, wenn in der Zeit vom 16. Dezember bis 15. April an mindestens 100 Tagen eine Schneedecke von mindestens 30 cm (Ski alpin) beziehungsweise 15 cm (Ski nordisch) liegt."

(Quelle: Schneider, C., Saurer, H., Schönbein, J.: Schneesport ohne Schnee? In: Praxis Geographie, 5/2005, S. 18)

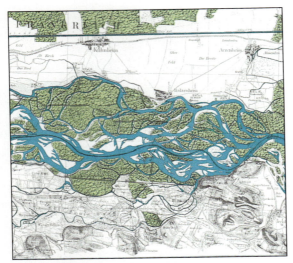

M1 *Der Verlauf des Rheins bei Arzenheim 1828*

Der Oberrhein – ein Fluss wird gebändigt

Der Oberrhein, der Rheinabschnitt zwischen Basel und seinem Eintritt in das Rheinische Schiefergebirge bei Bingen, lässt sich flussmorphologisch grob in folgende Teilabschnitte gliedern:
- die Furkationszone mit zahlreichen Flussgabelungen (zwischen Basel und dem Mündungsbereich der dem Rhein tributären Murg);
- die Mäanderzone mit vielen sich ständig verlagernden Flusswindungen (zwischen der Einmündung der Murg bis Oppenheim, vgl. M1);
- den nördlichsten Abschnitt des Oberrheins zwischen Oppenheim und Bingen mit einem sanft gekrümmten Flussbett.

Noch bis ins 19. Jahrhundert war der Oberrhein ein wilder Fluss, der seinen Lauf ständig veränderte. Überschwemmungen richteten regelmäßig und zum Teil große Schäden an (zum Beispiel Vernichtung der Ernte und in deren Folge Hungersnot); die von der Rheinaue durch einen merklichen Geländeanstieg (Hochgestade; vgl. M1) getrennte, also höher gelegene Niederterrasse blieb dagegen bis auf wenige Ausnahmen verschont. Da der Stromstrich – dieser galt als Grenze zwischen Frankreich und Deutschland – ständig hin und her pendelte, kam es immer wieder zu Grenzstreitigkeiten.

Dennoch gab es zunächst Widerstände gegen die 1817 unter Leitung des Wasserbauingenieurs Johann Gottfried Tulla (1770–1828), dem „Bändiger des wilden Rheins", begonnene Korrektion, die 1876 abgeschlossen wurde. Der Flusslauf wurde begradigt, indem jeweils die Mäanderhälse durchstochen wurden. Später (ab 1907) wurden zusätzliche Veränderungen des Flussbettes vorgenommen: Ingenieure bauten Buhnen im Rhein, um die Breite des Flusses weiter zu verengen, sodass auch bei Niedrigwasser Schiffe auf dem Rhein problemlos verkehren konnten. Darüber hinaus wurden zwischen 1928 und 1977 zehn Staustufen zur Energiegewinnung und Kanalschlingen (Schlingenlösung) wie der Grand Canal d'Alsace gebaut.

Die Rheinkorrektion zog einschneidende Veränderungen nach sich. Da die Rheinbegradigung gleichbedeutend war mit einem stärkeren Flussgefälle und damit einer höheren Fließgeschwindigkeit, führte dies in dem nunmehr eingedämmten, relativ schmalen Flussbett zu einer verstärkten Tiefenerosion und Sohlenvertiefung des Rheins. Infolge der Tiefenerosion wiederum sank der Grundwasserspiegel zwischen zwei und fünf Metern ab. Ehemalige Mäander des Rheins (Altrheinarme), Sümpfe und Moore fielen trocken. Damit gingen Veränderungen der natürlichen Vegetation einher: In den Auenwäldern wurden Feuchtigkeit liebende Vegetationsformationen zugunsten Trockenheit liebender Pflanzenarten verdrängt, was gleichzeitig Veränderungen der Fauna in dieser episodisch beziehungsweise periodisch überfluteten Feuchtregion nach sich zog. Die ursprünglichen Auenwälder versteppten bis auf wenige zusammenhängende, räumlich allerdings begrenzte Vorkommen (etwa der Taubergießen nördlich vom Kaiserstuhl). Der ökologische Wert dieses amphibischen Lebensraums ist bekannt, sodass im Zuge der Umsetzung einer 1992 von der Europäischen Union beschlossenen Naturschutz-Richtlinie (Fauna-Flora-Habitat, kurz: FFH) auch in Deutschland vielfältige Anstrengungen zur Erhaltung der Auenwälder sowie der wild lebenden Tier- und Pflanzenarten unternommen werden.

1. Erklären Sie das Zusammenwirken endogener und exogener Kräfte am Beispiel des Oberrheingrabens.
2. Begründen Sie, warum die Rheinebene ein klimatischer Gunstraum ist.
3. Stellen Sie die Auswirkungen der menschlichen Eingriffe in das Flusssystem des Rheins in einem Fließdiagramm dar.
4. Erläutern Sie die Maßnahmen zum Hochwasserschutz.

M2 EU-Gelder für den Naturschutz in den Rheinauen

Im Zuge des EU-Life-Projekts „Lebendige Rheinauen bei Karlsruhe", zu dem die EU sieben Millionen Euro beisteuert, entsteht derzeit eine neue Heimat für bedrohte Tierarten. In einem Naturschutzgebiet sollen in einem vom Grundwasser gespeisten Tümpel die Zierliche Moosjungfer, eine nur noch sehr selten vorkommende Libellenart, und der ebenfalls stark bedrohte Moorfrosch heimisch werden. Um den Tieren die Ansiedlung zu erleichtern, bietet man ihnen ideale Lebensbedingungen. Die Libellen benötigen zum Beispiel eine Saumufervegetation, Schwimmblattpflanzen, einen niedrigen Wasserstand und einen Grundwasseranschluss.

(Quelle: Badische Neueste Nachrichten vom 7. Dezember 2005 und 13. sowie 22. September 2006)

M3 Auenwald

M4 Hochwasserschutz am Rhein

Durch die Begradigung des Rheins wurde der Rheinlauf zum Beispiel auf der Strecke zwischen Basel und Worms von 354 auf 273 Kilometer, das heißt um 23 Prozent verkürzt. Zum einen erhöhte sich dadurch zwangsläufig die Fließgeschwindigkeit des Rheins. Hochwasser, die etwa nach der Schneeschmelze in den Hochlagen der Mittelgebirge und/oder in den Alpen beziehungsweise nach Starkregen auftreten, werden schneller abgeleitet; vergingen vor der Rheinkorrektion 64 Stunden, bis die Flut von Basel aus Karlsruhe erreichte, waren es nach Fertigstellung der bautechnischen Maßnahmen nur noch etwa 26 Stunden. Zum anderen werden die Rhein-Hochwasser durch den schnelleren Abfluss von Wasser über begradigte und kanalisierte Nebenflüsse des Rheins sowie versiegelte Flächen im Einzugsbereich des Rheins verstärkt. Kumulieren die Hochwasserwellen des Rheins und die seiner Nebenflüsse, kommt es zu sogenannten „Jahrhundertkatastrophen" wie 1993 und 1995.

Um die Gefahr durch Hochwasser einzudämmen und Folgeschäden zu vermeiden, arbeiten die Rhein-Anrainerstaaten seit über 40 Jahren intensiv zusammen (Internationale Kommission zum Schutze des Rheins). Der Hochwasserschutz sowie die Renaturierung und der Erhalt der Rheinauen sind auch Ziele des Integrierten Rheinprogramms, eines Projektes des Landes Baden-Württemberg, das 1988 beschlossen wurde. Vorgesehen ist beispielsweise der Bau von 13 Poldern (Hochwasserrückhaltebecken) zwischen Basel und Mannheim, die bei Hochwasser im Bedarfsfall geflutet werden können (Fassungsvermögen: rund 170 Millionen Kubikmeter), und von Wehren, durch der Wasserstand des Rheins gesteuert werden kann. Durch präventive Maßnahmen der ungesteuerten Retention (Rückverlegung von Dämmen) werden zusätzlich Überflutungsflächen gewonnen.

M5 Der Polder Kollerinsel nördlich von Speyer hat ein Rückhaltevolumen von 6,1 Millionen Kubikmetern.

Geofaktor Beschaffenheit der Erdoberfläche / Relief

- Untersuchen Sie Ihren Heimatraum daraufhin, welche endogenen und exogenen Kräfte für den Formenschatz verantwortlich sein könnten. Dabei sind Karten, die den Heimatraum in einem größeren Ausschnitt zeigen, sowie einzelne geologische Karten sehr hilfreich. Zeigen Sie dabei beispielhaft, an welchen Stellen im Einzelnen welche Kräfte wie gewirkt haben.

  Für den Fall plattentektonischer Vorgänge (zum Beispiel Vulkane, Bruchlinien) erkunden Sie, wann vulkanische Tätigkeiten stattgefunden haben, wie diese vonstatten gingen, welche heute noch sichtbaren beziehungsweise vorfindbaren Folgen dies für die Umgebung hatte und wie die Hinterlassenschaften des Vulkanismus heute wirtschaftlich genutzt werden (zum Beispiel Thermalquellen, Steinbrüche etc.). Bei der Untersuchung exogener Prozesse können Sie sich zum einen auf natürliche Faktoren, wie zum Beispiel die Wirkung des fließenden Wassers und des Windes (Erosion, Akkumulation/Sedimentation), zum anderen auf menschliche Eingriffe beziehen.

- Legen Sie systematisch eine Gesteinssammlung an. Motivieren Sie Ihre Bekannten, unterschiedliche Gesteine aus dem Heimatraum zu sammeln, zum Beispiel aus Steinbrüchen, Kies- und Baugruben. Benennen Sie die Steine, ordnen Sie sie den Großgruppen Sedimentgesteine, Magmatite und Metamorphite zu und tragen Sie ihren Fundort in eine Karte ein.

  Untersuchen Sie die Steine daraufhin, welche Verwitterungsprozesse an ihnen nachzuweisen sein könnten.

- Zeigen Sie unterschiedliche Talformen in einer Ihnen zugänglichen Region auf.

  Machen Sie deutlich, ob ein Zusammenhang zwischen Talform und Nutzung besteht (zum Beispiel Terrasse als Verkehrsträger, Klamm als touristische Sehenswürdigkeit).

  Wählen Sie einen Bach / Flussabschnitt und bestimmen Sie (a) sein Einzugsgebiet, (b) seine unterschiedlichen Abschnitte und (c) seine unterschiedlichen Talformen. Fertigen Sie eine Gesamtskizze an.

- Informieren Sie sich anhand von Kartenmaterial (vor allem geologische Karten), ob es in Ihrem Heimatraum Landschaften gibt, die von der Einszeit/von

	Abschnitt der Zyklone		
	Rückseite	Warmsektor	Vorderseite
Luftdruck	schneller Anstieg	steter Abfall	steter Abfall
Wind	Böen aus NW	starker Westwind	auffrischende Winde aus SO bis S
Temperatur	plötzlicher starker Abfall	sprunghafter Anstieg	geringer Anstieg
Bewölkung	hohe, dunkle Haufenwolken	einzelne Haufenwolken	Federwolken → Wolkenaufzug → Schichtwolkendecke
Niederschlag	Regen- bzw. Schneeschauer	Aufhören des Regens	gleichmäßiger und anhaltender Landregen
Sicht	gut	mäßig	schlecht

M1 Mögliche Beobachtungen beim Durchzug einer Zyklone

Vulkanismus geformt wurden (zum Beispiel Endmoränen, Sander). Beschreiben Sie diese Landschaft (Relief, Vegetation, [landwirtschaftliche] Nutzung) und stellen Sie für ausgewählte Elemente deren Beziehungsgeflecht dar.

- Informieren Sie sich über das Vorhandensein von geologischen Lehrpfaden in ihrer Umgebung und organisieren Sie eine Exkursion dorthin.

Geofaktor Klima

- Bevor Sie praktische Arbeiten im Gelände durchführen, lohnt es sich, eine Exkursion zu einem naheliegenden Wetteramt oder zu einer Wetterstation zu organisieren. Hier können Sie sich nicht nur über die Art und Weise der einzelnen wetterbildenden Parameter informieren, sondern auch Anregungen für Ihre eigene praktische Arbeit holen.

- Beobachten und messen Sie das Wetter in Ihrer unmittelbaren Umgebung. Suchen Sie unterschiedliche Standorte aus (zum Beispiel Exposition, Höhe, Fluss / See, Vegetation), vergleichen Sie die Messergebnisse miteinander und bewerten Sie sie.

  Legen Sie den Zeitraum, über den sich die Messungen erstrecken sollen, selbst fest. Wenn es zum Beispiel „nur" darum geht, Ergebnisse aus dem Unterricht bei der Behandlung des Durchzugs einer

Diercke Geographie vor Ort

Idealzyklone in der Praxis „wiederzufinden", so genügt eine zwei- oder dreimalige Dokumentation des Durchzugs eines Tiefdruckgebietes. Wenn Sie aber zum Beispiel feststellen wollen, ob das Wetter für den Anbau bestimmter Pflanzen geeignet ist, dann müssen die wachstumsfördernden oder -hemmenden Parameter, wie zum Beispiel Niederschlag, Temperatur, Verdunstung und Abfluss, über den Zeitraum der Wachstumsperiode der Pflanzen mit zeitlicher Vor- und Zugabe gemessen und in zu konzipierende Messblätter eingetragen werden. Bei der Auswertung müssen die Auswirkungen der Parameter genauer untersucht werden, so zum Beispiel die Versickerungsrate des Niederschlags (Experiment), die Menge des oberirdischen Abflusses (Experiment) oder die vorhandene Temperatur im Verhältnis zu den von den Kulturpflanzen benötigten Temperaturen.

Etwas anders gehen Sie bei der Untersuchung eines Geländeklimas vor. Hierzu bietet sich ein Tal oder ein Hügel mit zwei nord-süd-exponierten Hängen an. Dazu sind charakteristische Messpunkte, zum Beispiel Wald, Lichtung, Wiese, Buschwerk, festzulegen, zu beschreiben (auch Höhe) und in möglichst kurzen Abständen (15 bis 30 Minuten) zu bemessen: Lufttemperatur in 2 Meter und in 20 Zentimeter Höhe, Bodentemperatur in 5 und 15 Zentimeter Tiefe. Die Messwerte sind in ein Arbeitsblatt einzutragen, die Mittelwerte eventuell graphisch darzustellen. Wenn Sie zum Beispiel die Bewölkung oder den Wind hinzuziehen, können die Standorte miteinander verglichen und Unterschiede wie Gemeinsamkeiten abschließend begründet werden.

- Beobachten Sie über einen zu wählenden Zeitraum die Wolken. Stellen Sie eine Beziehung zwischen Wolken und Wetter her. Wiederholen Sie die Beobachtungen und dokumentieren Sie Ihre Ergebnisse.

M2 Schüler bei der Arbeit an einer Wetterstation

Geofaktor Wasser

- Für eine ökologische Untersuchung eines Fließgewässers vergleichen Sie bitte Seite 64/65.
- Organisieren Sie eine Exkursion in ein nahe gelegenes Wasserwirtschaftsamt und erkundigen Sie sich über die einzelnen Wirtschaftsbereiche der Behörde.
- Untersuchen Sie mehrere Abschnitte unterschiedlicher Wasserläufe Ihrer Umgebung auf aussagekräftige Parameter hin (zum Beispiel Temperatur, Sauerstoffgehalt, pH-Wert, Fremdstoffe, Geruch, Trübung, Lebewesen als Indikatoren für unterschiedliche Gewässergüten). Vergleichen Sie die Ergebnisse miteinander und begründen Sie mögliche Unterschiede mit dem Einzugsgebiet des Wasserlaufs (Relief, Landwirtschaft, Kommunen, Industrie).
- Ermitteln Sie für einen Wasserlauf, dessen Abflussdaten vorliegen, die monatlichen Schwankungsamplituden. Begründen Sie diese und bestimmen Sie mit deren Hilfe die wasserwirtschaftliche Gunst oder Ungunst (zum Beispiel Kühlung, Tourismus, Wassereinleitung, Wassergewinnung) des Abflussregimes.

Geofaktor Boden

- Zur Beschreibung und Analyse von Bodenelementen vergleichen Sie bitte S. 86/87.
- Legen Sie an unterschiedlichen Orten in der Schulumgebung Bodenprofile frei, vermessen und zeichnen Sie sie (Fotografie) möglichst maßstabsgetreu. Beschreiben Sie neben dem Profil selbst seine Umgebung, den Bodenbewuchs und die Bodennutzung.
- Untersuchen Sie den Boden hinsichtlich seiner landwirtschaftlichen Tragfähigkeit. Aussagen dazu ergeben sich zum Beispiel aus der Bodenart, dem pH-Wert, dem Humusanteil, dem Durchwurzelungsgrad, dem Kalkgehalt und der Anzahl von Regenwurmröhren pro Quadratmeter.

Cuzco (Peru): Salzarbeiter

2

Ökozonen

Nutzung und Gefährdung

An der Landoberfläche der Erde können unzählige, mosaikartig angeordnete natürliche Teilräume, die Landschaften, unterschieden werden. Die Unterscheidung erfolgt durch das jeweils vorherrschende Zusammenwirken der lokalen Ökogeofaktoren wie Klima, Boden, Wasser und Planzen. Im globalen Maßstab bilden ähnlich ausgestattete und benachbarte Landschaften große Landschaftszonen, die naturlandschaftlichen Großräume der Erde.

In den letzten Jahrzehnten hat die Wissenschaft das ökologische Zusammenwirken möglichst aller Geoöofaktoren analysiert. Die dabei erfassten ökologischen Großräume werden als geozonale Ökosysteme oder Ökozonen bezeichnet. In diese Analyse wird zunehmend auch der Mensch mit seinen Landnutzungsansprüchen in Land-, Vieh- und Forstwirtschaft und deren Auswirkungen einbezogen.

2.1 Ökozonen – zonale Geoökosysteme

Übersichtliche Zonierung der Erde – ureigenstes Ziel der Geographie

Seit der Antike gab es wiederholt Bemühungen, die Vielfalt der Erscheinungsformen auf der Erdoberfläche zu beschreiben und zusammenhängend darzustellen. Diese noch nicht wissenschaftlichen geographischen Aktivitäten erfuhren erst im Laufe des 19. Jahrhunderts durch die deutschen Geographen Alexander von Humboldt (1769–1859) und Carl Ritter (1779–1859) eine wissenschaftliche Ordnung und Interpretation. Dem wissenschaftlichen Zeitgeist folgend begann die Geographie – ähnlich wie zum Beispiel die Biologie (Pflanzensystematik, Abstammungslehre) oder die Chemie (periodisches System) –, in der Vielfalt ihres Forschungsgegenstandes (Erdoberfläche) nach räumlichen Ordnungsmustern und den sie steuernden (Natur-) Kräften zu suchen. Alexander von Humboldt erkannte die klimabedingte Höhengliederung der tropischen Hochgebirge. Carl Ritter vermochte aus der Fülle enzyklopädischer Fakten eine erste räumliche Gliederung der Erde zu entwerfen. Und Siegfried Passarge (1867–1958) legte unter Einbeziehung der inzwischen erkannten Zonierungen der Erde nach Klima, Vegetation, Böden und Landnutzung 1923 das erste System der **Landschaftsgürtel** vor.

Methodisch grundlegende Erkenntnisse dafür erwuchsen aus der Landschaftskunde. Ihr Ziel war das Erkennen der die Erdoberfläche gestaltenden Teilräume, der **Landschaften**. Darunter verstand man die in ihrer Gesamtheit jeweils als Einheit begreifbaren Teile der festländischen Erdoberfläche (Geosphäre). Landschaften, wie zum Beispiel Schwarzwald, Oberrheingraben, Münsterländer Bucht, stellen aber keine scharf abgegrenzten Teile der Erdoberfläche dar. Obwohl in der Regel durch Linien dargestellt, handelt es sich bei den jeweiligen Grenzen vielmehr um Grenzsäume. Je nach Maßstab und inhaltlichem Generalisierungsgrad können benachbarte Landschaften zu größeren Einheiten (zum Beispiel norddeutsches Tiefland) oder – bei globaler Betrachtung – zu Landschaftsgürteln/-zonen zusammengefasst werden. Auf diese Weise wird ein global räumliches Ordnungsmuster erkennbar, und eine Orientierung in der erdoberflächlichen Vielfalt (vgl. zumBeispiel H. Bramer, M5, S.103) wird möglich.

Ökozone – zonal angeordneter Großraum der Erde mit einem spezifischen Ökosystem

Neue Erkenntnisse über Naturhaushalt (Ökologie) und Landnutzung haben inzwischen dazu geführt, die Erde nach **Ökozonen** zu differenzieren. Übersichtsdarstellungen sind mittlerweile von Jürgen Schultz (M4 S. 103), Klaus Müller-Hohenstein und anderen vorgelegt worden. Sie setzen damit die geographische Tradition fort, räumliche Ordnungsmuster auf der Erde nach modernen Einsichten zu erkennen. Die Vielzahl der zonalen Gliederungsversuche weist neben zunehmenden wissenschaftlichen Erkenntnissen auch darauf hin, dass es keine allgemein verbindlichen und für nur jeweils eine Zone geltenden (Abgrenzungs-) Kriterien gibt.

Bei den von Schultz ausgewiesenen neun Ökozonen wird der Überlegung gefolgt, die einzelnen Zonen als ein zusammenhängendes System zu begreifen. Er will aufzeigen, wie alle Elemente, die zur Charakterisierung einer Ökozone und damit zu ihrer Abgrenzung herangezogen werden können, in ihren wechselseitigen Bezügen (Ökosystem) funktionieren. Methodisch betrachtet sind Ökozonen Großräume der Erde mit einer merkmalstypischen Ausprägung der bestimmten Faktoren. Dazu zählen Klima, Oberflächenformen als Folge von zum Beispiel Verwitterung und Erosion sowie Böden, Fauna und Flora und nicht zuletzt die land- und forstwirtschaftlichen Nutzungsweisen. Dabei spielen die Stoffvorräte (zum Beispiel Biomasse von Pflanzen und Tieren) und die (energetischen) Stoffumsätze (zum Beispiel Primärproduktion, Kreislauf einzelner Mineralstoffe) eine besondere Rolle. Der Faktor Mensch (menschliches Einwirken) konzentriert sich dabei auf die agraren und forstwirtschaftlichen Nutzungsformen als Reaktion auf die jeweils natürlichen Rahmenbedingungen.

Die „kleinsten Grundeinheiten", aus denen sich die Ökozonen zusammensetzen, sind die **Ökotope**. Sie spiegeln die charakteristischen regionalen Natur- und Nutzungsmerkmale wider und sind quasi – um einen Begriff der modernen Kriminologie zu verwenden – die DNA der jeweiligen Ökozone. Somit kann das System der Ökozonen als das moderne natur- und (kultur-) nutzungsräumliche Ordnungsmuster der Erde angesehen werden.

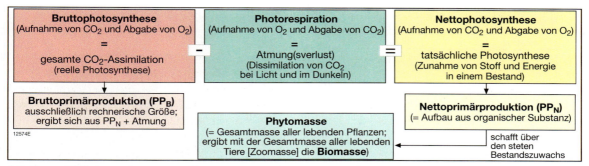

M1 Umwandlung von Energie in Pflanzenmasse

Vegetation – Beispiel für eine Komponente im Ökosystem

Die naturräumlichen Komponenten – Klima, Relief und Gewässer, Böden, Vegetation und Tierwelt – haben bei der ökologischen Gliederung ein besonderes Gewicht (M3). Sie ergeben in ihrer wechselseitigen Beeinflussung ein jeweils typisches räumliches Wirkungsgefüge: die Ökozone als ein in sich geschlossener, individueller Erdraum. Unter den Komponenten spielt die Vegetation neben dem Klima bei der Charakterisierung der einzelnen Zonen eine besondere Rolle. Sie ist direkt abhängig vom Boden und ihrer (klimatischen) Umgebung. Zudem reagiert sie auf ihre Umwelt, wie zum Beispiel bei der Blattreduktion als Folge von Trockenheit oder durch Veränderung von Pflanzenbeständen, wie sie sich zum Beispiel beim Brandrodungsfeldbau ergeben. Und schließlich ist sie durch ihre Bestandesvorräte und Stoffumsätze wie zum Beispiel der Pflanzenproduktion von großer Bedeutung für die Entfaltung der Land- und Forstwirtschaft.

Weltweit ist die Produktionsleistung der Pflanzen sehr unterschiedlich. Sie hängt von zahlreichen Faktoren ab, so von der Wasserversorgung oder dem Photosynthesevermögen der einzelnen Pflanzen. Dieses wiederum ist eine Folge zum Beispiel von der Menge der für die Photosynthese zur Verfügung stehenden Biomasse sowie von klimatischen oder klimawirksamen Faktoren, darunter die Lage im Gradnetz und damit der Zufluss von Sonnenenergie. Die Photosynthese ermöglicht die Fixierung von Sonnenenergie in der Phytomasse. Diese ist Grundlage aller übrigen organischen Bestandteile und damit unabdingbare Voraussetzung eines Ökosystems. Über die Weitergabe von Energie erhält sie einen Großteil des Lebens im Ökosystem aufrecht.

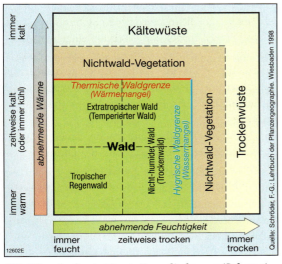

M2 Klimabedingte Vegetationsgliederung (Schema)

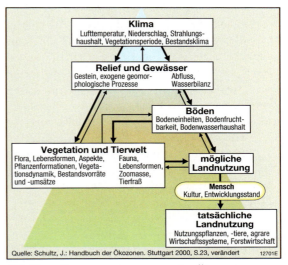

M3 Hauptkomponenten geozonaler Ökosysteme

2.1 Ökozonen – zonale Geoökosysteme

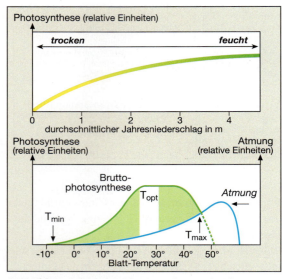

M1 *Abhängigkeit der Photosynthese von Blatttemperatur und Jahresniederschlag*

M3 *Tropischer Regenwald: hohe Primärproduktion*

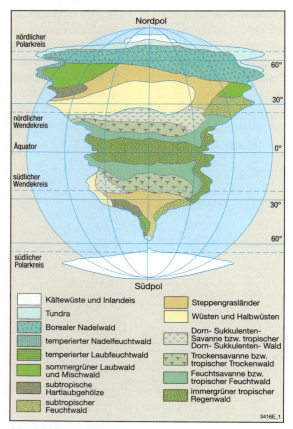

M2 *Die Vegetation des „Idealkontinents"*

Klimawandel – Auswirkungen auf die ökozonale Gliederung der Erde?

In den ökozonalen Gliederungen der Erdoberfläche wird auf die Auswirkungen der Veränderungen des Weltklimas, die in hohem Maße anthropogen verursacht bzw. beschleunigt sind, nicht explizit eingegangen (vgl. Kap. 1.3). Der bisher eingetretene und auf der Grundlage unterschiedlicher Klimamodellrechnungen bis zum Jahr 2025 zwischen ein und drei Grad Celsius prognostizierte Temperaturanstieg hat aber zum Teil dramatische Folgen: Der Meeresspiegel steigt durch die Ausdehnung der Ozeane und durch das Wasser der abschmelzenden Gletscher und Polkappen an. Dabei werden Küstenlinien verändert und Staaten in ihrem Bestand gefährdet. Ferner bedroht die globale Erwärmung die Verfügbarkeit von Wasser und damit die Produktion von Lebensmitteln. Das wiederum wirkt sich nachteilig auf die menschliche Ernährungsgrundlage ganzer Ökozonen aus. Und schließlich wird es zu einer großräumigen Verschiebung der Zonen kommen. So haben Berechnungen ergeben, dass die Erhöhung der durchschnittlichen Temperatur um ein Grad Celsius eine polwärtige Verlagerung der Klimazonen um 100–200 km bewirken könnte. Das wiederum würde die Anzahl extremer Wetterereignisse wie Dürren, Überschwemmungen oder Wirbelstürme noch mehr vergrößern als bisher und die Lebensgrundlagen der Menschen auf der Erde drastisch verändern.

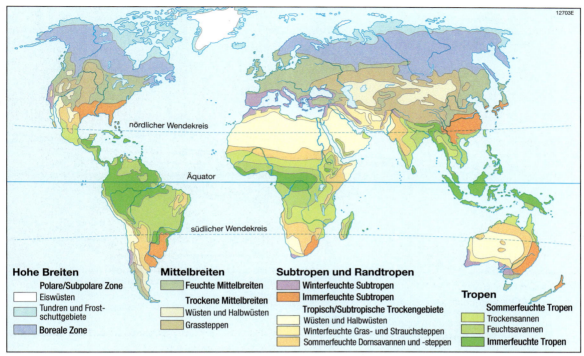

M4 Ökozonale Gliederung der Erde (nach J. Schultz)

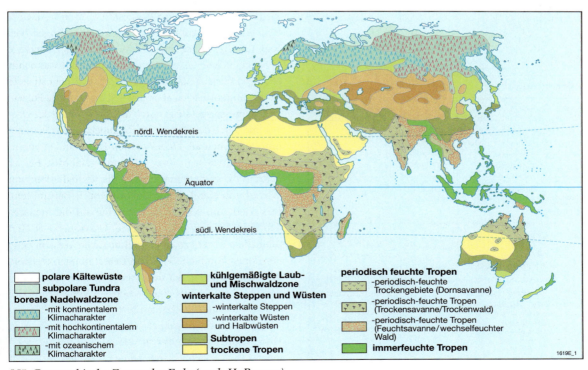

M5 Geographische Zonen der Erde (nach H. Bramer)

2.1 Ökozonen – zonale Geoökosysteme

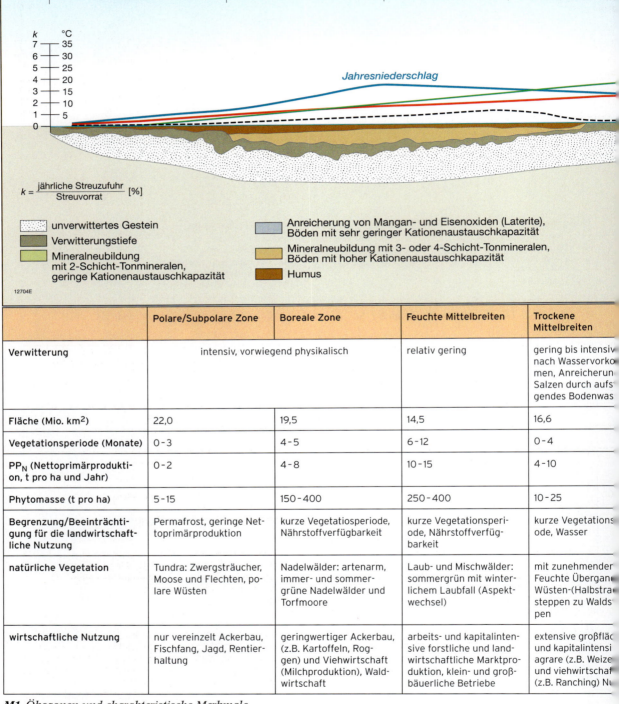

	Polare/Subpolare Zone	Boreale Zone	Feuchte Mittelbreiten	Trockene Mittelbreiten
Verwitterung	intensiv, vorwiegend physikalisch		relativ gering	gering bis intensiv nach Wasservorkommen, Anreicherung Salzen durch aufsteigendes Bodenwasser
Fläche (Mio. km²)	22,0	19,5	14,5	16,6
Vegetationsperiode (Monate)	0–3	4–5	6–12	0–4
PP_N (Nettoprimärproduktion, t pro ha und Jahr)	0–2	4–8	10–15	4–10
Phytomasse (t pro ha)	5–15	150–400	250–400	10–25
Begrenzung/Beeinträchtigung für die landwirtschaftliche Nutzung	Permafrost, geringe Nettoprimärproduktion	kurze Vegetatiosperiode, Nährstoffverfügbarkeit	kurze Vegetationsperiode, Nährstoffverfügbarkeit	kurze Vegetationsperiode, Wasser
natürliche Vegetation	Tundra: Zwergsträucher, Moose und Flechten, polare Wüsten	Nadelwälder: artenarm, immer- und sommergrüne Nadelwälder und Torfmoore	Laub- und Mischwälder: sommergrün mit winterlichem Laubfall (Aspektwechsel)	mit zunehmender Feuchte Übergang Wüsten-(Halbstra)steppen zu Waldsteppen
wirtschaftliche Nutzung	nur vereinzelt Ackerbau, Fischfang, Jagd, Rentierhaltung	geringwertiger Ackerbau, (z.B. Kartoffeln, Roggen) und Viehwirtschaft (Milchproduktion), Waldwirtschaft	arbeits- und kapitalintensive forstliche und landwirtschaftliche Marktproduktion, klein- und großbäuerliche Betriebe	extensive großflächige und kapitalintensive agrare (z.B. Weizen) und viehwirtschaft (z.B. Ranching) Nu

M1 Ökozonen und charakteristische Merkmale

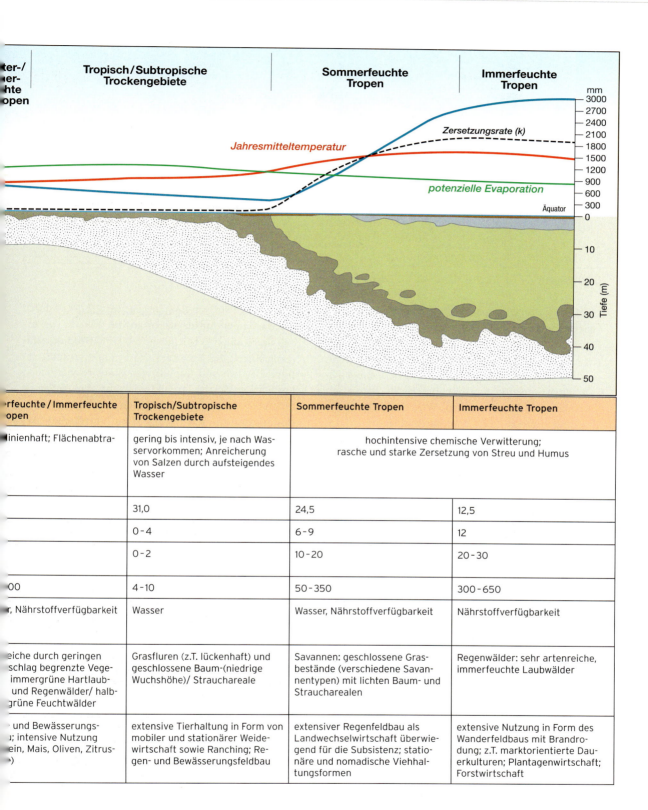

	Tropisch/Subtropische Trockengebiete	Sommerfeuchte Tropen	Immerfeuchte Tropen
...inienhaft; Flächenabtra-	gering bis intensiv, je nach Wasservorkommen; Anreicherung von Salzen durch aufsteigendes Wasser	hochintensive chemische Verwitterung; rasche und starke Zersetzung von Streu und Humus	
	31,0	24,5	12,5
	0-4	6-9	12
	0-2	10-20	20-30
...00	4-10	50-350	300-650
..., Nährstoffverfügbarkeit	Wasser	Wasser, Nährstoffverfügbarkeit	Nährstoffverfügbarkeit
...eiche durch geringen ...schlag begrenzte Vegeta... immergrüne Hartlaub- ...und Regenwälder/ halb-...grüne Feuchtwälder	Grasfluren (z.T. lückenhaft) und geschlossene Baum-(niedrige Wuchshöhe)/ Strauchareale	Savannen: geschlossene Grasbestände (verschiedene Savannentypen) mit lichten Baum- und Straucharealen	Regenwälder: sehr artenreiche, immerfeuchte Laubwälder
... und Bewässerungs-...; intensive Nutzung ...ein, Mais, Oliven, Zitrus-...)	extensive Tierhaltung in Form von mobiler und stationärer Weidewirtschaft sowie Ranching; Regen- und Bewässerungsfeldbau	extensiver Regenfeldbau als Landwechselwirtschaft überwiegend für die Subsistenz; stationäre und nomadische Viehhaltungsformen	extensive Nutzung in Form des Wanderfeldbaus mit Brandrodung; z.T. marktorientierte Dauerkulturen; Plantagenwirtschaft; Forstwirtschaft

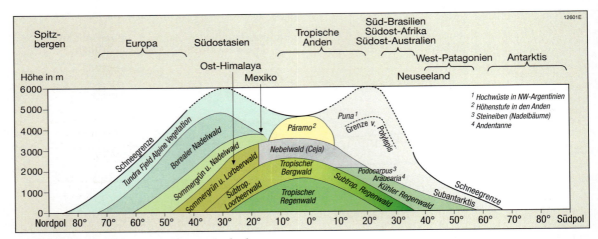

M1 Vegetationsprofil vom Nord- zum Südpol

Nutzung der Ökozonen – durch natürliche und wirtschaftliche Rahmenbedingungen geprägt

Mehr als zweieinhalb Millionen Jahre seiner Entwicklung verbrachte der Mensch als Sammler, Jäger, Fischer und Hirte. Diese Art des Wirtschaftens bezeichnet man als **Wildbeutertum** und okkupatorische (lateinisch: occupare = in Besitz nehmen) Wirtschaft. Die Naturnutzung in dieser Zeit gilt als nachhaltig.

Mit der Sesshaftwerdung und dem Zwang, mehr Nahrungsmittel zu erzeugen, änderte sich die Wirtschaftsweise: Der Mensch beutet nun gezielt den Boden aus. Mit der Einführung des Landbaus beginnt die exploitierende (lateinisch: explorare = bewirtschaften, ausbeuten) Wirtschaftsform und mit ihr eine zunehmende Beanspruchung der natürlichen Grundlagen.

Kontinuierliches Anwachsen der menschlichen Population erhöhte gleichzeitig die Nachfrage nach Nahrungsmitteln und erweiterte ständig den landwirtschaftlich genutzten Raum. Sinkende Anbauflächen pro Kopf der Bevölkerung und Rücknahme der Brachezeiten führten die rein exploitierende Wirtschaftsform, wie zum Beispiel den Brandrodungsfeldbau, an ihre Grenzen. Der Boden musste, wenn er stärker ausgebeutet werden sollte, besonders kultiviert werden. Diese kultivierende (französisch: cultiver = anbauen, pflegen) Wirtschaftsform dauert in Europa etwa vom Hochmittelalter bis in die Gegenwart. In dieser kurzen Zeitspanne haben sich Art und Weise der landwirtschaftlichen Nutzung in weiten Teilen der Erde grundlegend gewandelt.

In den Industrie- und vielen Schwellenländern hat die landwirtschaftliche Nutzung eine Entwicklung durchlaufen, die zum Beispiel gekennzeichnet ist durch einen enormen Anstieg der **Intensität** (Einsatz von Arbeit und Kapital je Flächeneinheit) und **Produktivität** (Ergiebigkeit des Einsatzes der Produktionsfaktoren Boden, Arbeit und Kapital) der landwirtschaftlichen Produktion. Bei der Produktivität wird je nach Faktor unterschieden zwischen **Flächen-** beziehungsweise **Bodenproduktivität** (Ertrag je ha Nutzfläche), **Arbeitsproduktivität** und **Kapitalproduktivität** (Ertrag je Arbeitskraft/Kapital einsatz). Ein Anstieg von Intensität und Produktivität wird unter anderem erreicht durch einen erhöhten Kapital- und Energieeinsatz oder die Einbeziehung von Forschung und Entwicklung in die Produktion von Nutzpflanzen und -tieren. Dazu gehört zum Beispiel die Ausbreitung der Präzisionslandwirtschaft, etwa der Einsatz geographischer Informationssysteme (GIS) bei der standortangepassten und bedarfsgerechten Ausbringung von Dünger und chemischen Pflanzenschutzmitteln.

Trotz der kultivierenden Wirtschaftsform verstößt die landwirtschaftliche Produktionsweise in Industrie- und Schwellenländern oft gegen ihre Grundlagen: Sie degradiert Böden und belastet mit ihren Emissionen Wasser und Luft. Anders verhält sich der **ökologische** (auch biologische oder alternative) **Landbau**. Er versucht, unter anderem durch eine nachhaltige Anbauweise, das heißt naturnahe Bewirtschaftung und ohne Einsatz chemisch-synthetischer Düngemittel sowie von Pestiziden (zum Beispiel Herbizide, Insektizide), die schädlichen Emissionen drastisch zu reduzieren und möglichst unbelastete Nahrungsmittel zu produzieren.

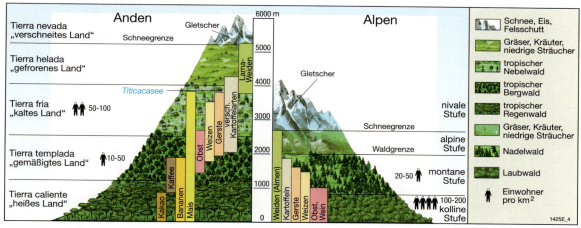

M2 Höhenstufen der Vegetation im Hochgebirge der Außertropen und Tropen

In Entwicklungsländern werden neue Maschinen, Anbauverfahren und Forschungsergebnisse nur stellenweise angewandt, wie zum Beispiel im Rahmen der „Grünen Revolution". Außerdem stehen zahlreiche traditionelle Strukturen einer effektiveren Landnutzung entgegen: Die Produktion für die Subsistenz muss in eine solche für den Markt umgewandelt, der Brandrodungsfeldbau durch produktivere Anbauformen ersetzt werden; naturräumliche Bedingungen, allen voran wenig ertragreiche Böden und unsichere Wasserversorgung, erschweren die Nutzung. Außerdem sind hier Degradationsprozesse wie Austrocknung, Verkrustung (zum Beispiel durch Salz) und Erosion stärker wirksam als in Industrieländern. Auch sind die Auswirkungen des Klimawandels besonders drastisch, weil Hitze und Trockenheit die dürregefährdeten Regionen der ariden Zonen ausweiten – allein in Afrika um bis zu zehn Prozent.

Natürliche Rahmenbedingungen landwirtschaftlicher Nutzung

Die landwirtschaftliche Nutzfläche kann weltweit nur noch wenig ausgedehnt werden. Sie ist in sich durch ganzjährigen Dauer- oder jahreszeitlich wechselnden Jahreszeitenfeldbau sowie durch extensive Weide- und Waldnutzung differenziert.

Die jeweiligen Verbreitungsgebiete sind nicht lagestabil, sondern ständigem Wandel aufgrund klimatischer und / oder marktwirtschaftlicher Zwänge unterworfen. Die Erweiterung der landwirtschaftlichen Nutzfläche stößt allenthalben an Grenzen. Zu den wichtigsten zählen:

- Polargrenze: Mit zunehmender geographischer Breite werden die Temperaturen so niedrig, dass sich für Feldpflanzen keine ausreichend lange Wachstumsperiode ergibt. Polwärts können nur noch extensive Weide- und Waldwirtschaft betrieben werden. Technisch-biologischen Fortschritten in der Agrarforschung zufolge ist die Anbaugrenze vieler Feldfrüchte polwärts verschoben worden. So kann man den Körnermais, eine ehemalige andine Kulturpflanze, zum Beispiel in Mitteleuropa bis etwa 55° n. Br. anbauen.
- Höhengrenze: So wie die Polar- ist auch die Höhengrenze eine **Kältegrenze**. Mit zunehmender Höhe nehmen Temperatur und Wachstumsperiode ab; es ergibt sich eine Höhenstufung der Vegetation. Diese ist abhängig von Relief, Hangexposition, Maritimität oder Kontinentalität und vor allem von der Breitenlage.

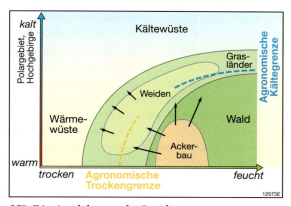

M3 Die Ausdehnung der Landnutzung

107

- **Trockengrenze**: Die klimatische Trockengrenze trennt Gebiete voneinander, in denen der jährliche Niederschlag höher bzw. niedriger ist als die jährliche Verdunstung. Die agronomische Trockengrenze bzw. die Trockengrenze des Regenfeldbaus ist die Linie, bis zu der der Niederschlag für den Anbau bestimmter Nutzpflanzen ausreicht und folglich **Regenfeldbau** betrieben werden kann.

In den Trockenzonen haben sich je nach Niederschlagsaufkommen unterschiedliche Landnutzungssysteme herausgebildet. Zur Feuchtseite der Trockengrenze hin wird **Trockenfeldbau** betrieben. Diese Form der Landnutzung ist begrifflich identisch mit Regenfeldbau und steht im Gegensatz zum Bewässerungsfeldbau. Der Trockenfeldbau wird hier mit Schwarzbrache betrieben. Diese steht im Gegensatz zur mit Pflanzen bestandenen Grünbrache. Im Verhältnis zu ihr verdunstet über dem nackten (schwarzen) Boden weniger. Neben dem Trockenfeldbau existiert die **Trockenbrache** (dry farming, vgl. Seite 144).

Zur Trockenseite der Trockengrenze hin findet sich extensive Weidewirtschaft, zum Beispiel als Ranching oder Schafhaltung (Woll-, Pelzschafe). In den Kernbereichen der Trockenzonen, den Wüsten, können dank künstlicher Bewässerung (Oasen) Pflanzen angebaut werden.

Mithilfe von Bewässerung und verbesserten Nutzpflanzen wird der Agrarraum häufig über die agronomische Trockengrenze hinaus ausgedehnt. In Dürreperioden kommt es dann zu Bodendegradation und Desertifikation (vgl. Seite 126 f.).

Wirtschaftliche Rahmenbedingungen landwirtschaftlicher Nutzung

Neben den ökologischen Grundlagen bestimmen ökonomische Zwänge die Art der landwirtschaftlichen Nutzung (ökonomische Grenze). So steht, allgemein ausgedrückt, eine Steigerung des Unternehmensgewinns im Zusammenhang mit der Steigerung der Intensität und Produktivität der eingesetzten Produktionsfaktoren. Im Detail sind für das Einkommen des Bauern oder der Bäuerin eine Vielzahl von Parametern von Bedeutung, darunter zum Beispiel die Betriebsgröße, die Ausbildung des Landwirts, der Verkaufspreis (Marktbedarf), die Ernährungsgewohnheiten, die Bodenqualität, der Arbeits-, Kapital- und Energieeinsatz oder die Verkehrslage (Marktentfernung).

Als erster hatte der Volkswirtschaftler J. H. von Thünen die Abhängigkeit zwischen Marktentfernung und **Rentabilität** eines Betriebes (Verhältnis zwischen erzieltem Gewinn und eingesetztem Kapital) 1826 in einem Modell dargestellt (M1). Danach ergibt sich die optimale Bodennutzung durch die Produktion des jeweiligen Gutes, mit dem der Landwirt den höchsten Reinertrag (Marktpreis minus Produktions- und Transportkosten) bzw. die beste Lagerente (Erlös je Flächeneinheit) erzielt.

Agrarpolitische Maßnahmen stellen eine bedeutsame wirtschaftliche Rahmenbedingung dar. Besonders wichtig ist der Eingriff in die **Marktordnung** (Vorschriften zur Regelung von Tauschprozessen auf Märkten) über die Markt- und Preispolitik (z. B. die Gemeinsame Agrarpolitik der EU; vgl. Kap. 9.3). Sie sichert auf der einen Seite etwa über Festpreise, Preis- und Abnahmegarantien, verbilligte Kredite und Subventionen die Existenz zahlreicher Betriebe, die sonst aufgeben müssten. Andererseits führt sie aber auch zu Überschussproduktion, verzerrten Rahmenbedingungen auf dem weltweiten Agrarmarkt und eingeschränktem Handel sowie kostenintensiver Bürokratie. Im EU-Haushalt entfallen zum Beispiel über 80 Prozent der Finanzmittel auf wirtschaftspolitische Maßnahmen, die den Handel mit, den Wettbewerb bei und die Preise von landwirtschaftlichen Produkten regeln, der geringe Rest auf **Strukturmaßnahmen**.

Dazu zählt in Deutschland neben der Dorfentwicklung, die im Wesentlichen den Ausbau der dörflichen Infrastruktur umfasst, zum Beispiel die **Flurbereinigung**. Dieses Verfahren ist für die Rentabilität in der Landwirtschaft besonders von Bedeutung, weil im Ergebnis die über Jahrhunderte immer kleiner gewordenen Parzellen neu zu größeren und wirtschaftlich bearbeitbaren Feldeinheiten zusammengelegt werden. Darüber hinaus werden neue Wirtschaftswege angelegt und Maßnahmen für Naturschutz und Landschaftspflege ergriffen, zum Beispiel die Anpflanzung von Hecken oder die Anlage von Tümpeln. Die Zersplitterung der Feldflur ist eine Folge der Vererbung. Bei der **Realteilung** wird das Eigentum meist auf alle Erben aufgeteilt und die Parzellen entsprechend verkleinert. Im Gegensatz zur Realteilung, die man zum Beispiel in Südwestdeutschland, in den romanischen Ländern Europas, im Orient und in Südasien findet, steht das **Anerbenrecht**. Bei dieser Vererbung wird das Eigentum ungeteilt auf einen Erben übertragen.

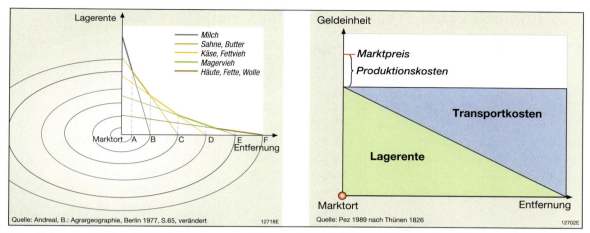

M1 „Thünen'sche Ringe" – Nutzungszonen und Lagerente nach J. H. von Thünen (Modell)

- Betriebsfläche: z.B. landwirtschaftlich genutzte Fläche (LF) als die bewirtschaftete Agrarfläche; landwirtschaftliche Nutzfläche (LN/LNF) = LF und die zurzeit nicht bewirtschafteten Acker- und Dauergrünlandflächen.
- Betriebsgröße (in D): Zwergbetriebe (0,01–2 ha), Kleinstbetriebe (2–5 ha), Kleinbetriebe (5–10 ha), Mittelbetriebe (10–20 ha), Großbetriebe (20–100 ha), Gutsbetriebe (>100 ha); Lateinamerika: Minifundium (Klein-, Kleinstbetriebe; Subsistenz), Latifundium (Großgrundbesitz).
- Produktionsziel: z.B. Selbstversorgung (Subsistenz), Tauschwirtschaft, Marktwirtschaft auf der Grundlage von Handel und Transport (lokaler/regionaler Markt), Exportwirtschaft (Weltmarkt).
- Bodennutzung: Monokultur (z.B. reiner Weidewirtschaftsbetrieb), Polykultur (z.B. Feldbau und Viehwirtschaft); Viehwirtschaft, Feldbau (z.B. Getreidebau, Hackfruchtbau, Futterbau, Sonderkulturen).

- Ausstattung: z.B. Mechanisierungsgrad, Kapital (kapitalintensiv), Arbeitskräfteeinsatz (arbeitsintensiv).
- Arbeitskräfte: z.B. Familienmitglieder, Kooperation gleichberechtigter Partner (Genossen), Landarbeiter (wenig/kaum ausgebildet bis hoch spezialisiert), Saisonarbeiter, Wanderarbeiter.
- Erwerbsfunktion: a) Vollerwerbsbetrieb (Hauptwerbsbetrieb, nicht landwirtschaftliche Einkommen höchstens 10 %), b) Zuerwerbsbetrieb (Hauptwerbsbetrieb, zusätzliche Einnahmen bis zu 50 %), c) Nebenerwerbsbetrieb (nicht landwirtschaftliche Einkommen über 50 %).
- Besitzverhältnisse: z.B. Individual-, Privatbesitz, Kollektivbesitz (z.B. Genossenschaft), öffentlicher Besitz (z.B. Staat oder Gemeinde), Pacht.
- räumliche Einordnung: z.B. Agrarregion (oberste Stufe, z.B. Brandrodungsfeldbau), Agrargebiet (z.B. mitteleuropäisches Weinbaugebiet), Agrarbetrieb (kleinste sozioökonomische Einheit).

M2 Strukturmerkmale eines landwirtschaftlichen Betriebes (Auswahl)

1. Stellen Sie Seite 100 f. (Text) in einem Schaubild dar.
2. Begründen Sie, weshalb die Vegetation in einem Ökosystem von besonderer Bedeutung ist. Beziehen Sie dazu unter anderem M1–M3 Seite 101 ein.
3. Listen Sie Gemeinsamkeiten und Unterschiede zwischen Landschaftsgürteln und Ökozonen auf.
4. Begründen Sie die Form des Idealkontinents und die Anordnung der einzelnen Geozonen (M2 Seite 102).

5. Wählen Sie zwei Ökozonen aus (M1 Seite 104 f.) und fertigen Sie einen Steckbrief an.
6. Erläutern Sie die Auswirkungen natürlicher und wirtschaftlicher Rahmenbedingungen auf die Ausdehnung der Landnutzung (M3 Seite 107).
7. Erläutern Sie das Modell der Thünen'schen Ringe. Diskutieren Sie, inwieweit das Modell heute noch Gültigkeit besitzt.

2.2 Immerfeuchte Tropen – Zone der tropischen Regenwälder

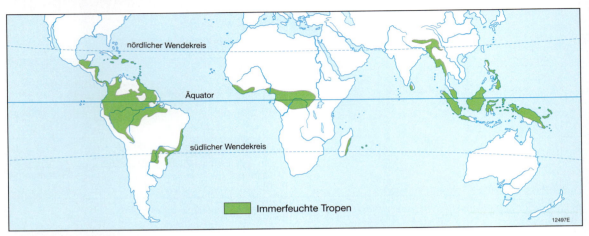

M1 Immerfeuchte Tropen

Die tropischen Zonen im Überblick

Solarklimatisch ist die tropische Zone mathematisch exakt festlegbar: Sie erstreckt sich zwischen dem nördlichen und südlichen Wendekreis (griechisch: tropos = Drehung, Wendung). Hier steht die Sonne am 21.6. bzw. 21.12. im Zenit. Die Sonnenstrahlen fallen dann lotrecht auf die Horizontalebene. Zwischen den Wendekreisen steht die Sonne zweimal im Zenit, über dem Äquator genau am 21.3. und 23.9. Jeder Tag ist am Äquator zwölf Stunden (Tag- und Nachtgleiche), an den Wendekreisen zwischen 10,5 und 13,5 Stunden lang. Die Tropenzone ist das von der Strahlung am meisten begünstigte Gebiet der Erde. Allerdings ist die kurzwellige Strahlung am sowie unmittelbar nördlich und südlich des Äquators wegen der häufigen Niederschlagswolken geringer als in den wolkenfreien Rand-/Subtropen beiderseits der Wendekreise.

Die intensive, das ganze Jahr über nahezu gleichmäßige Sonneneinstrahlung in den Tropen führt zu hohen Durchschnittstemperaturen (25–30 °C im Tiefland) und zu dem Hauptmerkmal der Tropenzone, der **Isothermie** (geringe Jahresamplitude). Sie ist geringer als die Tagesamplitude (thermisches Tageszeitenklima; die Nacht ist der Winter der Tropen) und wird zu den Wendekreisen hin stärker. Mit 12 °C Jahresschwankung stellt sie einen Grenzwert zu den Subtropen dar (M4).

Zur räumlichen Festlegung der Tropen werden auch andere Merkmale herangezogen, die die solarklimatische Grenze überlagern und zu unterschiedlichen Abgrenzungen der Tropenzone führen. Dies sind z. B. die Mo-

Ungefähre Lage im Gradnetz	hygrisches Klima		Jahres-niederschlag	Anzahl der humiden Monate	Vegetations-formen
0°– 5°	humid (feucht)	vollhumid (dauer-feucht)	>1500 mm	9-12	Regenwald
5°–10°		semihumid (wechsel-feucht)	1000-1500 mm	6 - 9	Feuchtsavanne
		klimatische Trockengrenze			
10°–15°		semiarid	500-1000 mm	3 - 6	Trockensavanne
		agronomische Trockengrenze			
15°–20°	arid (trocken)	arid	200 - 500 mm	0 - 3	Dornstrauch-savanne
20°–23°		vollarid	<200 mm	0	Halbwüste und Wüste
Grenze der Tropen: Jahreszeitliche Temperaturschwankungen = Tagesschwankungen					

M2 Tropenzonen

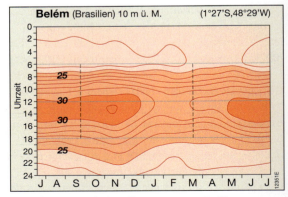

M3 Thermoisoplethendiagramm von Belém

110

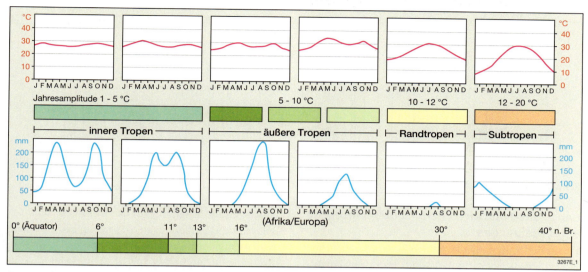

M4 Modellhafte Abfolge von Temperatur, Niederschlag und Vegetation in den Tropen

natstemperaturen, die Vegetation oder der Niederschlag. Bezüglich der Niederschlagsverhältnisse (Anzahl der feuchten bzw. trockenen Monate) werden die Tropen grundsätzlich in feuchte (humide; N>V) und trockene (aride; N<V) Tropen eingeteilt. Innerhalb der feuchten Tropen führen unterschiedliche Niederschlagsmengen zu einer Unterscheidung zwischen immerfeuchten inneren und wechselfeuchten äußeren Tropen.

Den Grenzraum zwischen feuchten und trockenen Tropen bildet die klimatische **Trockengrenze**, mathematisch etwa bei 12°N/12°S gelegen. Sie stellt einen Grenzbereich dar, in dem sich die potenzielle Verdunstung und der Niederschlag im Jahresmittel die Waage halten. Vegetationsgeographisch geht hier die Feuchtsavanne in die Trockensavanne über.

Von den immerfeuchten Äquatorregionen zu den Wendekreisen hin nimmt der Niederschlag ab und die Anzahl der ariden Monate zu. Im Gebiet der wechselfeuchten Tropen konzentriert sich der Niederschlag auf das Sommerhalbjahr, da er zeitlich mit dem Zenitstand der Sonne verknüpft ist. Im Winterhalbjahr herrscht eine „große Trockenzeit".

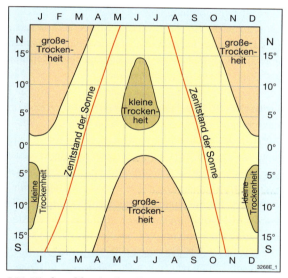

M5 Niederschlag in den Tropen

1. Beschreiben und begründen Sie den Wandel von Temperatur und Niederschlag vom Äquator zu den Wendekreisen.

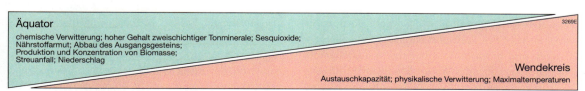

M6 Veränderung chemischer und physikalischer Faktoren

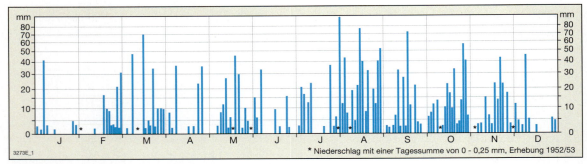

M1 Tagessumme der Niederschläge in Kisangani (D.R. Kongo)

Land- und Forstwirtschaft – unterschiedliche Voraussetzungen

Lange Zeit wurden die Immerfeuchten Tropen wegen ihrer üppigen Vegetation (Urwald) als extrem fruchtbar und als der zukünftige Brotkorb der Menschheit angesehen. Das Problem der ausreichenden Ernährung der Menschheit schien folglich gelöst. Mit wachsender Einsicht in die Zusammenhänge dieses äußerst komplizierten und vielgestaltigen Ökosystems kam man jedoch immer mehr von der ursprünglichen Meinung ab. Dafür gibt es verschiedene Gründe:

Optimale Bedingungen bei Temperatur und Niederschlag...

Aufgrund des steilen Einfallswinkels der Sonnenstrahlen und der ganzjährig hohen Strahlungsdauer erhalten die Tropen die erdweit höchste Energiemenge. Mit der hohen **Strahlungsintensität** in tropischen Regenwaldgebieten geht eine intensive **Photosynthese** einher. Die höchsten Produktionsraten an Biomasse werden bei Blatttemperaturen von 35 °C erreicht.

Die Niederschläge der inneren Tropen sind sehr hoch (häufig über 2000 mm / Jahr). Sie fallen als **Zenitalregen** und resultieren aus konvektiven Luftströmungen mit hoch reichenden Kumuluswolken. Dabei folgen die Regenmaxima den Höchstständen der Sonne. Folglich gibt es in Äquatornähe zwei Regenzeiten pro Jahr.

Der Niederschlag fällt häufig in Form heftiger Güsse und wird oft von Gewittern begleitet. In einem intakten Ökosystem (M2) gewährleistet das ganzjährig hohe Wasserangebot den Transport von Nährstoffen in den Pflanzen und bewirkt, dass bei einem ausreichend feuchten Boden über das Wasser den Pflanzenwurzeln im Prinzip die notwendigen Nährstoffe aus einem größeren Einzugsgebiet zugeführt werden.

...aber geringe Tragfähigkeit der tropische Böden

Während die Immerfeuchten Tropen günstige klimatische Bedingungen aufweisen, sind die pedologischen Bedingungen durchweg schlecht. Dies hat im Wesentlichen mit der sehr starken chemischen Verwitterung zu tun. Diese dauert schon seit Jahrmillionen ununterbrochen an und hat zu zwei negativen Ergebnissen geführt:

Zum einen ist das Ausgangsgestein sehr tiefgründig zersetzt. Dadurch ist der Bestand an Restmineralen und damit ein natürliches Reservoir für Pflanzennährstoffe größtenteils aufgebraucht. Zum anderen bestehen die mineralischen Kolloide fast ausschließlich aus dem Zweischichttonmineral Kaolinit mit einer extrem geringen Kationenaustauschkapazität. Darüber hinaus bewirkt die Verwitterung die in den Tropen typische Anreicherung von Eisen-, Mangan- und Aluminiumoxiden (Sesquioxiden, überwiegend im A-Horizont). Erstere verleihen den Böden ihre charakteristische Farbe (orange-gelb bis rostbraun).

Die geringe Kationenaustauschkapazität und damit die Unfähigkeit des Bodens, Nährstoffe für eine bestimmte Zeit zu speichern (adsorbieren), könnte zu einem Teil durch die Humusauflage ausgeglichen werden. Denn der Humus liefert nicht nur Nährstoffe, sondern besitzt auch eine hohe Kationenaustauschkapazität. In der Regel ist die Humusschicht jedoch sehr dünn, weil die organische Substanz in den Immerfeuchten Tropen rund fünf- bis zehnmal so schnell abgebaut wird wie in den gemäßigten Breiten. Die bei dieser Mineralisierung entstehenden Nährstoffe werden den Pflanzen sofort wieder zur Verfügung gestellt.

Weiterhin nachteilig neben der geringen Kationenaustauschkapazität ist eine hohe **Bodenacidität** (geringer pH-Wert). Sie bewirkt, dass sich große Mengen an

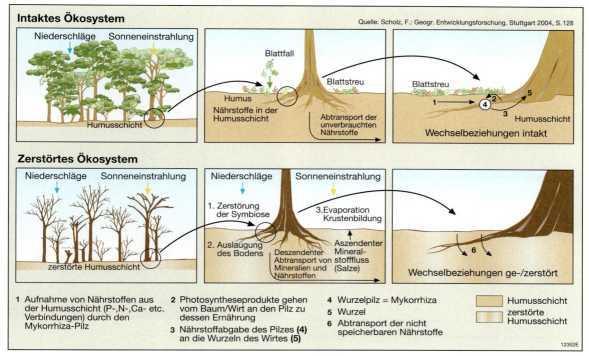

M2 Zerstörung des intakten Ökosystems "Tropischer Regenwald"

Wasserstoff- und Aluminiumionen an die Austauscher anlagern und damit den Pflanzennährstoffen gewissermaßen den Platz wegnehmen.

Trotz dieser extrem ungünstigen Bodenbedingungen stellt der tropische Regenwald die üppigste und produktionsstärkste aller natürlichen Waldformen der Erde dar. Zuzuschreiben ist dies den **Mykorrhizae** (Wurzelpilzen), die mit ihren Wirtspflanzen in Symbiose leben. Zum einen mineralisieren sie selbst die organische Streu, zum anderen filtern sie aus der durchsickernden Bodenlösung die Nährstoffe heraus („Nährstofffallen") und geben diese an die Pflanzenwurzeln weiter. Sie ermöglichen somit einen kurzen und sehr effektiven geschlossenen **Nährstoffkreislauf**.

Allerdings existieren in den feuchten Tropen begrenzte Gunsträume mit relativ jungen Böden. Diese haben einen hohen Nährstoffanteil und überwiegend dreischichtige Tonminerale. Das sind zum einen Schwemmlandböden (Alluvialböden), häufig im Einzugsbereich größerer Flüsse (zum Beispiel Varzea-Wälder am Amazonas), zum anderen vulkanische Böden in tropischen Bergländern (zum Beispiel auf der Insel Java in Indonesien).

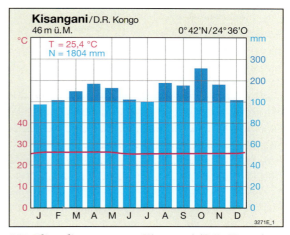

M3 Klimadiagramm von Kisangani (D.R. Kongo)

1. Beurteilen Sie den Stellenwert der Ökofaktoren Klima und Boden für eine landwirtschaftliche Nutzung in den feuchten Tropen.
2. Erklären Sie, weshalb der tropische Regenwald ein anfälliges Ökosystem ist.
3. Zeigen Sie an M3 typische Merkmale des tropischen Regenwaldklimas auf.

2.2 Immerfeuchte Tropen – Zone der tropischen Regenwälder

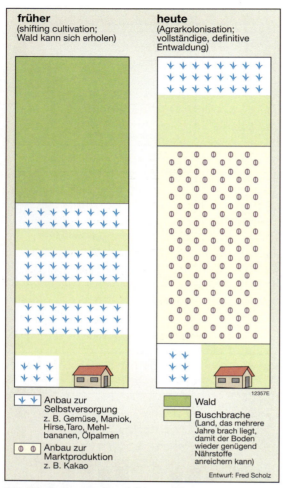

M1 Wechsel von der shifting cultivation zur Agrarkolonisation: Der heutige tropische Ackerbau ist vielfach gekennzeichnet durch moderne Agrarkolonisation, wie zum Beispiel entlang der Transamazônica in Brasilien oder bei der Kakao- und Kaffeekolonisation in Westafrika. Damit einher gehen eine zunehmende Marktproduktion und Globalisierungsdruck. Dadurch nehmen die ökologischen und wirtschaftlichen Probleme der Bauern in der Regel zu. Dazu zählen unter anderem die Monokulturen mit einem relativ leichten Krankheitsbefall der jeweiligen Anbaufrucht, mit Bodenerschöpfung und Bodendegradation, was langfristig zur Zerstörung der ackerbaulichen Grundlage führt. Darüber hinaus bedeutet die Marktproduktion häufig Verschuldung bei Missernten und Abhängigkeit vom Markt, zum Beispiel durch wechselnde Preise und sich wandelnde Geschmäcker der Verbraucher.

M2 Brandrodung

Brandrodung: wenig produktiv, aber nachhaltig
Von den fast drei Milliarden Menschen, die weltweit ländliche Regionen bevölkern und in der Landwirtschaft ihre Lebensgrundlage haben, betreiben schätzungsweise 500 Millionen Menschen **Wanderfeldbau (shifting cultivation)** oder Landwechselwirtschaft für Subsistenz. Bei dieser ursprünglichen Form des Ackerbaus in tropischen Waldgebieten wird ein relativ kleines Stück Land unvollständig von Hand gerodet. Gegen Ende der Trockenzeit wird die abgestorbene und noch vorhandene (Baum)Vegetation verbrannt (Brandrodung). Die mineralreiche Asche dient als Dünger, steht aber nur kurzfristig zur Verfügung. Da der Boden die Mineralien nicht adsorbieren kann, werden die Nährstoffe zusammen mit der dünnen Humusauflage von den heftigen Niederschlägen ausgewaschen und in den Vorfluter abtransportiert. Schon nach wenigen Jahren ist der Bauer in der Regel gezwungen, ein neues Terrain für den Anbau vorzubereiten. Das wegen Ertragsrückgang aufgegebene Feld bleibt ungenutzt und unterliegt dem wilden Bewuchs. Häufig ist die Biomasse auf dieser Fläche erst nach zehn bis zwölf oder mehr Jahren wieder so angereichert, dass ausreichend Dünger (Humus) erzeugt werden kann, um die Fläche erneut ackerbaulich zu nutzen.

M3 Ölpalmenplantage

Plantagen – Anbau für den Weltmarkt

Nicht ganz unproblematisch ist die in den Tropen durch die Europäer eingeführte **Plantagenwirtschaft**. In den oft hoch flächenproduktiven, auf ein oder wenige Produkte spezialisierten Plantagen werden auf riesigen Flächen und unter Einsatz billiger Arbeitskräfte (früher Sklaven, heute verarmte Unterschicht) hochwertige Produkte (z.B. Zucker, Kakao, Kaffee, Ananas, Bananen, Kautschuk etc.) für den Weltmarkt erzeugt. Die Spezialisierung führt zu ausgedehnten **Monokulturen** und zu starker Anfälligkeit für Schädlinge und Krankheiten. Oft von ausländischen Managern geführt und im Besitz ausländischer Kapitalgesellschaften sind die Plantagen nur begrenzt auf die Bedürfnisse der einheimischen Bevölkerung ausgerichtet.

Häufig treiben die Großbetriebe mit ihren Maschinen und Hochertragssorten die Vernichtung des tropischen Regenwaldes voran, so z.B. neu angelegte Palmölplantagen in Kamerun. Darüber hinaus fließen die erwirtschafteten Gewinne überwiegend in das Ausland ab.

Verbesserte Landnutzung – Ecofarming

Das **Ecofarming** stellt eine ökologisch und sozioökonomisch angepasste Weiterentwicklung traditioneller Anbausysteme dar. Mit ihm wird der Wald agrarisch nachhaltig und standortgerecht genutzt und den Bedingungen des Ökosystems Rechnung getragen. Dies gilt z.B. für die sogenannte Agroforstwirtschaft. Hierbei wird der Wald in die landwirtschaftliche Nutzung integriert, zum einen um (Brenn)Holz und andere Baumerzeugnisse zu produzieren, zum anderen um ökologisch nachhaltig zu wirtschaften. So wird zum Beispiel über Allee- oder Stockwerksanbau der geschlossene Nährstoffkreislauf im tropischen Regenwald unter Mithilfe der Mykorrhizae beibehalten, ein vor starken Witterungseinflüssen schützendes Laubdach geschaffen und einjährige Feld- sowie Dauerkulturen als Unterpflanzung integriert.

Das Ecofarming beinhaltet eine Reihe von Verfahren, die auch beim Anbau in den mittleren Breiten für die Erhaltung und Verbesserung der Bodenfruchtbarkeit von

---

Bei dem traditionellen Wanderfeldbau dürfte es sich wohl um ein „Auslaufmodell" handeln. Allein schon wegen seines großen Flächenaufwandes kann sich die Menschheit angesichts zunehmenden Bevölkerungsdrucks und schrumpfender Landreserven diesen Luxus nicht mehr lange leisten. Die traditionelle shifting cultivation ist eine sehr flächenaufwändige Produktionsform, die nur in sehr dünn besiedelten Regionen mit großen bewaldeten Landreserven funktionieren kann. Die Tragfähigkeit beträgt kaum mehr als 30 Personen pro km² und die Anbauweise ist sehr verschwenderisch: Um eine Tonne Getreide zu erzeugen, werden bis zu 300 Tonnen Biomasse geopfert. Schon jetzt hat die durchschnittliche Bevölkerungsdichte in den Feuchten Tropen mit 55 Personen/km² die Tragfähigkeit von shifting cultivation überschritten. Deshalb muss über alternative Produktionsformen nachgedacht werden. Dies könnte zu einem unlösbaren Problem werden, wenn die Bauern in den Feuchten Tropen gar keine andere Wahl als den Wanderfeldbau hätten. Dies ist aber nicht überall so. So haben sich z.B. in Südostasien auf dem Nahrungsmittelsektor seit langem der Bewässerungsfeldbau mit Nassreiskultivierung, auf dem Gebiet der Marktfruchtproduktion eine Vielzahl von Baum- und Strauchkulturen, einschließlich Agroforstwirtschaft, als nachhaltige Produktionsformen bewährt.

(nach: Brauns, Th. & Scholz, U.: Shifting Cultivation – Krebsschaden aller Tropenländer? In: GR 49(1997)1, S. 5ff.)

M4 Shifting cultivation ohne Zukunft?

großer Bedeutung sind: die Kompostierung organischer Abfälle und deren ständige Einarbeitung in die oberste Bodenschicht, das Mulchen mit an Ort und Stelle vorgefundener oder von außen zugeführter Biomasse, die Fruchtfolge mit Anbau von Hülsenfrüchten (Leguminosen) als Stickstoffspeicher und die integrierte Tierhaltung in Gebieten, die frei sind von Stechfliegen, die Seuchen übertragen. Vorrangiges Ziel des Ecofarming ist die Stabilisierung bzw. Erhöhung der Bodenfruchtbarkeit, indem man weitgehend geschlossene Kreisläufe mit großer Biomasseproduktion schafft.

Moderne Nutzungsformen, wie der permanente Feldbau oder die extensive Weidewirtschaft, sind in den Feuchten Tropen nur inselhaft vertreten.

Kommerzieller Holzeinschlag – oft der Anfang vom Ende des Regenwaldes

Holz wird häufig als das grüne Gold der Feuchten Tropen bezeichnet, weil die tropischen Regenwälder mit ihrem Holzreichtum für zahlreiche Entwicklungsländer eine scheinbar unerschöpfliche Rohstoffquelle bilden. Diese ist außerdem in der Regel leicht zugänglich und kann relativ bequem genutzt werden. Doch ebenso wie für die landwirtschaftliche Nutzung gilt auch für die Forstwirtschaft, dass das Ökosystem Regenwald extrem anfällig ist und jeder unsachgemäße Eingriff des Menschen dieses nachhaltig stört.

Bis zu zwei Drittel des Rohstoffs Holz, überwiegend als Brennholz für die lokale Bevölkerung, fließen in die Gewinnung von Energie, der Rest bildet die Grundlage einer oft bedeutenden Holzwirtschaft. Die forstliche Nutzung wird meist von kapitalkräftigen ausländischen Unternehmen auf riesigen Konzessionsgebieten durchgeführt. Sie geschieht überwiegend durch selektiven Holzeinschlag (creaming, selektive Exploitation). Dabei werden nur wenige wertvolle und somit wirtschaftlich interessante Einzelstämme aus dem Bestand entnommen, in Zentralafrika häufig etwa zwei große Stämme pro Hektar, in Südostasien bis zu zwölf. Ein anderes Verfahren besteht darin, unerwünschte Baumarten in einem Gebiet zu roden, damit andere Bäume, die wirtschaftlich von Bedeutung sind, besser und vermehrt wachsen können. Durch das Anlegen von Straßen und Fällschneisen werden häufig bis zu 40 Prozent der Waldfläche geschädigt. Etwa die Hälfte der Fläche mit selektivem Holzeinschlag wird von nachrückenden Siedlern und Kleinbauern vollständig gerodet.

Participants from 82 countries attended the first World Agroforestry Congress in Florida, United States, from 27 June to 2 July 2004. During discussions, they noted significant progress over the past 25 years in building a scientific foundation for agroforestry systems. Recognizing the links to the United Nations Millennium Development Goals, the congress called on countries, international organisations, the private sector and other partners to use the full potential of agroforestry:
- to increase household income;
- to promote gender equity;
- to empower women;
- to improve the health and welfare of people;
- to promote environmental sustainability.

Experts further noted the need to increase investments for research, technology development and extension so as to integrate agroforestry in poverty reduction strategies, to provide financial support and to develop policies that promote the adoption of associated practices.

(Quelle: FAO: State of the World's Forests, 2005, S. 95)

M1 *First World Agroforestry Congress*

Regenwald – ein einzigartiges Ökosystem ist bedroht

Obwohl sich 1992 die Regierungen von 178 Ländern auf dem „Erdgipfel" zur Umwelt und Entwicklung in Rio de Janeiro auf das Leitbild der „nachhaltigen Entwicklung" verständigt und Maßnahmen zum Schutz der Wälder eingeleitet haben, sind seitdem rund 200 Millionen Hektar an Tropenwäldern zerstört worden. Nach Schätzungen des World Resources Institute verschwinden in den Tropen jährlich rund 130 000 km² an Regenwald, eine Fläche, größer als Österreich und die Schweiz zusammen.

Die Vernichtung der tropischen Regenwälder hat dramatische Folgen. So droht bisher nicht erforschtes, für die Zukunft der Menschheit wichtiges genetisches Material für immer verloren zu gehen. Auch laufen zahlreiche Völker, die im und vom Regenwald leben, Gefahr, mit dessen Verlust zugrunde zu gehen und mit ihnen ihr oft einzigartiges, jahrhundertealtes Wissen um die Vorgänge in der Natur. Ferner beeinträchtigt der

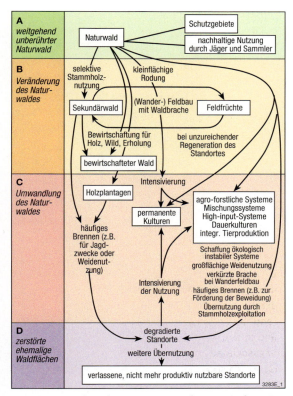

M2 Etappen bei der Zerstörung des tropischen Regenwaldes

M3 Erschließungsmaßnahmen im tropischen Regenwald

Verlust von Regenwäldern deren Funktion im globalen Klima- und Wasserhaushalt.

Der Verlust an tropischen Regenwäldern ist alarmierend und konnte bisher durch unterschiedlichste Programme und Gruppierungen nicht gestoppt werden, so z.B. der 1986 von der FAO verabschiedete „Tropical Forest Action Plan", die von 187 Staaten der Erde unterzeichnete „Convention on Biological Diversity" oder das „Internationale Tropenwaldschutzprogramm" von 1992, ein Versuch der Länder des Nordens und Brasiliens der Abholzung von Tropenwäldern zu begegnen.

Erfolgreich waren Initiativen zum Schutz des Regenwaldes bisher vor allem dann, wenn sie die Interessen der betroffenen Bevölkerungsgruppen, der eigentlichen Eigentümer des Waldes, berücksichtigten. Der Erhalt der noch vorhandenen Wälder scheint davon abzuhängen, ob z. B. durch Agrarreformen die Situation der einheimischen bäuerlichen Bevölkerung bzw. über finanzielle Hilfen oder Schuldenerlass die wirtschaftliche Situation der betroffenen Staaten verbessert werden kann.

1. Ordnen Sie die shifting cultivation als landwirtschaftliches Nutzungssystem ein. Fertigen Sie dazu eine Mindmap an mit dem Thema shifting cultivation.
2. Vergleichen Sie die Nutzungssysteme der shifting cultivation und der Agrarkolonisation.
3. Listen Sie die Vorteile des Ecofarming auf.
4. Erklären Sie an einem Beispiel die Entstehung nicht mehr nutzbarer Standorte (M2).
5. Erstellen Sie ein Wirkungsgeflecht zu Ursachen und Folgen des Tropenwaldverlustes.

2.2 Immerfeuchte Tropen – Zone der tropischen Regenwälder

Raumbeispiel: Amazonien (Brasilien) (vgl. auch S. 294f., 368f., 376f.)

Das Tiefland des Amazonas, Amazonien, ist das größte tropische Tiefland und das größte zusammenhängende Regenwaldgebiet der Erde. Mit rund sechs Millionen Quadratkilometern umfasst es über ein Fünftel der Fläche Südamerikas. Seit den 1970er-Jahren hat die brasilianische Regierung begonnen, das aus ihrer Sicht peripher gelegene Amazonien zu erschließen und wirtschaftlich stärker zu nutzen. Dazu wurden Bodenschätze geborgen und landwirtschaftliche Produkte erzeugt, die man auf dem Weltmarkt verkaufen konnte. Außerdem hat man in einer breit angelegten Agrarkolonisation Millionen von landhungrigen Siedlern aus dem überbevölkerten Nordosten und den Elendsvierteln am Rande der Großstädte Land zur Verfügung gestellt. Die in den Regenwald getriebenen Fernverkehrsstraßen dienten nicht nur der Erschließung, vielfach waren sie Ausgangspunkt ökologischer Katastrophen. Auf ihnen drangen Trupps von Kleinbauern, Holzfällern, Viehzüchtern, Goldgräbern oder Prospektoren für Erdöl, Eisenerz oder Zinn immer tiefer in den Wald ein. Sie rodeten ihn, schadeten dem ökologischen Gleichgewicht und zerstörten den Lebensraum der Ureinwohner: Sie vertrieben und töteten Tausende von Indianern.

M1 Amazonien

M2 Mahagoni – illegale Abholzung in Amazonien

„Nach offiziellen Schätzungen der brasilianischen Umweltbehörde sind knapp 80% aller Abholzungen im Amazonas-Urwald illegal. Das Holz kommt z.B. aus Indianergebieten, wo jegliche Abholzung strengstens verboten ist. Mahagoni ist das wertvollste Holz in Amazonien. Ein Kubikmeter kann bis zu 1600 US-$ einbringen, für die Produkte aus einem fünf Kubikmeter-Stamm lässt sich ein Verkaufspreis von bis zu 128 250 US-$ erzielen. Vor allem die Nachfrage des internationalen Marktes ist der Motor der Zerstörung des brasilianischen Regenwaldes: Um sich Zugang zu einem einzelnen Mahagoni-Baum zu verschaffen, wälzen die Holzfäller mit Bulldozern oft illegale Zufahrtsstraßen in den Urwald und zerstören dabei enorme Flächen unberührten Waldes. Auf das Fällen der Mahagoni-Bäume folgt die illegale Abholzung anderer Baumarten. Die Mahagoni-Vorkommen im Süden Parás sind bereits erschöpft, daher dehnt sich der Raubbau jetzt auf die noch vorhandenen Mahagoni-Bestände in den Indianergebieten aus."

(Quelle: Greenpeace: Die Mahagoni-Mafia. Berlin 2001)

M3 Regenwald verheizen

„In Brasilien werden jedes Jahr mehr als 20 000 km² Regenwald in Sojafelder umgewandelt, überwiegend für den hohen Verbrauch in der EU, den USA und in China. Finanziert wird der Sojaboom mit Krediten aus den Industrieländern. Aus Soja- und Palmöl kann Biodiesel hergestellt werden. Steigt die Nachfrage nach diesem Kraftstoff zum Beispiel in der EU, werden mit Sicherheit weitere Regenwaldflächen in Monokulturen umgewandelt.

In Amsterdam wird Palmöl inzwischen zur Stromerzeugung verbrannt. Auch in Deutschland sind solche Kraftwerke in Planung. Dann wälzen wir durch unseren Konsum verursachte Umweltprobleme auf Regenwaldländer ab. Durch die Anlage der Monokulturen werden Kleinbauern enteignet, indigene Völker vertrieben und artenreiche Wälder vernichtet. Statt in Energiesparmaßnahmen zu investieren und konsequent nachhaltige erneuerbare Energie zu fördern, forcieren wir eine großflächige Waldvernichtung."

(nach: Reinhard Behrend [Hrsg.]: Regenwald Report 1/06, S. 7)

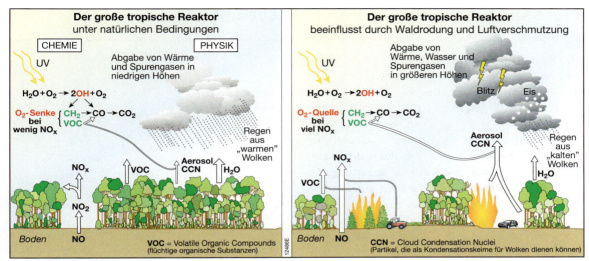

M4 Wechselwirkung zwischen Biosphäre und Atmosphäre. Durch Brandrodung werden im Amazonasgebiet extrem hohe Mengen an Aerosolen, mikroskopisch kleinen Teilchen, freigesetzt. Sie können Sonnenlicht absorbieren und streuen, wodurch sie zu einer Abkühlung der Erdoberfläche beitragen. Durch die große Menge freigesetzter Aerosole können sich die Wolken – durch deren geringere Albedo – auflösen, ohne dass es regnet; oder sie steigen in größere Höhen auf, wo das Wasser gefriert.

M5 Regenwald-Moratorium

„Die Umweltorganisation Greenpeace erringt im Kampf um die Rettung des brasilianischen Regenwaldes einen Erfolg: Weltweit führende Agrarfirmen willigen ein, für zwei Jahre auf Soja aus dem Amazonas-Urwald zu verzichten."

(Quelle: Tages-Anzeiger Online vom 25.7.2006)

M6 Energie gegen Lebensraum

„In Brasilien decken Wasserkraftwerke über 80 Prozent des Strombedarfs. Der Amazonas stellt mit seinen Zuflüssen eine noch weitgehend unangezapfte, gigantische und vor allem billige Energiereserve dar. Diese braucht das Land für sein geplantes Wirtschaftswachstum. Brasilien will 40 neue Staudämme in Amazonien bauen. Dadurch wird der Lebensraum vieler Indianervölker stark eingeengt, ihre Lebensgrundlagen zerstört und die Ureinwohner schutzlos dem Einfluss der Fremden ausgesetzt. Mit der Erschließung Brasiliens kamen viele zuvor von der Außenwelt abgeschirmte Stämme mit für sie tödlichen Krankheiten in Kontakt; Alkoholismus breitete sich aus."

(Quelle: Bernd Radowitz: Mit Federschmuck gegen Megawatt. In: Süddeutsche Zeitung vom 26.7.2006)

M7 Transamazônica

„Erwin Kräutler, Bischof von Xingú, Pará, sagt: Die Transamazônica ist gescheitert: Sie lockte Arme an, zwei-, dreihunderttausend, aber keiner kümmerte sich um sie. Diese Straße dient letztlich den Mächtigen, die nicht hier wohnen, sondern in Manaus oder Belém. Für wenig Geld kaufen sie die Parzellen der Verzweifelten, kaufen immer mehr, vierzig, achtzig, hundert Parzellen, jede hundert Hektar groß, und roden und roden. Manche fliegen mit Flugzeugen über den Wald, schauen sich aus, was sie haben möchten, kaufen sich einen Notar, der alles besiegelt, dann einen Beamten, der alles bestätigt. Betrogenes Land. Und der Wald stirbt, er stirbt. Diese Straße ist ein Widerspruch."

(Quelle: Erwin Koch: Auf dem Holzweg. In: Die Zeit, 18.8.2005)

1. Fassen Sie die Inhalte dieser Doppelseite in einer Strukturskizze zusammen.
2. Suchen Sie sich eine Wald schädigende Tätigkeit heraus.
a) Informieren Sie sich zusätzlich im Internet.
b) Präsentieren Sie die Ergebnisse anhand von Stichpunkten.

2.3 Sommerfeuchte Tropen – die Savannenzone

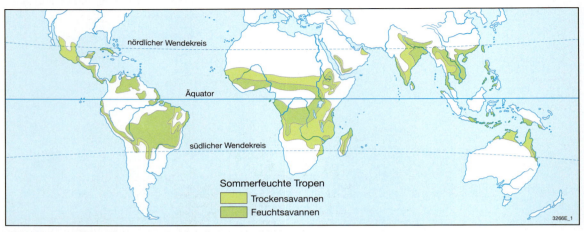

M1 Sommerfeuchte Tropen

Saisonalität, Grasbedeckung und Feuer

Eingebettet zwischen dem äquatorialen Regenwald und dem tropisch-subtropischen Hochdruckgürtel an den Wendekreisen befinden sich die **Sommerfeuchten (auch wechselfeuchten) Tropen**. Ähnlich wie andere Ökozonen sind auch sie in ihrer Verbreitung nicht einheitlich definiert. Während die äquatorwärtige Grenze mit Auftreten des immerfeuchten tropischen Regenwaldes allgemein akzeptiert ist, wird die polwärtige Grenze unterschiedlich festgelegt. Entweder herrschen thermische oder hygrische Abgrenzungskriterien vor. Bei aller Unterschiedlichkeit sind die Sommerfeuchten Tropen jedoch von einer ausgeprägten Saisonalität mit (sommerlicher) **Regenzeit** bei hoher **Niederschlagsvariabilität** und (winterlicher) **Trockenzeit** sowie von einer geschlossenen Gras-/Krautschicht gekennzeichnet. Diese wird von unzusammenhängenden Baum- oder Strauchgruppen unterbrochen. Wegen des prägenden Gras(unter)wuchses werden die Sommerfeuchten Tropen auch als **Savannenzonen**, wegen der deutlichen Saisonalität auch als wechselfeuchte Savannen bezeichnet.

Die Sommerfeuchten Tropen weisen eine Reihe typischer Merkmale auf:

- Im Winter führen Absinkvorgänge innerhalb der heftig wehenden Passate zu einer Temperaturzunahme und zur Ausbildung einer Inversionsschicht, etwa in 1000 Meter Höhe in den Randtropen und 2000 Meter Höhe in Äquatornähe. Die dadurch stabile Luftschichtung verhindert das (weitere) Aufsteigen mit Kondensation und Niederschlag, sodass es zur Ausbildung regenarmer oder regenloser Trockenzeiten kommt. Diese dauern im Bereich der Sommerfeuchten Tropen zwischen zweieinhalb und siebeneinhalb Monate an und haben

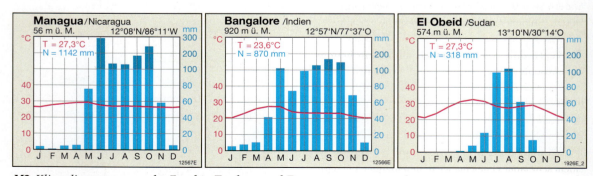

M2 Klimadiagramme aus der Feucht-, Trocken- und Dornsavanne

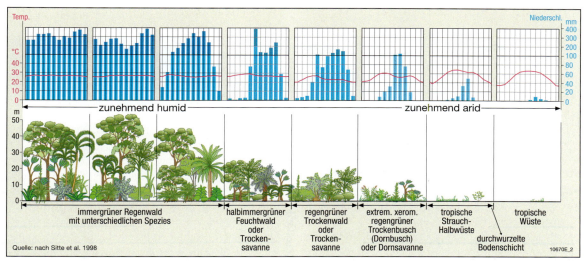

M 3 *Klima und Vegetation in den sommerfeuchten Tropen und Nachbarzonen*

mittlere Jahresniederschläge zwischen 400 und 1000 mm. In der Trockenzeit verlieren die Gehölze ihr Laub. Im Sommer werden die Passate schwächer; es entstehen hoch reichende und konvektive thermische Luftbewegungen mit Abkühlung und Kondensation sowie kräftigen Schauern und Gewittern. Diese sogenannten **Zenitalregen** in der Zeit des höchsten Sonnenstandes sind der Grund für die Regenzeiten, die äquatornah häufig zweimal und äquatorfern einmal im Jahr auftreten.

- Je nach Dauer der Regenzeit und Höhe des Niederschlags bilden sich innerhalb der Savannenzonen drei Subzonen, die **Feucht-, Trocken- und Dornsavannen (-zonen)**, wobei letztere von einigen Wissenschaftlern zu den Tropisch/Subtropischen Trockengebieten gezählt werden.

Mit der polwärtigen Abnahme des Niederschlags ändern sich in den Savannenzonen Vegetation und Böden. Bei einem deutlichen Jahresgang von Temperatur und Niederschlag für alle Zonen wandelt sich die Vegetation von Waldungen mit einem lichten Kronenschluss des Baumbestandes und einer durchgehenden Grasflur von bis zu über zwei Metern Höhe bis zu einer spärlichen Grasdecke mit eingestreuten Dorngehölzen. Unterschiedliche Wurzelsysteme und Wassernutzungskonkurrenz und ein beschränktes Wasserangebot bringen Gräser und Holzarten in einem sehr labiles Gleichgewicht miteinander. Oft wird es durch nicht nachhaltiges Eingreifen des Menschen gestört und große Gebiete in anthropogene Wüsten verwandelt (Desertifikation, vgl. S. 126).

Zahlreiche Böden kommen in überwiegend kleiner Kammerung in den Sommerfeuchten Tropen vor. Sie weisen auf der einen Seite zwar die für tropische Böden typischen Merkmale auf, wie z.B. einen hohen Anteil an Zweischichttonmineralen, geringe Austauschkapazität sowie verbreitete Rotfärbung und

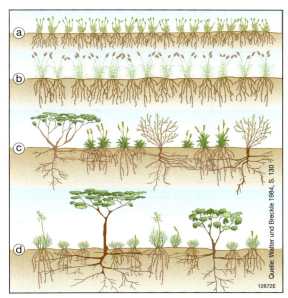

M 4 *Schema des Übergangs von Grasland (a + b) zum Trockenwald (d)*

Region	Land pro Person (ha)	
	1990	2025
Afrika südlich der Sahara	1,60	0,63
Westasien und Nordafrika	0,22	0,16
Restliches Asien (ohne China [1])	0,20	0,12
Mittel- und Südamerika	2,00	1,17
1 China wurde bei der Untersuchung nicht berücksichtigt Quelle: Norse et al.(1992) in: www.iydd2006.de/fakten_ausmass.html, 18.01.2007		

M1 *Entwicklung der Anbauflächen in ausgewählten Regionen der Erde, 1990 und 2025*

	oberirdische Gras-/ Krautproduktion (in t pro ha und a)	Mindestweide- fläche (in ha pro GVE [1])
Feuchtsavanne > 1200 mm/a	6 - 20	3,3
Trockensavanne 500-1200 mm/a	1 - 8	4 - 6
Dornsavanne < 500 mm/a	0,2 - 5	10
[1] GVE = Großvieheinheit = 500 kg Lebendgewicht Quelle: Schultz, J.: Handbuch der Ökozonen. Stuttgart 2000, S. 474		

M2 *Die Tragfähigkeit tropischer Naturweiden in Abhängigkeit von den Feuchteverhältnissen*

Krustenbildung (Laterite); andererseits sind diese Merkmale mit zunehmender Trockenheit und damit geringerer chemischer Verwitterung weniger stark ausgeprägt. Somit ist in den Feuchtsavannen die Bodenfruchtbarkeit, in den Trockensavannen die zur Verfügung stehende Wassermenge der wichtigste limitierende Faktor für eine Nutzung.

- Sowohl Artenvielfalt und Menge der Gehölz- und Grasformationen als auch deren räumliche Ausdehnung sind in den Savannengebieten häufig das Ergebnis anthropogener Überformung. Eine besondere Rolle spielt dabei das Feuer. Es kommt in den Feucht- und Trockensavannen relativ häufig vor, in den Dornsavannen und Halbwüsten dagegen selten. Hier gibt es zu wenig brennbare Biomasse. Die Brände ereignen sich vorwiegend in der Trockenzone und zu Beginn der Regenzeit (Gewitter). Hauptverursacher ist der Mensch. Seit Tausenden von Jahren legen die Savannenbewohner Feuer, um z.B. neues Terrain durch Brandrodung für die landwirtschaftliche Nutzung vorzubereiten, besser jagen zu können, frisches, besser verdauliches Gras auf den Weideflächen wachsen zu lassen, Ungeziefer, wie z.B. Schlangen, zu vernichten oder die Tsetsefliege (Afrika) zu bekämpfen. Durch das Feuer wird der Artenreichtum reduziert und werden viele Waldformationen zu Grasfluren degradiert.

Sommerfeuchte Tropen – die am meisten genutzte Zone innerhalb der Tropen

Die Voraussetzungen für eine landwirtschaftliche Nutzung sind in den sommerfeuchten Tropen besser als in den benachbarten Landschaftszonen. Dies ist zum einen auf die mit abnehmendem Niederschlag zunehmende Austauschkapazität der Savannenböden zurückzu-

führen, zum anderen auf die wegen der relativ offenen Landschaften leichter zu handhabende Brandrodung, auf weite Grasfluren für die Viehweide und die starke Sonneneinstrahlung gegen Ende der Regenzeit. Diese wirkt sich günstig auf den Anbau vieler Nutzpflanzen aus, zum Beispiel bei Mais, Zuckerrohr und Baumwolle.

Ertragslimitierend ist der Niederschlag, der zeitlich und mengenmäßig extrem variabel ist. Auch wenn die meisten Nutzpflanzen in den sommerfeuchten Tropen, wie zum Beispiel Mais, Sorghum und Hirse oder Cash-Crops wie Baumwolle und Erdnüsse, im **Regenfeldbau** angebaut werden (auch Trockenfeldbau genannt, in Unterscheidung zum Bewässerungsfeldbau), haben sich doch der großen Niederschlagsvariabilität wegen schon früh Methoden des sogenannten Rainwater Harvesting (vgl. auch Kapitel 9.8) herausgebildet. Dazu zählen unter anderem die Anlage von Dämmen, Terrassen, Kanälen, Zisternen oder Brunnen. Sie dienten in erster Linie dazu, die geringen Niederschläge in den Trockenzeiten aufzufangen und für die Pflanzen zur Verfügung zu stellen. Mit den Einrichtungen des Rainwater Harvesting konnten in den traditionellen Nutzungssystemen Wasserdefizite ausgeglichen und eine ausreichend lange Vegetationszeit erreicht werden.

Neben die (intensive) agrarische Nutzung der eher feuchteren tritt die (extensive) viehwirtschaftliche Nutzung der eher trockeneren Savannengebiete, wobei in den von der Tsetsefliege bewohnten subhumiden Gebieten Afrikas die Viehdichte geringer ist. Die ursprüngliche Form des **Nomadismus**, einer jahrtausendealten Lebens- und Wirtschaftsweise, die überwiegend auf mobiler Tierhaltung beruhte und bei der die Nomaden jährlich bis zu 1000 Kilometern zwischen den saisonalen Weidegebieten zurücklegten, wird in der Gegenwart immer mehr von verschiedenen Formen mobiler und stationärer Tierhaltung verdrängt (vgl. S. 128f.). Denn viele Nomaden sind sesshaft geworden. Sie hüten jetzt ihre Herden auf Weiden in der Nähe ihrer Behausung oder suchen nur noch gelegentlich die traditionellen Weideplätze auf. Einige von ihnen produzieren mittlerweile gezielt für den wachsenden heimischen Fleischmarkt, wobei sie mit ihren Herden zu den Märkten wandern oder die Tiere auf Lkws dorthin transportieren.

Saisonaler Feldbau mit zahlreichen einjährigen (annuellen) Arten, wie zum Beispiel Reis, Mais oder Kichererbsen, und Tierhaltung finden vorwiegend in kleinen Familienbetrieben statt. Dabei gibt es große Unterschiede zwischen den afrikanischen und süd- bzw. südostasiatischen Savannenregionen.

In Afrika wird Landwirtschaft mit überwiegend traditionellen Arbeitsgeräten bei geringer Arbeits- und Flächenproduktivität in hohem Maße für die Subsistenz betrieben. Die vorherrschende Landnutzungsform ist die **Landwechselwirtschaft**. Sie ist im Gegensatz zum Brandrodungswanderfeldbau, bei dem eine durch hohe Ertragsrückgänge erzwungene Verlegung der Felder und Siedlungen stattfindet, ein stationäres System, wird also vom Wohnsitz aus betrieben. Bei dieser an die sommerfeuchten Tropen angepassten Form der Nutzung spielt die Dauer der Brache eine große Rolle, denn bei der Zunahme der Bevölkerung und der Abnahme der Anbaufläche je Person muss diese so gewählt werden, dass auf dem zur Verfügung stehenden Land maximale Erträge erzielt werden (M4). Eine Verbesserung stellt der Einsatz von Mineraldünger dar. Er macht das flächenintensive Brachesystem überflüssig und führt somit vielerorts zu einem permanenten und, soweit möglich, marktorientierten Regenfeldbau. Die höheren Kosten werden vielfach durch den (welt)marktorientierten Anbau von Cash crops ausgeglichen. Auch die Ausweitung des **Bewässerungsfeldbaus** könnte die Produktivität der Landwirtschaft nachhaltig verbessern. Bewässerungswasser führt Nährstoffe mit sich, hält die Bodentemperaturen konstant, dient über seine Algen als Stickstoffsammler und erhöht bei mehreren Ernten im Jahr die Flächenproduktivität. Allerdings ist die Bewässerung wegen der Kosten, des Know-how und der Belastung von Wasser und Boden nicht unproblematisch.

M3 Viehherde in der afrikanischen Savanne

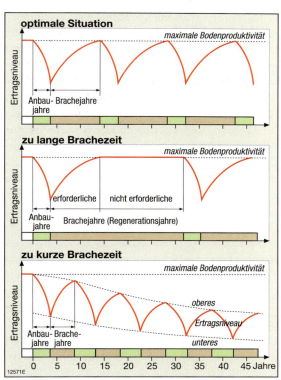

M4 Bodenfruchtbarkeit in Abhängigkeit von Brache- und Anbauzeiten beim Wanderfeldbau

	1961		2005	
	1000 t	t/ha	1000 t	t/ha
Costa Rica	60	1,25	214	3,96
Mexiko	333	2,28	192	4,17
Venezuela	81	1,38	950	5,00
Nigeria	133	0,89	3542	0,96
Senegal	83	1,15	251	2,92
Sambia	-	-	12	1,20
Indien	53500	1,54	130513	3,01
Indonesien	12100	1,76	53985	4,57
China	56200	2,08	183354	6,26
Quelle: FAO Statistics Division 2006				

M1 Reisproduktion in ausgewählten Ländern

Grüne Revolution – „mehr von der Fläche anstelle von mehr Flächen"

In den kommenden 20 Jahren müssen zusätzlich fast zwei Milliarden Menschen ernährt werden. Von den über 90 Millionen neuen Erdenbürgern jedes Jahr kommen 84 Millionen in Entwicklungs- und Schwellenländern zur Welt, ein großer Teil von ihnen im Bereich der sommerfeuchten Tropen. Sie sind der am dichtesten besiedelte und am intensivsten agrarisch genutzte Teil der Tropen.

Die Bereitstellung von immer mehr Nahrungsmitteln für eine steigende Weltbevölkerung ist durch eine Ausweitung der landwirtschaftlichen Nutzfläche nicht möglich. Eine Lösung des Ernährungsproblems kann folglich nur in der Intensivierung, also in einer beträchtlichen Ertragssteigerung je Flächeneinheit, liegen. Ein Beispiel dafür ist die **Grüne Revolution** (vgl. auch S. 504 f.). Große Erfolge bei der Intensivierung sind der Agrarforschung zu verdanken. Seit den 1940er-Jahren verfolgten zunächst mexikanische und amerikanische Wissenschaftler bei ihren Forschungen konsequent das Ziel, höhere Erträge je Flächeneinheit zu erzielen. Besonders erfolgreich war der amerikanische Pflanzenzüchter Norman Borlaugh. Der Vater des „mexikanischen Wunderweizens" hatte u.a. herausgefunden, dass maximale Erträge nur in Abhängigkeit von Bewässerung, Düngung, Pflanzenschutzmitteln und somit vor allem von Energie zu erzielen sind. Als „Technologiepaket aus Saatgut, Dünger und Wasser, zusätzlich Boden und Arbeit" führt die Grüne Revolution bei den Kulturpflanzen Weizen, Mais und Reis zu Flächenerträgen, die zum Teil um mehrere hundert Prozent höher als bei traditionellen Produktionsverfahren und Pflanzen liegen.

Die standortgerechte Anpassung der Ergebnisse der Grünen Revolution ist weltweit unterschiedlich. Am erfolgreichsten ist sie in Asien, unter anderem deshalb, weil die Grüne Revolution von den Regierungen unterstützt und zahlreiche Kleinbauern und Familienbetriebe in die Marktproduktion einbezogen wurden (vgl. Kapitel 9.8). In den Savannenregionen Indiens und Südostasiens ist die traditionelle Landwirtschaft dank der Grünen Revolution mit ihren Hochertragssorten und einer völlig anderen Agrarpolitik sehr flächenintensiv und hoch ertragreich. Sie ermöglicht eine hohe Bevölkerungsdichte in ländlichen Gebieten. Durch den Einsatz von Hybridsaatgut, Wasser, Dünger und Pflanzenschutz werden in den wichtigsten Reis erzeugenden Ländern Flächenerträge bis zu sieben Tonnen pro Hektar erzielt bei einem weltweiten Durchschnitt von 3,9 Tonnen.

Anders war und ist die Situation in Afrika. Hier fehlt es weitgehend an Unterstützung: Die Investitionen in den Agrarsektor sind ungenügend und vor allem der Mangel an ausreichenden Infrastruktureinrichtungen verhindert die Existenz nationaler und erschwert den Zugang vieler Bauern zu regionalen Märkten. Eine falsche Agrarpolitik lässt viele afrikanische Staaten lieber die hoch subventionierten, billigen Agrarprodukte der OECD-Staaten auf dem Weltmarkt kaufen als den eigenen Agrarsektor auf- und auszubauen.

Allerdings ist die Grüne Revolution in den Entwicklungs- und Schwellenländern nicht nur eine Erfolgsgeschichte. Die Intensivierung der Nahrungsmittelproduktion führt zu einer Belastung der Böden durch weitgehend monokulturellen Anbau sowie hohe Dünger- und Pestizidgaben und zum Einsatz von **Hybridsorten** – Pflanzen wie Tieren. Dies sind Hochleistungsarten, bei denen Saatgut bzw. Elterntiere immer neu gezüchtet werden müssen. Hybride weisen zwar deutlich höhere Erträge auf, reduzieren aber die Artenvielfalt und führen damit zu einer großen Abhängigkeit von einigen wenigen Arten. Hinzu kommen eine steigende Abhängigkeit von Energie und damit von teuren fossilen Brennstoffen sowie eine Abhängigkeit von externen Vorleistungen, wie zum Beispiel der Bereitstellung von Mineraldünger, Pflanzenschutzmitteln und Hybridsaatgut. Auch die gesellschaftlichen Auswirkungen vor Ort gaben Anlass zur Kritik. Demnach können zum Beispiel nur die reichen, viel Land besitzenden Bauern sich die neue Technik leisten.

Fokus

NERICA – New Rice for Africa

Im Jahre 1970 wurde von zunächst elf westafrikanischen Staaten das heutige Africa Rice Center mit Unterstützung des Entwicklungsprogramms der Vereinten Nationen und der FAO gegründet. Nach intensiven Forschungen ist es einer Gruppe afrikanischer Wissenschaftler Mitte der 1990er-Jahre gelungen, eine auf die klimatischen und sozialen Bedingungen in Westafrika zugeschnittene neue Reispflanze durch die Kreuzung afrikanischer und asiatischer Reispflanzen zu züchten. Die neue Züchtung hat zahlreiche Vorteile: halbe Reifezeit, ein rund 25 Prozent höherer Proteingehalt, billiges Saatgut, beste Verträglichkeit mit den vorwiegend säurehaltigen westafrikanischen Böden, hohe Ergiebigkeit und somit geringerer Landverbrauch bei gleicher Erntemenge. Mit der neuen Reispflanze sollen die Abhängigkeit von Importen gemindert und kostbare Devisen eingespart werden, schätzungsweise 90 Mio. US-$ im Jahr 2006. Einige Wissenschaftler und Politiker hoffen, dass sich mit NERICA eine erfolgreiche zweite Grüne Revolution in Schwarzafrika einstellen könnte, nachdem die erste ziemlich wirkungslos verpufft ist.

M2 Bäuerin aus Gambia bei der NERICA-Reis-Ernte

Sommerfeuchte Tropen – ein empfindliches Ökosystem

Beim Ackerbau ergeben sich eine Reihe von Reaktionen auf den starken Bevölkerungsanstieg und die zunehmende Landverknappung in zahlreichen Savannenregionen. Dazu zählen z.B. in Afrika permanente Feldbausysteme, eine Ausweitung auf Böden, die für Landwirtschaft wenig geeignet sind und sich oft jenseits der Trockengrenze befinden, sowie eine stärkere Intensivierung ohne nachhaltigen Bodenschutz, wie z.B. Erosionsschutz oder angepasste Form der Bewässerung.

Die Viehwirtschaft hat auf die Zunahme der Bevölkerung mit einem deutlichen Anstieg des Viehbestandes reagiert. Die Vergrößerung der Herden und die zusätzliche Verdrängung auf marginale, wenig geeignete Standorte führen häufig dazu, dass die Tragfähigkeit des Bodens überschritten wird. Dabei kommt es zu einer **Überweidung**, bei der Strauch- und Baumarten zurückgedrängt, die Grasnarbe zerstört und großflächige Erosion ermöglicht werden.

Sowohl Ackerbau als auch Viehzucht (agrarische und pastorale Nutzungsformen) führen in den Savannenregionen häufig zu einer Übernutzung der Böden mit der Folge starker Degradation bzw. Desertifikation (vgl. Seite 126). Die unangepasste Nutzung von Naturressourcen als Produktionsfaktoren, hier die Überbeanspruchung marginaler Standorte durch die Landwirtschaft mitsamt ihren Ursachen und Folgen, wird durch das Krankheitsbild „Sahel-Syndrom" beschrieben. Dabei geht es um die Überweidung und Übernutzung arider und semiarider Grasländer und die Erschließung wenig tragfähiger und erosionsanfälliger Böden.

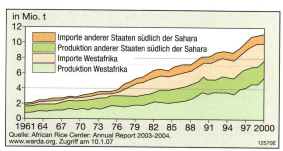

M3 Reis: Importe und Produktion in Afrika südlich der Sahara

2.3 Sommerfeuchte Tropen – die Savannenzone

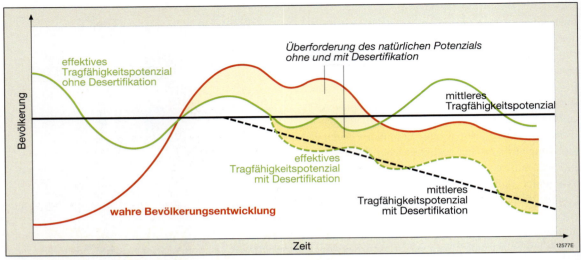

M1 *Mögliche Entwicklung der Tragfähigkeit im Sahel*

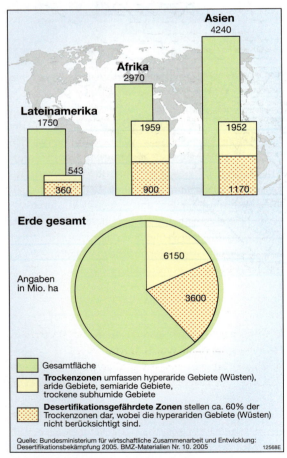

M2 *Desertifikationsgefährdete Gebiete weltweit*

Desertifikation – Verwüstung von Land

Desertifikation betrifft rund ein Viertel der Landoberfläche der Erde und fast eine Milliarde Menschen. Bodendegradation mit Ernteverlusten und Gefährdung der Lebensgrundlage zwingen jedes Jahr über 100 Millionen Menschen, ihre Heimat zu verlassen. Die wirtschaftlichen Auswirkungen der Desertifikation verursachen dabei jährlich geschätzte Kosten von 42 Mrd. US-$. Die Internationale Konvention zur Bekämpfung der Desertifikation (United Nations Convention to Combat Desertification/UNCCD) definiert diese als „Landverödung in ariden, semiariden und trockenen subhumiden Gebieten infolge verschiedener Faktoren, einschließlich Klimaschwankungen und menschlicher Tätigkeiten." Mit Landverödung wird eine Abnahme oder gar der Verlust von Anbauflächen, Wiesen, Weideland und Wäldern bezeichnet mit Auswirkungen auf die biologische oder wirtschaftliche Produktivität und Artenvielfalt. Arid, semiarid und trocken subhumid meint Gebiete, „in denen das Verhältnis der jährlichen Niederschlagsmenge zur möglichen Evapotranspiration im Bereich 0,05 bis 0,65 liegt, außer polare und subpolare Regionen."

Die fast 200 Staaten der UNCCD beschließen völkerrechtlich verbindliche Maßnahmen und setzen sie unter Mitwirkung der betroffenen Bevölkerung bei Planung und Durchführung von Aktionen um. Diese sollen vorrangig die Bodenfruchtbarkeit erhalten und dadurch die Ernährung sichern sowie die Armut verringern.

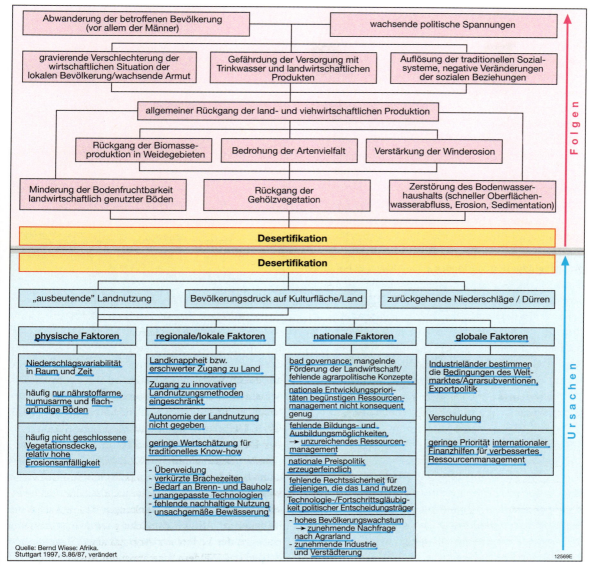

M3 Ursachen und Folgen der Desertifikation

1. Fassen Sie tabellarisch die naturräumlichen Merkmale der sommerfeuchten Tropen zusammen.
2. Stellen Sie Gemeinsamkeiten und Unterschiede der Sommerfeuchten Tropen mit den Immerfeuchten Tropen heraus.
3. Bearbeiten Sie das Phänomen der Desertifikation:
a) Erklären Sie den Begriff „Desertifikation".
b) Erklären Sie die Verteilung desertifikationsgefährdeter Gebiete auf der Erde.
c) Übertragen Sie das Wirkungsgeflecht M3 auf das Raumbeispiel Benin (vgl. S. 128 f.).
4. Zeigen Sie den Zusammenhang zwischen Desertifikation, Bevölkerungswachstum und Tragfähigkeit auf.
5. Begründen Sie, weshalb die sommerfeuchten Tropen ein empfindliches Ökosystem sind und weshalb besonders hier das Sahel-Syndrom anzutreffen ist.

2.3 Sommerfeuchte Tropen – die Savannenzone

Raumbeispiel: Benin (Sahelzone)

Benin, eines der kleinsten und ärmsten Länder Afrikas, wird größtenteils von der Feuchtsavanne eingenommen. Im Norden geht diese in die Trockensavanne über. Das tropische Klima weist im Süden zwei, im Norden nur eine Regenzeit auf. Rund die Hälfte der Arbeitskräfte sind in der Landwirtschaft tätig. Zwar produzieren sie so viel, dass das Land sich fast vollständig selbst ernähren kann, ihr Beitrag zum Bruttonationaleinkommen liegt jedoch lediglich bei etwas über 30 Prozent (2005).
Über die Hälfte der nahezu acht Millionen Menschen (2005) lebt im Süden des Landes auf nur zehn Prozent der Landesfläche. Die Fulbe, ehemals reine Nomaden und erst nach 1970 sesshaft, machen etwa sieben Prozent der Bevölkerung aus. Sie produzieren für den Eigenverbrauch und für den Markt, den sie mit Rind-, Schaf- und Geflügelfleisch versorgen. Zudem verkaufen sie heute vereinzelt auch Gemüse, Cash crops und das, was sie in der Savanne gesammelt haben (z.B. Heilpflanzen).
Erst in jüngerer Zeit treten an die Stelle des ehemals friedlichen Zusammenlebens zwischen Nomaden und Sesshaften immer häufiger zum Teil gewaltsam ausgetragene Konflikte. Diese beruhen z.B. auf zunehmenden Weidewanderungen, vermehrtem Wasserverbrauch oder Nutzungskonkurrenz um die vorhandenen Felder.

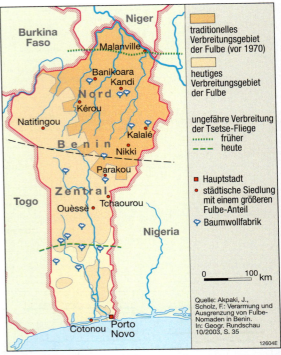

M1 *Traditionelles und heutiges Verbreitungsgebiet der Fulbe*

M2 *Rinderhaltung der Fulbe*

„Neben dem Feldbau ist die Rinderhaltung der Fulbe eine wichtige Landnutzungsform. Die sesshaften beninischen Fulbe betreiben eine Kombination aus Feldbau und trockenzeitlicher Transhumanz. Für Vollnomaden aus den Nachbarländern Niger und Nigeria stellen insbesondere die großen unbesiedelten Staatswälder Zentral- und Nordbenins eine wichtige trockenzeitliche Weide- und Wasserreserve dar. Seit den 1970er-Jahren findet ein umfassender Verlagerungsprozess von Aktionsräumen der Tierhalter Richtung Süden statt. Notwendig wurde diese Erschließung neuer Weideplätze durch die periodischen Dürrekrisen seit der zweiten Hälfte der 1960er-Jahre, die Vergrößerung der Herdenstärken sowie durch die staatlich geförderte Ausweitung des Baumwollanbaus in Nordbenin und der damit einhergehenden, partiellen räumlichen Verdrängung der dortigen Rinderhalter. Als Pull-Faktor wirkten die urbanen Zentren des Fleischkonsums in Zentral- und Südbenin."

(Quelle: www.inwent.org/v-ez/lis/benin/seite3.htm, 27.11.2006)

M3 *Harmonisches Miteinander*

„Die Fulbe-Nomaden nutzen den Norden Benins seit vielen Generationen als Streifgebiet und betrachten ihn als ihren angestammten Lebensraum. Als die Ackerbauern noch nicht so zahlreich waren, ergänzten sie sich mit ihnen bei der Weide- und Wassernutzung sowie bei der Herdenwanderung und den Lagerplätzen derart sinnvoll, dass eine Art Symbiose entstand. Ihr Zusammenleben war weitgehend konfliktfrei. Daran änderte sich auch wenig, als infolge extremer Trockenheit Anfang der siebziger Jahre des vergangenen Jahrhunderts unzählige Nomaden, allen voran die Fulbe, ihre Existenzgrundlagen verloren und in die Futter verheißenden südlicheren Regionen abwanderten."

(Akapi, J. und Scholz, F.: Verarmung und Ausgrenzung von Fulbe-Nomaden in Benin. In: GR 55(2003)Heft 10, S. 35, verändert)

1. Fassen Sie die Informationen dieser Doppelseite schriftlich zusammen. Finden Sie dazu eine passende Überschrift.

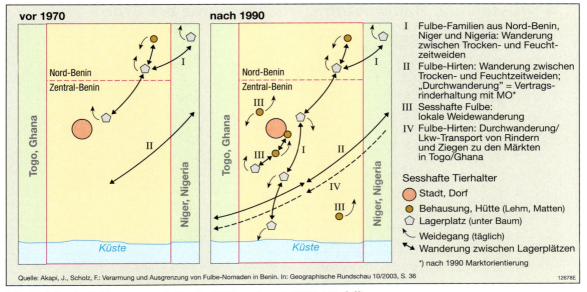

M4 *Mobile Tierhaltergruppen in Benin 1970 und nach 1990 (Modell)*

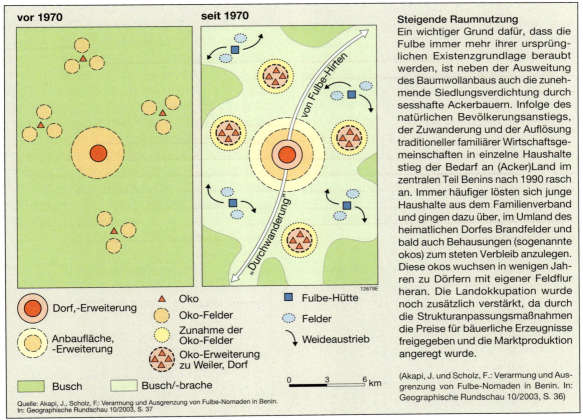

Steigende Raumnutzung

Ein wichtiger Grund dafür, dass die Fulbe immer mehr ihrer ursprünglichen Existenzgrundlage beraubt werden, ist neben der Ausweitung des Baumwollanbaus auch die zunehmende Siedlungsverdichtung durch sesshafte Ackerbauern. Infolge des natürlichen Bevölkerungsanstiegs, der Zuwanderung und der Auflösung traditioneller familiärer Wirtschaftsgemeinschaften in einzelne Haushalte stieg der Bedarf an (Acker)Land im zentralen Teil Benins nach 1990 rasch an. Immer häufiger lösten sich junge Haushalte aus dem Familienverband und gingen dazu über, im Umland des heimatlichen Dorfes Brandfelder und bald auch Behausungen (sogenannte okos) zum steten Verbleib anzulegen. Diese okos wuchsen in wenigen Jahren zu Dörfern mit eigener Feldflur heran. Die Landokkupation wurde noch zusätzlich verstärkt, da durch die Strukturanpassungsmaßnahmen die Preise für bäuerliche Erzeugnisse freigegeben und die Marktproduktion angeregt wurde.

(Akapi, J. und Scholz, F.: Verarmung und Ausgrenzung von Fulbe-Nomaden in Benin. In: Geographische Rundschau 10/2003, S. 36)

M5 *Siedlungsverdichtung durch Dorfgründungen und Landnahme in Zentral-Benin (Modell)*

2.4 Wüsten und Halbwüsten – Trockenräume der Erde

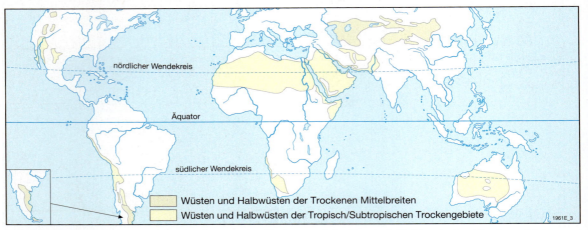

M1 Wüsten und Halbwüsten der Trockenen Mittelbreiten und der Tropisch/Subtropischen Trockengebiete

Wüsten – extrem wenig Niederschlag

Vollwüsten und **Halbwüsten** nehmen fast ein Drittel der Landoberfläche der Erde ein, mehr als die Hälfte dieser **Trockengebiete** gehört dabei zu den Tropisch/Subtropischen Trockengebieten.

Wüsten sind aride Gebiete. Die potenzielle Verdunstung ist um ein Vielfaches höher als die jährliche Niederschlagsmenge. Die Vegetationsdecke ist daher nur sporadisch ausgeprägt oder fehlt ganz. Auch in Halbwüsten, die Übergangsräume zwischen Savanne/Steppe und Wüste darstellen, ist die Vegetation spärlich und diffus verteilt. Niederschlagswerte von maximal 300 mm pro Jahr, eine extrem hohe Variabilität der Niederschläge nach Menge und zeitlicher Verteilung und durchweg hohe (Sommer-) Temperaturen führen in Wüsten und Halbwüsten zu großem Wassermangel (Dürrestress) für Pflanzen und Tiere.

Die geringe Dichte der Pflanzendecke und der Wassermangel sind kennzeichnend für die „heißen" wie für die „kalten" Wüsten. Erstere liegen in den wärmsten Gebieten der Erde, etwa zwischen 15° und 35° nördlicher und südlicher Breite. Letztere, auch als **Relief-, Gebirgs-, Binnen- oder Kontinentalwüsten** bezeichnet, sind z. B. im Leegebiet hoher Gebirgszüge wie den Rocky Mountains oder in Kontinentallage anzutreffen (z.B. Gobi). **Nebel- oder Küstenwüsten** finden sich am Westrand der Kontinente (z. B. Atacama). Hier bewirkt der Aufstieg kalten Meerwassers eine Abkühlung der auf das Festland strömenden feuchten Luftmassen. Dabei kondensieren sie und regnen über der kalten Wasserfläche ab oder es entwickeln sich die typischen Küstennebel. Über dem warmen Festland erwärmt sich die Luft, die Nebel lösen sich auf und es kommt bei dem geringen Feuchtigkeitsgehalt der Luft kaum zu Niederschlägen.

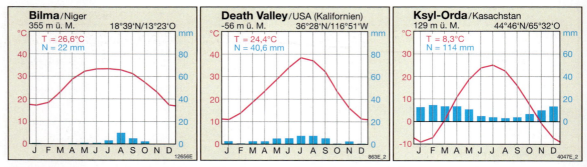

M2 Klimadiagramme der tropischen, subtropischen und außertropischen Wüste

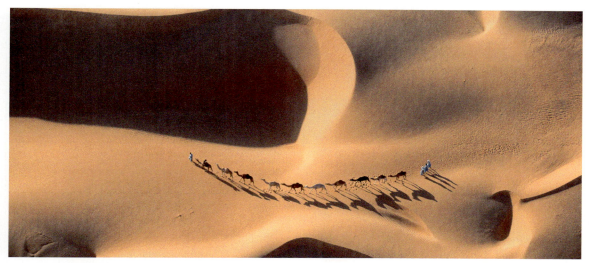

M3 Sanddünenfeld in der Sahara

Die Voll- und Halbwüsten sind durch hohe Tagesamplituden gekennzeichnet. Nachts führt die fehlende Bewölkung zu extremer Ausstrahlung und dadurch erheblichem Temperaturrückgang. Temperaturen unter dem Gefrierpunkt sind keine Seltenheit.

Wüstenformen und Verwitterung

Je nach Akkumulation der Verwitterungsrückstände ergeben sich unterschiedliche Wüstenformen:

- **Steinwüste**: Sie nimmt etwa vier Fünftel der Wüstenfläche ein. Man unterscheidet zwischen Fels- (Hamada), Kies- und Geröllwüste (Serir) sowie einer Mischung aus Kies- und Sandwüste (Reg).
- **Sandwüste** (Erg): Hier ist der vom Wind aus der Steinwüste abtransportierte Sand zu Sandflächen oder Dünenfeldern aufgetürmt. Ergs können Gebiete bis zur Größe Spaniens bedecken.
- **Ton- und Salzwüsten**: Sie sind dort verbreitet, wo Wasser oberflächlich zusammenfließt, verdunstet und die gelösten Minerale als Krusten die Oberfläche einnehmen.

Bei den Verwitterungsformen herrscht in ariden Gebieten die physikalische Verwitterung vor (vgl. Kap. 1.5). Wo Wasser – selbst in geringsten Mengen – auftritt, stellt sich auch chemische Verwitterung ein. Insgesamt ist sie jedoch nicht unbedeutend, vor allem dort, wo sporadisch vorkommende flächenhafte Abspülungen enden und zu einer hohen Bodenversalzung mit entsprechendem Salzstress für die Pflanzen führen.

- **Temperaturverwitterung** (auch **Insolationsverwitterung**, von lateinisch: insolatus = der Sonne ausgesetzt): Sie entsteht durch Aufheizen des Gesteins bei Tag und Abkühlen bei Nacht und der daraus resultierenden Volumenveränderung (Kernsprünge, Abschuppung).

Kernwüsten			Randwüsten	Halbwüsten
fast ohne Vegetation			sehr geringe episodische Niederschläge, geringe z.T. nur episodische Vegetation	geringe periodische Niederschläge, meist ständige, spärliche Vegetation
ohne Bodenbildung			Bildung bodenartiger Formen	echte, aber spärliche Bodenbildung
Hammada	Serir	Erg / Reg	intramontane, Becken (Bolsone) Salztonebenen (Ke[a]wire)	
Fels, Schutt	Kies	Sand	Böden von Salztonebenen (Takyre)	Krusten aus: SiO_2, Fe_2, O_3, $CaCO_3$	Serosemierung (graue und braune Böden)
← Zunahme physikalischer Verwitterung			Zunahme chemischer Verwitterung →	

M4 Wandel von der Kern- zur Halbwüste

2.4 Wüsten und Halbwüsten – Trockenräume der Erde

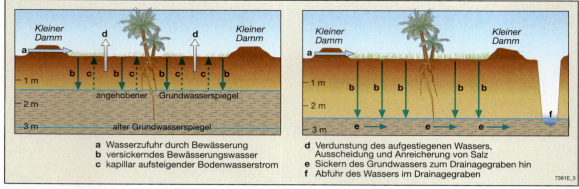

M1 Schema des Entstehens und der Verhinderung der Versalzung von Bewässerungsflächen in ariden Regionen

- **Salzverwitterung**: Sie beruht auf der Volumenvergrößerung und damit Sprengwirkung des Salzes in den Haarrissen des Gesteins vornehmlich durch die Anlagerung von Wassermolekülen an das Kristallgitter der Salze (Hydratation).

Die Verwitterungsprodukte unterliegen der **Erosion**, vor allem durch den Wind. Bei der **Deflation** handelt es sich um das Aufwirbeln und den Abtransport von locker gelagerten und trockenen Staub- und Sandpartikeln. Der vom Wind mitgeführte Sand wirkt auf seine Umgebung wie ein natürliches Sandstrahlgebläse. Dabei kommt es zu einer als **Korrasion** oder Windschliff bezeichneten Abtragung. In deren Verlauf wird das anstehende Gestein abgeschmirgelt und gerundet (Pilzfelsen, vgl. S. 72).

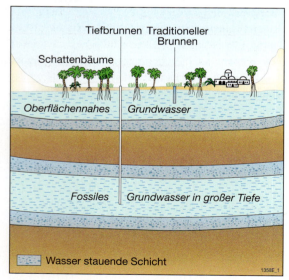

M2 Wasservorkommen in der Wüste

Obwohl die äolische Erosion in der Wüste bedeutender ist als in anderen Regionen, hat die fluviatile Erosion trotz der Regenarmut große Ausmaße. Das Wasser fließt zum Teil flutartig von den randlichen Gebirgen ab (Schichtfluten); seltener stammt es von Niederschlägen in Form von Starkregen. Dadurch verschlammt die Bodenoberfläche, wenig Wasser kann versickern und der Großteil fließt oberirdisch ab. Das Wasser sammelt sich in den jahrelang trockenen, kastenförmigen **Trockentälern** zu regelrechten Fluten mit hoher Transportkraft, die Sand, Kies und Gerölle bewegen.
Neben diesen nur episodisch mit Wasser gefüllten **Wadis** durchziehen **Fremdlingsflüsse** die Wüste. Sie kommen aus fremden, niederschlagsreichen Gebieten und führen das ganze Jahr über Wasser, das zum großen Teil zu Bewässerungszwecken genutzt wird.

Wüste – Ort extremer Lebensbedingungen

Voll- und Halbwüsten sind in hohem Maße lebensfeindlich. Sie befinden sich jenseits der Grenze der Ökumene und sind Gebiete der Anökumene. Aufgrund der Trockenheit und der weithin fehlenden Vegetation gibt es so gut wie keine Bodenbildung. Die Pflanzen haben sich jedoch durch unterschiedliche Überlebensstrategien an ihre Standorte angepasst. Dazu zählen z.B. die Ausbildung horizontal weit verzweigter oder tiefer Wurzeln, die Konzentration auf wenige Standorte mit ausreichender Bodenfeuchte (kontrahierte Gallerie-Vegetation), die Speicherung von Wasser in den Pflanzenmassen (Sukkulenten) und die Verringerung der transpirierenden Oberflächen (z.B. Blattreduktion) oder der Ausbildung einer besonderen Salzverträglichkeit (Halophyten).

Aralkum-Wüste – man-made desert

Einst war er der viertgrößte See der Erde – im Jahr 2020 aber wird der Aralsee fast vollständig ausgetrocknet sein. Geradezu gigantisch sind die Veränderungen der letzten 50 Jahre. So ist zum Beispiel der Wasserspiegel um 25 Meter gesunken und die Wasserfläche um rund 50 000 Quadratkilometer zurückgegangen. Auch das lokale Klima hat sich verändert: Die Winter sind kälter und die Sommer wärmer geworden. Seit den 1960er-Jahren hatte die Regierung der Sowjetunion entlang der Fremdlingsflüsse Amudarja und Syrdarja über acht Millionen Hektar für die Bewässerung von Baumwolle ausgewiesen. Das Bewässerungswasser fehlte dem See, er begann auszutrocknen. Da, wo früher Wasser war, befindet sich heute die rund 50 000 Quadratkilometer große Aralkum-Wüste. Ihr Boden ist mit Meeressalz und giftigen Düngerrückständen aus der Baumwollmonokultur bedeckt. Dieses Gemisch wird von Stürmen weit ins Land transportiert und vergiftet die Umwelt. So werden die Menschen der usbekischen Provinz Karakalpakstan im Durchschnitt nur 40 Jahre alt. Und die Krebsrate sowie die Rate der Säuglingssterblichkeit und der Missbildungen ist in der Region besonders hoch.

M3 *Aralsee und Aralkumwüste 2003 (in schwarz: Uferline von 1960)*

Landwirtschaft ist nur in **Oasen** möglich, wo Wasser an die Oberfläche gelangt. Bei den Oasen handelt es sich um unterschiedlich große und begrenzte Gebiete, in denen das Wasser für einen intensiven, stockwerkartigen Bewässerungsfeldbau genutzt wird und sich die Siedlungen meist am Rande der bebauten Felder befinden. Je nach Art der Wassergewinnung gibt es unterschiedliche Oasen:
- **Flussoasen**: Hier wird das Wasser aus Fremdlingsflüssen direkt oder über Kanäle entnommen.
- **Quelloasen**: Das Wasser stammt infolge bestimmter geologischer Lageverhältnisse aus Quellen oder aus artesischen Brunnen.
- **Brunnenoasen**: In ihnen wird Wasser aus Brunnen entnommen, die den nahe an der Erdoberfläche gelegenen Grundwasserspiegel erreichen. Mithilfe von Göpelwerken, Ziehbrunnen und Motorpumpen wird das Wasser aus unterschiedlichen Tiefen gehoben. Die Motorpumpen reichen bis zu den Horizonten fossilen, also vor vielen Jahrtausenden entstandenen Grundwassers, das sich meistens nicht erneuern kann.

Ohne Bewässerung ist in den Trockengebieten eine agrarische Nutzung unmöglich. Die Bewässerungstechniken sind in den Voll- und Halbwüsten wie überall in den Trockenräumen unterschiedlich. Sie reichen von der Beregnung riesiger, kreisrunder Flächen bis zur punkthaften Tröpfchenbewässerung. Bewässerung führt in den Trockenräumen häufig zur **Versalzung** (M1). Dabei wird das im Boden gelöste oder mit dem Bewässerungswasser herantransportierte Salz nahe der Bodenoberfläche in Krusten abgelagert bzw. ausgeschieden. Die Salzkrusten mindern die landwirtschaftliche Nutzung und führen langfristig zur Aufgabe der Felder.

1. Fertigen Sie eine Mindmap zu den Wüsten und Halbwüsten an. Finden sie dazu ein passendes Thema für das Zentrum der Mindmap.
2. Begründen Sie die Existenz der sogenannten Passatwüsten im tropisch-randtropischen Bereich (vgl. auch Kapitel 1.3).
3. Erklären Sie den Prozess der Versalzung.

2.4 Wüsten und Halbwüsten – Trockenräume der Erde

Raumbeispiel: Ägypten

Eine fast menschenleere Wüste bedeckt rund 90 % der Fläche Ägyptens. Seine 65 Millionen Einwohner konzentrieren sich vor allem auf die Flussoase des Nil und auf das Nildelta. Seit Jahrtausenden haben die Bauern das Flusstal mithilfe ausgeklügelter Bewässerungstechniken intensiv genutzt und für die städtische Bevölkerung Lebensmittel produziert. Mit dem Anwachsen der Bevölkerung und der Industrie wächst jedoch die Raumnutzungskonkurrenz: Immer mehr landwirtschaftlich nutzbare Fläche fällt der Ausdehnung der Städte, der Zunahme der Infrastruktur und auch der Versalzung zum Opfer. Und so nehmen seit Jahrzehnten die Probleme einer ausreichenden landwirtschaftlichen Produktion zu: Das ehemalige Agrarexportland wurde zu einem Lebensmittelimporteur. Dies liegt trotz des Sadd el-Ali-Stausees auch am ineffizienten Umgang mit Wasser. Große Hoffnungen setzt man auf das Toshka-Projekt. Hier sollen bis 2017 über 200 000 ha Bewässerungsland sowie Städte, Industrie- und Landwirtschaftszentren für drei Millionen Menschen geschaffen werden.

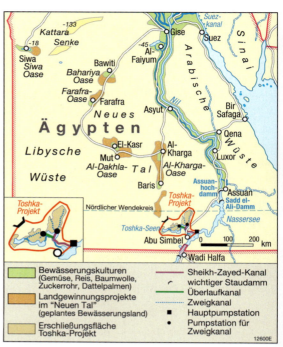

M1 *Bewässerungsgebiete in Ägypten*

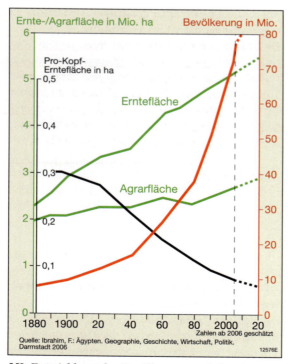

M2 *Entwicklung der Bevölkerung und des Agrarpotenzials in Ägypten*

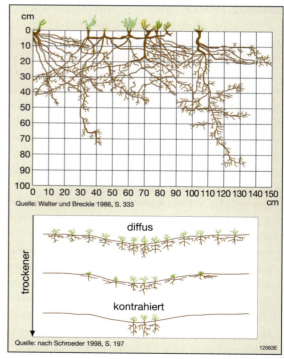

M3 *Libysche Wüste: Wurzelsysteme von Wüstenpflanzen / Wandel von der Halb- zur Vollwüste*

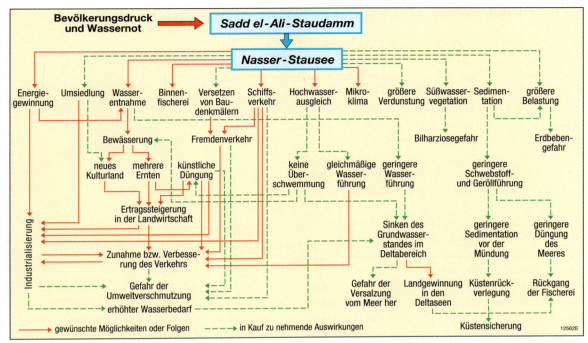

M4 Auswirkungen des Assuan-Hochdamms Sadd el-Ali

M5 Sadd el-Ali-See – Dauerbewässerung der Wüste

„Unter der Präsidentschaft des ägyptischen Staatspräsidenten Nasser (1956–1970) sollte das Nationaleinkommen des Landes innerhalb von zehn Jahren verdoppelt werden. Das Rückgrat dieser Entwicklung sollte der Hochdamm von Assuan bilden. Diente der alte Assuandamm lediglich einer saisonalen Speicherung des Nilwassers, so ermöglichte der Hochstaudamm von Assuan, durch den auch die Hauptflutwelle des Nils zurückgehalten wird, eine Überjahresspeicherung. Notwendig wurde der Bau unter anderem deshalb, weil durch das enorme Bevölkerungswachstum die Ernährung der Bevölkerung nicht mehr gesichert werden konnte. Nach 11-jähriger Bauzeit wurde der Damm 1971 eingeweiht.

Bei einer langfristig steigenden Wassernachfrage müssten in der Bewässerungslandwirtschaft verstärkt Anreize zur sparsamen Wasserverwendung gegeben werden. Dies ist jedoch schwierig, da Wasser für Bewässerungszwecke in Ägypten traditionell kostenlos ist und außerdem die verbrauchte Wassermenge bisher nicht genau gemessen wird. Die immer häufiger auftretende Bodenversalzung, die durch unzureichend geklärte städtische und industrielle Abwässer als Bewässerungswasser verstärkt wird, verursacht erhebliche Ertragsrückgänge bzw. Kosten für Drainage.

Trotz zahlreicher Probleme unternehmen die Menschen große Anstrengungen, um die Versorgung mit Wasser (<1000 m³/Jahr/Person) zu verbessern. Dazu zählen Rationalisierungsmaßnahmen, der Anbau von Pflanzen, die weniger Wasser verbrauchen, die Wiederaufbereitung von Drainagewasser und eine verstärkte Nutzung des Grundwassers (oberflächennah und fossil)."

(nach: Ries, M.: Hydrogeographie des Nils. In: Würzburger Geographische Manuskripte 51/1999, S. 127 ff.)

1. Werten Sie M1 und M2 aus und formulieren Sie ein zentrales Problem Ägyptens.
2. Beurteilen Sie mithilfe M3 bis M5 die Möglichkeiten zur Lösung des in Aufgabe 1 formulierten Problems.
3. Manche Wissenschaftler würden den Assuan-Hochdamm am liebsten wieder abreißen. Diskutieren Sie das Für und Wider. Wie würden Sie entscheiden?

2.5 Winterfeuchte Subtropen – Zone der Hartlaubgewächse

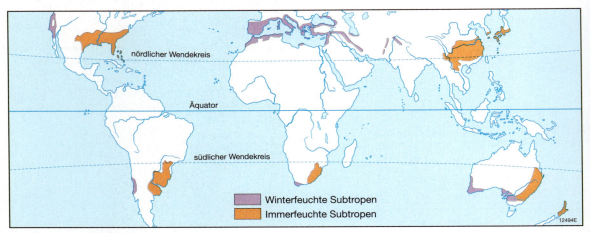

M1 *Winterfeuchte und Immerfeuchte Subtropen*

Subtropen – zwischen Tropen und gemäßigten Breiten

Die Subtropen stellen eine relativ schmale Klima- und Vegetationszone dar. Räumlich in weit auseinanderliegende Teile auf allen Kontinenten aufgelöst, verbindet sie eine Reihe von Gemeinsamkeiten, vor allem im Klima und in der Vegetation:

- Die Subtropen sind warmgemäßigt. Gegenüber den Tropen weist der Jahresgang der Temperatur erhebliche Unterschiede auf. Das dort herrschende Tageszeitenklima geht hier in ein Jahreszeitenklima über (Jahresamplitude liegt über der höchsten Tagesamplitude).
- Die Temperaturen des kältesten Monats sinken im Tiefland nur sehr selten unter +5 °C. Es herrscht ein fast ganzjähriges Pflanzenwachstum. Das Frühjahr ist die Hauptvegetationszeit, der Sommer wegen seiner häufigen Dürren die einzige Stresszeit im Jahr.
- Die Niederschlagsverhältnisse differieren stark und führen zu einer Unterteilung der Subtropen. Dies sind zum einen die mit winterlicher Regen- und deutlicher sommerlicher Trockenzeit versehenen Winterfeuchten oder Mediterranen Subtropen an den Westküsten der Kontinente, zum anderen die Immerfeuchten Subtropen an deren Osträndern. Hier können die Jahresniederschläge bis über 1500 mm ansteigen und Regenwälder in einer Breitenlage wachsen lassen, in der sonst vor allem Savannen und Wüsten existieren.

Einige Wissenschaftler rechnen auch die sich äquatorwärts anschließenden ariden Gebiete zu den Subtropen. In diesen passatischen Trockengebieten, den sogenannten trockenen Subtropen (Wüste und Steppe), herrschen nahezu vollaride Verhältnisse. Lediglich episodische, bisweilen periodische winterliche Niederschläge kommen vor.

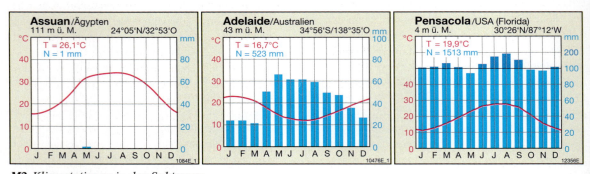

M2 *Klimastationen in den Subtropen*

Der Ölbaum – charakteristisch am Mittelmeer

Das Mittelmeergebiet ist eines der ältesten Kulturländer der Erde. Die frühe Nutzung hat die ursprüngliche zonale Vegetation fast verdrängt. Eine besondere Rolle spielt dabei der Öl-/Olivenbaum. Das aus südlichen Regionen eingeführte Hartlaubgehölz hat sich rund um das Mittelmeer ausgedehnt und wurde zu dem bedeutendsten mediterranen Kulturbaum. Seine Verbreitung ist nahezu identisch mit der Ausdehnung der Winterfeuchten Subtropen in Europa.

Seit mehreren Jahrtausenden haben die Menschen aus den Oliven Öl gepresst. Zusammen mit Wein und Weizen zählt das Olivenöl zu den ältesten Nahrungsmitteln im Mittelmeerraum. Etwa 97 Prozent aller Olivenbäume finden sich heute in den Staaten rund um das Mittelmeer; hier wird in Spanien, Italien und Griechenland auch das mit Abstand meiste Olivenöl hergestellt.

Seit alters her haben Ölbaum und Olivenöl im Brauchtum der Menschen eine große Rolle gespielt: Neben Brennöl wurde das Olivenöl auch als Opfergabe oder zum Salben des Körpers verwandt. Ein Kranz aus Ölzweigen wurde verdienten Bürgern aufgesetzt. Und noch heute ist der Ölzweig ein Symbol des Friedens.

M3 Der Ölbaum

Die mediterranen Subtropen – Region rund um das Mittelmeer

Die mediterranen Subtropen haben für Europa ein besonderes Gewicht. Das ist zum einen auf ihre wirtschaftliche Bedeutung als agrarer Ergänzungsraum der Feuchten Mittelbreiten, zum anderen auf ihre große Attraktivität als Urlaubsregion zurückzuführen, die jedes Jahr Hunderttausende von Touristen anlockt.

Das Mittelmeerklima kennzeichnen warme bis heiße und überwiegend trockene Sommer sowie milde und relativ feuchte Winter. Die jahreszeitliche Verteilung der Niederschläge ist auf relativ engem Raum unterschiedlich ausgeprägt. Neben Perioden verheerender Trockenheit gibt es solche sintflutartiger Regenfälle; neben Schauern als Folge horizontaler (Zyklone) stehen Wärmegewitter als Folge vertikaler (thermischer) Luftbewegungen und Temperaturveränderungen. Den östlichen Teil des Mittelmeeres prägt kontinentale (= relativ warme und trockene) Luft aus Osteuropa. Sie bewirkt nahezu niederschlagsfreie und trockenere Sommer als im westlichen Mittelmeergebiet. Im Sommer gelangt das Mittelmeer unter den Einfluss des Azorenhochs, was zur Erwärmung und Trockenheit führt, im Winter verlagert sich der Hochdruckgürtel und mit ihm das Azorenhoch gleichzeitig mit der Südwanderung der ITC nach Süden. Damit gerät das Mittelmeergebiet unter den Einfluss der Westwindzone und mit ihr der Regen bringenden dynamischen Tiefdruckgebiete. Druck- und Temperaturunterschiede auf engem Raum rufen zum Teil sehr heftige lokale Winde hervor, wie zum Beispiel die Bora in Dalmatien oder den Mistral in Südfrankreich.

Die Vegetation der sommertrockenen Subtropen ist von **immergrünen Hartlaubgewächsen** bestimmt. Ihre Blätter haben zur Verringerung der Verdunstung und damit in Anpassung an das warme und halbtrockene Mittelmeerklima eine harte und häufig noch mit Wachs überzogene Haut gebildet. Die ursprüngliche Vegetation des westlichen Mittelmeerraumes bestand überwiegend aus 15 bis 18 Meter hohen, geschlossenen Eichenwäldern (vor allem Steineichen), in den Höhenlagen aus sommergrünen Laubhölzern. In weiterer Meeresferne wuchsen dagegen vornehmlich Nadelhölzer wie Aleppokiefer oder Wacholder.

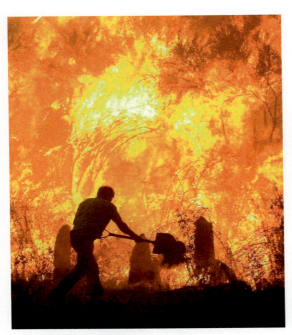

M1 Buschbrand im Mittelmeerraum

M2 Schutzhecken gegen den Mistral (nahe Avignon)

Landwirtschaft – ein hartes Brot

Neben einer Reihe städtischer Agglomerationen mit tertiärer Dienstleistung und zahlreichen Tourismuszentren entlang der Mittelmeerküste ist in den mediterranen Subtropen die landwirtschaftliche Nutzung stark ausgeprägt. Die Bedingungen für Ackerbau und Viehzucht sind jedoch recht ungünstig. Dazu zählt selbst die lange Sonnenscheindauer im Sommer, ansonsten für die Landwirtschaft eher von Vorteil und Grund dafür, dass die Mittelmeerküste sich zu einem der bedeutendsten Touristenzentren der Welt entwickelt hat. Sie lässt keinen Regenfeldbau zu und macht Bewässerung unabdingbar, wenn die Vorteile aus Temperatur und Strahlung optimal genutzt werden wollen. Ferner lässt die Sommertrockenheit viele Flüsse und Bäche versiegen, was die Bewässerungsmöglichkeiten eingrenzt und die Versorgung der Bevölkerung mit Brauch- und Trinkwasser erschwert. Nachteilig für die Landwirtschaft sind auch ein überwiegend starkes Relief, heftige Herbstregen mit verheerenden Hochwässern, flächenhafter Bodenabtrag und starke Degradation.

Ursprünglich bestand die besonders für Italien typische mittelmeerische Mischkultur (italienisch: cultura mista, französisch: polyculture) aus Weizen in den trockenen Ebenen sowie Wein und Oliven auf Terrassen, außerdem mit einigen Nutztieren, vorwiegend Ziegen und Schafen. Diese Kultur hat sich unter veränderten Transportbedingungen und weltweiter Konkurrenz bis heute deutlich gewandelt. Unter dem Zwang einer verstärkten Spezialisierung hat sich mittlerweile der Anbau von Wein, Agrumen, Obst, (Früh-) Gemüse, Mandeln, Feigen und Blumen durchgesetzt. Er liefert bei (ergänzender) Bewässerung und unter Glas bzw. Folienbedachung hohe Erträge. Auch profitieren die Landwirte davon, dass eine Reihe von Gemüsesorten bereits im Winter und im zeitigen Frühjahr geerntet und in nördlichere, dicht besiedelte Länder, wie zum Beispiel Großbritannien und Deutschland, exportiert werden können.

Die Mittelmeerregion – ein jahrtausendealter Siedlungsraum

Über viele Jahrhunderte hin war die Region um das Mittelmeer ein kulturelles und wirtschaftliches Zentrum der Erde. Menschliche Besiedlung und eine fast zweitausend Jahre andauernde intensive landwirtschaftliche Nutzung haben die Naturlandschaft größtenteils verdrängt.

Dies gilt vor allem für den Wald. Die ursprünglichen Hartlaub- und Nadelwälder sind der menschlichen Nutzung – Ackerbau, Rodung, Viehweide – und dem

Fokus

Karst – typisch für die Winterfeuchten Subtropen

Mit **Karst** bezeichnet man eine kahle, vegetationsarme bis bodenfreie Landform in Gebieten mit anstehendem löslichem Gestein, vorwiegend Kalk und Gips. Erstmals wurde das Phänomen für das Karstgebirge in Istrien beschrieben und dann danach benannt. Lange Zeit galt der Begriff nur für mediterrane Gebiete, bevor man ihn auch auf andere Klimazonen ausweitete. Neben dem löslichen Gestein sind für Karstgebiete eine überwiegend unterirdische Entwässerung mit unterschiedlichen Formen der Lösungsverwitterung typisch, zum Beispiel einzelne Höhlen bzw. ganze Höhlensysteme und Trockentäler. Des Weiteren findet man zahlreiche hohlartige Oberflächenformen, wie beispielsweise die wenige Meter bis 100 Meter im Durchmesser erreichenden Lösungs- oder Einsturzdolinen und die meist mehrere Kilometer langen und breiten Poljen mit ebenem Boden und intensiver landwirtschaftlicher Nutzung.

Großflächige Waldrodungen als Folge des steigenden Holzbedarfs für Schiff- und Häuserbau haben bereits zur Römerzeit zu einer ausgedehnten ‚Verkarstung‘, geführt. Ohne schützende Vegetation kam es rasch zu Bodenerosion und zu vollständiger Degradation.

M3 Verkarstung

Feuer weitgehend zum Opfer gefallen und nur noch als Hartlaub-Strauchvegetation erhalten mit geringem wirtschaftlichen Wert als Forst oder Weide. Degradationsformen der ursprünglichen Vegetation sind Macchien (französisch: maquis) und Garriguen (französisch: garrigue). Erstere stellen ein zwei bis vier Meter hohes Gebüsch dar, das eine dichte Kraut- und Strauchschicht nahezu undurchdringlich macht. Letztere sind ein weiteres Degradationsstadium: Sie bilden eine artenreiche Zwergstrauchgesellschaft mit zum Teil stark aufgelockertem und nicht mehr Boden bedeckendem Pflanzenwuchs.

Degradationsformen finden sich nicht nur bei den Pflanzen, sondern auch bei den Böden. Hauptursache hierfür ist die seit Jahrtausenden betriebene Rodung, die, zusammen mit der Trockenheit und plötzlich auftretendem Starkregen, zu einer starken Erosion und zur völligen Abtragung mit anschließender Verkarstung weiter Gebiete führte. Trotz einer extremen Kleinkammerung durch unterschiedliche Bodentypen sind leuchtend rote bis braunrote, ausgewaschene und relativ humusarme Böden vorherrschend. Diese alten,

relativ austauscharmen Böden werden auch als terra rossa bzw. terra fusca bezeichnet und sind typisch für die Zone (zonale Böden).

Verheerende Busch- und Waldbrände, naturbedingt oder von Menschen herbeigeführt, treten jedes Jahr rund um das Mittelmeer auf. Lange Trockenheit, relativ dichte Vegetation und die ätherischen Öle und Harze der Pflanzen begünstigen das Feuer. Seine Auswirkungen sind nachteilig: Auf lange Sicht verringern sie die Biomasseproduktion einer Fläche, führen zu Stickstoffmangel des Bodens, erhöhen die Bodenerosion und fördern so die Akkumulation am Fuß der Hänge.

1. Fassen Sie die besonderen Merkmale der Subtropen zusammen.

a) Werten Sie dazu u.a. M2, Seite 136 im Vergleich zu M3, Seite 113 (Tropen) aus.

b) Erläutern Sie dazu auch die Voraussetzungen des Naturraums für eine landwirtschaftliche Nutzung und die Auswirkungen der (land-) wirtschaftlichen Nutzung auf den Naturraum.

2.5 Winterfeuchte Subtropen – Zone der Hartlaubgewächse

Raumbeispiel: Spanien

Trotz sommerlicher Trockenheit und der „Jahrhundertdürren" 2004 und 2005 hat Spanien genug Wasser; es ist allerdings schlecht verteilt: In den Regionen Murcia und Valencia herrscht Wassermangel, weil riesige Touristenströme, zahlreiche Golfplätze und eine sehr intensive (Bewässerungs-) Landwirtschaft weit mehr an Wasser verbrauchen als natürlicherweise nachkommt. In den Regionen Kastilien-La Mancha und Aragonien ist zwar genug Wasser vorhanden, aber die verantwortlichen Politiker der Region wollen das kostbare Nass nur noch zum Trinken, nicht mehr zum Bewässern an die „Wasserverschwender" abgeben. Sie sind der Meinung, dass mit dem Bau des Aquäduktes Tajo-Segura genug Hilfe geleistet sei.

M1 *Wassereinzugsgebiete und -projekte in Spanien*

M2 Nationaler Wasserplan – Lösung der Probleme?

Der Plan Hidrológico Nacional (CPHN; 2001) der konservativen spanischen Regierung wies unter anderem 113 neue Staudämme und mehrere Bewässerungskanäle auf, darunter die fast 1000 Kilometer lange Pipeline, die das Wasser des Ebro in den Südosten Spaniens und in den Großraum Barcelona umleiten sollte. Damit schrieb der Plan im Wesentlichen die traditionelle Wasserpolitik fort, die bisherige Probleme stets durch den Bau neuer Stauseen zu lösen versuchte. Deren Dichte ist nirgendwo auf der Welt so hoch wie in Spanien. Mit dem Regierungswechsel in Spanien 2004 ist das Umleitungsprojekt des Ebro-Wassers zunächst ausgesetzt. Die Regierung in Madrid will das fehlende Wasser über die Entsalzung von Meerwasser (etwa zwei Drittel), über Wassereinsparungen und über die Aufbereitung von Abwässern ersetzen.

Das Wassereinsparpotenzial ist sehr hoch. So kann man weniger Wasser verbrauchende Pflanzen anbauen, die Bewässerungssysteme modernisieren, bestehende Leitungsnetze auswechseln, die Kontrollen verschärfen – Experten sprechen von über einer halben Million illegaler Brunnen – und die Wasserpreise erhöhen, die zu den niedrigsten in Europa zählen.

M4 Spanien – ein (Wasser-) Leben auf Pump

Die Wasserkrise in Spanien ist das Ergebnis starker Macht- und Kapitalinteressen verschiedener Gruppen. So verbraucht die aus Brüssel üppig subventionierte Landwirtschaft rund 80% des Wassers. Auf einer Fläche von 3,6 Mio. Hektar werden Pflanzen mit zum Teil extrem hohem Wasserverbrauch angebaut; allein für zwei Pfund Erdbeeren werden im Schnitt 115 Liter Wasser verbraucht. Etwa die Hälfte des Wassers versickert aus undichten Leitungssystemen, ein weiterer Teil verdunstet bei ineffizienten Bewässerungsanlagen. Zunehmend kritisch wird der Tourismussektor mit jährlich über 50 Mio. Besuchern betrachtet. Zu den fast 300 Golfplätzen, die jährlich mit der Trinkwassermenge von 4,5 Mio. Menschen bewässert werden, plant man weitere 150, u.a. weil die rund 800 000 Golftouristen ein Vielfaches an Devisen der Pauschalurlauber einbringen.

M3 *Wasser und Wassernutzer in Spanien*

M5 Innerhalb einer Generation haben Warmbeetkulturen unter Plastikfolien und in Treibhäusern aus Plastikplanen die andalusische Landschaft völlig verändert. In harter Konkurrenz mit der Tourismusindustrie verbraucht die Intensivlandwirtschaft gigantische Mengen an Wasser, um ihren Standortvorteil, die günstigen Temperaturen, zur Produktion großer Mengen von Obst und (Früh-)Gemüse für den mitteleuropäischen Markt zu nutzen. Neben Einheimischen arbeiten viele Zehntausende Saisonarbeiter, zum Beispiel aus Marokko, Rumänien und Schwarzafrika, in der Landwirtschaft, von denen etwa die Hälfte keine Aufenthaltsgenehmigung hat.

1. Werten Sie die Materialien dieser Doppelseite aus. Präsentieren Sie Ihr Ergebnis unter der Überschrift: "Räumliche Disparität in Spanien zwischen Regionen an der Mittelmeerküste und im Hinterland – eine Folge unterschiedlicher Wasserbilanz?"

2.6 Trockene Mittelbreiten - Steppenzone

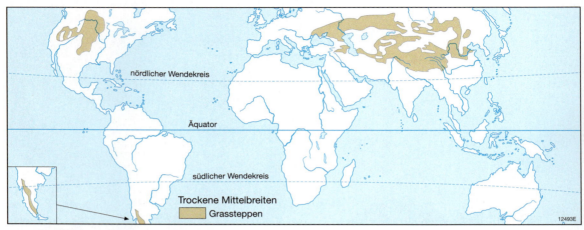

M1 Grasländer der Trockenen Mittelbreiten

Wasser – ein limitierender Faktor

Als Steppen bezeichnet man die Grasländer der Trockenen Mittelbreiten. Hier haben sich je nach Wasserverfügbarkeit unterschiedliche Typen ausgebildet:

- **Langgrassteppe** oder **Feuchtsteppe** mit bis zu zwei Meter hohen Gräsern (zum Beispiel Pampa),
- **Mischgrassteppe** als Übergangsbereich zwischen Langgras- und Kurzgrassteppe (z.B. Great Plains),
- **Kurzgrassteppe** oder **Trockensteppe** (z.B. Mongolei) mit bis zu 40 cm hohen, in Büscheln vorkommenden Gräsern. Neben Gräsern finden sich auch Kräuter, Sukkulenten und niederwüchsige Sträucher.

Neben diesen drei Steppentypen im Kernbereich der großen Grasländer Nordamerikas und Eurasiens hat sich jenseits der Feuchtsteppe eine **Waldsteppe** und jenseits der Trockensteppe eine **Wüstensteppe** ausgebildet.

Die Leelage beziehungsweise die kontinentale Lage der Steppen führt zu extremem Temperaturgang und extremen Kälteeinbrüchen sowie zu unzureichenden Niederschlägen und Wassermangel. Dieser ist auch für eine Reihe charakteristischer Merkmale zuständig:

- Reduzierung der Vegetationsperiode auf höchstens fünf Monate im Jahr,
- episodische Wasserführung der Flüsse,
- Dürrestress durch geringe Jahresniederschlagsmengen bis etwa 650 mm und eine hohe Niederschlagsvariabilität (M4),
- geringe sommerliche Niederschläge, oft als Starkregen bei Gewittern; dies führt zu oberflächlichem Abfluss mit Flächenspülung und linearer fluviatiler Erosion,
- fehlender Baumbewuchs im Kernbereich der Steppen als Folge der geringen Jahresniederschläge,
- besonders ausgeprägtes Wurzelwerk der Pflanzen.

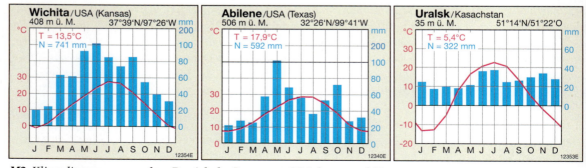

M2 Klimadiagramme aus dem Bereich der Langgras-, Mittelgras- und Kurzgrassteppe

M3 *Kurzgrassteppe in Colorado (USA); im Hintergrund die Sangre-de-Cristo-Bergkette der Rocky Mountains*

Die Trockenen Mittelbreiten kennzeichnen vier unterschiedlich ausgeprägte Jahreszeiten: ein heißer und trockener Sommer, ein kalter bis sehr kalter Winter (hohe Jahresamplitude), ein kurzer Frühling mit raschem Temperaturanstieg und Niederschlagsmaximum sowie ein kurzer Herbst mit schnellem Temperaturabfall.

Obwohl die klimatischen Bedingungen eher als ungünstig einzustufen sind, besitzen die Böden eine hohe potenzielle Fruchtbarkeit. Dies geht neben dem lösshaltigen Ausgangsmaterial in erster Linie auf den starken Humusanteil und damit auf die hohe Austauschkapazität zurück. Besonders ausgeprägt mit Werten bis zu über 10 % ist er beim Tschernosem (vgl. Kapitel 1.6). Der über 50 cm mächtige Ah-Horizont ist einerseits auf die jahreszeitlich hohe Produktion von gras- und krautreicher Biomasse zurückzuführen. Andererseits ist die Abbautätigkeit der Reduzenten (Lebewesen, die organische in anorganische Stoffe zersetzen) jahreszeitlich stark eingeschränkt. Dies ergibt sich aus der sommerlichen Trockenheit und der winterlichen Kälte. Zusätzlich reichern zahlreiche Nagetiere den Boden mit organischer Substanz an. Sie verbringen abgestorbenes Pflanzenmaterial in großer Menge über ihre Erdbauten bis tief in den C-Horizont und verbessern damit die Fähigkeit des Bodens, Wasser einzulassen und zu speichern.

In Gebieten mit Staunässe oder hohem Grundwasserstand bilden sich salzhaltige Böden. In der heißen und trockenen Jahreszeit kann das gelöste Salz kapillar an die Bodenoberfläche gelangen und Salzkrusten bilden. Der Salzgehalt beeinträchtigt das Pflanzenwachstum. Da den Böden die für die humiden Klimazonen charakteristische Bodenauswaschung fehlt (Transport gelöster Stoffe mit dem Sickerwasser aus dem A- in den B-Horizont), ergibt sich ein typisches A-C-Profil.

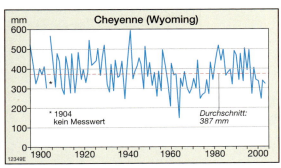

M4 *Jahresniederschlagsvariabilität in der Steppe*

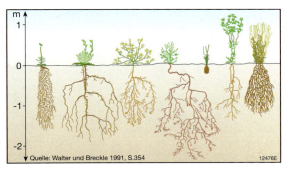

M5 *Wurzelsysteme der Steppenpflanzen*

143

2.6 Trockene Mittelbreiten – Steppenzone

	Feucht-steppe	Trocken-steppe	Wüsten-steppe
Phytomasse	23,0	21,0	9,8
davon grüne Teile	8,0	3,0	1,4
in %	35	14	14
Wurzeln und Rhizome	15,0	18,0	8,4
in %	65	86	86
Jahresproduktion	13,0	9,0	4,2
in % der Phytomasse	57	43	43
davon grüne Teile	8,0	3,0	1,4
in %	62	33	33
unterirdische Teile	5,0	6,0	2,8
in %	38	67	67
Quelle: Walter und Breckle 1986			

M1 Phytomasse und Primärproduktion (in t pro ha)

Steppen – intensiv genutzte Grasländer

Die Steppen sind relativ dünn besiedelte Trockenräume. Nach der Vertreibung der Ureinwohner wurden diese Gebiete zu intensiv genutzten agrarischen Räumen und zu wichtigen Weizen- und Rindfleischlieferanten für die ganze Welt.

Ohne künstliche Bewässerung ist die Nutzung der weiten Steppengebiete nur in extensiver und großbetrieblicher Form der Beweidung sinnvoll. Diese auf hohen Gewinn ausgerichtete und in großen Betriebseinheiten praktizierte extensive Weidewirtschaft bezeichnet man als **Ranching**. Die geringe Bestockungsdichte von weniger als 30 Großvieheinheiten je 100 Hektar Weidefläche (1 GVE entspricht dem Gewicht eines ausgewachsenen Rindes, ca. 500 kg) führt zu Betrieben bis zu einer Größe von 100 000 ha (USA, Argentinien).

Bei höheren Niederschlägen ab etwa 500 mm hat sich jenseits des Grenzraums, in dem Niederschlag und Verdunstung sich die Waage halten (**Trockengrenze**), eine extensive Form der Getreidewirtschaft gegenüber dem Ranching durchgesetzt. Der wichtigste Grund dafür war, dass eine stark mechanisierte Produktion auf riesigen Farmen (bis zu 10 000 ha in den Great Plains der USA, bis zu 30 000 ha in den Steppengebieten der ehemaligen UdSSR) trotz geringer Hektarerträge die Erzeugungskosten für die wichtigste Marktfrucht, den Weizen, stark gesenkt haben.

Problematisch war und ist die Versorgung der Pflanzen mit ausreichenden Wassermengen. Dies kann in den Grenzregionen des Regenfeldbaus nur dann erreicht werden, wenn künstlich bewässert oder die Methode des **Dry farming** angewendet wird. Dabei wird der Anbau von Pflanzen durch unterschiedlich lange Brachezeiten unterbrochen, in denen die Verdunstung über die Feldpflanzen verringert und die Feuchtigkeit im Boden angereichert wird. Dies geschieht auch durch den mehrjährigen Anbau flach wurzelnder Pflanzen wie Klee.

Steppen – hoch gefährdete Grasländer

Die Steppen der Trockenen Mittelbreiten sind fragile Ökosysteme. Die Industrialisierung der Landwirtschaft im Zusammenhang mit dem Bestreben, höchstmögliche Ernteergebnisse zu erzielen, aber auch vielfach die Unkenntnis der besonderen ökologischen Zusammenhänge haben ihnen weltweit große Schäden zugefügt.

M2 Industrialisierte Landwirtschaft – typisch für Steppen

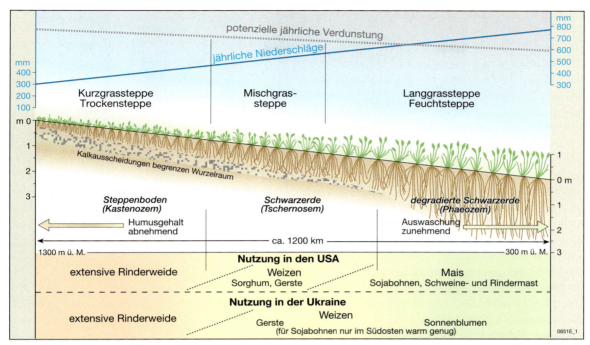

M3 *Schematisches Profil von der Trockensteppe zur Feuchtsteppe (mit Nutzung in den USA und der Ukraine)*

Zuerst zeigten sich die Schäden in den USA, später auch in anderen Ländern mit Anteil am Steppengürtel, vor allem in der ehemaligen UdSSR, aber auch in Kanada, Argentinien, Südafrika und Australien. In der 1930er-Jahren kam es in den Great Plains (USA) großflächig zu Bodendegradation oder, bei völligem Verlust des Oberbodens, zu Desertifikation. Gründe dafür waren die Industrialisierung der Landwirtschaft und eine starke Ausweitung des Weizenanbaus sowie eine Periode mit unterdurchschnittlichen Niederschlägen und ausgeprägter Dürre. Die Folge war unter anderem die Ausprägung sogenannter **Badlands**. Durch das Umbrechen der Grasscholle werden die tiefen Wurzeln der Gräser zerstört und später durch die flachen Wurzeln der Kulturpflanzen ersetzt. In längeren Dürreperioden und in vegetationslosen Zeiten zwischen den Anbaufrüchten ist die trockene Erde der Wind- oder fluviatilen Erosion schutzlos ausgeliefert: Es kommt zu den Boden schädigenden und ertragsmindernden Folgen mit Betriebsaufgabe und Landflucht.

Dieses weltweit in den Steppengebieten auftretende Phänomen wird als **Dust-Bowl-Syndrom** bezeichnet. Es ist Folge einer nicht nachhaltigen, industriellen Bewirtschaftung von Böden und Gewässern im Zusammenhang mit einer kapitalintensiven sowie auf den Weltmarkt ausgerichteten Massenproduktion. Zu den Versuchen, die Symptome dieses Syndroms zu bekämpfen, zählen im physisch-geographischen Bereich eine Vielzahl von Maßnahmen. Sie wirken der Erosion von Wind und Wasser sowie der Versalzung entgegen, konservieren beziehungsweise nutzen die knappen Wassermengen intensiver und verbessern die Anbautechnik, zum Beispiel in Form erosionshemmender Bodenbearbeitung.

1. a) Erklären Sie, wie es zur Ausbildung von Steppen kommt und machen Sie deutlich, wie eine nachhaltige Nutzung dieses Ökosystems aussehen könnte.
b) Verfassen Sie einen Zeitungsartikel mit dem Thema: Steppen – ein gedeckter Tisch für die Weltgemeinschaft (vgl. auch Kapitel 9.4)?
2. Vergleichen Sie das Klimadiagramm von Managua (M2, Seite 120) (Feuchtsavanne) mit demjenigen von Vichita (M2, Seite 142). Stellen Sie Gemeinsamkeiten und Unterschiede fest.
3. Stellen Sie in einem Wirkungsgefüge Merkmale und Gegenmaßnahmen zum Dust-Bowl-Syndrom in den USA (S. 146 f.) und Asien (S. 466 f.) dar.

2.6 Trockene Mittelbreiten – Steppenzone

Raumbeispiel: Great Plains (USA) (vgl. auch Kapitel 9.4)

Die Great Plains sind eines der größten Grasländer der Trockenen Mittelbreiten. Die 1,3 Millionen Quadratkilometer große Region macht ein Sechstel des zusammenhängenden Staatsgebietes der USA aus und weist die typischen Merkmale von Steppen auf, wie zum Beispiel Wasserarmut, Grasbedeckung oder extreme Temperaturunterschiede. Das leicht gewellte, weithin ebene Land erstreckt sich von der kanadischen Grenze bis nach Südtexas, es fällt von rund 1300 Metern am Fuße der Rocky Mountains langsam nach Osten in die Prärie ab. Während die westliche Grenze mit den Rocky Mountains leicht zu definieren ist, gibt es für die östliche Grenze unterschiedliche Auffassungen. Je nach Meinung ist diese zum Beispiel identisch mit dem 98. beziehungsweise 100. Längengrad oder mit der 500-mm-Niederschlagsgrenze.

Bedeckt mit fruchtbaren Sedimenten aus den Rocky Mountains waren die Great Plains von Grasland eingenommen. Erst die landwirtschaftliche Nutzung, und hier vor allem die Umwandlung in Ackerland, führte und führt bis heute bei länger anhaltender Dürre zu Deflation und zu Bodendegradation großen Ausmaßes.

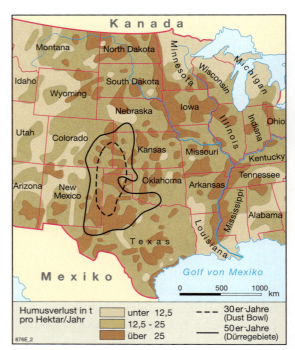

M1 Bodenerosion in den Great Plains

M2 Auszug aus dem „Report of the Great Plains Drought Area Committee vom 27.8.1936"

„The entire region is marked by a low annual rainfall, often concentrated in storms of short duration and great intensity, by wide fluctuations of temperature, and by prevailing winds not equalled in average strength anywhere in the United States except along the sea costs. The lands have been held in place chiefly by such natural growths as buffalo grass and grama grass. One primary source of disaster has been the destruction of millions of acres of this natural cover, partly by over-grazing, partly by excessive ploughing. This act has exposed the loose soil to the winds. The economic results have been general insecurity, bankruptcy, tax delinquencies, absentee ownership, and an increase in tenancy. The dust storms of 1934 and 1935 have been visible evidence to nearly every American living east of the rocky Mountains that something is seriously wrong. The extend of erosion on the Great Plains has not been accurately measured. It is safe to say that 80 % is now in some stage of erosion. As much as 15 % may already have been seriously and permanently injured."

M3 Auszug aus einer Rede von F.D. Roosevelt, 6.9.1936

„I have been on a journey of husbandry. I went primarily to see at first hand conditions in the drought states; to see how effectively Federal and local authorities are taking care of pressing problems of relief and also how they are to work together to defend the people of this country against the effects of future droughts. I talked with families who had lost their wheat crop, lost their corn crop, lost their livestock, lost the water in their well, lost their garden and come through to the end of the summer without one dollar of cash resources. I shall never forget the fields of wheat so blasted by heat that they cannot be harvested. I saw brown pastures which would not keep a cow on fifty acres. In the drought area people are not afraid to use new methods to meet changes in nature and to correct mistakes of the past. If overgrazing has injured range lands they are willing to reduce the grazing. If certain wheat lands should be returned to pasture they are willing to cooperate. If trees should be planted as windbreaks or to stop erosion they will work with us. If terracing or summer fallowing or crop rotation is called for, they will carry them out."

M5 Erosionslandschaft in den Great Plains

M6 Konturpflügen in den Great Plains

M4 Angepasste Bodenbearbeitung

Um die Auswirkungen der Deflation zu verringern, begann man 1937, Windbrecher aus Streifen von Bäumen und Sträuchern anzupflanzen, in einer Region, die sich von Kanada bis in den Norden von Texas erstreckt und deren Anpflanzung zwölf Jahre dauern sollte. Weitere Maßnahmen waren das „strip cropping", ein Wechsel von Trockenbrache und Feldfrüchten unterschiedlicher Reifezeit in schmalen Streifen quer zur Hauptwindrichtung, die Einführung von Fruchtfolgen und das „stubble mulch cropping", bei dem die Getreidestoppeln im Winter im Boden verbleiben und im Frühjahr untergepflügt werden.

Um die fluviatile Erosion zu verringern, wurde zum Beispiel die Feldfläche flach terrassiert und „contour ploughing", ein hangparalleles Pflügen, eingeführt; um den spärlichen Niederschlag im Boden anzureichern und optimal zu nutzen, wird Dry farming ausgeübt.

Mit fortschreitender Kenntnis werden verstärkt neue Pflugtechniken angewandt, zum Beispiel die sogenannte „conservation tillage" mit Scheibeneggen: Statt die Scholle tief umzubrechen, wird der Untergrund lediglich gelockert und die Pflanzenreste werden im Oberboden belassen. Das schützt nicht nur vor Erosion, sondern reichert auch die organische Substanz an und verbessert den Wasserhaushalt. Manchmal wird gar nicht gepflügt und die Saat direkt in das Stoppelfeld eingebracht.

Der Bodenversalzung in den Grasländern, darunter auch die Bewässerungsgebiete, ist nur sehr schwer zu begegnen. Das erfordert Zeit, Geld und Drainagewasser, das nur begrenzt vorhanden ist. So werden zahlreiche Flächen nicht mehr bewirtschaftet.

1. Beschreiben Sie das Ausmaß der Bodenerosion in den USA.

2. a) Erklären Sie mithilfe geeigneten Materials der Seiten 142–147 und des Atlas, wie es zur Bodendegradation in den Great Plains kommt.
b) Fertigen Sie ein Wirkungsgeflecht an, dessen zentraler Punkt die Bodendegradation in den Great Plains ist.

3. Suchen Sie sich zwei Boden erhaltende Maßnahmen aus und beschreiben Sie genau deren Wirkungsmechanismen.

4. Verfassen Sie einen Artikel, der zum Thema die Dürre in den Great Plains hat. Wählen Sie eine griffige Überschrift und zeigen Sie möglichst viele naturräumliche und gesellschaftliche Aspekte dieses Phänomens auf. Beziehen Sie dabei auch das Internet mit ein (Suchbegriff: dustbowl).

2.7 Feuchte Mittelbreiten – Laub- und Mischwaldzone

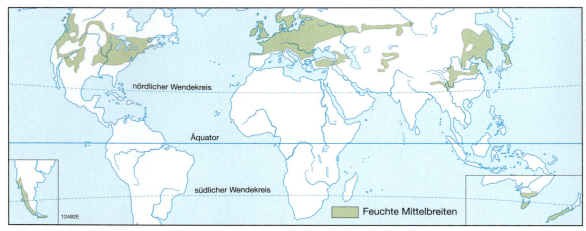

M1 Feuchte Mittelbreiten

Feuchte Mittelbreiten – die Mitte der Mitte

Solarklimatisch erstreckt sich die sogenannte **gemäßigte Zone** zwischen den Wende- und den Polarkreisen. Den Norden der gemäßigten Zone nimmt die Boreale oder auch kaltgemäßigte, den Süden die subtropische Zone ein. In der Mitte befindet sich die kühlgemäßigte Zone, auch mittlere Breiten, weitgehend identisch mit den Trockenen und Feuchten Mittelbreiten. In ihrer Ausdehnung stimmen diese in etwa mit der Westwindzone überein und befinden sich damit unter dem Einfluss einer äußerst unbeständigen Witterung (vgl. Kapitel 1.3).

Die Feuchten Mittelbreiten, auch als sommergrüner Laub- und Mischwaldgürtel der gemäßigten Zone bezeichnet, nehmen rund zehn Prozent der Festlandsfläche der Erde ein. Obwohl sie in ihrer naturgeographischen Ausstattung relativ heterogen ist, weist die Zone durchgehend eine Reihe von Merkmalen auf, die aus ihrer Mittelposition zwischen den Extremen der hohen und niederen Breiten resultieren (die folgenden Ausführungen beziehen sich im Wesentlichen auf Europa):

- Mittlere Werte der Beleuchtungs- und Strahlungsverhältnisse mit einer Schwankung der Tageslänge in Deutschland zwischen acht (Winter-) und 16 Stunden (Sommersonnenwende); thermischer Jahreszeitenwechsel mit längeren Übergangsjahreszeiten (Herbst und Frühling) zwischen kühlen bis heißen Sommern und kühlen bis sehr kalten Wintern. Die Winterkälte führt zu einer Unterbrechung der Vegetationszeit bzw. Einstellung der Photosynthese. Dieser passt sich der Wald durch Laubabfall im Herbst an. Die Streu ist leicht mineralisierbar. Das führt zu einer raschen Rückführung der Mineralstoffe und zu einem kurzen, umsatzstarken Mineralstoffkreislauf.

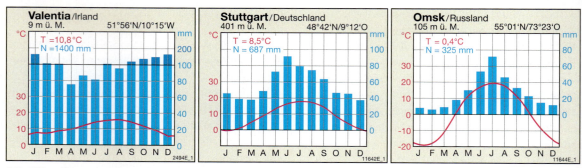

M2 Klimadiagramme aus dem Bereich der Feuchten Mittelbreiten

M3 Rodungsdorf Bad Liebenzell-Beinberg, Schwarzwald (Baden-Württemberg)

- eine mittellange Vegetationsperiode von vier bis sechs Monaten, allerdings – ähnlich wie bei den Lufttemperaturen und der Jahresamplitude – mit einer deutlich ausgeprägten West-Ost-Abfolge, bestimmt durch **Maritimität** und **Kontinentalität** des Klimas;
- eine weitgehend ausgeglichene Verteilung des Jahresniederschlags bei durchschnittlichen Werten zwischen 500 und 1000 Millimeter pro Jahr; ganzjährig humid (wenigstens zehn humide Monate) und somit hohe Regenverlässlichkeit;
- eine mäßige rezente morphologische Aktivität mit leichtem Übergewicht bei der chemischen Verwitterung, vor allem der Hydrolyse;
- eine weite Verbreitung eines aus der Eiszeit stammenden Formenschatzes (Glaziale Serie);
- eine mittlere Tragfähigkeit der Böden, angesiedelt zwischen Podsol und Tschernosem und je nach Ausgangsgestein und Bodenbildung besser oder weniger gut ausgeprägt. So weisen zum Beispiel die auf Löss oder Marsch gebildeten Böden gute bis hervorragende Eigenschaften mit einer hohen Kationenaustauschkapazität und reicher Humusauflage (Mull) auf; die auf Sander oder Altmoränen entstandenen Böden sind relativ nährstoffarm. Von den in der Regel jungen Böden, die erst nach der Eiszeit entstanden sind, haben **Parabraunerden** (Lessivés, Luvisole) mit einem Ah–Ae–Bt–Cca–C-Profil und **Braunerden** mit einem Ah–Bv–C-Profil die weiteste Verbreitung. Als zonale Böden kennzeichnen sie die Feuchten Mittelbreiten.
- eine mittlere Nettoprimärproduktion der Biomasse von 8 bis 13 Tonnen pro Hektar und Jahr bei einer mittellangen Sonnenscheindauer von 1400 bis 1800 Stunden pro Jahr in Deutschland.

Fazit: Die klimatischen und pedologischen Bedingungen gestalten die Landschaftszone zu einem hervorragend geeigneten Lebens- und Wirtschaftsraum. Ausreichende Niederschläge das ganze Jahr über und eine nur kurze Unterbrechung der Vegetationszeit machen sie zu einem natürlichen Waldstandort mit der Buche als dominierendem Baum (zonaler Wald).

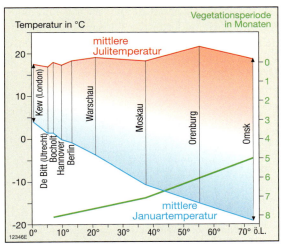

M4 Amplituden zwischen dem Verlauf der mittleren Januar- und Julitemperaturen

2.7 Feuchte Mittelbreiten – Laub- und Mischwaldzone

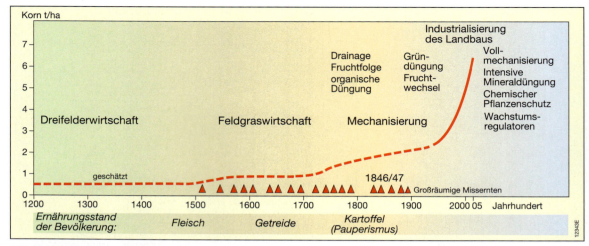

M1 Entwicklung der Weizenerträge

Feuchte Mittelbreiten – dicht besiedelt und intensivst genutzt

Die Feuchten Mittelbreiten zählen zu den landwirtschaftlich produktivsten Regionen der Erde. Eine zunehmende Bevölkerung führte nach der **Inkulturnahme** der leicht zu bearbeitenden, parkartigen Regionen dazu, nach und nach die Wälder zu roden. Dadurch dehnte man die landwirtschaftlich nutzbare Fläche aus, vor allem für die Viehhaltung, die gegenüber dem Ackerbau lange Zeit die wichtigere Nahrungsquelle darstellte. Ursprünglich hatten die Menschen Subsistenzwirtschaft betrieben, heute herrscht Marktproduktion vor (Vermarktungsquote ca. 95 Prozent). Die Entwicklung der Landwirtschaft in jüngerer Zeit mit einem der höchsten Produktivitätsfortschritte aller Wirtschaftsbereiche hat vielfältige Ursachen (vgl. Kapitel 9.2):

- Konzentrationsprozess mit Aufgabe von Millionen landwirtschaftlicher Betriebe und Ausweitung der Betriebsgrößen mit mehr als der Hälfte an Pachtland sowie Aufkommen vertikal integrierter Unternehmen, sogenannter **agroindustrieller Betriebe** (M4, S. 153);
- Technisierung, vor allem beim Landmaschinenbau. Durch den Einsatz modernster Elektronik werden einzelne Arbeitsschritte immer effektiver, zum Beispiel beim „Precision Farming";
- Agrarpolitik, hier vor allem die Subventionen. Sie waren in hohem Maße für die wachsenden Überschüsse und die daraus resultierende Quotenregelung oder Flächenstilllegung verantwortlich; über ein Drittel des Einkommens der Bauern resultiert aus Subventionen (2007);
- Spezialisierung. Hierbei kommen zum Beispiel den Gewächshäusern oder dem Weizen mit seinem hohen Ertragspotenzial eine besondere Bedeutung zu. In der Viehwirtschaft findet eine Konzentration auf Rinder-, Schweine- und Geflügelhaltung statt. Gegenüber der Rinderhaltung sind die Schweine- und Geflügelmast weitgehend von naturräumlichen Faktoren unabhängig. Sie konzentrieren sich auf wenige Gebiete, darunter das südliche Oldenburg;
- Ausweitung der Produkte, sowohl regional (z.B. Nordverlagerung der Anbaugrenze des Mais') als auch produktspezifisch wie zum Beispiel Neuzüchtungen, nachwachsende Rohstoffe für die Industrie oder transgene Pflanzen, die pharmazeutische Wirkstoffe oder Vitamine produzieren („molekulares Farming").

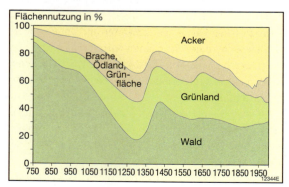

M2 Wandel der Landnutzung in Deutschland seit der Zeit der Völkerwanderung

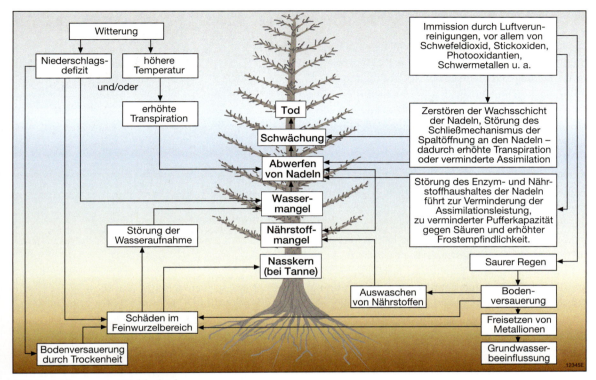

M3 Entstehung von Waldschäden

Die **Haupterwerbsbetriebe** in den Feuchten Mittelbreiten besitzen rund vier Fünftel der landwirtschaftlich genutzten Fläche (LF). Die **Nebenerwerbsbetriebe** sind zwar relativ zahlreich, aber klein und wirtschaftlich von geringer Bedeutung. Sie sind hauptsächlich in Gebieten mit Real(erb)teilung anzutreffen und führen hier zu einer starken Parzellierung der Flur. Über die Zusammenlegung von Parzellen im Rahmen der Flurbereinigung hat man die Nachteile der Besitzzersplitterung weitgehend ausgeglichen. Heute führt die Realerbteilung nur noch selten zur Flurzersplitterung.

Der Zwang, die landwirtschaftliche Produktion ständig auszuweiten, führte zu einer teilweise hohen Belastung der Umwelt. Dazu zählt neben der Gülle aus der Massentierhaltung vor allem die **Emission** von stickstoffhaltigen Spurengasen, die zum Beispiel in Deutschland zu einem Drittel zu der Entstehung von saurem Regen beiträgt. Die größte Bedeutung dabei fällt allerdings dem Schwefeldioxid aus der Industrie und den Stickstoffoxiden aus dem Kraftfahrzeugverkehr zu. Der saure Regen verstärkt die schädliche **Immission**, ein wichtiger Grund für das sogenannte **Waldsterben**.

Um die Belastung möglichst zu vermeiden und nachhaltig zu wirtschaften, breitet sich zunehmend eine ökologisch ausgerichtete und mit innerbetrieblichen Stoffkreisläufen ausgestattete Landwirtschaft aus. Sie versucht, Lebensmittel weitgehend mit Mitteln der Natur sowie artgerecht und Ressourcen schonend herzustellen.

1. Die Feuchten Mittelbreiten sind eine „mittlere" Zone:
a) Beschreiben Sie Gemeinsamkeiten und Unterschiede im Vergleich zu den Trockenen Mittelbreiten.
b) Erläutern Sie die Auswirkungen der Westwindzone auf den Witterungsverlauf und auf die landwirtschaftliche Nutzung.
c) Belegen Sie die zentralen Aussagen von M4, Seite 149 mit den konkreten Werten von M2, Seite 148 und beschreiben Sie die Konsequenzen für die landwirtschaftliche Nutzung.
2. Erklären Sie, weshalb die Entwicklung der Weizenerträge typisch für die Entwicklung der Landwirtschaft in den Feuchten Mittelbreiten ist.

2.7 Feuchte Mittelbreiten – Laub- und Mischwaldzone

Raumbeispiel: Südoldenburg (Niedersachsen)

Das agrarische Intensivgebiet Südoldenburg (Oldenburger Münsterland) weist deutschlandweit Höchstwerte an Tierhaltung und Tiermast auf. Hier ist die Industrialisierung der Landwirtschaft weit fortgeschritten. Mit der Anbindung an die Eisenbahn ab 1895 konnten von den nahe gelegenen Überseehäfen Futter und Mineraldünger heran- und das gemästete, schlachtreife Vieh in die industriellen Ballungsräume von Rhein und Ruhr abtransportiert werden.

Dadurch begann der landwirtschaftliche Aufschwung in einem Gebiet, das auf kargen Sandböden die Selbstversorgung seiner Bewohner bis dahin mehr schlecht als recht sicherstellte. Eine Reihe von Faktoren haben die Entwicklung der industrialisierten Landwirtschaft in Südoldenburg stark begünstigt: Neben der wirtschaftlichen Risikobereitschaft der Menschen waren das vor allem Innovationen in der Agrartechnik und bei der Produktion, wie zum Beispiel Hybridtiere, Hochleistungsfutter oder computergesteuerte Fütterungsanlagen.

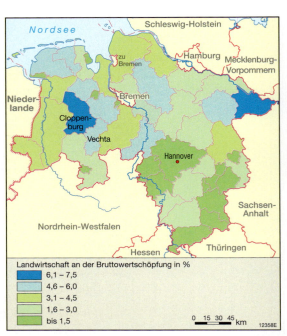

M1 *Prozentanteil der Landwirtschaft an der Bruttowertschöpfung in Niedersachsen (2006)*

M2 *Masthühnerbestände in West-Niedersachsen*

Bundesland	Bestand
Schleswig-Holstein	1 300 702
Niedersachsen	28 628 227
Nordrhein-Westfalen	2 674 028
Hessen	76 509
Rheinland-Pfalz	55 740
Baden-Württemberg	873 591
Bayern	4 307 993
Saarland	1 872
Alte Bundesländer *	37 918 711
Mecklenburg-Vorpommern	5 040 639
Brandenburg	3 294 632
Sachsen-Anhalt	4 033 740
Sachsen	2 670 220
Thüringen	1 653 137
Neue Bundesländer **	16 692 368
Stadtstaaten insgesamt	49
Deutschland	54 611 079

* ohne Berlin-West, Bremen, Hamburg
** ohne Berlin-Ost
Quelle: Viehzählung 2003

M3 *Masthühnerbestände in Deutschland*

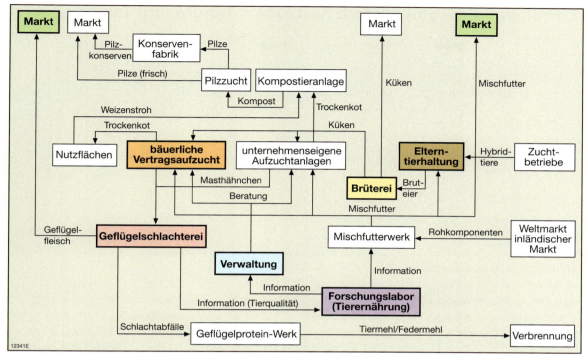

M4 *Produktionsverbund in einem vertikal integrierten Unternehmen in Südoldenburg*

M5 Machen Emissionen aus Massentierhaltung krank?

„Ausgangspunkt heftiger Kontroversen war der Artikel der Nordwestzeitung vom 19.5.2004. Darin stand u.a., dass die Abluft aus Tierställen nicht die Gesundheit „normal empfindlicher Kinder" gefährde und dass laut Sozialministerin Ursula von der Leyen Anwohner von Intensivtierhaltungsanlagen keine Angst vor gesundheitlichen Schäden bei ihren Kindern durch Stallabluft haben müssten. Zu diesem Ergebnis kam eine Studie des Landesgesundheitsamtes, die auf einer Befragung von mehr als 6000 Schulkindern in den Kreisen Cloppenburg, Vechta, Oldenburg und Emsland beruht.

Der Protest der Anlieger, die eine Interessensgemeinschaft gegen Massentierhaltung und damit gegen die „industrielle Tierproduktion, schnell, auf engstem Raum, billig, meist Überproduktion" gegründet haben, waren sehr heftig und andauernd. Eine Allergieexpertin aus Varel bezeichnete es als „ziemlichen Unsinn", dass die Gülle geschwängerte Luft in Südoldenburg für normal empfindliche Kinder völlig ungefährlich sei und dass das Ergebnis dieser Studie „eine ganz schlimme Verhöhnung der vielen Menschen [sei], die krank sind oder werden".

M6 Das zentrale Problem: Die Gülleüberschüsse

Die stete Ausweitung der Tierbestände auf der Basis zugekauften Futters hat zu einem sehr hohen Anfall von Gülle geführt. Diese wird in Südoldenburg seit vielen Jahren auf den landwirtschaftlichen Nutzflächen ausgebracht. Dabei handelt es sich jedoch nicht mehr um den herkömmlichen Stoffkreislauf der bodengebundenen Landwirtschaft. 80 bis 90 Prozent der benötigten Rohkomponenten für die Herstellung des Mischfutters werden nicht auf Südoldenburger Äckern erzeugt: Die anfallenden Exkremente aus der Tierproduktion können folglich nur zu einem sehr begrenzten Teil wieder in die Agrarökosysteme eingespeist werden, aus denen die pflanzlichen Produkte stammen."

(Quelle: Werner Klohn und Hans-Wilhelm Windhorst: Das agrarische Intensivgebiet Südoldenburg, Vechta 2001, S. 110, leicht verändert)

1. Erläutern Sie die Funktion eines Produktionsverbundes.

2. Diskutieren Sie das Ausmaß der Mastviehhaltung und der sich daraus ergebenden wirtschaftlichen und ökologischen Folgen.

2.8 Polare Eis- und boreale Kaltzone – Tundra und Taiga

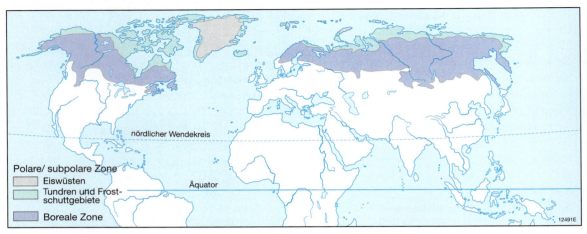

M1 Polare, subpolare und Boreale Zone

Von der Anökumene zur Ökumene

Die Polarzonen umfassen solarklimatisch das Gebiet der Polkappen, das durch die Polarkreise (66,5° nördlicher und südlicher Breite) begrenzt wird. Sie weisen extrem schwierige Lebensbedingungen auf, besonders charakteristisch sind die niedrigen Temperaturen und die wechselnden Lichtverhältnisse.

- In der Polarzone treten **Polartag** und **Polarnacht** auf, das heißt 24 Stunden lang Helligkeit und 24 Stunden lang Finsternis; an den Polarkreisen nur an einem Tag im Jahr (21. Juni bzw. 21. Dezember), an den Polen jeweils sechs Monate. Mit zunehmender Annäherung an die Pole verändert sich der tägliche Wechsel von Tag und Nacht zu einem halbjährlichen von Polartag zu Polarnacht. Dabei sind die täglichen Temperaturschwankungen extrem gering und es herrscht ein thermisches und solares Jahreszeitenklima.

- Über den auskühlenden Eismassen der polaren Zonen entsteht durch absinkende Luftmassen ein relativ stabiles Polarhoch mit einer Mächtigkeit von nur wenigen Hundert Metern. Darüber bildet sich ein Höhentief aus, Endglied der planetarischen Druckverhältnisse vom Äquator zu den Polen. Aus der Antizyklone fließen polare Luftmassen in Richtung der subpolaren Tiefdruckrinne. In ihr ordnen sich gürtelförmig permanent dynamisch erzeugte Zyklonen an, die aus der Westwinddrift polwärts ausscheren. Die polaren Luftmassen werden unter dem Einfluss der Corioliskraft im Bereich der polaren Ostwindzone nach Westen abgelenkt. Absinkende Luftmassen und trockene polare Ostwinde führen zu extrem geringen Niederschlägen von bis zu 100 mm pro Jahr. Wegen der geringen Verdunstung ist das arktische Klima aber weitgehend humid.

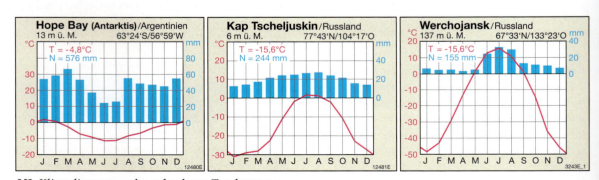

M2 Klimadiagramme der subpolaren Tundrenzone

- Obwohl solarklimatisch genau abgrenzbar, weist die nördliche Polarzone gegenüber den kühlgemäßigten Breiten einen mehr oder weniger breiten Grenzraum auf. Dieser hängt von den unterschiedlich verlaufenden klimatischen und/oder vegetationsgeographischen Grenzlinien ab. Die polwärtigen Regionen der **polaren Kältewüste** sind ständig mit Eis bedeckt. Sie gehören zu den polaren Eiswüsten (Inlandeis) ohne höhere Vegetation und Bodenbildung. Der äquatorwärtige Teil wird von der **polaren Frostschuttzone** eingenommen, ein Gebiet mit intensiven Frostverwitterungsprozessen und weit verbreitetem Gesteinsschutt. Beide Zonen sind nicht auf Dauer bewohnbar, sie gehören zur **Anökumene**.

- An die polare Frostschuttzone schließt sich die subpolare Tundrenzone an. Sie zählt, wenn auch eingeschränkt, zu den Wohn- und Wirtschaftsräumen der Erde (**Ökumene**). Die **Tundra** („baumloses Hügelland") ist eine relativ junge Zone, die erst nach der letzten Eiszeit vor rund 10 000 Jahren entstanden ist. Sie ist eine polare Kältesteppe, wobei Steppe das waldfreie, außertropische Grasland bezeichnet. Sie weist im Norden, im Übergang zur Frostschuttzone, eine sehr spärliche und inselhafte Vegetation, im Süden dagegen eine dicht geschlossene Pflanzendecke auf, die durch den borealen Nadelwald (Baumgrenze) abgelöst wird.

- Vorherrschender Boden in der subpolaren Zone ist der **Gleyboden**, ein vom Grundwasser beeinflusster, dauerhaft vernässter Boden. Er ist in der Regel wenig mächtig ausgebildet, nährstoffarm, dafür aber humusreich, da die abgestorbene Pflanzenmasse nur extrem langsam mineralisiert wird. Es dauert etwa 100 Jahre, um die Streu zu 95 Prozent zu zersetzen. Das hat unter anderem zur Folge, dass der Nährstoffkreislauf in sehr großen Zeitspannen funktioniert und die Pflanzennährstoffe erst nach vielen Jahrzehnten erneut zur Verfügung stehen. Trotz der nachteiligen Lebensbedingungen weist die Tundra mehrere hundert Pflanzenarten und über tausend Tierarten auf.

- Das Relief der periglazialen, eisfreien Gebiete wird gestaltet durch den häufigen Frostwechsel. Zu den bedeutsamsten frostdynamischen Prozessen gehören die Frostsprengung und die **Solifluktion**, das heißt ein Bodenfließen während der kurzen Zeit des Auftauens, das schon bei sehr geringer Hangneigung, etwa einem Grad, auftritt und **Dauer-/Permafrostboden** im Untergrund voraussetzt. Dauer(Perma)frostböden weisen eine ständige Bodengefrornis auf, die nur während der kurzen Sommerzeit wenige Dezimeter bis Meter tief auftaut. Das oberflächliche Auftauen des Bodens nach der Schneeschmelze führt zur Bildung ausgedehnter Sumpfgebiete (vgl. auch S. 464f.).

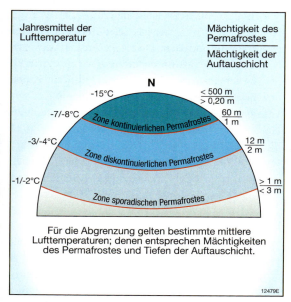

M3 Schema der Permafrostzonierung

M4 Frostschuttzone und Tundra (Westspitzbergen)

2.8 Polare Eis- und boreale Kaltzone – Tundra und Taiga

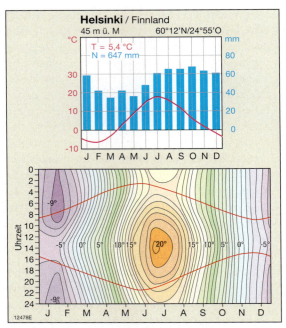

M 1 Klima- und Thermoisoplethendiagramm der Borealen Zone (Beispiel Helsinki)

M 2 Rentierfütterung im Winter

Boreale Zone – die größte Waldzone der Erde

Auf die subpolare Tundrenzone folgt die **Boreale Zone**. Diesen 700 bis 2000 Kilometer breiten Waldgürtel gibt es nur auf der Nordhemisphäre. In Sibirien bezeichnet man die Boreale Zone als **Taiga**. Sie ist das größte zusammenhängende Waldgebiet der Erde, ihre vorherrschende Vegetation ist der Nadelwald. Dessen immergrünes Nadelkleid ist optimal an die kurze sommerliche Vegetationszeit angepasst. Neben Nadel- sind aber auch Laubhölzer vertreten, darunter Birken, Pappeln, Weiden, Erlen und Eschen.

Weiterhin charakteristisch für die Boreale Zone sind eine relative Artenarmut der Bodenvegetation, eine geringe biologische Produktivität, eine Häufung von Mooren in ausgedehnten Vernässungsgebieten und der zonale Podsolboden (vgl. Kapitel 1.6). In dem sauren Boden führen chemische Prozesse und reichlich Sickerwasser zur Verlagerung von Huminstoffen und Sesquioxiden sowie zur Bildung eines Eluvial- (zum Beispiel Ae) und unmittelbar darunter eines Illuvialhorizontes (zum Beispiel Bh). Die Mineralisierungsrate ist gering und Streu- und Rohhumusdecken steigen an, bis sie von Feuern aufgezehrt werden. Diese setzen Nährstoffe frei und führen sie in den Nährstoffkreislauf zurück.

Nomadismus – Grenzen überschreitend

Der Nomadismus mit Rentieren ist im gesamten nördlichen Eurasien in unterschiedlichen Formen verbreitet. Die Nomaden folgen ihren Herden auf der Suche nach Futter zwischen den jahreszeitlich wechselnden, mehrere Hundert Kilometer auseinanderliegenden Weidegebieten. Im Winter ist dies das tiefer und weiter südlich gelegene Waldland. Hier sind die Flechten als wichtigste Nahrungsquelle der limitierende Faktor für die Größe der Herden. Im Sommer ziehen die Herden in Gebiete nördlich und meist oberhalb der Baumgrenze.

Während früher alle Familienmitglieder mitsamt ihrem Hausrat den Herden folgten, tun dies heute nur noch die Männer. Sie leben mit ihren Familien in festen Häusern. Ihr Alltag ist geprägt vom modernen Leben. So helfen zum Beispiel Motorschlitten beim Eintreiben der Tiere, Lastwagen und Schiffe übernehmen zu einem Großteil den Transport zu den Weidegründen. Aus der Selbstversorgung ist eine marktorientierte Produktion von magerem Rentierfleisch geworden. Um die Fleischproduktion zu erhöhen und gleichzeitig den Wald zu schonen, hat man die Rentierhaltung teilweise durch winterliche Zufütterung aus den südlichen Regionen intensiviert.

Kartoffelanbau auf Grönland

Grönland, die größte Insel der Welt mit der nach der Antarktis zweitgrößten Eisdecke der Welt, kommt mächtig ins Schwitzen. Dabei schmilzt der bis zu 3400 m dicke und rund zweieinhalb Millionen Kubikkilometer Eis enthaltende Panzer jährlich um rund 250 Kubikkilometer. Grund für den Rückgang des Eisschildes sind die steigenden Temperaturen. Der weltweit prognostizierte Anstieg der Durchschnittstemperaturen wird aller Voraussicht nach besonders Grönland heimsuchen. In den letzten 30 Jahren stieg die Durchschnittstemperatur im Süden der Insel bereits um 0,36 °C auf 1,93 °C. Während fast überall auf der Welt der Anstieg der Temperatur bange Ungewissheit auslöst, wird er in Grönland geradezu freudig begrüßt. Der Temperaturanstieg bedeutet eine längere Wachstumsperiode – allein die 0,36 °C machen einen Zeitraum von rund zwei Wochen aus – und damit ein neues wirtschaftliches Standbein, die Landwirtschaft. Innerhalb dreier Generationen vollzieht sich so ein Wandel in der gesellschaftlichen Entwicklung wie im Zeitraffer: vom Jäger über den Viehzüchter und kommerziellen Fischer zum Ackerbauern.

M3 *Grönland: Anstieg der Temperaturen soll Produktion von Milch, Kartoffeln und Brokkoli ankurbeln*

Boreale Zone – reich an Bodenschätzen, arm an Menschen

Die Ressourcen der Borealen Zone, wie z.B. Holz, Torf, Wasser, Erze, Erdöl, machen diese zu einem wertvollen Ergänzungsraum für die Länder der Feuchten Mittelbreiten. Allein der jährliche Holzeinschlag deckt fast 90 Prozent der weltweiten Nachfrage nach Papier und Schnittholz. Die Nutzung der Ressourcen geschieht nur selten, wie z.B. bei der Holznutzung in Finnland, nach den Gesetzen der Nachhaltigkeit. Vielmehr wird die Natur durch Emissionen, riesige Erdbewegungen und Bodenvergiftung, wie z.B. bei der Erdölförderung in Sibirien, stark belastet und einheimische, im Einklang mit der Natur lebende Völker durch sich ausbreitende Erdöl- und Erdgasexploration, Bergbau und Holzwirtschaft häufig ihrer Lebensgrundlagen beraubt.

Die landwirtschaftliche Nutzung ist durch die kalten und langen Winter sowie kurzen Sommer stark eingeschränkt. Die in der Regel wenig ertragreichen Böden werden überwiegend für die Weidewirtschaft genutzt. In günstigen Lagen werden auch Roggen, Gerste, Hafer und Kartoffeln angebaut. Der Boden kann durch Düngung und Kalkung deutlich verbessert werden. Der eigentlich limitierende Faktor ist allerdings die Kürze der Vegetationsperiode. Schlechte naturräumliche und wirtschaftliche Voraussetzungen verhindern eine stärkere Besiedlung der Borealen Zone.

---

1. Fertigen Sie eine Darstellung der Polaren bis Borealen Zone an:
a) Charakterisieren Sie, soweit möglich, Gemeinsamkeiten und Unterschiede der einzelnen Zonen/Subzonen.
b) Werten Sie die Materialien M2, Seite 154, M3, M4, Seite 155 und M1, Seite 156 aus.
c) Zeichnen Sie modellhaft ein Thermoisoplethendiagramm von Werchojansk.
2. Vergleichen Sie den Rentiernomadismus mit der Rinderhaltung der Fulbe (Seite 158 f.). Stellen Sie Gemeinsamkeiten und Unterschiede fest.
3. Begründen Sie, weshalb der Temperaturanstieg in Grönland die Lebensgrundlage der Menschen völlig verändert.

2.8 Polare Eis- und boreale Kaltzone – Tundra und Taiga

Raumbeispiel: Finnland

Finnland liegt fast vollständig im borealen Nadelwaldgürtel. Mehr als zwei Drittel der Fläche des waldreichsten Landes in Europa sind mit Wald bedeckt, davon sind 81 Prozent Nadel- (47 % Kiefer, 34 % Fichte) und 19 Prozent Laubhölzer, überwiegend Birken. Über 90 Prozent des jährlichen Holzeinschlages werden von der Holz verarbeitenden Industrie verbraucht. Holzverarbeitung hat in Finnland eine lange Tradition und eine große wirtschaftliche Bedeutung. Innovationen im Bereich der chemischen (zum Beispiel die Verarbeitung von feinen Holzspänen in Mahlwerken mit chemischer Hilfe zu Papierbrei) und mechanischen (zum Beispiel Sperrholz- und Spanplatten) Holzindustrie ließen die Holzwirtschaft zu einem der bedeutendsten Industriezweige Finnlands werden.

Der Wald kann, ökologisch und ökonomisch richtig genutzt, eine unerschöpfliche Rohstoffquelle darstellen. Über zehn Prozent aller Waldflächen sind unter Schutz gestellt beziehungsweise ihre forstwirtschaftliche Nutzung ist eingeschränkt. Das ist europäische Spitze.

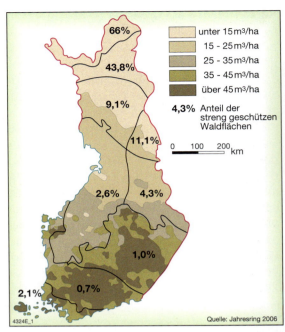

M1 Streng geschützte Waldflächen und durchschnittlicher Holzertrag

M2 Finnlands Forstwirtschaft ist nachhaltig
„Die finnische Forstindustrie baut auf der nachhaltigen Nutzung erneuerbarer Naturressourcen auf. Zu den Stärken der Holz verarbeitenden Industrie gehören Produkte, die Glieder im Kohlenstoffkreislauf sind und die sich leicht recyceln lassen. Ihre Beiprodukte können erneut als Rohstoffe verwendet werden. Wenn sie am Ende ihres Lebenszyklus angelangt sind, kann man sie verbrennen. Hat die finnische Papierindustrie ihren Ausstoß in den zurückliegenden 30 Jahren verdreifacht, so sind ihre Emissionen auf einen Bruchteil der ehemaligen Werte zurückgegangen. Ihre Produzenten wenden beim umweltfreundlichen Einsatz von Wasser, Energie und Chemikalien weltweite Spitzentechnologien an."
(Quelle: Jahrbuch der finnischen Forstindustrie 2005, S. 3)

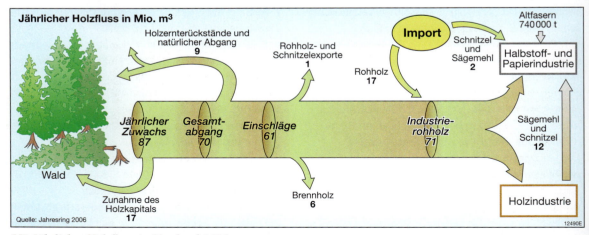

M3 *Jährlicher Holzfluss in Finnland 2006*

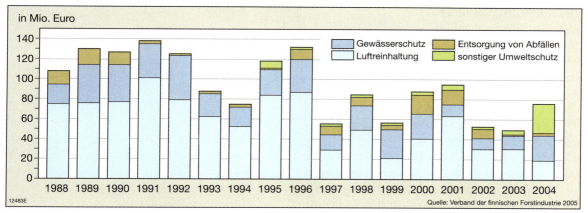

M4 Umweltschutzausgaben der finnischen Forstindustrie

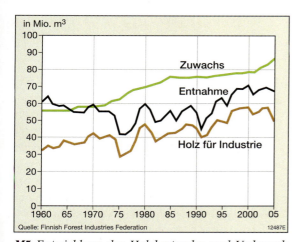

M5 Entwicklung des Holzbestandes und Verbrauch in der Industrie

M6 Holzvorrat pro Bestand in Abhängigkeit von Lage und Alter

	Waldgebiete mit jährlichem Zuwachs	in % der entsprechenden Gesamtfläche	Waldgebiete mit jährlichem Zuwachs von >0,1 m³/ha	in % der entsprechenden Gesamtfläche
streng geschützte Wälder	3306	10,8	1665	7,2
geschützte Flächen, auf denen behutsame Einschläge erlaubt sind	116	0,4	98	0,4
geschützte Wälder (Summe)	3422	11,2	1762	7,6
Flächen mit eingeschränkter forstwirtschaftlicher Nutzung	1308	4,3	1038	4,5
alle Kategorien zusammen	4730	15,5	2800	12,1

Quelle: Finnisches Ministerium für Forst- und Landwirtschaft 2006

M7 Waldschutz in Finnland

M8 Die finnischen Wälder: Holzvorrat und jährlicher Zuwachs im Jahr 2005 (Angaben in Prozent)

1. Werten Sie die Materialien dieser Doppelseite unter dem Thema „Nachhaltige Holzwirtschaft in Finnland" aus.
2. Fassen Sie Ihre Ergebnisse schriftlich zusammen.

159

Landwirtschaftliche Betriebe

Erstellen Sie für unterschiedliche landwirtschaftliche Betriebe in Ihrer Umgebung einen Steckbrief.

- Kartieren Sie die Hof- und Betriebsfläche und fertigen Sie davon eine Skizze an (vgl. M1 und M2).
- Kennzeichnen Sie den augenblicklichen Nutzpflanzenbestand und zeichnen Sie für ausgewählte Flurstücke einen Anbaukalender mit mehrjährigem Fruchtwechsel (vgl. M3).
- Ermitteln Sie die naturräumlichen Bedingungen für den Betrieb und erläutern Sie, welchen Einfluss sie auf die Produktionsausrichtung des Betriebes haben. Dies gilt insbesondere für den jahreszeitlichen Verlauf der Temperaturen und des Niederschlags mit Maximal- und Minimalwerten im Verhältnis zur Vegetationsperiode sowie für die Tragfähigkeit der Böden, vor allem Ausgangsgestein, Kationenaustauschkapazität, Humusanteil, pH-Wert.
- Fertigen Sie eine Übersichtsdarstellung des Betriebes an. Halten Sie sich dabei an die Strukturmerkmale auf der Seite 109.

- Kennzeichnen Sie den Wandel des Betriebes (zum Beispiel wechselnde Größe, wechselnde Nutzung der landwirtschaftlichen Gebäude, unterschiedliche Produktionsausrichtungen).
- Machen Sie deutlich, mit welchen Maßnahmen der Landwirt Intensität und Produktivität seines Unternehmens gesteigert hat. Beziehen Sie den Grad der Technisierung, den Maschinenpark (Eigenbesitz, Zugehörigkeit zu einem Maschinenring) und die an Außenstehende vergebenen Arbeiten (outsourcing) ein.
- Erläutern Sie, inwieweit der Betrieb von landwirtschaftspolitischen Maßnahmen (EU, nationale Maßnahmen) abhängt. Das betrifft grob die Marktlage und die Agrarpolitik, im Detail zum Beispiel Preise für landwirtschaftliche Erzeugnisse und Betriebsmittel, Vorzugskredite, Flächenstilllegung oder Marketing, Straßen- und Wegebau, Agrarforschung und Subventionen sowie Altersversorgung, Förderung peripherer Räume oder Erhalt von Bodenfruchtbarkeit.
- Listen Sie die positiven (einkommenssteigernden) und negativen (einkommensmindernden) Faktoren für den Landwirt / die Landwirtin auf.
- Berücksichtigen Sie bei Ihrem Profil, welchen Stellenwert die zunehmende Nachfrage der Industrie nach pflanzlichen Rohstoffen, vor allem nach Energierohstoffen, auf die Produktionsausrichtung des Betriebes beziehungsweise zukünftige Planung des Betriebsinhabers / der Betriebsinhaberin hat.

- Analysieren Sie die betrieblichen Maßnahmen im Zusammenhang mit Stoff- und Energieströmen einzelner Geoökotope. Bedenken Sie die Faktoren, die zu einer Belastung der Umwelt beitragen können, und die Maßnahmen des Landwirts / der Landwirtin, die Belastungen möglichst gering zu halten. Dazu gehören neben der Fruchtfolge auch Boden erhaltende Maßnahmen, vor allem eine Verringerung der Erosion und Reduzierung der Bodenverdichtung.
- Recherchieren Sie, inwieweit der Betrieb und seine Produktionsausrichtung von den prognostizierten Auswirkungen des Klimawandels in Deutschland (Anstieg der Temperaturen, Zunahme der Niederschläge im Winter, extreme Witterungsabläufe) betroffen sind.

- Stellen Sie die Vermarktung der bäuerlichen Produktion dar.
- Prüfen Sie, ob die Produktion des Landwirts / der Landwirtin in dem Lagerentenmodell (M1, S. 109) untergebracht werden kann. Begründen Sie das positive wie auch das negative Ergebnis.

- Untersuchen Sie, bei ähnlicher Vorgehensweise wie bei den konventionell produzierenden Betrieben, einen ökologisch arbeitenden Betrieb.
- Legen Sie einen Schwerpunkt Ihrer Darstellung auf die charakteristische – nachhaltige – Produktionsweise.
- Zeigen Sie abschließend Gemeinsamkeiten und Unterschiede mit einem konventionellen Betrieb auf und bewerten Sie diese, zum Beispiel vor dem Hintergrund von Gesundheit, Kosten oder Produktivität.

- Nehmen Sie Verbindung zu einem landwirtschaftlichen Betrieb mit Masthühnern in Ihrer Umgebung auf.
- Recherchieren Sie, ob der Betrieb zu einem Produktionsverbund (M4, S. 153) gehört. Stellen Sie seine Position wie auch diejenige der anderen Kompartimente in dem Verbund graphisch dar.
- Ermitteln Sie die Umweltbelastungen des Betriebes. Beziehen Sie sich vor allem auf die Art und Weise der Emissionen und auf die Maßnahmen des Betriebsinhabers / der -inhaberin, die Emissionen möglichst niedrig zu halten und Abfälle nachhaltig zu entsorgen.

Diercke Geographie vor Ort

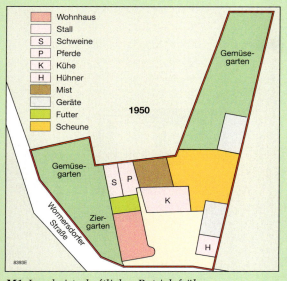

M1 Landwirtschaftlicher Betrieb früher ...

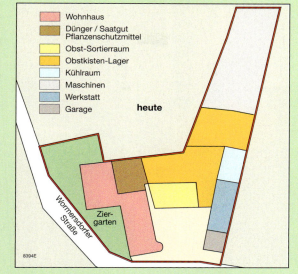

M2 ... und heute

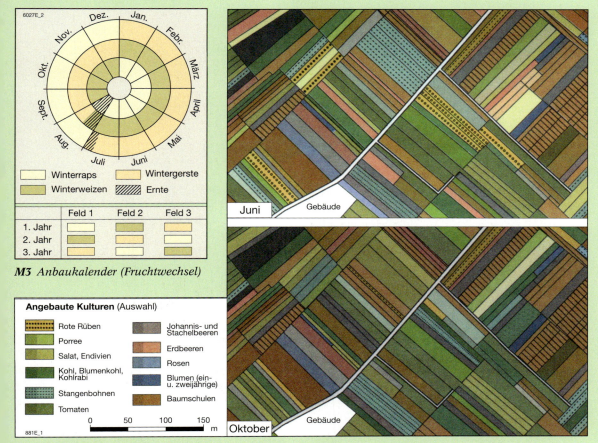

M3 Anbaukalender (Fruchtwechsel)

M4 Sonderkulturen zu unterschiedlichen Jahreszeiten

161

Zeche Zollverein in Essen

3

Wirtschaft

Entwicklung und Konzepte

Die Wirtschaft bestimmt in vielfältiger Weise unser Leben: Sie deckt unseren Bedarf an Gütern und Dienstleistungen, bietet Arbeitsplätze, prägt unseren Lebensraum.
Die drei Wirtschaftssektoren befinden sich in einem ständigen Wandel. Dieser resultiert aus der gesellschaftlichen und damit auch wirtschaftlichen Entwicklung und in heutiger Zeit vor allem aus den Erfordernissen der Globalisierung.
Dieser Wandel macht sich in allen Lebensbereichen bemerkbar, sowohl bei uns in den Industrieländern als auch in den Entwicklungsländern.

3.1 Wirtschaftssektoren - Grundlagen

M1 „... und zum Schluss werfen wir noch einen kurzen Blick auf unsere Produktionsräume."

Seit jeher unternimmt der Mensch Aktivitäten zur Sicherung und Erhaltung seines Lebens und zur Mehrung seines Wohlstands. Die Art und Weise seines wirtschaftlichen Handelns hat sich im Laufe der Geschichte stark gewandelt. Über Jahrhunderte lebten die Menschen von Agrargütern, die sie durch Ackerbau und Viehzucht produzierten. Erst Mitte des 18. Jahrhunderts wurden, beginnend in England, Güter in Manufakturen und bald industriell in größerem Umfang hergestellt. Heute verdienen die meisten Menschen der Industrieländer ihren Lebensunterhalt nicht mehr in der industriellen Produktion – sondern in Dienstleistungsbereichen. Auch der größte Teil der Wertschöpfung wird heute durch Dienstleistungen erzielt.

Gliederung der Wirtschaft

Die Wirtschaft wird seit langem in drei Bereiche, sogenannte Sektoren, unterteilt. Das vereinfacht eine Beschreibung des wirtschaftlichen Wandels. Bei der Klassifizierung werden ähnliche Aktivitäten einem bestimmten Produktionssektor zugeordnet: „Ursprüngliche" Tätigkeiten, die der Rohstoff- und Nahrungsmittelgewinnung dienen, gehören dem **primären Sektor** – der „Urproduktion" – an. Er umschließt den Bergbau sowie Landwirtschaft, Forstwirtschaft und Fischerei. Wirtschaftszweige, die Produkte des primären Sektors weiterverarbeiten, bilden den **sekundären Sektor**. Das Statistische Bundesamt in Deutschland zählt dazu alle Wirtschaftszweige des produzierenden Gewerbes einschließlich des Baugewerbes. Es umfasst Bergbau, Industrie sowie Unternehmen der Energieversorgung und des Handwerks.

Alle Bereiche der Wirtschaft, die keine Rohstoffe oder Sachgüter produzieren oder verarbeiten, sondern Privatpersonen und Unternehmen Dienstleistungen anbieten, gehören zum **tertiären Sektor**. Dazu zählen Beratungen, Dienste, Hilfen und Vermittlungen. Der sehr heterogene Dienstleistungssektor wird manchmal in einen tertiären und quartären Sektor unterteilt (vgl. Kap. 3.5).

Die **Wirtschaftsstruktur** variiert regional, national und international und hat sich im Laufe der Geschichte stark gewandelt. Mit Wirtschaftsstruktur ist die Bedeutung und der Anteil der jeweiligen Sektoren an der Gesamtwirtschaft gemeint. Sie wird von Statistikern durch zwei Größen gemessen: durch die Verteilung der Erwerbstätigen auf die Sektoren und durch die Anteile der jeweiligen Sektoren an der gesamten Wertschöpfung (M2).

Bekanntes Beispiel eines sektoralen Bedeutungswandels – mit weitreichenden Folgen für Politik, Wirtschaft und Gesellschaft – ist die **Industrielle Revolution**. Sie bezeichnet den Übergang der Agrar- und Handwerksgesellschaft zu einer Gesellschaft, deren Ökonomie durch maschinelle und automatisierte Fertigungsprozesse gekennzeichnet ist. Ihr Ursprung liegt in der zweiten Hälfte des 18. Jahrhunderts in England. Im Laufe des 19. Jahrhunderts erfasste die **Industrialisierung** die meisten anderen europäischen Staaten, die USA und Japan. Prozesse mit sektoralen Bedeutungsverschiebungen nennt man **wirtschaftlicher Strukturwandel**.

Sektoren-Theorie

Erstmals beschrieb und erklärte J. Fourastié im Jahr 1954 in der **Sektoren-Theorie** grundlegende langfristige Veränderungen in Wirtschaft und Gesellschaft. Zur Beschreibung des Bedeutungswandels verwendete er die genannte Dreiteilung der Wirtschaftsstruktur. Nach dieser Theorie verlagerten sich die Schwerpunkte der wirtschaftlichen Tätigkeit in allen Gesellschaften zunächst vom primären zum sekundären Sektor und anschließend vom sekundären zum tertiären Sektor. Damit wandelten sich Agrargesellschaften zuerst in Industriegesellschaften und schließlich in Dienstleistungsgesellschaften (vgl. Seite 358f.).

Fourastié erkannte die **Produktivität** pro Arbeitskraft als wichtigen Faktor der wirtschaftlichen Entwicklung. Technischer Fortschritt und Automation führten zu enormen Produktivitätssteigerungen und ersetzten manuelle Arbeit, zuerst in der Landwirtschaft und später in der Industrie. Die dabei frei werdenden Arbeitskräfte wurden vom sekundären bzw. tertiären Sektor aufgenommen. Wachsende Realeinkommen erhöhten die Nachfrage nach Konsumgütern und privaten Dienstleistungen, das Dienstleistungsangebot stieg. Da Dienstleistungen in der Regel „manuell" erbracht werden und nur bedingt automatisiert werden können, erwarteten die Vertreter der klassischen Sektor-Theorie sehr geringe Produktivitätssteigerungen im tertiären Sektor. Nach ihrer Erwartung könnten frei werdende Arbeitskräfte hier Beschäftigung finden.

Inzwischen ist bekannt, dass auch der Dienstleistungssektor nur begrenzt Arbeitskräfte aufnehmen kann und die Bekämpfung der Arbeitslosigkeit in fast allen Entwicklungs- und Industrieländern eine große gesellschaftliche Herausforderung ist. Fortschritte besonders in der **Informationstechnologie** (IT) ermöglichen gewaltige Rationalisierungen im tertiären Sektor, denn Computer ersetzten menschliche Arbeit. Dennoch sind Rationalisierungsmaßnahmen im tertiären Sektor eingeschränkt. Bestimmte Dienstleistungen, zum Beispiel Schulunterricht oder Pflegedienste, lassen sich nicht in dem Maß automatisieren wie Produktionsprozesse der beiden ersten Sektoren. Beispielsweise wurden durch die Massentierhaltung in der Landwirtschaft und die Fließbandfertigung bei der Automobilindustrie enorme Produktivitätsgewinne erzielt.

Wertschöpfung

Die meisten großen und mittelständischen Unternehmen der Industrieländer unterhalten heute eine weltweit vernetzte Produktion und Unternehmensorganisation. Moderne Kommunikationssysteme und günstige Transportkosten ermöglichen es Unternehmen, ihre Produktion an den weltweit kostengünstigsten Standorten durchzuführen. Forschungsintensive Unternehmensbereiche bleiben meist in Industrieländern, die arbeits- und lohnintensive Produktion wird dagegen in Entwicklungsländer ausgelagert (vgl. Kapitel 4.3).

In Industriegesellschaften - besonders bei der industriellen Fließbandproduktion - werden Arbeitsprozesse ausgesprochen arbeitsteilig organisiert. Arbeitsteilung findet auch zunehmend Einzug in Arbeitsbereiche wirtschaftsbezogener Dienstleistungen.

Globaler und nationaler Wettbewerbsdruck veranlassen Unternehmen, ganze Bereiche mit dem Ziel, Kos-

M2 Entwicklung der Beschäftigtenanteile der Wirtschaftssektoren in Deutschland 1882–2005

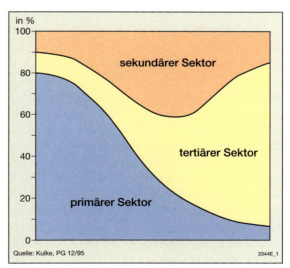

M3 Entwicklung der Beschäftigtenanteile der Wirtschaftssektoren nach Fourastié (1949)

M1 Informeller Sektor: Schuhputzer (Santiago de los Caballeros, Dominikanische Republik)

ten und Risiken zu minimieren, auszulagern. Andere selbstständige oder scheinselbstständige Unternehmen übernehmen dann die ausgelagerten Aufgaben. Betroffen vom sogenannten **Outsourcing** sind Dienstleistungen, wie der IT-Bereich oder Reinigungsdienste (vgl. Kapitel 3.4).

Einige Bereiche großer Wertschöpfung der globalen und nationalen Wirtschaft werden in der Wirtschaftsgeographie und der Wirtschaftswissenschaft selten berücksichtigt. Beispielsweise Werte und Leistungen, wie etwa die der sogenannten Reproduktionsarbeit, zu der die nicht entlohnte Hausarbeit und Kindererziehung gehören. Sie ist jedoch Voraussetzung allen wirtschaftlichen Handelns. Auch die nicht entlohnte Pflege älterer Menschen durch Familienangehörige oder der informelle Sektor sind Wertschöpfungsbereiche, die in keinen für die volkswirtschaftliche Gesamtrechnung relevanten Statistiken erscheinen. Sie werden deshalb weder durch das **Bruttonationaleinkommen (BNE)**, früher Bruttosozialprodukt (BSP) bezeichnet, noch durch das **Bruttoinlandsprodukt (BIP)** ausgedrückt. In Entwicklungsländern sind im sogenannten **informellen Sektor** viele Menschen beschäftigt und erbringen beachtliche Leistungen (vgl. S. 359 f.). Deshalb besitzen wirtschaftliche Ländervergleiche zwischen Entwicklungs- und Industrieländern nur eine begrenzte Aussagekraft. Die Schatten- oder Parallelwirtschaft des informellen Sektors ist ein illegaler bis halblegaler Wirtschaftsbereich und wird meist stillschweigend geduldet – aber amtlich nicht erfasst. In Entwicklungsländern arbeiten dort Subsistenzbauern, Fischer, Straßenverkäufer, Schuhputzer oder Rikschafahrer. In Heimarbeit werden für Subunternehmer großer Unternehmen viele Verbrauchsgüter gefertigt. In Indien liegt die durch den informellen Sektor erwirtschaftete Wertschöpfung bei etwa 50 Prozent des BNE und müsste dem statistisch erfassten BNE zugerechnet werden. In vielen anderen Entwicklungsländern erreicht der informelle Sektor ähnlich hohe Werte. Der Anteil der Schattenwirtschaft an der Wertschöpfung liegt bei Industrieländern zwischen 5 und 25 Prozent des amtlichen BNE – Tendenz steigend.

Neuere Modelle der Wirtschaft

Das „Eisbergmodell" und das „Dritte System" versuchen amtlich nicht erfasste, für das Kapital „unsichtbare" Wirtschaftsbereiche mit einzuschließen.

Das **Eisbergmodell** bildet neben dem durch Geldwerte, wie etwa durch das BIP darstellbaren Teil der Ökonomie der Warenproduktion und den dazugehörigen Dienstleistungen, auch den „Unterwasserteil" (M2) ab. Letzterer unterstützt und subventioniert die sichtbare

„Geldökonomie" in Industrie- und Entwicklungsländern, zum Beispiel durch Reproduktionsarbeit, Subsistenzarbeit von Bauern und anderen Selbstversorgern (vgl. Kapitel 7.4). Wird beispielsweise der informelle Sektor als ein Teil der „Unterwasserökonomie" in die klassische dreiteilige Sektorengliederung mit einbezogen, so kann die Beschäftigtenentwicklung in Entwicklungsländern in einem Kurvendiagramm (M3) dargestellt werden.

Die Mehrzahl der in der Wirtschaftswissenschaft angewandten ökonomischen Theorien gehen davon aus, alle wichtigen gesamtgesellschaftlichen Bedürfnisse würden entweder durch die Privatwirtschaft, das erste System, oder durch die öffentliche Hand, das zweite System, befriedigt. Mittlerweile steigt der Anteil an Menschen, die von beiden nicht mehr genügend versorgt werden oder nicht mehr ausreichend in die gemischte Ökonomie der öffentlichen Versorgung und Privatwirtschaft integriert sind. Mit zunehmender Ausgrenzung aus diesem zweiteiligen Wirtschaftssystem wachsen zwangsläufig Bereiche der Schattenökonomie, in der sich Betroffene bewegen, um ihren Lebensunterhalt zu sichern. Die Terminologie der Europäischen Union bezeichnet diese Schattenökonomie als **Drittes System**, andere Autoren sprechen vom Dritten Sektor oder Nonprofit-Sektor. Er stellt Güter und Dienstleistungen zur Befriedigung unversorgter Bedürfnisse bereit und besteht im Wesentlichen aus drei Bereichen: der Nachbarschafts- und Selbsthilfe, der Familienökonomie und allen Formen der illegalen, aber nicht kriminellen Ökonomie.

Organisationen des dritten Sektors – beispielsweise Tauschringe – werden von Betroffenen selbst auf gemeinschaftlicher Basis organisiert, agieren teils am Markt, aber dann ohne Profitorientierung. In Berlin beispielsweise gibt es mehr als zwanzig Tauschringe, die in der Regel alle sehr ähnlich funktionieren. Dort werden Dienstleistungen und auch Waren gehandelt. Dabei müssen zwei Teilnehmer nicht direkt miteinander tauschen, denn allen steht der gesamte Pool des Tauschrings zur Verfügung. „Bezahlt" wird mit dem Versprechen, die eigenen Fähigkeiten einzubringen. Dienstleistungen, wie etwa Babysitten, Tapezieren, Einkaufen und Behördengänge werden meistens nach der erbrachten Zeit bewertet. Dem Leistungserbringer werden Zeiteinheiten auf ein Konto gutgeschrieben und dem Nutzer abgebucht. Tauschringe funktionieren nur bei einem ausgewogenem Verhältnis von Geben und Nehmen.

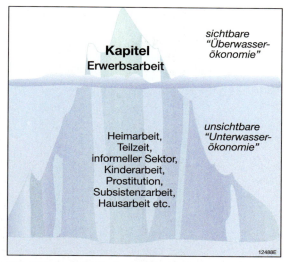

M2 Eisbergmodell der kapitalistischen Wirtschaft (verändert nach Mies)

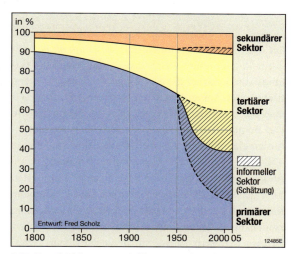

M3 Beschäftigtenentwicklung nach Sektoren in Entwicklungsländern (inklusive informeller Sektor)

1. Erläutern Sie die Bedeutung der Produktivitätssteigerung für die Sektoren-Theorie und den tatsächlichen wirtschaftlichen Strukturwandel.
2. Vergleichen sie das Eisbergmodell und das Modell des Dritten Systems. Nennen Sie Unterschiede und jeweilige Stärken.
3. Stellen Sie die Funktionsweise eines Tauschringes in einem Fließschema dar.

3.2 Primärer Sektor – Energie und Bergbau

M1 Braunkohletagebau Garzweiler I südlich von Jüchen

Ohne den Bergbau gäbe es keine Wohnhäuser, keine Elektrizität, keine Autos und keinen Treibstoff. Wir müssten ohne Computer, Handy und Fahrrad leben. Der Bergbau versorgt die Menschen mit allen lebensnotwendigen **mineralischen Rohstoffen** (M3, Seite 174), deren Fördermengen weltweit groß sind. Beispielsweise werden über achtzig Prozent des globalen Energiebedarfs derzeit durch bergbaulich gewonnene **Brennstoffe** gedeckt. Nachkommende Generationen können nicht mehr auf sie zurückgreifen, denn sie gehen für immer verloren. Derzeit entspricht der globale „Energiehunger" etwa der Menge, die in mehr als 14 Milliarden Tonnen Steinkohle stecken. Die Weltwirtschaft und die Weltbevölkerung scheinen nicht an Rohstoffen „satt" zu werden, denn mit ihrem Wachstum steigt auch der Rohstoff- und Energiebedarf stetig an. In den letzten fünfzehn Jahren hat die Weltrohstoffproduktion etwa um zwölf Prozent zugenommen.

Menschliche Entwicklung benötigt Energie

Global betrachtet benötigt menschliche Entwicklung immer mehr Energie. Weltweit wird Energie jedoch sehr unterschiedlich konsumiert: Pro Jahr verbraucht ein Nordamerikaner durchschnittlich 10 Tonnen **Steinkohleeinheiten (tSKE)**, ein Deutscher etwa sechs und ein Inder dagegen nur etwa eine halbe Tonne. Das Gefälle zwischen der industrialisierten Welt und den Entwicklungsländern war bisher relativ stabil: Afrikas Bewohner verbrauchen nur ein Zehntel der Energie aller Nordamerikaner. Nordamerika und Europa benötigen zusammen mehr Energie als der Rest der Welt. „Energiehungrige" Länder verfolgen andere nationalstaatliche Interessen als die Länder, die über große Energieressourcen verfügen, was immer wieder zu politischen Konflikten führt.

Der globale Energiebedarf wird direkt und indirekt durch die Sonne gedeckt. Alle **fossilen Brennstoffe**, wie Braunkohle, Steinkohle, Erdöl, Erdgas, Ölschiefer, Ölsande und Torf benötigen zu ihrer Entstehung die Strahlungsenergie der Sonne.

Um ihren steigenden Energiebedarf zu decken, entwickelte die Menschheit immer leistungsfähigere Energiegewinnungssysteme. Energieträger mit geringerer Energiedichte wurden durch Energieträger mit höherer Energiedichte substituiert (M2): Brennstoffe wie Holz, Dung und Torf dienten dem Menschen seit jeher als Energiequelle für Licht und Wärme und sind in Entwicklungsländern heute noch gängige Energierohstoffe. Kohle, der „Treibstoff" der Industrialisierung, ermöglichte rationellere Fertigungsprozesse durch die Verfeuerung in Dampfmaschinen. Mit der Entwicklung von Verbrennungsmotoren stieg die Nachfrage an Mineralöl und erhöhte die Mobilität der Wohlstandsgesellschaft. Flüssige und netzgebundene Energieformen ermöglichten die Urbanisierung. Die moderne Informationsgesellschaft und urbane Lebensstile erfordern zunehmend mehr elektrische Energie, die in Kraftwerken durch die Verfeuerung karbonischer Brennstoffe gewonnen wird. Dabei werden die anfallenden Abfallprodukte in der Erdatmosphäre deponiert, eine Entsorgung mit globalen Folgen. Wie groß der Anteil der Kernenergie – mit bisher ungelösten Entsorgungsproblemen – und die Verbrennung nachwachsender Rohstoffe an der globalen Energiegewinnung in Zukunft sein wird, wird unterschiedlich gesehen.

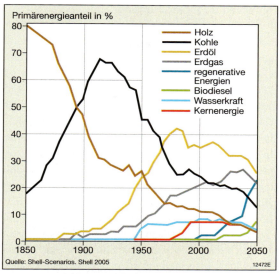

M2 *Entwicklung und Prognose der Anteile verschiedener Energieträger am globalen Primärenergieeinsatz*

Energieformen

In der Natur liegt Energie in unterschiedlichen Formen vor. Die sogenannte **Primärenergie** ist beispielsweise in fossilen Brennstoffen chemisch gespeichert. Im Wasser einer Talsperre ist sie als potenzielle Energie, im Wind als kinetische Energie vorhanden, die Kernenergie existiert als Bindungsenergie der Kernbausteine. Um Primärenergie für konkrete Dienstleistung zu nutzen – beispielsweise zur Straßenbeleuchtung oder zum Musikhören – muss sie mehrmals umgewandelt werden, dabei geht ein großer Teil der Energie zum Beispiel für Transport oder Abwärme „verloren".

In der Energiewandlungskette werden Primär-, Sekundär-, End- und Nutzenergie unterschieden. Die Abbildung M3 zeigt die Energiewandlungskette Deutschlands. Ein Teil der Primärenergie, wie zum Beispiel Erdgas für Heizanlagen, wird direkt zum Endverbraucher weitergeleitet. Der verbleibende Rest wird zu **Sekundärenergie** veredelt. In Kraftwerken wird Strom aus Kohle gewonnen und in Raffinerien Benzin aus Mineralöl. Energie, die der Verbraucher zur gewerblichen Nutzung oder für den privaten Gebrauch erhält, wird **Endenergie** genannt. Erst durch die Umwandlung der Endenergie in **Nutzenergie** steht dem Verbraucher die gewünschte Energiedienstleistung zur Verfügung, etwa als Heizwärme oder Licht.

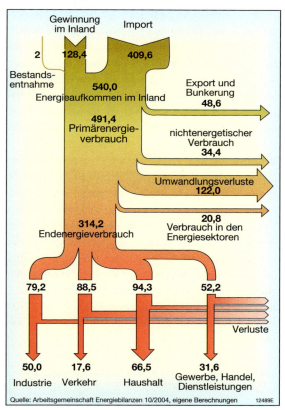

M3 *Energieflussbild für Deutschland 2003 (Angaben in Mio. tSKE)*

Reserven und Ressourcen

Der weltweite Primärenergieeinsatz besteht derzeit zu über 80 Prozent, der deutsche etwa zu 85 Prozent aus den erschöpflichen fossilen Energieträgern Erdöl, Kohle und Erdgas. Für die nächsten Jahrzehnte ist die globale Versorgung mit fossilen Brennstoffen und anderen mineralischen Rohstoffen gesichert, denn es werden mehr Vorräte neu entdeckt als bekannte gefördert (M1). Ob es sich lohnt, entdeckte Vorkommen zu fördern, ist vorrangig eine ökonomische Entscheidung. Bekannte Vorkommen, die durch den heutigen Stand der Technik rentabel abbaubar sind, werden **Reserven** genannt; ist eine gewinnbringende Förderung nicht möglich, spricht man von **Ressourcen**. Die Summe aller Reserven und Ressourcen wird als Gesamtressourcen bezeichnet. Weitere Vorkommen sind Stoffe, die geologisch vermutet werden, bei ihnen sind weder die technologischen noch ökonomischen Bedingungen ihrer Förderbarkeit sicher. Steigt zum Beispiel der Preis für Brennstoffe oder die Förderkosten fallen durch technischen Fortschritt, werden aus Ressourcen Reserven. Bei weiterem technischem Fortschritt können langfristig weitere Vorkommen teilweise zu den Ressourcen gerechnet werden.

In den vergangenen Jahren hat sich zum Beispiel die Technologie zur Gewinnung von Öl aus Ölsanden entscheidend verbessert. Deshalb rückte Kanada in der Rangliste der Länder mit den größten Ölreserven, die auch unkonventionelle Reserven berücksichtigt, nach Saudi-Arabien und dem Irak auf Platz drei. Die Gewinnung von Öl aus den Ölsanden ist meistens teurer als die konventionelle Erdölförderung. In Kanada konnten die Produktionskosten je Barrel Rohöl in den vergangenen zwanzig Jahren auf etwa zehn US-Dollar gesenkt werden, Saudi-Arabien kommt derzeit mit drei bis vier US-Dollar aus. Bei den derzeitigen Ölpreisen von über 50 Dollar je Barrel ist das Geschäft trotzdem hochprofitabel. Angaben über Weltvorräte beziehungsweise Potenziale an regenerierbaren Energieträgern variieren und sind nur schwer abzuschätzen. Nach den gängigen Prognosen werden noch dieses Jahrhundert die Erdöl- und Erdgasreserven erschöpft sein (vgl. M1 Seite 170).

Energiebedarf und Energievorkommen

Aus physikalischer Perspektive müsste sich die Menschheit um die Reichweite der Primärenergieträger nicht sorgen. In einem abgeschlossenen System kann Energie weder erzeugt noch verbraucht werden. Da die Erde dieselbe Energiemenge von der Sonne empfängt, wie sie an den Weltraum abgibt, kann sie als geschlossenes System betrachtet werden (vgl. Kapitel 1.3). Dennoch sind die Reichweiten aller fossilen Energieträger begrenzt. Verantwortlich dafür sind Umwandlungsverluste, die zum Beispiel in Deutschland 58 Prozent der eingesetzten Primärenergie betragen (M3, Seite169).

Energieträger	Primär-energie (EJ)	Anteil (%)	Statische Reichweite der Reserven (Jahre)	Statische Reichweite der Ressourcen (Jahre)	Dynamische Reichweite der Ressourcen (Jahre)
Öl	147	35,2	41	ca. 200	125
Erdgas	91	21,8	64	ca. 400	210
Kohle	94	22,5	251	ca. 700	360
Summe fossile Energieträger	332	79,5			
Wasserkraft	9	2,2	erneuerbar	erneuerbar	erneuerbar
Traditionelle Biomasse	39	9,3	erneuerbar	erneuerbar	erneuerbar
Neue erneuerbare Energieträger	9	2,2	erneuerbar	erneuerbar	erneuerbar
Summe erneuerbare Energieträger	57	13,7			
Kernkraft	29	6,8	55	über 300	
Gesamtsumme	418	100			

Unter statischer Reichweite versteht man den Quotienten aus den derzeit bekannten Reserven bzw. Ressourcen und der heutigen Jahresförderung. Sie beschreibt, wie lange ein Rohstoff bei konstant gehaltenem Verbrauch noch verfügbar wäre. Bei der dynamischen Reichweite wird dagegen der erwartete zeitliche Anstieg der Jahresförderung berücksichtigt.

(Quelle: UNDP 2004)

M1 *Weltweiter Primärenergieeinsatz, aufgeschlüsselt nach Energieträgern mit Angaben zu Reichweiten*

M2 Karikatur

Region	Jährlicher Verbrauch (in Billiarden Btu)			
	1990	2001	2010	2025
Industrieländer	182,8	211,5	236,3	281,4
Osteuropa und ehemalige UdSSR	76,3	53,3	59,0	75,6
Entwicklungsländer	89,3	139,2	175,5	265,9
Asien	52,5	85,0	110,6	173,4
Mittlerer Osten	13,1	20,8	25,0	34,1
Afrika	9,3	12,4	14,6	21,5
Mittel- und Südamerika	14,4	20,9	25,4	36,9
Welt	348,4	403,9	470,8	622,9

Btu = British thermal unit: Energieeinheit
(1 Btu = 252 cal = 1055 J) Quelle: eia

M3 Weltweiter Primärenergieverbrauch

Umwandlungsverluste – meist Wärmeenergie – können durch den **Wirkungsgrad** ausgedrückt werden. Er gibt das Verhältnis von abgegebener zu aufgenommener Energie an. So kann etwa ein Radio mit einem hohen Wirkungsgrad bei konstanter Lautstärke und denselben Batterien länger betrieben werden als ein Radio mit niedrigem Wirkungsgrad. Auch für andere „Energiewandler" können Wirkungsgrade angegeben werden. Zum Beispiel liegt der Wirkungsgrad der in Großkraftwerken eingesetzten Dampfturbinen zwischen 25 und 40 Prozent, bei Wasserturbinen dagegen bei 90 bis 95 Prozent.

Struktur des globalen Primärenergieverbrauchs

Würde jeder Bewohner der Erde so viel Primärenergie wie ein US-Bürger verbrauchen, so wäre der gesamte Energieverbrauch etwa sechsmal so hoch wie heute. Nach konservativen Berechnungen wären dann die Erdölreserven in acht und die Erdgasreserven in zwölf Jahren erschöpft. Demnach ist das Wohlstandskonzept der US-Amerikaner für Menschen, die in Schwellen- und Entwicklungsländern leben, ein ungeeignetes Vorbild. Die Konjunkturentwicklung der großen Industrieländer beeinflusst die Erzeugung und den Verbrauch von Primärenergie stark. Anzahl und Wachstum der Weltbevölkerung beziehungsweise die Wohlstandskonzepte der Menschen in Schwellenländern nehmen einen wachsenden Einfluss auf den Primärenergiekonsum.

Staaten lassen sich nach ihrem Primärenergieverbrauch in Industrie-, Schwellen-, Entwicklungsländer gruppieren, denn die Energienachfrage steigt mit wachsendem BIP und aufsteigenden HDI-Werten (vgl. Kapitel 7.1).

Industrieländer

Innerhalb der **Industrieländer** können zwei Gruppen unterschieden werden. Länder mit dem weltweit höchsten Pro-Kopf-Primärenergieverbrauch wie USA, Kanada und Australien. Sie konsumieren mehr als das Doppelte der zweiten Gruppe, zu der die westeuropäischen Industrieländer und Japan gehören. Im Vergleich zur ersten Gruppe nutzen die Länder der zweiten ihre Energie effizienter und zeigen einen leichten Trend zur Dekarbonisierung, also der Energiegewinnung aus treibhausgasfreien oder -armen Technologien. Mit Ausnahme der Alpenländer und Norwegen nutzen alle Industrieländer vorrangig fossile Primärenergieträger.

Für Industriestaaten ist die Sicherung der Energieversorgung ein wichtiges politisches Anliegen, denn die meisten sind von Energieimporten abhängig. Schätzungen erwarten für die USA in den nächsten zwanzig Jahren eine Zunahme des Erdölverbrauchs von 33 Prozent. Der Zuwachs des Erdgaskonsums wird mit 50 Prozent und der der Elektrizität mit 45 Prozent berechnet.

Die Schere zwischen inländischer Produktion und Nachfrage wird sich weiter öffnen und die **Importabhängigkeit** der USA von Energierohstoffen steigen. Im Vergleich zu den USA ist die Importabhängigkeit des Primärenergiebedarfs der Europäischen Union erheblich höher. Sie wird in den nächsten 20 bis 30 Jahren von derzeit 50 auf 70 Prozent ansteigen und annähernd das heutige Abhängigkeitsniveau Japans erreichen. Dieses liegt bei 80 Prozent. Künftig könnten die Einfuhranteile der Europäischen Union bei Erdgas 70 Prozent, bei Erdöl 90 Prozent und Kohle 100 Prozent betragen.

In der Erdkruste kommen Mineralöl und Erdgas in Lagerstätten regional konzentriert vor. So entsteht ein großer Transportbedarf zwischen den Regionen, in denen Energierohstoffe verkauft und gewonnen werden. Alle Importländer sind deshalb von einer geographischen Zone abhängig, die den Nahen Osten und den kaukasisch-kaspischen Raum umfasst (vgl. Raumbeispiel Seite 176–177). Dort befinden sich mehr als zwei Drittel aller konventionellen Welterdöl- und -erdgasreserven. Genannte Regionen mit großen Erdöl- und Erdgasvorkommen gehören weltweit zu den politisch instabilsten. Sie haben deshalb eine große geopolitische Bedeutung.

Entwicklungsländer und Schwellenländer

Heute besitzen etwa 27 Prozent der Weltbevölkerung keinen Zugang zur Elektrizität, davon leben 99 Prozent in **Entwicklungsländern** und 88 Prozent in ländlichen Regionen.
Zugang zu moderner Energieversorgung ist ein wichtiger Bestandteil der Armutsbekämpfung. In den kommenden Jahrzehnten wird in Entwicklungs- und Schwellenländern das weltweit größte Wachstum im Energieverbrauch pro Kopf erwartet (vgl. M3, Seite171). Unter einer Status-quo-Annahme werden in den nächsten dreißig Jahren über 60 Prozent der Nachfragezunahme nach Primärenergie aus den Entwicklungsländern kommen.

Zukünftige Energiequellen

Das „Solarzeitalter" des vorindustriellen Menschen wurde durch das heutige „Kohlenstoffzeitalter", also das der fossilen Brennstoffe des industriellen Menschen, abgelöst. Sein Ende wird durch das Ende der billigen fossilen Brennstoffe, allen voran des Öls, angekündigt werden. Gleichzeitig werden alternative Energieformen rentabel und an Bedeutung zunehmen. Eine Alternative sind erneuerbare Energien. Deren Bedeutung für die künftige Energieversorgung und ihre Nachhaltigkeit werden sehr unterschiedlich bewertet. Für die globale Energieversorgung werden die derzeit bekannten regenerativen Alternativen zunächst nur eine geringe Rolle spielen, denn die Energieausbeute fossiler Brennstoffe liegt bisher deutlich höher. Noch ungelöst sind Probleme des künftigen Transports und der Speicherung von Energie. Die Abbildung M1 zeigt einen Ausschnitt einiger Alternativen, über die derzeit diskutiert wird.

1. Entwickeln Sie ein Schaubild, das Reserven, Ressourcen und weitere Vorkommen übersichtlich darstellt.
2. Listen Sie Industrieländer mit sehr hohem und hohem Pro-Kopf-Primärenergieverbrauch auf (Atlas). Recherchieren sie im Internet und nennen Sie die Anteile der Energieträger, die die jeweiligen Länder zur Deckung des Primärenergiebedarfs aufweisen.
3. Diskutieren Sie die Energiegewinnung durch fossile Brennstoffe im Hinblick auf ihre Bedeutung für den Treibhauseffekt der Erde (vgl. Kapitel 1.3).
4. Die Kernenergie könnte eine „Brückenfunktion" beim Übergang vom Kohlenstoffzeitalter zum folgenden „alternativen" Zeitalter sein. Erörtern Sie die Problematik.
5. In den nächsten Jahrzehnten können regenerative Energien keinen nennenswerten Beitrag zur globalen Energieversorgung leisten. Dennoch haben sie eine wichtige Bedeutung für die Zukunft der Menschheit. Stellen Sie in diesem Zusammenhang die Bedeutung der Effizienzsteigerung von Energiewandlern und Kraftwerken sowie den Technologietransfer erneuerbarer Energien in Entwicklungs- und Schwellenländern dar.

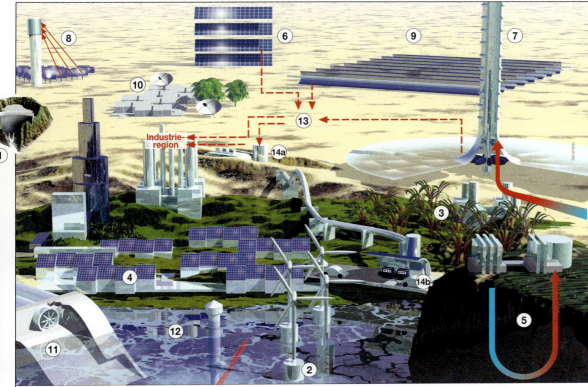

① **Wasser-Kraftwerk:**
Die traditionelle, erneuerbare Energiequelle der Stromerzeugung.

② **Wind-Kraftwerk:**
Windräder an Land und Offshore-Windparks vor den Küsten erzeugen derzeit Windstrom.
Die Erzeugung des Windstroms ist steigend.

③ **Energie-Landwirtschaft:**
Schilf, Raps oder andere Energiepflanzen liefern Treib- und Brennstoffe.

④ **Solar-Architektur:**
Gebäude der Zukunft nutzen die natürliche Sonneneinstrahlung zur Stromerzeugung und Wärmegewinnung. Sommer-Überschüsse werden in Speichern für den Winter angespart.

⑤ **Geothermie-Kraftwerk:**
Die Wärme aus dem Inneren der Erde kann dort angezapft werden, wo warme Grundwasserschichten existieren oder in großer Tiefe heiße Gesteinsschichten angebohrt werden können. Dort wirken innere Rissflächen wie Wärmetauscher. Eingepresstes kaltes Wasser erhitzt sich und wird an anderer Stelle wieder nach oben geleitet („Hot Dry Rock").

⑥ **Photovoltaik-Kraftwerk:**
Direktumwandlung der Sonnenstrahlung in Strom. Großkraftwerke produzieren Elektrizität für Industriezentren und für den Export über weite Strecken. Kleinanlagen decken dezentral den privaten Bedarf.

⑦ **Aufwind-Kraftwerk:**
Die in einem riesigen Treibhaus erwärmte Luft wird über einen Kilometer hohen Kamin nach oben geleitet. Dabei entsteht ein kräftiger Sog, der Strom erzeugende Windturbinen antreibt.

⑧ **Solarturm-Kraftwerk:**
Spiegel fokussieren die Sonnenstrahlung auf einem Turm, wo hohe Temperaturen zur Erzeugung von Strom oder Prozesswärme entstehen.

⑨ **Parabolrinnen-Kraftwerk:**
Die Sonneneinstrahlung wird auf ein Rohrsystem konzentriert, in dem eine Flüssigkeit zirkuliert. Die Hitze erzeugt Wasserdampf zum Antrieb der Turbinen.

⑩ **Solar-Dish-Anlage:**
Schüsselförmiger Sonnenspiegel zur Elektrizitätsversorgung entlegener Gebiete ohne Verbindung mit einem zentralen Stromnetz.

⑪ **Wellen-Kraftwerk:**
Wellen drücken Luft oder Wasser durch Rohre, in denen sich Turbinen zur Stromerzeugung drehen– großes Potenzial für Inselstaaten und Länder mit ausgedehnter Küstenlinie.

⑫ **Meeresströmungs-Kraftwerk:**
Rotoren drehen sich in einer kontinuierlichen oder von Gezeiten hervorgerufenen Meeresströmung („Unterwasser-Windmühlen")

⑬ **Transport:**
Sonnenstrom aus Großkraftwerken oder daraus erzeugter Wasserstoff (H_2) werden über Stromtrassen oder H_2-Pipelines in die Industrieregionen geleitet.

⑭ **Speicher:**
a) **Wasserstoff-Elektrolyse;**
b) **Wasserstoff-Tankstelle**

M1 *Mögliche Bausteine einer nachhaltigen Energiewirtschaft*

3.2 Primärer Sektor – Energie und Bergbau

Bergbau

Jeder Deutsche verbraucht bei derzeitiger Lebenserwartung in seinem Leben etwa 950 Tonnen mineralische Rohstoffe. Das entspricht etwa dem Gewicht von 730 VW-Golf. Etwa 80 Prozent dieser Rohstoffe werden in Deutschland gewonnen, rund 20 Prozent importiert. Fossile Brennstoffe aus Kohle-, Gas- und Öllagerstätten, Metalle aus Erzlagerstätten; Kalk, Salz, Quarz, Sand und Kies aus den Stein- und Erdlagerstätten. Diese Stoffe kommen fein verteilt überall in der äußersten Erdkruste vor (vgl. Kapitel 1.2). Durch geologische Prozesse kommt es in manchen Bereichen zu einer Mineralienanreicherung. Ist die Konzentration eines Rohstoffes hoch genug, um ihn gewinnbringend abzubauen, wird von einer **Lagerstätte** gesprochen. Eisen ist beispielsweise zu fünf Prozent in der Erdkruste verteilt und gilt derzeit als abbauwürdig, wenn ein Eisenerzkörper mindestens 50 Prozent Eisen enthält. Gewonnene und bereits verarbeitete Rohstoffe können nach ihrem Gebrauch durch **Recycling** zu einem anderen oder ähnlichen Produkt verarbeitet werden. Idealerweise versucht man, einmal gewonnene **Primärrohstoffe** möglichst lange in einem **Wirtschaftskreislauf** zu halten, bevor sie schließlich entsorgt werden. Die durch Recycling gewonnenen Rohstoffe werden **Sekundärrohstoffe** genannt (M1).

Mineralische Rohstoffe werden durch den Abbau in Bergwerken gewonnen. Der Bergbau umfasst sechs Funktionsbereiche. Dazu gehören Aufsuchung, Erschließung, Gewinnung, Förderung, Aufbereitung und Vorhaltung nutzbarer Mineralien. Die Rohstoffe werden **übertage** oder **untertage** gewonnen. Direkt an der Oberfläche liegende Rohstoffe werden im offenen Tagebau in Gruben gefördert. Um an die Mineralien zu gelangen, ist es meist kostengünstiger, das darüber liegende Deckgebirge abzutragen, als Schächte und Stollen in das Gebirge zu treiben, um an die Mineralien zu gelangen. Der Abraum des abgetragenen Deckgebirges wird zur Verfüllung der entstandenen Gruben verwendet oder auf Abraumhalden gelagert.

Folgen des Bergbaus

Die Ausbeutung von Rohstoffen greift in das Ökosystem Mensch-Natur ein. Im Lausitzer Revier zum Beispiel werden zur Förderung einer Million Tonnen Braunkohle etwa zehn Hektar Landfläche verbraucht. Im Vorfeld werden Kiefernwälder gerodet, ganze Dörfer umgesiedelt und das Deckgebirge entwässert. Umsiedlungsmaßnahmen verursachen soziale Konflikte. Um die Folgelandschaften für die Landwirtschaft und Erholungszwecke nutzbar zu machen, schreibt der Gesetzgeber in Deutschland umfangreiche Maßnahme zur Rekultivierung und Renaturierung vor.

Im Rheinland werden derzeit jährlich etwa 600 Millionen Kubikmeter Grundwasser gesumpft. Zum Vergleich: Die etwa 260 000 Einwohner Mönchengladbachs verbrauchen jährlich etwa 27 Millionen Kubikmeter Wasser. Im Braunkohlentagebau Hambach reicht die maximale Absenkung des Grundwassers über 500 Meter. Der natürliche Grundwasserhaushalt wird dadurch langfristig stark verändert, Trinkwasserbrunnen fallen trocken und grundwasserabhängige Feuchtgebiete wer-

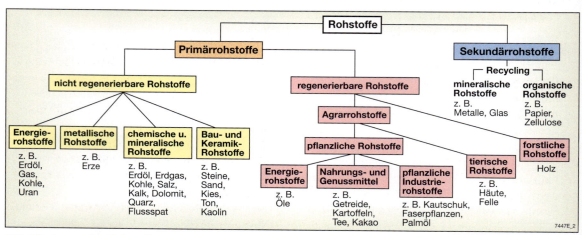

M1 Gliederung der Rohstoffe

M2 Braunkohletagebau Garzweiler II *(vgl. Seite 308f.)*

den irreversibel geschädigt. Diesen Problemen begegnet man mit künstlichen Grundwasseranreicherungen. Im Rheinischen Revier „Garzweiler II" soll beispielsweise über Jahrhunderte hinweg ein unter europäischem Naturschutz stehendes Ökosystem, große natürlich gewachsene Erlenbuchenwälder, mit Wasser versorgt werden.

Durch Abtragung von Deckschichten im Tagebau treten sulfidreiche, also versauerungsempfindliche Sedimente an die Oberfläche. Durch den Sauerstoff der Niederschläge und des Grundwassers, der nach dem Tagebauende wieder steigt, bilden sich Säuren. Abpufferungsmaßnahmen sollen die Versauerung von Restseen und dem Grundwasser verhindern.

Der Abbau untertage kann Bewegungen des Deckgebirges über der Abbaustelle hervorrufen und Bergschäden verursachen. Bei gleichmäßigem Abbau eines größeren Gebietes senkt sich das Deckgebirge meist gleichmäßig. Im Ruhrgebiet sind durch den Steinkohleabbau **Bergsenkungen** bis zu 25 Meter aufgetreten. Manche Oberflächengewässer erreichen deshalb ihre Vorfluter nicht mehr, die betroffenen Gebiete müssen nun ständig von Pumpwerken entwässert werden. Bergschäden, die durch abruptes Einbrechen von Hohlräumen nahe der Oberfläche entstehen, verursachen in Siedlungsgebieten hohe Kosten. Zum Schutz von Gebäuden werden Hohlräume mit Beton verfüllt und teilweise Häuser durch aufwendige Baumaßnahmen stabilisiert.

Dadurch entstehen soziale Konflikte. Zudem ist die umliegende Vegetation durch die Grundwasserabsenkung beeinträchtigt.

1. Fragen der Umweltauswirkung bergbaulicher Aktivitäten werden heute in vielen Industrieländern ähnlich intensiv diskutiert wie die Frage des Preises und der Verfügbarkeit. Begründen Sie!

2. Nennen Sie direkt in Ihrem Heimatraum bergbaulich gewonnene Rohstoffe. Erkundigen Sie sich über die dortigen Rekultivierungsmaßnahmen.

3. Beschreiben Sie den Landschaftswandel im rheinischen Braunkohlerevier und die daraus resultierenden Folgen (Atlas).

4. Nennen Sie Rekultivierungs- und Renaturierungsmaßnahmen des deutschen Braunkohlebergbaus. Recherchieren Sie dazu im Internet.

3.2 Primärer Sektor – Energie und Bergbau

Raumbeispiel: Naher Osten und kaukasisch-kaspischer Raum

Im Nahen Osten und im kaukasisch-kaspischen Raum befinden sich die bedeutendsten Erdöl- und Gasreserven der Erde. Dort lagern etwa 70 Prozent der Welterdölreserven und 40 Prozent der Welterdgasreserven. Davon verfügt die Arabische Halbinsel über die mächtigsten Reserven. Der gesamte Raum ist wichtiger Kreuzungspunkt der Transportrouten von Erdöl- und Erdgas. Aufgrund seiner geographischen Lage besitzt er eine strategische Bedeutung und ist im Fokus machtpolitischer Interessen vieler Staaten. So bildet er eine empfindliche Schnittstelle zwischen amerikanischer, russischer und chinesischer Sicherheits- und Energiepolitik und beinhaltet ein erhebliches Potenzial für zwischenstaatliche Konflikte.

M1 Die Interessen der USA

„Unsere Lebensweise setzt täglich zehn Millionen Barrel Erdöl voraus, davon muss die Hälfte importiert werden. Wir gleichen einem Erdöldialyse-Patienten. Es geht um Leben und Tod" (The Guardian, 23.1.2003). Mit dieser Beurteilung beschreibt ein amerikanischer Energieexperte die prekäre Erdöl-Exportabhängigkeit der USA. In ihrem Energieprogramm erwartet die US-Regierung bis zum Jahr 2020 einen Anstieg der nationalen Erdölnachfrage auf etwa 16,7 Millionen Barrel pro Tag. Die USA sind auch künftig abhängig von einem stabilen Energiemarkt und der Notwendigkeit einer Außenpolitik, die ihre Erdölversorgung sicherstellt. Schon zu Zeiten des Kalten Krieges hatten die USA das Anliegen einer sicheren Erdölversorgung. Die „Carter-Doktrin" dokumentiert diese Geopolitik: „Der Versuch einer auswärtigen Macht, die Kontrolle des Persischen Golfes zu übernehmen, würde als Angriff auf die vitalen Interessen der USA betrachtet und mit allen Mitteln einschließlich militärischer Gewalt zurückgewiesen werden."

(Quelle: „State of the Union"-Rede am 23.1.1980).

M2 Die Interessen der OPEC

Die nationalen Interessen Erdöl exportierender Länder stehen den amerikanischen entgegen. Zwischen 1960 und 1971 schlossen sich elf Erdöl exportierende Schwellenländer aus dem Nahen Osten, Nordafrika, Venezuela und Indonesien zu einer mächtigen Allianz, der Organisation Erdöl exportierender Länder (Orga-

nization of the Petroleum Exporting Countries, kurz OPEC), zusammen. Offizielles Ziel war und ist eine gemeinsame Ölpolitik, die der Sicherung des Ölmarktes und Stabilisierung der Weltmarktpreise dienen soll. Die OPEC-Erdölproduktion wird durch Förderquoten für die einzelnen OPEC-Mitglieder geregelt. So kann durch eine künstliche Verknappung oder eine Steigerung der Erdölförderungen der Erölpreis angehoben, stabilisiert oder gedrückt werden. Damit ist die OPEC praktisch ein Preiskartell. In den Jahren 1973 und 1979 löste die OPEC globale Ölkrisen aus, als sie die Fördermengen drastisch drosselte. Diese Erfahrung veranlassten die USA, ihre Abhängigkeit von Ölimporten aus dem instabilen Nahen Osten und den OPEC-Mitgliedern zu reduzieren. Inzwischen verfolgt die US-Energiepolitik das Ziel der räumlich diversifizierten Rohstoffquellen und Transportrouten. Beispielsweise exportieren die Amerikaner seit den 1990er-Jahren Erdöl aus Afrika. Mittel- und langfristig könnte neben Afrika der kaukasisch-kaspische Raum eine Ergänzung der US-amerikanischen Ölimporte aus dem Persischen Golf darstellen.

M3 Nach Ende des Kalten Krieges

Mit dem Ende des Kalten Krieges, dem Zusammenbruch der Sowjetunion und der Unabhängigkeit der kaukasischen und zentralasiatischen Republiken änderten sich die weltpolitischen Konstellationen. Aus sicherheitspolitischen Gründen versuchten die neuen GUS-Staaten, den Einfluss der regionalen Vormacht Russlands zu verringern. Die USA unterstützen seitdem Länder des kaukasisch-kaspischen Raums mit Wirtschafts- und Militärhilfen. Nach dem 11. September 2001 bauten sie dort – im Rahmen der „Allianz gegen den Terror" – eigene Militärstützpunkte auf. Beispielsweise investierten ausländische Ölkonzerne in Aserbaidschan in nur drei Jahren über sechs Milliarden US-Dollar in technische Infrastruktur, die der Erdölgewinnung dient.

1. Das Kaspische Meer ist ein Binnenmeer. Beschreiben Sie die fünf existierenden, geplanten bzw. möglichen Transportrouten, die es mit anderen Meeren verbindet bzw. verbinden könnte.

2. Charakterisieren Sie die US-amerikanische Energiepolitik.

M1 Der Nahe Osten und der kaukasisch-kaspische Raum

3.3 Sekundärer Sektor - traditionelle Standorte

Industrie - Formen und Branchen

Unter **Industrie** (lateinisch industria = Fleiß) wird die arbeitsteilige Produktion großer Mengen von Gütern mit Maschinen verstanden. Der Grad der Spezialisierung, der Mechanisierung und der Automatisierung ist im Vergleich zum Handwerk hoch. Neben bekannten Ausprägungen wie der Stahlproduktion, weitgehend automatisierter Automobilherstellung oder hoch technisierter Chipproduktion existieren in Entwicklungsländern auch einfachere Formen von Industrie.

So gibt es in Niedriglohnländern arbeitsintensive Industrien wie die Textil- und Bekleidungsindustrie, die auf den Einsatz von Technik fast völlig verzichten. Eine andere Ausprägung ist die **cottage industry**. Dabei handelt es sich um kleine Familienbetriebe in Wohngebieten, in denen meist Familienmitglieder arbeiten. Produziert werden zum Beispiel in Indien Juteerzeugnisse, Gummistempel oder Waschpulver. Auch Motorradwerkstätten, Fotokopiershops oder chemische Reinigungen gelten als cottage industry.

Die der cottage industry ähnliche **Hinterhofindustrie**, kleine Produktionsbetriebe in den Hinterhöfen von städtischen Wohnblocks, war früher typisch für gründerzeitliche Viertel mitteleuropäischer Großstädte.

Die Industrie wird im amtlichen Sprachgebrauch dem verarbeitenden (produzierenden) Gewerbe zugerechnet, statistisch nach Branchen und in mehrere Teilbereiche gliedert. Dazu gehören zum Beispiel:

- Bergbau, Gewinnung von Steinen und Erden (z.B. Kohle- und Salzbergbau, Kies- und Natursteinabbau),
- verarbeitendes (produzierendes) Gewerbe:
  - Vorleistungsgüter (z.B. Autozulieferer, chemische Grundstoffe),
  - Investitionsgüter (z.B. Maschinenbau, Anlagenbau),
  - Konsumgüter: Güter zum unmittelbaren Verbrauch (Verbrauchsgüter, z.B. Nahrungsmittel) oder zum längerfristigen Gebrauch (Gebrauchsgüter, z.B. Fernseher, Fahrräder),
- Energieversorgung,
- Baugewerbe,
- produzierendes Handwerk.

In allen Teilbereichen gibt es arbeits- und kapitalintensive Produktionsformen. **Arbeitsintensive Produktion** liegt vor, wenn wie in der Textilindustrie der Einsatz von Handarbeit (Arbeitskräfte) und damit die Lohnkosten dominieren. Bei der **kapitalintensiven Industrie** tritt der Anteil der Löhne hinter dem des eingesetzten Kapitals zurück. Gute Beispiele hierfür sind die chemische oder die mineralölverarbeitende Industrie, wo einem Arbeitsplatz nicht selten eine Investition von mehreren Hunderttausend Euro gegenübersteht.

Branche	Beschäftigte
Vorleistungsgüterproduzenten	2 212 445
Investitionsgüterproduzenten	2 342 775
Gebrauchsgüterproduzenten	244 160
Verbrauchsgüterproduzenten	1 070 989
Bergbau / Gewinnung v. Steinen & Erden	**82 326**
Kohlenbergbau, Torfgewinnung	52 899
Gewinnung von Erdöl/Erdgas	5176
Gewinnung von Steinen & Erden, sonstiger Bergbau	24 251
Verarbeitendes Gewerbe	**5 866 110**
Ernährungsgewerbe	532 590
Tabakverarbeitung	10 915
Textilgewerbe	82 103
Bekleidungsgewerbe	41 140
Ledergewerbe	19 779
Holzgewerbe (ohne Möbelherstellung)	84 785
Papiergewerbe	134 960
Verlagswesen, Druckgewerbe	236 184
Kokerei, Mineralölverarbeitung	19 992
Chemische Industrie	439 025
Herstellung v. Gummi- / Kunststoffwaren	350 941
Glasgewerbe, Keramik, Verarbeitung von Steinen und Erden	192 300
Metallerzeugung und -bearbeitung	249 427
Herstellung von Metallerzeugnissen	579 379
Maschinenbau	960 716
Herstellung von Büromaschinen, Datenverarbeitungsgeräten und -einrichtungen	26 345
Herstellung von Geräten zur Elektrizitätserzeugung, -verteilung u.ä.	410 760
Rundfunk-, Fernseh-, Nachrichtentechnik	150 169
Medizin-, Mess-, Steuer- und Regelungstechnik, Optik	241 898
Herstellung von Kraftwagen und -teilen	781 694
sonstiger Fahrzeugbau	142 097
Herstellung von Möbeln, Schmuck, Spielwaren und sonstigen Erzeugnissen	167 076
Recycling	11 835

Quelle: Statistisches Bundesamt, Stand: 20.11.2006

M1 Beschäftigte nach Branchen in Deutschland 2006

M2 Cottage Industry in Kurseong Town im Darjeeling District (Indien)

Vorläufer der Industrie

Vor der Massenfertigung im Industriezeitalter (beginnend gegen Ende des 18. Jahrhunderts) wurden Güter meist einzeln durch Handwerk, Haus- und Waldgewerbe angefertigt. Kennzeichnend für das Handwerk war die Gliederung in Zünfte und die Herstellung von Einzelstücken in Handarbeit. Im Hausgewerbe der vorindustriellen Zeit wurden im heimischen Bereich Güter produziert, zum Beispiel Waren aus Holz, wie die bekannten Schwarzwälder Kuckucksuhren, oder auch aus Flachs, zum Beispiel Leinen.

Eisenschmelzen, Hammerwerke, Kohlenmeiler, Glashütten oder die Pottaschesiedereien gehörten zum Waldgewerbe, das meist in den bewaldeten Mittelgebirgen angesiedelt war. Die Standorte waren abhängig von bestimmten **Standortfaktoren**: der Nähe zu Rohstoffvorkommen (z.B. Erze, Quarzsand, Holz) und der Verfügbarkeit von Energie (Wasserkraft, Holzkohle). Direkter Vorgänger der Industrie war die **Manufaktur**. Die Produktion war dabei gekennzeichnet durch eine Verbindung aus handwerklichem Können und ersten Schritten zur arbeitsteiligen Fertigung kleinerer Serien. Als Beispiel sei auf die teilweise heute noch bestehenden Porzellanmanufakturen, wie zum Beispiel in Meißen, verwiesen. Diese entstanden meist im merkantilistischen Sinne am Standort der Tonvorkommen durch landesherrliche Initiative.

Die Güterproduktion im **Verlagssystem** zeichnete sich dadurch aus, dass ein Verleger Aufträge an abhängige Heimarbeiter zur Güterherstellung vergab und dann Rohstoffe und Werkzeuge (z.B. Webstühle) zur Verfügung stellte. Eine Fortentwicklung dieser Produktionsweise stellt die Heimindustrie dar.

M3 Kleidermanufaktur Anfang des 19. Jahrhunderts

Die räumliche Verteilung – abhängig von Standortfaktoren

Die Industrialisierung begann gegen Ende des 18. zum 19. Jahrhundert in Großbritannien, dem Mutterland der Industrie. Nach und nach setzte sie in weiteren europäischen Ländern (Belgien, Frankreich, Deutschland) ein. Voraussetzung dafür war die Dampfmaschine, die die bisherigen Energien ersetzte, vor allem die Wasserkraft, aber auch Windkraft oder menschliche Arbeitskraft. Mit der nun überall einsetzbaren Maschine wurde die Produktion unabhängiger vom Standort, da sie nicht mehr an energetische Naturgegebenheiten, wie zum Beispiel an einen Flusslauf, gebunden war. Trotzdem behielten zunächst die herkömmlichen Standortfaktoren wie Rohstoffe und Energie große Bedeutung bei der Entscheidung über den Standort neuer Industrieanlagen.

Die räumliche Verteilung einiger Branchen spiegelt bis heute die Bedeutung dieser **Standortfaktoren**. Die Standorte der Metallindustrie fallen zum Beispiel häufig mit (heute nicht mehr genutzten) Rohstoff-, das heißt Kohlevorkommen, zusammen. Das wird sowohl in Mitteleuropa deutlich (zum Beispiel Ruhrgebiet, Saarrevier, Mittelengland, Oberschlesien) als auch in den USA (Gebiet um Pittsburgh) und in Russland (Donezbecken). Zur Zeit der Entstehung dieser Industriereviere war eine rentable Eisen- und Stahlproduktion aus Transportgründen nur nahe der Rohstoffvorkommen sinnvoll.

Die Standorttheorie von Weber

Der Volkswirtschaftler Alfred Weber hat den Stellenwert der zur Zeit der Industrialisierung wichtigsten Standortfaktoren in dem Buch „Reine Theorie des Standorts" (1909) beschrieben. In seinen Überlegungen zu den Standorten der Industrie ging er von den traditionellen Standortfaktoren aus: **Rohstoffvorkommen** am Materialort, **Arbeitskräfteangebot** am Produktionsort und **Absatzmarkt** am Konsumort. Da Rohstoffe, Endprodukte und Konsumenten nur in den seltensten Fällen an einem Ort gemeinsam auftreten, spielen die **Transportkosten** bei seinen Überlegungen eine zentrale Rolle. Weber berücksichtigte auch, dass es unterschiedliche Materialen gibt: Ubiquitäten, die überall vorkommen (zum Beispiel Holz in waldreichen Ländern), haben keinen Einfluss auf die Transportkosten. Gewichtsverlustmaterialien, die bei der Verarbeitung Gewicht oder Volumen einbüßen, bedingen einen Produktionsstandort nahe des Rohstoffs, da nach der Verarbeitung weniger Gewicht oder Volumen zu transportieren ist. Die Reinmaterialien behalten während der Bearbeitung ihr Gewicht, erzeugen also an jedem Produktionsstandort zwischen Rohstoffquelle und Abnehmer die gleichen Transportkosten.

Durch die Anhäufung von Betrieben oder Abnehmern entstehen **Agglomerationsvorteile**. Sie stellen sich bei gemeinsamem Bezug von Rohstoffen, gemeinsamer Auslieferung oder einem großen Angebot qualifizierter Arbeitskräfte ein. Aus diesen und weiteren Parametern, wie zum Beispiel den Arbeitskosten, ergibt sich ein Standort zwischen Rohstoffvorkommen und Konsumenten, an dem die geringsten Transportkosten anfallen, der **Transportkostenminimalpunkt**. Dieser Ort ist nach Webers Theorie der günstigste Standort für die Produktion.

Die Standortfaktoren haben also eine entscheidende Bedeutung für die Wirtschaftlichkeit eines Betriebes. Besonders zu Beginn der Industrialisierung, in der die Industrie weitgehend auf Kapital für Rohstoffe und auf billigen Arbeitskräften basierte und es noch keine leistungsfähigen Transportmittel gab, waren Webers Überlegungen von Bedeutung.

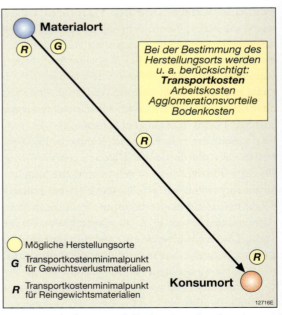

M1 Vereinfachtes Modell der Standorttheorie von Alfred Weber

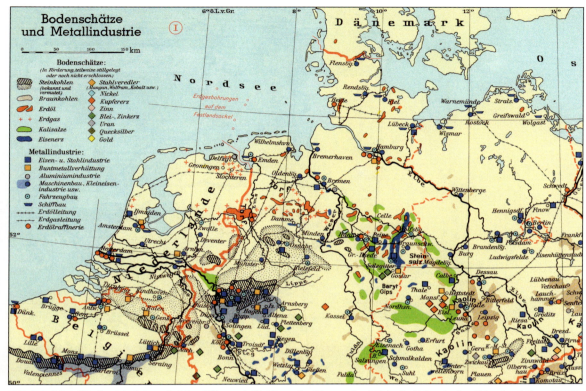

M2 Die Metallindustrie ist ungleichmäßig verteilt (Ausschnitt aus der Wirtschaftskarte des Diercke-Atlas, 1966).

Räume im Wandel – Beispiel Montanreviere

Jahrzehntelang spielte in vielen Industrieländern die **Montanindustrie**, zu der zunächst nur der Bergbau (lat. mons = Berg), später auch die Eisen schaffende Industrie gehörte, eine tragende Rolle. Ihre Standorte wiesen meist eine **Monostruktur** auf. Das heißt, sie basierten überwiegend auf der Grundlage eines Industriezweiges: dem Kohle- und Erzbergbau und den entsprechenden Folgeindustrien wie Kokereien, Eisenhütten, Stahlwerken, Metallverarbeitung und Maschinenbau.

Um kostengünstig zu produzieren, bemühte man sich um die räumliche Zusammenlegung einzelner Produktionsstufen. In der Schwerindustrie gilt die sogenannte „Arbeit in einer Hitze" als kostensparend: Wenn Eisenhütte, Stahlwerk und Walzwerk eng zusammenliegen, kann das Roheisen vom Hochofen noch glutflüssig zum Stahlwerk kommen und der Stahl von dort ohne starke Abkühlung im Walzwerk weiterverarbeitet werden. Ein solcher Produktionsverbund, das heißt ein technisch bedingter Zusammenschluss von mehreren Werken, versucht Vorteile durch gemeinsame Nutzung

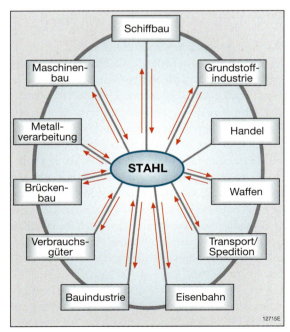

M3 Verflechtungen der Stahlindustrie

181

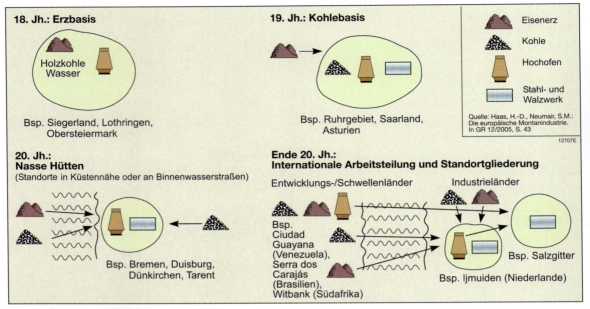

M1 Wandel bei den Standorten der Eisen- und Stahlindustrie

von Ressourcen zu erreichen oder Nachteile, wie zum Beispiel mehrfaches energieaufwendiges Erhitzen, zu vermeiden. Die **Verbundwirtschaft** ist auch für die chemische Industrie typisch, wo über Rohrleitungen permanent eine gegenseitige Belieferung mit Vorprodukten erfolgt.

Die großen durch Bergbau und Industrie geprägten Räume, die **Industrigreviere**, entstanden bereits in der Frühzeit der Industrialisierung Ende des 18. Jahrhunderts. Nach einer Blütezeit kam es jedoch an diesen Standorten zu einer Veränderung der bisherigen Gunstfaktoren: Die monopolartige Stellung der Steinkohle als Energieträger wurde durch das Erdöl erschüttert, neue Produktionstechniken beeinflussten den Rohstoff- und Energieeinsatz. Des Weiteren begünstigten Innovationen im Transport neue Standorte, veränderte Grenzsituationen wirkten sich aus, wirtschaftspolitische Maßnahmen wie Sonderaufträge, Investitionshilfen begannen zu wirken, der unterschiedliche Arbeitsmarkt, das unterschiedliche Lohnniveau machten sich bemerkbar.

Besonders in der Montanindustrie wurde dies deutlich. Zunächst erwuchs der Steinkohle ein Konkurrent mit dem Erdöl, einem insbesondere für die privaten Verbraucher billigeren und bequemeren Energieträger.

Zudem verschlechterten zum Beispiel in Deutschland erschwerte Abbaubedingungen der Steinkohle ihre Konkurrenzfähigkeit gegenüber sehr viel billigerer, oft im Tagebau geförderter Importkohle. Auch nahm der Kohleverbrauch der Hüttenindustrie, der Eisenbahn, der Kraftwerke und der privaten Haushalte stark ab. So führten unterschiedliche Gründe schließlich ab 1957 zur **Kohlekrise**. Das bedeutete Absatzschwierigkeiten und Kohlehalden, Abbau von Förderanlagen und eine drastische Verringerung der Beschäftigtenzahl bei gleichzeitiger Erhöhung der Förderkapazität durch höhere Schichtleistung mit modernerer Technik.

Auch die Stahlindustrie hatte mit einer veränderten Situation zu kämpfen. Die Entwicklung neuer Werkstoffe, wie zum Beispiel Kunststoff oder Aluminium, beeinträchtigte den Absatz. Ältere Werke, die teilweise technisch nicht mehr auf dem neuesten Stand waren und deren Standort sich durch Abseitslage zusätzlich verschlechtert hatte, konnten kaum noch kostengünstig produzieren und bekamen Absatzschwierigkeiten. Erschwerend war zusätzlich, dass ehemalige Abnehmer wie Schwellenländer oder der Ostblock mittlerweile selbst Stahl herstellten. Das führte zu Überproduktion auf dem Weltmarkt, zu einem Subventionswettbewerb in Europa und somit zu Preisdruck und Preisverfall. So kam es ab 1974 zu einer **Stahlkrise**, die sich in Produktionsrückgang, in Werksschließungen in den alten Revieren, im Abbau von Arbeitsplätzen und in Kurzarbeit spiegelte. Alle großen, traditionellen Stahlländer wie USA, Japan, Großbritannien oder Deutschland waren davon betroffen (vgl. auch Kapitel 9.4).

Aus dieser Krise der Schwerindustrie entwickelte sich allmählich in den Altindustrieländern eine anhaltende **Strukturkrise**, die Umstrukturierungsmaßnahmen in der Produktion und der Betriebsführung nach sich zog. In den Montanrevieren kam es zu einem **Strukturwandel**, also zu einer Änderung der bisherigen Industrie- und Betriebsausrichtung.

Dieser Wandel brachte neben den direkten Auswirkungen auf die Industriebetriebe finanzielle Verluste für die Industrieregionen mit sich und bewirkte Abwanderungen aus den betroffenen Räumen. Letztendlich gab die Krise aber auch Anstöße zu Innovationen und eröffnete neue Chancen.

Denn in den betroffenen Räumen gab es jetzt nicht nur zahlreiche freie Flächen und Immobilien, die **Industriebrachen**, hier konzentrierte sich auch eine hohe Anzahl qualifizierter Arbeitskräfte. Von den Kommunen wurden zudem große Anstrengungen zu einer **Diversifizierung** in den bislang monostrukturierten Räumen unternommen. Das heißt, neue Industriezweige wurden angesiedelt und neue Erwerbsmöglichkeiten geschaffen – in Branchen außerhalb der Montanindustrie. So förderte man die Ansiedlung von Dienstleistungsbetrieben, von Forschungs- und Entwicklungseinrichtungen, von Gewerbeparks mit hoch diversifizierter Branchenstruktur, von Einkaufszentren (z.B. CentrO Oberhausen, Factory Outlet Maasmechelen in Belgien) oder Freizeit- und Sportanlagen (z.B. Alpincenter Bottrop).

Mancherorts blieben alte Industrieeinrichtungen auch als Industriedenkmäler erhalten und sind heute Attraktionen für den Fremdenverkehr, wie die alte Völklinger Hütte im Saarrevier, die Kokerei Hansa in Dortmund oder die Duisburger Hochöfen im Landschaftspark Duisburg-Nord. Durch den notwendigen Strukturwandel entwickelten sich Altindustrieviere zu Dienstleistungsregionen. Inzwischen jedoch dominiert in allen Wirtschaftsbereichen die EDV und die Entwicklung der Industriegesellschaft zur Informationsgesellschaft ist allerorts in vollem Gange.

Die Veränderungen führten besonders in monostrukturierten Industrieräumen zum Verlust ganzer Branchen und zur zumindest teilweisen **Deindustrialisierung**,

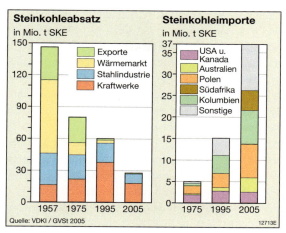

M2 Absatz deutscher Steinkohle / Steinkohleimporte

	1980		2004	
1.	Sowjetunion	147,90	VR China	271,17
2.	Japan	111,41	Japan	112,72
3.	USA	100,80	USA	98,52
4.	BR Deutschland	43,81	Russland	65,58
5.	VR China	37,12	Rep. Korea	47,52
6.	Italien	26,52	Deutschland	46,37
7.	Frankreich	23,68	Ukraine	38,74
8.	Polen	19,49	Brasilien	32,91
9.	Kanada	15,89	Indien	32,63
10.	Brasilien	15,31	Italien	28,42

Quelle: Fischer Weltalmanach, verschiedene Jahrgänge

M3 Die zehn größten Stahl erzeugenden Länder (Angaben in Millionen Tonnen)

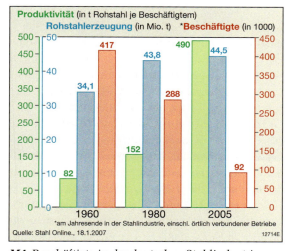

M4 Beschäftigte in der deutschen Stahlindustrie

da mit der Schwerindustrie auch die Zulieferer aufgeben mussten. Es kam in der Folge unter anderem zu Standortspaltungen und Verlagerungen von Betrieben an günstigere Standorte. So entstanden zum Beispiel „**nasse Hütten**" als neue Standorte der Erzverhüttung in den großen Häfen, wo die Rohstoffe, insbesondere Kohle und Erz, kostengünstig antransportiert werden können (vgl. M1, Seite 182).

Auch wurde versucht, durch **Fusionen** die Wettbewerbsfähigkeit von Standorten und Unternehmen zu sichern. Dazu diente auch die **Spezialisierung** auf die Herstellung von Spezial- und Edelstählen, wofür die deutsche Hightech-Stahlindustrie heute international bekannt ist.

So wurde Duisburg mit seinem Binnenhafen einer der größten und modernsten Stahlstandorte der Welt. Innerbetriebliche Maßnahmen zur Produktivitätssteigerung (vgl. Kap. 3.4) und die ansteigende Nachfrage nach Qualitätsstahl auf dem heimischen und dem Weltmarkt sichern die verbleibenden Werke. Auch in Zukunft werden angesichts sich verändernder globaler Herausforderungen Anpassungen und Innovationen in der Rohstahlerzeugung notwendig sein.

Mit der Umstrukturierung in den Industrierevieren ging eine entscheidende Verbesserung der Umwelt einher. Früher, als das Motto „Die Schlote müssen rauchen" als Zeichen für Prosperität stand, wurde dem Umweltschutz keine Bedeutung zugemessen. Die Räume der Altindustrie litten unter den Emissionen der Industriewerke und galten als hässlich, laut und schmutzig. Heute stehen diese Altindustrieräume in Deutschland für gelungenen Umweltschutz und Flächensanierung.

Branchen im Wandel – Beispiel Textilindustrie

Die Herstellung von Textilien aus Naturfasern wird seit Jahrtausenden betrieben. Das anfängliche Flechten wurde mit der Erfindung von Spindel, Spinnrad und Webstuhl durch das Spinnen von Garnen und das Weben von Stoffen ersetzt. Insbesondere der Webstuhl eröffnete in der Heimarbeit ein bescheidenes Auskommen.

Am Beispiel der Schwäbischen Alb wird dies deutlich: Die Textilerzeugung begann hier mit der handwerklichen Verarbeitung des lokal angebauten Flachses zu Leinen. Standortfaktoren waren also zunächst einheimische Rohstoffe und Arbeitskräfte, die in den Realteilungsgebieten in großer Zahl vorhanden waren. Der maschinelle Antrieb von Spindeln und Webstühlen setzte mit der Nutzung von Wasser- und bald darauf auch Dampfkraft ein. Später wurde auch importierte Baumwolle verarbeitet. In den räumlichen Schwerpunkten der Weberei entstand ein gut entwickeltes Verlagswesen.

Aus diesen vorindustriellen Produktionsformen entwickelte sich die Textilindustrie der Schwäbischen Alb, besonders die Trikotagenindustrie. In enger Verbindung damit entstanden feinmechanische Industrien, die zum Beispiel Maschinen oder Nadeln für die Textilverarbeitung produzierten. Das Know-how der hier tätigen Facharbeiter begünstigte den Standort zusätzlich, weitere Industriezweige wie die Fabrikation von Präzisionswaagen (zum Beispiel Bizerba), Werkzeugen (zum Beispiel WMF) und Elektrogeräten (zum Beispiel Bosch) blühten auf.

Da in der feinmechanischen und Metall verarbeitenden Industrie höhere Löhne bezahlt wurden, versuchten die Textilbetriebe, der Abwanderung von Arbeitskräften durch höhere Löhne zu begegnen. Darunter litt ihre Konkurrenzfähigkeit, zunächst im Vergleich zu Standorten mit Niedriglohnproduktion und erst recht im Vergleich zu den textilen Billigimporten.

M1 Der Bau und der Export von Maschinen für die Textilindustrie bringt dem deutschen Maschinen- und Anlagenbau gute Umsätze. In der deutschen Textilindustrie sorgt die weitgehende Automatisierung für höchste Produktivität – und menschenleere Produktionshallen

	1800	1913	1939	1950*	1970*	2005
Eisen-, Metallgewerbe	8	20	27	23	30	40
Elektrog. / Feinmech.	1	2	5	6	12	12
Baugewerbe	10	14	15	18	18	11
Steine, Erden, Chemie	3	9	9	9	12	15
Textil/Bekleid./Leder	53	23	19	17	10	3
Holz/Papier-, Druckg.	10	12	10	10	8	7
Nahrungsgewerbe	13	12	10	10	8	8
Bergbau	2	8	5	7	2	1

* nur alte Länder; nach 1990: neue Abgrenzungen der Branchen
Quelle: Datenreport 2006

M2 *Beschäftigtenanteile in den Branchen in Prozent*

Land	Kosten je Arbeiterstunde	Index
Dänemark	23,70	114
Westdeutschland	20,86	100
Niederlande	20,60	99
Schweden	20,33	97
Finnland	19,09	92
Österreich	16,79	80
Frankreich	15,63	75
Japan	15,36	74
Italien	14,72	71
USA	14,61	70
Großbritannien	14,48	69
Spanien	12,38	59
Ostdeutschland	11,86	57
Griechenland	8,82	42
Portugal	6,00	29
Tschechische Republik	3,48	17
Ungarn	2,82	14
Polen	2,73	13
Slowakische Republik	2,44	12
China	0,50	2

Quellen: Gesamtverband textil+mode: Zahlen zu Textil- und Bekleidungsindustrie 2006; Handelsblatt

M4 *Internationaler Arbeitskostenvergleich in der Textilindustrie (2003)*

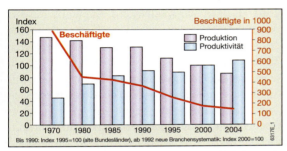

M3 *Beschäftigung, Produktion und Produktivität in der Textilbranche*

Die frühere Standortgunst nahm ständig ab. Folge war die **Textilkrise**, die teilweise Verlagerung der Produktion ins preiswertere Ausland und auch die Aufgabe von großen Industriebetrieben. Die Textilindustrie der Schwäbischen Alb ist mittlerweile stark geschrumpft, lediglich die maschinelle Herstellung von Trikotwaren ist noch von Bedeutung.

Eine ähnliche Entwicklung ist in weiten Teilen der deutschen Textilindustrie zu beobachten, wo mehr als die Hälfte aller Arbeitsplätze verloren ging. Es wird versucht, dieser Entwicklung durch verstärkte Automatisierung, Rationalisierung und Spezialisierung entgegenzuwirken. Dabei kommt der Textilveredlung, der Verbesserung der Gebrauchsfähigkeit von Textilfasern (zum Beispiel Microfasern) und Stoffen eine bedeutende Rolle zu. So gibt es bereits „intelligente Kleidung" mit integrierten Displays und Sensoren (z.B. zur Anzeige und Messung der Herzfrequenz).

Zudem haben neue Einsatzmöglichkeiten von Textilprodukten im Energiewesen (Wärmedämmung), im Umweltschutz (Filter, Schallschutz) oder bei Industrietextilien (Transporttechnik sowie Verpackung) zur Sicherung von Standorten beigetragen (vgl. S. 426).

1. Erläutern Sie an Beispielen aus der Karte M2, Seite 181 die damaligen Standortfaktoren der Metallindustrie.

2. Vergleichen Sie eine aktuelle Wirtschaftskarte im Atlas mit der Karte von 1966.
a) Nennen Sie Unterschiede in den Industriestandorten und versuchen Sie, die Standortveränderungen zu begründen.
b) Ermitteln Sie die Bedeutung des Mittellandkanals für die Industrie im Raum Salzgitter/Peine.

3. Beschreiben Sie die Gründe, die zur Kohle-, Stahl- und Textilkrise führten, und erläutern Sie den daraus folgenden Strukturwandel.

4. Vergleichen Sie den Strukturwandel in der Schwerindustrie Deutschlands und der der USA (vgl. Kapitel 9.4).

5. Stuttgart ist mit dem Raum Mittlerer Neckar ein bedeutender Industriestandort. Erläutern Sie die Standortfaktoren.

6. Fernab herkömmlicher Rohstoffvorkommen besteht in Kehl (Baden) ein Hüttenwerk, die Badischen Stahlwerke. Verwenden Sie Atlas und Internet, um mögliche Gründe für die Standortwahl zu ermitteln.

185

Standortfaktoren im Überblick

Die entscheidenden Standortfaktoren bestimmen zunächst den **Makrostandort**, das heißt den Raum, in dem die Produktion auf nationaler (heute auch auf internationaler) Ebene stattfinden soll. Ist diese Entscheidung gefallen, wird - eventuell mit weiteren Überlegungen zum Mesostandort, also zur Lage in der Region - der **Mikrostandort**, das ist der konkrete Platz der Industrieanlage, festgelegt.

Harte Standortfaktoren

Zu Beginn der Industrialisierung waren praktisch nur harte Standortfaktoren für die Standortwahl ausschlaggebend. Sie sind kalkulierbar und schlagen sich unmittelbar in der Bilanz eines Unternehmens nieder.

- **Rohstoffversorgung:** Für Industriebetriebe mit hohem Materialverbrauch (insbesondere Gewichtsverlustmaterialien) ist die Nähe zu den benötigten Rohstoffen besonders wichtig. (zum Beispiel Schwerindustrie, Holzindustrie).
- **Angebot an Flächen/Immobilien:** Flächenintensive Betriebe wie Raffinerien, Auto- oder Chemiewerke brauchen große Flächen für Produktionsanlagen und Lager sowie Reserveflächen für eine mögliche weitere Ausdehnung des Betriebs.
- **Verkehrsinfrastruktur:** Für die Industrie ist eine Ausstattung mit leistungsfähigen Verkehrsträgern von herausragender Bedeutung (vgl. Standorttheorie von Weber).
  Je nach Zulieferindustrien und Absatzmarkt ist die Anbindung an nationale oder internationale Verkehrsträger von Bedeutung. Das gilt vor allem bei globalen Aktivitäten. War früher die Eisenbahnanbindung ein wesentlicher Faktor, so ist heute im Zeichen der Just-in-time-Produktion die Straße, besonders die Autobahn, wichtig. Im preislich sehr günstigen, aber langsamen Schiffstransport gewinnen neben den Massengütern die Container immer mehr an Bedeutung. Im Zeitalter der Globalisierung hat auch die gute Erreichbarkeit eines Flughafens einen Bedeutungsgewinn erfahren.
- **Nähe zu Forschungseinrichtungen:** Gerade für Hightechbetriebe mit hohen Forschungs- und Entwicklungskosten stellt die mögliche Zusammenarbeit mit Forschungs- und Entwicklungseinrichtungen einen der wichtigsten Standortfaktoren dar. Diese Situation findet sich typischerweise in Clustern.

- **Energiekosten:** Vor allem energieaufwendige Industriezweige bevorzugen Standorte mit preiswerter Energie. Infolgedessen liegen zum Beispiel Aluminiumwerke häufig in der Nähe von Wasserkraftwerken.
- **Arbeitskräfte:** Beim Standortfaktor Arbeitskraft gibt es drei wichtige Aspekte: die Quantität der Arbeitskräfte, ihre Qualität und das Lohnniveau.
  Die Bedeutung eines hohen Arbeitskräfteangebots in unmittelbarer Industrienähe hat mit der Automatisierung und der heutigen Mobilität abgenommen. Trotzdem ist bei Neuansiedlungen das Vorhandensein von Facharbeitern mit bestimmten Kenntnissen ein bedeutsamer Standortfaktor. Computerunternehmen siedeln sich bevorzugt dort an, wo auch andere Computerindustrien und damit genügend Fachleute beheimatet sind.
  Das unterschiedliche Lohnniveau (Lohn plus Lohnnebenkosten) führt seit Beginn der Globalisierung zu zahlreichen Standortverlagerungen.
- **Bodenpreis/Immobilienpreis:** Gerade für flächenintensive Industrien spielt der Boden- bzw. der Immobilienpreis eine große Rolle. Oft werden im Wettbewerb um Neuansiedlungen von den Gemeinden Grundstücke und Immobilien besonders günstig angeboten.
- **Marktvolumen:** Günstig für den Absatz von Gütern und Dienstleistungen ist das Vorhandensein eines nahe gelegenen, großen, kaufkräftigen Marktes. Abnehmer können sowohl Privatpersonen als auch Firmen sein.
- **Verfügbare Dienstleistungen:** Viele der für die Produktion erforderlichen Dienstleistungen werden heute nicht mehr von den Firmen selbst erbracht (Outsourcing). Das Vorhandensein von ergänzenden Dienstleistungsbetrieben wie Logistik und Transport, Catering, Sicherheits- oder Reinigungsdiensten am Standort ist daher wichtig.
- **Umweltauflagen:** Scharfe Umweltauflagen stellen für viele Branchen einen hohen Kostenfaktor dar. Länder der Dritten Welt werben häufig mit geringen Umweltauflagen.
- **Persistenz:** Manche Betriebe bleiben an einem Standort, obwohl die ehemals gültigen Standortfaktoren heute nicht mehr gelten und die Produktion an einem anderen Standort eigentlich günstiger möglich wäre. Aufgrund der bestehenden Immobilien, der Marktbeziehungen und der Facharbeiter wird der alte Standort jedoch beibehalten.

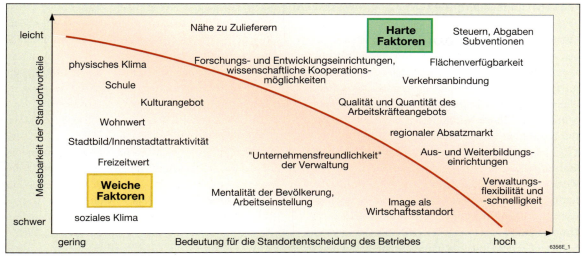

M1 *Die Bedeutung von Standortfaktoren (am Beispiel der Hightechindustrie)*

- **Steuern/Abgaben:** Staatliche und kommunale Abgaben differieren von Raum zu Raum. Länder, Regionen oder Kommunen erhöhen mit niedrigen Abgaben oder Steuervorteilen die Standortattraktivität.
- **Staatliche/kommunale Vergünstigungen:** Zu weiteren Fördermaßnahmen von Ländern oder Kommunen gehören Investitionsbeihilfen, Gewährung billiger Kredite, die Bereitstellung von Grundstücken, die Einrichtung von Gewerbehöfen oder Industrieparks sowie Vorleistungen bei der benötigten Verkehrsinfrastruktur.
- **Agglomerationsvorteile/Fühlungsvorteile:** Die Nähe zu anderen Industriebetrieben gleicher oder anderer Branchen bietet zahlreiche Vorteile:
  - mögliche Zusammenarbeit bei Forschung, Einkauf und Vertrieb oder Bau von Infrastruktur (gemeinsame Kläranlage, gemeinsames Datennetz),
  - die Möglichkeit formeller und informeller persönlicher Kontakte (zum Beispiel Erfahrungsaustausch, Face-to-Face-Kontakte),
  - ein größeres Reservoir an spezialisierten Arbeitskräften.

Die Bedeutung der Agglomerationsvorteile ist in Clustern besonders augenfällig.
- **Unternehmerentscheidung:** Viele Betriebe verdanken ihren Standort der persönlichen Entscheidung ihres Gründers, der sich trotz wenig günstiger harter Standortfaktoren aus persönlichen Gründen für einen Standort entschieden hat (z.B. eigener Geburtsort).

Weiche Standortfaktoren

Heute sind für viele Branchen die weichen Standortfaktoren am wichtigsten. Sie sind nicht genau kalkulierbar und nur schwer quantifizierbar, denn sie liegen weitgehend im sozialen und zum Teil im psychischen Bereich und werden teilweise auch individuell unterschiedlich empfunden.
- Faktoren, die die Zufriedenheit mit der Ausstattung des Wohnumfeldes beeinflussen:
  - **Wohnqualität:** das Angebot an gutem, bezahlbarem Wohnraum in einem ansprechendem Umfeld mit akzeptabler Verkehrsanbindung,
  - **Freizeitwert:** Nähe zu Freizeiteinrichtungen für Erwachsene und Kinder (wie Schwimmbad, Golfplatz, Segelmöglichkeit, Gasthaus/Restaurant, Disco),
  - **Bildungs- und Fortbildungsangebot:** die Palette von Schulen und Weiterbildungseinrichtungen,
  - **kulturelles Angebot:** zum Beispiel Kinos, Theater, regelmäßige Festlichkeiten,
  - **Einkaufsmöglichkeiten:** Supermärkte, Einkaufszentren, Boutiquen, Wochenmärkte.
  - **Umweltqualität:** Durchgrünung des Wohnortes, Nähe zu Naherholungsgebieten,
- **Mentalität der Bevölkerung:** Soziale Offenheit, Kinder-, Gastfreundlichkeit, Aufgeschlossenheit gegenüber Fremdem.
- **Image:** Für viele Betriebe ist es wichtig, in einer Stadt mit gutem Image den Standort zu haben, zum Beispiel in der Hauptstadt.

3.3 Sekundärer Sektor – traditionelle Standorte

Raumbeispiel: Ruhrgebiet (Nordrhein-Westfalen)

Das Ruhrgebiet ist der größte deutsche und einer der bedeutendsten Wirtschaftsräume in Europa. Sein polyzentrisches Kerngebiet verläuft bandartig von Duisburg im Westen nach Dortmund im Osten. Das Ruhrgebiet liegt auf einem Steinkohlengürtel, der sich von Mittelengland über Nordfrankreich, Belgien und das Ruhrgebiet bis ins Oberschlesische Revier erstreckt. Dieser Raum verdankt seine Entstehung und seine wirtschaftliche Bedeutung der Montanindustrie. Als wirtschaftsgeographischer Raum stellt das Ruhrgebiet weder einen einheitlichen Naturraum noch eine historisch politische Einheit dar.

Ursprünglich bezog sich der Begriff Ruhrgebiet auf das Land an der mittleren und unteren Ruhr, heute auf das Gebiet des Regionalverbandes Ruhrgebiet (RVR).

M1 Gebiet des Regionalverbandes Ruhr (RVR)

M2 Kohle und Stahl – Basis des Ruhrgebiets
Der Aufschwung des Wirtschaftsraums in der ersten Hälfte des 19. Jahrhunderts ging zurück auf die Dampfmaschine und die Verhüttung mit Koks. Dadurch konnte Kohle in großen Tiefen abgebaut sowie Eisen und Stahl in Massen produziert werden.
Zahlreiche Gründe, wie etwa die progressive preußische Wirtschaftspolitik oder ein dynamisches und auf Innovationen ausgerichtetes Unternehmertum führten zu einem raschen Aufschwung der Montanindustrie mit Zuliefer- und Nachfolge- (z.B. Bergbaumaschinen, chemische Industrie) sowie Ergänzungsindustrien (z.B. Lebensmittelindustrie).
Die Industrialisierung erforderte zahlreiche Arbeitskräfte. Innerhalb von 75 Jahren (1850 bis 1925) stieg die Bevölkerungszahl von 0,4 auf 3,8 Millionen Menschen. Bald war das Ruhrgebiet einer der größten Ballungsräume und Industriegebiete in Europa. und einer der bedeutendsten Innovationsmotoren des 19. Jahrhunderts.

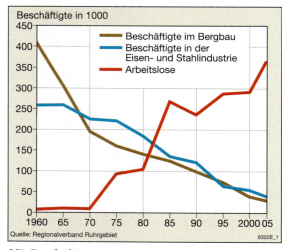

M3 Beschäftigte im Montanbereich des RVR

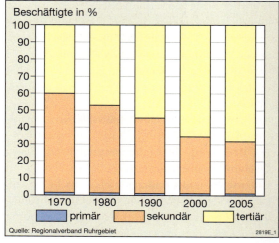

M4 Beschäftigte nach Wirtschaftssektoren im RVR

M5 *Auch nachts ist das alte Stahlwerk im Landschaftspark Duisburg-Nord eine Touristenattraktion*

M6 *Von der Krise zum Wandel*

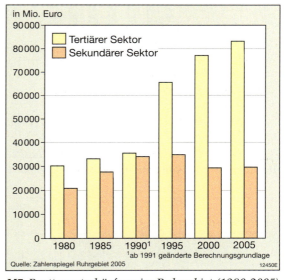

M7 *Bruttowertschöpfung im Ruhrgebiet (1980-2005)*

- Monostruktur mit Verbundwirtschaft
- Großbetriebe mit jeweils Tausenden von Arbeitsplätzen
- fehlender Mittelstand mit Flexibilität und unternehmerischer Risikobereitschaft
- hohe Umweltbelastung durch Industrie, Siedlung und Verkehr
- starke Konzentration von Industrie- und Siedlungsanlagen mit Agglomerationsnachteilen durch Flächennutzungskonkurrenz und Mängel in der Infrastruktur
- wenige Bildungs- und Kultureinrichtungen
- fehlende Wachstumsbranchen/Spitzentechnologien
- hohe Subventionsleistungen des Staates

M8 *Merkmale altindustrialisierter Räume*

3.3 Sekundärer Sektor – traditionelle Standorte

M1 Vorteile der "nassen Hütten"

Das im 19. Jahrhundert angelegte Verteilungsmuster der Hüttenindustrie über das ganze Ruhrgebiet hat bis weit in die zweite Hälfte des 20. Jahrhunderts überlebt. Erst die europa- und weltweite Stahlkrise zu Beginn der 70er-Jahre zwang die Stahlindustrie des Ruhrgebiets, ihre Produktion auf den leistungsfähigsten Standort zu konzentrieren.

Einer der wichtigsten Gründe für die Konzentration der Eisen- und Stahlindustrie in Duisburg ist die Lage der Stadt am Rhein. Bereits zu Beginn der Industrialisierung hatten hier die sogenannten nassen Hütten Standort- und damit Wettbewerbsvorteile: Im Hafen wurden zunehmend Massengüter, vor allem Kohle und Eisenerz, umgeschlagen, sodass dieser mit der Ausweitung der Montanindustrie bald zum größten Binnenhafen der Welt heranwuchs. Heute profitieren der Hafen und mit ihm die Stadt von ihrer Lage am Schnittpunkt wichtiger europäischer Verkehrsachsen und im Zentrum eines hoch verdichteten Industriegebietes mit einer großen Nachfrage nach Stahl. Innerhalb einer der größten Drehscheiben im europäischen Fernverkehr können hier die Verkehrsträger Wasser, Schiene und Straße optimal verbunden werden.

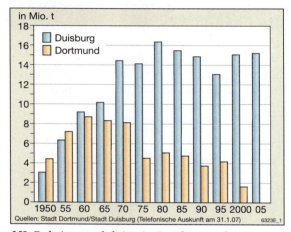

M2 Roheisenproduktion in Duisburg und Dortmund

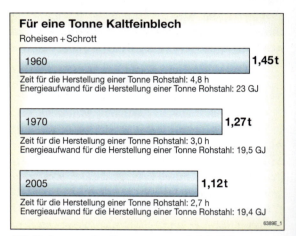

M3 Steigerung der Ressourcenproduktivität

	1964	1990	2006
Anzahl Gesellschaften	13	4	1
Anteil an der deutschen Stahlproduktion (%)	65	56	34
	Mio. t	Mio. t	Mio. t
August Thyssen Hütte (Duisburg)	4,3	Thyssen Stahl (Duisburg) 10,9	Thyssen Krupp Steel (Duisburg) 14,5 einschl. Produktionsanteil HKM[2]
Phoenix-Rheinrohr (Duisburg)	3,5		
Hüttenwerk Oberhausen	2,3		
Rheinstahl Hüttenwerke (Essen)	0,9		
Gussstahlwerke Witten	0,4		
Dortmund-Hörder Hüttenunion	2,8	Hoesch Stahl (Dortmund) 4,1	
Hoesch Westfalenhütte (Dortmund)	2,7		
Hütten- und Bergwerke Rheinhausen	2,2	Krupp Stahl (Rheinhausen) 3,0	
Bochumer Verein für Gussstahlfabrikation	1,7		
Stahlwerke Südwestfalen (Geisweid)	0,5		
Hüttenwerke Siegerland (Siegen)	0,4		
Mannesmann	2,5	*HKM[2] (Duisburg) *TKS[1] Anteil 50%	[1] TKS Thyssen Krupp Steel [2] HKM Hoesch-Krupp-Mannesmann
Stahl- und Röhrenwerke Reisholz	0,2	3,6	
Gesamt	24,4	21,6	

M4 Konzentration der Stahlproduktion im Ruhrgebiet 1964–2004

M5 Thyssen im globalen Wettbewerb

*„Thyssen Krupp Steel konzentriert sich auf Wachstums-
märkte mit geringen Preisschwankungen. Dies betrifft
vorwiegend Produkte mit großer Verarbeitungstiefe und
hoher Wertschöpfung wie zum Beispiel die feuerver-
zinkten Produkte. Dabei verfolgt das Unternehmen
im Wesentlichen drei Leitlinien: Kostensenkung und
Effizienzsteigerung, Stärkung der internationalen Aktivitäten in der Triade Europa, Amerika und Asien sowie
Ausbau der Technologieführerschaft bei Werkstoffen,
Produkten und Verfahren.*

*Letzteres zählt vor allem bei unserem Schlüsselkunden,
der Automobilindustrie. Eine große Innovation stellen
hier die Tailored Blanks dar. Sie werden nach Stärke
und Form genau zugeschnitten. Dadurch entlasten wir
unsere Kunden um einen kompletten Fertigungsschritt,
den wir nun unserer eigenen Wertschöpfungstiefe hinzufügen.“*

(nach: Karl-Ulrich Köhler: Kosten senken, Effizienz steigern, Technologieführerschaft ausbauen. In: Stahl und Eisen 4/2003, S. 2 ff.)

M6 Marktversorgung für ausgewählte Produkte. Beim
automobilen Leichtbau mit Stahl spielen feuerver-
zinkte Produkte eine zunehmend große Rolle.

M7 Überleben auf dem Stahlmarkt

*Seit den 60er-Jahren des 20. Jahrhunderts sind durch
Fusionen und Konzentrationen Betriebsstrukturen
geschaffen, die den Stahlhersteller Thyssen Krupp Steel
(TKS) heute zu einem Weltmarktführer mit hoch innovativen Produkten und Verfahrenstechniken machen.
Durch die Bündelung und Konzentration der Aktivitäten spart man Kosten: beim Transport von Rohstoffen
und Fertigprodukten über den eigenen Hafen, durch
Einsparungen wegen Massenproduktion (economies of
scale) und Synergieeffekte, etwa bei der Logistik oder*
*durch die enge räumliche Verflechtung der Produktion
(vertikale Integration). Darüber hinaus spezialisierte
sich Thyssen Krupp Steel auf solche Produkte, die die
höchsten Gewinne und die größten Zukunftschancen
versprachen.*

*Ein besonders innovatives Produktionsverfahren stellt
die im Jahre 1999 für rund 300 Millionen Euro gebaute
Gießwalzanlage dar. Sie ist die weltweit erste Anlage, die
direkt nach dem Gießen so dünne (< 1 mm) und gleichzeitig feste Bleche produzieren kann, wie sie überwiegend
von der Automobilindustrie nachgefragt werden.*

1. Fassen Sie die Gründe für den wirtschaftlichen Auf-
und Abstieg der Montanwirtschaft im Ruhrgebiet in
einem Schaubild zusammen.

2. Erläutern Sie, weshalb sich das Ruhrgebiet als
altindustrialisierter Raum am Ende eines Entwick-
lungszyklus befindet.

3. Begründen Sie, weshalb die Diversifizierung der
Branchen- und Betriebsstruktur ein wichtiger Grund
für den Strukturwandel ist.

4. Erklären Sie den Stellenwert von Ausbildung und
Forschung beim Wandel des Ruhrgebiets zu einer diversifizierten und hoch produktiven Wirtschaftsregion.

5. a) Notieren Sie die Faktoren, die die Stahlindustrie
in Duisburg begünstigen.
b) Erstellen Sie auf der Grundlage dieser Faktoren ein
Kausaldiagramm.

6. Begründen Sie mithilfe der Abbildungen M2 bis M4
die Aussage, dass Fusionen und Konzentrationen TKS
zu einem Weltmarktführer gemacht haben.

7. Die Zukunft einer Branche hängt von ihrer Innovationsfähigkeit ab. Informieren Sie sich dazu bei www.
stahl-info.de.

3.4 Sekundärer Sektor - innovativ und global

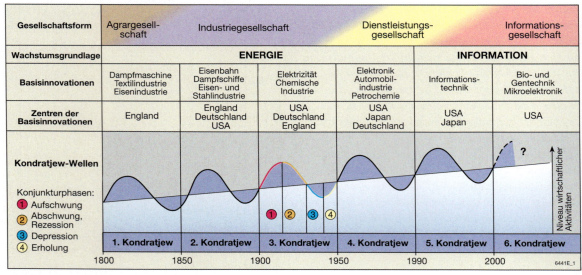

M1 Basisinnovationen geben den Anstoß für Industrialisierungszyklen (Kondratjew-Zyklen)

Innovationen als Anstöße

Erfindungen waren für die Menschen und die Wirtschaft stets Anstöße für Weiterentwicklungen. Beispiele für Innovationen mit weitreichenden Auswirkungen sind das Rad, Schießpulver, Penizillin oder die Dampfmaschine. Durch technische **Innovationen** entstanden neue Industriezweige wie die Kunststoffindustrie oder heute die Biotechnik und die Nanotechnologie (vgl. auch Seite 425). Fortschritte durch neue Technologien führten aber auch zum Niedergang von Industriezweigen oder sogar Industrieräumen. So wurden Schreibmaschinen weitgehend von Computern abgelöst, Schallplatte, Tonband und Videokassetten haben der CD und dann der DVD Platz gemacht. Traditionelle Standorte der Schwerindustrie mit Binnenlage und Kohlebasis verschwanden. Neue entstanden an Flüssen oder Küsten, wo die benötigten Rohstoffe preisgünstiger angeliefert werden können.

Neue Erfindungen und die durch sie ausgelösten Innovationen führen in der Regel zu wirtschaftlichem Aufschwung, der aber oft einen Abschwung bei anderen, traditionellen Industriezweigen oder Standorten auslöst. Diese Entwicklungen vollziehen sich, wie von dem russischen Wirtschaftswissenschaftler Nikolai Dmitrijewitsch Kondratjew (1882–1938) untersucht, zyklisch.

Kondratjew-Zyklen

Nachfrage- und Produktionsschwankungen werden als **Konjunkturzyklen** bezeichnet. Die bekanntesten sind die Kondratjew-Wellen. Dabei handelt es sich um lange Wellen der ökonomischen Entwicklung, die sich über mehrere Jahrzehnte erstrecken können. Jede Welle wird durch eine entscheidende **Basisinnovation** – also eine grundlegende Neuerung – angeregt und hat einen typischen, regelhaften Verlauf mit vier Phasen (vgl. M1). Dabei folgt jeder Welle eine weitere auf höherem Niveau. Die Wellen dauerten früher rund 50 Jahre. Diese Dauer scheint sich aber heute durch schneller aufeinanderfolgende Basisinnovationen zu verkürzen.

Durch eine Basisinnovation wird zuerst die Produktion der Betriebe und damit ein Standort in seiner Entwicklung gefördert: Es entstehen dann neue Industriestandorte, ganze Industrieregionen; Städte blühen auf, Verdichtungsräume bilden sich heraus. Bei einer weiteren Basisinnovation können die primären wirtschaftlichen Impulse in der Regel an einem anderen Ort liegen. So befanden sich die Zentren der Basisinnovationen im 19. Jahrhundert in England, heute liegen sie überwiegend in den USA. Die alten Zentren verlieren dabei an Bedeutung und bleiben nach dem Abschwung schließlich „veraltet" zurück.

Dadurch entstehen häufig **Disparitäten** zwischen den neuen Innovationszentren und den alten Produktionsstandorten. Sie werden zu strukturschwachen Räumen. So erlangen neue Räume Führungspositionen, während die alten Wirtschaftsräume viel Energie aufwenden müssen, um ihr Potenzial in veränderter, angepasster Form zu erhalten.

Produktlebenszyklus

Kürzere Wellen, wie die **Produktlebenszyklen**, überlagern die geschilderten langen Wellen. Ein Produktlebenszyklus (M2) spiegelt die wirtschaftliche Bedeutung eines Produkts im Laufe der Herstellung. Nach anfänglichen Verlusten durch Kosten für Entwicklung und Werbung in der Einführungsphase sind mit einem neuen Produkt in der Wachstums- und Reifephase Gewinne zu erzielen. Diese gehen allmählich bei abnehmender Nachfrage des Produktes in der Zeit der Schrumpfung wieder in Verluste über. Durch Gegenmaßnahmen, wie technische Verbesserungen (zum Beispiel „Facelifting" in der Autoindustrie) lässt sich ein Produktlebenszyklus verlängern. Der Produktlebenszyklus ist insofern raumwirksam, als er Auswirkungen auf den Produktionsstandort hat. In der Regel erfolgt die Herstellung in den ersten Phasen des Zyklus am primären Standort, dann wird wegen der Einführung und Herstellung neuer Produkte am Primärstandort die Produktion in Randgebiete und schließlich ins billigere Ausland verlagert.

So wurde zum Beispiel der VW Käfer ab 1945 – anfangs als KdF-Wagen der Abteilung „Kraft durch Freude" der Nationalsozialisten propagiert – zuerst in Wolfsburg in Serie produziert. Nach jahrzehntelangen Weiterentwicklungen am ursprünglichen Standort verlagerte man die Produktion zunächst in die Peripherie nach Emden, dessen Hafen den Fahrzeugexport nach Übersee begünstigte. Im Jahre 1978 wurde die Käferproduktion in Deutschland (mit Ausnahme des Cabrios) eingestellt. Der Käfer wurde dann aus Kostengründen in den Niedriglohnländern Brasilien und Mexiko produziert und dort auch vornehmlich vermarktet. Bis 1986 kamen noch offiziell Käfer aus dem VW-Werk in Pueblo / Mexiko nach Deutschland. Aber auch dort wurde die Käferfertigung im Juli 2003 endgültig aufgegeben.

Die Käferproduktion ist ein Beispiel für einen langen Produktlebenszyklus, der früher die Regel war. Heute haben viele Produkte, wie zum Beispiel Elektrogeräte

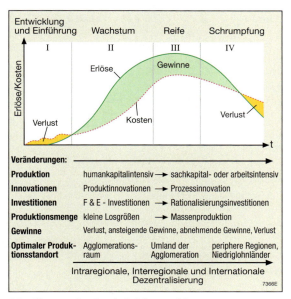

M2 Phasen des Produktlebenszyklus

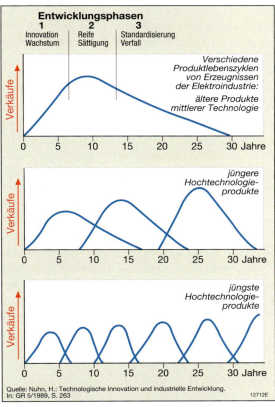

M3 Verschiedene Produktlebenszyklen von Erzeugnissen der Elektroindustrie

3.4 Sekundärer Sektor – innovativ und global

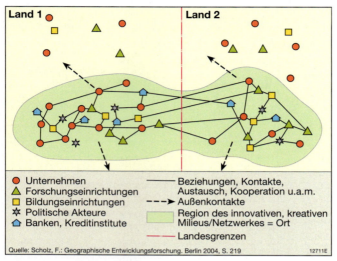

M1 *Modell eines Clusters*

oder Bekleidungsartikel, nur noch kurze Produktlebenszyklen. Sie sind Folge ständiger technischer Weiterentwicklung und wechselnder Modetrends. Beides wird seitens der Industrie auch forciert, um die Umsätze zu steigern. Ein typisches Beispiel sind Computer, die in immer kürzeren Abständen mit besserer Technik und immer mehr Nutzungsmöglichkeiten den Vorgängermodellen Konkurrenz machen.

Industrie im Wandel – Standorte im Wandel

Infolge technischer Innovationen, immer kürzerer Produktionszyklen und ständig steigender internationaler Konkurrenz unterliegen die Industriestandorte überall einem fortwährenden Wandel.

Die meisten Industriebetriebe befanden und befinden sich jedoch noch immer im Bereich von Verdichtungsräumen. Hier können die **Agglomerationsvorteile**, also die Vorteile von Siedlungs-, Bevölkerungs- und Firmenballungen oder von vielfältigen Verflechtungen, am besten genutzt werden. Fühlungsvorteile, geringere Transportkosten, ein großer Absatzmarkt und ein vielseitiges Arbeitskräfteangebot, machen den Standort in einem Verdichtungsraum attraktiv. Besonders von **Wachstumsindustrien**, wie in Deutschland zum Beispiel von der Maschinenbau-, Chemie-, Elektronik- oder auch der Hightechindustrie, gingen Impulse auf das Wirtschaftswachstum aus. Sie führten seit Mitte des 20. Jahrhunderts vielerorts zum Entstehen, Anwachsen oder auch Ausufern von Agglomerationen.

Mit raumplanerischen Vorgaben, das heißt mit ausgewiesenen Flächen als Industriegebieten oder Industrieparks, versuchten die Kommunen in den letzten Jahrzehnten das Flächenwachstum zu lenken.

Heute finden sich Betriebe von Zukunftsbranchen häufig in einem sogenannten **Cluster**. Der Begriff kommt aus dem Englischen und steht in der Wirtschaft für eine räumlich konzentrierte Agglomeration von Industrie- und spezialisierten Dienstleistungsbetrieben sowie Forschungseinrichtungen, die alle im Bereich einer oder in benachbarten Branchen tätig sind. Sie werden ergänzt durch wirtschaftliche oder staatliche Organisationen.

Dieser Cluster-Begriff wird heute auf recht verschiedenartige Räume angewendet. Als Cluster gilt zum Beispiel der räumlich ausgedehnte Hightechbereich Greater London oder das „MEDICALvalley" der „Metropolregion Nürnberg". Je nach der Betrachtungsweise existieren also wenige große, regionale Cluster oder viele kleinere örtliche Cluster. Wegen der zahlreichen Standortvorteile und der damit zunehmenden Bedeutung von Clustern sind sogenannte „Cluster-Initiativen" ein beliebtes Instrument der Wirtschafts- und Regionalförderung geworden. So wird zum Beispiel in der Region Saar-Lor-Lux besonders die Ansiedlung von Firmen und Einrichtungen aus der Automobilbranche gefördert.

Das bekannteste Beispiel eines Clusters ist das Silicon Valley im Süden der San Francisco Bay in Kalifornien. Hier entstand im Einflussbereich der Stanford-Universität und militärischer Forschungseinrichtungen Mitte des 20. Jahrhunderts das weltweit wohl bedeutendste Zentrum der Informationstechnologie (vgl. Kap 9.4). In Europa kann man je nach Betrachtungsweise unterschiedlich viele Cluster zählen. Der größte nationale Cluster in Europa ist Oulu in Finnland, mit ungefähr 58 000 Arbeitsplätzen ein wesentlich kleinerer Cluster als das Silicon Valley mit ca. 300 000 Arbeitsplätzen. Eine Besonderheit sind grenzüberschreitende Cluster wie das „BioValley" im Bereich von Südbaden, dem Elsass und der Nordwestschweiz oder das „Medicon Valley" (vgl. Fokus).

Diese räumlichen Konzentrationen von Know-how, Ressourcen, Verflechtungen und Fühlungsvorteilen in

Fokus

Cluster am Öresund

Ein großer, grenzüberschreitender Cluster hat sich zwischen Dänemark und Schweden entwickelt, der Biotech-Cluster der nordeuropäischen Wachstumsregion Öresund. Die Entwicklung dieses Raums zu beiden Seiten des Öresunds wurde durch die im Jahr 2000 fertiggestellte Öresundbrücke zwischen Kopenhagen (Seeland/Dänemark) und Malmö und Lund (Schonen/Südschweden) begünstigt. Heute bildet der Zusammenschluss der dänischen und schwedischen Hochschulen im Bereich des Öresunds zur Öresunduniversität mit Krankenhäusern, Pharmaindustrie, Bio- und Gentechnologie, Informationstechnologie und von Science Parks beiderseits der Meerenge gemeinsam das biotechnologisch ausgerichtete Medicon Valley. Die Region ist mit ca. 3,5 Mio. Einwohnern die dichtest besiedelte Agglomeration in Nordeuropa. 26 Krankenhäuser und 12 Universitäten mit 5000 Forschern sind die bestimmenden Faktoren des Clusters, in dem auch über 140 biotechnische Unternehmen arbeiten. Nach einer Phase getrennter Entwicklung in beiden Staaten am Öresund bemüht man sich heute um eine Integration der Teilbereiche und eine gemeinsame Vermarktung.

M2 *Das Medicon Valley*

bestimmten Wirtschaftsbereichen begünstigen Entwicklung und Herstellung neuer Produkte in besonderem Maße. Daher finden sich hier auch häufig sogenannte **Spin-off-Betriebe**, also Betriebe, deren Gründer ehemalige Mitarbeiter von Forschungs- und Entwicklungseinrichtungen sind. Sie transferieren ihr Wissen in die Produktion. So kommt es zum Beispiel, dass Forschungsergebnisse aus Raumfahrt oder Militärtechnik genutzt werden, um Konsumgüter wie Teflonpfannen oder GPS-Geräte herzustellen. Diese Unternehmen beginnen häufig als sogenannte **Start Ups**, also neu gegründete, schnell wachsende Kleinunternehmen. Die Firmenhäufung im Cluster ermöglicht ihnen die Zusammenarbeit mit schon länger bestehenden Betrieben. Hier kommen **Synergieeffekte**, also Kostenvorteile durch die Zusammenarbeit von Betrieben oder Unternehmensteilen, zum Tragen.

Neben kleinräumigen Netzwerken von Wirtschaft und Informationssystemen in Agglomerationen oder Clustern steht heute die weltweite Zusammenarbeit. Diese „Internationalisierung von Wirtschaftsbereichen", aber

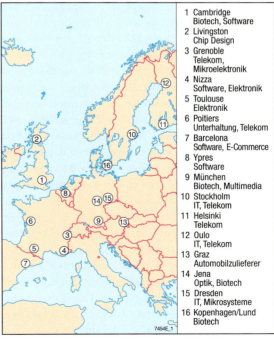

M3 *Wachstumszentren (regionale Cluster) in Europa*

195

M1 Entwicklung der ausländischen Direktinvestitionen (Empfänger) 1985–2004

auch die weitgehende Vernetzung von Kulturen und Gesellschaften im „global village", ist Kennzeichen der **Globalisierung** (vgl. Kap. 4). In diesem Zusammenhang sucht die Industrie nicht mehr im eigenen Land, sondern global die besten Produktionsbedingungen, um Kostenvorteile nutzen und auch Umweltauflagen – wie in Deutschland üblich – umgehen zu können (vgl. auch Seite 454). Die optimale weltweite Nutzung von Produktionsstätten, (Billig-)Arbeitskräften und Bezugsquellen von Rohstoffen bezeichnen Industrie und Handel heute als **global sourcing**.

Multinationale und transnationale Konzerne, die sogenannten **Global Player**, sind durch ihre weltweiten Direktinvestitionen wichtige Akteure der Globalisierung. Dabei erfolgen die meisten dieser Investitionen in Industrieländer (M1). Motive sind dabei vor allem das Umgehen von Handelshemmnissen (z.B. japanische Automobilwerke investieren innerhalb der EU), die Erschließung und Sicherung von Märkten (Investitionen deutscher Autobauer in China oder in den USA) und die Nutzung günstigerer Produktionsbedingungen. Dabei erfolgt die Aktivität im Zielland der Direktinvestition oft in Form von Jointventures.

Direktinvestitionen in Niedriglohnländer erfolgen häufig, um die niedrigen Löhne für arbeitsintensive Produktionsvorgänge zu nutzen. Dabei dienen die neu errichteten Zweigwerke lediglich als **„verlängerte Werkbank"** innerhalb der Produktionskette. Die Kernkompetenzen, das heißt Forschung, Entwicklung, Vermarktung, Werbung und Design, verbleiben am Hauptsitz der transnationalen Konzerne. Wenn sich die Standortbedingungen global verändern, wenn zum Beispiel im Niedriglohnland die Löhne steigen oder in einem anderen Land plötzlich noch günstigere Produktionsbedingungen entstehen, können solche Produktionsstätten schnell verlagert werden. Aus diesen Gründen wurden 2006 Dutzende Bekleidungsfirmen im südlichen Afrika innerhalb weniger Wochen geschlossen und in China neu aufgebaut, weil sich dort kostengünstigere Produktionsmöglichkeiten ergeben hatten. Zehntausende afrikanische Näherinnen wurden über Nacht arbeitslos.

Dieses Beispiel aus der Textilindustrie zeigt, warum solche nicht standortgebundenen Branchen auch als **„footloose industry"** bezeichnet werden. Für sie ist es weitgehend gleichgültig, an welchem Standort sie sich ansiedeln: Die verarbeiteten Materialien sind vorhanden oder verursachen keine hohen Transportkosten. Sie benötigen keine ausgebildeten Arbeiter, und auch Fühlungsvorteile sind für sie nicht wichtig. Was zählt, sind fast ausschließlich die Löhne und die anderen finanziellen Rahmenbedingungen (Steuern, Abgaben, staatliche und kommunale Vergünstigungen). Beispiele für solche nicht standortgebundenen und damit schnell verlegbaren Branchen sind Teile der Bekleidungs-, Sportartikel- und Spielzeugindustrie sowie im tertiären Sektor Callcenter.

Viele Entwicklungsländer sind daran interessiert, dass die ausländischen Direktinvestitionen in **Jointventures** eingebracht werden. Zu diesen Gemeinschaftsunternehmen steuert der ausländische Partner das Kapital und das Know-how bei, der inländische Partner aus dem Entwicklungsland öffnet den Markt, sorgt für leistungsfähige und preisgünstige Arbeitskräfte und schafft gute Beziehungen zu Verwaltung und Regierung. Alle Werke der deutschen Automobilindustrie in China sind zum Beispiel Jointventures.

Eine konsequente und logische Fortentwicklung der Produktions- und Betriebsorganisation der footloose industry sind die **virtuellen Unternehmen**. Sie produzieren nicht mehr selbst. Sie kreieren lediglich in ihren Forschungs- und Entwicklungsabteilungen ein Produkt, für das als „brandmark" (logo, brand, mark) geworben wird und das als solches auf den Markt gelangt. Die Herstellung der jeweiligen Produkte wird an den am günstigsten anbietenden Produktionsbe-

M2 *Textilherstellung in Wuhu (China)*

trieb meist in einem Niedriglohnland vergeben. Dieses Unternehmen ist dann für Produktion, Löhne und alle weiteren Folgekosten verantwortlich und gibt das fertige Produkt ab.

Somit ergeben sich einmal Kostenvorteile im Bereich der Immobilien, da keine zusätzlichen Räume oder Grundstücke notwendig werden, und zum anderen bei den Personalkosten, da eine eigene Verwaltung und Firmenleitung nicht notwendig ist. Ein weiterer Vorteil ist die Flexibilität eines virtuellen Unternehmens: Es kann sehr schnell an veränderte Marktbedingungen angepasst werden.

Die Möglichkeiten zu raschen Standortverlagerungen (vgl. verlängerte Werkbank, footloose industry), die sich im Rahmen der Globalisierung ergeben, führen zu großen Problemen auf den nationalen Arbeitsmärkten der alten Industrieländer: Arbeitsplätze werden in Niedriglohnländer (auch Billiglohnländer) ausgelagert, der Druck auf Arbeitszeit und Löhne steigt. In diesem Zusammenhang geraten auch die multinationalen Unternehmen immer wieder in Kritik wegen ihrer ausschließlich auf Gewinn orientierten Standortwahl und wegen ihrer zunehmenden wirtschaftspolitischen Macht. Sie kann nach Ansicht von Experten nicht nur zur Beeinflussung, sondern auch zur Umgehung von Regierungen ausgenutzt werden.

Industrie im Wandel - Veränderungen in der Organisation

Das übergeordnete Ziel der Industrie ist die Wertschöpfung, das Erzeugen wirtschaftlicher Werte, das Erarbeiten eines Überschusses, also eines Gewinns. Der Arbeiter schafft als wesentlicher Teil der **Wertschöpfungskette** mit seiner Arbeitskraft den Mehrwert als Profit für das Unternehmen. Als Mehrwert wird in Anlehnung an Karl Marx die Differenz zwischen dem Verkaufswert eines vom Arbeiter geschaffenen Erzeugnisses und dem dafür gezahlten Lohn bezeichnet.

Die Steigerung der Wertschöpfung kann auf verschiedene Weise erfolgen: entweder durch die Verlängerung der Arbeitszeit, die Verringerung der Löhne oder durch die Erhöhung der **Produktivität**, das heißt erhöhter Produktion bei gleicher Arbeitszeit (zum Beispiel durch Mechanisierung oder Automatisierung).

Die Maßnahmen zur Steigerung der Produktivität werden am Beispiel der Automobilindustrie deutlich. Sie ist in Industrieländern wie den USA, Japan und Deutschland eine der wichtigen **Schlüsselindustrien**, von der zahlreiche Zulieferbetriebe abhängen und die von daher bedeutsam für die jeweilige Volkswirtschaft ist.

Nach Erfindung des Automobils wurde jedes Auto zunächst arbeitsintensiv in Manufakturen gefertigt. Durch die Einführung der Fließbandarbeit durch Henry Ford

3.4 Sekundärer Sektor – innovativ und global

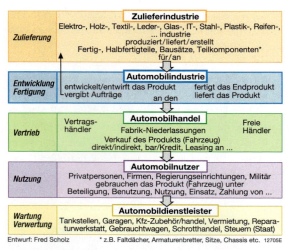

M1 Organisationsschema der Automobilwirtschaft

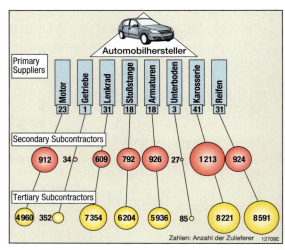

M2 Pyramidales System der Zulieferer in einem japanischen Autowerk (Prinzip des Toyot(a)ismus)

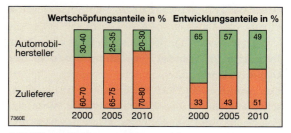

M3 Wertschöpfung und Entwicklungsanteile von Automobilherstellern und Zulieferern

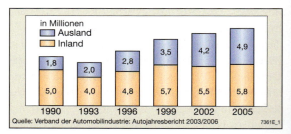

M4 Pkw-Produktion deutscher Hersteller im In- und Ausland

	Fordistisch-tayloristisches Modell (früher)	Post-fordistisches Modell (heute)
Produktions-organisation	• Komplexe, aber starre Einzwecktechnologien, zeitaufwendige und teure Umstellung auf neue Produkte • hohe vertikale Integration (Fertigungstiefe), funktional und räumlich lockere Beziehungen zu Lieferanten • viele direkte Zulieferer • große Lagerhaltung • Fließband	• flexible Mehrzwecktechnologien, relativ schnelle und kostengünstige Umstellung auf neue Produkte • abnehmende vertikale Integration, funktional organisierte Zuliefersysteme (single sourcing, global sourcing) • starke Abnahme der Zahl der Direktlieferanten, Just-in-time-Anlieferung • geringe, jedoch störanfällige Lagerhaltung • Fließband und Arbeitsgruppen
Arbeits-organisation	• Entwicklung der Produkte durch relativ eng qualifizierte Fachkräfte, Fertigung durch an- und ungelernte Arbeitskräfte, relativ einfache Arbeiten in vorgegebener Folge, Trennung von Fertigung, Qualitätskontrolle und Wartung	• Entwicklung in Gruppen, Gruppenarbeit, Integration von Fertigung, Qualitätskontrolle, Wartung und Reparatur, zunehmende Anforderungen an die Qualifikation der Arbeitskräfte
Produkte	• wenige, standardisierte Produkte (hohe Stückzahl) • relativ geringe Produktdifferenzierung	• zunehmende Produktdifferenzierung
Wettbewerb	• Oligopol	• Oligopol • strategische Allianzen
Produktions-räume	Nordamerika, Europa, Lateinamerika	Europa, Nordamerika, Südostasien

M5 Produktions- und Arbeitsorganisation in der Automobilindustrie

erhöhte sich die Produktivität der Arbeitskräfte. Durch diese Form fordistischer Massenproduktion konnten große Mengen so preiswerter Kraftfahrzeuge produziert werden, dass sie sogar für die Fließbandarbeiter erschwinglich waren. So entstanden sich ergänzend Massenproduktion und Massenkonsum.

Um auf dem Weltmarkt weiterhin konkurrenzfähig zu bleiben, sind die Unternehmen der Automobilindustrie heute gezwungen, extreme Kosteneinsparung zu betreiben. Früher produzierte ein Unternehmen möglichst alle Einzelteile bis zum fertigen Endprodukt innerhalb der eigenen Fabrik. Eine solch hohe **Fertigungstiefe** ist recht kostenintensiv. Daher setzt die Kostenersparnis hier an. Die Fertigung der Einzelteile wird an in harter Konkurrenz stehende in- und ausländische Zulieferbetriebe vergeben. Diese müssen die Herstellung und technologische Weiterentwicklung des Einzelteils sowie die damit verbundenen Kosten und Folgekosten (zum Beispiel soziale oder ökologische) übernehmen. Das Hauptunternehmen behält die Kernkompetenz, das heißt die Forschung, die Entwicklung und die Endherstellung. Bei dieser postfordistischen Produktionsweise nutzen die Unternehmen innerhalb und außerhalb ihrer Betriebe neue Möglichkeiten zur internen und externen Kostensenkung. Sie wurde erstmals von Toyota praktiziert und ist heute im Automobilbau allgemein üblich.

Modernste Logistik- und Produktionstechniken ermöglichen in einzelnen Branchen auch eine „**flexifactory production**". In einer Flexifactory – also einer flexibel produzierenden Fabrik – können die Produkte oder die produzierte Menge ohne großen Kostenaufwand einfach und schnell geändert werden. In der Automobilproduktion wird oft eine Produktionslinie für den Bau verschiedener Modelle in unterschiedlichsten Varianten ausgelegt. Ein hoher Grad der Automatisierung und der Einsatz von Fertigungsrobotern macht dies möglich.

Eine große Bedeutung kommt in diesem Zusammenhang der Logistik zu. Die in der Produktion benötigten Teile müssen von den Zulieferern **just-in-time**, das heißt exakt zum genauen Verwendungszeitpunkt, und **just-in-sequence**, also genau am Ort des Produktionsprozesses, angeliefert werden. Durch diese genaue Abstimmung von Fertigung und Zulieferung der benötigten Teile können die Unternehmen weitgehend auf eigene Vorratshaltung verzichten und dadurch Lagerhaltungskosten einsparen. Das Lager im Produktionsbetrieb wird durch die LKW als „rollende Lager" auf der Autobahn

(bzw. Autobahn-Parkplätzen) ersetzt – mit den entsprechenden Folgen für das Verkehrsaufkommen und die Allgemeinheit.

Für die Zulieferfirmen kann das Just-in-time-System mit hohen betriebswirtschaftlichen Risiken verbunden sein, da es durch Staus oder Streiks immer wieder zu Lieferverzögerungen kommen kann. In diesem Fall werden für den Zulieferer hohe Konventionalstrafen fällig.

Je kürzer die Transportwege sind, desto exakter kann die zeit- und punktgenaue Anlieferung erfolgen. Deshalb suchen **Zulieferer** die Nähe zur Endfertigung durch die Ansiedlung in einem Zulieferpark in nächster Nähe zum Endabnehmer. Da die Automobilhersteller als Produzenten im Hightechbereich auf einwandfreie Vorprodukte mit exakter Just-in-sequence-Anlieferung angewiesen sind, finden sich in dieser Branche besonders häufig derartige Zulieferparks (z.B. bei VW in Wolfsburg oder DaimlerCrysler in Toledo/USA).

Die Auslagerung von Produktionsschritten oder die Vergabe von Aufträgen an Drittunternehmen bezeichnet man als **Outsourcing**. Waren es früher vor allem Teile der Produktion, die vom Hauptbetrieb an Zulieferfirmen ausgelagert („outgesourct") wurden, so sind es heute zunehmend auch Betriebsteile des Dienstleistungsbereichs, wie zum Beispiel Gehaltsabrechnung, Betrieb der Kantine, Wachdienst oder Logistik. Die Hauptunternehmen konzentrieren sich auf ihre Kernkompetenz und versuchen auf diese Weise, die Unternehmensrisiken und Kosten zu minimieren. Mögliche Nachteile des Outsourcings bestehen in Verlusten an Know-how, Belieferungsproblemen und mangelnder Qualität der zugelieferten Teile oder Dienstleistungen. Daher holen gelegentlich Betriebe ihre ausgelagerten Sparten wieder zurück.

Weitere Veränderungen der betrieblichen Organisation mit dem Ziel der Kosteneinsparung sind **Leanproduction** und **Leanmanagement**. Die „schlanke Produktion" versucht durch Outsourcing und optimierte Arbeitsformen innerhalb der Produktion alle entbehrlichen Arbeitsschritte zu vermeiden. Durch Gruppenarbeit unterschiedlich einsetzbarer, eigenverantwortlicher Mitarbeiter kann man die mit der Zeit langweilig werdende Fließbandarbeit umgehen, durch Automatisierung, aber auch durch Entlassungen oder die Beschäftigung von Zeitarbeitskräften (perma temps) Zeit oder Kosten sparen. Das Leanmanagement strebt eine intelligentere Organisation eines Betriebs an. Teamarbeit oder Jobro-

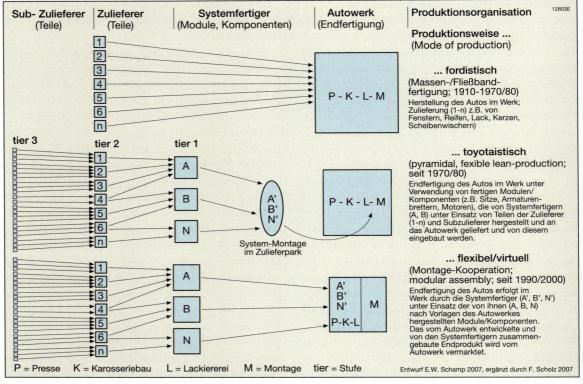

M1 *Produktionsweisen der Automobilindustrie (Modelle)*

tation sollen zu intensiver Identifikation mit der Arbeit, zu besserer Zusammenarbeit und damit zu erhöhter Effektivität führen. Zudem sollen produktionsbegleitende Qualitätskontrollen (total quality management control) die aufwendigen Entwicklungs- und Rückrufkosten senken. Flache Hierarchien, also die Einsparung von Verwaltungs- oder Leitungsstufen, dienen der Kostenersparnis. So erhalten zum Beispiel die Gruppenleiter deutlich mehr Kompetenzen (Urlaubsplanung, Mitwirkung beim Materialeinkauf), sodass in anderen Abteilungen Arbeitskräfte eingespart werden können. Das angestrebte Gesamtziel besteht in der Verringerung der Beschäftigtenzahl, des Zeitaufwands für Leitung und Produktion und des eingesetzten Kapitals.

Zu den organisatorischen Veränderungen zählt auch, dass neu gegründete Betriebe heute oft mit **Risikokapital** arbeiten. Ein Geldgeber spekuliert dabei auf kurzfristige hohe Gewinne, indem er sich – mit der Hoffnung auf eine Wertsteigerung – an einer Betriebsgründung beteiligt. Das angelegte Kapital rentiert sich also nur bei einer Wertsteigerung der Firma.

Auf dem Weg zu nachhaltigem Wirtschaften

Industrieanlagen waren – und sind es in weiten Teilen der Welt noch – in großem Maße an der zunehmenden Umweltverschmutzung beteiligt. Lärm, Flächenversiegelung und schädliche Einwirkungen auf Luft, Wasser und Boden führen zu zunehmender Beeinträchtigung der natürlichen Umwelt mit der Gefahr der Systemüberlastung. Mittlerweile haben wachsende Umweltsensibilität weiter Bevölkerungsteile und vielerorts verstärkte Umweltschutzvorgaben Veränderungen bei Produktion und Produkten zur Folge und ziehen damit Kostensteigerungen und eventuell notwendig werdende Standortverlagerungen nach sich.

Durch **Umweltmanagement** können Betriebe sowohl Produktion als auch Produkte zur Schonung der Umwelt optimieren und damit zu höherer Akzeptanz, zur Absatzsicherung und zur Erhaltung von Arbeitsplätzen beitragen. Technische Verbesserungen wie sparsamere und leisere Maschinen oder geringere Wärmeverluste sind ebenso gefragt wie ein effizienterer Umgang mit Wasser, Luft und anderen benötigten Ressourcen. Mit

Fokus

Der Industrial Supplier Park Saarlouis

Ford Saarlouis zählt zu den modernsten und produktivsten Automobilwerken weltweit und ist als „lead plant" Maßstab für die Ford-Werke auch auf anderen Kontinenten. Rund 6800 Beschäftigte produzieren 1800 Fahrzeuge unterschiedlicher Typen in 24 Stunden. Neben dem Autowerk befindet sich auf 74 000 m² Grundfläche der Ford Industrial Supplier Park. Hier werden von rund 1800 Mitarbeitern in elf Zulieferfirmen komplette Module wie Vorder- oder Hinterachse, Kabelbäume, Sitze oder Dachhimmel produziert. Kernstück des Zulieferparkkonzeptes ist das Transportsystem „Conveyer Belt". Mit seiner Hilfe werden die unterschiedlichen Teile bzw. Baugruppen vom Zulieferer direkt an die Stellen gebracht, wo sie in der Endmontage des Autos benötigt werden. Im Umfeld des Automobilwerkes entstanden in den letzten Jahren durch das Werk weitere 25 000 Arbeitsplätze in Handel, Gewerbe und Zulieferfirmen. Saarlouis ist damit einer der wichtigsten Standorte im Auto-Cluster „automotive.saarland", das sich in Konkurrenz zu 39 anderen Auto-Clustern in Europa sieht, neun davon in Deutschland.

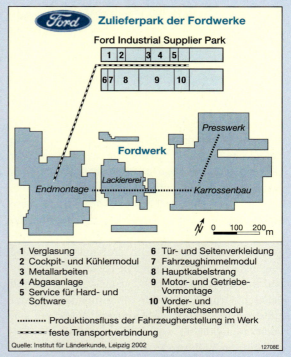

M2 *Der Zuliefererpark des Fordwerks Saarlouis*

einem freiwilligen sogenannten **Ökoaudit**, also einer Beurteilung der umweltrelevanten Betriebsaktivitäten, versuchen Firmen, ihr Umweltverhalten zu verbessern und werbewirksam unter Beweis zu stellen.

Weltweit gewinnt der Aspekt der nachhaltigen Entwicklung, das Sustainable Development, immer mehr an Bedeutung. Dies umfasst jedoch mehr als nur die Forderung nach mehr Umweltschutz: Die Weiterentwicklung der lokalen und globalen Lebensbedingungen im Sinne der **Nachhaltigkeit** soll nicht nur unter ökologischem, sondern auch unter ökonomischem und sozialem Aspekt erfolgen (vgl. Kap. 8.3). Für die Industrie bedeutet die ökonomische Dimension ein betriebliches Wirtschaften, das zum Beispiel nicht nur auf kurzfristige Gewinne, sondern auf eine langfristig gesunde wirtschaftliche Basis setzt mit dem Ziel der Erhaltung und Schaffung von Arbeitsplätzen. Die soziale Dimension schließlich erfordert zum Beispiel Arbeitsplätze, die für die Beschäftigten grundsätzlich nicht gesundheitsgefährdend oder gar lebensbedrohlich sind und die insgesamt die Menschenwürde nicht verletzen.

1. Erläutern Sie die Theorie von Kondratjew.
2. Schildern Sie die Veränderungen der Stellung Deutschlands als Zentrum von Basisinnovationen im Verlauf der langen Wellen Kondratjews.
3. Beschreiben Sie Produkte mit unterschiedlich langen Produktlebenszyklen und zeigen Sie an einem Beispiel, wie ein Produktlebenszyklus verlängert werden kann.
4. Stellen Sie in einer Mindmap die Maßnahmen dar, die in der Industrie ergriffen werden, um dem globalen Konkurrenzdruck standzuhalten (vgl. auch Kap. 9.2).
5. Erörtern Sie Probleme, die im Zusammenhang mit Just-in time-Lieferung für Betriebe und Allgemeinheit auftreten können.
6. Viele Gemeinden entwickeln Technologie- oder Industrieparks. Stellen Sie fest, ob es in der Nähe Ihres Ausbildungsorts Industrie- oder Technologieparks gibt und dokumentieren Sie den Bestand in einer Karte.
7. Informieren Sie sich mit Hilfe des Internets über Wachstumsbranchen der Industrie, wie zum Beispiel der Biotechnologie, der Gentechnologie oder der Nanotechnologie (vgl. auch Seite 425).

Raumbeispiel: Dresden (Sachsen)

Bei einem bundesweiten Vergleich der absoluten Wirtschaftskraft, Ergebnis zum Beispiel der Lebens- und Standortqualität, belegte der Freistaat Sachsen 2004 den neunten Rang unter den deutschen Flächenstaaten. Absolute Spitze dagegen war das Bundesland bei einem Vergleich der wirtschaftlichen Entwicklung. Allerdings ist diese fragmentierend und mit einer starken räumlichen Disparität behaftet. Sie ist nur auf ein paar global konkurrenzfähige Standorte, darunter Dresden und Leipzig, und nur auf wenige Branchen, vor allem die Mikro- und Nanotechnologie, konzentriert. Wenn hier Probleme auftauchen, erleidet die gesamte Region große wirtschaftliche Nachteile. Trotzdem hat nirgendwo sonst in Deutschland ein Bundesland in den vergangenen Jahren so deutliche Fortschritte gemacht und war die wirtschaftliche Dynamik so groß wie in Sachsen. Grundlage für die Bewertung waren unter anderem die Bereiche Arbeitsmarkt, Wohlstand und Standortqualität. So wuchs z.B. in Sachsen das BIP am stärksten und war der Anteil der Investitionen an den Gesamtausgaben am höchsten.

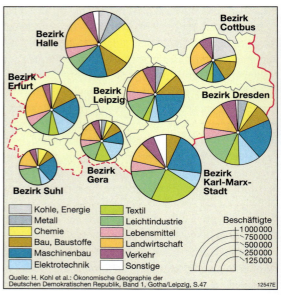

M1 Anteil der Wirtschaftszweige an den Beschäftigten des verarbeitenden Gewerbes im Süden der DDR (1968)

M2 Ein ehemals führender Industrieraum

„Grundlage und Ausgangspunkt für den Industrialisierungsprozess Sachsens im 19. Jh. war die Textilindustrie, die in den gefällereichen Flüssen des Erzgebirges eine ausgezeichnete Rohstoff- und Energiequelle besaß. Bereits zu Beginn des 18. Jh. war sie durch ein weit verbreitetes Verlagssystem frühindustriell geprägt; ihre Produkte wurden bis nach Übersee exportiert. Nach der Einführung englischer Dampfmaschinen um 1830 und mithilfe der Braun- und -Steinkohle wurden immer mehr Holz und Metall verarbeitende sowie Textilien, Maschinen und chemische Produkte erzeugende Unternehmen gegründet. Die Entwicklung zahlreicher Industriegebiete und Verdichtungsräume hatte vielfältige Folgen, darunter deutliche und bis heute andauernde Disparitäten in der Raumstruktur, ein Urbanisierungsgrad von rund 50 % bereits um die Wende zum 20. Jh. sowie das dichteste Verkehrsnetz in ganz Deutschland. Die industriellen Wurzeln überlebten die Zerstörungen durch den Zweiten Weltkrieg und die Demontagen durch die russische Besatzungsmacht. Zur Zeit der DDR-Regierung war über ein Drittel aller industriellen Kapazitäten in Sachsen konzentriert (M1).

M3 Automobilbau in Sachsen

Eine für Sachsen sehr wichtige Linie des Industrialisierungsprozesses ist der Fahrzeugbau. Er geht auf die Textilindustrie und den mit ihr assoziierten Maschinenbau zurück. Aus diesem entwickelten sich mehrere Produktlinien, so zum Beispiel der Bau von Lokomotiven in der „Sächsischen Maschinenfabrik". Das Unternehmen ging zurück auf eine Fabrik in Chemnitz aus dem Jahr 1835, in der neben Dampfmaschinen auch Maschinen für die Tuchfabrikation und zum Spinnen hergestellt wurden.

Eine weitere Linie der sächsischen Fahrzeugproduktion stellt der Automobilbau dar. Bereits 1904 gründete August Horch in Zwickau eine Automobilfirma. Nach weiteren Gründungen vereinigten sich 1932 die vier sächsischen Automobilhersteller Audi, DKW, Horch und Wanderer mit den Motorradwerken in Zschopau zur Auto-Union-AG, dem ersten bedeutenden deutschen Automobilkonzern. Er beschäftigte damals 4500 Mitarbeiter und war mit Abstand das größte Industrieunternehmen in dieser Region."

(nach: Hartmut Kowalke (Hrsg.): Sachsen. Gotha und Stuttgart 2000, S. 132)

Branche	Gesamtumsatz (1000 €)	Beschäftigte	Umsatz/Beschäftigte (€)	Umsatz/Beschäftigte (€) [1]	Exportquote (%)
Ernährungsgewerbe	5 902 187	22 170	266 224	240 323	4,4
Textil- und Bekleidungsindustrie	1 201 629	14 180	84 745	150 172	25,3
Holzgewerbe	753 703	3 784	199 182	169 842	k.A.
Papier-, Verlags- und Druckgewerbe	1 984 624	13 140	151 035	176 895	22,2
Chemische Industrie	1 865 281	9 254	201 565	294 023	48,8
Herstellung von Gummi- und Kunststoffwaren	1 023 653	9 058	113 011	153 792	19,7
Glas / Keramik / Verarbeitung von Steinen u. Erden	1 532 679	11 535	132 863	150 028	14,1
Metallerzeugung und -bearbeitung, -erzeugnisse	4 458 284	35 891	124 212	162 617	17,2
Maschinenbau	4 474 049	33 563	133 303	164 964	39,8
Büromaschinen, Elektrotechnik, Feinmechanik, Optik	4 881 122	31 219	195 882	198 486	38,5
Fahrzeugbau	7 665 968	26 316	291 304	296 398	46,3
Recycling / Möbel / Schmuck / Spielwaren	905 426	8 360	108 305	144 623	15,6

Quelle: IHK: Wirtschaftsdaten – Freistaat Sachsen, Kammerbezirk Dresden, Stadt Dresden. Dresden 2004, S. 14f.   [1] Bundesrepublik Deutschland

M4 *Verarbeitendes Gewerbe im Freistaat Sachsen (2003)*

M5 Einflussgrößen der Standortwahl

Zahlreiche Standortfaktoren begünstigen den Aufschwung der Automobilindustrie in Sachsen. Von großer Bedeutung sind die gut ausgebildeten und flexiblen Arbeitskräfte. So war für die Ansiedlung von BMW entscheidend, dass die wöchentliche Maschinenlaufzeit je nach Auftragslage bis zu 140 Stunden (von maximal 168 Stunden) betragen kann. Weitere wichtige Standortfaktoren sind die verkehrsgünstige Anbindung – täglich fahren allein das BMW-Werk in Leipzig über 500 Lkw an –, die durch die EU-Osterweiterung erhöhte Attraktivität des Standortes sowie die gut ausgebaute Verkehrsinfrastruktur. Sie ermöglicht, dass bei dem eng vernetzten Autobau einzelne Module oder komplette Systeme von über 300 Zulieferbetrieben just-in-time ans Band geliefert werden können.

Neben den Arbeitskräften waren die Gesamtkosten für die Ansiedlung der Automobil- und Zulieferunternehmen von ausschlaggebender Bedeutung: Dies betraf die in Ostdeutschland relativ geringen Löhne, die Steuervorteile, die niedrigen Grundstückspreise von bis zu zehn Euro je Quadratmeter, vor allem die Subventionen vom Land Sachsen, von der Bundesrepublik Deutschland und von der EU.

M6 *Konzentration der Automobilzulieferer in Sachsen*

3.4 Sekundärer Sektor – innovativ und global

M1 *VW-Werk in Dresden*

M2 Kompetenz in Netzwerken

Neben der Automobilindustrie haben sich im Raum Dresden weitere Kompetenzfelder von internationaler Bedeutung entwickelt. Dabei handelt es sich zum Beispiel um den traditionsreichen Maschinen- und Anlagenbau sowie um Schlüssel- oder Zukunftstechnologien wie etwa die optischen Technologien, die Biotechnologie, die Mikroelektronik oder die neuen Werkstoffe und Materialien mit einem Schwerpunkt im Bereich Nanotechnologie.

Um die industriellen Anwendungsmöglichkeiten zu erschließen, arbeiten viele Unternehmen eng mit den Hochschulinstituten und Forschungseinrichtungen zusammen. Dabei hat sich bereits eine Reihe von Kompetenznetzwerken gebildet, wie zum Beispiel die Verbundinitiative Automobilzulieferer Sachsen, das BioMeT-Netzwerk für Biologie, Medizin und Technik oder das Silicon Saxony e.V. für den Bereich Mikroelektronik.

Träger der wirtschaftlichen Entwicklung in den Netzwerken sind die Wissensarbeiter und Ingenieure. Durch ihr Wirken werden 40 Prozent der sächsischen Wertschöpfung erreicht und mehr als die Hälfte aller Arbeitsplätze im Freistaat Sachsen gesichert.

Einrichtung	Anzahl
Transferstellen und Transferzentren	8
Technologiezentren und technologieorientierte Gründerzentren	1
spezielle Beratungseinrichtungen	2
Behörden, Kammern, Verbände und andere	7

Quelle: Industrie- und Handelskammer Dresden. In: Wirtschaftsatlas Kammerbezirk Dresden

M3 *Einrichtungen für Technologietransfer und Innovationsförderung*

M4 *Dresden: Branchenstruktur von Handwerkskammer-Betrieben*

Unternehmensanteile nach Gewerken (Eingetragen in der Handwerksrolle)
- Bau und Ausbau
- Elektro und Metall
- Holz
- Textil und Leder
- Nahrungsmittel
- Gesundheit und Reinigung
- Glas, Papier und Sonstige

Quelle: HWK Dresden, Statistisches Landesamt Sachsen

Einrichtung	Anzahl
Universität	2
Hochschule	3
Fachhochschule	2
Studienakademie	1
Landesforschungseinrichtung	5
Max-Planck-Institut	3
An-Institut	7
Leibniz-Institut	9
Fraunhofer-Institut	4
weitere außeruniversitäre Forschungseinrichtung	16

Quelle: Die sächsischen Industrie- und Handelkammern. In: Wirtschaftsatlas Sachsen (2005)

M5 *Dresden: Universitäten, Hochschulen, Forschungseinrichtungen*

M6 *Auszug aus einem Interview mit Frau Beißert, Referentin beim Oberbürgermeister in Dresden*

Frau Beißert, neben der Automobilproduktion ist die Mikroelektronik ein weiterer „Leuchtturm" der sächsischen Industrie. Wie kam es dazu?
Bereits vor 1990 war die sächsische Landeshauptstadt das Zentrum der ostdeutschen Halbleitertechnologie und Elektronikindustrie. Dies war ein wesentlicher Grund dafür, dass der Standort nach der Wende für Investoren aus aller Welt so attraktiv war. Mittlerweile haben sich hier im Dresdner Norden, dem so genannten Silicon Saxony, fast 800 Hightech-Unternehmen angesiedelt, darunter als Großprojekte neben Infineon auch AMD (Advanced Micro Devices) mit zwei Fabriken, ZMD (Zentrum für Mikroelektronik Dresden) und Wacker Siltronic.

Welche Rolle spielen Forschung und Entwicklung beim Aufstieg Dresdens zu einer Metropole der Chip-Produktion?
Eine ganz entscheidende. Die Stadt verfügt mit der Technischen Universität und zahlreichen wissenschaftlichen Einrichtungen über die höchste Forschungs- und Entwicklungskonzentration im technischen und naturwissenschaftlichen Bereich in den neuen Bundesländern. Ein Beispiel dafür ist das 2003 gegründete Advanced Mask Technology Center, ein Joint Venture von AMD, Infineon Technologies und DuPont Photomasks. Hier werden Photomasken als Grundlage für die Chipherstellung produziert.

Dresden wird häufig als ‚Hightech-Cluster von Weltrang' bezeichnet. Was heißt das?
Nun, wir schaffen hier in Dresden und Umgebung die Voraussetzung dafür, dass möglichst viele Unternehmen einer Branche zusammen mit anderen Serviceeinrichtungen kooperieren, das heißt ihre Ressourcen bündeln um schneller zu besseren Produkten zu kommen und so auf dem Weltmarkt konkurrenzfähig zu sein. Ein gutes Beispiel ist das Silicon Saxony e.V. In diesem größten Mikroelektronik-Cluster Europas arbeiten rund 160 Unternehmen mit mehr als 15 000 Menschen zusammen. Zu dem Netzwerk gehören alle wesentlichen Unternehmen der Halbleiter-Branche und deren Zulieferer, des Weiteren vier Fraunhofer-, drei Max-Planck- und neun Leibniz-Institute sowie die Stadt Dresden und die Wirtschaftsförderung Sachsen.

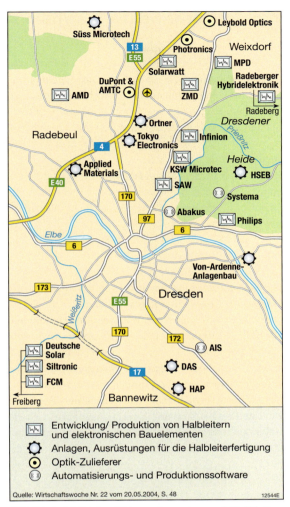

M7 *Die wichtigsten Chipproduzenten und Halbleiterzulieferer in Dresden und Umgebung*

1. Beschreiben Sie die Grundlage des Automobilbaus in Sachsen.
2. Begründen Sie die Konzentration der Automobilzulieferer.
3. Stellen Sie die Standortfaktoren der Automobilindustrie in einem Beziehungsgeflecht dar.
4. Werten Sie M4, Seite 203 aus.
5. Erklären Sie den Begriff des Clusters am Beispiel der Mikroelektronik in Dresden.
6. „Sachsen ist geprägt von räumlicher Disparität." Erläutern Sie diese Aussage (auch Atlas).

3.5 Tertiärer Sektor - dynamische Entwicklungen

Industrieland Deutschland? Längst ist Deutschland Dienstleistungsland: An der Zahl der Beschäftigten wie am Beitrag zum Bruttonationaleinkommen gemessen ist der tertiäre Sektor hier, wie in allen hochentwickelten Staaten der Erde, der bedeutendste Wirtschaftsbereich geworden (vgl. Kapitel 3.1). Dieser Prozess wird als **Tertiärisierung** bezeichnet.

Zum tertiären Sektor zählen Branchen, die keine materiellen Güter produzieren, sondern immaterielle Leistungen erbringen. Allerdings ist dieser Sektor in sich äußerst heterogen (M1).

Wissenschaftliche Untersuchungen gliedern den Dienstleistungsbereich nach der Art der Nachfrager häufig funktional in **unternehmensorientierte Dienstleistungen**, die hauptsächlich von Unternehmen nachgefragt werden, und **personenbezogene Dienstleistungen**, die jeder von uns in Anspruch nimmt. Personenbezogene Dienstleister sind zum Beispiel Fast-Food-Ketten und Supermärkte ebenso wie Ärzte, Lehrer oder Friseure. Zu den unternehmensorientierten Dienstleistungen zählen Bereiche wie zum Beispiel Werbung, Design, Personalwirtschaft, Gebäudereinigung, Sicherheitsdienste und Informations- sowie Datenverarbeitung.

Hinsichtlich der von den Beschäftigten ausgeübten Tätigkeiten kann zwischen einfachen Dienstleistungen (zum Beispiel Reinigung, Gastronomie, Handel, Bürotätigkeiten), produktionsorientierten Tätigkeiten (wie zum Beispiel Reparatur, Einrichtung und Wartung von Maschinen) und höherwertigen Dienstleistungen unterschieden werden. Für die beiden erstgenannten Gruppen ist kein sehr hohes Ausbildungsniveau erforderlich, für die zuletzt genannten anspruchsvolleren Dienstleistungen allerdings eine höhere Ausbildung und Schulung. Diese anspruchsvollen Dienstleistungen werden deshalb mitunter als **quartärer Sektor** bezeichnet; dazu gehören Dienstleistungen im weiteren Sinne auf den Gebieten Forschung und Entwicklung, Entscheidungstätigkeiten im öffentlichen Bereich (Regierung und Verwaltung) und auch das Management von Firmen sowie Organisation, Beratung, Betreuen und Lehren.

Tertiärisierung

In Deutschland ist das Wachstum des tertiären Sektors uneinheitlich verlaufen. Die unternehmensorientierten Dienstleistungen sind wesentlich stärker gewachsen als die privaten personenbezogenen. Zudem sind in vielen Industriebetrieben die meisten Beschäftigten nicht mehr unmittelbar in der Produktion tätig, sondern in Verwaltung, Entwicklung, Lagerhaltung oder Vertrieb. Gleichwohl werden sie statistisch dem sekundären Sektor zugerechnet. Für die Tertiärisierung gibt es verschiedene Erklärungen, die sich ergänzen und den Vorgang von verschiedenen Seiten beleuchten.

- Wirtschaftliche Wachstum: Da die Industrie mehr Güter produziert und absetzt, werden auch mehr unternehmensorientierte produktionsnahe Dienstleistungen nachgefragt. Die Tertiärisierung ist somit an die Entwicklung des sekundären Sektors gekoppelt und wird mit der zunehmenden gesellschaftlichen Arbeitsteilung erklärt.
- Auslagerungstendenzen in der Industrie: Weil vermehrt Dienstleistungsabteilungen ausgelagert oder bislang selbst erbrachte Dienste, im Rahmen neuerer Organisationskonzepte (zum Beispiel lean production, vgl. Kap. 3.4) extern eingekauft werden, ist das Wachstum so stark. Obgleich dabei neue Dienstleistungsunternehmen entstehen, ist das beobachtete Wachstum zum Teil Ergebnis einer statistischen Verschiebung.
- Innovationshypothese: Die Entwicklung wird auf die Verkürzung der Produktlebenszyklen und die differenziertere Nachfrage zurückgeführt; Forschung und Entwicklung werden verstärkt und Dienstleistungen von Wirtschafts-, Technik- und Rechtsberatern eingesetzt, um neue Produkte auf den Markt bringen zu können.
- Die gewachsene Nachfrage nach privaten personenbezogenen Dienstleistungen erklärt sich mit der Zunahme des Wohlstands privater Haushalte. Dies lässt sich am Beispiel des Budgets von Arbeiterhaushalten aufzeigen. Bewegte sich dieses 1907 nahe am Existenzminimum, reicht heute weniger als die Hälfte eines Einkommens, um die Grundbedürfnisse zu befriedigen. Das verfügbare Einkommen, das nicht für lebensnotwendige Güter ausgegeben werden muss, hat also erheblich zugenommen.

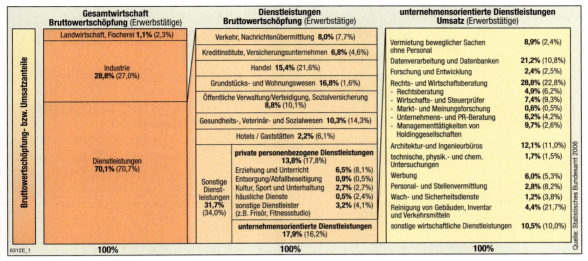

M1 Die Struktur des tertiären Sektors in Deutschland (2003)

- Die Konsumtheorie geht davon aus, dass es bei den Bedürfnissen einen Anstieg von niedrigeren zu höheren Bedürfnissen gebe. Danach verlagern private Haushalte ihre Ausgaben mit zunehmendem Wohlstand von der Deckung materieller Bedürfnisse hin zur Befriedigung immaterieller Bedürfnisse – zu Freizeit, Bildung, Gesundheit und Kultur. Auch werden einzelne Tätigkeiten nicht mehr im Haushalt selbst erledigt, sondern nachgefragt, zum Beispiel Beschäftigung von Reinigungskräften oder Essen in Restaurants. Somit entsteht vor dem Hintergrund steigenden Wohlstandes eine wachsende Nachfrage nach privaten Dienstleistungen.
- Daneben ist auch die Veränderung der Bevölkerungsstruktur von Bedeutung: Mit wachsendem Bildungsstand steigt die Nachfrage nach Kultur und Bildung. Die zunehmende Zahl kleiner Haushalte (zum Beispiel von Singles, Kleinfamilien) führt dazu, dass viele Dienstleistungen wie zum Beispiel Kinder- und Altenpflege, die früher innerhalb der Familie erbracht wurden, nun bei Organisationen und Firmen nachgefragt werden. Der Zuwachs bei den privaten personenbezogenen Dienstleistungen ist also mit der Veränderung der sozialen Gegebenheiten erklärbar.

Die Bedeutung des tertiären Sektors nimmt, so wird prognostiziert, weiter zu. Einfache Dienstleistungen werden bei zunehmender Globalisierung Beschäftigtenanteile verlieren, während höher qualifizierte Tätigkeiten deutliche Zuwächse verzeichnen werden. Insgesamt wird dabei wohl ein Verlust an Arbeitsplätzen eintreten.

Standorte personenbezogener Dienstleister

Private personenbezogene Dienstleistungen sind hinsichtlich ihrer Standortfaktoren vor allem nachfrageorientiert: Der Supermarkt, das Fitness-Studio, der Krankengymnast oder die Geschäftsstelle der Bausparkasse suchen sich einen Standort in der Nähe potenzieller Kunden, der verkehrstechnisch gut erreichbar ist und auch ein positives (zumindest kein negatives) Image hat.
Eine Bäckereifiliale zum Beispiel ist auf den direkten Kontakt zu den Kunden angewiesen, etwa an stark frequentierten Standorten in der Innenstadt, an denen Passanten „auch noch eben Brötchen mitnehmen", oder an Standorten im Stadtteil, an denen die Anwohner regelmäßig ihren kurzfristigen Bedarf decken. Betriebe im Stadtteil, die alltäglich nachgefragte, einfache Produkte verkaufen, werden profitabel unter der Voraussetzung betrieben werden können, dass eine entsprechende Anzahl potenzieller Kunden in ihrer näheren Umgebung wohnt. Solche Dienstleistungsbetriebe, wie auch Friseure oder Gaststätten, verteilen sich deshalb in einem relativ regelhaften, von der Nachfragedichte abhängigen Netz von Standorten.
Auf einen wesentlich größeren **Einzugsbereich** von Nachfragern stützen sich spezialisiertere Einzelhändler mit Waren des mittel- oder langfristigen Bedarfs sowie Dienstleistungsbetriebe mit höherwertigem Angebot: Ein Röntgenfacharzt hat nur in einem großen Einzugsgebiet eine genügende Anzahl von Patienten, die seiner Dienstleistung bedürfen; ein auf den Verkauf von

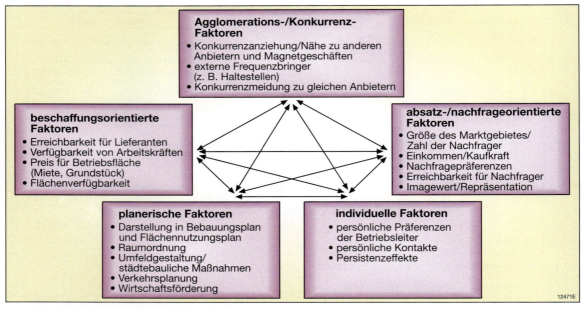

M1 Standortfaktoren kundenorientierter Dienstleistungsunternehmen

Klavieren spezialisierter Musikalienhändler benötigt ein großes Marktgebiet mit kaufkräftigen Kunden, um sein Geschäft profitabel betreiben zu können. In beiden Fällen wird der beste Standort eine Großstadt sein, die für ihr Umland entsprechende zentralörtliche Funktionen übernimmt (vgl. zentrale Orte, Kapitel 6.3). Je spezieller die angebotene Dienstleistung oder je längerfristiger das Angebot eines Betriebes ist, desto größer ist der benötigte Einzugsbereich und desto zentraler muss der Standort gewählt werden. Entsprechend ergeben sich hierarchische Standortmuster von Dienstleistungsbetrieben innerhalb des Stadtraums (City – Stadtteilzentrum – Nachbarschaftszentrum) und, großräumiger gesehen, in einer Rangfolge zentraler Orte (Ober-, Mittel- und Unterzentren) (vgl. M1, S. 211).

Ein Betrieb, der ein größeres Einzugsgebiet versorgen möchte, muss von den Nachfragern seiner Dienstleistung gut erreichbar zu sein: Für ein großes SB-Möbelhaus ist wichtig, dass es für den Individualverkehr gut erreichbar ist. Die Autobahnanbindung ist in diesem Fall entscheidend. Hingegen ist für eine Boutique in der Innenstadt die Passantenfrequenz ein bedeutender Standortfaktor; entsprechend wichtig ist die Lage zu guten Parkgelegenheiten, zu Haltestellen des öffentlichen Nahverkehrs oder zu Anziehungspunkten wie großen Bahnhöfen, von denen Passantenströme geleitet werden.

Eine Versicherung wird bei der Wahl des Standortes ihrer Verwaltung, die geringen Kundenverkehr aufweist, eher die verkehrstechnische Lage für ihre Mitarbeiter und ihre Vertreter, die den Kontakt zu den Kunden herstellen, in den Vordergrund rücken. Entsprechend kommt für sie ein peripher gelegener Bürostandort in Frage. Eine Geschäftsstelle, in der die Versicherung mit ihren Kunden in Kontakt tritt, wird sich hingegen an einem zentral gelegenen, gut erreichbaren und auch repräsentativen Standort in der Innenstadt platzieren.

Die Wahl eines Standortes für private personenbezogene Dienstleistungsbetriebe wird auch durch Repräsentations- und Imagefaktoren beeinflusst. Repräsentative Gebäude in attraktiv gestalteter Umgebung erleichtern die Selbstdarstellung, zum Beispiel von Anwälten, oder symbolisieren die Seriosität des Angebots, etwa von Versicherungen. Ein Facharzt wird seine Dienstleistung an einer „guten Adresse" anbieten wollen, an der sich auch andere Anbieter hochwertiger Dienstleistungen befinden.

Wichtige Einflussfaktoren für die Standorte privater personenbezogener Dienstleistungen sind **Agglomerationsvorteile** (vgl. Kapitel 3.3). So suchen etwa Boutiquen die Konkurrenz branchengleicher Unternehmen in ihrer Nachbarschaft, denn gemeinsam haben sie größere Absatzchancen, da sie so mehr

Standortfaktor		B	V	U	K	VG	RW	T	W
harte Faktoren	Flächenverfügbarkeit und/oder Büroverfügbarkeit	12	9	6	10	10	6	7	7
	Kosten der Flächen und Gebäude/Büros am Ort	6	1	2	3	4	2	2	1
	Verkehrsanbindung	1	2	1	1	1	1	1	2
	Nähe zu Betrieben desselben Unternehmens	20	24	25	25	26	25	23	26
	Umweltschutzauflagen am Ort	25	25	24	21	17	24	16	24
	Kontakte zu Unternehmen der gleichen Branche	8	6	18	13	8	14	9	21
	Nähe zu Zulieferern	26	26	26	24	18	26	26	9
	Nähe zu Absatzmärkten	13	16	13	26	13	16	17	16
	Hochschulen und Forschungseinrichtungen	22	21	17	23	24	19	21	23
	Arbeitsmarkt/Verfügbarkeit qualifizierter Arbeitskräfte	5	3	7	8	2	3	4	6
	Kommunale Abgaben, Steuern und Kosten	14	8	16	9	5	7	6	4
	Subventionen und Fördermittel	23	23	19	17	23	21	13	25
unternehmensbezogene Faktoren	Unternehmensfreundlichkeit der Kommune	10	10	20	14	7	10	5	18
	Wirtschaftspolitisches Klima im Bundesland	2	12	3	7	11	8	3	10
	Image der Stadt/Region	3	11	9	11	6	12	11	12
	Image und Erscheinungsbild des engeren Umfeldes	9	5	4	6	14	5	12	3
	Karrieremöglichkeiten in der Region	11	13	15	18	20	15	19	13
personenbezogene Faktoren	Attraktivität der Stadt	15	15	12	12	15	17	20	14
	Attraktivität der weiteren Region	17	17	22	20	21	18	15	17
	örtliches Kulturangebot	21	20	11	15	19	20	24	19
	Unterhaltungs- und Stadtteilkultur (z.B. Kinos)	24	19	21	19	22	22	25	22
	Beschaulichkeit und Übersichtlichkeit der Stadt	19	22	23	22	23	23	22	20
	Umweltqualität (Luft, Wasser, Klima)	16	18	10	5	9	11	10	8
	Wohnen und Wohnumfeld	4	4	5	4	3	4	8	5
	Freizeitmöglichkeiten	18	14	14	2	12	13	14	11
	Schulen und Ausbildungseinrichtungen	7	7	8	16	16	9	18	15

Rangfolge (1–26) von Standortfaktoren nach ihrer Wichtigkeit für ausgewählte Branchen (B = Banken, V = Versicherungen, U = Wissenschaft/Unterricht, K = Kultur/Kunst/Sport/Unterhaltung, VG = Verlagsgewerbe, RW = Rechts-/Steuerberatung, Wirtschaftsprüfung/-beratung, T = Technische Beratung, W = Werbung)

M2 *Rangfolge der Standortfaktoren nach Wichtigkeit*

Kunden anziehen. Diese Konkurrenzanziehung zeigt sich etwa in den Einkaufsstraßen der Innenstädte. Auch die Nähe größerer Betriebe, wie zum Beispiel Warenhäuser, bringt mehr potenzielle Kunden zum Geschäft als dieses selbstständig anziehen könnte. Andererseits werden beispielsweise einen Standort suchende Apotheker die räumliche Nähe anderer Apotheken meiden, schließlich haben sie ein eher produktgleiches, preisgebundenes Angebot. Sie können jedoch von Standortgemeinschaften mit branchenungleichen Betrieben profitieren, etwa in einem Stadtteilzentrum mit Bäckerei, Supermarkt, Friseur und Filiale der örtlichen Sparkasse oder mit einem Ärztehaus. Die Bewertung von Agglomerationsfaktoren hängt also von der Art des Betriebes ab.

Der oben genannte Musikalienhandel wird wohl kaum solche Umsätze erzielen, dass er bei seinem vergleichsweise großen Flächenbedarf ebenso hohe Miet- oder Bodenpreise in der City zahlen kann wie die an hoher Passantenfrequenz orientierten Unternehmen. Er wird vielmehr einen Standort in attraktiver Umgebung am Cityrand beziehen, vielleicht in Standortgemeinschaft mit anderen Anbietern höherwertiger Dienstleistungen (wie Feinkostgeschäft, Restaurant, Galerie) – schließlich kommen zu ihm Kunden, die sein Angebot eher gezielt nachfragen. Für einen großen Discounter, der auf großer Verkaufsfläche über ein vielfältiges und attraktives Angebot verfügt und große Parkflächen anbieten muss, ist neben der Erreichbarkeit für Kunden und Lieferanten der Bodenpreis bedeutsamer.

Zusammengefasst wird die Standortentscheidung eines Betriebes von einem Bündel harter und weicher Faktoren beeinflusst, die je nach Branche und Art des Angebots unterschiedlich gewichtet werden (M2). Die Standortfaktoren sind für den **Makrostandort** – die Einbindung in den größeren Raum wie zum Beispiel die Region – wie den **Mikrostandort**, zum Beispiel innerhalb der Innenstadt, wirksam. Dabei geben nicht selten persönliche Vorlieben oder Abneigungen von Firmenleitern den entscheidenden Ausschlag für oder gegen einen bestimmten Standort. Das gilt ebenso für die Standortwahl unternehmensorientierter Dienstleister, allerdings spielen die Nachfragefaktoren dabei eine geringere Rolle.

Standorte unternehmensorientierter Dienstleister

Für die Standortwahl von Anbietern höherwertiger Dienstleistungen ist meist eine ausgezeichnete Verkehrslage, d.h. die Anbindung des Standortes an einen Flughafen, an das Bahnnetz und an Fernstraßen, entscheidend, sodass beste Erreichbarkeit von jedem Wirtschaftsstandort aus garantiert ist.

Großstädte bieten diesen Unternehmen Vorteile, die sich aus den vielen verschiedenen städtischen Einrichtungen ergeben. Diese **Verstädterungsvorteile** sind zum Beispiel das Nahverkehrssystem, attraktive Hotels für Geschäftspartner und vor allem eine gut ausgebaute Kommunikationsinfrastruktur. Zu diesen **urbanisation economics** zählt auch die breite Palette an Dienstleistungsunternehmen in Großstädten, von denen sich viele auf die speziellen Bedürfnisse ansässiger Unternehmen spezialisiert haben: Fachfirmen für Gebäudemanagement, Telekommunikationsspezialisten, Softwareentwickler, Klimatechniker, Sicherheitsdienste oder leistungsfähige Reinigungsfirmen.

Von **Agglomerationsvorteilen** profitieren höherwertige unternehmensorientierte Dienstleistungsbetriebe auch in anderer Hinsicht. Sie bilden häufig funktionale Cluster mit anderen Unternehmen der gleichen Branche und nachfragenden Unternehmen. Dabei ergeben sich sogenannte **Fühlungsvorteile**, das heißt Kontaktmöglichkeiten zu Nachfragern und zu anderen Unternehmen der Branche, die ermöglichen, dass Beziehungen zu den Entscheidungsebenen von Großunternehmen aufgebaut werden, dass Verhandlungen in kürzester Zeit abgewickelt werden oder auch Synergieeffekte in Forschung und Entwicklung. Zwar werden zwischen Unternehmen auch Verhandlungen per Telefon oder Videokonferenz geführt, doch gerade bei wichtigen Geschäften wird die unmittelbare „face-to-face"-Kommunikation bevorzugt. Über elektronische Dienste sind Informationen von jedem Punkt der Welt schnell zugänglich, doch zugleich steigert dies den Bedarf an wertenden, die Informationen zu Wissen verarbeitenden Kontakten. Die in räumlicher Nähe möglichen intensiven Komunikations- und Informationsverflechtungen erlauben Kleinstunternehmen, die etwa für andere Unternehmen in befristeten Projekten arbeiten, das Angebot von hochspezialisierten Dienstleistungen und erleichtern die dazu nötige Kooperation. Womöglich entstehen im direkten Kontakt mit dem Kunden bei Kleinstunternehmen erst Ideen für Dienstleistungen, die sie anbieten können. Ebenso bedeutend ist an solchen Standorten die Möglichkeit zu informellen, ungeplanten Kontakten, die sich zum Beispiel in der Mittagspause oder in der Freizeit ergeben und geschäftlich entscheidend sein können.

Zu diesen Vorteilen der Agglomeration von Betrieben der gleichen Branche gehört auch, dass am Standort entsprechend qualifiziertes Personal verfügbar ist. Hoch spezialisierte Arbeitskräfte können bei Bedarf auch bei einem anderen Unternehmen abgeworben werden. Spezialisierte Headhunter bieten diese Dienstleistung an. Für die Entscheidung einer Person, zu einer Firma an einen anderen Ort zu wechseln oder auch bei ihr zu bleiben, spielen zum Beispiel die Verfügbarkeit von Wohnraum für den gehobenen Bedarf, entsprechende Einkaufsmöglichkeiten, das Freizeit- und Kulturangebot sowie ein differenziertes Angebot an Einrichtungen zur Kinderbetreuung eine große Rolle. Neben der Qualität des Umfeldes haben auch andere **weiche Standortfaktoren** für die Unternehmen großes Gewicht, zum Beispiel wirkt sich das Image einer Stadt oder einer Region auch auf das Image des Betriebes und das wirtschaftspolitische Klima auf die Ansiedlung anderer Unternehmen aus.

Das Verschwinden der Dienstleistungen

Als Fourastié 1954 eine zunehmende Tertiärisierung der Wirtschaft und steigende Beschäftigungszahlen im Dienstleistungssektor voraussagte, ging er davon aus, dass der Mensch im Bereich der Dienstleistungen nur schwer ersetzbar sei (vgl. Kap. 3.1). Gerade der persönliche Kontakt von Dienstleister und Kunde sei unverzichtbar. Diese Annahme hat sich als überholt erwiesen: Auch der tertiäre Sektor befindet sich in einem tief greifenden Strukturwandel und unterliegt beispiellosen Rationalisierungen. Viele Dienstleistungen, die früher unverzichtbar erschienen, werden heute aus Kostengründen eingespart. Wir haben uns an die Selbstbedienung beim Tanken und im Supermarkt gewöhnt. Auch im Bankenbereich wird der Kontakt mit einem Angestellten immer mehr zur Ausnahme. Angesichts des Einsatzes von Automaten, des Home-Bankings und der zunehmenden Bedeutung von Direktbanken wird sich die Zahl der Beschäftigten im Bankenbereich in den nächsten Jahren stark verringern. Wie in der Industrie wird die informationstechnische Rationalisierung neben den Banken auch andere Branchen des tertiären Sektors

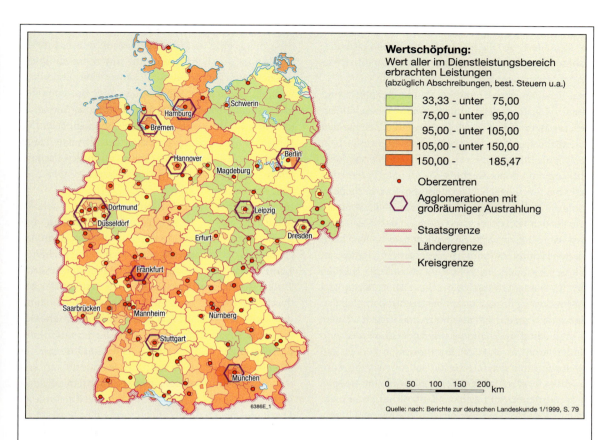

Insgesamt ergibt sich für die Verteilung von Dienstleistungseinrichtungen ein typisches Standortmuster, das in der nebenstehenden Tabelle dargestellt ist: In Abhängigkeit von der Siedlungsgröße verändert sich die Struktur des Dienstleistungsbereiches. Grundsätzlich steigt aber auch mit zunehmender Größe der Siedlung der Beschäftigtenanteil des Dienstleistungssektors. In kleinen Orten dominieren Landwirtschaft und Handwerk, ergänzt durch einfache kundenorientierte Servicebetriebe. Mittelgroße Städte weisen hohe Anteile gewerblicher Aktivitäten auf, und zugleich verfügen sie auch über eine größere Zahl von Dienstleistungseinrichtungen. Die Wirtschaftsstruktur der Großstädte prägt der Dienstleistungsbereich mit einem Beschäftigtenanteil von über zwei Dritteln. Oberhalb der Hierarchieebenen nationaler Zentren verfügt eine begrenzte Zahl von Global Cities über internationale Funktion.

(nach Kulke, E.: Wirtschaftsgeographie Deutschlands. Gotha 1998)

		Art der Dienstleistungen
nationale Hierarchieebene	Kleine Orte (Unterzentren)	personenbezogene Dienstleistungen: z.B. Friseur, Post, Tankstelle, Schule, Supermarkt und Versorgungseinrichtungen des täglichen Bedarfs
	Mittelgroße Städte (Mittelzentren)	personenbezogene Dienstleistungen: wie oben, jedoch zusätzlich Geschäfte für den mittelfristigen Bedarf, relativ differenziertes Angebot an sozialen Einrichtungen im Bereich Bildung, Gesundheit, Freizeit und Verwaltung; wenige unternehmensorientierte Dienstleistungen
	Großstädte (Oberzentren)	alle Arten personenbezogener Dienstleistungen, differenziertes Angebot an unternehmensorientierten Dienstleistungen; zum Teil auch nationale und internationale Organisationen und Verwaltungseinrichtungen
	Global Cities (Zentren mit internationaler Funktion)	Hauptsitze transnationaler Unternehmen, hochwertige, international ausgerichtete unternehmensorientierte Dienstleistungen (z.B. Banken, Devisenhändler, Wirtschaftsberatung, internationale Organisationen)

M1 Wert aller im Dienstleistungsbereich erbrachten Leistungen (in Prozent vom Durchschnitt)

erfassen. Kassenautomaten, elektronische Verkäufer, das virtuelle Büro, die elektronische Empfangsdame: Insbesondere Arbeitsplätze eher niedrig Qualifizierter werden verschwinden.

Dienstleistungen waren bislang standortgebunden und kaum exportfähig. Die internationale Wirtschaft im tertiären Bereich bezog sich fast ausschließlich auf den Warenhandel, etwa im Transport- oder Kreditwesen. Nun machen die Innovationen im Bereich der Informations- und Kommunikationstechnik die globale Vernetzung dieses Sektors möglich. Dienstleistungen und Produkte, besonders im Bereich der Informationstechnik, sind nicht mehr auf den Transport von physischen Gütern als Träger ihres Wertes angewiesen. Sie brauchen deshalb nicht an einem bestimmten Standort angeboten zu werden, an dem sie eine möglichst große Zahl potenzieller Kunden oder Konsumenten erreichen. Diese Dienstleistungen und Produkte können nunmehr dezentral, in globalen Netzwerken produziert, angeboten und verteilt werden. Sie sind damit international handelbar geworden und können leicht in einzelne Komponenten zerlegt und standortungebunden internationaler Arbeitsteilung unterworfen werden (vgl. Kapitel 4). So wird zum Beispiel die arbeitsintensive Eingabe umfangreicher Datenmengen für europäische Firmen längst in Niedriglohnländern wie Indien erledigt. Der ein Call-Center bemühende deutsche Anrufer wird möglicherweise mit einer Person in Bangalore verbunden (vgl. S. 506). Ein Ingenieur bearbeitet seine Fragestellung in einem Datennetz mit Kollegen in aller Welt. Diese gehören vielleicht zur gleichen Firma wie er, jedoch kann er so auch leicht externe Spezialisten in Projekte einbinden.

Informationsgesellschaft

Ein großer Teil von Arbeitsplätzen in den Industrieländern ist durch Informations- und Kommunikationstechniken geprägt; dieser Einfluss wird zunehmen. Deshalb werden die Informations- und Kommunikationsbranchen wegen ihrer Bedeutung oft aus dem klassischen Drei-Sektoren-Modell ausgegliedert. Die Entwicklung dieses Sektors zeigt deutlich den Trend des Strukturwandels zu einer **Informationsgesellschaft**. Oftmals wird dieser Begriff für die Zeit der Globalisierung synonym verwendet.

Im Umfeld der Ware Information ist eine Vielzahl neuer Berufe und Arbeitsplätze für den Aufbau, den Ausbau und die Nutzung der Informationstechnologien entstanden. Zugleich verändern sich bestehende Berufe stark. Es ist möglich, bisher standortgebundene Tätigkeiten sowohl örtlich als auch zeitlich flexibel durchzuführen. In diesem Zusammenhang entstand eine Form der dezentralen Arbeit, die **Telearbeit**. Dabei arbeitet ein Mitarbeiter einer Firma außerhalb des Unternehmensstandortes, etwa zu Hause oder in „Satellitenbüros", vernetzt durch Kommunikationstechnik. Die Kundenberaterin einer Internetbank kann an einem mit ihrer Firma vernetzten Rechner von zu Hause aus über Telefon und Internet den Kontakt zu ihren Kunden pflegen. Nur gelegentlich wird sie noch an den Sitz der Firma fahren müssen, in der Regel werden auch für Firmeninternes E-Mail und Videokonferenz ausreichen. Hier geht der Mensch also nicht zur Arbeit, sondern die Arbeit kommt zu ihm. Natürlich verändert der Fortschritt der Informationstechnologie nicht nur die Arbeit, sondern auch alle anderen Lebensbereiche:

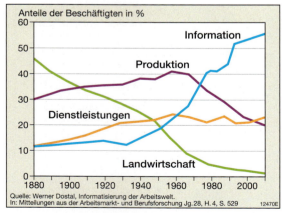

M1 *Erwerbstätige (Informationssektor), Deutschland*

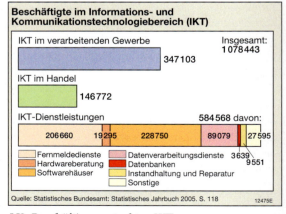

M2 *Beschäftigungsstruktur IKT*

M3 Callcenter einer amerikaischen Versicherung bei Bangalore

gesellschaftliches Miteinander, Wohnen, Versorgung, Verkehr und Bildung. Online-Shopping, Teleteaching, internetbasierte Fernstudiengänge, Kfz-Anmeldung, MP3-Download und Recherchen per ausgoogeln im Internet sind ganz alltäglich, waren jedoch vor wenigen Jahren kaum denkbar.

1. Beschreiben Sie Struktur und regionale Verteilung des tertiären Sektors in Deutschland aufgrund der Zahl der Beschäftigten und der Wertschöpfung (S. 211 M1, M4, Atlas). Erklären Sie diese Verteilung anhand von Beispielen.
2. Erläutern Sie mögliche Standortfaktoren eines personenbezogenen Dienstleistungsbetriebes in ihrer Umgebung. Untersuchen Sie auch an solchen Beispielen, inwieweit das Ranking (S. 209 M2) zutreffen könnte.
3. Erarbeiten Sie ein Schaubild zu den Standortfaktoren der Unternehmen des tertiären Sektors. Unterscheiden Sie dabei zwischen direkt und indirekt ökonomischen, sozialen, imagebedingten und persönlichen Steuerungsfaktoren.
4. Recherchieren Sie zum Beispiel durch Befragung älterer Menschen: Welche Berufe und Angebote des Dienstleistungssektors sind in ihrem Lebensumfeld nicht oder kaum noch vertreten?
5. Erläutern Sie wirtschaftliche und räumliche Veränderungen, die sich aus der Entwicklung zur Informationsgesellschaft ergeben. Entwickeln sie Szenarien für mögliche Veränderungen der Raumstruktur.

Wirtschaftszweig	Computernutzung in Unternehmen	Anteil der Beschäftigten an Computern	mit Internetzugang
Verarbeitendes Gewerbe	86	40	29
Baugewerbe	91	37	30
Verkehr	83	47	40
Gastgewerbe	56	24	17
Versicherungs- und Kreditgewerbe	100	96	79
Datenverarbeitung und Datenbanken	100	96	90
Forschung und Entwicklung	100	96	90
Kultur, Sport, Unterhaltung	95	64	53
Insgesamt	84	55	41

Quelle: Statistisches Bundesamt, Statistisches Jahrbuch 2005, S. 119

M4 Informatisierung des Arbeitslebens (in Prozent)

	1999	2004
Personal Computer	44,9%	63,6%
PC mobil (Notebook)	4,9%	13,3%
Internetanschluss	10,7%	47,1%
Telefon	98,5%	98,7%
Mobiltelefon	16,5%	72,1%

Quelle: Statistisches Bundesamt, Statistisches Jahrbuch 2005, S. 114

M5 IKT in deutschen Haushalten

3.5 Tertiärer Sektor – dynamische Entwicklungen

Raumbeispiel: Großbritannien

Großbritannien, das Mutterland der Industrie, wurde hinsichtlich der Tertiärisierung vielfach als Vorreiter in Europa gesehen. Der „kranke Mann Europas", der in den 1970er-Jahren vom Niedergang der Industrien bestimmt war, ist zu Beginn des neuen Jahrtausends europäisches Musterland in Bezug auf wirtschaftliches Wachstum und Arbeitsmarktzahlen. Hintergrund dieser Bilanz ist die Radikalkur des Thatcherismus mit neoliberalen Reformen, die die Ansiedlung moderner Industrien und Ausweitung des Dienstleistungssektors begünstigten. Die überwiegende Zahl neuer Arbeitsplätze entstanden jedoch im Niedriglohnsektor: Die Vielzahl von „working poor" sind nicht in der Lage, mit ihrem Einkommen eine Familie zu ernähren. Gewinner und Verlierer der Entwicklung finden sich auch unter den Regionen Großbritanniens. Angesichts dessen bleibt allerdings umstritten, inwiefern der Weg Großbritanniens in die postindustrielle Dienstleistungsgesellschaft vorbildlich ist.

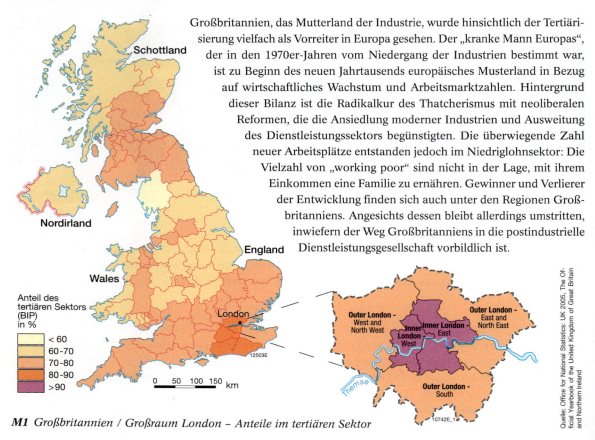

M1 *Großbritannien / Großraum London – Anteile im tertiären Sektor*

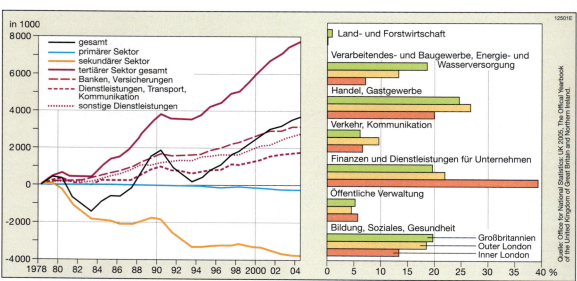

M2 *Großbritannien – Veränderungen der Beschäftigtenstruktur*

M3 Der Londoner Finanzdistrikt wächst in den nächsten Jahren in die Höhe – in der City of London arbeiten heute 330 000 Menschen, die ein Fünftel des britischen Bruttonationaleinkommens erwirtschaften (kleines Bild: London 2006)

- Over 7.2 million people live in the capital and there are over three million households, making it the biggest city in Western Europe.
- Average earnings in the capital are almost a third higher than the average for Great Britain.
- More than 250,000 Londoners' jobs are dependent on the City.
- The size of the London economy is larger than Finland, Portugal and the Republic of Ireland. It accounts for 17% of the UK's GDP.
- London's GDP is 23% above the national average per head.
- 17% of all workplaces are in London.
- There are over 486 overseas banks in London, more than any other city in the world.
- The London Stock Exchange is the largest in the world, nearly a third of the total world activity.
- More funds are invested in the City of London than in the top 10 European cities combined.
- The world's top 20 insurance companies operate in London.
- The capital's manufacturing productivity is over 25% higher than the rest of the country. It's also growing at twice the rate.
- London is responsible for 8% of the UK's manufacturing output.
- 108 of Europe's 500 largest companies have their headquarters in the Capital.
- In 2001 there were 28.4 million visitors to London, 40% of which were from overseas.
- Tourism is the second largest and fastest growing industry. It is valued at 8% of the capital's GDP.
- A third of all tourism profits derive from business visitors.

M4 London Facts

1. Beschreiben und begründen Sie den Wandel der Beschäftigtenstruktur Großbritanniens und erläutern Sie die regionale Verteilung der Anteile des tertiären Sektors am BIP (M1). Vergleichen Sie Ihr Ergebnis mit Deutschland (Atlas).

2. Erläutern Sie das räumliche Nutzungsgefüge der Londoner Innenstadt (M1, Atlas).

3. Begründen Sie, weshalb London als Standort eines unternehmensorientierten Dienstleisters in Großbritannien erste Wahl ist.

3.6 Tertiärer Sektor - Konzentrationspunkte

Die Standorte von Dienstleistungen in einem Raum lassen sich als hierarchisch geordnetes Netz vorstellen. Einzelhandel und andere Dienstleistungen, vor allem auch höherrangige Dienstleistungs-, Kontroll- und Steuerungsfunktionen, sind darin nach ihrer Wertigkeit angeordnet. Die in einer Stadt ansässigen Dienstleistungen prägen deren Bedeutung. Diese basiert besonders auf ihrer zentralörtlichen Funktion, das heißt der Eigenschaft, über den Eigenbedarf hinaus für ein bestimmtes Umland Güter und Dienstleistungen anzubieten. Der Bedeutungsüberschuss vergrößert sich dabei mit dem Grad der Spezialisierung der angebotenen Dienstleistungen, weil dadurch der Einzugsbereich größer wird. Natürlich sind auch in höherrangigen Zentren die niederrangigen Einrichtungen zu finden (vgl. Kapitel 3.5 und zentrale Orte, Kapitel 6.3).

Handel im Wandel (vgl. auch Kap. 5.3)
Gerade der **Einzelhandel** macht das Bild der Städte aus, und seine Standorte prägen das Versorgungsverhalten der Bevölkerung und damit die Verkehrsströme. Die Struktur des Einzelhandels und seiner Standorte unterliegen anhaltendem Wandel. Dabei ist ein andauernder Konzentrationsprozess zu beobachten. Gab es beispielsweise 1960 noch 200 000 Unternehmen des Lebensmitteleinzelhandels (früheres Bundesgebiet), so waren es im Jahr 2005 nur noch rund 50 000 Unternehmen. In allen Branchen des Einzelhandels konnten die großen Unternehmen ihre Anteile am Gesamtumsatz immer weiter ausdehnen. Diese Entwicklung ging mit der Veränderung der Struktur der Betriebe einher: Kleine Bedienungsläden („Tante Emma") verschwanden, die Selbstbedienung in den Geschäften wurde bei gleichzeitiger Vergrößerung der Verkaufsfläche ausgeweitet und das Warenangebot diversifiziert. Dieser Wandel begann im Lebensmitteleinzelhandel und hat heute alle Branchen erfasst. Deutlich wird diese Entwicklung in der **Filialisierung** des Einzelhandels. In teuren City-Lagen werden traditionelle Fachgeschäfte durch Filialen von zum Teil international tätigen Handelsketten verdrängt – das gilt für Boutiquen, Schuhgeschäfte und Optiker bis hin zu Bäckereien. Der Konkurrenzvorteil der Filialisten besteht in standardisiertem Sortiment, einheitlicher Ausgestaltung der Ladengeschäfte und zentral gesteuerter überregionaler Werbung. Wegen dieser Größenvorteile können sie preisgünstiger anbieten und höchste Umsätze erwirtschaften. Dadurch ist es ihnen möglich, selbst höchste Mieten in den Innenstädten zu bezahlen.

Filialisten und Fachmärkte streben im Konkurrenzdruck höhere Umsätze in ihren Ladengeschäften an und benötigen deshalb größere Einzugsbereiche, da sie Personal- und Mietkosten tragen, die in Einbetriebsunternehmen zum Beispiel durch mithelfende Ehepartner oder das Ladengeschäft im eigenen Haus kompensiert werden. Den Fachmärkten ermöglicht das Selbstbedienungsprinzip, der Einsatz moderner Technik und geringer Kundenservice, das Preisniveau für ihr Angebot niedrig zu halten. Dazu trägt auch die Wahl möglichst kostengünstige Standorte bei. Ein hoher Flächenbedarf erschwert dabei eher Ansiedlungen in Innenstädten. Vor dem Hintergrund der zunehmenden Motorisierung der Bevölkerung konnten kostengünstige Standorte „auf der grünen Wiese" eingenommen werden. An Autobahnabfahrten am Stadtrand oder in anderen verkehrsgünstigen Lagen entstanden zunächst große Verbrauchermärkte, dann auch Bau- und Heimwerkermärkte sowie Fachmärkte für Möbel, Bekleidung, Schuhe und zuletzt solche für Elektro- und Spielwaren, die häufig an gemeinsamen Standorten Versorgungszentren bilden. Solche Einkaufszentren an nichtintegrierten Standorten entstanden auch stadtteilbezogen in den Städten, auf Industriebrachen sowie auch auf ehemaligen militärisch genutzen Flächen (Konversionsflächen) und konnten traditionellen Standorten wesentlich Kaufkraft entziehen.

Nach amerikanischem Vorbild werden Gruppen von Ladengeschäften, die als Einheit durch einen Eigentümer geplant und gemanagt werden, als Shopping-Mall bezeichnet. Mit der Gestaltung solcher „Konsumtempel" versuchen die Architekten, eine Atmosphäre und ein Image traditioneller Stadtplätze zu erzeugen, die gemeinhin mit Kommunikation, Öffentlichkeit und Spektakel gleichgesetzt werden. Shopping Malls sind überdacht, bieten die Möglichkeit zum Flanieren und integrieren häufig Gastronomie, Freizeiteinrichtungen und Büros, größere auch Kino-Center oder Veranstaltungsarenen. Mit werbewirksamen Unterhaltungsangeboten wird hier

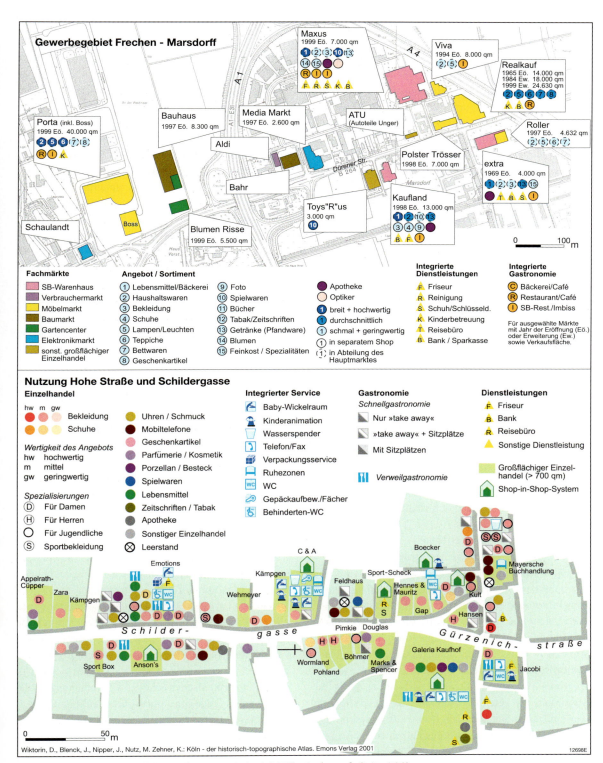

M1 Typische Einzelhandelsstandorte am Beispiel Köln (vgl. auch Seite 280)

Einkauf als Erlebnis inszeniert. Solche **Einkaufszentren** bildeten sich in Westdeutschland überwiegend an City-Standorten oder in Stadtteilzentren. Beispielsweise als Passagen in den Innenstädten sollen sie deren Attraktivität erhöhen und die traditionellen Zentren in Konkurrenz mit der „grünen Wiese" stärken.

In Ostdeutschland entstanden unmittelbar nach der Wende Einkaufszentren „auf der grünen Wiese", während sich die Stadtzentren kaum als lebendige Einkaufs- und Aufenthaltsorte entwickelten. *„Das Zurückbleiben der Innenstädte nach der Wende ist durch ein komplexes Zusammenspiel der jahrzehntelangen Vernachlässigung der städtischen Altbausubstanz zur DDR-Zeit, von vereinigungsbedingten Faktoren, durch Verwaltungsdefizite der Landes- und Regionalplanung, preiswerte Grundstücke mit klaren Eigentumsrechten in randstädtischer Lage, frühe Entscheidung von Investoren und Kommunen für die Ansiedlung wirtschaftlicher Aktivitäten außerhalb der Innenstädte beeinflusst worden."* Trotz zum Teil eindrucksvoller Aufwertungsmaßnahmen in den Innenstädten ist *„die ganz erhebliche Konkurrenz der sich zunehmend multifunktional als Einkaufs- wie als Freizeitzentren entwickelnden Shopping-Center an dezentralen Standorten aber nach wie vor sehr bedrohlich für die Zukunft der Stadtmitten."* (Heineberg, H.: Städte in Deutschland. GR 9, 2004, S. 45)

Vom Wandel des Einzelhandels profitieren insgesamt Standorte in höherrangigen Zentren und Standorte im Stadtumland, während das Versorgungsnetz im Nahbereich ausgedünnt wird. Prognosen gehen davon aus, dass sich diese Trends abgeschwächt fortsetzen.

Spezialisierung von Zentren

In Deutschland gibt es keine herausragende (Dienstleistungs-) Metropole wie Paris oder London, die mit riesigem nationalen Bedeutungsüberschuss dominiert und auch internationale Funktionen konzentriert (vgl. Kap. 9.3). Solche metropolitanen Funktionen, als Knoten internationaler Verkehrs-, Handels- und Informationsströme sowie als Standort höchstrangiger Steuerungs-, Kontroll- und Dienstleistungsfunktionen hatte Berlin vor dem Zweiten Weltkrieg – es war die deutsche Metropole. Die geteilte Stadt verlor diese Funktion für die Bundesrepublik, die Wahl Bonns zur Bundeshauptstadt förderte die Spezialisierung einzelner Großstädte Westdeutschlands, die Berlin beerbten. Es bildete sich ein arbeitsteiliges Netzwerk von Großstädten bzw.

Verdichtungsräumen, die jeweils hochrangige Funktionen in speziellen Sektoren übernahmen und zum Teil europäische oder auch globale Bedeutung erlangten: So wurde zum Beispiel Frankfurt am Main mit der neu gegründeten Bundeszentralbank Finanzzentrum, später auch von globalem Rang, sowie Zentrum des Flugverkehrs. Hamburg konnte sich als Stadt der Printmedien etablieren und im Handel mit seinem Hafen und als Sitz von Handels- und Transportunternehmen seine Bedeutung vergrößern. Köln baute ebenso wie München seine Funktion als Versicherungsmetropole und später seinen Ruf als Medien- und Kunstmetropole aus. Hannover ist internationale Messestadt, Karlsruhe Sitz des Bundesverfassungsgerichts usw. Berlin war schon international bedeutende Kongressstadt, bevor es dann Hauptstadt des wiedervereinigten Deutschlands wurde und deshalb erheblich an Bedeutung zunahm. Insgesamt verfügt Deutschland über ein **polyzentrisches Städtesystem**, das auf europäischer Ebene und global verknüpft ist, in dem sich die metropolitanen Funktionen auf einzelne Zentren verteilen und ergänzen.

Suburbanisierung des Dienstleistungssektors

In den Städten selbst neigen die höherrangigen Dienstleistungen zur Viertelbildung (zum Beispiel Banken-, Universitäts-, Regierungsviertel). Mit dem Bedeutungszuwachs höherrangiger Dienstleistungen stieg auch deren Flächenbedarf. Bürostandorte und -zentren entstanden in eher kostengünstigeren peripheren Lagen im Stadtumland. Dorthin werden von größeren Unternehmen vor allem Bürofunktionen verlagert, die nur wenig persönliche Kontakte außerhalb des Unternehmens erfordern, wie zum Beispiel ein Rechenzentrum. Unternehmenszentralen und andere hochrangige Abteilungen verbleiben hingegen eher an imageträchtigen, baulich interessanten Standorten im Zentrum.

Das Wachstum des Dienstleistungssektors findet vor allem im suburbanen Raum statt. Wie auch durch die Suburbanisierung des Handels wird so die Herausbildung von polyzentrischen Strukturen in Verdichtungsräumen gefördert. Besonders deutlich wird diese Entwicklung in den US-amerikanischen Städten. Hier bildeten sich die sogenannten „edge cities" im suburbanen Raum heraus, Dienstleistungsstandorte mit überwiegender Bürotätigkeit, die keine nachgeordnete Ergänzungsfunktion zum CBD haben und in denen der Großteil aller amerikanischen Büroarbeitsplätze angesiedelt ist.

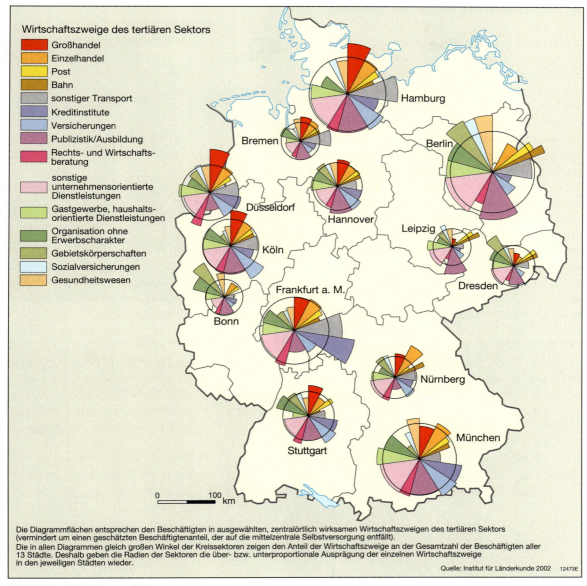

M1 Sektorale Teilzentralitäten

1. Beschreiben und erläutern Sie die Funktionen und Standorte des Einzelhandels in den auf Seite 217 dargestellten Teilen Kölns.
2. Analysieren Sie eine Geschäftsstraße und einen Einzelhandelsstandort „auf der grünen Wiese" an Ihrem Schulort. Stellen Sie dabei Gemeinsamkeiten und Unterschiede zu den Beispielen auf Seite 217 fest.
3. Erläutern Sie, wie der Wandel im Handel die räumliche Entwicklung von Verdichtungsräumen prägt.
4. Erläutern Sie am Beispiel des Bildungswesens das hierarchisch gegliederte Netzmuster des tertiären Sektors.
5. Beschreiben und erläutern Sie anhand von M1 die Verteilung der hochrangigen tertiären Funktionen in Deutschland.

3.6 Tertiärer Sektor – Konzentrationspunkte

Raumbeispiel: Frankfurt am Main (Hessen)

"Frankfurt is known worldwide as one of the richest business regions in Europe. As a city of banks, service providers and communicators Frankfurt is an eye-catching district in the global village. And it's a highly productive region. Only the Brussels, London and Paris conurbations score higher per capita GDP rates than Frankfurt Rhine-Main."

Mit Superlativen wirbt die Industrie- und Handelskammer Frankfurt weltweit für den Wirtschaftsstandort Frankfurt am Main. Und tatsächlich kann sich die Stadt in einigen Bereichen durchaus mit Global Cities wie London, New York und Tokio messen. Das liegt vor allem in der Bedeutung Frankfurts als national und global bedeutendem Dienstleistungszentrum im Bereich Handel, Banken und Verkehr.

Einen weiteren Bedeutungsgewinn erfährt die Großstadt als Zentrum der äußerst wirtschaftsstarken Region Frankfurt-Rhein-Main.

M1 Skyline von Frankfurt am Main

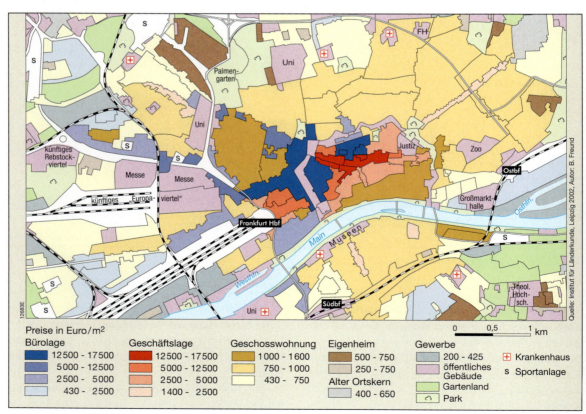

M2 Bodenpreise in Frankfurt

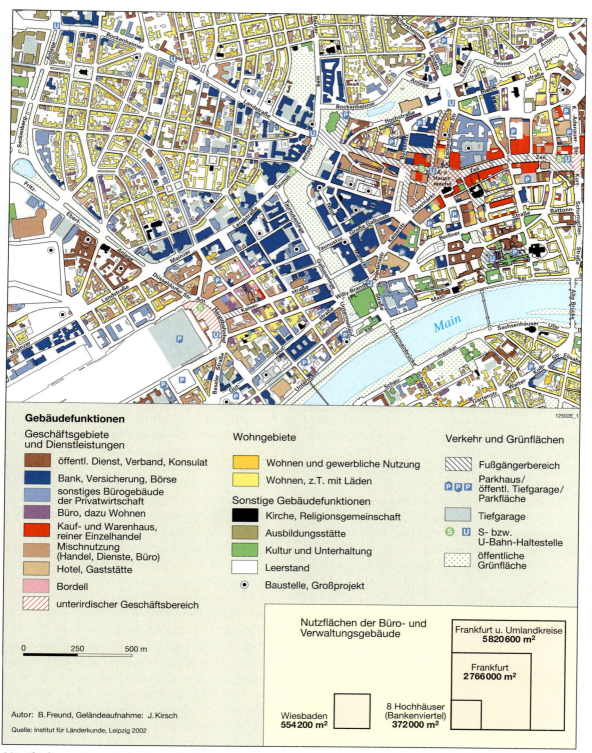

M3 *Flächennutzung in der Innenstadt*

3.6 Tertiärer Sektor – Konzentrationspunkte

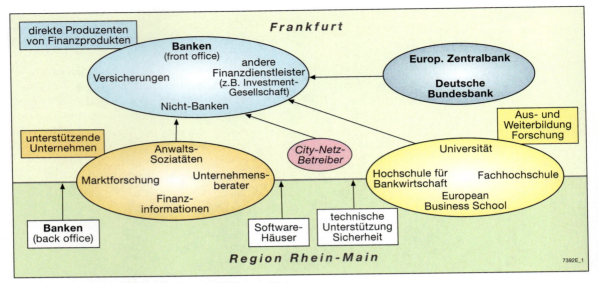

M1 Das Cluster des Finanzplatzes Frankfurt am Main

M2 Finanzmetropole von internationalem Rang

„Frankfurt ist das Finanzzentrum Kontinentaleuropas. In den jüngsten Bewertungen so wesentlicher Standortfaktoren wie Technisierungsgrad der Börse, Transaktionskosten, Stärke und Stabilität der Volkswirtschaft liegt die Metropole der Rhein-Main-Region noch vor London. Im weltweiten Ranking der Finanzzentren rangiert Frankfurt im Spitzenfeld: nach London, New York und Tokio auf Platz 4.

260 Kreditinstitute sind in Frankfurt vertreten, über die Hälfte davon sind Auslandsbanken. Die internationale Ausrichtung des Finanzplatzes kommt auch durch die hier ansässige Europäische Zentralbank (EZB) und die Europa- und Deutschland-Niederlassungen von Weltbank, Asian Development Bank (ADB) und einer Vielzahl von Nationalbanken anderer Staaten zum Ausdruck.

Rund 80 000 Menschen arbeiten im Finanzsektor, bei Banken, Versicherungen und in der hier besonders vielfältigen Szene der Finanzdienstleister.

So ist Frankfurt heute als europäisches Finanzzentrum, hoch vernetzte Verkehrs- und Distributionsdrehscheibe, Telekommunikationsdrehscheibe Deutschlands und europäisches Zentrum für Internetverkehr und -dienstleistungen sowie als internationaler Messe- und Handelsplatz bereits deutlich positioniert."

(nach: Bachmann, R.: Wirtschaftsförderung Frankfurt, www.wirtschaftsfoerderung-frankfurt.de, 06.01.2007)

M3 Finanzplatz als ökonomisches Cluster

„Die Bedeutung von Finanzplätzen wird bis heute üblicherweise durch die Zahl der (Auslands-) Banken und den Umsatz der Börsen, gelegentlich auch die Zahl der Beschäftigten gemessen. Dies ist unzureichend, weil damit die Art der lokalen Verankerung in ein weiteres Finanz-Cluster nicht erfasst und die bestehende Konzentration nicht erklärt werden kann. Zum Cluster gehören neben Banken und Börsen weitere Finanzdienstleister, deren Zulieferer sowie unterstützende Organisationen (...). Erst die Vernetzung der Banken und Börsen in einem lokalen Produktionssystem sagt etwas zur Funktionsweise eines Finanzplatzes als auch zu seiner Überlebensfähigkeit aus. M1 zeigt, dass das Frankfurter Finanz-Cluster weit über die Branche des Kreditgewerbes hinausreicht und auch Einrichtungen der öffentlichen und privaten Dienstleistungen sowie Infrastruktur umfasst – nicht zu sprechen von der internationalen Erreichbarkeit, die durch Flughafen und Telekommunikation gewährleistet wird. In Frankfurt hat die Entwicklung zum internationalen Finanzplatz nicht zu übersehende Folgen für die ökonomischen, sozialen und auch baulichen Strukturen der Stadt. Es wird nicht länger die Frage gestellt, ob Frankfurt eine Weltstadt sei, sondern die, welchen Rang die Stadt unter den Weltstädten einnehme."

(Quelle: Lo, V., Schamp, E.W.: Finanzplätze auf globalen Märkten – Beispiel Frankfurt/Main. In: GR 53, 7–8/2001, S. 28, 30, gekürzt)

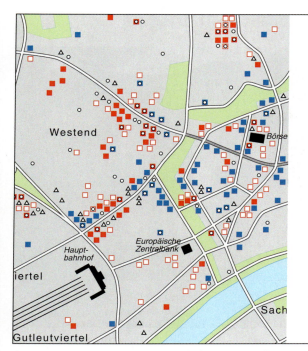

M4 *Finanzdienstleister im Bereich der Innenstadt von Frankfurt am Main. Geschäftskontakte werden nicht nur durch die räumliche Nähe, sondern auch durch höchstwertige Telekommunikationsinfrastruktur (Glasfasernetze, europäische Internetknoten) erleichtert.*

M5 Finanzplätze

„Finanzplätze sind die geographischen Orte, an denen zwei Akteursgruppen zusammenkommen, die Finanzmärkte machen: die Hersteller von Finanzprodukten, wie zum Beispiel Banken, sowie die Organisatoren des Marktplatzes, die Börsen. Finanzplätze (oder auch Finanzzentren) sind somit nicht nur Produktionsorte, sondern ebenso Marktplätze. „Marktplätze auch für qualifizierte Arbeitskräfte und Kooperationspartner, aber vor allem für die für Finanztransaktionen erforderlichen Informationen.

Ein Finanzzentrum besteht daher aus einem räumlich konzentrierten, komplexen System von Finanzdienstleistern und unterstützenden Bereichen, das als Cluster bezeichnet werden kann. Offensichtlich spielt die räumliche Nähe zu anderen Finanzdienstleistern eine erhebliche Rolle als Standortfaktor. Sie ermöglicht sich selbst verstärkende Größenvorteile zumeist externer Art (Agglomerationsvorteile), vor allem aber auch Vorteile im Austausch von grundlegenden Informationen.

In den Zeiten der globalen Märkte wird räumliche Nähe an wenigen Finanzplätzen dadurch wichtiger als je zuvor. Trotz Internet und Mobiltelefon ist der Augenkontakt, das sogenannte face-to-face-Gespräch, immer noch Grundlage von einer Vielzahl von Geschäften, die sich durch Größe, Komplexität und Innovation auszeichnen und daher mit besonderen Risiken behaftet sind."

(Quelle: Lo, V., Schamp, E.W.: Finanzplätze auf globalen Märkten – Beispiel Frankfurt/Main. In: GR 53, 7–8/2001, S. 27)

1. Stellen Sie auf Basis weiterer Informationsquellen ein Kurzportrait der Stadt Frankfurt und der Region Frankfurt-Rhein-Main zusammen. Legen Sie dabei einen Schwerpunkt auf die Bedeutung Frankfurts als Handels- und Verkehrszentrum (zum Beispiel Messe, Flug-, Straßen-, Schienenverkehr, Internetknoten).
2. Untersuchen Sie die Flächennutzung der Innenstadt hinsichtlich der ersichtlichen Innenstadtfunktionen und Standortmustern des tertiären Sektors.
3. Erläutern Sie den Zusammenhang von Nutzung, Gebäudehöhe und Bodenpreisen.
4. Erklären Sie das Cluster des Finanzplatzes Frankfurt.

3.7 Tertiärer Sektor – Wachstumsbranche Tourismus

M1 *Cottar's Tourist-Camp im Massai Mara Nationalpark (Kenia)*

Die Tourismusbranche zählt weltweit zu den am stärksten wachsenden Wirtschaftszweigen. Ihre durchschnittliche jährliche Wachstumsrate betrug nach Angaben der Welttourismus-Organisation (WTO) seit 1950 jährlich durchschnittlich sieben Prozent. Von Anfang der 1970er-Jahre bis heute hat sich die Zahl der Reisenden ungefähr verdreifacht, Tendenz steigend. Damit ist der Fremdenverkehr weltweit zu einer Triebfeder geworden, die Landschaft, Gesellschaften und Wirtschaft ganzer Regionen beeinflusst.

Tourismusarten

Aufgrund der unterschiedlichen Ansprüche, Erwartungen und finanziellen Möglichkeiten der Reisenden sind unterschiedliche Arten von **Tourismus** entstanden, wie **Individual-, Massen-** und **Geschäftstourismus**. Der Geschäftstourismus (Reisetätigkeit von Geschäftsleuten, Handelsvertretern etc.) tritt vor allem in Großstädten und am Firmensitz nationaler und multinationaler Konzerne auf und trägt in hohem Maße zu den Übernachtungszahlen bei. Er kann quantitativ bei den Reisezielen und bei der Verkehrsmittelwahl aufgrund fehlender Erhebungen nicht genau vom Individualtourismus unterschieden werden. Der Massentourismus, der eine organisierte Form des Reisens in stark frequentierte Fremdenverkehrsgebiete ist, und der Individualtourismus, zu dem individuell durchgeführte Reisen einer Person, Familie oder Kleingruppe zu geringer frequentierten Zielen zählen, werden in verschiedene Arten untergliedert:

- Erholungstourismus (Strandtourismus: in der Regel Sonnenziele; Studienreisen: Entdecken anderer Kulturen und historischer Stätten; Sporturlaub),
- Städtetourismus (Reisen in Großstädte weltweit, heute oft verbunden mit Einkaufstourismus),
- Kreuzfahrttourismus (Erlebnisreise auf dem Wasser),
- Wellness-Tourismus (Urlaub zum Wohlbefinden durch Entspannung und Bewegung),
- Event-Tourismus (Reisen zu Großveranstaltungen im Bereich Sport, Kultur, Unterhaltung),
- „Natur-pur"- und Abenteuertourismus (intensives Naturerleben in unberührter Landschaft),
- Themenpark-Tourismus (Urlaub in Freizeit-, Erlebnis- und Themenparks),
- Religionstourismus (Besuch religiöser Stätten).

Während viele Tourismusarten starke Umweltbelastungen, Raum- und Landschaftsveränderungen und kulturelle Überformung in den Fremdenverkehrsgebieten verursachen, bemüht sich der **sanfte Tourismus**, diese weitgehend zu vermeiden.

Wachstum des Tourismus

Hauptherkunftsgebiete der Reisenden sind vor allem die Industrieländer. Zurückzuführen ist das in erster Linie auf die hohen Einkommen und die umfangreiche Freizeit bzw. die relativ geringe Jahres- und Lebensarbeitszeit. In Deutschland hat sich zum Beispiel seit Beginn der Industrialisierung die Wochenarbeitszeit ungefähr halbiert, die Zeit, die pro Woche für Freizeit individuell aufgewendet wird, aber mehr als verdreifacht. Die durchschnittliche Zahl der bezahlten Urlaubstage der deutschen Bevölkerung stieg seit 1950 von 12 auf heute fast 30 Tage. Weitere Faktoren, die den Tourismus begünstigen, sind zunehmende Fremdsprachkenntnisse und über Jahre gewachsene Reiseerfahrungen breiter Bevölkerungsschichten sowie eine wachsende Zahl von Rentnern. Außerdem tragen die sich ständig weiter entwickelnden Transportmedien, zum Beispiel Großraumflugzeuge, Hochgeschwindigkeitszüge, Reisemobile und die Reisereservierungssysteme über Telefon, Fax und Internet neben vereinfachten Devisen- und Einreisebestimmungen, zur Ausweitung des Tourismus bei.

Der Massentourismus ist für die Fremdenverkehrsbranche am lukrativsten. Die Individualtouristen, auch als Pioniertouristen bezeichnet, erweitern die Reisen global in bislang noch wenig frequentierte Gebiete ständig. Ihnen folgt der Massentourismus sukzessive.

Risikofaktoren des Tourismus

Der anhaltende Wachstumsschub im Fremdenverkehr wird jedoch immer wieder unterbrochen. Verantwortlich dafür sind globale, aber auch regionale Ereignisse, wie zum Beispiel Kriege und Regionalkonflikte, wirtschaftliche Turbulenzen (Aufschwung, Rezession), Terroranschläge auf Touristen, Geiselnahmen von Touristen in Regionen mit Regionalkonflikten, Ausbreitung von Infektions- und epidemischen Krankheiten oder Katastrophen (Tankerunglücke, Überschwemmungen, Seebeben). Diese Faktoren führen zur Umlenkung von Touristenströmen, zu kurzfristigen Einbrüchen bei den Touristenzahlen und damit auch zum Verlust von Deviseneinnahmen, die sich dann in allen Wirtschaftssektoren niederschlagen.

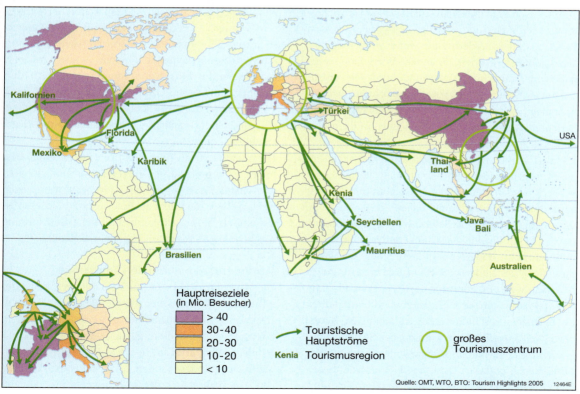

M2 Reiseströme des internationalen Tourismus

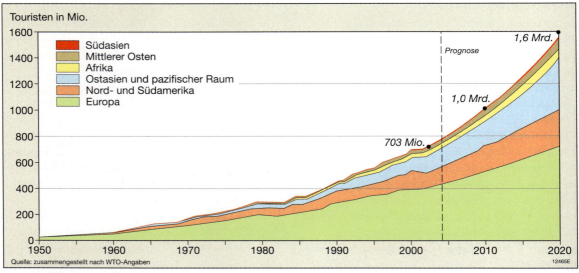

M1 Entwicklung der Touristenzahlen weltweit

Tourismus als Wirtschaftsfaktor

Der Fremdenverkehrsanteil am Bruttoinlandsprodukt wird weltweit auf zehn bis zwölf Prozent geschätzt. Der Tourismus stellt damit einen wichtigen Wirtschaftsfaktor dar, der noch weiter an Bedeutung gewinnen wird. Er ist in vielen Ländern zum Motor wirtschaftlicher Entwicklung geworden, da andere Wirtschaftszweige fehlen oder nur schwach ausgebildet sind. Obwohl der Fremdenverkehr weltweit innerhalb der Industrieländer überwiegt, stellt er besonders in den Entwicklungsländern viele Arbeitsplätze zur Verfügung, für die es dort oft keine Alternativen gibt.

Um die Touristen zu empfangen, sie unterzubringen und zu versorgen, müssen infrastrukturelle Vorleistungen erbracht werden. Beherbergung, Restauration, Freizeitgestaltung und Einzelhandel müssen organisiert, und die uneingeschränkte Belieferung der Ferienstandorte durch den Großhandel oder direkt durch Agrarbetriebe mit Nahrungs- und Genussmitteln sowie Getränken muss sichergestellt werden. Hierdurch wird für die nähere oder weitere Umgebung des Standortes ein hohes Arbeitskräftepotenzial nötig. Diese direkt und indirekt im Tourismus geschaffenen Beschäftigungen werden durch Arbeitskräfte aus dem informellen Sektor ergänzt. Hierzu zählen gerade in Entwicklungsländern Souvenirhändler, Getränke-, Obst- und Gemüseverkäufer.

Jeder Fremdenverkehrsort hat besondere Standortvoraussetzungen, das heißt besondere touristische Attraktionen, wie zum Beispiel ein angenehmes Klima, schöne (oft unberührte) Landschaften, besondere Kulturen und interessante, seltene Bevölkerungsgruppen. Diese einzigartigen, nicht an andere Orte transportierbaren Attraktionen liegen oft in peripheren Räumen, die von anderen Wirtschaftsbereichen nur schwerlich genutzt werden können. „Pioniertouristen", die abseits des Massentourismus reisen, berichten darüber. Eine breite Öffentlichkeit erhält auf diese Weise Informationen über bisher unbekannte Räume, die zunehmend nachgefragt und dann in der Regel erschlossen werden.

Die Investitionen in Tourismusorte kommen zumindest in der Anfangsphase aus den regionalen und globalen wirtschaftlichen Zentren. Die Geldgeber schöpfen auch weitestgehend die Erlöse ab. Erst wenn die Gästezahlen anhaltend steigen, ist es für die lokale Bevölkerung möglich, ökonomisch am Tourismus teilzuhaben.

Veränderungen durch den Tourismus

Der direkte Kontakt von Touristen mit der lokalen Bevölkerung bringt teilweise fremde Werte und Normen, Lebensstile und Konsummuster in die Zielregionen. Hierdurch können festgefügte traditionelle (Gesellschafts-) Strukturen sowie die Kultur der Tourismusregionen verändert werden. Nicht selten ist zum Beispiel das Einkommen der im Tourismus beschäftigten einheimischen jungen Bevölkerung höher als das ihrer

Fokus

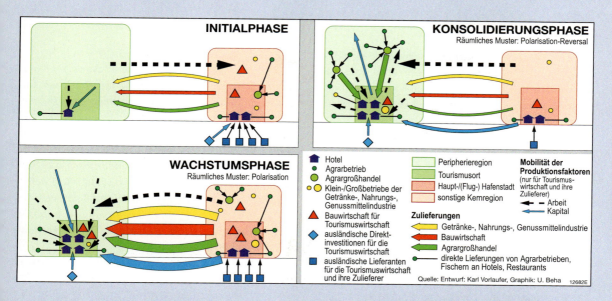

Entwicklungsmodell der Tourismuswirtschaft
Gerade in Entwicklungsländern stehen den Verdichtungsräumen infrastrukturell wenig entwickelte Gebiete gegenüber. Die Folge ist eine Land-Stadt-Wanderung, die die räumlichen Disparitäten noch verstärkt. Erst mit der touristischen Erschließung erhalten alle Sektoren einen wirtschaftlichen Anstoß bzw. einen Wachstumsschub. Gleichzeitig entstehen zwischen dem neuen Wachstumspol und seinem Umland wieder neue Ungleichgewichte.

Eltern aus Landwirtschaft oder Handwerk, wodurch es sich nicht lohnt, den elterlichen Betrieb weiterzuführen. Außerdem können alteingesessene Bewohner durch die Ausweitung des Tourismus verdrängt werden, da sie ihre überkommenen Nutzungsrechte (Fischfang, Jagd, Ackerbau, Weidewirtschaft) nicht mehr durchsetzen können. Es werden aber auch durch die Einnahmen aus dem Fremdenverkehr touristische Attraktionen am Leben erhalten (zum Beispiel Pflege und Renovierung von religiösen Stätten, Unterstützung des traditionellen Kunsthandwerks etc.), die sonst aufgrund Geldmangels verfallen würden.

Negativeffekte des Tourismus ergeben sich hingegen nicht selten für die Umwelt, zum Beispiel Luftverschmutzung durch Reiseverkehrsmittel, Landschaftszerstörung durch Bautätigkeit und Fehl- oder Übernutzung, Grundwasserabsenkung und Versiegen von Brunnen für die Landwirtschaft durch hohen Wasserverbrauch, Luft- und Wasserbelastung durch Abwasser- und Müllentsorgung. Da eine intakte Natur aber immer einen starken touristischen Standortfaktor darstellt, ist ein sensibles Abwägen zwischen den natürlichen Vorausset-zungen und den Fragen „Wieviel Tourismus kann eine Region vertragen?" und „Wieviel Tourismus braucht eine Region?" notwendig. Zu einer nachhaltigen Entwicklung im Fremdenverkehr kann es daher nur über eine behutsame Planung kommen.

1. Kennzeichnen Sie die Reiseströme des internationalen Tourismus.
2. Untersuchen Sie, welche Reiseströme besonders von Risikofaktoren betroffen sein könnten. Wählen Sie zur näheren Charakterisierung eine Urlaubsregion aus.
3. Stellen Sie in einem Schaubild die durch den Tourismus direkt und indirekt geschaffenen Arbeitsplätze an einem ausgewählten Beispiel dar.
4. Erarbeiten Sie an einer ausgewählten Tourismusregion die Standortfaktoren für den Fremdenverkehr.

Raumbeispiel: Bali (Indonesien)

Der Ferntourismus ist in der Fremdenverkehrsentwicklung weltweit immer bedeutender geworden. Pauschalreisen haben hierbei längst den Individualreisen den Rang abgelaufen. Bali als Reiseziel vereint auf relativ überschaubarem Raum exotische Landschaften, Kultur und Klima zu mittlerweile auch für breite Bevölkerungsschichten erschwinglichen Preisen; ein „Traum" von einem Paradies, wie es die Tourismusbehörde Balis nennt.

Bali gehört zu den kleinen Sundainseln im Indonesischen Archipel und ist mit seinen 5561 Quadratkilometern ungefähr doppelt so groß wie das Saarland. Es stellt eines der bedeutendsten Ziele des Massentourismus in den Ländern des Südens dar. Der Fremdenverkehr ist seit der Eröffnung des internationalen Flughafens im Jahr 1969 auf der bis dahin weitgehend landwirtschaftlich ausgerichteten Insel zum wichtigsten Wirtschaftsfaktor geworden. Erst die infrastrukturelle Ausstattung der Küste und des Hinterlandes ermöglichte diese Entwicklung. Heute verändert der Tourismus auch zunehmend die Lebensgewohnheiten der Einwohner.

M1 Wirtschaftliche Situation der Insel

Bali ist zwar einer der am dichtesten besiedelten Agrarräume der Erde, doch bevor der Massentourismus einsetzte, zählte die Insel zu den Problemregionen Indonesiens. Der starke Bevölkerungsdruck, das vorwiegend aus der Land- und Forstwirtschaft stammende niedrige Einkommen der Bewohner und die leicht gefährdbare Selbstversorgung mit dem Grundnahrungsmittel Reis (trotz einer hoch entwickelten Reisbaukultur) kennzeichneten diesen Lebensraum. Die erfolgte Umsiedelung der Bevölkerung auf andere Inseln des Archipels durch die indonesische Regierung (Transmigration) löste jedoch nicht die Probleme.

Heute ist Bali zu einer Insel mit relativem Wohlstand geworden. Die hohen Deviseneinnahmen, das hohe Bruttoinlandsprodukt pro Kopf der Bevölkerung und der geringe Anteil der Menschen, die unter der Armutsgrenze leben, resultieren aus der Tourismuswirtschaft. Sie ist jedoch weitgehend fremdbestimmt, da die Investitionen überwiegend aus Java und dem Ausland kommen.

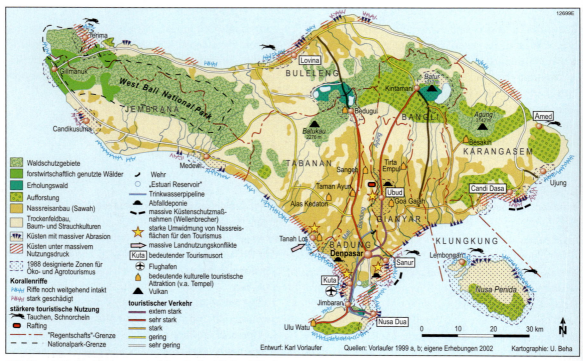

M2 Touristische Nutzung und landschaftliche Gliederung

Monat	Jan	Feb	Mrz	Apr	Mai	Jun	Jul	Aug	Sep	Okt	Nov	Dez
Sonnenstunden pro Tag	7	7	8	9	9	9	9	10	10	10	10	7
Temperatur mittags in °C	30	30	30	31	31	30	30	30	30	31	32	30
Temperatur nachts in °C	26	26	26	26	25	25	24	24	24	24	26	26
Wassertemperatur in °C	28	28	28	29	28	28	27	27	27	27	28	28
Tage mit Regen	14	13	10	5	5	5	4	3	3	5	5	10

M3 *Klimawerte von Bali*

M4 Touristische Ziele auf Bali

„Die Hotels und damit die Langzeitaufenthalte der Touristen konzentrieren sich auf extrem kleine Küstenabschnitte. Abgesehen von Ubud, das eine starke Expansion der Hotellerie verzeichnet, weisen die dicht besiedelten Kernräume der wirtschaftlich auf den Nassreisanbau im Binnenland basierenden balinesischen Kultur im zentralen Südbali nur wenige größere Standorte des Gastgewerbes auf. Die intensive Einbindung dieser Räume in den Tourismus erfolgt über ein- bis zweitägige Ausflüge von Urlaubern aus den Badeorten, d.h. die Kernräume der balinesischen Kultur werden nur kurzfristig berührt."

(nach: Vorlaufer, K.: Tourismus und Kulturwandel auf Bali. In: Geographische Zeitschrift 1/99, S. 32-33)

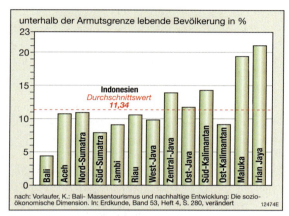

M5 *Relativer Wohlstand auf Bali*

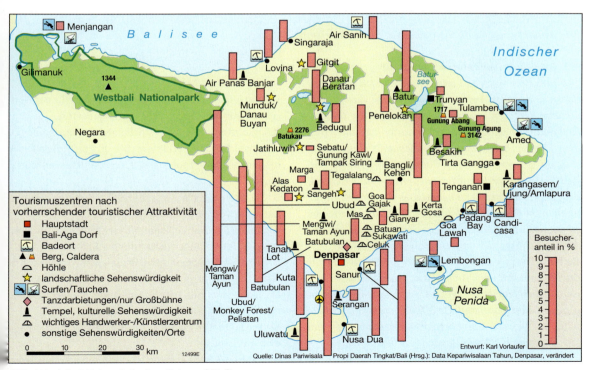

M6 *Attraktivität touristischer Orte auf Bali*

3.7 Tertiärer Sektor – Wachstumsbranche Tourismus

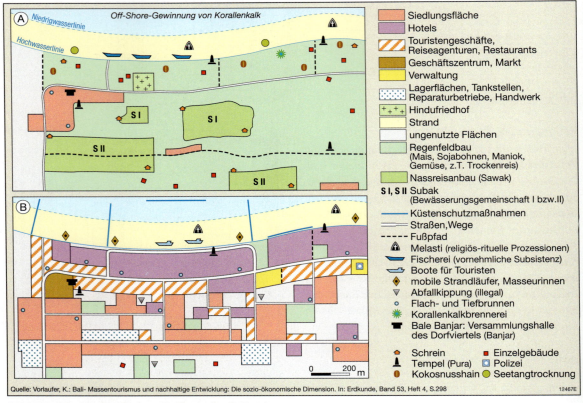

M1 Wandel einer ländlichen Siedlung durch Tourismus

M2 Tourismus und balinesische Kultur

„Kulturelemente eines Landes können sich über Einflüsse von außen verändern, wobei sie durch Teile anderer Kulturen ersetzt werden. Durch die face-to-face-relations mit den Touristen unterliegt auch Bali dem Einfluss westlicher Kulturelemente. Reiseländer sind oft gezwungen, große Bereiche ihrer Kultur den Bedürfnissen der Besucher anzupassen, um sich auf dem Tourismusmarkt zu behaupten. Da die wichtigste touristische Ressource der Insel ihre Kultur ist, wäre ihre zu starke Deformation oder gar Zerstörung gleichzeitig die Vernichtung der wirtschaftlichen Grundlage. Den Balinesen ist es jedoch gelungen, z.B. die Kulturelemente Musik, Tanz, Malerei, Architektur, Holzschnitzerei und Religion (Tempelfeste, Prozessionen, Leichenverbrennungen) den Touristen zu öffnen, während andere religiöse Riten den Besuchern verschlossen bleiben, um sich bestimmte sakrale Bereiche zu bewahren."

(nach: Vorlaufer, K.: Tourismus und Kulturwandel auf Bali. In: Geogr. Zeitschrift 1/1999, S. 31-33)

1. Kennzeichnen Sie die Standortfaktoren für den Tourismus auf Bali, auch nach Tourismusarten.
2. Lokalisieren Sie die Kernräume des Tourismus auf der Insel Bali und erläutern Sie das sich ergebende mögliche Konfliktpotenzial durch den Massentourismus.
3. Erklären Sie die wirtschaftliche Entwicklung und den relativen „Wohlstand" Balis.
4. Stellen Sie die möglichen wirtschaftlichen Gefahren aus der Tourismusentwicklung für Bali dar.
5. Erörtern Sie folgende Aussagen von Wissenschaftlern:

a) „Der Tourismus ist ein Agent der Modernisierung und eine Triebfeder des Kulturwandels."

b) „Die kulturelle Identität der Balinesen ist Grundlage des Tourismus."

6. Erklären Sie anhand von M1 die durch den Tourismus eingetretenen Veränderungen.

Diercke Geographie vor Ort

M2 Nutzungskartierung (Erdgeschoss) zur Feststellung touristischer Einrichtungen

Tourismus vor Ort

Jeder Raum hat seine Fremdenverkehrsattraktionen, so auch der Heimatraum bzw. der Schulstandort. Die touristischen Besonderheiten werden oft von den Bewohnern nur wahrgenommen, wenn sich größere Touristenzahlen an einem Ort bemerkbar machen. Der sanfte Tourismus fällt meist nicht auf, er ist nicht spektakulär und wird für den Wohnort als normal angesehen. Dennoch ist seine wirtschaftliche Kraft für Städte und Gemeinden unentbehrlich.

Welche wirtschaftlichen, ökologischen und räumlichen Auswirkungen der Fremdenverkehr hat, kann vor Ort zum Beispiel im Rahmen einer Fach- oder Semesterarbeit untersucht werden. Hier eine Auswahl möglicher Untersuchungsstandorte:
- Freizeitanlagen, z.B. Spaßbad, Freizeitpark, Rodelbahn,
- Urlaubsgebiete, z.B. Skigebiete, Badestrände,
- Sportstätten, z.B. Bundesligastadion, Golfplatz,
- Altstadt,
- Märkte, z.B. Weihnachts-, Floh-, Fischmarkt,
- Feste wie z.B. Heideblüten-, Wein-, Hafenfest,
- Kulturstätten wie Kirchen, Klöster, Burgen,
- Museum, Konzertsaal, Musicaltheater,
- Landschaften, z.B. mit (Fahrrad-) Wanderwegen,
- Lehrpfade etc.

Als Untersuchungsgegenstände bieten sich an:
- touristische Verkehrsströme (Erfassung über Verkehrszählung, Kartierung von Anfahrtswegen), um Verkehrskonzepte für Veranstaltungen zu planen;
- Herkunftsgebiete der Touristen (Feststellung des Einzugsbereiches einer touristischen Attraktion durch Befragung bzw. Auflistung der Autokennzeichen auf Parkplätzen mit anschließender Erstellung einer thematischen Karte);
- touristische Ausstattung eines Ortes / einer Region mit dem Ziel einer möglichen Werbekampagne:
  - Was gibt es an Attraktionen vor Ort?
  - Was ist sehenswert, aber bisher noch zu wenig genutzt?
  - Wie können die Sehenswürdigkeiten den Touristen nahegebracht werden? (Erstellen von Plakaten, Flyern, Filmen)?
  - Kann eine mögliche Besichtigungsroute (für Fußgänger oder Fahrradfahrer) ausgewiesen werden? (evtl. mit Erklärungsschildchen vor den einzelnen Sehenswürdigkeiten)?
- Befragung von Touristen zu:
  - Ausgaben, Alter, Verweildauer, um die Wirtschaftlichkeit des Fremdenverkehrs einzuschätzen,
  - positiven und negativen Eindrücken, um Verbesserungen am Standort durchzuführen (hier auch in Verbindung mit möglichen Werbemaßnahmen),
- wirtschaftliche und ökologische Veränderungen (hier auch im Vergleich mit früher durchgeführten Untersuchungen),
- räumliche Veränderungen (Vergleich von Kartenmaterial bzw. Fotos unterschiedlichen Alters),
- Beherbergungszahlen (Auskunft über das Fremdenverkehrsamt), um Engpässe und Überkapazitäten für die Planung zur Verfügung zu haben bzw. Attraktivitätsentwicklungen festzustellen.

Diercke Geographie vor Ort

Untersuchung wirtschaftsräumlicher Strukturen

Die Untersuchung der Wirtschaftsstruktur und der Strukturveränderungen des Heimatraumes ist einer der interessantesten Arbeitsbereiche der Geographie. Hier bieten sich auch zahllose Themen, die Basis für eine Facharbeit sein könnten. Im Folgenden sind einige Fragestellungen aufgelistet, denen Sie nachgehen könnten.

Die Wirtschaftsstruktur heute

- Wie wirtschaftsstark ist die Heimatregion / die Heimatstadt / der Heimatkreis? Wie hoch ist das BIP?
- Ist die Region im Vergleich zum Bundesland / zum Bundesgebiet eher strukturstark oder strukturschwach?
- Wie hoch ist das Steueraufkommen der einzelnen Gemeinden?
- Gibt es größere wirtschaftliche Disparitäten innerhalb des Kreises?
- Wird Wirtschaftsförderung betrieben (Ziele, Art der Förderung)?
- Gibt es Hilfen der Bundesregierung oder der EU?
- In welchen Wirtschaftssektoren arbeiten die Einwohner?
- Wie viele Beschäftigte gibt es in den einzelnen Wirtschaftssektoren?
- Wie hoch ist das BIP in den Wirtschaftssektoren (→ Gemeindeverwaltung, Kreisverwaltung)?

Wandel der Wirtschaftsstruktur

- Gibt es Zahlen, wie das vor 10, 20 Jahren oder noch früher war (→ Gemeindeverwaltung, Zeitungsarchiv)?
- Gibt es Gebäude oder Veränderungen in der Landschaft, die auf andere Nutzungen in früherer Zeit hinweisen?

Der sekundäre Sektor

- Welche Bodenschätze gibt es innerhalb des Raumes? Wie sind sie verteilt?
- Wurden oder werden sie ausgebeutet?
- Sind sie Grundlage für Gewerbebetriebe?
- Gibt es weitere Rohstoffe (tierische, pflanzliche, holzwirtschaftliche), die Basis für Industriebetriebe sind?

- Gibt es Hinweise auf vorindustrielle Strukturen?
- Wie ist die Branchenstruktur des sekundären Sektors (Zahl der Betriebe, Zahl der Beschäftigten, Betriebsgrößen – Diversifizierung oder Monostruktur)?
- Hat es in jüngerer Zeit einen Strukturwandel gegeben? Was waren die Triebkräfte? Wie war der Verlauf?
- Welche Auswirkungen hatte der industrielle Strukturwandel auf den Arbeitsmarkt, auf die Bevölkerungszahl?
- Wie hat sich die Flächennutzung gewandelt?

Der tertiäre Sektor

- Wie ist die Branchenstruktur im tertiären Sektor (Zahl der Betriebe, Zahl der Beschäftigten, Betriebsgrößen – Diversifizierung oder Monostruktur)? (Weitere Fragestellungen siehe unten.)

Standortfaktoren

- Welches sind die wesentlichen Standortfaktoren für die Betriebe in den einzelnen Branchen in der Gemeinde (Mesostandort)?
- Welche Bedeutung hat in diesem Zusammenhang die Persistenz?
- Wie ist die Gewichtung der harten und der weichen Standortfaktoren?
- Was unternimmt die Gemeindeverwaltung / die Wirtschaftsförderung, um die harten und die weichen Standortfaktoren zu verbessern?
- Wie gestalten sich besonders wichtige Standortfaktoren wie
  - Infrastrukturausstattung,
  - Angebot an qualifizierten Arbeitskräften,
  - Höhe der Steuern und Abgaben / staatliche und kommunale Vergünstigungen?

Stadtzentrum

- Wie ist die Flächennutzung in der Haupteinkaufstraße im Vergleich zu den Straßen in der Nähe und in weiterer Entfernung vom Stadtzentrum? → Kartierung
- Wie hat sich in den Einkaufsbereichen / Geschäftsstraßen die Nutzung verändert – Wie ist sie jetzt (Kartierung), wie war sie zum Beispiel vor zehn Jahren (Kartierung) → Befragung Geschäftsinhaber, Nachbarn.
- Werden in der Branchenstruktur besondere Standortfaktoren deutlich (zum Beispiel Konzentration bestimmter Branchen wegen Fühlungsvorteilen)?

Diercke Geographie vor Ort

- Ergreift die Gemeinde Maßnahmen, um die Standortgunst im Stadtzentrum zu erhöhen? Wenn ja, welche?
- Wie hoch sind die Passantenzahlen zu den einzelnen Tageszeiten?
- Wie ist die Verkehrsinfrastruktur ausgebaut?

Gewerbegebiete
- Handelt es sich um ein reines Industrie- oder ein Mischgebiet mit industrieller und tertiärer oder sogar noch Wohnnutzung?
- Welche Branchen sind vertreten (Kartierung)?
- Wie ist die Verkehrsanbindung: lokal und überregional, für Personen- und für Gütertransport?
- Welche Bedingungen, Auflagen, Anreize für die Ansiedlung im Gewerbegebiet gibt es seitens der Gemeinde?

Einzelunternehmen
- Zu welcher Branche gehört der Betrieb?
- Wie hoch ist die Zahl der Mitarbeiterinnen und Mitarbeiter?
- Was wird hergestellt? Welche Leistungen werden angeboten?
- Was sind die wichtigsten, was die weniger wichtigen Standortfaktoren?
- Welche Nutzungsveränderungen hat es auf dem Betriebsgrundstück gegeben?

M1 Hinweisschild zum Industriegebiet – eine gute Informationsquelle

- Wie hat sich der Betrieb verändert: Standortwechsel, Veränderungen der Mitarbeiterzahl, Veränderungen der Produkt- beziehungsweise Dienstleistungspalette?
- Welches sind die Zulieferer? Woher kommen die Kunden? Wie hoch ist eventuell der Exportanteil?
- Zeichnet sich der Betrieb durch eine Besonderheit aus? Gibt es besondere Innovationen?

- Eltern – Verwandte – Nachbarn – Bekannte.
- Das Internet – Homepages
  - Gemeinden: wichtigsten statistischen Daten, Namen von Ansprechpartnern innerhalb der Verwaltung (meist: www.NameDerGemeinde.de, zum Beispiel: www.muenster.de),
  - Kreisverwaltung und Bundesland: zur Bevölkerungs- und zur Wirtschaftsstruktur, Wirtschaftsförderung (zum Beispiel www.nrw.de),
  - statistische Landesämter (zum Beispiel: www.statistik.bayern.de),
  - Firmen: Firmendaten, Kontaktadressen und Namen von Ansprechpartnern (zum Beispiel Abteilung für Public Relations, Öffentlichkeitsarbeit, Presseabteilung).
- Gemeindeverwaltung / Kreisverwaltung: Nach vorheriger Anmeldung sind die Mitarbeiter meistens gern bereit, schriftliche Informationen zusammenzustellen und auf Fragen zu antworten.
- Firmen: Nach (telefonischer) Voranmeldung stehen Mitarbeiter von Firmen oft zur Verfügung, um Auskunft über ihren Betrieb zu geben (genaue Zahlen zu Gewinn, Absatz, Löhnen oder Steuerabgaben dürfen Sie natürlich nicht erwarten). Auch Firmenschilder und Hinweisschilder auf Gewerbegebiete können gut nutzbare Informationen enthalten.
- Tageszeitungen: Hier ist besonders das Zeitungsarchiv eine wertvolle Informationsquelle.
- Gemeindearchiv: Lohnenswert ist meist ein Gespräch mit dem Archivar oder dem Gemeindechronisten.

M2 Informationsquellen

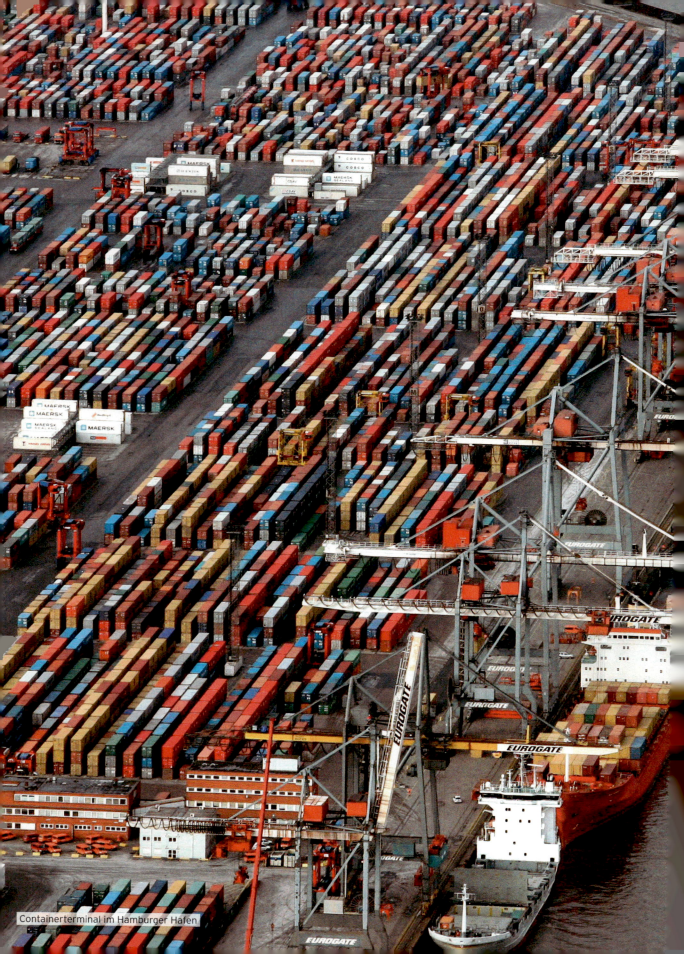

Containerterminal im Hamburger Hafen

4

Globalisierung

Neugestaltung der Weltwirtschaft

Globalisierung ist ein Begriff, der heute in aller Munde ist. Für die einen ist er mit Ängsten verbunden, zum Beispiel die Angst vor dem Verlust der Arbeitsstelle aufgrund von Produktionsauslagerungen in Billiglohnländer oder die Angst vor dem Verlust der kulturellen Eigenständigkeit. Für andere ist sie Chance und Bereicherung, zum Beispiel durch die Möglichkeit, billig zu verreisen, weltweit Kontakte zu pflegen oder Produkte überallhin zu verkaufen. Fest steht, dass heute niemand von den Prozessen der Globalisierung unberührt bleibt. Globalisierung geschieht nicht einfach, vielmehr ist sie das Ergebnis von Entscheidungen unzähliger Beteiligter und damit ist sie auch form- und veränderbar.

4.1 Globalisierung – Begriff und Entstehung

Globalisierung beginnt bereits am Frühstückstisch, wo wir Kaffee oder Tee trinken, der aus Asien kommt, ein Glas Orangensaft aus Brasilien trinken, einen Joghurt essen, dessen Inhalt und Verpackung aus Polen, Frankreich, Deutschland und den Niederlanden stammt, in der Zeitung über ein Ereignis in Afrika lesen und im Radio Musik aus der Karibik hören.

Globalisierung umfasst verschiedene Prozesse, durch welche internationale Abhängigkeiten und Austauschverhältnisse intensiviert und ausgedehnt werden. Sie umfasst mehr als wirtschaftliche Internationalisierung und die Verstärkung von Handelsverflechtungen, sie umfasst auch kulturelle Veränderungen und beeinflusst den Alltag praktisch eines jeden Menschen.

Wörtlich genommen beschreibt die **Globalisierung** einen Prozess, bei dem sich ein Phänomen über den gesamten Erdball ausbreitet. Je nachdem um welchen Prozess es sich handelt, geschieht dies mehr oder weniger vollständig oder gleichmäßig. Die Ausbreitung des Internets ist an das Vorhandensein von Computern, Kupfer- und Glasfaserkabeln sowie an die Nachfrage und Kaufkraft von potenziellen Nutzern und Nutzerinnen gebunden. Beides ist nicht überall in gleichem Maße gegeben. Die Ausbreitung des Treibhausgases CO_2 erfolgt viel gleichförmiger, obwohl die Auswirkungen des von ihm mitverursachten Klimawandels wieder regional unterschiedlich sind. Globalisierung besteht nicht aus einem einzigen Prozess, sondern aus einem Bündel unterschiedlicher und zum Teil sogar sich widersprechender Prozesse. Sie weist folgende Eigenschaften auf:

- Globalisierung zeichnet sich durch eine Vielfalt von Verbindungen aus: Staaten, Gesellschaften und Einzelpersonen sind über weitverzweigte Netzwerke miteinander verbunden. Beispiele sind internationale Abkommen, Kommunikationsnetze, Transportlinien, Fernreisen oder Migration.
- Globalisierung hat räumliche Dimensionen: Aktivitäten und Entscheidungen, die in einem Teil der Welt getroffen werden, können bedeutende Folgen für Menschen und Gemeinschaften in weit entfernten Teilen der Welt haben. Der Kauf eines Baumwoll-T-Shirts in Europa zum Beispiel hat Folgen für das Einkommen von Baumwollproduzenten und ihr Umfeld in Asien oder Afrika.

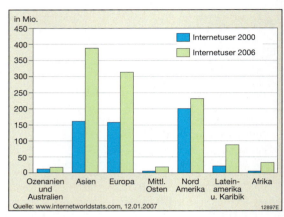

M1 *Internetnutzer weltweit 2000 und 2006*

- Globalisierung hat eine zeitliche Dimension: Viele Aktivitäten haben auch Auswirkungen in der Zukunft, so wie der heutige CO_2-Ausstoß durch Kraftfahrzeuge und Kraftwerke einen Einfluss auf das zukünftige Klima hat.
- Globalisierung ist nichts Abstraktes, das außerhalb unseres Alltags steht: In sehr vielen Alltagshandlungen werden Prozesse der Globalisierung sichtbar oder wirksam, zum Beispiel beim Einkauf, Kinobesuch oder Internetsurfen.
- Globalisierung wird von vielen Menschen mitgestaltet, doch hängt die Einflussmöglichkeit von der Machtausstattung einer Person ab: Der amerikanische Notenbankchef hat mit einem Entscheid zur Zinserhöhung oder -senkung einen größeren Einfluss auf die Weltwirtschaft als ein deutscher Konsument, der einen in Malaysia hergestellten MP3-Player kauft.

Woher kommt die Globalisierung?

Es ist nicht einfach, den Beginn der Globalisierung festzulegen, da er nicht mit einem bestimmten Ereignis verbunden werden kann. Der englische Begriff "globalisation" taucht das erste Mal 1962 im Oxford Dictionary auf, in aller Munde ist er gar erst seit Ende der 1980er-Jahre. Wissenschaftler sind sich nicht darüber einig, ob die Globalisierung eine Fortschreibung historischer Prozesse ist oder ob es sich um etwas gänzlich Neues in dieser Qualität noch nie Dagewesenes handelt. Fest steht, dass sie nicht aus dem Nichts kommt und dass

Erste Globalisierung	
Kolonialisierung und Aufklärung • Portugiesische und spanische Entdeckungen in Afrika und Amerika • Einführung des gregorianischen Kalenders und des heliozentrischen Weltbildes • Mission der katholischen Kirche in den Kolonien • Westfälischer Friede (1648) ermöglicht die Anerkennung souveräner Staaten	15.–18. Jh.
Demokratie, Industrialisierung und wissenschaftlicher Fortschritt • Die amerikanische Unabhängigkeit (1776) und die französische Revolution (1789) verbreiten demokratisches Gedankengut. • Mit der Erfindung einer gebrauchsfertigen Dampfmaschine durch James Watt (1769) beginnt eine Phase rapiden technologischen Fortschritts. • Die Evolutionstheorie von Charles Darwin (1859) schließt auch den Menschen ein und steht im Widerspruch zur Schöpfungslehre.	18.–19. Jh.
Imperialismus und Internationalisierung • Verstärkung der internationalen Handelsbeziehungen durch Freihandel. • Die europäischen Großmächte werden durch Einverleibung weiterer Kolonien zu Imperien. • Internationale Wettbewerbe wie die olympischen Spiele und die Verleihung des Nobelpreises werden ins Leben gerufen. • Der Erste Weltkrieg involviert mehr Menschen und fordert mehr Opfer als jeder Krieg zuvor, nur der Zweite Weltkrieg forderte mehr Opfer. • Der Crash der New Yorker Börse stürzt 1929 die Weltwirtschaft in eine Krise, die bis weit in die 1930er-Jahre dauert.	1870–1930
Zweiter Weltkrieg und der Kalte Krieg • Mit Kommunismus und Faschismus treten totalitäre Systeme in Konkurrenz zur Demokratie. • Im Zweiten Weltkrieg unterliegt der Faschismus und kompromittiert sich durch den industriell durchgeführten Holocaust. • Die Gründung der Vereinten Nationen (1945) und die Erklärung der Menschenrechte (1948) sind Bestrebungen, um künftige Kriege zu verhindern. • Mit Sputnik beginnt die Ära der Satellitenkommunikation. • Das Apolloprogramm und die Mondlandung ermöglichen den menschlichen Blick auf die Erde.	1925–1990
Zweite Globalisierung	
Kapitalismus und Neoliberalismus • Mit dem Zusammenbruch des planwirtschaftlichen Ostblocks fällt ein Konkurrenzsystem zum Kapitalismus weg. • Freihandel und Wettbewerb sind zentrale Punkte des Neoliberalismus. • Durch verbesserte Kommunikationsmöglichkeiten werden Finanzmärkte vernetzt und Transaktionen beschleunigt.	seit 1990
Umweltprobleme und Reichtumsunterschiede • Die Übernutzung natürlicher Ressourcen wird bewusst wahrgenommen. • Der Klimawandel wird als Konsequenz der Industrialisierung und als Bedrohung anerkannt. • Die Schere zwischen Arm und Reich vergrößert sich.	seit 1990

M2 Phasen der Globalisierung

sie auf früheren Ereignissen aufbaut. Sie kann in zwei Phasen gegliedert werden: Die erste Globalisierung ist vor allem durch die europäische Expansion geprägt und dauerte grob bis zum Zusammenbruch des Ostblocks 1990. Die zweite Globalisierung ist einerseits geprägt durch ein kapitalistisches Marktssystem, das durch Freihandel und Wettbewerb gekennzeichnet ist, aber auch vom Bewusstsein über die globale Umweltverschmutzung und die sich öffnende Schere zwischen Arm und Reich.

1. Beschreiben Sie
a) die unterschiedlichen Dimensionen von Globalisierung und
b) die Phasen der Globalisierung.

4.2 Triebkräfte – globale Wirkung

Globalisierung geschieht nicht von selbst. Vielmehr sind die Prozesse der Globalisierung Ergebnis vieler Entscheidungen, die in Organisationen, auf staatlicher Ebene oder individuell getroffen und umgesetzt werden. Daneben stehen auch technische Entwicklungen, die vorangetrieben wurden und es überhaupt erst ermöglichen, Waren und Informationen im großen Stil auszutauschen.

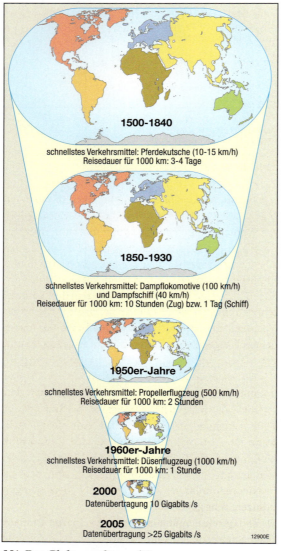

M1 Der Globus „schrumpft"

Entwicklung der Verkehrsträger

Die Welt ist „geschrumpft". Die Entwicklung und Verbesserung der Transportmittel im Laufe der letzten zweihundert Jahre erlaubt es heute, Ziele innerhalb von Stunden zu erreichen, wofür frühere Generationen Monate oder gar Jahre brauchten. Bis ins 19. Jahrhundert wurden nur wenige Fortschritte bei der Transportgeschwindigkeit erzielt, Kutschen kamen nicht über eine Durchschnittsgeschwindigkeit von 15 Kilometer pro Stunde hinaus. Etwa gleich schnell waren Segelschiffe im Mittelalter. Da der Transport größerer Warenmengen damals wie heute über den Seeweg erfolgte, wurde stark in die Verbesserung der Schiffe investiert. Erst im 19. Jahrhundert gelang es, den Verkehr auch zu Lande durch die Nutzung von Dampfkraft zu beschleunigen.

Mit der Erfindung des Otto- und des Dieselmotors bekam die Dampfmaschine zunehmend Konkurrenz. Da diese Motoren kleiner gebaut werden konnten und für Treibstoff weniger Platz benötigt wurde, eigneten sie sich besser für den Bau kleinerer Fahrzeuge, die für den Individualverkehr genutzt werden konnten. Erst so konnte der motorisierte Privatverkehr sich verbreiten.

Flugzeuge stellen den vorläufig letzten Schritt in der Entwicklung des schnellen Massentransports dar. Schon zu Beginn des 20. Jahrhunderts wurden sie im Personenverkehr (und militärisch) eingesetzt, ihre Massentauglichkeit erhielten sie mit der Einführung von großen düsengetriebenen Flugzeugen Ende der 1950er-Jahre. Mit ihnen wurde der Massenferntourismus geboren, da sie es für vergleichsweise wenig Geld erlauben, in fernen Ländern Urlaub zu machen.

Die Reisegeschwindigkeit der Großraumflugzeuge hat sich seit den 1960er-Jahren nicht wesentlich erhöht. Dies liegt einerseits daran, dass Überschallflugzeuge stabiler gebaut sein müssen, wodurch sie weniger Passagiere transportieren können. Anderseits benötigen sie dafür sehr viel mehr Treibstoff. Die Concorde war das einzige Überschallpassagierflugzeug, das im regulären Flugverkehr zum Einsatz kam, bis sie 2003 vor allem aus wirtschaftlichen Gründen aus dem Verkehr gezogen wurde.

Der Transport von **Information** ist eine ebenso wichtige Triebkraft. Mit der Entwicklung von Schriftsystemen

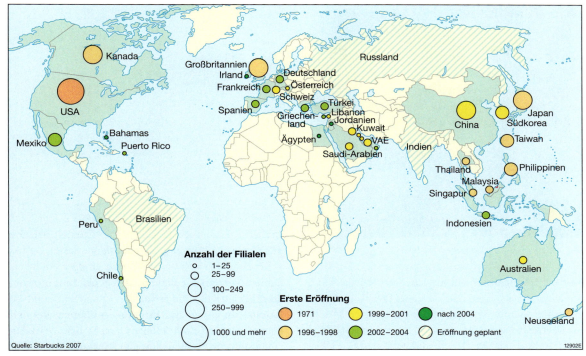

M2 Starbucks – ein weltweit operierendes transnationales Unternehmen

wurde es möglich, Information unabhängig vom Besitzer weiterzugeben, doch bis zum Einsatz des elektrischen Telegrafen, der Verlegung von Tiefseekabeln und der Erfindung des Telefons im 19. Jahrhundert konnte sie nicht schneller transportiert werden als andere Güter. Erst diese Schnelligkeit ermöglichte auch die Entwicklung einer global funktionierenden Wirtschaft. Seit den 1960er-Jahren ist Satellitenkommunikation möglich und seit Mitte der 1990er-Jahre hat sich die drahtlose Telefonie stark verbreitet und die Erreichbarkeit stark erhöht. 1989 wurde das **Internet** geboren, das als Kommunikationsmittel eine überragende Bedeutung erlangt hat.

Transnationale Unternehmen

Multinationale oder **transnationale Unternehmen (TNU)** spielen eine wichtige Rolle bei der Globalisierung. Sie haben die Möglichkeit, Operationen in mehreren Ländern zu kontrollieren und zu koordinieren. Internationale Unternehmen betreiben vereinzelte, ausgewählte Auslandsgeschäfte, sind aber vor allem auf den Binnenmarkt ausgerichtet. Multinationale Unternehmen haben Produktionsstätten und Tochtergesellschaften im Ausland und transnationale Unternehmen, sogenannte **Global Player**, sind auf allen Kontinenten mit Tochtergesellschaften vertreten, die mehr oder weniger lose mit dem Mutterunternehmen, welches vor allem die strategische Planung und Koordination für das Unternehmen macht, verbunden sind. Diese TNU können in Bezug auf ihre Produktvielfalt und ihre Struktur sehr verschieden sein. Vor allem durch die verbesserten Kommunikations- und Transportmittel haben sie immer bessere Möglichkeiten, international tätig zu sein und Produktion und Handel von Gütern und Dienstleistungen von einer Zentrale aus zu koordinieren. Hinzu kommt, dass der Abbau von Handelschranken den internationalen Handel begünstigt und die Situation für TNU verbessert hat. Es ist von entscheidendem Vorteil, wenn ein Unternehmen gegenüber der Konkurrenz billiger produzieren kann. Dies können TNU durch die Verlagerung von Produktionsschritten, zum Beispiel in Niedriglohnländer, in denen sie Niederlassungen besitzen, sehr gut erreichen.

Da TNU große Umsätze erzielen, die vor allem an ihrem Hauptsitz versteuert werden, sind Staaten und Städte bestrebt, solchen Firmen gute Bedingungen – zum

M1 Globalisierungsgegner

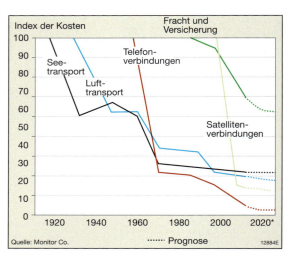
M2 Kostensenkungen im Welthandel

Beispiel Infrastruktur, gut ausgebildete Arbeitskräfte, Steuervergünstigungen oder eine gute Lebensqualität – zu bieten, damit sie ihren Hauptsitz dort errichten. So überrascht es nicht, dass von den 1200 größten TNU 90 Prozent ihre Hauptsitze in den städtischen Zentren der USA, Europas und Japans haben. Die größten TNU erzielen Umsätze, die größer sind als das Bruttonationaleinkommen (BNE) vieler Länder. So war 2005 der Umsatz von General Motors größer als das BNE von Finnland.

Nationalstaaten

Trotz der durchlässiger werdenden Grenzen spielen Nationalstaaten eine wichtige Rolle bei der Globalisierung. Staatenbünde wie die EU oder militärische Bündnisse wie die NATO haben zwar zur Folge, dass die Mitgliedsstaaten einen Teil ihrer Souveränität abgeben, doch gewinnen sie dadurch auch Stabilität und Sicherheit für ihre Bürger und Bürgerinnen. Die kulturelle Souveränität wird einerseits durch die Identifikation mit globalen Werten oder Institutionen (zum Beispiel ist jemandem die Mitgliedschaft bei Greenpeace wichtiger als die Zugehörigkeit zu einem Staat), aber auch durch die Rückbesinnung auf Lokales (zum Beispiel möchten Anhänger der Lega Italia die Unabhängigkeit für den Norden Italiens erlangen) herausgefordert.

Dennoch behalten Staaten Aufgaben, die gerade auch im Prozess der Globalisierung wichtig sind. Dazu gehören die Gewährung der inneren Sicherheit durch das Ausüben des sogenannten Gewaltmonopols (Polizei und Gerichtsbarkeit), die Bildung der Bevölkerung (obwohl diese in vielen Staaten privatisiert ist und wird) und die Bereitstellung von Infrastruktur. Außerdem können Umweltprobleme mit lokaler Ursache oder Wirkung am besten von Staaten angegangen werden.

Internationale Organisationen

Die wichtigste internationale Organisation sind die **Vereinten Nationen (UNO)** mit ihren vielen Unterorganisationen. Außer dem Vatikan, Taiwan und dem umstrittenen Gebiet der Westsahara sind alle Staaten der Welt Mitglied dieser Organisation, die ihren Hauptsitz in New York und wichtige Büros in Genf, Rom, Paris, Wien und Bonn hat. Die für die Weltwirtschaft bedeutendsten Organisationen sind die Weltbank, welche Projekte in Entwicklungsländern unterstützt, der Internationale Währungsfonds (IWF), der eine wichtige Rolle bei Entschuldungsfragen hat, und schließlich die **Welthandelsorganisation (WTO)**, die den Freihandel fördern und Handelshemmnisse abbauen möchte (vgl. S. 242).

Nichtstaatliche Organisationen

Die Rolle nichtstaatlicher Organisationen, der **NGO** (non-governmental organisation), hat durch die Globalisierung stark an Bedeutung gewonnen. Zu den bekannten NGO gehören WWF, Amnesty International oder Greenpeace, doch schätzen Beobachter, dass es weltweit über 50 000 NGO gibt, die vor allem lokal tätig sind. Viele NGO haben ihren Ursprung in der

Hafen	Umschlag in Mio. Standardcontainern	Veränderung gegenüber 2004 in %
Singapur	23,2	+ 8,7
Hongkong	22,4	+ 2,0
Shanghai	18,1	+ 24,2
Shenzhen	16,2	+ 18,6
Pusan	11,8	+ 3,0
Kaohsiung	9,5	- 2,5
Rotterdam	9,3	+ 12,1
Hamburg	8,1	+ 15,5
Dubai	7,6	+ 18,5
Los Angeles	7,5	+ 2,2

Standardcontainer: Twenty Foot Equivalent Unit (TEU), Container mit einer Länge von 20 Fuß (etwa sechs Meter)
Quelle: Institut der deutschen Wirtschaft, Köln 2006

M3 Die größten Containerhäfen weltweit (2005)

M4 Warenterminbörse in Chicago

Umweltbewegung oder in der Entwicklungszusammenarbeit. Sie sind nicht parteipolitisch orientiert, sondern verpflichten sich meist einem bestimmten Thema. NGO sind private Organisationen, die in der Regel von Spenden und den Beiträgen ihrer Mitglieder leben.

Manche NGO werden als Globalisierungsgegner bezeichnet, was daher kommt, dass sie sich an Konferenzen der WTO, Gipfeln der G8 oder am World Economic Forum kritisch gegen bestimmte Entwicklungen der Globalisierung äußern. Doch der Ausdruck ist irreführend, da sich diese NGO nicht prinzipiell gegen die Globalisierung aussprechen, sondern gegen ihre gegenwärtige Form, die dem Umweltschutz und der Armutsbekämpfung zu wenig Rechnung trägt. Außerdem machen sie sich globale Kommunikationsnetze zu Nutze, um auf sich aufmerksam zu machen, ihre Anhängerschaft zu mobilisieren und ihre Projekte zu koordinieren. Die bekannteste dieser NGO ist die in Frankreich gegründete „attac", die heute über ein globales Netz von Lokalgruppen und Sympathisanten verfügt. Sie verfügt über keine zentrale Struktur, ist keiner Ideologie verpflichtet und organisiert sich für Veranstaltungen und Demonstrationen gegen eine neoliberale Wirtschaftsordnung über das Internet.

Konsumentinnen und Konsumenten

Eine wichtige Triebkraft der Globalisierung sind die Konsumenten und Konsumentinnen. Ohne sie könnten transnationale Unternehmen keine Produkte verkaufen, Regierungen ihre Entscheidungen nicht durchsetzen und NGO hätten keine Mitglieder. Allerdings spricht diese Gruppe nicht mit einer Stimme, wie es zum Beispiel NGO tun. Konsum und Produktion sind stark miteinander verflochten und verbunden. Die Werbung versucht, die Konsumierenden vom besonderen Gebrauchs- und Prestigewert von Produkten zu überzeugen. Eine wichtige Rolle haben dabei sogenannte Labels oder Brands bekommen. Ein Turnschuh ist nicht nur eine Fußbekleidung, sondern mit dem Logo, das an ihm klebt, auch ein Ausdruck für ein bestimmtes Lebensgefühl, das wiederum in bestimmten Kreisen "in" und in anderen "out" ist. Dies erklärt auch, warum ein Produkt mehr gekauft wird als ein anderes Produkt, das gleichwertig und billiger ist. NGO etablieren daher Labels, die für besondere Umwelt- und Sozialverträglichkeit stehen.

Mit ihren Kaufentscheidungen haben die Konsumenten großes Gewicht. Am stärksten offenbart sich dies bei einem Boykott, wie zum Beispiel beim Aufruf, keine Früchte aus Südafrika zu kaufen, um auf das damalige Apartheidregime aufmerksam zu machen.

1. Stellen Sie die Triebkräfte der Globalisierung in einer Übersicht (zum Beispiel Mindmap) dar.
2. Erläutern Sie die Bedeutung der Entwicklung des Kommunikationssektors für den Verlauf der Globalisierung.
3. Erklären Sie die Kennzeichen eines transnationalen Unternehmens anhand eines Beispiels (Internet).

4.3 Weltwirtschaft - Strukturen

In der Öffentlichkeit und in den Medien wird Globalisierung oft mit der Ausbreitung des kapitalistischen Marktsystems gleichgesetzt. Zweifelsohne ist dies nicht der einzige, aber einer der wichtigsten Prozesse. Die **Weltwirtschaft** ist heute stark verflochten und ermöglicht es, Waren und Dienstleistungen über den ganzen Globus hinweg auszutauschen. Dadurch erweitert sich zum Beispiel das Angebot an Lebensmitteln in den Läden. Doch werden nicht nur Agrarprodukte und Fertigwaren gehandelt, sondern auch ganze Produktionsketten über den Globus hinweg erstellt. Der Abbau von Zöllen sowie die günstigen Transportmöglichkeiten erlauben es, einzelne Produktionsschritte dort tätigen zu lassen, wo sie am günstigsten erfolgen können. Dies kann zur Folge haben, dass so einfache Produkte wie ein Paar Jeans Tausende von Kilometern zurückgelegt haben, bevor sie im Ladenregal liegen. Obgleich Freihandel und der Abbau von Handelsschranken immer weiter voranschreiten, führt dies nicht zu einer gleichförmigen Entwicklung der Volkswirtschaften. Vielmehr entstehen Wachstumsregionen, die von diesen Prozessen profitieren – Nordamerika, Europa, Ostasien (genannt **Triade**) – und Regionen, die eher mit den Nachteilen dieser Entwicklungen konfrontiert sind – Afrika, Teile von Zentral- und Südasien und Lateinamerika.

Die Welthandelsorganisation (**WTO**) ist eine UNO-Organisation, die für die Globalisierung wichtige Weichen stellt. Ihr Ziel ist es, verbindliche Regeln für den globalen Handel aufzustellen. Gut 130 Staaten gehören ihr an. Die WTO setzt Verträge auf, die von den Mitgliedstaaten umgesetzt (ratifiziert) werden müssen. So werden etwa 90 Prozent des Welthandels durch WTO-Verträge geregelt, was die Bedeutung dieser Organisation zeigt. Diese Verträge zielen hauptsächlich auf eine Liberalisierung des Handels, also auf den Abbau von Zöllen und anderen Wettbewerbsbeschränkungen wie Subventionen. Ein wichtiger Punkt

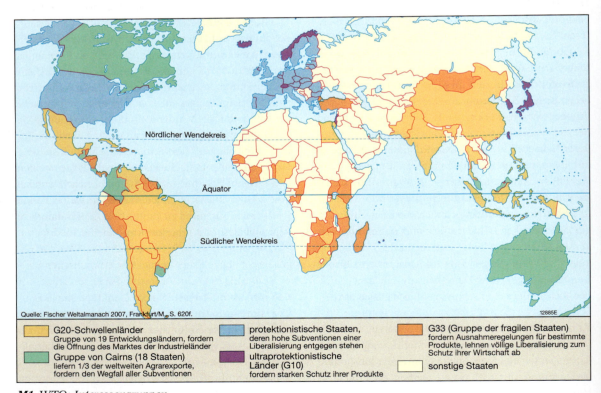

M1 WTO: Interessengruppen

Nicht-Diskriminierung von ausländischen Firmen, die Verhinderung von **Protektionismus**. Dies bedeutet, dass ein Staat nicht mehr eine bestimmte inländische Branche vor der ausländischen Konkurrenz schützen darf, der Wettbewerb soll global werden. Die Schweiz schützte zum Beispiel ihre einheimischen Winzer, indem auf ausländische Weine ein Zoll erhoben wurde, damit der teurer produzierte Schweizer Wein in den Läden nicht teurer verkauft werden muss als ein (gleichwertiger) ausländischer Wein. Dies ist heute nicht mehr möglich, und die Schweizer Winzer bekamen Absatzprobleme. Einige gaben auf, andere versuchten, ihre Produktionskosten zu senken, und wieder andere setzten auf bessere Qualität und produzierten weniger, dafür besseren Wein, den sie nun teurer verkaufen können.

Dennoch ist der Protektionismus heute noch weit verbreitet. Vor allem die Entwicklungsländer haben darunter zu leiden: Die Handelsbarrieren, denen sich Entwicklungsländer gegenübersehen, die in reiche Länder exportieren, sind durchschnittlich drei bis vier Mal höher als bei reichen Ländern, die untereinander Handel treiben (vgl. Kap. 7.5).

„Die entwickelten Länder belegen Rohstoffe mit niedrigen Zöllen, doch die Zölle steigen erheblich, wenn es um Halbfertigwaren oder Endprodukte geht. In Japan sind Zölle auf verarbeitete Nahrungsmittel siebenmal höher als auf Produkte der ersten Verarbeitungsstufe. In Kanada sind sie zwölfmal höher. In der Europäischen Union liegen die Zölle für Kakaomasse bei null bis neun Prozent und steigen für das Endprodukt auf 30 Prozent. Diese Zollstruktur hindert die Entwicklungsländer daran, die Wertschöpfung ihrer Produkte zu erhöhen. (...) Das erklärt auch, warum zwar 90 Prozent der Kakaobohnen weltweit in Entwicklungsländern angebaut werden, doch nur (...) 29 Prozent des Kakaopulvers aus diesen Ländern kommen."

(UNDP: Bericht über die menschliche Entwicklung 2005. Berlin 2005, S. 165)

Die Welthandelsorganisation bemüht sich auch um den Schutz des geistigen Eigentums, das patentierte Produkte, Musik und Software vor Nachahmung schützen soll. Dies ist allerdings kein einfaches Unterfangen, da Produktpiraten über gute Kommunikationskanäle verfügen und sehr schnell und flexibel reagieren können.

M2 Gefälschte Uhren

Internationale Arbeitsteilung

Ohne die internationale Arbeitsteilung hätte ein globaler Markt keinen Bestand. Arbeitsteilung bedeutet, dass ein Produkt bei seiner Entstehung durch mehrere Hände geht, die sich auf einen oder wenige Arbeitsschritte spezialisiert haben. Mit der Kolonisierung, die Ende des 15. Jahrhunderts ihren Anfang nahm, gewann die internationale Arbeitsteilung an Bedeutung. Die Kolonien – oft die späteren Entwicklungsländer – spezialisierten sich (freiwillig oder unter Zwang) auf die Produktion und Extraktion von Rohstoffen, während die „Mutterländer" die Verarbeitung übernahmen. Beispiele dafür sind die Baumwollproduktion und Textilherstellung oder die Erdölförderung und die Raffinierung. Heute gibt es – abgesehen von einigen Protektoraten und Überseeterritorien – keine Kolonien mehr. Dennoch besteht die skizzierte Arbeitsteilung in vielen Fällen fort. Hinzu kommt, dass die Entwicklungsländer auf dem globalen Markt Arbeitskraft zu viel niedrigeren Löhnen anbieten als die Industrieländer. So erhält ein gut ausgebildeter Programmierer in der indischen Softwareindustrie nicht einmal einen Zehntel des Lohns, den sein Kollege in Deutschland verdient (vgl. Kap 9.8).

Der Hintergrund der internationalen Arbeitsteilung ist jedoch nicht die Kolonisierung, sondern das Prinzip der absoluten und komparativen Vorteile. Da Länder sich in Bezug auf Klima, Bodenschätze, Kultur und technologische Entwicklung unterscheiden, haben sie die Möglichkeit, Waren und Dienstleistungen zu

4.3 Weltwirtschaft – Strukturen

Land	Waren-exporte	Dienst-leistungs-exporte	Exporte insgesamt
USA	904	353	1258
Deutschland	971	143	1114
China	762	81	843
Japan	596	107	702
Frankreich	459	114	573
Großbritannien	378	183	561
Niederlande	401	75	476
Italien	367	93	460
Kanada	360	51	410
Belgien	330	53	383
Hongkong	292	60	353
Südkorea	285	44	328
Spanien	186	91	277
Singapur	230	45	275
Österreich	123	54	177
Quelle: Welthandelsorganisation 2006			

M1 *Die 15 größten Exportländer 2005 (in Milliarden Dollar)*

unterschiedlichen Bedingungen anzubieten. So kann zum Beispiel die Schweiz keine Bodenschätze anbieten, da sie kaum über solche verfügt, dafür aber Dienstleistungen im Finanzsektor. Brasilien und Vietnam weisen günstige klimatische und soziale Bedingungen für den Kaffeeanbau auf und können diesen günstig auf dem Weltmarkt anbieten.

Die Vorteile der wachsenden internationalen Arbeitsteilung lassen sich wie folgt zusammenfassen:
• Durch die Spezialisierung der einzelnen Länder auf jene Produkte, bei denen sie Vorteile haben, steigt die Produktivität aller Beteiligten.
• Eine große Vielfalt der Produkte kann gewährleistet werden.
• Der internationale Wettbewerb erschwert die Etablierung von Monopolen.
• Der Außenhandel erleichtert den Austausch von Informationen und Wissen.

Mit diesen Entwicklungen sind aber auch Nachteile verbunden:
• Vor allem in den Industrieländern erfolgt ein Strukturwandel, bei dem Arbeitsschritte in andere Länder ausgelagert werden. Dadurch geraten vor allem niedrig qualifizierte Arbeitskräfte unter Druck.

• In den Entwicklungsländern besteht die Gefahr der einseitigen Spezialisierung auf Produktionen mit geringerer Wertschöpfung. Außerdem kann der Konkurrenzdruck dazu führen, dass soziale und ökologische Mindeststandards gesenkt oder gar nicht erst etabliert werden. Dadurch verkehrt sich der Vorteil für einige (wenige) Arbeitskräfte in einen Nachteil für die Gesamtgesellschaft.
• Länder, die sich im Rahmen der internationalen Arbeitsteilung vornehmlich auf den Export von Rohstoffen konzentrieren, sind durch die seit Jahrzehnten sinkenden **Terms of Trade** benachteiligt. Das heißt, das Austauschverhältnis zwischen Rohstoffen und Fertigwaren wird tendenziell immer schlechter, die Preise für Fertigwaren auf dem Weltmarkt steigen schneller als die Preise für Rohstoffe (vgl. Kap. 7.5). Die Vorteile eines Landes können durch eine zunehmende Standardisierung in vielen Bereichen noch besser ausgenutzt werden. Der Container ist ein Beispiel für eine solche Standardisierung (vgl. Fokus).

Militärische Weltordnung und Sicherheit

Auf den ersten Blick haben Militärbelange wenig mit den Strukturen der Weltwirtschaft zu tun. Jedoch spielen sie eine wichtige Rolle bei der Sicherheit für Produktion und Handel von Gütern und Dienstleistungen. Die Globalisierung vereinfacht nicht nur wirtschaftliche Tätigkeiten, sondern auch kriminelle, wie zum Beispiel den Drogen- oder Menschenhandel, Steuerbetrug, illegale Waffengeschäfte oder die Geldwäsche. Allein der globale Drogenhandel soll jährlich so viel Gewinn wie das spanische Bruttonationaleinkommen erwirtschaften. Beobachter schätzen, dass pro Jahr 600 bis 1000 Milliarden durch kriminelle Tätigkeiten erwirtschaftete Dollar gewaschen werden, das heißt in legale Wirtschaftsaktivitäten gelenkt werden. Begünstigt werden diese Machenschaften durch die gleichen Prozesse, die auch für eine wettbewerbsfähige und prosperierende Wirtschaft wichtig sind.

Landwirtschaft

Weltweit ist eine Verschiebung der Wirtschaftsaktivitäten und der Beschäftigten vom primären (Landwirtschaft, Fischerei und Bergbau) über den sekundären zum tertiären Sektor hin festzustellen. Doch diese Verschiebung geht nicht gleichmäßig vonstatten. Es gibt Länder, in denen unter fünf Prozent der Bevölkerung

Fokus

Container – „Kisten der Globalisierung"

Die Erfindung des genormten Containers ermöglicht es, die Geschwindigkeit von Warentransporten bei gleichzeitiger Verbilligung zu erhöhen. Der größte Vorteil liegt in seinen standardisierten Maßen. Ein ISO-Container hat eine Breite von 8 Fuß, eine Höhe von 8,5 Fuß und eine Länge von 20 beziehungsweise 40 Fuß (TEU = Twenty foot Equivalent Unit, FEU = Fourty foot Equivalent Unit). Dies ermöglicht seinen Transport gleichermaßen per Schiff, Lastwagen oder Eisenbahn und begünstigt ein sehr schnelles Umladen.

Seinen Erfolg verdankt der Container dem Koreakrieg (1950–1953), in dem die amerikanische Marine den Zeitverlust beim Laden und Löschen ihrer Transportschiffe beklagte und ein standardisiertes System verlangte. 1956 gelangte der Container dann in der zivilen Schifffahrt zum regelmäßigen Einsatz. Seiner Einführung standen die Gewerkschaften der Dockers (Hafenarbeiter) skeptisch gegenüber. Denn wo früher die sichere Beladung eines Schiffes viele qualifizierte Arbeitskräfte verlangte, kommt ein komplettes Containerdock mit einer weit geringeren Zahl weniger qualifizierter Arbeiter aus.

M2 Container im Hamburger Hafen

in der Landwirtschaft tätig sind und solche, in denen es noch rund neunzig Prozent sind. Dennoch begünstigen die Prozesse der Globalisierung tendenziell die oben genannte Entwicklung, da im Landwirtschaftssektor geringere Produktionszuwächse möglich sind. Menschen kaufen – falls sie genügend ernährt sind – nicht doppelt so viele Lebensmittel ein, wenn die Preise dafür um die Hälfte fallen oder wenn sie doppelt soviel verdienen. Bei Industriegütern und bei Dienstleistungen ist dies anders, hier wird bei einer Verbilligung von Gütern oder einer Einkommenserhöhung mehr konsumiert. Beispiele sind der Kauf eines größeren Autos, eines neuen, besseren Fernsehgerätes oder die Buchung einer Fernreise.

Trotzdem genießt die Landwirtschaft eine Sonderstellung, da die menschliche Abhängigkeit von Nahrungsmitteln größer ist als die von Industriegütern oder Dienstleistungen. Dies mag mit ein Grund dafür sein, dass sich bei der Einführung des Freihandels Regierungen besonders schwer tun, wenn es um die Öffnung des eigenen Marktes für Landwirtschaftsprodukte geht. Die europäischen und nordamerikanischen Länder unterstützen die Produktion ihrer Bauern massiv durch Subventionen, sodass sie ihre Produkte günstiger verkaufen können und auf dem Weltmarkt zum Beispiel billigeres Getreide anbieten können als die Bauern aus Drittweltstaaten, denen eine staatliche Unterstützung fehlt. Nach Angaben der UNDP (UN-Development Programme) geben die Industrieländer knapp eine Milliarde Dollar pro Tag (!) an Subventionen für ihre Landwirtschaft aus – so viel erhalten die Entwicklungsländer an Landwirtschaftshilfe im Jahr.

Daneben bietet die Globalisierung jedoch auch Chancen für Bauern aus der Dritten Welt, denn durch verbesserte Transportbedingungen können sie Luxus- oder Nischenprodukte – wie tropische Früchte – anbieten, die in den Industrieländern stark nachgefragt werden. Durch verbesserte Informationskanäle wird auch das Wissen über fairen Handel und ökologische Produktion verbreitet. Die globale Bekanntheit von Labels wie zum Beispiel „Max Havelaar", das für fairen Handel steht, führt auch in den Produzentenländern zu einer breiteren Akzeptanz und zu besseren Produktionsbedingungen.

4.3 Weltwirtschaft – Strukturen

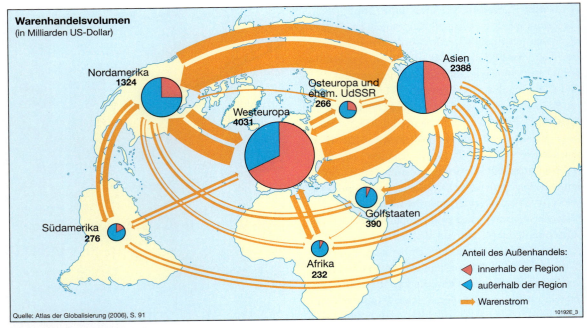

M1 Welthandelsströme

Industrie

Die Produktion von Industriegütern ist oft weniger stark standortgebunden als die Produktion im Landwirtschaftssektor, zudem ist sie global stärker verflochten,

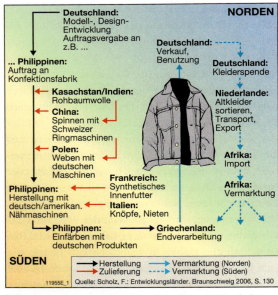

M2 Globalisierter Handel, globalisierte Produktion: Beispiel Steppjacke

und Produktionsketten werden immer komplexer und länger. Durch die zunehmende Standardisierung von Abläufen und Zwischenprodukten sowie die gleichzeitig zunehmende Mechanisierung der Produktion werden Unternehmen flexibler bei der Standortentscheidung. Dabei werden – je nach Zweck – verschiedene Standortqualitäten miteinander verglichen (zum Beispiel Arbeitsmarktpotenzial, Infrastruktur, Zuliefererindustrie, Personalkosten, Steuerbelastung, Umweltauflagen, Lebensqualität, vgl. Kap. 3.3).

Die Textilindustrie ist ein gutes Beispiel dafür, wie sich die Produktion eines Gutes im Laufe der Zeit verändert hat. Länder, die Textilien produzieren, stehen heute auf unterschiedlichen Stufen, die jeweils ihre eigene Charakteristik haben:

- 1. Stufe: Einfache Textilien werden in Handarbeit aus natürlichen, selbst produzierten und importierten Fasern produziert. Die Produktion ist auf den lokalen Markt ausgerichtet (zum Beispiel Mosambik).
- 2. Stufe: Produktion meist einfacher und standardisierter Kleidung für den Export in entwickelte Länder (zum Beispiel El Salvador).
- 3. Stufe: Ein qualitativer Sprung wird bei der Verarbeitung gemacht, und es bestehen auch Fabriken, die synthetische Fasern herstellen. Die Produktion ist auf

Export und auf großes Volumen ausgerichtet (zum Beispiel China, Thailand, Philippinen).
- 4. Stufe: Es wird eine weitere Qualitätsverbesserung bei weiterhin billigen Arbeitskräften angestrebt und eine feste Stellung im Weltmarkt etabliert (zum Beispiel Taiwan, Südkorea, Malaysia).
- 5. Stufe: Der Ausstoß aller Arten von Textilien wird erhöht, es werden verstärkt Maschinen eingesetzt und Arbeitsplätze abgebaut (zum Beispiel USA, Japan, Italien).
- 6. Nur noch hochspezialisierte Textilien werden produziert, in sonstigen Segmenten der Textilindustrie werden Arbeitsplätze abgebaut und Produktionen in Länder «tieferer» Stufen ausgelagert (zum Beispiel Großbritannien, Deutschland, Belgien).

Der Abbau von Arbeitskräften in der Textilindustrie vor allem in Europa, aber auch in den USA und Japan, seit den 1980er-Jahren ist einerseits auf die wachsende und billigere Konkurrenz aus Übersee zurückzuführen, aber auch auf die Veränderung der Konsumgewohnheiten der Käuferschaft (Kauf von Billigware) und die Verbesserung der Produktivität; eine Arbeiterin kann drei- oder viermal so viele Kleider herstellen wie noch vor zehn Jahren. Darum werden auch weniger Beschäftigte benötigt.

In den Entwicklungsländern, wo eine neue Bekleidungsindustrie aufgebaut wird und in diesem Sektor viele Arbeitsplätze geschaffen werden, ist die Arbeitssituation zweischneidig. Die Beschäftigten sind meist jüngere Frauen, die sehr niedrige Löhne erhalten und dafür oft viel arbeiten müssen (12 bis 14 Stunden pro Tag, sieben Tage die Woche). Außerdem herrscht eine "hire and fire"-Praxis, durch die es – zum Beispiel bei Unruhen in der Arbeiterschaft – zu kurzfristigen Entlassungen kommt. Dennoch verdienen die Textilarbeiterinnen und Näherinnen oft mehr als im Landwirtschaftssektor, aus dem sie vielfach kommen.

Das Ausmaß der globalen Vernetzung von Betrieben lässt sich am Anstieg der internationalen Direktinvestitionen während der letzten zwanzig Jahre sehen.
Direktinvestitionen sind Kapitalanlagen im Ausland, um ein Unternehmen zu gründen, auszubauen oder zu kaufen. Im Jahr 1980 beliefen sie sich weltweit noch auf knapp 700 Milliarden US-Dollar, 2004 hat sich dieser Betrag verzehnfacht. Dabei entstehen die weitaus meisten Investitionen innerhalb der Triade.

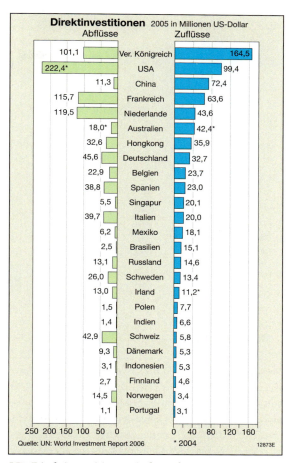

M3 Direktinvestitionen (vgl. auch M1, Seite 196)

Dienstleistungen

Durch die Globalisierung am stärksten verändert und vergrößert hat sich der Dienstleistungssektor, in welchem in Industrieländern (aber längst nicht nur dort) die meisten Menschen beschäftigt sind. Die Produkte der Landwirtschaft und Industrie sind sichtbar und greifbar, Dienstleistungen sind dies nicht und sie „verschwinden" quasi wieder, nachdem sie in Anspruch genommen wurden. Sie können in verschiedenen Feldern auftreten, wie zum Beispiel Finanzen und Versicherungen, Transporte, Handel, Restauration, Gesundheit, Bildung, Beratung, Kommunikation, Tourismus, Kultur, Haushaltung.

Dienstleistungen sind eng an die beiden anderen Sektoren geknüpft, denn sowohl landwirtschaftliche als auch industriell hergestellte Güter wollen transportiert, gegebenenfalls beworben und schließlich verkauft wer-

4.3 Weltwirtschaft – Strukturen

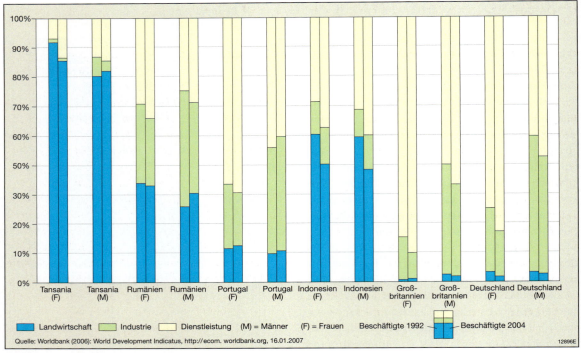

M1 *Beschäftigte in den drei Wirtschaftssektoren nach Geschlecht 1992 und 2004*

den. Bei all diesen Schritten erfolgt eine Dienstleistung, und da diese oftmals am Ende der Wertschöpfungskette liegt, kann hier auch vergleichsweise viel Geld umgesetzt werden. Beim Verkauf von Artikeln aller Art hat sich durch den verstärkten Wettbewerb einerseits und durch die zunehmende Individualisierung andererseits ein Trend zum Verkauf von „Lebensstilen" ausgebreitet. (vgl. Kap. 4.2).

Durch die verbesserten Kommunikationsmöglichkeiten können Dienstleistungen vermehrt auch ortsunabhängig angeboten und nachgefragt werden. Was sich früher auf das „Fräulein vom Amt" beschränkte, das Telefongespräche vermittelte, umfasst heute ganze Geschäftsbereiche, die über Internet programmiert, verarbeitet und gewartet werden. Beispiele sind der Verkauf amerikanischer Versicherungspolicen in Irland oder das Verarbeiten von Tickets europäischer Fluggesellschaften in Indien (vgl. Kapitel 3.5). Dienstleistungen sind somit auch flexibel geworden. Dies ist unter anderem deshalb möglich, weil sich Englisch als Sprache der internationalen Kommunikation durchgesetzt hat. Dies führt auch dazu, dass sich Touristen weltweit immer besser verständigen

können und damit an früher als entlegen bezeichnete Orte reisen können.

Am meisten von den Möglichkeiten globaler Kommunikation hat der Finanzsektor profitiert. So ist es heute möglich, über 24 Stunden hinweg Börsengeschäfte zu tätigen, da immer eine Börse geöffnet hat und diese online zugänglich ist. So verwundert es wenig, dass heute der Wert der globalen Finanztransaktionen den des Handels um das Zehnfache übersteigt.

1. Fassen Sie auf Basis der Welthandelsströme die wichtigsten Kennzeichen des Welthandels zusammen, sowohl hinsichtlich der räumlichen Dimensionen als auch hinsichtlich seines Volumens.
2. Diskutieren Sie das Für und Wider protektionistischer Maßnahmen.
3. Wägen Sie Vor- und Nachteile der internationalen Arbeitsteilung ab, a) für Deutschland, b) für die Entwicklungsländer.
4. Beschreiben Sie den durch die Globalisierung verursachten Wandel in der Landwirtschaft, der Industrie und im Dienstleistungssektor.

4.4 Globalisierung – Gewinner und Verlierer

Fragmentierende Entwicklung

Globalisierung ist kein Prozess, bei dem es nur Gewinner gibt. Kritische Stimmen sagen, dass die Globalisierung nur einigen wenigen zu Wohlstand verhilft, während sich die Situation vieler immer mehr verschlechtert. Andere wiederum betonen, dass die Armut insgesamt abgenommen habe und sich vieles zum Besseren wende.

Unbestritten ist, dass die Globalisierung nicht eine gleichmäßige Entwicklung, sondern eine fragmentierende Entwicklung fördert. Dabei dominieren Zentren in den Industrieländern, sogenannte **Global Cities**, das wirtschaftliche und gesellschaftliche Geschehen. Sie sind Sitz transnationaler Unternehmen, Hauptquartiere internationaler Organisationen, Schaltstellen internationaler Finanzdienste und Standorte kultureller Einrichtungen von Weltrang. In ihnen sind unternehmerische Kontroll- und Entscheidungskapazitäten gebündelt, die global wirksam sind. Durch New York, London und Tokio, die primären Global Cities (weitere sind Paris, Los Angeles, Chicago und Singapur), fließen bedeutende Informations- und Finanzströme, und es wird ein Großteil der Entscheidungen getroffen, welche die Weltwirtschaft betreffen. Die Bündelung von Unternehmenszentralen in diesen Städten wäre aufgrund der globalen Kommunikationsmöglichkeiten nicht nötig, doch ist es nach wie vor wichtig, dass „man sich treffen kann" und Verhandlungen oder informelle Gespräche von Angesicht zu Angesicht tätigen kann (vgl. New York, S 456 ff.).

Mit den Global Cities verbunden sind sekundäre Zentren, die sich auf bestimmte Sektoren konzentrieren (zum Beispiel Zürich und Frankfurt auf Finanzdienstleistungen, Johannesburg auf Rohstoffhandel) oder eine geringere Größe aufweisen (zum Beispiel Berlin, Wien, Mailand oder San Francisco). „Schaltstellen dieses durch Wettbewerb gesteuerten weltwirtschaftlichen Geschehens sind schon heute und werden vor allem in Zukunft die globalen Orte sein. Sie umfassen im speziellen Fall die acting global cities oder mehr bildhaft und entwicklungsbezogen die Inseln des Reichtums. Dabei handelt es sich um die Kommandozentralen der als Global Player agierenden transnationalen Unternehmen und Finanzinstitutionen, um die Hightech-Produktions- und Forschungs-Innovationszentren sowie um die vereinzelt überkommenen fordistischen Industriezonen für Güter höchster Qualität, die zurzeit noch bestehende Produktionsüberlegenheit besitzen.

Eng verbunden mit diesen dominierenden Schaltstellen und ihnen funktional und hierarchisch nachgeordnet sind die globalisierten Orte. (...) Dazu zählen im speziellen Fall die affected/exposed Global Cities, häufig auch als Hinterhöfe der Metropolen benannt. Bei den globalisierten Orten handelt es sich um Regionen der Hightechdienstleistungen (zum Beispiel ‚wissensbasierte regionale Cluster'; ‚neue industrielle Räume'), des Offshore-Bankings und der Steuerparadiese, der Auslagerungsindustrie (zum Beispiel Exportproduktionszonen), der Billiglohn- und Massenkonsumgüterproduktion, der montanen und agraren Rohstoffextraktion sowie der Erzeugung hochwertiger Nahrungsmittel. Hierzu zählen die Orte der aus vermeintlichen Wettbewerbszwängen unverzichtbaren Kinderarbeit und des

M2 Globale Fragmentierung (Modell)

4.4 Globalisierung – Gewinner und Verlierer

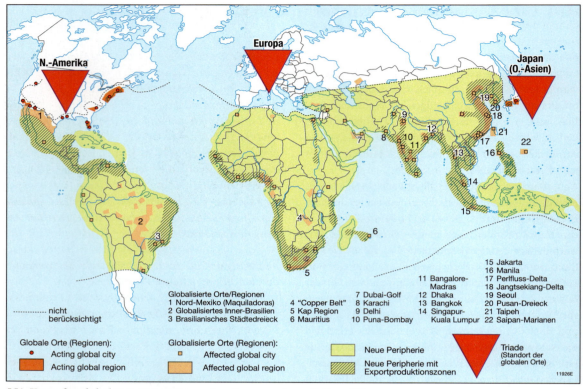

M1 Karte der globalen Fragmentierung (zu Europa vgl. auch Kap. 9.3)

global funktionalisierten informellen Sektors sowie des Freizeit- und Tourismusgewerbes.
Von den globalen und globalisierten Orten bruchhaft gesondert, eben fragmentiert, befindet sich die neue Peripherie (new periphery), andeutungsweise mit ‚marginalisierten Zwischenräumen', mit ‚schwarze Löcher' beziehungsweise ‚Ozean der Armut' beschrieben. Dabei kann es sich um Peripherien (Regionen, Teilregionen) oder auch um die Totalität der entgrenzten, um Standortqualität streitenden, um Territorialität, Machtkompetenz und Legitimität ringenden nominellen Nationalstaaten handeln. In ihrer Gesamtheit bildet die neue Peripherie ganz oder teilweise den sich weltweit erstreckenden, virtuellen oder auch physisch begreifbaren Lebensraum der ausgegrenzten, überflüssigen Mehrheit der Weltbevölkerung. Diese new periphery (...) wird durch all jene Merkmale bestimmt, die für die bisherige Dritte Welt als typisch erachtet wurden. Und dazu gesellen sich jetzt noch Ausgrenzung und Abkopplung."

(Scholz, F.: Geographische Entwicklungsforschung. Berlin, Stuttgart 2004, S. 222 – 224)

Diese **globale Fragmentierung** drückt sich im Nebeneinander von individuellem oder regionalem Reichtum und massenhafter, weit verbreiteter Armut aus. Sie findet ihre Fortsetzung innerhalb der Städte in lokaler Fragmentierung (vgl. Kap. 7.4).
Um die Armut in den peripheren Regionen zu vermindern oder gar zu beseitigen, gibt es verschiedene Vorstellungen. Kreise, die auf Abbau der Verschuldung und Integration in den Weltmarkt setzen, gehen davon aus, dass dies den Entwicklungsländern die Chance gibt, ihre komparativen Vorteile – zum Beispiel niedrigere Löhne – voll auszuspielen, um so Investitionen anzuziehen. Andere sehen darin das Weiterdrehen an einer Abwärtsspirale, wodurch sich die Situation der Bevölkerung verschlechtert. Sie sind der Meinung, dass Entwicklungsländer gerade in Bildung und Gesundheit investieren sollten. Damit hätte die Bevölkerung die Möglichkeit, sich zu entfalten. Dies lässt sich an den Beispielen China und Indien verdeutlichen. Beide Länder haben ihre Volkswirtschaften dem Weltmarkt gegenüber geöffnet (China begann damit 1978, Indien 1991). China erfuhr

in der Folge ein massives Wirtschaftswachstum und konnte den Wohlstand seiner Bevölkerung heben. In Indien blieb dieser Erfolg zwar nicht aus, doch wurden nie die gleichen Wachstumsraten erzielt wie im Nachbarland. Eine Begründung für den Unterschied kann darin gefunden werden, dass China nach der Revolution stark in Bildung, Gesundheit und Sozialfürsorge seiner Bevölkerung investiert hat und damit nicht weit hinter Südkorea steht, während Indien zwar über eine hervorragend ausgebildete Elite verfügt, aber nur gut die Hälfte seiner Bevölkerung lesen und schreiben kann. Außerdem ist das indische Gesundheitssystem weit schlechter als das chinesische und ein Sozialsystem besteht höchstens in Ansätzen. Chinas Erfolg hat jedoch eine Kehrseite: die fehlenden demokratischen Rechte, worunter ein Teil der Bevölkerung litt und leidet. China bezahlte das Bad Governance der Einheitspartei 1958 bis 1961 mit der längsten Hungersnot der Menschheitsgeschichte, bei der über 30 Millionen Menschen starben. Indien hingegen erlebte seit seiner Unabhängigkeit 1947 nie eine Hungersnot, auch wenn viele Menschen in Armut leben (1966 konnte eine drohende Hungersnot in Bihar durch amerikanische Nahrungsmittelhilfe abgewendet werden).

M2 *Slumbewohner in New York – auch ein Teil der neuen Peripherie*

Europa unter Druck?
Europa geht es zwar vergleichsweise gut, dennoch finden durch die Prozesse der Globalisierung auch in Europa viele Veränderungen statt. Vor allem die Umstrukturierungen im Bereich der Produktion und der damit verbundene Abbau von Arbeitsplätzen wird als Bedrohung empfunden. Würde sich das Prinzip der komparativen Vorteile vollständig durchsetzen, so müsste sich die Arbeitsteilung irgendwann einpendeln und allen zum Vorteil gereichen. Dies geschieht jedoch nur teilweise, da die Länder mit unterschiedlichen „Standortvorteilen" in einen Wettbewerb miteinander treten und dadurch ein komplexes, sich schnell veränderndes Weltwirtschaftssystem schaffen. Die wichtigsten dieser Wettbewerbe, die zum „Outsourcing" in Europa (und anderen Industrieländern) führen, sind:

- Arbeitskosten: Aufgrund des hohen Lebensstandards in Europa sind auch die Löhne vergleichsweise hoch. Diese bilden zusammen mit den zu entrichtenden Sozialabgaben die Kosten, die ein Arbeitgeber für eine Arbeit bezahlen muss. In Deutschland sind diese Arbeitskosten am höchsten, 25 Prozent höher als in Großbritannien, achtmal höher als in Malaysia und etwa dreißigmal höher als in China.
- Arbeitsgesetzgebung: Die Sicherheit des Arbeitsplatzes sowie die Sicherheit am Arbeitsplatz sind ebenfalls Faktoren, die sich im Preis eines Produktes niederschlagen. Deutschland und Italien haben in Europa die arbeitnehmerfreundlichste Gesetzgebung, während der Schutz der Arbeitnehmer in Großbritannien, den USA und Südostasien weit geringer ist. Dies bedeutet, dass ein Arbeitgeber in letztgenannten Ländern schneller Arbeitnehmer entlassen kann, was ihm größere Flexibilität gibt. Die Sicherheit am Arbeitsplatz ist in Mitteleuropa weltweit am höchsten (mit weniger als 5 Todesfällen auf 100 000 Beschäftigte pro Jahr, in Südostasien sind es über 23). Sieht ein Arbeitgeber vor allem auf den Preis seiner Ware und nicht auf das Wohlbefinden seiner Arbeiterschaft, so wird er seine Produktion dorthin verlagern, wo weniger in Sicherheit investiert werden muss.
- Steuern: Hohe Steuern schrecken Betriebe ebenfalls ab, da sie auch die Kosten für ein Produkt erhöhen. Vielfach wird dabei jedoch vergessen, dass Steuern sich nicht in Luft auflösen, sondern wieder in Infrastruktur, Bildung, Gesundheit und Sicherheit investiert werden.
- Umweltauflagen können hohe Kosten für einen Betrieb verursachen. In Europa sind diese Auflagen vergleichsweise streng, während sie in vielen afrikanischen Staaten nicht existent sind oder nicht durchgesetzt werden. Ein Beispiel aus den USA zeigt jedoch,

4.4 Globalisierung – Gewinner und Verlierer

1972 (in Mrd. US-Dollar)			2004 (in Mrd. US-Dollar)		
Rang / Land	Export	Import	Rang / Land	Export	Import
1. USA	48,97	55,28	1. USA	818,52	1525,68
2. BR Deutschland	46,21	39,76	2. BR Deutschland	911,86	718,27
3. Japan	28,65	23,48	3. China	593,44	560,68
4. Frankreich	26,05	26,75	4. Japan	565,74	454,59
5. Großbritannien	24,34	27,86	5. Frankreich	424,04	441,73
6. Kanada	20,18	18,84	6. Großbritannien	341,62	451,72
7. Italien	18,55	19,28	7. Italien	353,76	354,77
8. Niederlande	16,83	16,98	8. Niederlande	317,94	283,73
9. Belgien/Luxemburg	16,08	15,60	9. Belgien	306,82	285,60
10. Sowjetunion	15,36	16,05	10. Kanada	304,46	273,08
11. Schweden	8,75	8,06	11. Hongkong	259,31	271,16
12. Schweiz	6,83	8,47	12. Republik Korea	253,86	244,46
13. Australien	6,30	4,56	13. Spanien	182,16	257,67
14. DDR	6,18	5,90	14. Mexiko	189,08	197,35
15. Tschechoslowakei	5,12	4,66	15. Singapur	179,61	163,85
Quelle: UNO, WTO, Fischer Weltalmanach 2007					

M1 Führende Welthandelsländer 1972 und 2004

dass es nicht nur für die Umwelt, sondern auch für die Wirtschaft fatal sein kann, wenn Umweltauflagen gelockert werden. Dies tat der Bundesstaat Delaware, um Betriebe anzuziehen. Diese kamen dann auch und gingen bald wieder, weil sie entweder in Entwicklungsländer mit noch niedrigeren Standards abwanderten oder nicht mehr konkurrenzfähig waren: Sie hatten weder in die Verbesserung ihrer Produktivität noch in die Qualität ihres Produkts investiert. Kalifornien schlug den umgekehrten Weg ein und verschärfte seine Auflagen mit der Konsequenz, dass innovative Betriebe kommen und vor allem gut qualifizierte Arbeitskräfte anziehen, die hohe Steuern zahlen und dem Staat ein gutes Image verleihen.

Chancen für Entwicklungsländer?

Zweifelsohne bieten Prozesse der Globalisierung auch Chancen für Entwicklungsländer, die zuvor so nicht bestanden hatten. Da aufgrund niedriger Lebenshaltungskosten und Löhne arbeitsintensiv produziert werden kann, entstehen Arbeitsplätze dort, wo noch „Hand angelegt" werden muss. Ist die Produktion erfolgreich, so werden Spezialisierungen möglich, durch welche die Qualifikation der Arbeitskräfte gehoben werden kann. Dadurch steigen wiederum die Löhne und der

Konsum wird belebt. Erlangt diese Entwicklung eine gewisse Größe, so kann mit dem Beschäftigungs- und Lohnanstieg auch die Armut verringert werden. In einigen Bereichen kommt die Arbeiterschaft auch mit neuen Technologien in Berührung, die zu einer verbesserten Qualifikation beitragen können. Voraussetzung für eine erfolgreiche Entwicklung der Wirtschaft ist jedoch eine gerechte Teilhabe am Welthandel, eine Einbindung in die globalen Waren-, Finanz- und Touristenströme (M2).

Mehrere Entwicklungsländer haben sich inzwischen auch einen Platz unter den führenden Welthandelsländern erarbeitet (M1). In den noch wenig in den Welthandel integrierten Ländern beruhen die Hoffnungen auf zunehmenden ausländischen Direktinvestitionen (ADI) aus den Industrieländern. Doch die Erfahrung zeigt, dass sich die Direktinvestitionen auf nur wenige Staaten und Regionen konzentrieren, zum Beispiel China und Hongkong (2004: 50 Prozent aller ADI in Entwicklungsländer). Das Gros der Entwicklungsländer geht leer aus (M3, Seite 247).

In der Landwirtschaft besteht die Chance, aufgrund schnellerer Transportwege, funktionierender Kühlketten und besserer Information über die Entwicklung der Nachfrage landwirtschaftliche Produkte (zum Beispiel

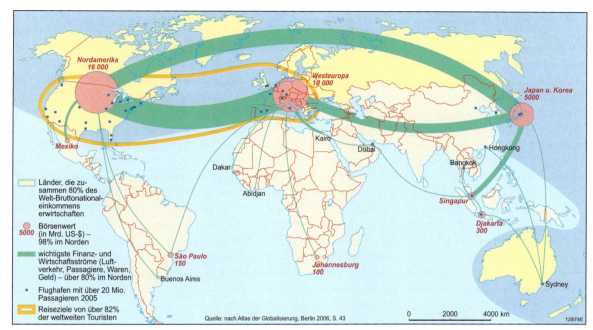

M2 Der Süden – weitgehend abgeschnitten von Waren-, Finanz- und Touristenströmen

Blumen aus Kenia oder Kolumbien) zu exportieren, die ein gutes Einkommen ermöglichen. Dies sind allerdings oftmals Nischenbereiche. Sie können die Probleme nicht wettmachen, die durch die Wettbewerbsverzerrungen auf dem Weltmarkt entstehen, durch Protektionismus und Subventionen. Das führt zum Beispiel dazu, dass mexikanische Bauern ihren Mais (oftmals traditionelle und angepasste Sorten) nicht verkaufen können, da aus den USA subventionierter Mais viel billiger importiert werden kann. Dadurch ist nicht nur die Existenzgrundlage der Bauern bedroht, sondern es kommt langfristig auch zu genetischer Erosion: Die Vielfalt an Maissorten geht zurück, da in den Vereinigten Staaten nur wenige (Hochleistungs-) Sorten angebaut werden.

1. Erläutern Sie das Modell der globalen Fragmentierung und belegen Sie es – wo möglich – mit Beispielen.
2. Erarbeiten Sie je einen kurzen Steckbrief eines globalen Ortes / Region, eines globalisierten Ortes / Region und einer Region der neuen Peripherie.
3. Nennen Sie Gründe, die im Rahmen der Globalisierung zum Verlassen des Standortes Europa führen.
4. Beurteilen Sie die Chancen für die Entwicklungsländer im Rahmen der Globalisierung.

M3 Nicht alle profitieren von der Globalisierung: Diese Balinesin muss ihren Palmzucker auf dem lokalen Markt in Konkurrenz zu billigen Zuckerimporten anbieten.

Raumbeispiel: Erde

Der Verbrennungsmotor und mit ihm die Autoindustrie ist buchstäblich der Motor, der im 20. Jahrhundert großes wirtschaftliches Wachstum bescherte, sodass die Automobilindustrie ein wichtiger Faktor in den Entwicklungsstrategien vieler Länder wurde. Weltweit wird geschätzt, dass drei bis vier Millionen Menschen direkt im Automobilbau beschäftigt sind, weitere neun bis zehn Millionen in Zulieferfirmen und fast ebenso viele in den Bereichen Verkauf und Service. Der Automobilbau ist einer der am stärksten vernetzten Bereiche des Industriesektors und zu einem großen Teil in den Händen von transnationalen Unternehmen. Die zehn führenden Autobauer produzieren über 70 Prozent aller Automobile, im Jahr 2006 waren dies über 66 Millionen. Zusammen mit den Zulieferfirmen setzten Sie über 230 Milliarden Euro um und beschäftigten knapp 800 000 Mitarbeiter. Der Volkswagenkonzern zählt dabei weltweit zu den fünf größten dieser Branche.

	D	MEX	CZE
Bevölkerungsdichte (Ew./km²)	230	54	129
Arbeitslosigkeit (%)	>10	<4	>8
Durchschnittsalter	42,6	25,3	39,3
Anteil unter 15-Jähriger (%)	14,1	30,6	14,4
Anteil 15–64-Jähriger (%)	66,4	63,6	71,2
Anteil über 65-Jähriger (%)	19,5	5,8	14,4
Kaufkraft von 1 US-$	0,87	1,43	1,48
BIP pro Ew. (kaufkraftbereinigt, in Euro)	24 500	8100	21 900
Pkw pro 1000 Ew.	573	119	395
Straßendichte (km/km²)	194	6,5	164
Jahreslohn VW-Fließbandarbeiter in Euro (kaufkraftbereinigt)	30 000 (26 100)	4800 (6864)	7500 (11 100)
Preis eines New Beetle (Euro)	30 000	15 000	30 000

Quelle: Die Welt in Zahlen: www.welt-in-zahlen.de; 29.01.2007

M1 *Ländervergleich Deutschland – Mexiko – Tschechische Republik*

M2 Wolfsburg bewegt sich

„Das Management von Volkswagen und die IG Metall haben sich prinzipiell auf einen neuen Tarif für die westdeutschen VW-Werke geeinigt. Bei Bedarf wird künftig mehr gearbeitet, ohne vollen Lohnausgleich. Im Gegenzug wurden den einzelnen Werken konkrete Arbeitsumfänge wie der Bau bestimmter Komponenten oder neuer Modelle zugesagt. Doch damit sind die Probleme bei Volkswagen keineswegs gelöst. Die Verhandlungspartner sind nämlich eine Wette eingegangen und es liegt zu einem großen Teil am Management, ob sie eingelöst werden kann. Die längere Arbeitszeit von bis zu 33 Stunden zahlt sich nur dann aus, wenn auch mehr Arbeit anfällt, zudem müssen die Modelle so konstruiert werden, dass sie sich einfacher und schneller montieren lassen. Derzeit dauert es rund 50 Stunden, bis ein Golf montiert ist, während Toyota & Co. dies bei vergleichbaren Modellen in der halben Zeit schaffen.“

(nach: Lampartner, D. H.: Wolfsburg bewegt sich. In: Die Zeit, 5. Oktober 2006)

M3 In Mexiko ist Flexibilität gefragt

„Die VW-Fabrik im mexikanischen Puebla wurde bereits in den 1960er-Jahren gegründet, zunächst um den mexikanischen Markt mit VW-Käfern, die dort hergestellt wurden, zu beliefern. Später, nach der Einstellung der Produktion des Käfers, wurde der New Beetle in diesen Werken hergestellt. Über 10 000 Arbeiter erhielten Arbeit in der Fabrik, und sie verdienten zunächst überdurchschnittlich gut. Doch die Firmenleitung war bemüht, die Produktionskosten niedrig zu halten, und wiederholte Forderungen der Arbeiterschaft nach einem Ausgleich der Teuerung wurden nicht erhört und Streiks mithilfe von Regierungsunterstützung als illegal erklärt. Die ‚Rädelsführer‘ entließ man. Außerdem wurde begonnen, einfach herzustellende Teile von Firmen außerhalb produzieren zu lassen. Deren Arbeiter waren gewerkschaftlich weniger gut organisiert und bekamen niedrigere Löhne. Heute montieren diese Zulieferer ihre Teile selbst in der Fabrik mit ihren eigenen Leuten, die nur halb so viel verdienen wie die VW-Arbeiter, die es auf etwa 20 Euro pro Tag bringen.“

(nach: Nuñez Juárez: Global Production and Worker Response: The struggle at Volkswagen of Mexico. In: The Journal of Labour and Society H. 9/2006, S. 7–28)

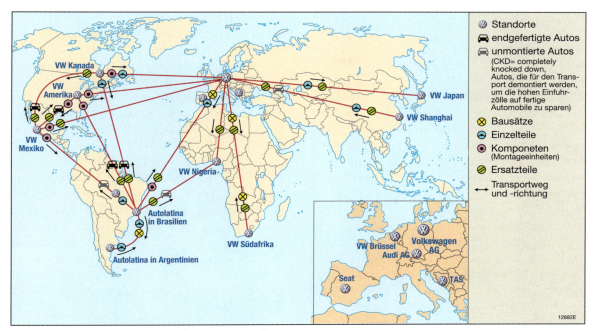

M4 Das transnationale Produktionsnetz von Volkswagen

M5 Stolz am laufenden Band

„Der Umschwung bei Škoda fand 1991 mit dem Einstieg des Volkswagenkonzerns statt. Die Lage war ‚nicht idyllisch', oft prallten kontrastierende Mentalitäten zusammen, wie in der Firmenchronik unverbrämt zu lesen ist, ‚die einfallslose Respekthaltung der Deutschen, mit der chaotischen Kreativität und Improvisationsgeneigtheit der Tschechen'. Man raufte sich systematisch zusammen. Anfangs waren alle Führungsposten im Tandem besetzt, zudem unterzogen sich vor allem die leitenden Angestellten einem interkulturellen Training und lernten, dass Deutsche generell eher zu harter Direktheit und Orientierung an Sachfragen neigen, Tschechen hingegen zu sondierender Zurückhaltung und Bezugnahme auf Persönliches. Qualitätsregelkreise waren im tschechischen Betrieb unbekannt, es ging um Stückzahlen, Ausschuss und Qualität spielten keine so große Rolle. Daraufhin wurden Abläufe und Logistik umgesteuert, Strukturen geändert und Synergien geschaffen, sodass sich beispielsweise Škoda Octavia und VW Golf zu 65 % gleichen. Im VW-Konzern ist Škoda längst wie Audi zu einem guten Geldbringer geworden, 60 % seiner Motoren und Getriebe wird Škoda konzernweit an VW und seine Töchter los, vor vier Jahren waren es nur 10 %."

(nach Brill, K.: Stolz am laufenden Band. In: SZ, 18.1.2006)

M6 Autoseilbahn auf dem Volkswagengelände bei Bratislava

1. Erstellen Sie ein kurzes Portrait des VW-Konzerns (Internet).
2. Erläutern Sie die Strategien des VW-Konzerns, um global konkurrenzfähig zu bleiben, hinsichtlich seiner Aktivitäten a) weltweit, b) in Deutschland.

Diercke Geographie vor Ort

M1 Moschee in Rendsburg

M2 Japanische Familie in Düsseldorf

Was ist Globalisierung?

Schauen Sie nach einem Einkauf Ihren Warenkorb an und stellen Sie fest, wo die einzelnen Produkte hergestellt wurden.
Forschen Sie nach, ob es Produkte mit ähnlicher Qualität auch aus dem Nahraum gibt und warum diese nicht bevorzugt werden.

Führen Sie eine Befragung durch: Wie werden die Ereignisse der zweiten Phase der Globalisierung in Ihrem Bekanntenkreis wahrgenommen?
Belegen Sie durch Beispiele aus dem eigenen Verwandten- und Bekanntenkreis, wie sich der Aktionsradius im Laufe der Jahrzehnte verändert hat.

Triebkräfte der Globalisierung

Wie hat sich die Kommunikation in Ihrer Lebenszeit verändert, allgemein und für Sie persönlich?
Auf welche Art kommunizieren Sie mit anderen? Welchen Anteil an Ihrer Kommunikation hat der Fernkontakt und welchen Gespräche von Angesicht zu Angesicht? Unterscheiden sich die Kommunikationsinhalte zwischen den verschiedenen Formen und wenn ja wie? Welche Einschränkungen erfahren Sie bei Ihrer Kommunikation und würden Sie gerne anders oder mit anderen Menschen kommunizieren?

Welche Niederlassungen von Global Player gibt es in Ihrer Umgebung?
Welche Produkte werden dort hergestellt beziehungsweise vertrieben?

Welche internationale Organisationen und NGO haben ein Büro oder eine Gruppe in der nächst gelegenen größeren Stadt? Erkundigen Sie sich über Ziele, die „globalen" Charakter haben.

Welche Ansprüche stellen Sie an ein Produkt über Preis und Qualität hinaus (zum Beispiel fairer Handel, nachhaltige Produktion)?

Diercke Geographie vor Ort

M3 In einer Berliner Hauptschule

M4 Filialen transnationaler Unternehmen in Köln

Strukturen der Weltwirtschaft

Erläutern Sie anhand von drei Beispielen aus Ihrem Haushalt die Bedeutung von Standardisierung.

Notieren Sie die landwirtschaftlichen Produkte, die Sie während eines Tages konsumieren. Welche davon könnten auch in Deutschland hergestellt werden? Erfragen Sie in einem landwirtschaftlichen Betrieb in Ihrer Nähe die Höhe und das Ziel der Subventionierung.

Untersuchen Sie, wie Ihre Region in die globale Wirtschaft eingebunden ist.
Führen Sie eine Befragung in Industriebetrieben durch. Gehen sie dabei näher ein auf
- die hergestellten Produkte,
- den Exportanteil, die Zielländer,
- die Zahl der Beschäftigten,
- die Maßnahmen, um auf dem globalisierten Weltmarkt konkurrenzfähig zu sein.

Ziehen Sie Rückschlüsse:
- Wie viele Arbeitsplätze sind exportabhängig?
- Wie groß ist der Anteil des Steueraufkommens, der aus der Herstellung von Exportprodukten resultiert?

Ermitteln Sie zehn Dienstleistungsbetriebe in Ihrer Gemeinde beziehungsweise Stadt, die in irgendeiner Weise global tätig sind.

Gewinner und Verlierer der Globalisierung

Diskutieren Sie: Welchen Platz nehmen Sie persönlich jetzt und in Zukunft im Rahmen der fragmentierenden Entwicklung ein?

Übertragen Sie das Modell der fragmentierenden Entwicklung auf Ihre Heimat.
- Wo gibt es den nächsten globalen Ort,
- den nächsten globalisierten Ort,
- eine Region, die Sie zur neuen Peripherie rechnen würden?

Frankfurt am Main: Blick auf den Hauptbahnhof und die Skyline

5

Leben in Städten

Siedlungsgeographische Grundlagen

Städte waren schon immer Zentren wirtschaftlicher Aktivitäten sowie sichtbare räumliche Brennpunkte sozialer, kultureller und politischer Prozesse. Sie bilden stets die Ziele individueller und massenhafter Wanderungen und zeichnen sich durch Bevölkerungskonzentration, Wohndichte, Flächennutzungskonflikte und Umweltbelastungen aus.

Extremes Wachstum findet heute insbesondere in den Städten der Entwicklungsländer statt. Hier treffen extreme soziale Gegensätze aufeinander, die sich im fragmentierten Nebeneinander von ausgedehnten Elendsquartieren und luxuriösen Villen- und Hochhausvierteln niederschlagen.

Städte stellen die soziale, wirtschaftliche, bauliche, administrative und ökologische Herausforderung in Gegenwart und Zukunft dar.

5.1 Stadt und Land - Lebensraum

M1 Europa bei Nacht – zusammengestellt aus Lichtpunkten

Bevölkerungsverteilung

Menschen suchen sich ihren Lebensraum (Ökumene) in der Regel nach Vorteilen für ihre Lebensgestaltung aus. Als ständig bewohnbarer Siedlungsplatz muss er ihnen Sicherheit und einen Lebensunterhalt gewährleisten. Trocken-, Kältewüsten und Hochgebirge sind daher nicht auf Dauer durch sesshafte Bevölkerung bewohnbare Räume (Anökumene), es sei denn, sie weisen bestimmte Standortvorteile gegenüber ihrer Umgebung auf, wie die Oasen mit ihren Wasservorkommen.

So hängt die Bevölkerungsverteilung von unterschiedlichen Faktoren ab, wie zum Beispiel:

- von der Oberflächengliederung, den Küstenformen, der Höhenlage, der Waldverteilung und der Bodenfruchtbarkeit (geomorphologisch-pedologische Parameter),
- von der Temperatur- und Niederschlagsverteilung (klimatische Parameter),
- von der Zugänglichkeit, d.h. den Verkehrsverhältnissen und der Verkehrslage (verkehrliche Parameter),
- von der Ressourcenverfügbarkeit (wirtschaftliche Parameter),
- von der politischen Situation eines Landes (politische Parameter).

Die Verteilung der Bevölkerung in einem Raum wird als **Bevölkerungsdichte** bezeichnet und in Einwohner pro Quadratkilometer (Ew./km²) gemessen. Dieser Wert ist rein statistisch und seine Aussagekraft ist gering, da die tatsächliche Bevölkerungsverteilung regional oft stark vom Durchschnittswert abweicht (M1). Ein Raum mit einer geringen Bevölkerungsdichte kann in Dörfern und Städten gegenüber dem Durchschnittswert sehr viel höhere Dichten aufweisen. Deutlich wird dies zum Beispiel in der Eifel, in der Uckermark oder im Bayerischen Wald. Doch auch das Ruhrgebiet mit seinen hohen Dichtewerten hat Gebiete, die nur sehr gering besiedelt sind. Aufgrund der unterschiedlichen Konzentration der Bevölkerung unterscheidet man im Allgemeinen drei Raumkategorien: Agglomerationsräume, verstädterte Räume und ländliche Räume.

Ein **Agglomerationsraum** hat gegenüber seinem Umland eine hoch verdichtete Besiedlung. In ihm konzentrieren sich Wohn- und Wirtschaftsgebäude, Einwohner, Arbeitsplätze überwiegend im sekundären und tertiären Sektor und die dazugehörige technische Infrastruktur. Dieser Raum geht über die Verwaltungsgrenze der Stadt hinaus und kann sich durchaus über mehrere Städte erstrecken (z.B. im Ruhrgebiet).

Der **ländliche Raum** hingegen ist weniger dicht bevölkert, hat besondere dörfliche Siedlungsformen (vgl. Seite 264) und seine Bewohner arbeiten überwiegend im primären Sektor. Er erfüllt die Aufgabe der Agrarproduktion, der Raumreserve, der Erholungs- und Freizeitfunktion und ist ökologischer Ausgleichsraum für Agglomerationen (z.B. Bergisches Land, Sauerland für das südliche Ruhrgebiet). Ländliche Räume sind aber durchaus nicht „stadtlos". Sie haben Bevölkerungskonzentrationspunkte mit einem großen Versorgungsangebot (Einkauf, Arbeitsplätze, Bildungsangebot etc.), wie z.B. Lüdenscheid im Sauerland.

Verstädterte Räume weisen eine geringere Bevölkerungsdichte als die Agglomerationsräume auf. Sie können als Zentren in ländlichen Räumen liegen, wie Cloppenburg in Niedersachsen, oder eine verdichtete Zone im Randbereich einer Agglomeration bilden, wie Isernhagen bei Hannover.

Eine klare Trennung von Stadt und Land ist heute kaum noch möglich. Die frühere Gegenüberstellung und damit das Nebeneinander verschiedener Lebens- und Wirtschaftsweisen ist heute verwischt. Die städtischen Wohn-, Wirtschafts- und Lebensformen haben sich durch die Ausweitung der Städte über ihre administrativen Grenzen auch auf den ländlichen Raum ausgedehnt, sodass man nicht mehr von einem klaren Stadt-Land-Gegensatz sprechen kann, sondern aufgrund der heute engen Verzahnung von Stadt und Land von einem Stadt-Land-Kontinuum sprechen muss.

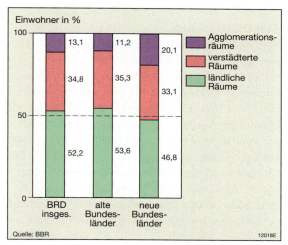

M2 Bevölkerungsverteilung in Deutschland nach Raumkategorien

Gemeindegrößen	Anteile
Städte über 100 000 Ew.	ca. 33 %
Gemeinden von 5000 bis 100 000 Ew.	ca. 40 %
Gemeinden mit weniger als 5000 Ew.	ca. 17 %
Gemeinden mit weniger als 2000 Ew.	ca. 10 %
Quelle: Census 2004	

M3 Bevölkerungsverteilung in Deutschland im Jahr 2000 nach Gemeindegrößen

1. Lokalisieren Sie 15 städtische Räume Europas (M1, Atlas).
2. a) Wählen Sie einige europäische Räume aus, stellen Sie die Bevölkerungsdichtewerte fest und nennen Sie Gründe für den jeweiligen Dichtewert (Atlas).
b) Erläutern Sie anhand von Beispielen typische Gründe für die Entstehung von Siedlungsbändern (M1).
3. Ermitteln Sie den Dichtewert Ihrer Heimatregion und vergleichen Sie sie mit von Ihnen ausgewählten Räumen in Deutschland.

Stadt und Land - unterschiedliche Begriffe

Wann ist eine Siedlung eine „**Stadt**", wann ein „**Dorf**"? Auf den ersten Blick ist oft die Bevölkerungszahl das Unterscheidungskriterium. Doch bei welcher Bevölkerungsgröße kann man von einer „Stadt", bei welcher muss man noch von einem „Dorf" sprechen? Reicht allein die Bevölkerungszahl zur Stadtdefinition aus oder ist die Stadt mehr als bloß eine statistische Größe?

Städtischer Raum

Während zum Beispiel in den europäischen Mittelmeerländern und im dicht besiedelten Japan ein hoher Schwellenwert festgelegt wird, um die bevölkerungsreichen Dörfer von den Städten zu unterscheiden (M1), wird in den skandinavischen Ländern auch die funktionale Ausstattung der Siedlung berücksichtigt, wie zum Beispiel ein Postamt, ein Supermarkt, oder auch die innere Differenzierung einer Siedlung. Die national voneinander abweichenden Schwellenwerte erschweren länderübergreifende Vergleiche, zum Beispiel beim Verstädterungsgrad. Je nach Kulturraum der Erde bzw. Fachwissenschaft werden verschiedene Merkmale zur Begriffsbestimmung herangezogen. Die drei folgenden Perspektiven des Stadtbegriffs stellen nur eine kleine Auswahl dar.

Bei dem statistischen Stadtbegriff erfolgt eine Festlegung mithilfe der Einwohnerzahl. Die Klassifikation von Städten in Deutschland reicht von der Zwergstadt bis zur Großstadt (M2). International gibt es aber noch die Millionenstadt (mehr als eine Million Einwohner) und die Megastadt (mehr als fünf Millionen Einwohner, vgl. Seite 289). Diese Grenzwerte lassen sich heute aufgrund des schnellen Städtewachstums jedoch nicht mehr halten.

Nach dem historisch-juristischen Stadtbegriff gelten neben baulichen Charakteristika wie der Ummauerung als klarer Trennlinie zwischen Stadt und Land und der kompakten Bebauung innerhalb der Stadtmauer auch rechtliche Grundlagen wie zum Beispiel das Münz-,

Markt- oder Stapelrecht als Merkmale einer Stadt. Der Beschäftigtenanteil der Einwohner bei dieser Begriffsbestimmung lag überwiegend in nicht landwirtschaftlichen Berufen.

Der geographische Stadtbegriff ist der umfassendste, da er auch soziologische und ökonomische Merkmale enthält. Städte sind demnach:
- zentrale Orte (vgl. Kapitel 6.3), die sich und ihr mehr oder weniger großes Umland mit Gütern und Dienstleistungen versorgen,
- Orte, die einen von Staat zu Staat abweichenden unteren Schwellenwert an Bevölkerung haben und/oder eine bestimmte Fläche überschreiten,
- Siedlungen mit einer gegenüber dem Umland hohen Bebauungs- und Bevölkerungsdichte,
- Siedlungen, die durch eine klare funktionsräumliche Gliederung in Gebiete (Viertel) verschiedener Nutzung, zum Beispiel City, Industriegebiete, Wohnquartiere, Erholungsgebiete, gekennzeichnet sind,
- Orte, die durch deutliche sozialräumliche Differenzierung, zum Beispiel gentrifizierte Wohngebiete, Villenvororte, bürgerliche Quartiere, geprägt sind,
- politische, gesellschaftliche und technologische Innovationszentren (kreative Milieus),
- Kreuzungspunkte des Verkehrs (Straßen-, Bahn- und Luftverkehr),
- ökologisch stark belastete Räume (Smog, Lärm, Müll),
- Orte, die durch vielfältige und wechselseitige Beziehungen mit dem Umland verflochten sind,
- Siedlungen mit einer Vielzahl unterschiedlicher Lebensstilgruppen, Milieus und Haushaltsformen,
- Orte mit einem tief und breit gegliederten Arbeitsmarkt, einem hohen Anteil an Beschäftigten im tertiären (zum Beispiel Banken, Versicherungen, Handel) und quartären Sektor (zum Beispiel Forschung und Entwicklung) bei Abnahme an industriellen Arbeitsplätzen.

Städte bestehen heute aus Räumen mit unterschiedlichen Funktionen, die eng miteinander vernetzt sind

Land	Schwellenwert
Skandinavische Länder	200 Einwohner
Island	500 Einwohner
Frankreich	2000 Einwohner
Griechenland / Portugal	10 000 Einwohner
Japan	50 000 Einwohner

M1 *Untere Schwellenwerte für Städte*

Städtetyp	Einwohnerzahl
Zwergstadt	bis 1000
Landstadt	2000–5000
Kleinstadt	> 5000–20 000
Mittelstadt	> 20 000–100 000
Großstadt	> 100 000

M2 *Städtetypen nach Einwohnerzahl in Deutschland*

M3 Ländliche Siedlung (Liedingen bei Braunschweig)

M4 Städtische Siedlung (Hannover)

und sich gegenseitig ergänzen. Die städtischen Räume (Agglomerations- und verstädterte Räume) decken überwiegend die Funktionen „Wohnen" und „Arbeiten" ab, haben Marktfunktionen (Einkaufsstandort, Standort für Großformen des Handels), beherbergen bedeutsame Gewerbegebiete, Bürostandorte, Event-Standorte und vielschichtige Freizeiteinrichtungen, auch für den ländlichen Raum. Sie sind mit ihrem ständig wachsenden Flächenanspruch und der damit verbundenen Versiegelung ökologisch belastet und verursachen so stärkere Gesundheits- und Umweltschäden als stadtferne Räume.

Ländlicher Raum

Der ländliche Raum erzeugt land- und forstwirtschaftliche Produkte über den Eigenbedarf hinaus zur Versorgung des städtischen Raums. Ihm werden Flächen für Siedlungs- und Gewerbeerweiterungen, für öffentliche Infrastruktur, Kraftwerke, Deponien und zum Rohstoffabbau von unterschiedlichen Interessengruppen abgerungen. Mit seinem Freizeit- und Erholungsangebot und in der Funktion des ökologischen Ausgleichsraumes bildet er ein ökologisches Gegengewicht zum städtischen Raum und gleicht die dort vorhandene Ressourcenüberbeanspruchung teilweise aus.

Die im ländlichen Raum Deutschlands vorhandenen Siedlungen, die Dörfer, stellen im klassischen Sinne kleine geschlossene Siedlungen dar, die landwirtschaftlich ausgerichtet und durch Gehöfte geprägt sind. Die Gebäude dienen primär der Verarbeitung des Erntegutes und der Unterbringung des Viehs sowie der Ernte. Diese ländlichen Siedlungen gehören bei uns heute weitgehend der Vergangenheit an, da die Landwirte in den Dörfern nur noch in geringer Zahl vorhanden sind und die Berufspalette der Einwohner sich vergrößert hat. Man pendelt zur Arbeit in die nächst größeren Orte. Dörfer sind durch Zuzug zu Wohnorten städtischer Bevölkerung geworden, wodurch sich städtische Lebensformen im ländlichen Raum ausbreiten und hier das Sozialleben (zum Beispiel Vereinsleben) von Grund auf verändern. Außerdem tritt durch den Einfamilienhausbau eine bauliche Überformung der alten Dorfstruktur ein.

1. a) Definieren Sie aus Ihrer eigenen Sicht einen Stadtbegriff.
b) Vergleichen Sie Ihre Definition von „Stadt" mit den im Text angegebenen Stadtbegriffen.
2. Stellen Sie die Funktionen einer städtischen und einer ländlichen Siedlung in der Nähe Ihres Heimatortes gegenüber.

Ländliche Siedlungen und Dorfentwicklung in Deutschland

Die Entwicklung ländlicher Ortsformen vollzog sich im Rahmen der Veränderung unserer Kulturlandschaft in den letzten 1500 Jahren. Es bildeten sich regelhafte und unregelhafte Dorfgrundrisse heraus, die heute noch, wenn auch in veränderter Form, im ländlichen Raum vorzufinden sind.

Unregelhafte Dorftypen (gewachsene Siedlungen):
- Einzelhöfe: isolierte Hofstellen in Streulage mit meist zusammengelegter Betriebsfläche,
- Weiler: kleine Gruppensiedlungen von 3–15 Höfen,
- Haufendorf: mehr als 20 Hofstellen mit einem ungeregelten Grundriss.

Regelhafte Dorftypen (geplante Siedlungen):
- Reihensiedlung: Wald-, Marsch- und Moorhufensiedlungen; linearer Grundriss; weiter Abstand zwischen den Höfen; Hauptgebäude stehen traufständig entlang einer Leitlinie (Straße, Bach) orientiert; Betriebsfläche meist als langgestreckter Streifen direkt hinter dem Gehöft,
- Straßendorf: Höfe in dichter Folge giebelständig entlang einer Straße aufgereiht,
- Angerdorf: zwei Hofzeilen von Betrieben umschließen einen gemeinschaftlich genutzten Platz (Anger),
- Rundling: Höfe sind hufeisen- oder kreisförmig um einen Platz angeordnet, Zugang zum Dorfplatz nur über eine einzige Straße.

Diese ländliche Ortsgrundrisse haben sich seit 1950 stark verändert. Durch den Wiederaufbau, die Dorferneuerungsmaßnahmen und die einsetzende Verstädterung wurden auch in den ländlichen Siedlungen Gebäude abgerissen, um- bzw. neu gebaut, sodass es nicht selten zur völligen Umgestaltung traditioneller Dörfer kam. Weiterhin litten viele ländliche Siedlungen

M1 *Waldhufendorf*

M2 *Rundling*

M4 *Einzelhöfe*

M3 *Haufendorf*

aufgrund des Strukturwandels in der Landwirtschaft an Bevölkerungsverlust, wodurch eine Aufgabe der infrastrukturellen Einrichtungen einsetzte, die zu einem Attraktivitätsverlust führte. Erst in den 1980er- und 1990er-Jahren verbesserte sich durch Suburbanisierungstendenzen (vgl. Seite 271) die infrastrukturelle Ausstattung. Die klassischen **Dorftypen** wurden überformt und es haben sich bis heute vier Kategorien ländlicher Siedlungen in Deutschland herauskristallisiert.

Typ 1: In der Nähe stark wachsender Stadtränder bilden die ehemaligen Dörfer den Siedlungskern, der von Wohn- und Gewerbegebieten umgeben ist. Positiver Aspekt: funktionale Stärkung und wirtschaftlicher Gewinn durch Zuzug. Negativer Aspekt: Kluft zwischen einheimischer und zugezogener Bevölkerung.

Typ 2: Diese Dörfer liegen in der Nähe von Verdichtungsräumen, aber deutlich von ihnen getrennt. Dorferneuerung versucht hier den Verlust alter Substanz zu beheben. Weiterhin erfährt der dörfliche Lebensraum durch Rückbesinnung auf die örtlichen Traditionen eine Renaissance im gesellschaftlichen Bereich. Idealfall: Neues dörfliches Selbstverständnis von Einheimischen und Zugezogenen über gemeinsame regionale und lokale Identität.

Typ 3: In Gegenden mit starkem Fremdenverkehr wird der Baubestand und das Ortsbild gepflegt und erhalten, da gerade das Gesamtbild der Siedlung neben Dorffesten, traditionellem Brauchtum und Vereinswesen die Basis für den Tourismus bildet.

Typ 4: In abseits gelegenen und kaum städtisch beeinflussten ländlichen Siedlungen, deren Hauptwirtschaftszweig immer noch die Landwirtschaft ist, überwiegen die traditionellen Raumstrukturen. Der Verlust an Einwohnern und Infrastruktureinrichtungen, die sich aufgrund mangelnder Nachfrage nicht mehr lohnen, bestimmen hier das Bild. Es wird nur noch dort umgebaut, wo es der technische Stand der Landwirtschaft beziehungsweise die Lebensansprüche verlangen.

1. Kennzeichnen Sie in M5 die traditionelle Dorfform und analysieren Sie die eingetretenen Veränderungen.
2. Versuchen Sie, in Ihrer Nähe ein Dorf zu finden, das einem der traditionellen und / oder neuen Dorftypen möglichst nahekommt.

M5 Hüttenberg-Reiskirchen (bei Wetzlar) - ein Dorf wird attraktiver Wohnort

5.2 Stadtentwicklung und Stadtstrukturen – in Deutschland

Stadtgründung und Stadtentwicklung

Menschen haben sich langfristig immer dort niedergelassen, wo besondere Vorzüge für eine feste Siedlung vorhanden waren. Dies konnten lagebedingte und/oder funktionale Standortfaktoren für Städte sein. Zu den lagebedingten Merkmalen gehören:
- fruchtbares Land für den Ackerbau,
- seichte Flussstellen (Furten), die nur an dieser Stelle das Überschreiten eines Flusses erlaubten,
- eine ruhige Bucht, die den Bau einer Hafenanlage ermöglichte,
- Rohstoffe, die es an anderen Orten nicht gab.

Funktionale Vorzüge konnten sein:
- eine Kreuzung von Handelswegen, die einen Warenaustausch förderte,
- Übergänge vom Flach- ins Bergland oder von Wasser- auf Landstraßen, an denen Waren auf kleinere Transportmittel umgeladen werden mussten,
- eine Tagesetappe auf einer Fernhandelsstraße, wo an dem Etappenendpunkt Händler und Lasttiere versorgt werden konnten,
- Aussichtspunkte, die zur Überwachung und Sicherung von Handelsstraßen dienten,
- Feudalherrensitze (Burgen/Klöster).

In solchen Siedlungen wurden zahlreiche Spezialisten für Handwerk, Handel und Transport benötigt. Hier konzentrierte sich auch schnell das Kapital. Als Schutz vor Übergriffen wurden die Siedlungspunkte befestigt. Städte dienten aber auch der Machtpräsentation (Residenzstädte), der Machtkontrolle (Garnisonsstädte) oder wurden als Industriestädte geplant. Wiederum andere Städte hatten besondere kulturelle Funktionen. Sie dienten als Bischofsstädte, Wallfahrtsstädte, Universitätsstädte oder Messestädte. Diese Funktionen stellten sich meist erst nach und nach ein und übertrafen dann aber die ehemaligen Stadtgründungsfaktoren.

Die Stadtgründungen in Mitteleuropa erfolgten, verglichen mit anderen Regionen der Erde, erst spät. Außer den griechischen und römischen Städten des Mittelmeerraumes gab es zunächst nördlich der Alpen und der Loire keine Städte. Die ältesten Städte Mitteleuropas wurden im Zuge der Ausdehnung des Römischen Reiches nach Norden und Nordwesten gegründet, z.B. Regensburg, Trier und Köln, wobei der Limes hier die Grenzlinie darstellte. Der größte Teil der mitteleuropäischen Städte entstand jedoch während des Mittelalters vorwiegend als Neugründungen an besonderen Standorten.

Die Industrialisierung war der Zeitraum, in dem die großen Industriestädte oder Stadterweiterungen bestehender Städte entstanden (Mietskasernen in Berlin), um die durch Landflucht in die Stadt strömende Bevölkerung als Fabrikarbeiter mit Wohnraum zu versorgen. Nach dem Zweiten Weltkrieg gab es in Deutschland nur wenige Stadtgründungen, z.B. Sennestadt, Wulfen und Eisenhüttenstadt und im Zuge der Wiederaufbauphase begann der Neubau und die Umgestaltung von Gebäuden und Stadtteilen. Die Städte wuchsen seit dieser Zeit durch Einzelhausbebauung und Großwohnanlagen flächenhaft ins Umland. Dabei überformten sie ländliche Siedlungen bzw. sogen sie in ihren Stadtkörper auf.

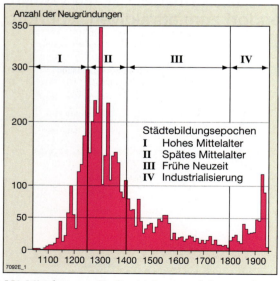

M1 Mitteleuropa: Stadtentstehung und -bauepochen

1. Untersuchen Sie die Namensgebung deutscher Städte und schließen Sie auf ihre Entstehung (z.B. Magdeburg).

2. Kennzeichnen Sie die Phasen der Stadtentwicklung einer benachbarten Stadt.

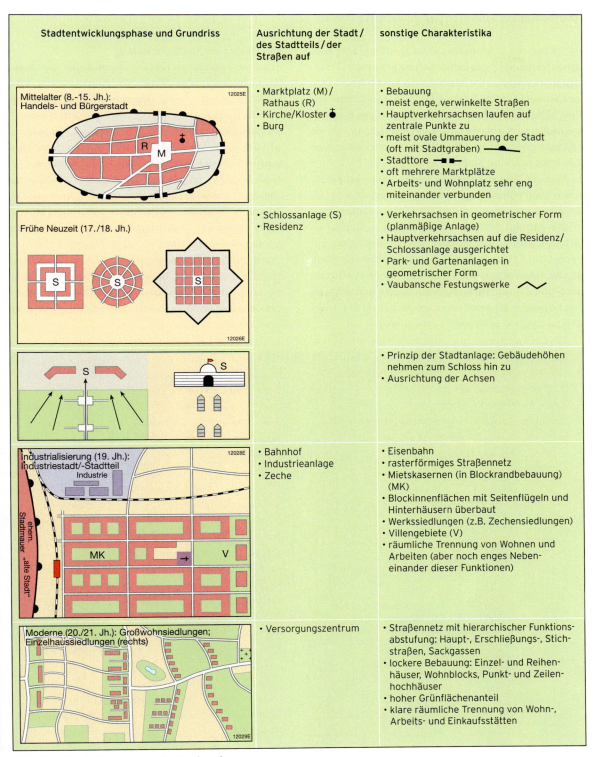

M2 Charakteristische bauliche Merkmale

Raumbeispiel: Münster (Nordrhein-Westfalen)

Die räumliche Entwicklung einer Stadt und ihre baulichen Veränderungen lassen sich nicht nur vor Ort bei einem Stadtrundgang erkennen, sondern sie treten auch im Kartenbild in Erscheinung (M3). Jede städtebauliche Epoche hat in der Kulturlandschaft ihre eigenen, unverwechselbaren Gebäude und Stadtteile hinterlassen, die oft heute noch zu besichtigen sind. Diese individuellen Züge machen eine Stadt einzigartig.

In Münster lässt sich das Städtewachstum einer deutschen Stadt besonders gut nachvollziehen. Obwohl im Zweiten Weltkrieg einiges an alter Bausubstanz gerade in der Altstadt zerstört wurde, sind die räumlichen Grundstrukturen der Straßenzüge doch erhalten geblieben und Häuser in Anlehnung an ihre alte Form wieder aufgebaut worden. Das organische Wachstum der Stadt, das räumliche Nebeneinander und zeitliche Nacheinander lässt sich an vielen Stellen im Stadtplan und im Luftbild erkennen.

M1 Phasen der Stadtentwicklung

Aus einer fränkischen Festung enstand eine Domburg. Um sie bildete sich im Norden und Nordosten eine erste Marktsiedlung an der Fernhandelskreuzung von Osten nach Holland und von Skandinavien und dem gesamten Ostseeraum im Norden zu den rheinischen Städten im Süden. Als Schutz des Handelsplatzes diente eine Stadtmauer vermutlich aus dem 12. Jahrhundert.

1767 bis 1787 wurde das dreiflügelige Schloss als fürstbischöfliche Residenz erbaut, deren geometrische Anlage im Gebäude und im Schlossgarten zu erkennen ist. Während der Industrialisierung wurde die Bahn als neues Verkehrsmittel mit dem Hauptbahnhof im Osten an die Stadt herangelegt. Die Verkehrsachsen waren von nun an die Ausdehnungsleitlinien der Stadt, die bis in die 1980er-Jahre auf 270 000 Einwohner anwuchs und seitdem ihre Einwohnerzahl annähernd konstant hält.

M2 Die City Münsters im Senkrechtluftbild

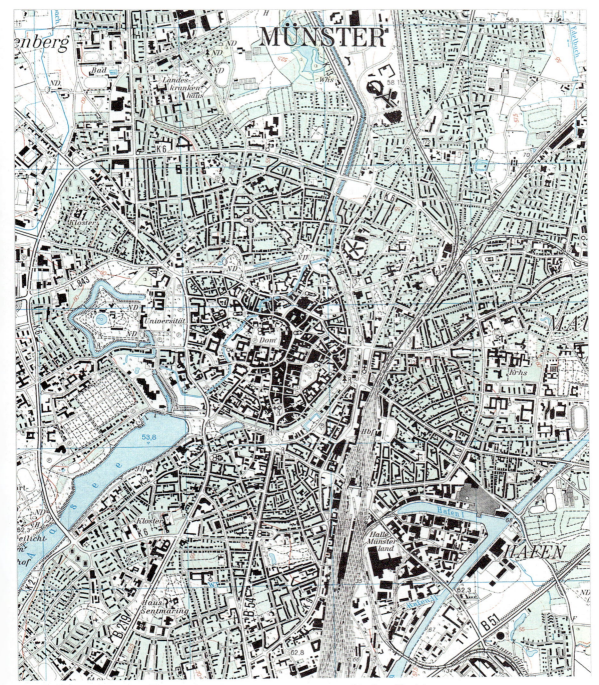

M3 *Stadtlandschaft von Münster (Ausschnitt aus einer topographischen Karte)*

1. Vergleichen Sie das Luftbild und die Karte von Münster und verorten Sie Stadtteile aus dem Luftbild auf der Karte.

2. Untersuchen Sie Grundrisselemente, Verkehrsachsen und Gebäudestrukturen von Münster und ordnen Sie sie zeitlich ein (vgl. hierzu M2, Seite 267).

Verstädterung und Urbanisierung

Der Prozess des Städtewachstums hat zwei Gesichter, ein quantitatives und ein qualitatives. Im englischsprachigen Raum gibt es hierfür nur einen Begriff: urbanization.

Der quantitative Aspekt bezieht sich auf die Zunahme der in Städten lebenden Bevölkerung. Sie kann durch Zuwanderung aus dem ländlichen Raum und durch das natürliche Bevölkerungswachstum der Stadtbevölkerung hervorgerufen werden. Dieses Phänomen trat in den europäischen Ländern vorwiegend während der Industrialisierung auf und betrifft heute verstärkt Städte in Entwicklungsländern. Aber auch durch die steigende Zahl von Städten nahm die Stadtbevölkerung zu, wie es z.B. in Europa durch Neugründungen im Mittelalter und in der Neuzeit oder durch die Kolonialisierung weltweit geschah. Dieser Prozess wird von Geographen als **Verstädterung** bezeichnet. Er ist immer mit einem hohen Landschaftsverbrauch gekoppelt, bei dem Landschafts- in Stadtökosysteme umgewandelt und bei dem ländliche Siedlungen baulich, funktionell und nicht zuletzt gesellschaftlich überformt werden.

Der zweite Aspekt ist ein qualitativer: Städtische Lebens- und Verhaltensweisen verbreiten sich durch die Abwanderung städtischer Bevölkerung in das Stadtumland (vgl. Suburbanisierung). Ehemals ländlich strukturierte Räume werden dadurch städtisch überformt. Aber auch Film, Radio, Fernsehen und die Printmedien transportieren Werte und Normen der Stadtbevölkerung, die von der Bevölkerung des ländlichen Raumes angenommen werden. Diesen qualitativen Aspekt nennen Geographen **Urbanisierung**.

Hiervon besonders betroffen sind Großstädte, die schon längst über ihre Verwaltungsgrenzen (Stadtgrenzen) in das Umland gewachsen sind und Stadtregionen gebildet haben. Sie setzen sich aus der **Kernstadt**, die bis zur Stadtgrenze reicht, und einer verstädterten Zone um sie herum, dem suburbanen Raum, zusammen. Der **suburbane Raum** dient weitestgehend der Wohnfunktion und ist eng mit der Kernstadt verbunden, da in ihr viele Versorgungs-, Infrastruktureinrichtungen und Arbeitsplätze vorhanden sind, die von der Umlandbevölkerung nachgefragt werden.

Den entscheidenden Urbanisierungsschub erhielten die mitteleuropäischen Städte durch die Industrialisierung. Das konzentrierte Arbeitsplatzangebot der Städte in dieser Zeit, der hohe ländliche Bevölkerungsdruck durch das Sinken der Sterblichkeitsrate und die ländliche Armut führten zu einer Landflucht. Die besseren Verdienstmöglichkeiten in den Städten (Lohnwert) und deren infrastrukturelle Ausstattung wurden zum

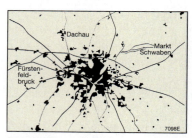 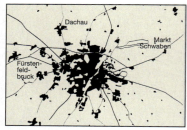 

M1 *Siedlungswachstum in München (1948, 1972, 2005)*

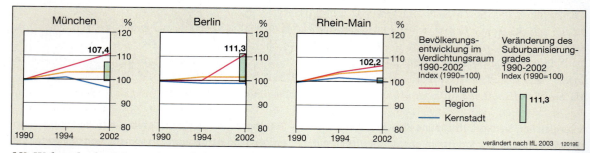

M2 *Wohnsuburbanisierung in Verdichtungsräumen*

Pullfaktor für die Wanderungsbewegung. Der Lohnwert wirkt sich auch heute noch als Bevölkerungsmagnet in wirtschaftlich aufstrebenden Stadtregionen aus.

Dieser Verstädterungsprozess ging in der zweiten Hälfte des 19. Jahrhunderts in einen Dekonzentrationsprozess, die **Suburbanisierung**, über. Dadurch dass die Altstädte eine weitere bauliche Verdichtung erfuhren, um die städtischen Zuwanderer aufzunehmen, verschlechterten sich die Wohnbedingungen in den Städten. Die sozial besser gestellte Bevölkerung zog an den Stadtrand. Später nahmen breite Bevölkerungsschichten durch die Einkommenssteigerung ebenfalls einen Wohnsitzwechsel vor, um die eigenen Wohnverhältnisse zu verbessern. Dies führte, auch angetrieben durch die Verdrängung der Wohnfunktion aus der City, zu einer Bevölkerungsabnahme in den veralteten Innenstädten und zu einer flächenhaften Ausweitung der Stadtregion. Der **Wohnwert** war in dieser Phase neben den hohen Grundstückspreisen der Innenstädte das entscheidende Wanderungsmotiv, wobei der Wunsch nach einem Eigenheim außerhalb der Kernstadt bei günstigen Baulandkonditionen noch hinzukam.

Die dritte Phase der Bevölkerungsverlagerung ist geprägt durch das Wanderungsmotiv des **Freizeitwertes**. Hier bietet der suburbane Raum eine Reihe von ökologischen Vorteilen gegenüber der Kernstadt, zum Beispiel in geringer Entfernung zum Wohnsitz naturbelassene Flächen als Naherholungsgebiete, geringeres Lärmaufkommen, mehr Licht und bessere Luft (gutes regionales Klima).

Der eingeleitete Dekonzentrationsprozess erfasste auch den wohnbevölkerungsbezogenen Einzelhandel, der seiner Kundschaft in den suburbanen Raum folgte. Als weitere Wohnfolgeeinrichtungen wurden Kindergärten, Schulen und andere soziale Einrichtungen gebaut. Später verlagerten die Industriebetriebe ihre Produktionsstätten an den Stadtrand bzw. ins Umland, da die ursprünglichen Standorte innerhalb der Kernstadt zu teuer wurden, für die Belieferung und den Absatz verkehrstechnische Hindernisse darstellten, keine Expansionsmöglichkeiten boten und zunehmend stadtökologisch bedenklich waren. Durch bauliche Höhenbeschränkungen in vielen deutschen Innenstädten wurden die Büroflächen knapp, sodass Büronutzungen und Firmensitze verlagert wurden. Hierbei handelt es sich um Nutzungen, die nicht zwingend auf Repräsen-

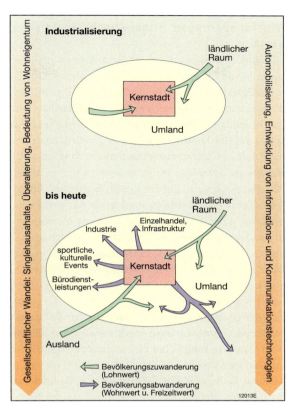

M3 Urbanisierung und Suburbanisierung in Verdichtungsräumen

tation und Kundenverkehr angewiesen sind. Diese so enstandenen „**Bürostädte**" (City Nord in Hamburg, Arabella-Center in München, Bürostadt Niederrad in Frankfurt) wurden als Entlastungszentren an ausgewählten Standorten im Umland errichtet, zum Beispiel in Flughafennähe oder an Autobahnanschlussstellen. Sie erbringen Leistungen für die in der City verbliebenen Hauptverwaltungen von Firmen und fangen schon viele Arbeitspendler weit vor der Innenstadt ab.

1. Stellen Sie den Urbanisierungsprozess in einer Folgekette dar.
2. Kennzeichnen Sie die Wanderungsmotive der städtischen Bevölkerung.
3. Erläutern Sie die Folgen der Suburbanisierung für die Stadtregion. Unterscheiden Sie dabei zwischen der Kernstadt und dem suburbanen Raum.
4. Beschreiben Sie die Suburbanisierung in den USA (Seite 461).

Stadtgliederungen – genetisch, funktional, sozial

Die Stadt ist ein dynamisches System, das sich aus einer Vielzahl von Einzelelementen zusammensetzt. Gesellschaftliche, wirtschaftliche, technische und politische Veränderungen wirken sich auf das Bevölkerungs- und das räumliche Wachstum, auf den Gebäudebestand sowie auf die funktionalen und sozialen Strukturen der Stadt aus. Daher kann der Status quo einer Stadt immer nur eine Momentaufnahme sein.

Es haben sich im Laufe der Zeit in einer Stadt unterschiedliche Viertel herausgebildet, die nach sozialen, ökonomischen oder physiognomischen Merkmalen unterschieden werden können und die das Stadtbild prägen. Einige Merkmale tauchen in Städten immer wieder auf, sodass sie nach diesen Merkmalen gegliedert werden können.

In jeder Stadtentwicklungsphase bildeten sich neue Stadtteile, sodass von innen nach außen ein zeitliches Nach- und ein räumliches Nebeneinander von Stadtvierteln mit jeweils gleichen baulichen Merkmalen entstand. Daher sind zum Beispiel Altstadt, Wohnviertel der Industrialisierung oder Großwohnanlagen der Nachkriegszeit im heutigen Stadtbild gut erkennbar. Diese Unterscheidungskriterien werden in einer **historisch-genetischen Gliederung** zusammengefasst.

Menschen, die in Städten leben, haben bestimmte Forderungen an den Raum, die sich aus ihren Bedürfnissen ergeben. Diese **Daseinsgrundfunktionen** sind „Wohnen", „Arbeiten", „Sich versorgen", „Sich bilden", „Am Verkehr teilnehmen", „In Gemeinschaft leben" und „Sich erholen". Sie verteilen sich heute über die gesamte Stadtlandschaft. Das war jedoch nicht immer so.

Während des Mittelalters waren die Funktionen Wohnen und Arbeiten noch unter einem Dach vereint und der Marktplatz mit Rathaus, Kirche und Häusern der Kaufmannsfamilien bildete den Hauptversorgungspunkt, das Stadtzentrum. Die einzelnen Stadtviertel wurden überwiegend von jeweils einer Berufsgruppe (Stände) bewohnt.

Die Funktionen „Arbeiten" und „Wohnen" trennten sich räumlich mit zunehmender gewerblicher und industrieller Entwicklung sowie Motorisierung. Es entstanden in einem Ring außerhalb der historischen Stadt die Arbeiterwohnviertel in der Nähe der neuen Industrieanlagen (kurze Wege zur Arbeit; relativ günstige Mieten, nicht zuletzt verursacht durch Lärm- und Luftbelastung der Fabriken). Wohn- und Arbeitsstätten waren hier schon getrennt, aber noch in räumlicher Nähe. Der Stadtkern gab einen Teil der Wohnfunktion und erstmals auch einen Teil seiner Versorgungsfunktion für den täglichen Bedarf an die neuen Stadtteile ab.

Die schnellere Erreichbarkeit von Orten, das Flächenwachstum der Städte, die fortschreitende Arbeitszeitverkürzung und die zunehmende Berufsdifferenzierung ließen neue Funktionen entstehen (am Verkehr/an der Kommunikation teilnehmen, sich erholen, sich bilden), die bestimmte Teilräume der Stadt in Anspruch nahmen und zu einer **funktionalen Gliederung** der Städte führten. So gibt es heute in Städten reine Wohn- oder Gewerbeviertel und die Innenstadt hat überwiegend die Versorgungsfunktion im Bereich Einkauf, Dienstleistungen und Verwaltung übernommen.

Eine Gesellschaft ist in bestimmte soziale Schichten gegliedert. Verantwortlich hierfür können die ethnische und regionale Herkunft, die Schulbildung und Berufstätigkeit und damit verbunden das Einkommen sein. Menschen mit weitgehend gleichen sozialen Merkmalen wohnen meistens in einem Stadtviertel zusammen (vgl. Segregation, Seite 274). Man kann also auch eine **soziale Gliederung** nach Vierteln der Ober-, Mittel- und Unterschicht in einer Stadt vornehmen.

Oft lassen sich die entstandenen Stadtviertel nicht an einem einzigen Differenzierungsmerkmal festmachen. So muss zum Beispiel ein historisches Stadtviertel nicht unbedingt die "gute Stube" und damit das Gebiet einer höhergestellten sozialen Schicht sein. Oft wurden diese Viertel von den Wohlhabenden aufgrund von Baumängeln, nicht mehr zeitgemäßen Wohnungszuschnitten, räumlicher Enge oder Umweltbelastungen verlassen und es haben sich hier durch nachrückende Bevölkerungsschichten soziale Brennpunkte herausgebildet.

Aus diesen ständigen Veränderungen haben sich in (deutschen) Städten dennoch bestimmte Regelhaftigkeiten herausgebildet, die in einem Stadtstrukturmodell zusammengefasst werden können. Es enthält historisch-genetische und soziale Gliederungskriterien. Durch das Modell wird die Vielfalt der Stadt überschaubarer. Denn in der Wissenschaft werden Modelle erstellt, um ein Abbild der Wirklichkeit zu schaffen, indem die Realität vereinfacht und auf die wesentlichen Merkmale bzw. Strukturen reduziert wird.

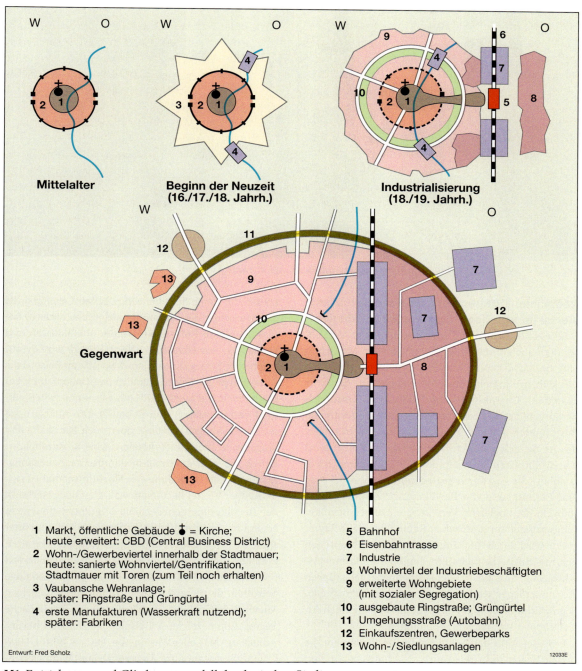

M1 *Entstehungs- und Gliederungsmodell der deutschen Stadt*

1. Erklären Sie die modellhafte Anordnung der Teilräume einer deutschen Stadt (M1).
2. Stellen Sie am Modell Verbindungen zwischen den unterschiedlichen Gliederungskriterien her.
3. Übertragen Sie das Gliederungsmodell auf:
a) das Raumbeispiel Münster (Seite 268 f.),
b) eine deutsche Stadt Ihrer Wahl (Atlas).

M1 Berlin-Kreuzberg – größte türkische Stadt außerhalb der Türkei

Räumliche Differenzierungsprozesse: Stadtviertel im Aufstieg – Stadtviertel im Abstieg

Städte sind nicht nur durch ihre bauliche Vielfalt, sondern auch durch die in ihnen lebenden Menschen eine bunte Mischung künstlicher Umweltgestaltung, die sich in einer besonderen städtischen Struktur ausdrückt. Charakteristische Stadtviertel haben sich herausgebildet, in denen überwiegend eine bestimmte Bewohnergruppe lebt. Diese Viertel haben ein Image, das im Sprachgebrauch oft mit Namen belegt wird wie „Millionärshügel", „Studentenviertel" oder „Klein Istanbul". Sie sind durch **Segregation,** die Absonderung und Entmischung von Bevölkerung, entstanden und spiegeln die ungleiche Verteilung einzelner Bevölkerungsgruppen im städtischen Raum wider. Die Segregation wird durch Rückzugstendenzen von Menschen hervorgerufen, die nicht unbedingt mit Einkommensschwachen, Ausländern oder bestimmten Altersgruppen zusammenleben wollen. Man unterscheidet zwischen Segregation nach dem Familieneinkommen, nach Altersgruppen und nach Nationalitäten.

Die Segregation nach dem Familieneinkommen, die soziale Segregation, wird auch als Armutssegregation bezeichnet. Von ihr sind überwiegend Sozialhilfeempfänger und Arbeitslose, also einkommensschwache Bevölkerungsschichten, betroffen. Ihr hoher Anteil kommt vorwiegend in älteren Arbeitervierteln und in Wohngebieten mit hohem Sozialwohnungs- und Ausländeranteil vor.

Da sich im Laufe der unterschiedlichen Lebenszyklen der Menschen die Wohnraumansprüche ändern, hat sich auch eine Entmischung nach Altersklassen und Haushaltstypen eingestellt. Dieser Prozess wird demographische Segregation genannt. So ist zum Beispiel die Altersgruppe der jungen Familien mit Kindern in Innenstadtvierteln nur wenig vertreten. Sie nimmt zum Stadtrand und im suburbanen Raum zu. Die Altersgruppe der 20–35-Jährigen und die Einpersonen-Haushalte sind hingegen in Innenstadtvierteln stärker anzutreffen.

Durch die Zuwanderung ausländischer Arbeitsmigranten und die Aufnahme von Flüchtlingen haben sich in Städten Viertel nach Nationalitäten oder Herkunft der Bevölkerung gebildet. Die Migranten steuern in erster Linie Wohnviertel an, in denen sie aufgrund ihrer sprachlichen Mängel Hilfe von Landsleuten erwarten können. Hiervon sind meist Viertel in der Nähe von Industrieanlagen oder ältere Viertel in Innenstadtnähe betroffen, da diese Wohnraum mit relativ niedrigen Mieten bereitstellen. Dieser Prozess wird als ethnische Segregation bezeichnet. Beispiele hierfür sind Berlin-Kreuzberg (M1) oder Washington, D.C. (S. 459 f.). Häufig führt Segregation zur Abwertung eines Wohnviertels, wenn durch mangelnde finanzielle Mittel der Bewohner oder Wohnungsinhaber oder durch fehlendes Interesse kaum Renovierungsarbeiten durchgeführt werden.

In Deutschland ist in vielen solcher abgewerteten Wohnviertel eine Umkehr zu beobachten: Zahlungskräftige Bevölkerung investiert in die Aufwertung dieser

M2 Berlin – in dieser Straße „explodierten" die Miet- und Bodenpreise in wenigen Jahren

Gebiete und verdrängt die dort ansässigen Menschen. Dieser Prozess der **Gentrifizierung** betrifft vorwiegend innenstadtnahe Wohngebiete mit architektonisch ansprechenden Altbauten in schlechtem Gebäudezustand, die niedrige Boden- und Mietpreise aufweisen.

In der erste Phase dieses Prozesses ziehen vorwiegend junge Menschen mit geringem Einkommen, aber meist hoher Schulbildung (Studenten, Künstler, sogenannte „Alternative") in frei werdende Wohnungen der Unterschichtwohngebiete. Sie werden als Pioniere bezeichnet, da sie durch Renovierungen in kleinem Rahmen und eine Veränderung der Infrastruktur in ihrem Sinne das Gebiet für andere Bevölkerungsgruppen interessant machen. So entstehen zum Beispiel neue Geschäfte, Dienstleistungs- und gastronomische Betriebe. Das Viertel entwickelt sich zum „Szeneviertel", gilt als Geheimtipp und wird verstärkt von Maklern und Investoren wahrgenommen. Immobiliengesellschaften kaufen dann die Häuser, führen Modernisierungen durch und bieten die Wohnungen zahlungskräftigen Bevölkerungsgruppen an. Die Einziehenden sind die sogenannten Gentrifier (englisch: vornehme Bürger), in der Regel Ein- und Zweipersonenhaushalte mit hohem Einkommen. Sie sind die Gewinner, während durch steigende Mietpreise und Umwandlung von Miet- in Eigentumswohnungen die alteingesessene Bevölkerung und die Pioniere die Verlierer sind. Positiv zu bewerten ist, dass im Verfall betroffener Wohnraum modernisiert und erhalten wird und zahlungskräftige Bevölkerung nicht ins Umland abwandert bzw. aus dem Umland wieder zuwandert. Preiswerter Wohnraum wird dem Wohnungsmarkt jedoch entzogen.

1. Vergleichen Sie den Prozess der Segregation und der Gentrifizierung und erläutern Sie die grundsätzlichen Unterschiede.

2. Erklären Sie die sozialen und ökonomischen Folgen der Segregation für die Kernstadt.

3. Erörtern Sie Probleme der durch Gentrifizierung betroffenen Stadtteile.

4. Beschreiben Sie die Probleme von Segregation und Gentrifizierung am Beispiel von Washington D.C. (S. 459 f.).

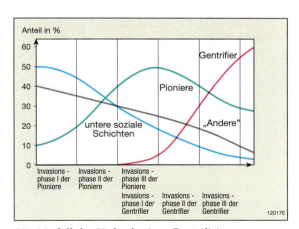

M3 Modell des Verlaufs einer Gentrifizierung

275

Raumbeispiel: Hamburg

Hamburg nimmt als größte Stadt Norddeutschlands mit ihrer verkehrsgünstigen Lage einen zentralen Platz als Warendrehscheibe für Nordeuropa ein. Sie ist zu einem bedeutenden Industrie-, Handels- und Dienstleistungszentrum herangewachsen, viele Tausend internationale Unternehmen sind im Raum Hamburg vertreten. Das nach 1989 hinzugekommene Hinterland der neuen Bundesländer und Osteuropas lässt Hamburg weiter wachsen. Die so entstandene hohe Konzentration von Bevölkerung und Arbeitsplätzen führt zu einer besonderen Verflechtung der Stadt mit dem niedersächsischen und schleswig-holsteinischen Umland.

Der Stadtstaat ist ein besonderes Beispiel für die Ausbildung von unterschiedlichsten Funktionsbereichen einer Stadt, von bundesländerübergreifenden Pendler- und Suburbanisierungsproblemen und von Segregations- und Gentrifizierungserscheinungen.

	St. Pauli	Othmarschen	Hamburg
Ein- und Zwei-Familienhäuser je m²	k. A.	3409 €	2223 €
Eigentumswohnungen je m²	1912 €	2705 €	2026 €
durchschnittliche Wohnungsgröße	62,4 m²	101,8 m²	71,4 m²
Wohnfläche je Einwohner	31,0 m²	52,4 m²	36,2 m²

Quelle: Hamburger statistisches Landesamt 2005

M1 *Immobilienpreise und Wohnungsgröße Hamburger Stadtteile (2004)*

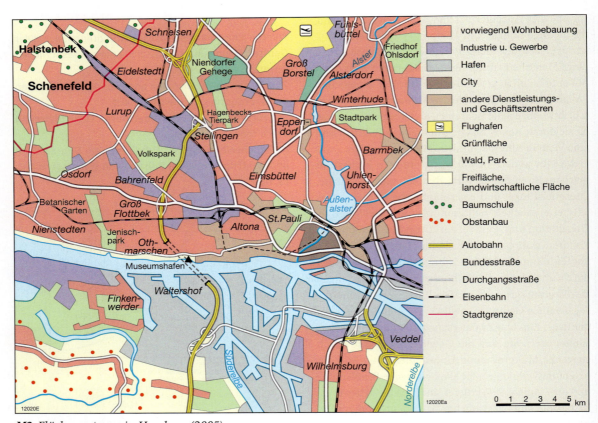

M2 *Flächennutzung in Hamburg (2005)*

M3 *Wohnen in Othmarschen, Hamburgs guter Adresse*

M4 *Hafenstraße – Alternativszene in St. Pauli*

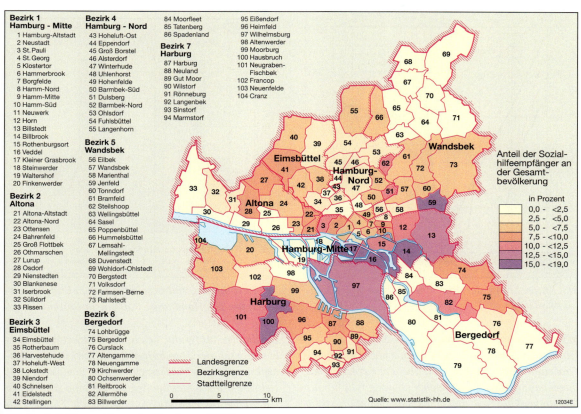
M5 *Sozialhilfeempfänger in Hamburg (2003)*

M1 Hamburger flüchten ins Umland

„Zu teuer, zu laut, zu gefährlich. Mehr und mehr Hamburger kehren ihrer Stadt den Rücken. Das Eigentumsangebot ist zu knapp, zu teuer und zu wenig auf die wachsenden individuellen Bedürfnisse zugeschnitten. Der Traum von den eigenen vier Wänden, er erfüllt sich im Kreis Pinneberg (Schleswig-Holstein) oder Harburg (Niedersachsen). Die sozialen und finanziellen Folgen der Stadtflucht werden allmählich dramatisch. Es sind vornehmlich junge, einkommensstärkere Familien, die abwandern. Rechnet man die Zuwanderung dagegen, verliert Hamburg seit 1994 Jahr für Jahr 9000 Steuerzahler. Dadurch entstehen Stadt und Wirtschaft Einnahmeverluste von jährlich bis zu 400 Millionen Mark [entspricht ca. 204 Mio. Euro]. Zurück bleibt langfristig ein wachsender Anteil von Sozialhilfeempfängern und Migranten, die zunächst hohe Integrationskosten verursachen."

(Quelle: Welt am Sonntag vom 1.4.2001)

M2 Wohnen im Umland – arbeiten in der Stadt

„Diese Lebensweise erzeugt Pendlerverkehr mit all seinen Emissionen, fördert die Zersiedlung der Region durch extensive(re) Flächennutzung und verstärkt die soziale Desintegration. Die Stadt muss die „Innenentwicklung und Nahverdichtung" vor der Flächen-Neuerschließung in die Tat umsetzen. Anstatt Stadtrandflächen, die bisher dem Landschaftsschutz, der Erholung oder der stadtnahen Lebensmittelversorgung dienten, neu als Bauland zu erschließen, müssen im urbanen Raum Wohnmöglichkeiten geschaffen werden, die mit Einfamilienhausqualitäten konkurrieren können und dennoch Fläche intensiv nutzen. Gerade bei der umworbenen jungen Wirtschaftselite könnten kreative und gleichwohl familienfreundliche Lösungen auf größere Resonanz treffen als traditionelle weiträumige Neubausiedlungen am Stadtrand ohne Metropolen-Flair."

(Quelle: Menzel, H.J.: Wachsende Stadt - Nachhaltige Stadt. www.zukunftsrat.de/download/Buchbeitrag-Wachsende%20Stadt.pdf, 7.3.07)

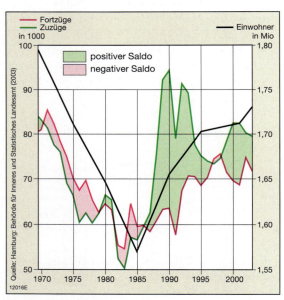

M3 Entwicklung der Einwohnerzahlen sowie Zu- und Fortzüge

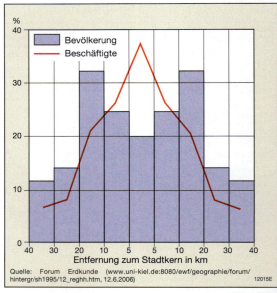

M4 Bevölkerung und Beschäftigte nach Entfernungszonen um das Hamburger Rathaus in Prozent

M5 Metropolregion Hamburg (vgl. S. 328)

Die Metropolregion Hamburg ist eine hoch verdichtete Großstadtregion. Sie geht weit über die Kernstadt mit ihrem suburbanen Vorortbereich (Speckgürtel) hinaus und umfasst die Freie und Hansestadt Hamburg sowie viele niedersächsische und schleswig-holsteinische Landkreise. Aufgrund des hohen Wachstumsdrucks beschlossen der Hamburger Senat und die Landesregierungen von Niedersachsen und Schleswig Holstein 1991 diese Metropolregion, um eine langfristige Grundlage für eine länderübergreifende Planung zu schaffen.

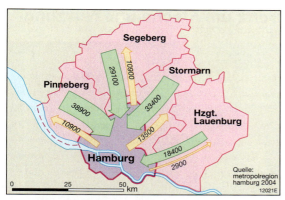

M6 *Pendler zwischen Hamburg und Randkreisen*

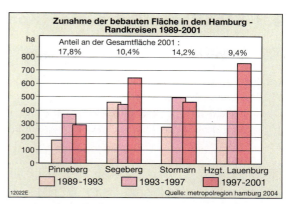

M7 *Zunahme der bebauten Fläche (nördl. Speckgürtel)*

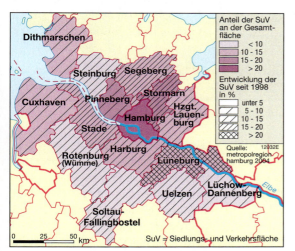

M8 *Siedlungs- und Verkehrsflächen in der Metropolregion Hamburg*

M10 *Kaufkraft im nördlichen Speckgürtel Hamburgs*

M9 Wachstumspol Metropolregion

„Die gesamte Metropolregion Hamburg wuchs von 1961 bis 2001 um etwa 600 000 (17 %) auf 4,1 Mio. Einwohner. Mittlerweile wohnen in den Umlandkreisen Hamburgs mit 2,4 Mio. Einwohnern mehr Menschen als in der Stadt Hamburg mit 1,7 Mio. Einwohnern. Im Jahr 1961 war das noch umgekehrt: Hamburg hatte 1,8 Mio. Einwohner, das Umland nur 1,7 Mio. Einwohner. Im selben Zeitraum wurden in der Metropolregion etwa 450 000 Arbeitsplätze (+28,5 %) geschaffen, davon 150 000 in Hamburg (+15 %) und 300 000 im Umland (+48 %). Die Stadt Hamburg ist jedoch mit 1,1 Mio. Arbeitsplätzen in 2001 immer noch der wirtschaftlich stärkste Teilraum der Metropolregion und übertrifft das Umland deutlich."

(Quelle: BAW Institut für Wirtschaftsforschung GmbH (Hrsg.): Pressemitteilung, Bremen 12.12.2004)

1. Gliedern Sie die Metropolregion Hamburg nach unterschiedlichen Funktionsräumen (Atlas, M2, Seite 276).
2. Erläutern Sie den Zusammenhang zwischen Immobilienpreisen, Funktionsräumen der Stadt und sozialem Status der Bevölkerung.
3. Kennzeichnen Sie Verflechtungen zwischen der Kernstadt Hamburg und den Landkreisen der Metropolregion.
4. Untersuchen Sie den Suburbanisierungsprozess anhand der Bevölkerungs- und Beschäftigtenzahlen.
5. Leiten Sie mögliche Probleme der Suburbanisierung für die Hansestadt und die Metropolregion ab.
6. Diskutieren Sie anhand von M2 Lösungen für das Suburbanisierungsproblem.

5.3 Städtische Teilräume – Konkurrenz um Fläche und Nutzung

M1 Schildergasse in Köln – Deutschlands meistbesuchte Einkaufsstraße mit fast 15 000 Passanten pro Stunde

Die City – der Puls der Stadt

Den Ausspruch „Ich fahre mal eben in die Stadt!" hört man oft von Einwohnern einer Stadt und sie meinen damit meist die Innenstadt, die City, das Hauptgeschäftszentrum. Es ist der zentralste Ort einer Stadt, das heißt er ist in der Regel über den öffentlichen Nahverkehr gut erreichbar und bietet nicht nur Waren und Dienstleistungen für die eigene städtische Bevölkerung an, sondern auch für die eines weiten Umlandes. Die City hat also einen **Bedeutungsüberschuss** und erfüllt somit eine überörtliche Versorgungsfunktion durch Kaufhäuser, hochspezialisierte Einzelhandels- und Dienstleistungsbetriebe, Banken, Versicherungen, Fachärzte, Anwälte, öffentliche und private Verwaltung und beherbergt außerdem kulturelle Einrichtungen wie Museen, Theater etc. Hingegen ist die Wohnbevölkerung gegenüber früher nur in sehr geringem Maße vertreten. In der City großer Städte haben sich bestimmte **Standort- und Funktionsgemeinschaften** herausgebildet, zum Beispiel:
- Hauptgeschäftsbereich mit hoher Passantendichte: Konzentration von Einzelhandel, Gastronomie, Ärzten,
- Bankenviertel: Konzentration der Verwaltung von Banken und Versicherungen, Börse,
- Hotels, Gaststätten, Vergnügungen oft in Bahnhofsnähe.

Die räumliche Lage der Standortgemeinschaften hängt meist von den Absatzbedingungen, von Konkurrenznähe zu anderen Anbietern und von Repräsentationszwecken ab. Das geringe Flächenangebot der City bewirkt hohe Boden- und Mietpreise, hohe Bebauungsdichten und meist große Bebauungshöhen.

Die Innenstadt weist durch ihre Versorgungsfunktionen eine hohe Arbeitsplatzdichte und damit die größten Einpendlerströme auf, was nicht zuletzt auch von der guten Erreichbarkeit des Stadtzentrums abhängt und zu einer extremen Verkehrsbelastung zu Spitzenzeiten durch den motorisierten Individualverkehr führt. Dieser geht mit einem hohen Flächenverbrauch für Parkplätze am Cityrand, Parkhäuser und Stellplätze am Straßenrand einher. Zu Repräsentationszwecken des Einzelhandels und bestimmter Dienstleistungen ist die City durch eine hohe Schaufensterdichte, durchgehende Ladenfronten und ein hohes Maß an Werbung gekennzeichnet.

In den letzten Jahren wurden zunehmend cityintegrierte Shopping-Center, meist als Einkaufspassagen, gebaut, und es haben sich Imbissverkaufsstände (Pizza, Döner, Pommes Frites) in Kleinstladengeschäften entwickelt, in denen die Mahlzeiten „auf die Hand" verkauft werden und in denen sich auch die in der City tätigen

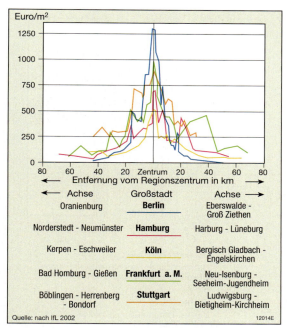

M2 *Bodenpreise ausgewählter Städte*

	Bremen Wt	Bremen Sa	Nürnberg Wt	Nürnberg Sa	Regensburg Wt	Regensburg Sa
Wohnort						
Stadtgebiet	70	52	56	48	56	51
suburbaner Raum	14	15	21	17	29	29
Region	5	9	5	5	5	6
entferntere Orte	11	24	17	30	10	14
Besucherzwecke [4]						
Einkauf [1]	82	93	77	87	78	84
Arbeit/Ausbildung	17	1	19	6	22	7
dienstl. Erledigung	7	2	9	2	7	4
private Erledigung	24	5	25	7	19	7
wohne hier [2]	2	3	7	6	3	4
mind. 1x Freizeit [3]	58	70	66	72	68	81
Freizeittätigkeiten [4]						
• Bummel	40	53	50	59	46	62
• Café, Restaurant	27	24	36	43	31	35
• Sport, Kultur, Treffen	9	9	19	17	14	12
• touristischer Besuch	5	11	8	12	12	7

[1] einschl. Angebotsvergleich und Besucher, die Einkauf nicht nennen, aber Geschäfte aufsuchen; [2] Innenstadtbesucher wurden nicht befragt, wenn kein sonstiger Besuchszweck; [3] Nennung mehrerer Freizeitaktivitäten nur einfach berücksichtigt; [4] Mehrfachnennungen möglich (Wt = Werktag, Sa = Samstag)
Quelle: Institut für Länderkunde Leipzig, 2002

M3 *Innenstadtbesuche: Wohnort und Besuchszwecke in Prozent (Auswahl)*

Arbeitskräfte in der Mittagspause versorgen können. Außerdem siedelten sich vermehrt Kaffeegeschäfte mit Ausschank, Bäckereiangebot und non-food Versandartikeln an.

Die City als wirtschaftlich am heißesten umkämpfter Raum einer Stadt hat im Laufe der Zeit einen Funktionswandel erfahren. Er ist Folge eines Nutzungskonfliktes zwischen gehobenem Einzelhandel, Filialen, Kaufhäusern, privaten Dienstleistungen, öffentlicher und privater Verwaltung, kulturellen Einrichtungen und der Wohnnutzung. Das bis zur Industrialisierung relativ ausgewogene Verhältnis zwischen Wohn- und Arbeitsstätten in der Innenstadt hat sich bis heute zugunsten der Arbeitsstätten und des Waren- und Dienstleistungsangebotes drastisch verschoben (vgl. Kapitel 3.6).

Verantwortlich hierfür ist die vorwiegend durch den Einzelhandel hervorgerufene hohe Passantenfrequenz der Innenstadt. Das von Unternehmern eingesetzte Waren- und Dienstleistungskapital zirkuliert durch die große Besucherzahl hier schnell. Die in der City angebotenen Waren und Dienstleistungen werden hier öfter umgesetzt bzw. in Anspruch genommen als in anderen Stadtteilen. Ein Unternehmer erzielt dadurch einen höheren Gewinn und ist damit auch bereit, einen hohen Mietpreis zu zahlen. Mit Wohnungen kann in der Innenstadt nicht so viel Geld verdient werden, es sei denn, es handelt sich um Luxuswohnungen, die aber nur von einer kleinen Klientel nachgefragt werden. Dieser wirtschaftliche Konflikt führt zu einem schwindenden Wohnbevölkerungsanteil (vgl. Suburbanisierung, Seite 271) und damit zu einer **Funktionsentmischung**. Frei werdender Wohnraum in den oberen Stockwerken wird von Etagengeschäften oder Dienstleistungen eingenommen. Mit fehlender Wohnbevölkerung wandern dann zeitversetzt auch der wohnbevölkerungsbezogene Einzelhandel bzw. die entsprechenden Dienstleistungen ab. Die Innenstadt hat sich somit zu einem Raum mit hoher Tag- und geringer Nachtbevölkerung entwickelt.

1. Kennzeichnen Sie die Gründe für einen Innenstadtbesuch.
2. Erläutern Sie die hohen Passantenfrequenzen in Innenstädten.
3. Erklären Sie die Bodenpreisentwicklung in einer Großstadt.
4. Analysieren Sie die sich aus der Funktionsentmischung ergebenden Probleme für die Innenstadt.

5.3 Städtische Teilräume – Konkurrenz um Fläche und Nutzung

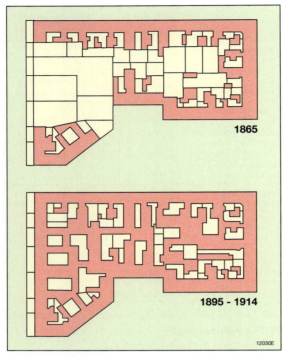

M1 Baulicher Verdichtungsprozess (Berlin-Kreuzberg)

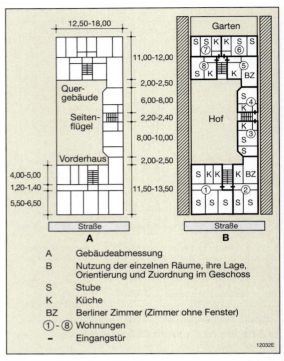

M2 Grundriss eines Mietshauses

Innerstädtische Wohnviertel – einst Wohnraum für Zehntausende Menschen

Die große Verstädterungswelle in Europa setzte mit der Industrialisierung ein. Hervorgerufen durch das starke Wirtschaftswachstum des sekundären Sektors hatten die aufstrebenden Fabriken einen enormen Bedarf an Arbeitskräften, der zunehmend aus der Bevölkerung des ländlichen Raumes gedeckt wurde und zu einer Land-Stadt-Wanderung führte. Von 1870 bis 1890 verdoppelte bzw. verdreifachte sich die Einwohnerzahl vieler deutscher Städte (zum Beispiel Berlin: 1857 circa 450 000, 1871 circa 800 000, 1877 circa 1 000 000, 1905 circa 2 000 000 Einwohner).

Dieses Wachstum war mit einer steigenden Wohnungsnot verbunden, die man mit dem Bau von teilweise fünf- bis sechsgeschossigen **Mietskasernen** zu beheben versuchte. Die Städte wurden über die alten Festungsanlagen hinaus erweitert und wuchsen ins Umland. Berlin dehnte sich zum Beispiel in diesem Zeitraum von 35 auf 59 Quadratkilometer aus. Um auf den einzelnen Grundstücken möglichst viele Bewohner unterzubringen, wurden an die Hauptflügel Seitenflügel und mehrfach Hinterhäuser angebaut und die Gebäude im Extremfall mit Kleinstwohnungen von eineinhalb Zimmern versehen. Dadurch erreichte zum Beispiel Berlin-Kreuzberg um 1900 eine Bevölkerungsdichte von 60 000 Einwohnern pro Quadratkilometer. Charakteristisch ist auch der gewerblich genutzte Blockinnenbereich (Handwerk, Kleinindustrie). Die Funktionen Wohnen (Vorderhaus) und Arbeiten (Hinterhöfe) waren somit aufs engste miteinander verbunden (Kreuzberger Mischung). Diese Form der Bebauung stellt bis heute die dichteste Siedlungsform Mitteleuropas dar. Nach den Zerstörungen des Zweiten Weltkrieges wurden große Teile dieser Gebiete wieder aufgebaut. Wohngebäude wurden instandgesetzt und zahlreiche ehemalige Fabriketagen in den Hinterhofgebäuden in Wohnraum umfunktioniert.

Viele der in diesen Gebieten vorhandenen Wohnungen entsprechen durch ihre erheblichen Ausstattungsdefizite nicht mehr den heutigen Wohnvorstellungen und Wohnraumansprüchen: zu klein, kein Bad oder Dusche, Toiletten oft noch in den Hausfluren, Kohleeinzelöfen oder Gasheizkörper, technisch veraltete Ver- und Entsorgungsleitungen, Einfachverglasungen und renovierungsbedürftige Treppenhäuser. Die Innenhöfe leiden

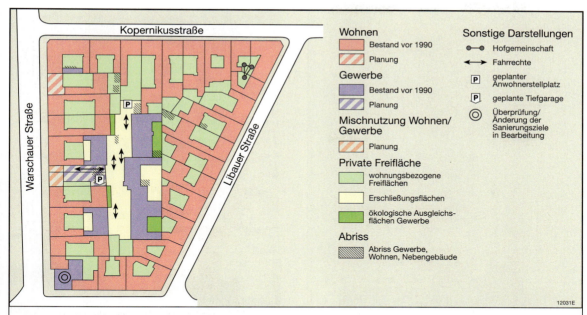

M3 *Neuordnungskonzept eines Stadterneuerungsgebietes in Berlin*

Ziele der Stadterneuerung können sein:
- Erhaltung der Viertel als Wohngebiete mit einer Durchmischung von Wohnen und Arbeiten,
- Bewahrung der städtebaulichen Struktur der Gebiete,
- Grundinstandsetzung der Gebäude mit einer sozialverträglichen Verbesserung der Wohnausstattung,
- Veränderung der Wohnungsstruktur zugunsten familiengerechter Wohnungen,
- Erhalt vorhandener Sozialstrukturen,
- Erhaltung, Sicherung, Einrichtung von Kindertagesstätten, Jugendfreizeiteinrichtungen, kulturellen Einrichtungen und Sportstätten,
- Anlage von Spielplätzen und öffentlichen Grünflächen,
- Einrichtung von Begegnungsstätten für unterschiedliche Alters- und Herkunftsgruppen (z.B. Deutsche und Türken),
- Verbesserung des Wohnumfeldes durch Entkernung, Hofbegrünung und Gemeinschaftsflächen,
- Erhalt und Ansiedlung von anwohnerorientiertem Gewerbe,
- Erhöhung des Anteils modern beheizter Wohnungen,
- Reduzierung der Belastung der Bewohner durch Emissionen von Verkehr und Gewerbe,
- Erschließung einzelner Grundstücke für Kfz (Zufahrt zu Gewerbegebäuden über Wohnhöfe, Kfz-Stellflächen).

vielfach aufgrund der starken Überbauung der Grundstücke an mangelnder Besonnung und Belüftung (M1 unten). Außerdem enthalten die Bebauungsflächen oft Altlasten auf den Gewerbegrundstücken, weisen einen hohen Versiegelungsgrad und damit einen Mangel an Stadtgrün auf. Diese Wohnungs- und Wohnumfeldsituation führte zur Abwanderung sozial besser gestellter Bevölkerungsanteile und zum Nachrücken von Bevölkerungsgruppen wie Studenten, Rentner, ausländische Bevölkerung (siehe Segregation, Seite 274), leitet aber auch im Falle von Sanierungsmaßnahmen eine Verdrängung der jetzt ansässigen Bevölkerung ein (siehe Gentrifizierung, Seite 275). Diesen Vorgang versucht die öffentliche Hand durch Mietpreisfestlegungen zu steuern. Die zulässigen Mietobergrenzen werden auf der Basis von Sozialstudien weiter fortgeschrieben. Dennoch findet zunehmend eine Umwandlung von Miet- in Eigentumswohnungen statt. Für die Mieter der weiterhin vermieteten Wohnungen sollen jedoch die gleichen Rahmenbedingungen gelten wie für die herkömmlichen Mietwohnungen.

1. Erläutern Sie den Sanierungsbedarf in innerstädtischen Wohngebieten.
2. Diskutieren Sie die möglichen Gefahren für die Sozialstruktur eines innerstädtischen Wohngebietes bei einer Sanierung.
3. Beurteilen Sie die Maßnahme der Mietpreisbindung in sanierten Wohngebieten.

5.3 Städtische Teilräume – Konkurrenz um Fläche und Nutzung

M1 *Karikatur: 11:30 Uhr – Sonnenaufgang in der Großsiedlung*

M2 *Gestaltung von Großwohnsiedlungen in Berlin zum „Europaviertel Berlin"; eine französische Künstlergruppe lässt auf rund 64 000 m² Betonwänden die Illusion europäischer Altstadtfassaden entstehen.*

Großsiedlungen – aus der Not geboren und in die Jahre gekommen

In Deutschland gab es im Jahre 2004 ca. 2,3 Millionen Wohnungen in **Großsiedlungen**, das sind sieben Prozent des Gesamtwohnungsbestandes. Großwohnsiedlungen dienen der Wohnungsversorgung von Millionen von Menschen und bestehen überwiegend aus Wohnhochhäusern mit insgesamt 1000 bis 60 000 Wohnungen. Sie wurden als neue Stadtteile geplant, aber selten als selbstständige Siedlungsgebiete realisiert. Teile dieser Siedlungen sind heute von Leerständen betroffen.

Der große Wohnungsbedarf nach dem Zweiten Weltkrieg resultierte aus den Gebäudeverlusten infolge der Kriegszerstörungen und dem Neubedarf, der durch Flüchtlinge und Heimatvertriebene hervorgerufen wurde. Zusätzlicher Wohnungsbedarf stellte sich ein durch Zuwanderung von Bevölkerung aus dem ländlichen Raum infolge des Arbeitsplatzabbaus im primären Sektor, des starken Bevölkerungswachstums in den Nachkriegsjahren, des Anstiegs der Ein- und Zweipersonenhaushalte und der Kleinfamilien sowie der Nachfrage nach besserer Wohnraumausstattung.

Der drückende Wohnungsbedarf in den 1950er-Jahren wurde durch eine niedrige Bauweise in der Fläche befriedigt. Um jedoch den starken Flächenverbrauch einzuschränken, wurde der Hochhausbau in Großsiedlungen vorgenommen, wie zum Beispiel in Berlin-Marzahn oder Halle-Neustadt. Diese Entwicklung wurde durch die Industrialisierung im Bauwesen erleichtert: Der Massenwohnungsbau war geboren. Er wurde durch vorgefertigte Betonteile bewerkstelligt, die schneller und kostengünstiger herzustellen und zu verarbeiten waren, als man es von der handwerklichen Stein-auf-Stein-Bauweise gewohnt war. So verringerten sich die Baukosten pro Wohneinheit.

Mit den neuen städtebaulichen Ideen der Funktionstrennung, Licht-, Sonnen- und Luftdurchflutung, Durchgrünung, bautechnischen Zweckmäßigkeit wollte man die „steinerne Stadt" der Industrialisierung verlassen und die Wohn- und Lebensbedingungen breiter Bevölkerungsschichten verbessern. Viele Großsiedlungen erreichen durch ihre Bevölkerungszahl die Größe eigenständiger Städte. Sie wurden als städtebauliche Großformen geplant, haben kurze Wege zu den Gemeinschafts-

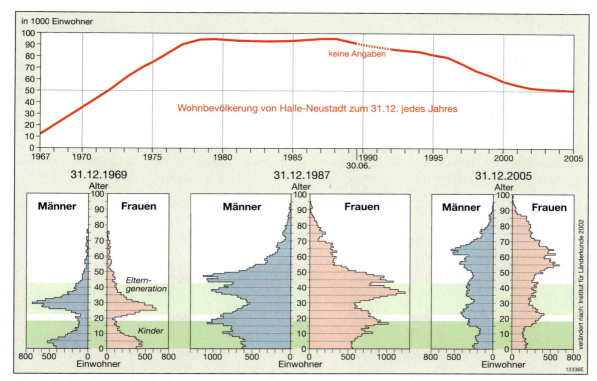

M3 Wohnbevölkerung und Altersstruktur im Großwohngebiet Halle-Neustadt

einrichtungen, beherbergen oft betriebswirtschaftlich optimierte große Infrastruktureinrichtungen und werden von dem Verkehrssystem „Straße" dominiert.

Nachteilig wirkt sich die monotone Bauweise und das Fehlen einer gestalterischen Einbindung der Siedlungen in die Landschaft aus. Die Wohnfunktion stand bei der Planung im Vordergrund, sodass in den Anfangsjahren funktionale Mängel bei der infrastrukturellen Versorgung (Bildungseinrichtungen, medizinische Versorgung, Einkaufs- und Freizeitmöglichkeiten) und bei der Arbeitsplatzversorgung auftraten. Viele Großsiedlungen wurden zu reinen **Schlafstädten**. Diese Planungsdefizite führten zu einer mangelnden Identifikation vieler Bewohner mit ihrem Wohngebiet und dadurch zu Abwanderung beziehungsweise Segregation.

Die wichtigste Herausforderung für die Zukunft ist, aus diesen Schlafstädten eigenständige multifunktionale Stadtteile mit einer sozialen Stabilität der Bevölkerung zu entwickeln. Zu den möglichen Maßnahmen gehören: Herstellen einer Nutzungsmischung (arbeiten, wohnen, sich versorgen, sich bilden, Freizeit gestalten), Übertragen von öffentlichen (Verwaltungs-) Ämtern, Erstellen eines differenzierten Wohnungsangebotes, Anbindung an andere Stadtteile über öffentliche Verkehrsmittel, Bildung überschaubarer Nachbarschaftsgruppen der Bevölkerung, Bürgerbeteiligung an Umgestaltungsfragen, Entwicklung einer lokalen Identität der Bevölkerung.

Das Wohnungsüberangebot in Großsiedlungen seit Ende der 1990er-Jahre wird durch vollständigen Abriss oder Rückbau von Stockwerken reduziert.

1. Charakterisieren Sie aus Ihrer Sicht die Funktionen eines „selbstständigen" Stadtteils.

2. Erläutern Sie die Probleme für eine Großsiedlung, die sich aus einer sich verändernden Bevölkerungszahl und Altersstruktur ergeben.

5.3 Städtische Teilräume – Konkurrenz um Fläche und Nutzung

Raumbeispiel: München (Bayern)

München nimmt mit seinen knapp 1,3 Millionen Einwohnern Rang drei unter den deutschen Großstädten ein. Die Gesamtregion besitzt, gemessen an ihrer Wirtschaftskraft, eine Spitzenposition innerhalb Deutschlands. Ihre höchste Kaufkraft je Einwohner, hervorgerufen durch die zukunftsorientierte Standortentwicklung in den Bereichen Kraftfahrzeuge/Luft- und Raumfahrt/Bio- und Gentechnik, Medien- und IT, ihre hohe Stellung im Dienstleistungssektor sowie ihr Spitzenplatz als beliebtestes Ziel im deutschen Städtetourismus wirken sich besonders auf die Innenstadt als lokales, regionales und überregionales Zentrum aus. Der aufwendige Ausbau des Straßennetzes und des öffentlichen Nahverkehrs erhöht die Erreichbarkeit der (Innen-) Stadt und verkürzt die Fahrtzeiten. Arbeitsplätze sind dadurch sogar für 30 bis 80 Kilometer von der Stadt entfernt wohnende Personen gut erreichbar.

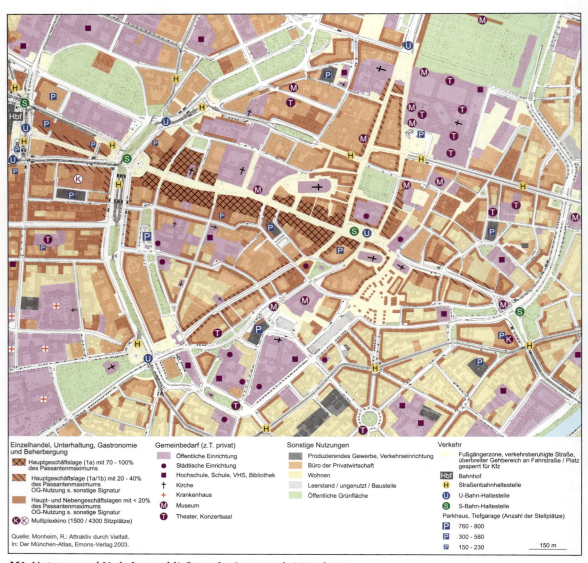

M1 Nutzung und Verkehrserschließung der Innenstadt Münchens

	insgesamt	Stadtgebiet	S-Bahn-Bereich	weiteres Umland	überregional
Einkauf	79%	78%	80%	80%	79%
Arbeit, Ausbildung	13%	16%	20%	11%	4%
dienstl. Erledigung	12%	8%	8%	15%	17%
private Erledigung	20%	26%	21%	20%	12%
Freizeit (mind. 1x)	81%	72%	75%	85%	90%
Wohnort der Citybesucher	100%	49%	19%	8%	24%
Anzahl d. unterschiedl. Tätigkeitsarten insges. (⌀)	2,7	2,4	2,5	2,7	3,3

Nach: Heinritz, G., Wiegant, C-C., Wiktorin, D: Münchenatlas (2003)

M2 Tätigkeiten beim Citybesuch nach Wohnort (Mehrfachnennungen möglich)

	1997	2003
Frankfurt am Main: Zeil	(1) 60 000 – 70 000 (2) 165	(1) 70 000 – 100 000 (2) 205
Hamburg: Mönkebergstraße	(1) 30 000 – 40 000 (2) 155	(1) 45 000 – 55 000 (2) 190
Berlin: Kurfürstendamm	(1) 30 000 – 38 000 (2) 185	(1) 34 000 – 40 000 (2) 210
München: Kaufinger Straße	(1) 60 000 – 90 000 (2) 185	(1) 80 000 – 111 000 (2) 240

Quellen: Jones Lang LaSalle Tetail Service (Hrsg.): Passantenfrequenzen (2001); DB Real Estate Mangagement GmbH (Hrsg.): Immobilienmarkt Deutschland (2004)

M3 Passantenfrequenz (1) und Spitzenmieten in Euro pro Quadratmeter (2) in Hauptcitylagen

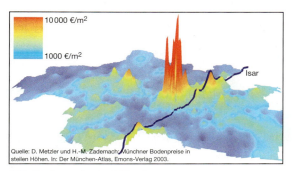

M4 Bodenpreise in München

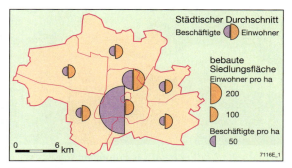

M5 Arbeitsplatz- und Einwohnerverteilung

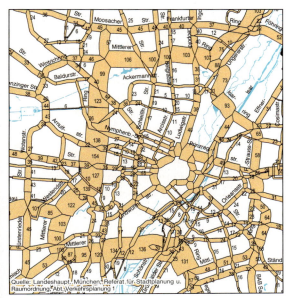

M6 Verkehrsbelastung auf Münchens Straßen (Zahlen in 1000 Kfz pro Tag)

1. Beschreiben Sie die räumliche Verteilung der Cityfunktionen.
2. Vergleichen Sie die Bodenpreise mit der Cityfunktionsverteilung.
3. Untersuchen Sie die Erreichbarkeit der Münchener Innenstadt.
4. Erklären Sie die Zusammenhänge zwischen Passantenfrequenz und Spitzenmieten.
5. Analysieren Sie die Konzentration der Nutzungsarten der Münchener Innenstadt.
6. Erläutern Sie die Begriffe „Tag- und Nachtbevölkerung" für die Innenstadt unter Berücksichtigung der Arbeitsplatz- und Einwohnerverteilung und der Tätigkeiten beim Citybesuch.
7. Erstellen Sie ein Modell für den fließenden und ruhenden Verkehr der Münchener Innenstadt.

5.4 Verstädterung weltweit – Megastädte im Wachstum

M1 Manila (Philippinen): Armut neben Reichtum – lokale Fragmentierung (vgl. S. 366)

Das Wachstum der Städte

Der Generalsekretär der Vereinten Nationen charakterisierte das beginnende zweite Jahrtausend als das „Jahrtausend der Städte". Der Grund hierfür liegt in dem rasanten Städtewachstum weltweit, besonders in den Entwicklungsländern. Gegen Ende der ersten Dekade des 21. Jahrhunderts wird nach UN-Schätzungen bereits die Hälfte der Weltbevölkerung in Städten leben, für das Jahr 2030 geht man sogar von 61 Prozent aus. Dieser Anstieg ist einerseits auf die rasch wachsende Erdbevölkerung (1900: 1,6 Mrd. Menschen, 1950: 2,5 Mrd., 2000: 6,1 Mrd.) zurückzuführen, andererseits auf eine „Völkerwanderung in die Städte". Von 1950 bis heute wuchs die städtische Bevölkerung in den Industrieländern um das 2,4-fache, in den Entwicklungsländern sogar um das 7,4-fache.

Großstädte sind jedoch keine Erscheinung des 19. oder 20. Jahrhunderts, es gab sie bereits in der Antike und im Mittelalter, zum Beispiel Babylon (Zweistromland) oder Chang'an (China), wobei es sich hier jedoch um Ausnahmen handelte. Millionenstädte entstanden erst im Zuge der Industrialisierung in Europa und den USA. Das heutige Wachstum der Städte in der Dritten Welt zu Megacities übersteigt jedoch alle Vorstellungen. Es resultiert zu einem Teil aus der Landflucht (rural-urbane Mobilität). Sie hängt von den Lebensperspektiven und den eigenen Wünschen der Migranten ab und wird durch die **Push- und Pull-Faktoren** gesteuert. Sie ergeben sich aus der Summe der Einflüsse, die Menschen bewegen, den ländlichen Raum (unattraktiver Raum) zu verlassen und die Stadt (attraktiver Raum) als Wohn- und Arbeitsplatz anzunehmen. In der Regel ist es die dynamische Bevölkerung, junge Einzelpersonen und junge Familien, die die Stadt als neuen Lebensraum aufsuchen, sodass es oft zu einer Überalterung der Bevölkerung in den Abwanderungsregionen kommt (vgl. Seite 365).

Das Städtewachstum wird zum zweiten aber auch durch ein hohes Eigenwachstum gefördert. Das natürliche Bevölkerungswachstum in den Städten ist in der Regel geringer als auf dem Land, da die Menschen einen besseren Zugang zu Familienplanungs- und Gesundheitsdiensten haben und die Versorgung der Familien mit Nahrung,

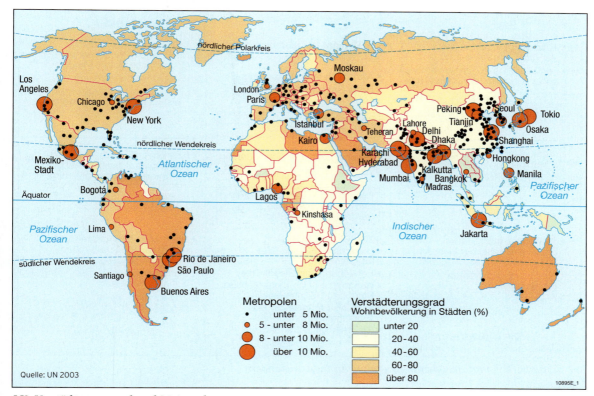

M2 Verstädterungsgrad und Metropolen

Bildung und Unterkunft schwieriger und teurer ist. Dennoch wächst ihre Einwohnerzahl auf natürliche Weise. Die zugewanderte junge ländliche Bevölkerung hat den gesellschaftlichen Umstrukturierungsprozess der Stadtbevölkerung noch nicht vollzogen. Sie lebt also mit den traditionellen Werten und Normen in der neuen städtischen Umgebung weiter, in der die Kinder, zumindest in der ersten Zuwanderergeneration, die gleichen Funktionen wie auf dem Land haben. Dies führt zu einer hohen Kinderzahl pro Familie. Außerdem ist durch das starke Bevölkerungswachstum jede Frauengeneration zahlreicher als die vorangegangene, sodass es auch bei sinkender Geburtenziffer pro Frau zu einem starken absoluten Wachstum kommt.

Es hat sich gezeigt, dass in Entwicklungsländern Mädchen in Städten bessere Bildungs- und Berufschancen haben, sie eher neue Technologien kennenlernen und ihre Selbstbestimmung besser vorantreiben als auf dem Land. Das führt u.a. dazu, dass sie später weniger Kinder bekommen. Dadurch kann sich das Bevölkerungswachstum der Städte verlangsamen und verringern.

Das rasante Wachstum der städtischen Bevölkerung konzentriert sich weitgehend auf wenige Städte in Entwicklungsländern. Nach Schätzungen der Weltbank soll die Einwohnerzahl von Städten zwischen 100 000 und zehn Millionen Einwohnern bis 2030 um 97 Prozent, die der Städte über zehn Millionen Einwohner (Megastädte) um 91 Prozent und die der Städte unter 100 000 Einwohner um 73 Prozent wachsen. In den Industrieländern werden sich die Megastädte nicht weiter vergrößern bzw. es werden keine neuen hinzukommen.

1950	29,8 %
1975	37,9 %
2000	47,2 %
2010	57,7 %
2030	60,2 %

Quelle: Coy & Kraas 2003

1990	IL	73 % = 877 Mio.
	EL	37 % = 1357 Mio.
2025	IL	78 % = 1087 Mio.
	EL	57 % = 3845 Mio.

Quelle: Coy & Kraas 2003

M3 Entwicklung der Stadtbevölkerung weltweit (links); städtische Bevölkerung in Industrie- (IL) und Entwicklungsländern (EL) für 1990 und 2025 (rechts)

5.4 Verstädterung weltweit – Megastädte im Wachstum

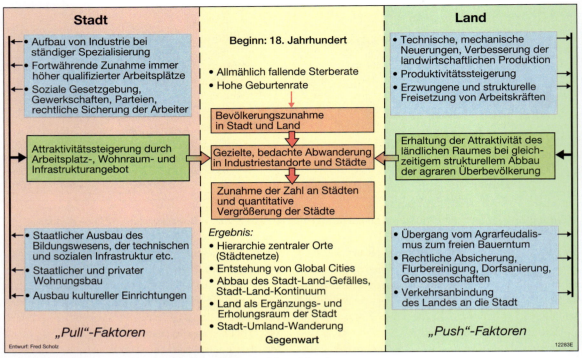

M1 *Verstädterung und Bevölkerungszunahme in Industrieländern*

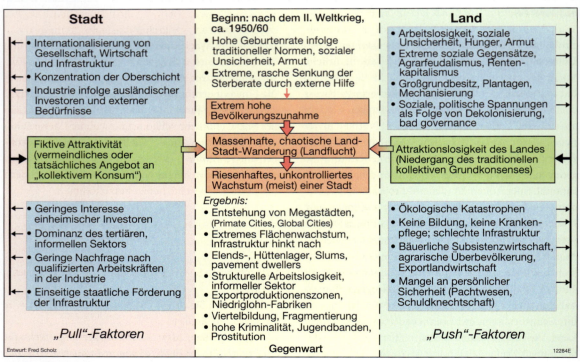

M2 *Verstädterung und Bevölkerungszunahme in Entwicklungsländern*

	1900			1950			1995			2015	
Rang	Agglomeration	Ew.	Rang	Agglomeration	Ew.	Rang	Agglomeration	Ew.	Rang	Agglomeration	Ew.
1	London	6,5	1	New York	12,3	1	Tokio	27,0	1	Tokio	28,9
2	New York	5,5	2	London	8,7	2	Mexico Stadt	16,6	2	Mumbai	26,2
3	Tokio	5,2	3	Tokio	6,9	3	São Paulo	16,5	3	Lagos	24,6
4	Paris	4,0	4	Paris	6,4	4	New York	16,3	4	São Paulo	20,3
5	Berlin	2,4	5	Moskau	6,4	5	Mumbai	15,1	5	Dhaka	19,5
6	Chicago	1,9	6	Shanghai	5,3	6	Shanghai	13,6	6	Karachi	19,4
7	Wien	1,7	7	Essen	5,3	7	Los Angeles	12,4	7	Mexiko Stadt	19,2
8	Kalkutta	1,5	8	Buenos Aires	5,0	8	Kalkutta	11,9	8	Shanghai	18,0
9	St. Petersburg	1,4	9	Chicago	4,9	9	Buenos Aires	11,8	9	New York	17,6
10	Philadelphia	1,4	10	Kalkutta	4,4	10	Seoul	11,6	10	Kalkutta	17,3
Quelle: U.N. World Urbanisation Prospect											

M3 Ranggordnung der zehn größten Agglomerationen 1990–2015 (Ew. = Einwohnerzahlen, in Millionen)

Megastädte werden fast ausschließlich durch ihre Einwohnerzahl definiert. Die Einwohneruntergrenze verändert sich mit dem ständigen Ansteigen der städtischen Bevölkerungszahlen. Heute liegt sie bei zehn Millionen Einwohnern. Außerdem haben Megastädte eine monozentrische Struktur.

Neben den Megastädten gibt es die **Agglomerationsräume**. Sie treten vorwiegend in den Industrieländern auf und haben neben der immensen Bevölkerungszahl mehrere Zentren. Es handelt sich hierbei um eine Städteballung, bei der die Städte im Umland einer Groß- oder Megastadt mit zu dem Agglomerationsraum gehören, zum Beispiel Ruhrgebiet oder Randstad Holland.

Viele Megastädte sind zugleich Hauptstädte eines Staates. In diesen **Metropolen** konzentrieren sich die politischen, administrativen, wirtschaftlichen, sozialen und kulturellen Einrichtungen bzw. Aktivitäten des gesamten Landes. Im Gegensatz zu Metropolen, deren funktionale Vormachtstellung vorwiegend den nationalen Raum betrifft, weisen **Global Cities** (London, New York, Tokio) internationale Funktionen und Verflechtungen auf. Diese Städte sind Entscheidungszentren innerhalb hoch entwickelter Netzwerke der Finanz- und Dienstleistungen, internationaler Agenturen, transnationaler Unternehmen sowie Organisationen, die Regierungen und Nichtregierungsorganisationen bedienen. Sie sind gleichzeitig Zentren internationaler Informations- und Kommunikationsvernetzung und haben eine bestimmte Lebensqualität, die Fachleute, Manager, Verwaltungsspezialisten und Diplomaten anzieht (vgl. Kap. 4.4).

Trotz ihrer demographischen Vormachtstellung (**demographische Primacy**) spielen die Megastädte der Entwicklungsländer keine große Rolle im globalen Städtesystem, da sie oft keinen oder nur einen Sitz eines transnational agierenden Unternehmens (Global Player) beherbergen. Dennoch haben sie in Entwicklungsländern eine funktionale Vormachtstellung (**funktionale Primacy**). Es sind hier meist die Metropolen, die diesen Platz zuungunsten der übrigen Landesteile einnehmen. Hier siedeln sich die national bedeutensten Unternehmen an, wodurch spezielle Berufsgruppen nur an diesem Standort entstehen.

Die wirtschaftliche Entwicklung im ländlichen Raum und diejenige anderer Städte wird dadurch behindert. Die Folge ist eine Migrationswelle in die **Primate City** (**Primatstadt,** vgl. Kapitel 7.4). Dadurch entsteht das extreme Gefälle zwischen armen ländlichen und reichen städtischen Räumen. Die Primatstädte entwickeln sich wirtschaftlich weiter und die übrigen Landesteile profitieren kaum davon (vgl. Seite 364).

1. Beschreiben Sie die Entwicklung der Verstädterung weltweit.
2. Begründen Sie das starke Wachstum der Städte in Entwicklungsländern.
3. Erläutern Sie die grundsätzlichen Unterschiede der Verstädterung in Entwicklungs- und Industrieländern.

M1 Squattersiedlung in Mumbai

Soziale Ungleichheit in Städten (vgl. S. 365 ff.)
Die stärkste Ausprägung sozialer Polarisierung (extremer Unterschied zwischen Arm und Reich) tritt innerhalb der Megastädte der Entwicklungsländer durch Segregation von Bevölkerungsschichten auf. Hier entsteht ein Kontrast zwischen den glitzernden Innenstädten bzw. den gepflegten Wohnquartieren der Mittel- und Oberschicht und den heruntergekommenen Armenvierteln, den **Marginalvierteln**. Aufgrund der fehlenden materiellen Mittel der Zuwanderer, der bereits vorhandenen verarmten Stadtbevölkerung und schlechter bzw. fehlender Stadtplanung siedeln sich die Migranten in diesen Vierteln an.

Die Elendsquartiere haben in Städten ein unterschiedliches Aussehen, eine unterschiedliche räumliche Verteilung und Entstehung. Ihre markantesten Merkmale sind:

- höchste Bevölkerungsdichte: Zum Beispiel weist Dharvi, ein Slum in Mumbai City, eine Dichte von 250 000 Einwohner pro Quadratkilometer auf (zum Vergleich: München: 3955 Einwohner pro Quadratkilometer).
- schlechte technische Infrastruktur: Die hygienischen Verhältnisse sind unzureichend, da es nur selten einen Wasser- oder Kanalanschluss im Haus gibt. Wenn Ver- und Entsorgungsleitungen vorhanden sind, werden sie von allen Haushalten gemeinsam genutzt. Die Energieversorgung über Strom besteht oft aus wild angeklemmten Leitungen am nächsten Strommast oder Verteiler. Als Wärmeenergiequelle werden Abfallholz oder Propangas genutzt. Die öffentliche soziale Infrastruktur ist kaum ausgebaut; es fehlen Schulen, Krankenhäuser und öffentlicher Personentransport beziehungsweise die Bewohner können ihn aufgrund der niedrigen Einkommen nicht nutzen.
- mangelhafte Bausubstanz: Die festen Häuser sind in der Regel alt und kaum gepflegt, die Behausungen (Hütten) bestehen aus einfachsten Baumaterialien (Lehm, Holz, Plastikplanen, Blech etc.).
- hohe Arbeitslosigkeit beziehungsweise Tätigkeiten im informellen Sektor: Die meisten Personen im erwerbsfähigen Alter sind wegen fehlender Arbeitsplätze und zum Teil auch infolge mangelnder Ausbildung arbeitslos oder arbeiten im informellen Sektor.

Die Marginalsiedlungen sind Notquartiere in Großstädten, da aufgrund des hohen Bevölkerungsdrucks der Zuwanderer und der demographischen Entwicklung nicht ausreichend Wohnraum zur Verfügung steht.

Bei den **Slums** handelt es sich um ehemalige Wohnviertel der Ober- und Mittelschicht. Sie lassen sich in New York, Chicago oder Los Angeles ebenso finden wie in Kairo, Johannesburg oder São Paulo. Um möglichst viele Menschen in den Gebäuden unterzubringen, werden hier oft die größeren Wohnungen in kleinere aufgeteilt oder sogar zimmer- und bettenweise weitervermietet.

Die **Squattersiedlungen** sind Hüttensiedlungen, die spontan und ohne Erlaubnis von Behörden oder Landeigentümern auf fremdem Boden von den Squattern (wilde Siedler) errichtet werden. Sie sind überwiegend in Entwicklungsländern am Rande der großen Städte, an Hängen, entlang von Bahndämmen, an Flüssen, auf Mülldalden, an Abwasserkanälen anzutreffen. Ein großer Teil der Squatter wohnte vorher in innerstädtischen Slums, nur wenige sind direkte Landflüchtlinge. Von vielen Squattern wird der Umzug in eine Hüttensiedlung als „sozialer" Aufstieg angesehen, da sie in ihrem neuen Wohnquartier in der Regel Hüttenbesitzer und nicht mehr abhängige Mieter sind. Die Squattersiedlungen werden regional unterschiedlich benannt: zum Beispiel bidonville (in ehemaligen französischen Kolonien), barriada (in Peru), favela (in Brasilien).

Eine andere Ausprägung der Marginalsiedlungen sind die **pavement dwellers**, Menschen, die auf Gehsteigen

Gated Communities – bewachte „Wohnburgen" der Oberschicht

„Willkommen! Treten Sie ein! Werden Sie ein Teil einer Gemeinschaft von Menschen, die wie Sie das Landleben in einer sicheren, natürlichen Umwelt vorziehen, die mit dem Ruf des Kiebitzes einschlummern und mit dem leisen Gemurmel des Jukskei-Flusses aufwachen wollen." Dieses Paradies, angepriesen auf Hochglanzbroschüren, heißt Dainfer und liegt 25 Kilometer entfernt vom grauen, unwirtlichen Zentrum der Metropole Johannesburg. Es ist 300 Hektar groß und wird von 60 Wächtern und 56 Kameras rund um die Uhr observiert. Es ist von einem 7,5 Kilometer langen Ring aus Stahlpalisaden und Mauern umfriedet, auf deren Kronen acht Stromleitungen knistern.

Dieser Schutzwall trennt Afrika und Europa, er zerlegt, fragmentiert die Gesellschaft. Diesseits der Mauer dürrer Busch, grasende Höckerrinder, jenseits eine sanfte Talmulde, Silberweiden, Blumenrabatten, Villen, Landhäuser; die Wohnviertel haben englische Namen. Die Straßen und Trottoirs sind picobello. Ein Städtchen, adrett, wohlgeordnet und sauber. Alte Ladys putten am Green neben der Terrasse, Spaziergänger schlendern

M2 Johannesburg: Gut geschützt vor der Unterschicht

hinunter in die Flussaue. „Es ist wie eine Therapie hier", sagt ein Familienvater. In Dainfer wohnen Stadtflüchtlinge. Sie wurden von der Angst vor Kriminalität an die Peripherie getrieben, vom Lärm und von den Abgasen, von den sinkenden Standards der öffentlichen Dienste und von der allgemeinen Verwahrlosung.

(Quelle: zusammengestellt nach Grill, B.: Gated Communities – bewachte „Wohnburgen" der Oberschicht. In: DIE ZEIT Nr. 21/2000)

und in Eingängen von Gebäuden der Innenstadt, in Bahnhöfen, Parks oder auf Friedhöfen ihr gesamtes Leben verbringen. Ihren Schlafbereich grenzen sie durch Kartons, Planen und Decken ab. Sie tragen ihr Hab und Gut in Plastiktüten und gestohlenen Einkaufswagen meist bei sich.

Lebensqualität und Bevölkerungsdruck

Die hohe Konzentration von Menschen in Städten bietet aufgrund der räumlichen Dichte und der guten Erreichbarkeit in der Regel Vorteile für eine ressourcenschonende Versorgung der Bevölkerung. Durch die aufwendigen städtischen Lebensstile und Wirtschaftsweisen steigt jedoch der Rohstoff- und Energieverbrauch, die Mobilität und die Umweltbelastung. Der Trinkwasserverbrauch nimmt enorm zu und kann meistens aus Ressourcen innerhalb des Stadtgebiets und seinem Umland nicht mehr gedeckt werden, sodass man über Fernleitungen Wasser aus Nachbarregionen heranschaffen muss. Mangelhafte Infrastrukturplanung verhindert den Wasseranschluss vieler Marginalviertel. Die Wasserversorgung wird dann mittels privater Tankwagen und hoher Preise betrieben. Eine ungenügende Abwasserentsorgung durch fehlende oder mangelhafte Kanalisation belastet das Grundwasser und die fließenden Gewässer so stark, dass sie stellenweise biologisch tot sind. Eine umweltgerechte Abfallentsorgung kann in vielen Millionenstädten der Entwicklungsländer ebenfalls nicht stattfinden, sodass durch wilde Deponien Grundwasser und Luft belastet werden. Der hohe Motorisierungsgrad bewirkt neben der mangelhaften Filterung von Industrieabgasen eine hohe Luftverschmutzung.

1. Stellen Sie in einem Wirkungsschema die Entstehung und die Probleme von Marginalsiedlungen zusammen.

2. „Zitadellen" waren Festungen, von denen aus Städte gegen Angriffe von Feinden und nach innen vor dem Aufstand ihrer eigenen Bewohner gesichert wurden. Wenden Sie diesen Begriff auf die Siedlung Dainfer in Johannesburg an.

Raumbeispiel: São Paulo (Brasilien) (vgl. auch S. 118f., S. 368f., S. 376f.)

M1 Groß São Paulo aus dem Weltraum (2000)

Groß São Paulo ist der drittgrößte Ballungsraum der Erde. Er erstreckt sich über 8051 Quadratkilometer und besteht aus 39 Städten. Damit ist dieser Raum um 60 Prozent größer als das Ruhrgebiet. Hier leben 19,59 Millionen Menschen (2005), das sind mehr als in Nordrhein-Westfalen (rund 18,1 Millionen, 2005). 52 Prozent davon beherbergt allein die Kernstadt São Paulo. Während das Ruhrgebiet eine Bevölkerungsdichte von 1080 Einwohner pro Quadratkilometer hat, beträgt sie in Groß São Paulo 2371 Einwohner. São Paulo ist das führende Wirtschaftszentrum Brasiliens. Ein Drittel aller Industriebeschäftigten Brasiliens arbeitet hier. Die Stadt ist Standort vieler multinationaler Großunternehmen. Mehrere Hundert deutsche Firmen sind hier präsent, sodass nach der Beschäftigungszahl ihrer Betriebe die Stadt als „größte deutsche Industriestadt" bezeichnet wird. Das immense Städtewachstum stellt die Stadt vor besondere Probleme.

Jahr	Einwohner (Kernstadt)	Einwohner (Agglomerationsraum)
1866	20 000	k.A.
1872	31 400	k.A.
1890	64 900	k.A.
1900	239 800	k.A.
1911	346 000	k.A.
1920	579 000	k.A.
1929	880 000	k.A.
1940	1 253 900	k.A.
1950	2 198 100	2 528 000
1960	3 776 600	4 876 000
1970	5 872 900	8 308 000
1980	8 337 200	12 693 000
1990	9 412 900	15 100 000
2000	9 813 200	17 962 000
2005	10 021 400	19 591 000

Quellen: www.lexikon.freenet.de/Sao_Paulo, www.megacities.uni-koeln.de

M2 Einwohnerentwicklung São Paulos

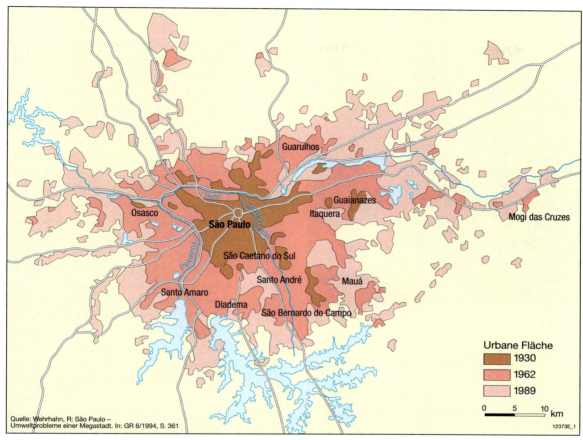

M3 Städtische Expansion im 20. Jahrhundert im Großraum São Paulo

M4 Wirtschaftliche Situation im ländlichen Raum

„Das große natürliche Bevölkerungswachstum und die steigende Lebenserwartung tragen in Brasilien zu einem immensen Bevölkerungsdruck in Stadt und Land bei. Durch die Mechanisierung der Farmbetriebe hat sich ein Arbeitskräfteüberschuss im ländlichen Raum entwickelt, der mangels Arbeitsplatzalternativen nicht aufgefangen werden kann. Weiterhin kündigen Großgrundbesitzer ihren Pächtern, um auf den landwirtschaftlichen Nutzflächen Cash Crops für den Export anzubauen. Die Landwirtschaft im Nordosten Brasiliens ist durch die auftretenden Trockenperioden stark gefährdet, worunter besonders die Kleinbetriebe leiden. Die schlechte infrastrukturelle Ausstattung des ländlichen Raumes mit Bildungs-, Versorgungs- und medizinischen Einrichtungen erschwert für viele Menschen ein Leben auf dem Land."

(Quelle: nach: Barcelona Field Studies Centre SL, Juni 2005)

M5 Rio Tietê – ein Fluss kollabiert

„Der Tietê hat die stürmische Expansion São Paulos mit dem Leben bezahlen müssen. Über Jahre hinweg schluckte er die überwiegend ungeklärten Abwässer der Großstadt und wurde zu einer gigantischen Kloake. Die Schaumdecke, die über dem Fluss liegt, ist an manchen Tagen gut einen halben Meter dick. Im Winter, wenn Wasserstand und Temperatur sinken, steigt der Schaum manchmal fünf bis sechs Meter hoch. Nur Regen oder Sonne lassen ihn zusammenfallen. Die Landesregierung hat eine Sprenkleranlage über den Fluss legen lassen, die die Schaumbläschen zerstäubt. Aber am Grundproblem ändert das natürlich nichts, denn kurz hinter São Paulo ist der Tietê der schmutzigste Fluss Südamerikas. Die Regierung hat zwar die Sanierung des Tietê und eines seiner Stauseen in Angriff genommen, aber die Dimension der Abwasserprobleme ist erdrückend."

(nach: Kunath, W.: Ein Fluss schäumt über. In: FR vom 10.10.2003)

5.4 Verstädterung weltweit – Megastädte im Wachstum

M1 São Paulo im Verkehrsstau

- Verkehr: täglich 4,8 Mio. Pkw, 33 000 Taxis, 15 000 Busse
- Beförderung im ÖPNV: 73 % in Bussen mit hohem Schadstoffausstoß, 22 % in der Metro, 5 % in Vorortbahnen
- Wegezeiten und Geschwindigkeiten: durchschnittliche Wegezeit eines Beschäftigten: 2,5 Std./Tag, durchschnittliche Geschwindigkeit der Busse: ca. 6 km/Std., Geschwindigkeit in der Hauptverkehrszeit: ca. 6 km/Std.)
- Abwassersystem: nur in der Hälfte der Kernstadt vorhanden, 7,5 % der Abwässer werden geklärt
- Müllentsorgung: täglich 17 000 t Hausmüll, 350 wilde Müllkippen, Mülldeponierung insgesamt 92 %, Wiederverwertung/Kompostierung nur in Ansätzen
- Luft: durchschnittliche Luftverschmutzung (Staubkonzentration): 80 Mikrogramm (1994). 90 Mikrogramm sind nach Angaben der WHO die höchst tolerierbare Größe.

(Quelle: nach: Schulz, G.: São Paulo – Gesichter einer Stadt, in: Brasilien Nachrichten Nr.119/1996 und Kohlhepp, G.: São Paulo: Größter industrieller Ballungsraum Lateinamerikas, in: Der Bürger im Staat, H.2/97 Großstädte)

M3 São Paulos Umweltsituation

M2 Drittstärkste „Wirtschaftsmacht" in Südamerika
„Das Bundesland São Paulo ist die drittstärkste „Wirtschaftsmacht" Südamerikas (nach Brasilien und Argentinien). Im Großraum São Paulo erbringen ca. 11 % der Bevölkerung 55 % der Industrieproduktion und 36 % der Dienstleistungen Brasiliens. Das Pro-Kopf-Einkommen ist fast doppel so hoch wie im Landesdurchschnitt. Die Metropole ist Industriestandort für 1200 deutsche Unternehmenstöchter mit 230 000 Beschäftigten. VW ist mit 12 500 Mitarbeitern z. B. das größte Privatunternehmen in Brasilien und baut vor den Toren São Paulos den Kleinwagen Fox. Gleich nebenan produziert BASF mit mehr als 1000 Mitarbeitern Farben und Lacke, auch für das VW-Werk. Auf den Qualitätsprodukten der Industrie klebt die Aufschrift „Made in Brazil", und „Germany" steckt drin. Diese dynamische Wirtschaftsentwicklung macht den Großraum attraktiv, attraktiv für Zuwanderer aus allen Landesteilen.
Nach 1960 hat sich die Zuwanderung verlangsamt, auch wenn die absoluten Bevölkerungszahlen weiter anstiegen. Ab 1991 sind erstmals mehr Menschen aus der Stadt ab- als zugewandert (Wanderungsverlust von 760 000 Menschen zwischen 1980 und 1991). Dies lag neben anderen Faktoren an der industriellen Dezentralisierung, wodurch im Großraum und in den benachbarten Bundesstaaten neue Industriepole als Entlastungszentren geschaffen wurden. So haben sich 77 % der dezentralisierten Firmen in einem Umkreis von 50 km, 14 % zwischen 50 und 150 km und 9 % in mehr als 150 km Entfernung von der Stadt einen neuen Standort gesucht. Dies führte zu einer räumlichen Vergrößerung des Ballungsraumes entlang der Verkehrsachsen.
Gründe für die Dezentralisierung sind die geringe Verfügbarkeit an Erweiterungsflächen und Flächen für Neugründungen, die hohen Bodenpreise, mittlerweile auch Umweltschutzauflagen sowie die kaum lösbaren Verkehrsprobleme der Stadt. Weitere Push-Faktoren für Unternehmen des sekundären Sektors sind der Mangel an qualifizierten Arbeitskräften, Aktivitäten der Gewerkschaften im städtischen Raum, große Sicherheitsprobleme und ein für Brasilien hohes Lohnniveau.
Neben der herausragenden Bedeutung der Industrie ist São Paulo aber auch Banken- und Handelszentrum, sowie Zentrum für Technologie und Kommunikationswesen."

(Quelle: Schulz, G.: São Paulo – Gesichter einer Stadt, a.a.O.)

M4 Corticos (Bienenkörbe) in São Paulo

M5 Villa in São Paulos Wohnburgen

M6 Lebenssituationen in São Paulo

Maria Jose da Silva (57 Jahre) wohnt nur wenige Minuten von der Kathedrale entfernt auf 20 Quadratmetern im ersten Stock eines verlassenen Hochhauses. Hier lebt sie mit Dutzenden anderer Familien. Die unteren Stockwerke sind mit Holzbrettern zugenagelt, das obere Stockwerk wird als Latrine genutzt. Einzige Infrastruktureinrichtung: eine angezapfte Elektrizitätsleitung. Ihr Mann hat auf dem obersten Stockwerk ein Mülldepot eröffnet. Hier trennt er mit seinen Kindern Toilettenpapier von Büropapier. Paulo Rodrigues (30 Jahre) wohnt in einem ehemaligen Wohngebiet der Reichen in Zentrumsnähe. Die damals großen Wohnräume sind in viele kleine Schlafstätten unterteilt, wo viele Menschen auf engem Raum zusammengepfercht leben. Die alten, maroden Infrastrukturleitungen funktionieren nur noch teilweise. Cortiços (Bienenkörbe) nennt man diese hoffnungslos überfüllten Wohnstätten. Andere Lebensgenossen, wie Silvio Dédé (27 Jahre), haben ein nicht bebautes Grundstück besetzt, am Flussufer des Tietê. Die Favela hat keine Müll- und Abwasserentsorgung, das Trinkwasser wird mit dem Tankwagen angeliefert.

Joana Sanchez (17 Jahre) wohnt mit ihrer Familie in Alphaville 2, 25 Kilometer vom Zentrum São Paulos entfernt, weit weg von den Massen, dem Gestank, den Schüssen. Sie sagt: „Die Stadt ist wie ein Betonmeer mit vielen Inseln. Wir springen von unserer Wohninsel zum Golfspielen auf die Sportinsel. Ich werde auf die Schulinsel chauffiert. Nach Dienstschluss gehen meine Eltern von der Arbeitsinsel auf die Einkaufsinsel. Wir fahren in einem gepanzerten BMW durch diese Inselwelt. Manchmal fliegt mein Vater auch mit dem Hubschrauber von der Arbeit nach Hause. Unsere Stadt hat die höchste Hubschrauberdichte der Südhalbkugel. In Alphaville 2 wohnen 38 000 Einwohner, wir haben eine Universität, zwei Dutzend Banken, eine Privatklinik, eine Hundertschaft Zahnärzte, 470 Sicherheitsleute, 74 Streifenwagen, 12 Motorräder. Wir fühlen uns hier sicher."

1. Analysieren Sie das Wachstum des Ballungsraumes São Paulo.
2. Vergleichen Sie die Umweltprobleme São Paulos mit denen europäischer Großstädte.
3. Charakterisieren Sie die sozialen Ungleichheiten in São Paulo.
4. Diskutieren Sie die Strategie der industriellen Entlastungspole als eine Lösung des Wachstums von Megastädten.

5.5 Stadtökologie – Lebensqualität und Umweltbelastungen

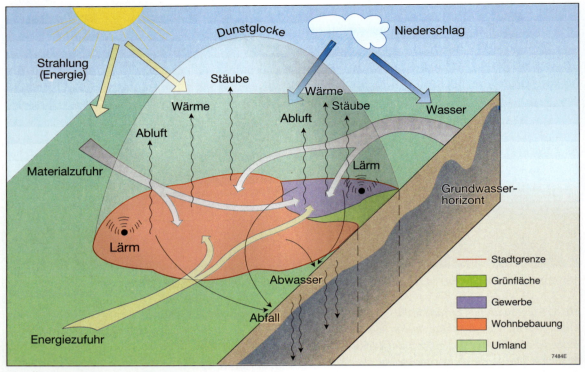

M1 Ökosystem Stadt (Modell)

Die Landschaft ist durch den Bau von Siedlungen und durch die in ihnen stattfindenden Aktivitäten des Menschen stark überprägt worden. Die Folge sind große ökologische Unterschiede zwischen Gebieten mit dichter Bebauung und dem Umland.

Bei einem Vergleich natürlicher oder naturnaher Ökosysteme und dem **Ökosystem Stadt** treten große Unterschiede auf, die sich im regionalen Klima, in der Lufthygiene, im Lärmaufkommen und in den Energie- und Stoffströmen einer Stadt bemerkbar machen. Da Städte nicht über Energie- und Rohstoffautarkie verfügen, sind sie regional und global auf ländliche Räume angewiesen, wodurch allein schon auf energetischer Basis eine Stadt-Umland-Beziehung entsteht. Die Auswirkungen des Energie- und Stoffdurchsatzes einer Stadt, verursacht durch Industrie, Gewerbe, Haushalte und Verkehr, lassen zum Beispiel ein eigenes Stadtklima entstehen, das ohne die ländlichen Ausgleichsräume nur schwer erträgbar wäre und noch mehr umweltbedingte Erkrankungen (Bronchialerkrankungen, Allergien, stressbedingte Krankheiten) hervorrufen würde. Wie einzelne Elemente des städtischen Ökosystems überprüft werden können, zeigt in Auswahl das ökologische Praktikum (S. 300). Eine Überprüfung ist notwendig, um negative Auswirkungen zu erkennen, Abhilfe zu schaffen und um positive Auswirkungen zu verstärken. Dies muss im Rahmen der Stadtplanung geschehen. Stadtökologische Planung ist jedoch kein neues Arbeitsfeld, es bestand bereits in geschichtlicher Zeit.

Stark frequentierte Ausfallstraßen gab es bereits in Rom und auch eine „autofreie" Stadtzone im Bereich des Forums war vorhanden, das allein öffentlichen Veranstaltungen und Festen vorbehalten war. Wegen der nicht mehr zu bewältigenden Verkehrsströme erließ Cäsar 45 v. Chr. für Rom ein Tagesfahrverbot für Fuhrwerke und Reisewagen, wodurch das nächtliche Lärmaufkommen noch weiter anschwoll. Brauchwasser und Fäkalien wurden in den Tiber geleitet. Bei Hochwasser ergaben sich durch den Rückstau sanitäre Probleme in der Stadt.

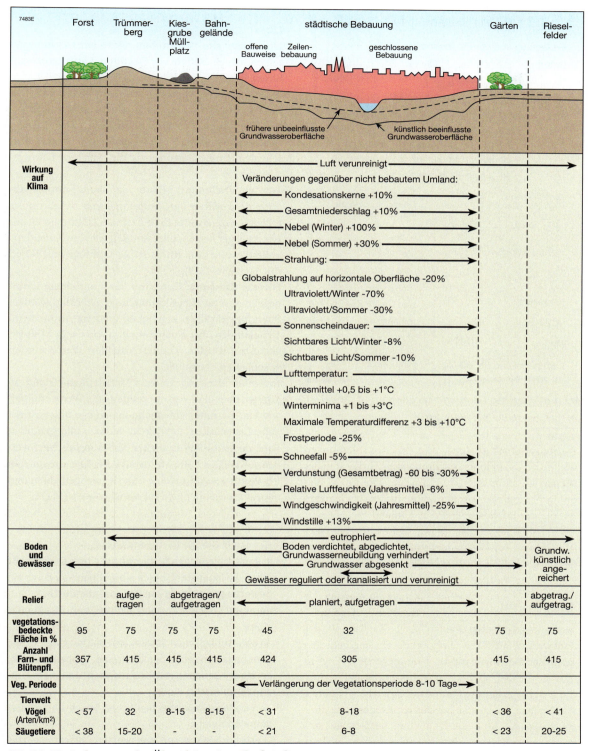

M2 Die Veränderungen der Ökosphäre einer Großstadt

Geoökologische Praxis

Protokoll

Messort: Niehler Straße/Gürtel

Entfernung von der Fahrbahnmitte: ca. 10 m

Datum: 30.6.04   **Uhrzeit:** 13.20-13.38 Uhr

Messdauer: 18,5 Min.

LKW/Bus: ~~JHH~~ III   **Rad:** III

PKW: ~~JHH JHH JHH JHH JHH JHH JHH JHH JHH JHH JHH JHH~~
~~JHH JHH JHH JHH JHH JHH JHH JHH JHH JHH~~
~~JHH JHH JHH JHH JHH JHH JHH JHH JHH JHH~~
~~JHH JHH JHH JHH JHH JHH JHH JHH JHH JHH~~
~~JHH JHH JHH JHH JHH JHH~~ II

Umrechnung in PKW-Einheiten (PE):

$\underline{257}$ PKW = $\underline{257}$ PE

$\underline{8}$ LKW×5 = $\underline{40}$ PE

$\underline{3}$ Krad×8 = $\underline{24}$ PE

insgesamt: $\underline{321}$ PE

$\underline{321}$ PE/ $\underline{18,5}$ min

PE/h = $\underline{1041}$

Lärmpegel ca. $\underline{71}$ dB (A)

Verhältnis zwischen Fahrzeugaufkommen und Lärmpegel:

Kfz/h	ca. dB (A)
9 - 10	50
82 - 100	60
257 - 341	65
342 - 428	66
429 - 512	67
513 - 681	68
682 - 852	69
853 - 1000	70
1001 - 1347	71
1348 - 1697	72
1698 - 2048	73
2049 - 2730	74
2731 - 3412	75
3413 - 4096	76
4097 - 5461	77
5462 - 6826	78
6278 - 8192	79

M1 *Protokoll zur Lärmuntersuchung*

130 dB(A)	Schmerzgrenze
100 dB(A)	Presslufthammer
90 dB(A)	Schwerhörigkeit zu befürchten
80 dB(A)	starker Autoverkehr
60 dB(A)	Unterhaltung
40 dB(A)	evtl. Schlafstörungen
30 dB(A)	Flüstern

M2 *Beispiele für Lärmpegelwerte*

Siedlungsgebiet	Grenzwert dB(A)	
	tagsüber	nachts
Krankenhäuser, Schulen, Kurheime und Altersheime	57	48
reines und allgemeines Wohngebiet, Kleinsiedlergebiet	59	49
Kern-, Dorf- und Mischgebiet	64	54
Gewerbegebiet	69	59

M3 *Lärmgrenzwerte*

Analyse ausgewählter Faktoren

Lärm

Die akustische Wahrnehmung ist entwicklungsgeschichtlich ein Schutz vor Gefahren. Lärm verursacht Stress, indem er den Körper bei Menschen und Tieren in Erregung und Angst versetzt. Dies beeinflusst nicht nur das Wohlbefinden, sondern kann zu Gesundheitsschäden führen, zum Beispiel zu psychosomatischen Beschwerden. Der Lärm wird in db(A) gemessen. Entscheidend für Schädigungen ist die Dauer der Lärmeinwirkung (M2).

Werden Straßen neu gebaut oder alte wesentlich verändert, so gelten laut Verkehrslärmschutzordnung folgende Grenzwerte für einzelne Siedlungsbereiche: Für Anlieger bestehender Straßen gilt eine Zumutbarkeitsschwelle von 70-75 dB(A) tagsüber und 60-65 dB(A) nachts (M3).

Direkte Messung: Der Lärm kann mit einem Lärmpegelmessgerät (Physiksammlung) gemessen werden. Für aussagekräftige Ergebnisse sollte im Abstand von 15 Sekunden über einen Zeitraum von ca. 20 Minuten gemessen werden. Die festgestellten Werte werden anschließend gemittelt.

Indirekte Messung: Ist kein Messgerät zur Hand, so können über eine Verkehrszählung die Werte ermittelt werden. Da unterschiedliche Fahrzeuge unterschiedliche Lautstärken entwickeln, müssen alle gezählten Fahrzeuge in PKW-Einheiten (PE) umgerechnet werden: LKW/Bus 5 PE, Motorrad 8 PE. Die errechneten PE-Werte werden auf eine Stunde hochgerechnet und der Lärmpegel in einer Tabelle abgelesen (M1).

1. Ermitteln Sie die Lärmpegelwerte:
- in unterschiedlichen Distanzen bei einem Querschnitt durch die Innenstadt, durch ein Wohngebiet, durch ein Gewerbegebiet Ihres Ausbildungsstandortes;
- an einer Straße mit unterschiedlichen Straßenbelägen;
- an unterschiedlichen Straßenabschnitten einer Straße (Fahrbahn ohne Haltepunkt, an einer Ampelkreuzung, an einer Kreuzung mit Kreisverkehr, an einem Fußgängerübergang etc.);
- an Straßen mit unterschiedlichen Geschwindigkeitsbegrenzungen.

2. Fertigen Sie von den Messwerten Diagramme bzw. thematische Karten an und werten Sie diese aus.

Geoökologische Praxis

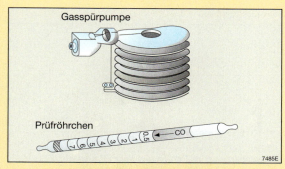

M4 *Instrumente zur Schadstoffmessung*

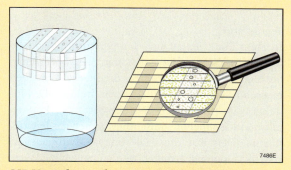

M5 *Versuchsanordnung zur Staubmessung*

Schadstoffe

Hauptverursacher der Umweltbelastungen sind neben dem Kraftfahrzeugverkehr Industrieanlagen, Kraftwerke sowie Haushaltsheizungen. Luftschadstoffe (CO und NOx) lassen sich mit einer Gasspürpumpe nachweisen (Dräger-Gasspürpumpe und Dräger-Prüfröhrchen: Chemiesammlung).

Da die Empfindlichkeit der Prüfröhrchen zu gering ist, um an Straßen aussagekräftige Werte zu erhalten, muss in der Höhe des Auspuffs der Kraftfahrzeuge gemessen werden. Die gemessenen Schadstoffe können mit den in den VDI-Nachrichten veröffentlichten Schadstoffmengen verglichen werden.

Bodenversiegelung

Die überbauten Flächen und damit die Versiegelung nehmen durch den Straßenbau, durch flächenintensive Gewerbegebiete, Einkaufszentren mit ausgedehnten Parkplätzen, aber auch durch gepflasterte Hofeinfahrten immer mehr zu. Damit gehen der Stadt Versickerungs- und Verdunstungsflächen, aber auch Lebensräume für Tiere und Pflanzen verloren; z.B. Asphaltdecke (wasserundurchlässig, Pflasterdecke (wasserdurchlässig).

Staub

In der Nähe von Hauptverkehrsstraßen und auf den Lee-Seiten von Gewerbegebieten sind Staubeinträge besonders hoch. Um den Staub sichtbar zu machen, werden transparente Klebestreifen mit der Klebeseite nach oben auf einem Trinkglas angebracht (M5).

Das Glas wird zwei bis drei Tage ins Freie gestellt, möglichst an einen trockenen Standort. Nach dem Messzeitraum wird der Klebestreifen auf Millimeterpapier aufgeklebt, die Staubpartikel werden pro Quadratzentimeter ausgezählt. Es wird ein Mittelwert gebildet und dieser wird auf einen Quadratmeter hochgerechnet.

Luftfeuchtigkeit

Durch die Bodenversiegelung gehen dem Stadtgebiet viele Niederschläge durch Oberflächenabfluss und Einleitung in die Regenwasserkanalisation verloren. Sie fehlen somit für die Verdunstung und machen sich in einer verminderten Verdunstungskühle und einer veränderten relativen Luftfeuchtigkeit bemerkbar.

Mit einem Hygrometer (Physiksammlung) kann die Luftfeuchtigkeit bestimmt werden.

---

1. Ermitteln Sie die Schadstoffbelastung der Luft an Straßenkreuzungen zu unterschiedlichen Zeiten.
2. Kartieren Sie an ihrem Schulstandort in verschiedenen Stadtteilen die Versiegelung von Grundstücken einer/mehrerer Straße(n).
- Material: Katasterkarte, selbstgefertigtes Gitter mit Quadratmetereinteilung aus Pergamentpapier zum Auszählen der versiegelten Flächen auf der Karte.
- Merkmalskriterien: a) Vollversiegelung: Teer- und Betonflächen, bebaute Flächen, Gehwegplatten etc. (= wasserundurchlässige Flächen); b) Teilversiegelung: Pflastersteine mit (größeren) Fugen, Rasengittersteine etc. (= wasserdurchlässige Flächen); c) offener Boden.

3. Ermitteln Sie die Mengen der Staubeinträge in Abhängigkeit von der Entfernung zu Hauptverkehrsstraßen, zu einem Gewerbegebiet.
4. Führen Sie Luftfeuchtigkeitsmessungen durch. Messstandorte: siehe Messstandorte für das Temperaturprofil bei den Temperaturmessungen (Seite 302).
5. Erläutern Sie die Zusammenhänge zwischen Temperaturprofil und Luftfeuchtigkeitsprofil.

Geoökologische Praxis

Temperatur
In einer Stadt lassen sich Temperaturunterschiede feststellen, die von der Bebauung, der Versiegelung des Bodens und den in einem Stadtteil ablaufenden menschlichen Aktivitäten (Verkehr, industrielle Produktion etc.) abhängen. Die Temperaturen können mit handelsüblichen Außenthermometern, Digitalthermometern bzw. Maximal-Minimal-Thermometern (Physiksammlung) ermittelt werden. Sollen die Werte aussagekräftig sein, so müssen sie in zwei Meter Höhe, zehn Meter von Gebäuden entfernt und zu bestimmten, vorher festgelegten Zeitpunkten festgestellt werden, zum Beispiel um 7:00, 14:00 und 21:00 Uhr.

Maximal-Minimalwerte: Tägliche Temperaturschwankungen können mit einem am Messort installierten Minimum-Maximum-Thermometer gemessen werden. Darstellung der Messwerte: siehe M2.
Ermittlung von Mitteltemperaturen: Tägliche Mittelwerte können aus den Temperaturmessungen jeder Messstation errechnet werden:

$$t(d) = \frac{t7h + t14h + 2t21h}{4}$$

Temperaturprofil: Stadtweite Temperaturunterschiede lassen sich in einem Temperaturprofil darstellen. Hierzu sollten an ausgewählten Standorten (zum Beispiel vom Stadtrand bis zur City) möglichst zur gleichen Zeit Messungen vorgenommen werden. Da die Temperaturmessungen an den ausgewählten Standorten gleichzeitig durchgeführt werden sollten, führen in der Regel mehrere Kursteilnehmer die Messungen durch. Es könnten aber auch Bewohner in der Nähe der Messpunkte entsprechend eingewiesen bzw. ausgestattet werden und im Auftrag der Kursteilnehmer die Messungen vornehmen.

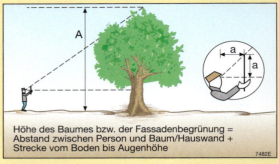

M1 Methode zur Ermittlung von Grünflächen

Begrünung
Grünflächen in der Stadt sind Sauerstoffproduzenten, Staubfilter, Versickerungs- und Verdunstungsflächen, Lebensraum für Pflanzen und Tiere sowie Erholungsraum für Stadtbewohner. Große zusammenhängende Grünzüge können Schneisen bilden, die die Innenstadt mit Frischluft versorgen. Fassaden- und Dachbegrünungen bilden einen gewissen Ersatz für fehlende Grünflächen. Zur Ermittlung der Höhe und Fläche von Fassadenbegrünungen vergleiche M1.

1. Untersuchen Sie die Temperaturverhältnisse entlang einer Linie durch Ihren Ausbildungsstandort.
2. Ermitteln Sie die Temperaturverhältnisse in einem Wohnviertel, auf einer Grünfläche, unter Bäumen, an einer Asphaltstraße, an einer Häuserfront, in einer Straße mit zwei Häuserfronten (auch zu unterschiedlichen Tageszeiten).
3. Kartieren Sie zusammenhängende Grünzüge an ihrem Schulstandort.
4. Kartieren Sie Fassadenbegrünungen in einzelnen Stadtteilen.

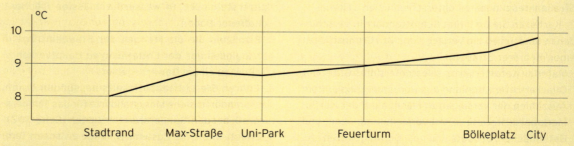

M2 Darstellung der Messwerte: z.B. Temperaturprofil vom 28.5.2006, 7.00 Uhr (bewölkt)

Geoökologische Praxis

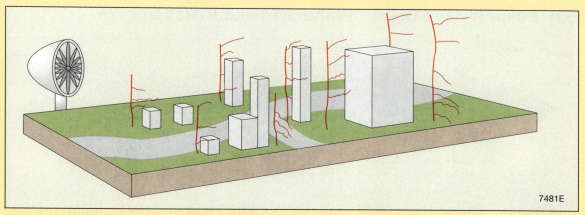

M3 Modell zur Simulation von Windverhältnissen

Wind

Luftbewegungen in Städten treten auch bei weitgehender Windstille auf. Zugige Einkaufspassagen und Bahnsteige, Räume zwischen Wohnblocks wechseln mit geschützten Nischen. Hindernisse bremsen den Wind, lenken ihn ab und lassen ihn an Engstellen zwischen Gebäuden zu einem Düseneffekt anschwellen. Vor Hindernissen bildet er Wirbel und hinter ihnen Gegenströmungen, Luftschadstoffe werden von ihm verteilt, stauen sich aber auch vor Gebäuden.

Die Windgeschwindigkeiten können mit einem Anemometer gemessen werden. Ist keines vorhanden, so kann auch über die Auswirkungen des Windes die ungefähre Windstärke bestimmt werden (M4).

Die Auswirkungen von Bauwerken auf die Windverhältnisse können in einem Modell nachvollzogen werden (M3).

Material: 5 cm starke Styroporplatte (Größe ca. 50 x 80 cm), schwere Holzklötze, Nägel, Draht und dünne Baumwollfäden sowie ein Ventilator (Leistung: ca. 60 W).

Bauanleitung: Die Holzklötze (Gebäude) werden maßstabsgerecht zugesägt (Ermittlung der realen Höhe von Gebäuden: siehe Höhenmessung zur Fassadenbegrünung, M1) und mit einem Nagel reversibel im Styropor befestigt. An den Drähten werden in unterschiedlicher Höhe Fäden befestigt, sodass durch deren Ausrichtung die lokalen Windverhältnisse sichtbar werden. Der Ventilator gibt die Windrichtung vor.

(nach: Stadt Köln [Hrsg.]: Stadt u. Ökologie im inneren Grüngürtel, Köln 1996, S.12)

Stärke	Bezeichnung	km/h	Auswirkungen
0	Windstille	0-1	Rauch steigt senkrecht empor
1	leichter Zug	1-5	Raum leicht abgelenkt
2	leichte Brise	6-11	im Gesicht leicht spürbar
3	schwacher Wind	12-19	Blätter bewegen sich dauernd
4	mäßiger Wind	20-28	dünne Äste bewegen sich, Staub wirbelt auf
5	frischer Wind	29-38	bewegt dünne Bäume und Äste
6	starker Wind	39-49	bewegt dicke Äste
7	steifer Wind	50-61	Bäume schwanken
8	stürmischer Wind	62-74	Zweige brechen ab
9	Sturm	75-88	Dachziegel werden abgehoben
10	schwerer Sturm	89-102	Bäume werden entwurzelt, größere Gebäudeschäden
11	orkanartiger Sturm	103-117	starke Zerstörungen, Schiffe in Gefahr
12	Orkan	> 117	schwere Verwüstungen

M4 Tabelle zur Windstärke (Beaufort-Skala)

1. Messen Sie die Windgeschwindigkeiten an verschiedenen Standorten eines Stadtteils: a) vor und hinter Gebäuden, b) am Fuß bzw. an oberen Stockwerken von Gebäuden, c) in Windschneisen zwischen Gebäuden d) vor und hinter einer Vegetation.

2. Fertigen Sie ein Modell der Bebauung Ihrer Wohnumgebung / Ihres Ausbildungsortes an und überprüfen Sie modellhaft die Windverhältnisse.

3. Versuchen Sie, im Modell durch mögliche Bepflanzungsvarianten unangenehme Nebeneffekte der bisherigen Windverhältnisse zu beheben.

5.6 Zukunft der Städte - Planungen und Visionen

M1 Tokio im Jahr 2027?

Wie wird die Zukunft unserer Städte aussehen? Werden wir, wie in der Zukunftsvision von Tokio, aus gläsernen Restaurantkuppeln einer aufgestellten Gartenoase mit Golfplatz auf die 160 Meter darunter liegende betonierte Stadt schauen, in der der Verkehr nie abreißt?
Die Zukunft unserer Städte wird von ihrer momentanen Situation und ihrer Vergangenheit abhängen. Fehler, die mit und ohne Stadtplanung gemacht wurden, versucht man bei der zukünftigen Entwicklung zu vermeiden. Auch wenn nach bestem Wissen vorausschauend geplant wird, werden sich immer wieder Unwegbarkeiten einstellen, an die man nicht gedacht hat oder aufgrund der fortschreitenden gesellschaftlichen, technischen und politischen Entwicklung noch nicht denken konnte. Die „Stadt der Zukunft" gibt es nicht. Es gibt aus heutiger Sicht unendlich viele Aspekte einer möglichen zukünftigen Stadtentwicklung, die bedacht werden sollten. Hier eine kleine Auswahl:

„*Wegen fehlender Eingliederung der sozial schwächsten Schichten in den Arbeitssektor und nicht vorhandener Wohnbaumaßnahmen entstanden und entstehen immer mehr Marginalsiedlungen. Es gibt verschiedene Lösungsansätze (...):*

- *Mit wenig Aufwand viel bauen: In Billigstbauweise werden Wohnblocks erstellt, die die heruntergekommenen Marginalsiedlungen verdrängen. Diese Wohnungen können sich jedoch nur Menschen mit regelmäßigem Einkommen leisten.*
- *Kollektive Selbsthilfe zur Errichtung oder Verbesserung von Wohnräumen: Es entstehen weniger Kosten durch die Selbstverwaltung und durch die Verwendung billiger, einheimischer Werkstoffe und einfacher Technologien. Weiterhin gehört hierzu: öffentliche Bereitstellung von Flächen, Grundstücksvergabe an Bewerber mit niedrigem Einkommen, Bereitstellung öffentlicher Infrastruktur, Verbesserung der Häuser durch Selbst- und Nachbarschaftshilfe.*
- *Bereitstellung von „Kernhäusern": Beim Kauf eines Grundstücks wird ein bereits errichteter „Kern" ohne Einrichtung und Installation übergeben. Den Ausbau nehmen die Bewohner selbst vor.*
- *Aufwertung illegaler Siedlungen: Die Siedlungen werden legalisiert und die Bewohner werden bei der Instandsetzung von Infrastruktur und Wohnmaterial unterstützt."*

(Quelle: Reisinger, A.: Marginalsiedlungen in Großstädten der Dritten Welt, http://stud4.tuwien.ac.at/e002, 05.01.2007)

„Alt, arm und einsam, diese düstere Zukunft droht vielen Menschen inmitten einer weltweit wachsenden und alternden Bevölkerung. Nach UN-Schätzungen werden im Jahre 2050 in den Entwicklungsländern mehr als dreimal so viele alte Menschen über 65 Jahren leben wie in den entwickelten Ländern. Schon jetzt sind in vielen Staaten gerade in den Metropolen wie Tokio, Mexiko-Stadt oder Bombay die Alten am schlimmsten dran. „Wir müssen Städte und Regionen der kurzen Wege schaffen, wir müssen unsere Städte auf eine gealterte Gesellschaft vorbereiten!" fordert der Städteplaner Albert Speer."

(Quelle: Delmenhorster Kreisblatt vom 08.10.2005)

„Energie wird immer teurer und knapper. Ressourcenschonender Umgang ist angesagt. Darum müssen auch Altbauten zu klima- und umweltschonenden Energiesparhäusern umgebaut werden, wie z.B. ein über hundert Jahre altes Mietshaus in Hannover: eingepackt in eine 40 Zentimeter dicke Dämmschicht, Fenster aus Drei-Scheiben-Wärmeschutzglas, keine konventionelle Heizanlage sondern Komfortlüftung mit Wärmerückgewinnung. Die Bewohner „heizen" mit ihrer eigenen Körperwärme und den Elektrogeräten wie Fernseher und Kühlschrank. Der Heizenergieverbrauch wird so über 90 Prozent gesenkt."

(Quelle: Schädelspalter, September 2004, S.11)

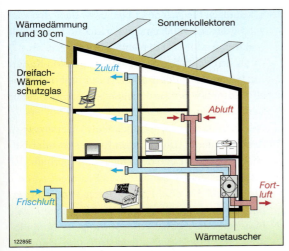

M2 Häuser clever eingepackt

„Es gilt, die Vorstellung vom familienfeindlichen Stadtleben zu korrigieren und ein neues Leitbild des „familien- und kindergerechten Wohnens" für innenstadtnahe Gebiete zu entwickeln. Die Innenstadt und innenstadtnahe Gebiete sind auch bei jungen Haushalten beliebt, die vor der Familiengründung stehen. Sie möchten in ihren innenstadtnahen Quartieren bleiben und nur aus Gründen des steigenden Flächenbedarfs eine größere Wohnung suchen. In der Dichte vielfältiger Angebote und in der Mischung unterschiedlicher Lebensbereiche wie Wohnen, Arbeiten, Freizeit, Gesundheit, Kultur und Konsum auf engem Raum liegt die Zukunftsfähigkeit der Städte. Mit einer Kombination aus Modernisierung, Privatisierung und punktuellem Abriss müssen intakte Standorte geschaffen werden. Gerade in den dicht besiedelten Städten schafft Abriss Raum für Neubau und damit für die notwendige Verjüngungskur der Städte."

(Quelle: Marth, H.: Urbanität als Leitbild der Zukunft, in: Die Welt/Welt am Sonntag vom 8./9.10.05, S.WR13)

„Ballungsgebiete weltweit, zum Beispiel Tokio, haben keinen Platz mehr und leiden existenziell unter der Bevölkerungsdichte. Man hilft den Menschen, wenn man ihnen Platz verschafft, und das geht dort eben nur durch Höhe. Und überhaupt: was ist heutzutage der Unterschied zwischen dem 15. und dem 17. Stockwerk? Mit dem Lift sind das nur Sekunden. Nein, ich träume nicht!
Und kommen Sie mir nicht mit den Ängsten der Menschen, wenn der Strom ausfällt. Hochhausbau ist auch eine moralische Frage: Wir haben weltweit ein Energieproblem und wir Architekten können dieses Problem mildern; weite Flächen mit lauter Einfamilienhäusern können wir uns gar nicht mehr leisten, weil sie einfach zu viel Energie verbrauchen. Was ist also der Ausweg? Wir brauchen Hochhäuser, bei denen man in erster Linie daran denkt, wie man sie Ressourcen sparend baut und betreibt."

(Quelle: nach Foster, N.: „Wir brauchen Hochhäuser", in: Der Spiegel 47/2003, S.172-174)

1. Erörtern Sie diese Aspekte der Stadtentwicklung und entwickeln Sie weitere bedenkenswerte Vorschläge.

Diercke Geographie vor Ort

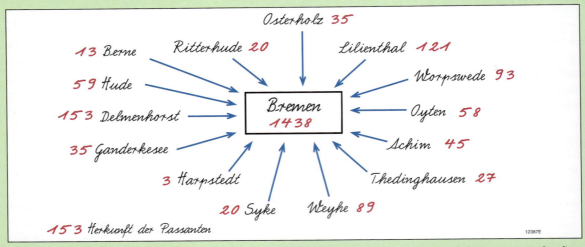

M1 Einzugsbereich der Bremer City am 2.7.2006, 11.30 – 14.00 Uhr (Quelle: Passantenbefragung am Roland)

Die Stadt – Arbeit vor Ort

Die Stadt ist ein aus Stein, Beton und Asphalt gebauter Lebensraum des Menschen. Dieser Lebensraum ist aber trotz seiner scheinbaren baulichen Festigkeit Veränderungen unterworfen. Über Jahrzehnte und Jahrhunderte wurden die Bauten und Verkehrsadern der Städte immer wieder umgewandelt, haben sich Stadtviertel wirtschaftlich und sozial verändert. Einige Möglichkeiten für stadtgeographische Untersuchungen sollen im Folgenden vorgestellt werden. Da die Untersuchungsmöglichkeiten in bestimmten Themenbereichen sehr umfangreich sind, ist es ratsam, die Arbeitsaufträge auf mehrere Gruppen zu verteilen.

Stadt und Umland als Lebensraum

Fotosafari in Stadt und Umland: Fangen Sie möglichst viele Aspekte oder Merkmale des städtischen und ländlichen Lebensraumes fotografisch ein und stellen Sie sie in einer Wandzeitung dar. Sie können aus dieser Fotozusammenstellung dann auch ihren eigenen Stadtbegriff unter der Fragestellung „Stadt ist für mich …" definieren. Ein Vergleich mit den im Buch angegebenen Stadtbegriffen wäre als Abschluss sinnvoll.

Stadtentwicklung und Stadtstrukturen

- Untersuchung zur Stadtgeschichte und zum Städtewachstum: Forschen Sie dazu im Stadtarchiv. Arbeiten Sie hier auch mit (alten) Stadtplänen und zeichnen Sie die Stadtentwicklungsphasen auf einem Stadtplan oder einer topographischen Karte ein.

- Fotosafari in einzelnen Stadtteilen: Fotografieren Sie typische Gebäude aus bestimmten Epochen der Stadtentwicklung. Fertigen Sie zu den Gebäuden einen Steckbrief an (z.B. mit Foto, Geschichte des Gebäudes, Merkmale der Bauepoche, heutige Nutzung) und stellen Sie Fotos / Steckbriefe aus. Vermerken Sie die Lage der Gebäude innerhalb der Stadt auf einer Karte.

- Untersuchung zu funktionalen und sozialen Merkmalen:
  - Erkundigen Sie sich beim Stadtplanungsamt nach a) der vorwiegenden Nutzung und b) den durchschnittlichen Bodenpreisen einzelner Stadtteile. Fertigen Sie zu beiden Aspekten eine thematische Karte an.
  - Erkundigen Sie sich beim Sozialamt nach der Verteilung der Sozialhilfeempfänger innerhalb der Stadt und fertigen Sie hierzu ebenfalls eine Karte an.
  - Analysieren Sie die erstellten thematischen Karten zur Nutzung, zu den Bodenpreisen und den Sozialhilfeempfängern und stellen Sie untereinander Verbindungen her.
  - Nach der Analyse wäre auch eine Verbindung zu Aspekten der Fotosafari, zum Bauzustand der Gebäude und zur Lage der Gebäude innerhalb der Stadt möglich.
  - Entwickeln Sie eine Karte zu den Pendlerbeziehungen zwischen Stadt und Umland. Daten über Ein- und Auspendler können Sie beim Stadtplanungsamt oder bei der Industrie- und Handelskammer erfragen.

Diercke Geographie vor Ort

Note	1	2	3	4	5	6
Welchen Eindruck haben Sie von der City?						
Fassaden		I	III	IIII I	II	I
Pflasterung		IIII III	IIII IIII	I		
Sauberkeit		IIII IIII	II		I	
Sitzgelegenheiten		II	III	IIII IIII		
Bepflanzung		I	I	IIII II	IIII IIII	
Wie sind Sie mit der Angebotsvielfalt zufrieden?						
Einzelhandel	I	IIII IIII	IIII I	I	III	
Restauration	II	IIII	IIII IIII	III	I	I
Dienstleistungen	I	II	IIII IIII II	IIII		
Gibt es ausreichend Parkmöglichkeiten?	II	I	IIII I	IIII IIII IIII	I	

M2 Fragebogen zur Attraktivität der City

- Untersuchungen zur Suburbanisierung:
  - Erfragen Sie beim Einwohnermeldeamt die Zu- und Abwanderungszahlen und die Herkunftsorte der Zuwanderer bzw. die Zielorte der Abwanderer. Stellen Sie das Datenmaterial graphisch dar.
  - Führen Sie eine ähnliche Untersuchung und Datenverarbeitung in den Stadtrandgemeinden und/oder Orten des Umlandes durch.
  - Analysieren Sie abschließend die Wanderungsbewegungen.

Städtische Teilräume
- Befragung der Citybesucher zur Feststellung der Attraktivität, der Erreichbarkeit und des Einzugsbereiches der Innenstadt. Mögliche Fragen sind: „Wie oft suchen Sie die City auf? Was ist der Grund für den Citybesuch? – Geben Sie bitte ihren Wohnort an. Wie viel Geld geben Sie im Durchschnitt bei einem Citybesuch aus und wofür? Mit welchem Verkehrsmittel sind Sie heute in die City gekommen?
Erstrebenswert wäre eine Untersuchung an mehreren Tagen und zu bestimmten Tageszeiten.
Erstellen Sie anschließend ein Attraktivitätsprofil der City bzw. ein Profil der Citybesucher und legen Sie den Einzugsbereich der City in einer Karte fest. Der Einzugsbereich kann mithilfe einer Auflistung der Kfz-Kennzeichen auf den Parkplätzen und in den Parkhäusern durchgeführt werden.
Ähnliche Profile lassen sich auch bei Einkaufszentren am Stadtrand erstellen.

- Segregationsprozesse (vgl. Kapitel 5.2) spielen sich verstärkt in bestimmten Stadtvierteln ab. Untersuchen Sie diese innerhalb eines Stadtviertels, zum Beispiel:
  - Befragen Sie die Bewohner bestimmter Häuser des Stadtviertels zu a) Beruf, Alter, Religionszugehörigkeit (Erstellen eines Bewohnerprofils) und b) Wohnungsgröße, Mietpreis, infrastrukturelle Ausstattung wie z.B. Sanitär-, Energieversorgung, Telekommunikation (Erstellen eines Ausstattungsprofils).
  - Befragen Sie die Einwohner zur Ausstattung/Attraktivität des Stadtteils, z.B. Einkaufsmöglichkeiten, Möglichkeiten der Religionsausübung (Kirche, Moschee etc.), Freizeitmöglichkeiten, Bildungseinrichtungen, ärztliche Versorgung etc.
  - Kartieren Sie die infrastrukturelle Ausstattung des Stadtviertels.
- Vergleichen Sie die sozialen Komponenten verschiedener Stadtteile. Daten hierzu können bei der Stadtverwaltung (z.B. Einwohnermeldeamt) besorgt werden.

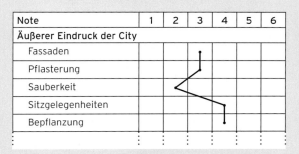

M3 Ausschnitt aus einem Attraktivitätsprofil

Satellitenbild der Niederrheinischen Bucht mit dem Verdichtungsraum Köln aus rund 700 Kilometer Höhe

6

Raumplanung

Grundlagen der Raumordnung

Die Niederrheinische Bucht mit dem Verdichtungsraum Köln ist geprägt durch Muster aus verschiedenen Flächennutzungen. Es ist das Ergebnis von mehr als 2000 Jahren räumlicher Entwicklung. Die hier lebenden und wirtschaftenden Menschen haben den Naturraum zu einer Kulturlandschaft geformt. Damit einher gingen immer auch schwerwiegende Interessenkonflikte: Wald und Wiesen mussten Infrastruktur- oder Industrieanlagen weichen, landwirtschaftliche Fläche wurde zugunsten von Siedlungen aufgegeben, historische Siedlungsplätze wuchsen an zu Großstädten. Die damit verbundenen Konflikte abzuschwächen und zu einer dem Wohl der Allgemeinheit dienlichen räumlichen Ordnung zu gelangen, hat sich die räumliche Planung zur Aufgabe gemacht.

6.1 Raumordnung in Deutschland – Triebkräfte und Ziele

Jeder Raum ist geprägt vom Nebeneinander unterschiedlichster Nutzungen. In der Summe machen die Standorte dieser Nutzungen die räumliche Struktur eines Gebietes, das heißt seine räumliche Ordnung aus. Mit dem Begriff **Raumordnung** ist also zunächst einmal nicht mehr gemeint als der Ist-Zustand der räumlichen Verteilung von Bevölkerung, Arbeitsplätzen und Infrastruktur in jedem Teilraum auf unserer Erde.

Der Begriff Raumordnung hat jedoch weitere Dimensionen. So ist das Zusammenleben und -wirtschaften, vor allem in dicht besiedelten Räumen, immer auch mit erheblichen Konflikten verbunden. Unterschiedliche Akteure haben unterschiedliche Ansprüche an den Raum. Sie treten zueinander um verschiedene Formen der Flächennutzung in Konkurrenz. So stellt der Landwirt andere Ansprüche an den Raum als der Naturschützer. Oder ein Unternehmer, der optimale Produktionsbedingungen anstrebt, hat andere Vorstellungen als der Bauherr, der ein möglichst von Emissionen unbelastetes Baugrundstück sucht. Die Folge der unterschiedlichen Ansprüche an den Raum sind **Raumnutzungskonflikte**.

Wer nun nimmt Einfluss darauf und entscheidet letztendlich, ob am Rand von Großstädten neue Einfamilienhausgebiete, Gewerbegebiete oder eine Windkraftanlage entsteht? Oder ob der gute Ackerboden weiterhin landwirtschaftlich bewirtschaftet wird? Als Antwort darauf kann erneut der Begriff Raumordnung ins Feld geführt werden. Diesmal aber ist er gemeint als Aufgabe von Staat und Gesellschaft. Jede Gesellschaft ist bestrebt, Nutzungskonflikte durch planvollen Umgang mit Raum zu vermeiden und einen Ausgleich verschiedener Interessen zu erzielen. In Deutschland sind auf Bundes-, Länder- und regionaler Ebene Leitvorstellungen über die angestrebte Raumordnung formuliert. Damit ist zunächst einmal grob festgehalten, wie sich Raumplaner die weitere räumliche Entwicklung vorstellen. Diese Vorstellungen werden sodann in übergeordneten Plänen bzw. Programmen festgelegt. Sie sind die Grundlage für alle den Raum betreffenden Planungen auf allen administrativen Ebenen. So muss jede neue den Raum betreffende Maßnahme – vom Bau eines Hauses bis hin zu Großprojekten wie dem Neubau von Autobahnen, Bahntrassen, Flughäfen oder der Erschließung neuer Industrie- und Gewerbegebiete – mit den Zielen der Raumordnung vereinbar sein.

Auch wenn der Gesetzgeber darum bemüht ist, in der Praxis können meist nicht alle Raumansprüche gleichermaßen zufriedengestellt werden. In vielen Fällen müssen Prioritäten gesetzt werden. Dabei darf niemals das Wohl der Allgemeinheit aus dem Blick verloren werden. Es steht immer über den Interessen des Einzelnen. Schließlich muss gerade in der dicht besiedelten Bundesrepublik Deutschland mit der sehr begrenzt verfügbaren Ressource Raum sorgfältig umgegangen werden. Die im Raum wirksamen Kräfte sollen so zueinander geordnet werden, dass ein möglichst sozial, ökologisch und ökonomisch nachhaltiges Zusammenleben möglich wird – auch vorausschauend für nachfolgende Generationen.

M1 *Dimensionen der Raumordnung*

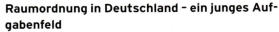

	1950		1985		2005
	AL	NL	AL	NL	gesamt D
landwirt. Fläche	14,2	6,5	11,9	6,2	18,9
Wald	7,0	2,9	7,4	3,0	10,6
Wasser	0,4	0,2	0,5	0,3	0,8
Siedlungs-, Verkehrsflächen davon Gebäude- und Freiflächen	1,9 0,8	0,9	3,0 1,5	1,2	4,6 2,3
Sonstige	1,2	0,3	2,1	0,1	0,8
Gesamt	24,7	10,8	24,9	10,8	35,7

AL = alte Länder; NL = neue Länder   Quelle: Statistisches Bundesamt

M2 Flächenanteile in Deutschland 1950 bis 2005 (in Mio. Hektar)

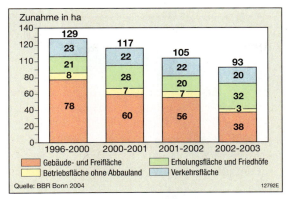

M3 Tägliche Zunahme der Siedlungs- und Verkehrsfläche 1996 bis 2003

Raumordnung in Deutschland – ein junges Aufgabenfeld

Während die Planung auf städtischer Ebene eine sehr lange Tradition hat, ist der Beginn einer Raumordnung auf übergemeindlicher Ebene in Deutschland erst etwa 100 Jahre alt. Er fällt zusammen mit dem Prozess der Industrialisierung im 19. Jahrhundert, als expandierende Industrie und explosionsartiges Bevölkerungswachstum zu einem planlosen Ausufern der Städte führte. Die planvolle Steuerung dieser raumwirksamen Prozesse wurde aber noch nicht als staatliche Aufgabe angesehen, sondern eher als eine Koordinierungsaufgabe zwischen einzelnen Kommunen. Einer der wichtigsten Planungsverbände war der 1920 gegründete Siedlungsverband Ruhrkohlenbezirk. In ihm schlossen sich die Kommunen des Ruhrgebiets zusammen, um die Aufgaben zu bewältigen, die mit dem ungeordneten Wachstum des Industrierevieres auf alle zukamen. Erst die Einrichtung der „Reichsstelle für Raumordnung" 1935 markiert den Beginn der staatlichen Raumordnung in Deutschland. Allerdings wurde sie überwiegend in den Dienst der politischen Zielsetzungen des Nationalsozialismus, unter anderem der Besiedlung der Gebiete östlich der Elbe, gestellt.

In den 1950er-Jahren schließlich konnte die dringende Notwendigkeit einer Gemeinde übergreifenden Planung nicht mehr übersehen werden. Gestiegener Wohlstand und zunehmender Individualverkehr hatten zu einer beständigen Ausweitung von Siedlungs- und Verkehrsflächen geführt – auf Kosten von Natur- und Freiflächen und des Naturhaushaltes (M2). Doch es war nicht nur diese Entwicklung, die eine übergeordnete Raumplanung notwendig machte. Gleichzeitig beobachtete man seit den 1950er-Jahren, dass die Lebensqualität in den aufstrebenden Industrie- und Verdichtungsräumen beständig stieg, während andere, eher ländlich und peripher gelegene Räume, an Bevölkerung und Arbeitsplätzen verloren. Diese regionalen Disparitäten abzubauen wurde das bestimmende Leitbild der Raumordnung für die folgenden Jahrzehnte.

Raumordnung ist nicht nur in Deutschland ein wichtiges Aufgabenfeld. Ähnliche Aufgabenbereiche und Organisationsform gibt es in allen Staaten der Erde, teilweise allerdings mit geringerer Einflusskraft, wie zum Beispiel in den USA oder vielen Entwicklungsländern, teilweise aber auch mit langer Tradition, wie in den Niederlanden oder Großbritannien.

1. Erstellen Sie auf der Grundlage des Satellitenbildes (S. 308 f.) eine Flächennutzungsskizze der Niederrheinischen Bucht. Beschriften Sie diese unter Zuhilfenahme des Atlas.

2. Als typisches Beispiel für einen Raumnutzungskonflikt kann die Entscheidung über die künftige Nutzung innenstadtnaher Industrieareale sein: Soll beispielsweise ein neues Einkaufszentrum entstehen oder ein öffentlicher Park? Geben Sie Beispiele für solche oder vergleichbare räumliche Nutzungskonkurrenzen aus Ihrem Heimatraum.

3. Setzen Sie die Tabelle M2 in ein aussagekräftiges Diagramm um. Stellen Sie die Aussage Ihres Diagramms in Zusammenhang mit den Notwendigkeiten einer staatlichen Raumordnung.

6.1 Raumordnung in Deutschland – Triebkräfte und Ziele

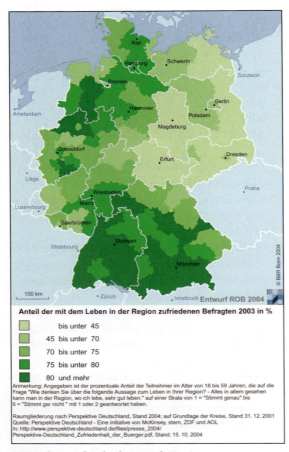

M1 Lebenszufriedenheit nach Regionen

Ziele bundesdeutscher Raumordnung

Das wichtigste Ziel bundesdeutscher Raumordnung über mehrere Jahrzehnte war es, gleichwertige Lebensbedingungen in allen Teilräumen Deutschlands herzustellen. Die Betonung lag dabei auf Gleichwertigkeit, womit nicht Gleichheit gemeint war. Die regionale Vielfalt, die Deutschland seit jeher prägt, galt es zu erhalten. Diejenigen räumlichen Unterschiede hingegen, die zu Benachteiligungen der Bevölkerung aufgrund struktureller Schwächen geführt hatten, sollten gezielt gemindert werden. So sollten die Bewohner strukturschwacher ländlicher Regionen nicht länger gezwungen sein, auf der Suche nach Arbeit ihre Heimatregionen zu verlassen. Familien in durch Luftverschmutzung stark belasteten Verdichtungsregionen sollten nicht um das gesundheitliche Wohl ihrer Kinder bangen und letztlich umziehen müssen. Schulen, Universitäten und Krankenhäuser, aber auch Geschäftszentren und Gewerbegebiete sollten von überall her in zumutbarer Entfernung erreichbar sein. Um diese Ziele zu erreichen, schaffte der Gesetzgeber mit dem Raumordnungsgesetz (ROG) 1965 einen gesetzlichen Rahmen.

War es schon in den alten Bundesländern schwierig, regionale Disparitäten mit den Mitteln der Raumordnung abzubauen, so wurde sie mit der Wiedervereinigung beider deutscher Staaten 1990 vor völlig neue Aufgaben gestellt. Die über 40 Jahre getrennte Entwicklung hatte zwei Teilräume entstehen lassen, deren soziale, wirtschaftliche, infrastrukturelle und ökologische Unterschiede wohl noch auf Jahrzehnte bestehen werden. Trotz dieser Schwierigkeiten hält der Gesetzgeber an seinem Hauptziel, der Bereitstellung gleichwertiger Lebensverhältnisse im gesamten Bundesgebiet, fest. Im novellierten ROG von 1997 legte er fest, dass alle Regionen in Deutschland in ökonomischer, ökologischer und sozialer Hinsicht so zu fördern seien, dass größere Abwanderungen aus wirtschaftsschwachen oder überlasteten Räumen ausbleiben. In wirtschaftlich prosperierenden Räumen, wie zum Beispiel einigen westdeutschen Verdichtungsregionen, muss ein ökologisch ausgeglichenes, geordnetes Miteinander gefördert werden. In **strukturschwachen Räumen** mit hoher Arbeitslosigkeit, stagnierender Wirtschaft und/oder unzureichender Infrastrukturausstattung, stehen die Stabilisierung der Raumstruktur und die Stimulierung der wirtschaftlichen Entwicklung im Mittelpunkt.

Trotz aller Bemühungen der Raumplanung bestehen in Deutschland erhebliche Disparitäten: zwischen Stadt und Land, zwischen Nord und Süd und vor allem zwischen Ost und West. Die Ergebnisse repräsentativer Umfragen zeigen, dass die Verwirklichung von Gleichwertigkeit in Deutschland noch lange nicht erreicht ist. Das zeigt sich auch bei der Frage nach Lebenszufriedenheit. Hier lässt sich ein deutliches Gefälle zwischen Ost und West feststellen (M1). Einer der wichtigsten Gründe hierfür sind die deutlich schlechtere ökonomische Situation in den ostdeutschen Bundesländern, das Fehlen von Arbeitsplätzen und somit höheren Arbeitslosenzahlen.

Obwohl also die Ergebnisse der Raumplanung zum Teil sehr skeptisch bewertet werden müssen, bleibt das Ziel der Gleichwertigkeit auch im novellierten ROG der wichtigste Punkt. Allerdings sind dort zwei weitere, gleichwertige Ziele verankert:

Schutz und Pflege natürlicher Lebensgrundlagen: Vor allem dieses Ziel hat an Bedeutung gewonnen. Dadurch soll die Zersiedelung der Landschaft und die Überlastungen von Räumen vermieden werden, denn noch immer wird in Deutschland täglich eine Fläche von zirka 100 Hektar (etwa 200 Fußballfelder) versiegelt. Erklärtes Ziel der Raumordnung ist es, diesen Flächenverbrauch bis 2020 drastisch zu senken – auf maximal 30 Hektar pro Tag.

Weiterer Inhalt dieses zweiten Ziels ist es, die Energieressourcen langfristig und nachhaltig zu sichern. **Nachhaltige Entwicklung** bedeutet, dass wirtschaftliche Aktivitäten und sozialer Ausgleich so zu organisieren sind, dass sie mit den Erfordernissen einer umweltverträglichen Entwicklung in Einklang stehen – und umgekehrt.

Förderung der Einbindung Deutschlands in das vereinte Europa der Regionen: Dieses dritte Ziel muss vor dem Hintergrund eines enger zusammenwachsenden und größer werdenden Europas gesehen werden. Räumliche Entwicklung macht schließlich nicht an Ländergrenzen halt, vielmehr bestehen vielfältige Abhängigkeiten. Längst schon pendeln Arbeitnehmer täglich über Ländergrenzen. Vielfältige Handelsbeziehungen sorgen dafür, dass Deutschland aus zahlreichen Teilen Europas und der Welt versorgt wird. Und auch Umweltbelastungen sind grenzüberschreitend. Daher arbeitet Deutschland gemeinsam mit den Ländern der Europäischen Union an einem Europäischen Raumentwicklungskonzept. Zudem bestehen mit einzelnen Nachbarstaaten grenzüberschreitende Planungsverbünde (vgl. M2, Seite 323).

Regionalisierung als Voraussetzung für Raumordnung

Damit die Raumordnung auf die Entwicklung unterschiedlicher Räume einwirken kann, müssen zunächst bestehende Raumstrukturen analysiert werden. Aus diesem Grunde gibt es seit den 1960er-Jahren die sogenannte „**laufende Raumbeobachtung**", die anhand statistischer Daten, meist der Bevölkerungsdichte, verschiedene Raumordnungsregionen in Deutschland als **Gebietstypen** auf Kreis- und Gemeindeebene ausweist. Zudem schreibt das ROG die Vorlage von Raumordnungsberichten vor, die Auskunft über Stand und absehbare Entwicklung dieser Gebietstypen geben. Diese Analysen sind die Voraussetzung für nachfolgende Ent-

- Erhalt der dezentralen Siedlungsstruktur mit ihren leistungsfähigen Stadtregionen,
- Erhalt und Entwicklung der großräumigen Freiraumstruktur,
- Erhalt der gewachsenen Kulturlandschaften,
- Schutz, Pflege und Entwicklung von Natur und Landschaft,
- Entwicklung der ländlichen Räume als eigenständige Lebens- und Wirtschaftsräume,
- räumliche Konzentration der Siedlungtätigkeit auf ein leistungsfähiges System zentraler Orte,
- in verdichteten Räumen: Ausrichtung der Siedlungtätigkeit auf ein integriertes Verkehrssystem und Sicherung der Freiräume,
- Verringerung der Verkehrsbelastung durch Mischung der Raumnutzungen,
- Vorrang der Innenentwicklung vor der Inanspruchnahme von Freiflächen,
- Stärkung regionaler Kooperation und damit der Zukunftsfähigkeit der Regionen in einem vereinten Europa.

Quelle: Priebs, A. (2005): Raumordnung und Raumentwicklung als Zukunftsaufgabe. In: Geographische Rundschau 57, H. 3, S. 4 – 9

M2 Aktuelle Aufgabenschwerpunkte bundesdeutscher Raumordnung

scheidungen wie die Zuweisung von Geldmitteln bzw. Planungsmaßnahmen aller Art. Die „laufende Raumbeobachtung" hat somit nicht nur das Forschungsziel, Daten zu verschiedenen Gebietstypen zusammenzutragen. Vielmehr hat sie die Aufgabe, diese miteinander zu vergleichen und gewisse Regelmäßigkeiten einer Raumentwicklung aufzudecken. Schließlich verändern sich räumliche Strukturen nicht regellos, sondern es gibt Raumtypen, die einander sehr ähnlich sind. So weisen beispielsweise Randbereiche von Verdichtungsräumen (der suburbane Raum) vergleichbare Entwicklungen auf, gleichgültig, ob dieser Verdichtungsraum nun Rhein-Ruhr, Rhein-Main oder München heißt.

Mithilfe der Gebietstypen, in denen räumliche Entwicklungen gleich oder ähnlich ablaufen, lassen sich dann die Ursachen und Folgen von Veränderungen leichter erkennen und es ist möglich, im Falle unerwünschter Entwicklungen durch raumplanerische Maßnahmen gegenzusteuern. Die Abgrenzungskriterien für die

313

M1 Halle an der Saale in Sachsen-Anhalt: Peripherraum mit Strukturschwächen

siedlungsstrukturellen Grundtypen (vgl. Seite 326) in Deutschland sind Bevölkerungsdichte und Zentralität, das heißt die Einwohnerzahl des größten Oberzentrums der Region. Danach werden unterschieden:

- der **innere und äußere Zentralraum**, in denen die durchschnittliche Einwohnerdichte rund 1000 Einwohner pro Quadratkilometer beträgt. Zu diesem Typus gehören die klassischen polyzentrischen (zum Beispiel der Verdichtungsraum Rhein-Ruhr) und monozentrischen Verdichtungsräume wie Berlin oder München. Die wichtigsten Entwicklungsaufgaben bestehen in diesem durch hohe Siedlungsdichte und starke Verkehrsdynamik geprägten Raum in einer Abstimmung der vielfältigen Nutzungskonkurrenzen und einer Abschwächung der negativen Umwelteinwirkungen;
- der **Zwischenraum**, der zwar eine deutlich geringere Siedlungsdichte (etwa 200 Einwohner pro Quadratkilometer) aufweist, aber dennoch über eine gute Anbindung zu den bedeutenden Zentren verfügt. Sie bilden korridorartige Zwischenräume zwischen den Zentralräumen. Hier lebt etwas mehr als ein Viertel der Bevölkerung auf gut 30 Prozent des Bundesgebietes. In solchermaßen verdichteten Räumen bestehen die Hauptaufgaben der Raumordnung darin, die Siedlungsentwicklung zu konzentrieren und die Erschließung der Infrastruktur an diese Entwicklungszentren zu binden. Gleichzeitig sollen die dort noch ausreichend bestehenden landschaftlichen Freiräume mit ihren ökologischen Ausgleichsfunktionen und ihrer Bedeutung für die Naherholung langfristig gesichert werden.
- In den **Peripherräumen** schließlich liegt die Einwohnerdichte unter 100 Einwohnern pro Quadratkilometer, ein Oberzentrum ist meist nicht vorhanden. In diese Kategorie fällt beinahe das gesamte Bundesland Mecklenburg-Vorpommern. Unbestritten gehören die Gebiete dieser Kategorie zu den problematischsten. Sie sind vielfach gekennzeichnet durch Arbeitslosigkeit und Bevölkerungsabwanderung. Allerdings bestehen hier – wie auch bei allen anderen Kategorien – nicht nur Ähnlichkeiten, sondern auch deutliche Unterschiede untereinander. So befindet sich das Emsland (vgl. Seite 324 f.) als eine eher prosperierende Region in der gleichen Kategorie wie die mit Strukturproblemen belasteten Kreise Parchim bei Schwerin oder Neumarkt in der Oberpfalz. Die Raumordnung trägt diesen grundlegenden Unterschieden im ländlichen Raum dadurch Rechnung, dass sie zusätzlich zwischen „günstig strukturierten" und „strukturschwachen" ländlichen Räumen unterscheidet.

1. Informieren Sie sich auf der Internetseite der Initiative „Perspektive Deutschland" über die aktuellen Ergebnisse zur Lebenszufriedenheit in Deutschland.
2. Bewerten Sie vor dem Hintergrund der dargestellten räumlichen Disparitäten den Grundsatz der Gleichwertigkeit von Lebensbedingungen. Diskutieren Sie.
3. Erläutern Sie die Regionalisierungen als Voraussetzung für eine erfolgreiche Raumordnungspolitik.
4. Beschreiben Sie die Raumstruktur Deutschlands in M2.

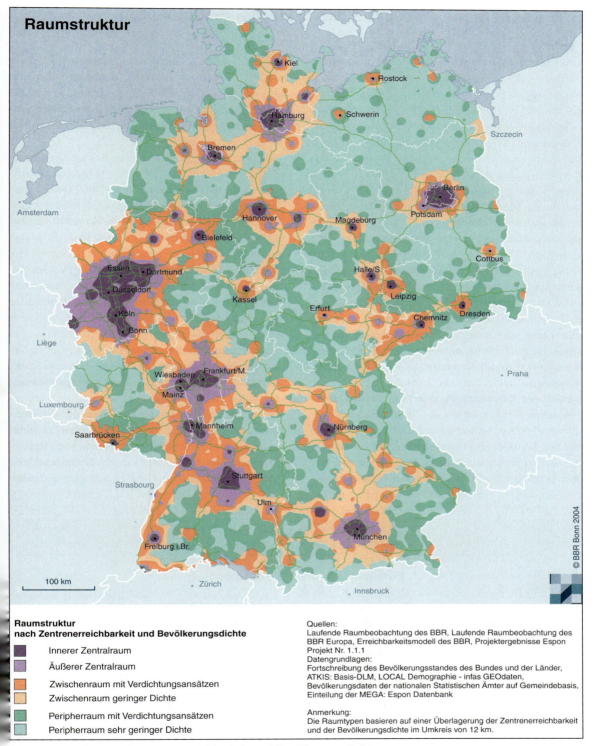

M2 Raumstruktur nach Zentrenerreichbarkeit und Bevölkerungsdichte

6.2 Ebenen und Akteure - Gestaltungsmöglichkeiten

Grundsätzlich sind Raumordnung und Raumplanung Aufgaben des Staates, der damit seiner Pflicht zur Förderung und Entwicklung einer nachhaltigen Raumstruktur nachkommt. Entsprechend den Prinzipien eines föderalistischen Staates erfolgen räumliche Planungen und Maßnahmen in Deutschland aber nicht zentralistisch. Vielmehr garantiert das Grundgesetz den Städten und Kommunen, sich selbst zu verwalten. Ein Kernbereich dieser Selbstverwaltung ist die sogenannte **Planungshoheit**. Sie beinhaltet das Recht für die Gemeinden, in eigener Verantwortung die bauliche Entwicklung zu gestalten. Allerdings müssen alle Planungen mit den Zielen und Grundsätzen der übergeordneten Planungsebene vereinbar sein. So arbeiten Bund, Länder und Kommunen in der Raumplanung im Sinne eines „kooperativen Föderalismus" eng zusammen. Die Akteure auf jeder Ebene – Politiker, Raum- und Stadtplaner – haben unterschiedliche Pflichten zu erfüllen, nehmen unterschiedliche Rechte wahr und besitzen unterschiedliche Kompetenzen. So ist dem Bund als oberste Planungsebene gemäß Artikel 75 des Grundgesetzes im Bereich der Raumordnung eine **Rahmenkompetenz** zugewiesen. Dies bedeutet, dass er Ziele und Grundsätze in Gesetzen festlegen kann. Um die Planungshoheit von Ländern und Gemeinden nicht über Gebühr einzuschränken, wurden die allgemeinen Grundsätze aber bewusst als allgemeingültige Aussagen formuliert. Die nachfolgenden Planungsebenen füllen diese Grundsätze dann entsprechend den spezifischen Gegebenheiten vor Ort mit konkreten Inhalten aus und führen Planungsmaßnahmen durch. Diese wiederum müssen erst von der nächsthöheren Ebene überprüft und genehmigt werden.

Diese wechselseitige Abhängigkeit ist eines der Grundprinzipien der räumlichen Planung in Deutschland. Es wird als **Gegenstromprinzip** bezeichnet. Der Einfluss der überregionalen auf die regionalen oder kommunalen Planungsträger wird als „**Top down-Planung**" bezeichnet, der Gegenstrom dazu wird „**Bottom up-Planung**" genannt. Durch dieses Prinzip soll gewährleistet werden, dass sich die Einzelräume in die Ordnung des Gesamtraumes einfügen und im Gegenzug bei der Gestaltung des Gesamtraums die Gegebenheiten und Erfordernisse seiner Einzelräume berücksichtigt werden.

Raumordnung auf Bundesebene

Das Bundesministerium für Verkehr, Bau und Stadtentwicklung ist für die Organisation der Raumordnung zuständig. Hier wird das Raumordnungsgesetz vorbereitet und die Abstimmung mit den europäischen Partnerländern vorgenommen, hier werden Leitbilder erarbeitet und Berichte zur räumlichen Entwicklung erstellt. Neben der Erarbeitung von Grundlagen und Abstimmungsaufgaben sind folgende raumwirksame

M1 Räumliches Planungssystem

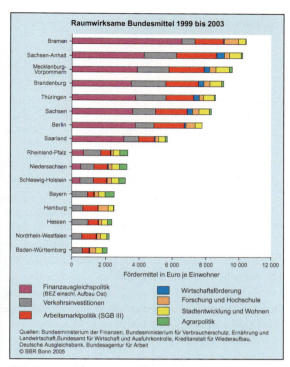

M2 Raumwirksame Bundesmittel 1999–2003 in Euro pro Einwohner

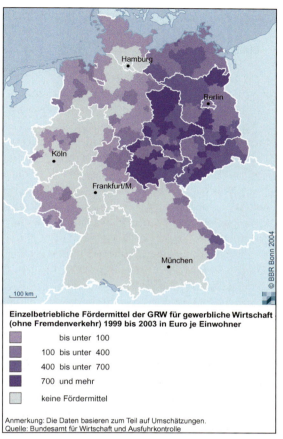

M3 Fördermittel für gewerbliche Einzelbetriebe 1999–2003 (GRW=Gemeinschaftsaufgabe zur Verbesserung der regionalen Wirtschaftsstruktur)

Politikfelder im Bereich der Raumordnung auf Bundesebene besonders wichtig: Städtebau- und Wohnungsbauförderung, Verbesserung der Wirtschaftsstruktur, Umwelt- und Naturschutz sowie Verkehrspolitik.

Im Städtebau sowie in der Wohnungspolitik werden konkrete Planungen zwar eher auf kommunaler Ebene vorgenommen, doch nimmt der Bund durch Mittelzuweisung einen erheblichen Einfluss. So flossen über Jahrzehnte Fördermittel in Millionenhöhe für die Stadtsanierung, die Förderung innovativer Modellvorhaben zur nachhaltigen Stadtentwicklung oder die Unterstützung der Wohnungswirtschaft in Städte und Gemeinden.

Ebenfalls mit der Zuweisung von Finanzmitteln sind die sogenannten **Gemeinschaftsaufgaben** von Bund und Ländern verbunden. Sie dienen der Stärkung der regionalen Wirtschaftsstruktur und sind somit eines der wichtigsten Aufgabenfelder bundesdeutscher Raumordnung. So wurden zum Beispiel im Rahmen der Gemeinschaftsaufgabe „Aus- und Neubau von Hochschulen" seit den 1970er-Jahren zahlreiche neue Universitäten gegründet, um eine ausreichende Versorgung mit Ausbildungsstätten zu gewährleisten. Im Rahmen der Gemeinschaftsaufgabe „Verbesserung der Agrarstruktur und des Küstenschutzes" werden zum Beispiel Flurbereinigungsmaßnahmen unterstützt. Besondere Bedeutung besitzt die Gemeinschaftsaufgabe „Verbesserung der regionalen Wirtschaftsstruktur". Durch sie werden wirtschaftlich benachteiligte Regionen beispielsweise durch gezielte Ansiedlungsförderung von innovativen Unternehmen in ihrer Entwicklung gefördert.

Die **Umweltpolitik** mit den Kernbereichen Naturschutz und Landschaftspflege, Immissionsschutz, Wasserwirtschaft und Abfallwirtschaft bildet ein weiteres zentrales Aufgabenfeld der Bundesraumordnung.

Die **Verkehrspolitik** auf Bundesebene besitzt einen besonders hohen Stellenwert. Schließlich müssen die

6.2 Ebenen und Akteure – Gestaltungsmöglichkeiten

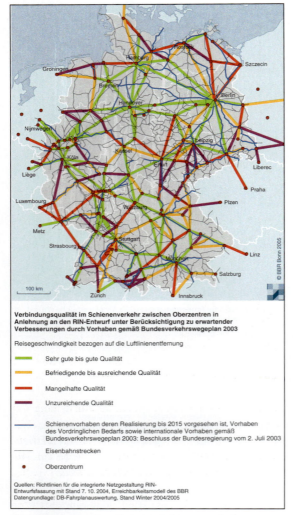

M1 *Verbindungsqualität im Schienenverkehr*

M2 *Aufgaben der Regionalplanung*

Verkehrswege Schiene, Straße und Wasser, die Regionen, Städte und Gemeinden miteinander verbinden, so geplant und ausgebaut werden, dass eine möglichst flächendeckende Versorgung im ganzen Bundesgebiet gewährleistet ist. Dieser Forderung wird die Raumordnung auf Bundesebene durch die sogenannte Bundesverkehrswegeplanung gerecht. So sind zum Beispiel im Bundesverkehrswegeplan für die Schiene bereits gebaute beziehungsweise geplante Strecken nach ihren jeweiligen Bedarfsstufen festgelegt. Der genaue Streckenverlauf, wie zum Beispiel der der ICE-Trasse zwischen Köln und Frankfurt, wird dann im Rahmen eines Raumordnungsverfahrens geklärt.

Durch ein **Raumordnungsverfahren** werden also besonders großräumige und bedeutende Vorhaben wie zum Beispiel der Bau einer Hochspannungsleitung, einer Bundesfernstraße oder eines Schienenweges auf ihre Übereinstimmung mit den Zielen der Raumordnung und Landesplanung geprüft. Das Raumordnungsverfahren schließt immer auch eine **Umweltverträglichkeitsprüfung** (UVP) mit ein. Diese ist ein Prüfverfahren, das die unmittelbaren und die mittelbaren Auswirkungen eines Planungsvorhabens auf die Umwelt beschreibt und bewertet. Bürger sowie Interessenverbände werden im Rahmen des Raumordnungsverfahrens beteiligt, indem die Planungsunterlagen über einen gewissen Zeitraum öffentlich einsehbar sind und Anregungen und Bedenken eingebracht werden können. Somit wird das Verfahren transparent. Es schließt mit einem **raumordnerischen Entscheid** ab, der die Vereinbarkeit mit den Erfordernissen der Raumordnung feststellt oder ablehnt. Diese Entscheidung hat keine unmittelbare Rechtswirkung, sie muss jedoch von allen Trägern nachfolgender Planungen – zum Beispiel in der Bauleitplanung – berücksichtigt werden.

Raumordnung auf Landes- und Regionalebene

Auf Ebene der Bundesländer werden in regelmäßigen Abständen Landesentwicklungsprogramme und -pläne erstellt. In ihnen wird zum Beispiel dargestellt, welche Versorgungsfunktion die einzelne Kommune in der Hierarchie der zentralen Orte (vgl. S. 326) über-

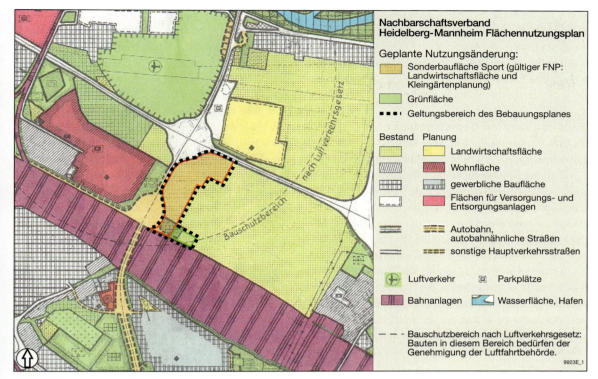

M3 Flächennutzungsplan (Ausschnitt)

nimmt oder wo wichtige Verkehrsleitlinien verlaufen beziehungsweise verlaufen sollen. Auch Gebiete vorrangiger Nutzung, zum Beispiel für Naherholung oder Landwirtschaft, und Standorte für Sondernutzungen wie Windenergieanlagen sind in ihnen ausgewiesen. Konkreter als die **Landesplanung** nimmt die **Regionalplanung** Einfluss auf die räumliche Entwicklung. Sie erstellt Planungsvorschläge für die Entwicklung einzelner Regionen. Die Planungsbehörden auf regionaler Ebene – zum Beispiel auf Regierungsbezirksebene (NRW), Planungsverbandsebene (Rhein-Main-Verdichtungsraum) oder in Planungsgemeinschaften (Rheinland-Pfalz) – konkretisieren einerseits in Regional- oder Gebietsentwicklungsplänen die Leitvorstellungen der übergeordneten Landesebene, andererseits sind sie auch Bewilligungsstellen für alle untergeordneten kommunalen Planungsmaßnahmen. Damit nehmen sie eine „Dreh-und-Angel-Position" in der Hierarchie der Planungsebenen ein.

Gegenwärtig nimmt die Bedeutung der Regionalplanung zu, da Regionen untereinander verstärkt um Arbeitsplätze und Investitionen konkurrieren. So beschränkt sich ihre Aufgabe nicht allein auf die Aufstellung von Regionalplänen. Sie versucht darüber hinaus, die Stärken der einzelnen Kommunen zu bündeln und diese Standortqualitäten in einem Marketing für die gesamte Region zu vermitteln (vgl. Regionalmarketing, S. 329f.). Regionalplaner beraten Investoren, betreiben Projektmanagement und fördern die Entstehung sogenannter „innovativer Milieus" in der Region, die letztlich allen Mitgliedskommunen zugute kommen (M2).

Dass Planung nicht an Gemeindegrenzen halt machen darf, haben die Verantwortlichen schon seit längerem erkannt. Ein besonders prominentes Beispiel für eine gelungene Kooperation auf regionaler Ebene ist der Planungsverband Frankfurt Rhein-Main. Dieser ist der gesetzliche Zusammenschluss von 75 Städten und Gemeinden der Region Rhein-Main. Mit einer Fläche von knapp 2500 Quadratkilometern und fast 2,2 Millionen Einwohnern zählt er zu einer der größten Regionen in Deutschland. Wichtigste Aufgabe des Planungsverbands ist es, die räumliche Entwicklung im Gebiet der 75 Mitgliedsstädte und -gemeinden zu koordinieren sowie den **regionalen Flächennutzungsplan** zu erstellen. Mit ihm wird erstmalig in Deutschland ein neuer Plantyp erstellt, der gleichzeitig die Funktion des Flächennutzungsplanes und die Funktion der Regionalplanes zu erfüllen hat. Damit geht er weit über die üblichen Regionalpläne hinaus und gibt den planerischen Rahmen für jegliches Bauvorhaben in der Region vor.

Raumordnung auf Gemeindeebene
Zu den zentralen Aufgaben einer Kommune gehört die **Bauleitplanung**, die sich in den **Flächennutzungsplan** („vorbereitende Bauleitplanung") und den **Bebauungsplan** („verbindliche Bauleitplanung") gliedert. Der Flächennutzungsplan stellt in Grundzügen die beabsichtigte städtebauliche Entwicklung der Gemeinde dar. Hier, auf der konkretesten Ebene räumlicher Planung, entzünden sich auch die heftigsten Nutzungskonflikte. So müssen die Kommunen einer ungeordneten Ausweitung der Siedlungsfläche entgegenwirken. Außerdem sind sie bemüht, genügend Baulandflächen für ihre Einwohner zur Verfügung zu stellen. Sie müssen sie eine ausreichende Ver- und Entsorgung – zum Beispiel von Abfall – gewährleisten. Zudem müssen sie berücksichtigen, dass Wohngebiete nicht zu sehr durch schädliche Umwelteinflüsse benachteiligt werden dürfen..

Mit dem Flächennutzungsplan besitzt die Kommune ein Instrument, mit dem alle Ansprüche an den Raum möglichst allgemeinverträglich geregelt werden. Er ist verbindlich für alle Behörden und Träger öffentlicher Belange wie Ver- und Entsorgungsunternehmen, Industrie- und Handelskammern oder Straßenverkehrsämter.
Aus dem entsprechenden Flächennutzungsplan, der das gesamte Gemeindegebiet umfasst, werden dann je nach Handlungsbedarf **Bebauungspläne** entwickelt. Sie sind als gemeindliche Satzung für alle Bauherren rechtsverbindlich. In ihnen wird festgesetzt, welche Bebauung beziehungsweise Nutzung nun tatsächlich auf den einzelnen Grundstücken zulässig ist. Die Festsetzungsmöglichkeiten sind im Baugesetzbuch (BauGB) angegeben. Dazu gehören unter anderem Art und Maß der baulichen Nutzung (zum Beispiel Wohngebäude mit höchstens drei Vollgeschossen), Bauweise, überbaubare und nicht überbaubare Grundstücksflächen, Grünflächen und Verkehrsflächen. Der Bebauungsplan enthält in der Regel den eigentlichen Plan im Maßstab 1:500 oder 1:1000 sowie separat angeführte Festsetzungen durch Text und eine Zeichenerklärung (M2). Zusätzlich kann ein Bebauungsplan örtliche Bauvorschriften erhalten.

- Die Stadt stellt fest, dass eine Planung notwendig (Planungserfordernis).
- Es wird die Aufstellung eines Bebauungsplanes beschlossen (Aufstellungsbeschluss).
- Ein Rohkonzept wird erstellt.
- Frühzeitig werden im Rahmen z.B. von Workshops Bürger beteiligt.
- Ein Vorentwurf wird vorgelegt.
- Die Träger öffentlicher Belange werden zum Entwurf gehört.
- Ein Bebauungsplanentwurf wird vorgelegt.
- Der Entwurf wird öffentlich ausgelegt, z.B. im Rathaus.
- Die von Bürgern eingebrachten Anregungen werden geprüft.
- Der Bebauungsplan wird als Satzung beschlossen.
- Mit der öffentlichen Bekanntmachung des Bebauungsplans wird er rechtskräftig.

M1 *Ablaufschema einer Bebauungsplanung*

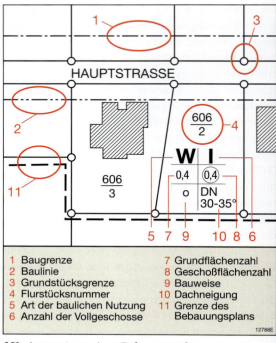

M2 *Auswertung eines Bebauungsplans*

1 Planungs-ebenen	Überörtliche Raumplanung			Örtliche Raumplanung		Planung einzelner Bauvorhaben		
2 Planungs-bezeichnung	Raumordnung	Landesplanung	Regionalplanung	Bauleitplan vorbereitend:	verbindlich:	Entwerfen		
3 Planbe-zeichnung	Raumordnungs-programm mit Plananlage	Landesent-wicklungsplan und -programm	Gebiets-entwicklungs-plan	Flächennutzungs-plan mit Erläuterungen	Bebauungsplan mit Begründung	Vorentwurf, Bauanfrage	Entwurf, Bauantrag	Detailentwurf, Ausführungs-zeichnung
4 Planungs-träger	Bund	Land	unterschiedlich (z.B. Kommunal-verband, Regie-rungsbezirke, Kreise)	Stadt- oder Dorfgemeinde		Behörde oder privater Bauherr		
5 Maßstab	≥ 1 : 50 000		1 : 25 000	1 : 10 000	1 : 1000 / 1 : 500	1 : 200	1 : 100	1 : 50 bis 1 : 1
6 Planinhalt a) räumlich fachlich	überörtliche Fachplanung; überfachliche Raumplanung		Lenkung → ← Beratung	Planung der städtebaulichen Entwicklung im Stadtgebiet; vorläufige Fest-legung aller Mikrostandorte für besondere Nutzungen	Planung der städtebaulichen Ordnung in einem Teilgebiet; Fest-setzung von Art und Maß der Nutzung für jedes Grundstück; Kostenausgaben für die Infra-struktur	Ausführungs-vorschlag unter Berück-sichtigung von Grundstück und städte-baulicher Umgebung	zur Ausfüh-rung genehmigter Entwurf des Gesamtbau-werks	künstlerische und technische Details
	Koordinierung aller Fachplanungen ist nach dem Gegenstromprinzip erforderlich							
b) wirtschaftl. finanziell	sektorale oder regionale oder konjunkturelle	Investitionssteuerung und -lenkung					exakte Maßangaben	
				selektive Wirtschaftsförderung		Investitionen des Bauherrn		
7 Entschei-dungsfeld	Staatliche Gesellschafts- und Wirtschaftspolitik			Kommunalpolitik		Feld privatwirtschaftlicher Entscheidungen		
8 Ein Beispiel: Gesundheits-politik	Der Kranken-hausneubau wird Gemein-schaftsaufgabe; der Bund fördert finanziell	Im nächsten Krankenhaus-Stufenplan wird das Programm verbessert	Der Regierungs-präsident entwickelt ein Dringlichkeits-programm für seinen Bezirk	Ein Standort wird ermittelt und im Flächennutzungs-plan vorläufig festgelegt	Der Bebauungs-plan wird aufge-stellt. Der Erwerb der Grundstücke wird gesichert und eingeleitet	Das Grundstück und seine Erschließung werden untersucht. Der Bauherr führt einen Architekten-wettbewerb durch und bildet Rücklagen für den Neubau des Krankenhauses.		
9 Koordinie-rungsebenen	Landesplanung			Stadtplanung		Architektur		
	Raumordnung			Stadtentwicklungsplan		Städtebau		

12789E

M3 Systematik der Ebenen räumlicher Planung

Die Aufstellung eines Bebauungsplans erfolgt in mehreren Verfahrensschritten. Für verschiedene Verfahrensschritte schreibt das Baugesetzbuch eine „ortsübliche Bekanntmachung" vor, die im Amtsblatt der jeweiligen Gemeinde beziehungsweise Stadt erfolgt. Zu den Verfahrensschritten zählen auch die sogenannte frühzeitige Bürgerbeteiligung und das Auslegen des Bebauungsplans. Gerade die Bürgerbeteiligung ist ein wichtiges Element der Bebauungsplanung. Sie stellt sicher, dass die Bürger bei allen baulichen Maßnahmen auf Gemeindeebene die Möglichkeit erhalten, ihre Meinung vorzubringen, Anregungen zu geben und sich aktiv in die Gestaltung ihres Wohn- und Lebensumfeldes einzubringen. In manchen Gemeinden ist es üblich, Betroffene und Interessierte im Rahmen von Bürgerversammlungen bereits im Vorfeld über Planungsmaßnahmen zu informieren. Damit schaffen die Verantwortlichen ein Forum zur Diskussion und Mitbestimmung.

Neben den Bebauungsplänen existieren auch eine Reihe weiterer Planungen, wie zum Beispiel die **Stadtent**wicklungsplanung, die die großen Linien zukünftiger Entwicklung festschreibt, die **Sanierungsplanung**, die in Altbaugebieten für eine geordnete Durchführung aller Maßnahmen sorgt, oder die **kommunale Verkehrsplanung**.

1. Erläutern Sie das Gegenstromprinzip in der räumlichen Planung. Welche Ebenen kooperieren wie miteinander?

2. Setzen Sie M3 in einen verständlichen Text um.

3. Informieren Sie sich, welche Stelle in Ihrer Heimatregion für die Regionalplanung zuständig ist. Recherchieren Sie außerdem, ob in Ihrer Gemeinde derzeit Bebauungsplanverfahren in Arbeit sind.

4. Erläutern Sie die Sonderstellung des Planungsverbands „Ballungsraum Frankfurt Rhein-Main" im System der räumlichen Planung in Deutschland. Informieren Sie sich darüber auch im Internet.

Raumordnung in Europa (vgl. auch Kap. 9.3)
Räumliche Entwicklung macht nicht an Ländergrenzen halt. Gerade in den letzten Jahren wurde die Mitarbeit an einer europäischen Raumordnungspolitik immer bedeutender. Schließlich verlangt das Ziel einer gemeinsamen Wirtschafts- und Währungspolitik eine Angleichung der wirtschaftlichen Strukturen und Entwicklungen in ihren Teilräumen. Das Hauptziel der europäischen Raumordnungspolitik ist demnach der Abbau des wirtschaftlichen Wohlstands- und Leistungsunterschiedes innerhalb der EU. Da Ressourcen, infrastrukturelle Ausstattung, Arbeitsplatzangebot oder wirtschaftliche Entwicklung jedoch höchst ungleich verteilt sind, finden sich wirtschaftliche Disparitäten nicht nur zwischen einzelnen EU-Mitgliedstaaten, sondern auch innerhalb eines Staates zwischen einzelnen Regionen (M1).

Um einen Überblick über die wirtschaftlichen Strukturen der Regionen zu erhalten, wurden durch das Statistische Amt der Europäischen Union (Eurostat) vergleichbare Raumeinheiten abgegrenzt, die sogenannten **NUTS-Ebenen** (Nomenclature des unités territoriales statistiques). Mithilfe der vier Nuts-Ebenen wird Deutschland zum Beispiel folgendermaßen untergliedert: NUTS-0 = Deutschland als Staat, NUTS-I = Ebene der 16 Bundesländer, NUTS-II = Ebene der Regierungsbezirke, NUTS-III = Ebene der Kreise. Die NUTS-Ebenen bilden die Bausteine für vergleichende statistische Analysen über den Ist-Zustand der jeweiligen Regionen. Dies ist die notwendige Ausgangsbasis für finanzielle und strukturelle Ausgleichsmaßnahmen.

In den vergangenen Jahrzehnten wurde versucht, über sogenannte **Fonds für Regionalentwicklung** – sie sind vergleichbar den Gemeinschaftsaufgaben auf bundesdeutscher Ebene – die erheblichen strukturellen Unterschiede innerhalb Europas und seiner Regionen zu verringern. Vorrangig zielten sie auf Ungleichheiten in Gebieten mit überwiegend landwirtschaftlicher Struktur oder Gebiete mit industriellem Strukturwandel oder

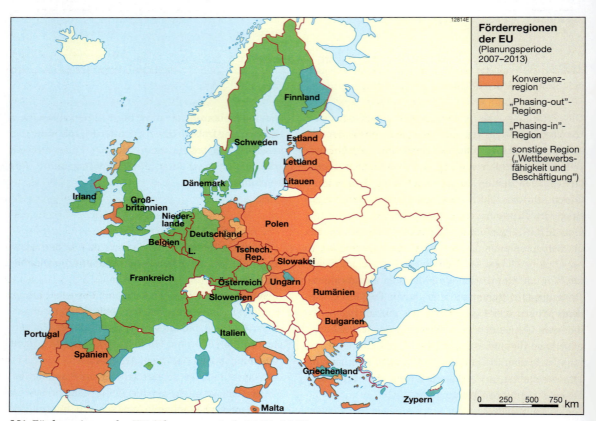

M1 Förderregionen der EU (Planungsperiode 2007–2013)

Euregios oder Euroregionen gibt es an den Binnen- und den Außengrenzen der Europäischen Union. In diesen Gebieten wird grenzüberschreitende Zusammenarbeit in den unterschiedlichsten Bereichen durchgeführt.

Die erste grenzüberschreitende Zusammenarbeit gab es 1958 im Raum Gronau (Deutschland)/Enschede (Niederlande). Diese Region nannte sich EUREGIO. Anschließend wurde die Bezeichnung auf andere grenzüberschreitende Projekte übertragen.

Wichtige Bereiche der grenzüberschreitenden Zusammenarbeit sind: Wirtschaftskooperation (z. B. gemeinsame Entwicklung des Wirtschaftsstandortes), Infrastruktur (z. B. Schaffung eines regionalen grenzüberschreitenden Verkehrsnetzes), kommunale Entwicklung (z. B. Förderung des Tourismus), Umweltschutz (z. B. grenzüberschreitender Umwelt- und Katastrophenschutz), Erhöhung der regionalen Identität (z. B. Förderung von grenzüberschreitenden Veranstaltungen in den Bereichen Kultur und Sport) und Förderung des europäischen Gedankens (z. B. Zusammenarbeit mit europäischen Institutionen).

M2 Euregios in Deutschland

struktureller Unterbeschäftigung. In Zukunft kommen auf die europäische Raumordnungspolitik Aufgaben völlig neuen Ausmaßes zu, wenn es gilt, die neuen Beitrittsländer im Osten der EU zu integrieren.

Die Ziele für eine nachhaltige, sozial, wirtschaftlich und ökologisch ausgewogene europäische Raumentwicklung werden im **Europäischen Raumentwicklungskonzept (EUREK)** definiert. Für den Abbau räumlicher Disparitäten investiert die EU demnach in der Planungsperiode 2007 bis 2013 insgesamt 308 Milliarden Euro aus dem EU-Haushalt. Bei der Verteilung gilt: Liegt das BIP pro Kopf einer Region unter 75 Prozent des EU-Durchschnitts, ist sie eine **Konvergenzregion**. In sie fließen 81 Prozent der Fördermittel.

Neben den Konvergenzregionen werden sogenannte **Phasing-Out-Regionen** ausgewiesen. Diese Regionen wurden bis 2006 gefördert, sind aber in der neuen Planungsperiode nicht mehr als Konvergenzregionen förderwürdig. Sie erhalten jedoch als Übergangsregelung langsam auslaufende Fördermittel. **Phasing-In-Regionen** dagegen haben sich wirtschaftlich so gut entwickelt, dass sie überhaupt nicht mehr förderwürdig sind. Auch sie erhalten übergangsweise auslaufende Fördermittel.

Rund 16 Prozent der Mittel fließen in die restlichen Regionen der EU, unabhängig vom BIP pro Kopf mit dem Ziel „Stärkung von Wettbewerbsfähigkeit und Beschäftigung". Die letzten drei Prozent der Fördermittel werden zur Zusammenarbeit in Grenzregionen verwendet und werden auf Antrag an Behörden, Unternehmen und Nichtregierungsorganisationen (NGOs) verteilt. Neben diesen Zielen werden im Rahmen der EUREK auch „Vorrangige Verkehrsprojekte" genannt, die die ungleiche Entwicklung verringern sollen. Darunter fallen zum Beispiel Hochgeschwindigkeitsbahnverbindungen wie zwischen Montpellier, Madrid und Lissabon. Erhebliche Bedeutung besitzt auch die Ausweisung von Regionen mit grenzüberschreitender Zusammenarbeit. So haben sich an den Grenzsäumen Deutschlands zu den Nachbarstaaten eine Reihe von **Euregios** als internationale Kooperationsräume gebildet (M2).

1. Interpretieren Sie M1 und M5, Seite 439 und fassen Sie ihre Ergebnisse mit eigenen Worten zusammen.
2. Recherchieren Sie im Internet zu mindestens zwei der in M2 dargestellten Euregios. Stellen Sie für diese einen Steckbrief zusammen.

Raumbeispiel: Emsland (Niedersachsen)

Dass Maßnahmen bundesdeutscher Raumordnung in den vergangenen Jahren durchaus erfolgreich waren, zeigt das Beispiel des Emslandes. Noch Anfang der 1950er-Jahre war diese Region der Inbegriff eines strukturschwachen, peripheren Problemraumes. Inzwischen aber gilt der Landkreis als Beispiel für außergewöhnliche Dynamik. Nachdem mit finanziellen Mitteln zunächst Verbesserungen für die Landwirtschaft erreicht worden waren („Emslandplan"), wurden in den 1960er-Jahren im Rahmen der sogenannten Gemeinschaftsaufgabe „Verbesserung der regionalen Wirtschaftsstruktur" eine Reihe von Industrieunternehmen angesiedelt. In den 1970er-Jahren schließlich entwickelten die Planer nach einer umfassenden Gebietsreform ein Raumordnungsprogramm, das die wirtschaftliche Entwicklung der Region in den Vordergrund stellte. Ein starkes Bevölkerungswachstum und Schaffung von Arbeitsplätzen in den 1980er-Jahren waren die Früchte dieser vorausschauenden, von Bund und Land geförderten Regionalentwicklung.

Heute steht eine nachhaltige Entwicklung der Region im Vordergrund, insbesondere der Ausgleich unterschiedlicher Nutzungsinteressen: zwischen der intensiv betriebenen Landwirtschaft, dem expandierenden Tourismus, dem Natur- und Landschaftsschutz sowie der regenerativen Energiegewinnung (Anlage von Windparks). Zudem ist für eine zukunftsfähige Entwicklung der Grenzregion die Kooperation mit Nachbarräumen unerlässlich, wie sie etwa im Rahmen der grenzüberschreitenden Euregios „Ems-Dollart" und „EUREGIO" mit benachbarten niederländischen Regionen stattfindet.

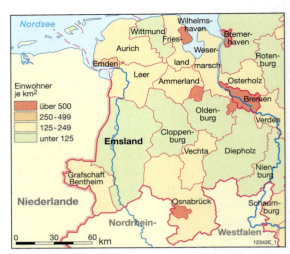

M1 *Bevölkerungsdichte im Raum Emsland und Umgebung*

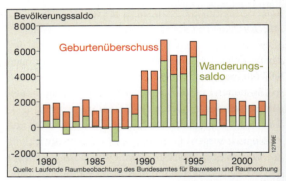

M2 *Geburtenüberschuss und Wanderungssaldo im Landkreis Emsland*

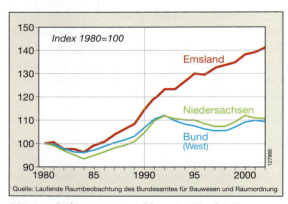

M3 *Beschäftigungsentwicklung im Vergleich*

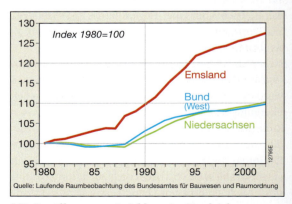

M4 *Bevölkerungsentwicklung im Vergleich*

M5 Meyer-Werft in Papenburg

M6 Zukünftige Aufgaben für die Regionalentwicklung
„Im aktuellen Raumordnungsprogramm für das Emsland spielt der Erhalt der Landschaft eine wichtige Rolle. So werden mit 22 100 ha mehr als doppelt so viele Flächen als ‚Vorranggebiete für Natur und Landschaft' ausgewiesen. Dies entspricht 7,7 Prozent der Fläche des gesamten Kreisgebietes. Dabei werden nicht nur bereits bestehende Naturschutzgebiete übernommen, sondern neben neu festgesetzten Biotopen auch im großen Umfang Moorflächen ausgewiesen, die nach dem Torfabbau renaturiert werden sollen. Neben diesen Zielen stellen sich der Raumordnung im Emsland in Zukunft weitere Herausforderungen: In der schärfer werdenden Konkurrenz der Regionen muss sie eine wettbewerbsfähige Positionierung der Region unterstützen. Das bedeutet weit mehr als die Ausweisung von Gewerbeflächen. Vielmehr geht es um eine enge Verknüpfung von Raumordnung und regionalisierter Strukturpolitik. Besonders wichtig ist in diesem Zusammenhang die Vernetzung vorhandener wirtschaftlicher Entwicklungsansätze, insbesondere im Bereich der Klein- und Mittelbetriebe, und die Förderung von Existenzgründungen. Um all diesen Herausforderungen gewachsen zu sein, hat der Landkreis Emsland ein ‚ZukunftsForum Emsland' ins Leben gerufen, das mit verschiedenen ‚Leuchtturmprojekten' innovative Lösungsvorschläge für gegenwärtige und zukünftige Problemfelder erarbeiten will."

(Quelle: Danielzyk, R.; Wiegandt, C.C.: Das Emsland – ein prosperierender ländlicher Raum. In: Geogr. Rundschau, H. 3/2005, S. 44–51)

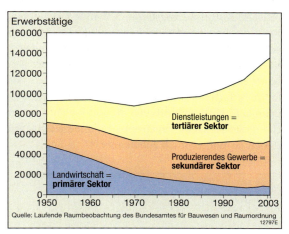

M7 Strukturwandel in der Erwerbstätigkeit nach Wirtschaftssektoren

1. Charakterisieren Sie die Region Emsland.
2. Benennen Sie die raumordnungspolitischen Maßnahmen, die das Emsland seit den 1950er-Jahren zu einem prosperierenden Raum gemacht haben.
3. Erörtern Sie Ziele und Maßnahmen, die in der Region Emsland in den nächsten Jahren im Vordergrund stehen (M6). Erstellen Sie hierzu eine Präsentation, für die Sie zusätzlich im Internet recherchieren, u.a. auf der Website des „ZukunftsForum Emsland".
4. Die Meyer-Werft ist eine der wichtigsten Wirtschaftsfaktoren im Emsland. Recherchieren Sie im Internet und erstellen Sie hierzu eine Präsentation.

6.3 Raumplanung – Instrumente und Strategien

	Einwohnerzahl	schulische Versorgung	Gesundheit/Soziales
Oberzentrum	i.d.R. >100 000	Fachhochschule, Hochschule, Universität	Spezialkliniken, Fachärzte
Mittelzentrum	i.d.R. >20 000	Gymnasium, Realschule, berufliche Schulen	Krankenhaus der Regelversorgung, Altenheim, Beratungs-/Informationszentren
Unterzentrum	i.d.R. >3000	Grundschule, Hauptschule	Allgemeinärzte

M1 *Ausstattung zentraler Orte (Auswahl)*

Allen raumordnerischen Maßnahmen liegen theoretische Konzepte zugrunde. Mit ihnen versuchen Raumplaner, eine räumliche Entwicklung zu erklären beziehungsweise vorherzusagen und zu lenken. Dazu haben sie sich in den vergangenen Jahrzehnten verschiedener dieser Modelle und Konzepte bedient, sie teilweise auch selbst entwickelt. Angewandt werden sie dann in Entwicklungsprogrammen und -plänen. Manche dieser Konzepte ergänzen sich, andere hingegen stehen im Widerspruch zueinander.

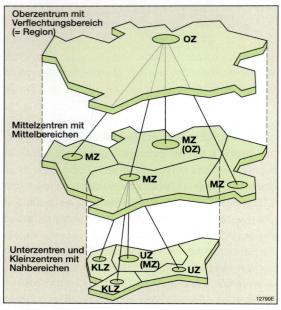

M2 *Konzept der zentralen Orte nach Christaller*

Zentrale Orte

Eines der wichtigsten Konzepte der Raumentwicklung ist das System der zentralen Orte, das ursprünglich von dem Ökonom Walter Christaller in den 1930er-Jahren entwickelt wurde (M1, M2). Es findet sich in nahezu allen Landesentwicklungsplänen der Bundesländer wieder. Ein zentraler Ort lässt sich im Sinne der Raumordnung definieren als eine Siedlung oder Gemeinde, die Versorgungsfunktionen für ein näheres oder weiteres Umland übernimmt. Die Anwendung des Modells erfolgt in mehreren Schritten. Zunächst ermitteln die Raumplaner durch eine Bestandsaufnahme eventuelle Versorgungsengpässe mit wichtigen zentralen Einrichtungen wie Krankenhäuser, Fachgeschäfte, weiterführende Schulen, größere Sportanlagen oder Kulturhallen. Aus den festgestellten Ausstattungen der Städte und Gemeinden ergibt sich jeweils das zu erhaltende beziehungsweise zu schaffende Angebot. Der Staat beziehungsweise die Länder sind bemüht, in allen Regionen die zentralörtliche Ausstattung auf den verschiedenen Ebenen sicherzustellen. Dies geschieht in der Regel durch die Zuweisung finanzieller Mittel zur Schaffung bzw. Erhaltung der benötigten Infrastruktur.

Noch Anfang der 1960er-Jahre stellten Raumplaner eine deutliche Unterversorgung mit Unter- und Mittelzentren in den ländlichen Regionen fest. Um die Versorgung sicherzustellen und der Abwanderung entgegenzuwirken, wurde daraufhin in den Entwicklungsplänen der bevorzugte Ausbau ländlicher Mittelpunktsiedlungen angestrebt. Sie sollten nicht nur eine ausreichende öffentliche und private Grundversorgung mit Schulen, Sporteinrichtungen, Kreditinstituten, landwirtschaftlichen Genossenschaften etc. gewährleisten, sondern auch Standorte für Industrie und Gewerbe sein. Ziel war es, den allgemeinen Wohlstand in den ländlichen Regionen langfristig zu vergrößern. Ein erfolgreiches Beispiel dieser Planung ist das Emsland (S. 324 f.).

Doch stoßen Raumplaner auch immer wieder auf Hindernisse. Vor allem gibt es erhebliche Konkurrenzkämpfe um Mittelzuweisungen, bei denen nicht selten das größte und bedeutendste Zentrum der Region als Gewinner hervorgeht. So werden im „Landesentwicklungsplan Bayern" zwar 24 Oberzentren ausgewiesen, betrachtet man allerdings die Fördermittel für kulturelle Einrich-

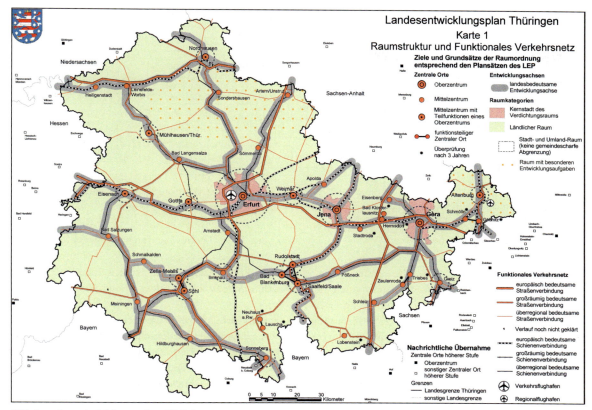

M3 Landesentwicklungsplan Thüringen

tungen, wie zum Beispiel Theater, die an die einzelnen Oberzentren vergeben werden, so liegt München mit etwa 80 Euro pro Einwohner deutlich vor Städten wie Nürnberg mit 16 Euro oder Würzburg mit 25 Euro.

Entwicklungsachsen

In den vergangenen Jahren wurde das punktuelle Konzept der zentralen Orte durch sogenannte **Entwicklungsachsen** in ein **punkt-axiales Konzept** erweitert. Die Funktion der Achsen ist es, die einzelnen Verdichtungsräume durch Verkehrs- und Kommunikationsbänder miteinander zu verbinden. Ein Beispiel hierfür ist der Ausbau von Schnellbahnstrecken, wie der ICE-Trasse Köln – Rhein/Main. Jedoch sollen nicht nur Metropolregionen durch diese neuen Verkehrsbänder miteinander verbunden werden. Vielmehr können entlang der Achsen auch periphere Räume angebunden werden – vorausgesetzt natürlich, sie erhalten einen Haltepunkt der Schnellbahnen. Die Hoffnung der Raumplaner ist, dass entlang der Achsen Standortvorteile geschaffen werden, die letztlich Entwicklungsimpulse für die angrenzenden Räume geben. Denn eine gute Verkehrsanbindung ist eine bedeutende Voraussetzung für die positive Standortentscheidung eines Investors (vgl. Kap. 3.3). Am Landesentwicklungsplan Thüringen lässt sich das Prinzip der zentralen Orte und das der Entwicklungsachsen gut erkennen (M3). Es zeigt, dass auch die neuen Länder nach der Wiedervereinigung dieses Grundmodell der Raumordnung aufgegriffen haben, das in Ansätzen schon in der DDR im Rahmen der Territorialplanung verwendet wurde.

Gerade im Bezug auf das raumordnerische Leitbild „Gleichwertigkeit der Lebensverhältnisse" besitzt das Konzept der zentralen Orte und Entwicklungsachsen bis heute Gültigkeit. Allerdings hat sich gezeigt, dass die öffentliche Hand besonders in Phasen wirtschaftlicher Rezession an die Grenzen ihrer finanziellen Möglichkeiten stößt. Es kommt dann häufig zu einer Abkehr von der flächenhaften, auf Ausgleich bedachten Förderung nach dem Gießkannenprinzip. Stattdessen werden

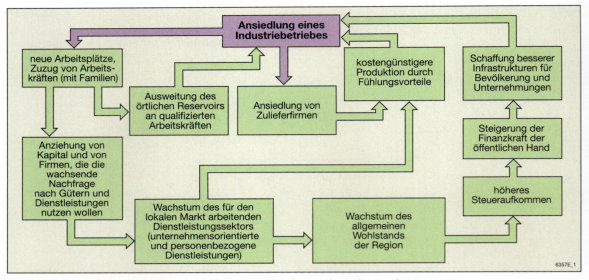

M1 Mögliche Auswirkungen der Ansiedlung einer Wachstumsbranche (nach MYRDAL)

verstärkt Konzepte, die eine Schwerpunktförderung möglich machen, bevorzugt.

Wachstumspole

Während das Konzept der zentralen Orte primär versorgungsorientiert ist und tendenziell von einer gleichmäßigen Verteilung der Orte im Raum ausgeht, verfolgt das Prinzip der Wachstumspole einen anderen Ansatz. Es geht zurück auf die Theorie ungleichen ökonomischen Wachstums (Polarisationstheorie, vgl. S. 363 f.). Für Raumordnung und Regionalplanung wurde sie insbesondere durch die Arbeiten des schwedischen Ökonoms Gunnar Myrdal interessant. Er ging davon aus, dass die einzelnen Größen einer regionalen Wirtschaft – Angebot, Nachfrage, Arbeitsplätze, Investitionen etc. – so miteinander verknüpft sind, dass die positive Veränderung einer Größe auch positive Veränderungen anderer Größen nach sich zieht (M1). Umgekehrt beeinflusst die negative Veränderung einer Größe auch andere Größen negativ.

Das Wachstumspolkonzept verfolgt somit das Prinzip einer konzentrierten Förderung weniger Standorte bei Ansiedlung von Wachstumsindustrien (Wachstumsbranchen). Als Wachstumspole werden dabei Orte in zentraler Lage bezeichnet, die für die Unternehmen Agglomerationsvorteile bieten. Das können zum Beispiel eine gute Infrastruktur, Fühlungsvorteile sowie ein hochwertiges Arbeitskräftepotenzial sein. Anders als beim Ausgleichskonzept der zentralen Orte sollen diese Stärken deutlich ausgebaut, in der Hoffnung, dass von diesen Standorten Ausbreitungseffekte (Spreadingeffekte) für den übrigen Raum ausgehen. Beispiele für eine erfolgreiche Anwendung dieses Prinzips sind die Enterprise-Zones Großbritanniens oder die Wirtschaftssonderzonen Chinas. In Deutschland fordern vor allem die östlichen Bundesländer eine stärkere Berücksichtigung wachstumsorientierter Raumordnungspolitik, in der Hoffnung, dass die ohnehin knappen Mittel gezielt dort eingesetzt werden, wo sie zu den erhofften Ausstrahlungseffekten führen.

Metropolregionen

Diesem Prinzip entspricht auch das neue Konzept der **Metropolregionen**. 1995 hat die Ministerkonferenz für Raumordnung sieben Metropolregionen ausgewiesen, 2005 weitere vier. Diese sind als Gebiete definiert, deren herausragende Funktionen im internationalen Maßstab über die nationalen Grenzen hinweg ausstrahlen und die als Motoren gesamtgesellschaftlicher und räumlicher Entwicklung dienen (M2). Eine bedeutendes Beispiel einer Metropolregion ist der Verdichtungsraum Frankfurt / Rhein-Main. Mit rund 5,3 Millionen Einwohnern, 2,6 Millionen Erwerbstätigen und einer Bruttowertschöpfung von rund 160 Milliarden Euro gehört er zu den zukunftsträchtigen europäischen Wirtschaftsräumen. Insbesondere die zentrale Lage, die sehr gute Verkehrsinfrastruktur, die ausgezeichneten Telekommunikationsmöglichkeiten sowie das Potenzial qualifizierter Arbeitskräfte sind für Unternehmensansiedlungen aus dem Ausland attraktiv.

Es gibt aber auch Beispiele für Wachstumspole außerhalb von Metropolregionen, wie die Region Bodensee-Oberschwaben. Diese sogenannte **Technologieregion** kann auf eine über hundertjährige Geschichte in der Luftfahrt zurückblicken, die mit dem Zeppelin verbunden ist. Heute finden sich dort namhafte Hersteller und Zulieferer zum Beispiel für die Luft- und Raumfahrt, aber auch für Antriebssysteme und Getriebe von Schiffen, Schwerfahrzeugen und der Eisenbahn. Die weitreichenden Forschungs- und Entwicklungsaktivitäten zeigen sich auch in der hohen Zahl von Patentanmeldungen in dieser Region.

Kritiker führen an, dass durch eine punktuelle Regionalförderung wirtschaftliche Disparitäten geschaffen beziehungsweise bestehende gefestigt werden – im Gegensatz zu dem Konzept der zentralen Orte. Zwischen diesen beiden Konzepten besteht somit ein grundlegender Konflikt. Einzig die sogenannte **endogene Regionalentwicklung** wird in der Raumordnung als eine strategische Alternative, als ein Mittelweg gesehen. Sie geht davon aus, dass jede Region aufgrund ihrer natürlichen Ausstattung und Lagebeziehungen unterschiedliche „Begabungen" besitzt. Diese regionseigenen wirtschaftlichen Potenziale und Ressourcen müssen identifiziert und genutzt werden. Um dies zu erreichen, muss natürlich die regionale Ebene gestärkt werden. Außerdem müssen die entsprechenden Potenziale einer Region erst einmal identifiziert werden. In diesem Zusammenhang ist das Konzept der Vorranggebiete zu sehen.

Vorranggebiete

Das Konzept der Vorranggebiete steht für das Ziel, Teilräume auszuweisen, in denen ausdrücklich eine bestimmte Nutzung überwiegt. Als wichtigste regionale Vorrangeignungen kommen zum Beispiel in Betracht:
- landwirtschaftliche Produktion (günstige Ertragsbedingungen aufgrund der Bodengüte),
- Erholung / Tourismus (Nähe zu Küsten und Gebirgen),
- ökologischer Ausgleich („Green belts");
- Infrastrukturfunktion (Seehäfen, Flughäfen, Eisenbahn, Autobahnen)

M2 Europäische Metropolregionen in Deutschland

Diese verschieden strukturierten Regionen können auf unterschiedliche Weise gefördert werden – entsprechend den dort vorhandenen Entwicklungspotenzialen. Bedeutsam geworden ist dieses Prinzip vor allem aber für die nachhaltige Sicherung von Räumen mit wertvollem Natur- und Landschaftspotenzial. Bundesweit wurden Vorrang- und Schutzgebiete ausgewiesen, wie zum Beispiel **Naturschutzgebiete** und Nationalparks, die den stärksten Schutz genießen. Landschaftsschutzgebiete und Biosphärenreservate dienen vor allem der Erhaltung gewachsener Kulturlandschaften. Naturparks schließlich weisen den schwächsten Schutzstatus auf. Es sind meist Räume mit besonderer landschaftlicher Schönheit, in denen die Erholungsfunktion überwiegt. In der aktuellen Leitbilddiskussion wird das Ziel der **Nachhaltigkeit** in der Raumordnung mit dem Motto „Ressourcen bewahren, Kulturlandschaften gestalten" belegt (S. 330 M1).

Regionalmarketing

Als ein besonders innovatives Konzept für Städte und Regionen gilt das Konzept des **Regionalmarketings**. Unter den Rahmenbedingungen eines verschärften, weltweiten Standortwettbewerbs zeigt sich immer häufiger, dass die Zukunftsfähigkeit einer Region, ihrer Städte und Gemeinden nur durch Kooperation untereinander und mithilfe eines konzertierten Standortmanagements zu garantieren ist. Derartige Kooperation,

6.3 Raumplanung – Instrumente und Strategien

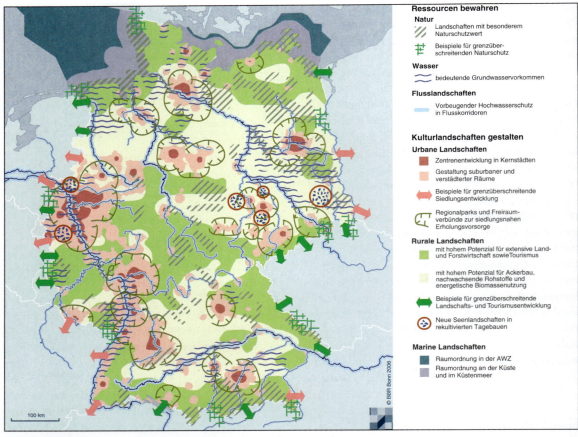

M1 Leitbild „Ressourcen bewahren, Kulturlandschaften gestalten"

Konzept	regional-politisches Verständnis	regional-politische Ziele
Zentrale Orte und Entwicklungsachsen	Versorgung und Verbindung	Grundversorgung und Verkehrsverflechtung
Wachstumspole, Metropolregionen	Entwicklung	Schwerpunktförderung
Vorranggebiete	Bestandswahrung und Bestandstärkung	Potenzialförderung
Regionalmarketing	Wettbewerb	Vermarktung, Imageförderung

M2 Überblick über verschiedene raumordnungspolitische Konzepte

zum Beispiel zwischen Kommunen im Ruhrgebiet, werden somit zu einer unverzichtbaren strategischen Zukunftsaufgabe.

Eine Möglichkeit der Kooperation bieten **Städtenetze**. Sie werden definiert als ein Geflecht großer und mittelgroßer Städte, die durch vielfältige Beziehungen in den Bereichen Wirtschaft, Verkehr und Kultur verbunden sind. Städtenetze beruhen auf freiwilliger Basis ihrer Städte. Die Kooperationen wurden zuerst vor allem in den Bereichen Verkehr und im Flächenmanagement notwendig, um die immer knapper werdenden Flächenreserven gemeinsam zu bewirtschaften und optimal zu nutzen.

Der Ansatz des Regionalmarketings eines Standortes geht aber noch darüber hinaus. Mithilfe privater Akteure, wie zum Beispiel Unternehmen oder Privatinvestoren, versuchen Raumplaner, die gesamte Region und nicht nur einzelne Städte dauerhaft zu stärken.

Städtenetze - ein neues Instrument der Raumordnung

Seit 1998 bieten das Raumordnungsgesetz und die Landesplanungsgesetze auch Städtenetze als ein Instrument an, um die Zusammenarbeit von Städten und Gemeinden zu verbessern. Städtenetze sind unter anderem dadurch gekennzeichnet, dass die Kommunen als Partner agieren, das heißt freiwillig und gleichberechtigt ihre Fähigkeiten und Potenziale bündeln und ergänzen. Unterstützt wird der Aufbau von Städtenetzen durch die Plattform „Forum Städtenetze".

Inhaltliche Schwerpunkte sind vor allem gemeinsame Projekte im Bereich des Städtetourismus, des Zusammenwirkens von Stadtverwaltungen und Wirtschaft mit dem Ziel, attraktive Innenstädte zu schaffen, sowie im Aufbau von Stadt- und Bürgerinformationssystemen. Konkrete gemeinsame Projekte und Fragestellungen können zum Beispiel ein abgestimmter Veranstaltungskalender, der Ausbau des Radwegenetzes, die Verbesserung des öffentlichen Personennahverkehrs (ÖVPN) oder die gemeinsame Öffentlichkeitsarbeit und Werbung, etwa durch einen gemeinsamen Internetauftritt, sein.

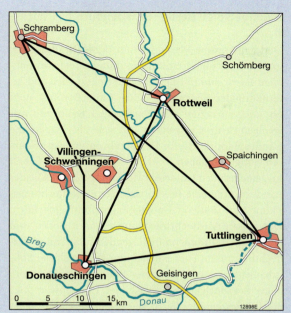

M3 *Das Städteforum Südwest, ein Städtenetz mit rund 180 000 Einwohnern, entstand unter anderem aus dem Wunsch, die Zusammenarbeit mit der Wirtschaft zu stärken.*

Da sich immer mehr Regionen in Europa und der Welt gezielt positionieren, um in der zunehmend verflochtenen Weltwirtschaft erfolgreich zu sein, ist es für ein erfolgreiches Regionalmarketing auch wichtig, das „regionale Denken" anzuregen. Das bedeutet vor allem, die Wahrnehmung der Region als eine Einheit beziehungsweise die regionale Identität der Akteure zu fördern. Dazu dienen zum Beispiel Museen zur Geschichte der Region oder regionale Radiosender. Das Regionalmarketing setzt auch auf die frühzeitige Beteiligung von Bürgerinnen und Bürgern: An „runden Tischen" sollen gemeinsam mit allen Interessierten regionale Entwicklungsstrategien erarbeitet werden, die anschließend durch ein professionelles Standortmarketing nach außen hin vermittelt werden.

Bei diesem Konzept besteht allerdings die Gefahr, dass eine marketingorientierte Politik und Planung dazu tendiert, den wirtschaftspolitischen Zielen ein Übergewicht zu verleihen. Dies geht dann meist zu Lasten von sozial-, kultur- und umweltpolitischen Zielen.

1. Erläutern Sie die Notwendigkeit, im Rahmen der Raumordnung Städte und Gemeinden als Ober-, Mittel- oder Unterzentrum zu charakterisieren.

2. Inwieweit könnte das Prinzip der Wachstumspole für Ostdeutschland Erfolg versprechend sein? Argumentieren Sie und ziehen Sie für Ihre Argumentation auch das Modell von Myrdal (M1, Seite 328) zu Hilfe.

3. Informieren Sie sich im Internet über die Region „Nationalpark Eifel". Welche Flächennutzungskonkurrenzen könnten sich bei der Ausweisung des Schutzgebietes ergeben haben.

4. Erkundigen Sie sich, mit welchem Logo Ihre Region beziehungsweise eine Region in Ihrer Nähe wirbt. Entwickeln Sie eigene Ideen zu einem alternativen Logo und begründen Sie, inwiefern Logos wichtig sind für die Entwicklung einer Region.

5. Erarbeiten Sie Stärken und Schwächen, Chancen und Gefahren der im Text beschriebenen Konzepte der Raumordnung. Stellen Sie diese in einer Übersicht einander gegenüber und diskutieren Sie die Zukunftsfähigkeit der jeweiligen Raumordnungskonzepte.

Raumbeispiel: Berlin - Brandenburg (vgl. auch S. 431 f.)

Der gemeinsame Planungsraum Berlin-Brandenburg ist in Deutschland einzigartig. Einem hoch verdichteten Kernraum mit überragender nationaler und internationaler Bedeutung – dem Land Berlin – steht ein ausgesprochen dünn besiedelter Raum mit nur wenigen Zentren gegenüber. Das stellt die gemeinsame Landesplanung Berlin-Brandenburg vor besonders schwierige Aufgaben.

Im gemeinsamen Landesentwicklungsprogramm beider Länder wurden die Teilräume „engerer Verflechtungsraum" und „äußerer Entwicklungsraum" eingeführt. Der engere Verflechtungsraum umfasst Berlin und den schon in Brandenburg liegenden suburbanen Verflechtungsraum. Hier hat sich durch eine starke Suburbanisierungswelle nach der Wiedervereinigung ein neues Standortgefüge herausgebildet. Ein Schwerpunkt der Landesplanung für diesen Raum liegt darin, eine geordnete räumliche Entwicklung sicherzustellen. So soll vor allem durch eine Konzentration von Infrastrukturen wie Verkehrswege oder Versorgungseinrichtungen ein effizienter Einsatz der finanziellen Mittel erreicht werden. Wichtig für diesen Raum ist außerdem, dass Frei- und Erholungsflächen auch in diesem Gebiet erhalten und gesichert werden, da sie das Bild der Metropolregion mitprägen.

Mit dem äußeren Entwicklungsraum wird der Raum Brandenburgs bezeichnet, der außerhalb des Suburbanisationsbereiches von Berlin liegt. Die Bezeichnung „Entwicklungsraum" zeigt, dass in diesem dünn besiedelten Raum viele Aufgaben wie eine ausreichende Verkehrserschließung oder die Versorgung von Infrastruktureinrichtungen, wie zum Beispiel Schulen, Einzelhandelseinrichtungen oder Krankenhäusern noch ungelöst sind.

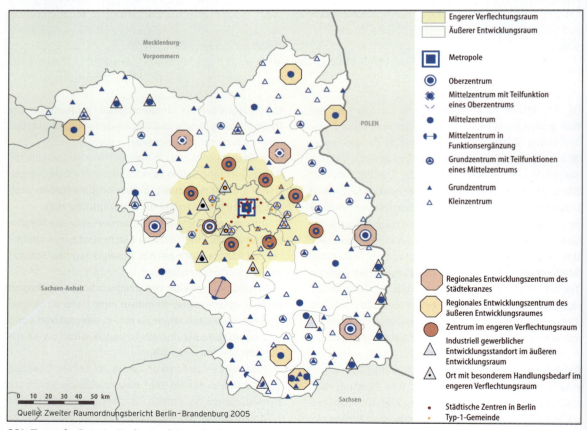

M1 Zentrale Orte in Berlin und Brandenburg

M2 Städte Brandenburg (A) und Berlin (B) – gegensätzliche Räume

Teilraum		Kernaufgabe der Landesplanung	Flächenanteil in %	Bevölkerungsanteil in %	Bevölkerungsdichte in Ew./km²	
engerer Verflechtungsraum Berlin - Brandenburg	Berlin	geordnete räumliche Entwicklung	2,9	53,8	3804	816
	Umland		14,7	16,2	217	
äußerer Entwicklungsraum	übriges Brandenburg	Entwicklung, Umgang mit Strukturschwächen	82,4	27,0	65	
gemeinsamer Planungsraum	Berlin und Brandenburg		100,0	100,0	197	

Quelle: Zweiter Raumordnungsbericht Berlin-Brandenburg 2005

M3 Berlin und Brandenburg in Zahlen

M4 Ziele der Raumordnung in Brandenburg

„Die ländlichen Räume in Brandenburg sollen in ihren Funktionen als Wirtschafts-, Natur- und Sozialraum gesichert und entwickelt werden. Dazu wird eine integrierte ländliche Entwicklung betrieben, in deren Mittelpunkt die Schaffung dauerhafter Erwerbsgrundlagen für die ländliche Bevölkerung steht.

Im Sinne der nachhaltigen und am Postulat der gleichwertigen Lebensverhältnisse orientierten Entwicklung ist es notwendig, folgende Schwerpunkte zu setzen:

- Entwicklung wettbewerbsfähiger land- und forstwirtschaftlicher Unternehmen,
- Schaffung von Arbeitsplätzen und Möglichkeiten der Einkommenserzielung – auch im dorftypischen Gewerbebereich, Handwerksbereich und Dienstleistungsbereich,
- aktive und kontinuierliche Stadt- und Dorfentwicklung als Teil der regionalen Strukturpolitik,
- Stärkung des Gemeinschaftslebens und der Bindung der Bevölkerung an ihren Lebensraum,
- Erschließung und Entwicklung regionaler Märkte, insbesondere aber nationaler und internationaler Märkte für verarbeitendes Gewerbe und Landwirtschaft durch Produktinnovation und Marketing,
- Aufbau regionaltypischer Tourismusformen unter Einbeziehung der Kurorte, einschließlich Urlaub und Freizeit auf dem Lande,
- Stärkung der Zentren als Motor der regionalen Entwicklung durch Modernisierung und Ausbau der Infrastruktur."

(Quelle: Zweiter Raumordnungsbericht Berlin-Brandenburg 2005, S. 38)

	Berlin	Brandenburg	Umland	engerer Verflechtungsraum	äußerer Entwicklungsraum	Gesamtraum
Kinder (bis 15 Jahre)	-65 466	-79 614	-1 435	-66 901	-78 179	-145 080
Erwerbsfähige (15 bis unter 65 Jahre)	-40 215	+45 026	+94 288	+54 073	-49 262	+4 811
Senioren (65 Jahre und älter)	+35 352	+73 187	+34 559	+69 911	-38 628	+108 539
gesamt	-70 329	+38 599	+127 412	+57 083	-88 813	-31 730

Quelle: Zweiter Raumordnungsbericht Berlin-Brandenburg 2005

M1 *Veränderungen in der Altersstruktur von 1996 bis 2005*

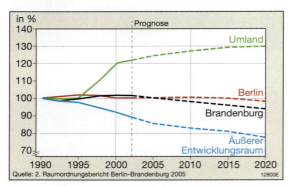

M2 *Bevölkerungsprognose nach Teilräumen*

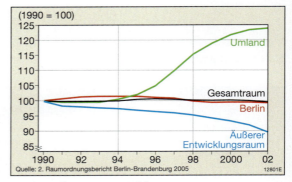

M3 *Bevölkerungsentwicklung*

M4 Demographischer Wandel in Berlin–Brandenburg

„Die vorliegenden Bevölkerungsprognosen für Berlin und für Brandenburg reichen bis zum Jahr 2020. Sie kommen zu dem Ergebnis, dass sich die Entwicklungstendenzen des Zeitraumes 1996–2000 auch in der Zukunft fortsetzen werden. Im Einzelnen bedeutet dies:
- Insgesamt sinkt die Bevölkerungszahl bis 2020 (-3,4 %).
- Der äußere Entwicklungsraum wird im bisherigen Umfang weiterhin an Bevölkerung verlieren, während das Berliner Umland weiterhin an Bevölkerung gewinnt. Bis zum Jahr 2020 wird die Gesamtbevölkerungszahl im engeren Verflechtungsraum voraussichtlich bei rund 4,4 Millionen Einwohnern stabil bleiben. Im äußeren Entwicklungsraum wird die Bevölkerungszahl von 1,6 Mio. Einwohnern voraussichtlich um eine viertel Million Einwohner abnehmen.
- Die Verschiebungen in der Altersstruktur der Bevölkerung sind nicht aufzuhalten. Der Anteil der älteren Erwerbstätigen (50–60 Jahre) wird erheblich anwachsen, während die Kinderzahlen noch weiter abnehmen.

Dies gibt eine Vorahnung darauf, welche gesellschaftliche Sprengkraft der demographische Wandel in 20 bis 30 Jahren entfalten kann. Breite Bevölkerungsschichten werden altersbedingt aus dem Erwerbsleben ausscheiden und die Zahl der Renten- und Pensionsempfänger, der Alterskranken und Pflegebedürftigen hochschnellen lassen. Gleichzeitig mangelt es an jungen Fachkräften. Die wenigen Kinder auf dem Lande werden auf Schwerpunktschulen konzentriert.

Problematisch ist auch der absehbare Bevölkerungsverlust der Mittelstädte in Brandenburg. Hier besteht das Risiko der Aushöhlung der „Stabilisierungskerne", die der äußere Entwicklungsraum dringend braucht. Da die bisherige Suburbanisierung nicht „von oben" rückgängig gemacht werden kann, sind Konzepte erforderlich, mit denen sich die Suburbanisierung abschwächen lässt. Durch den weiteren Ausbau der Infrastruktur sowie die konzentrierte Förderung durch Land, Bund und EU sind die Voraussetzungen für Investitionen zu schaffen. Ziel ist eine Reduzierung der Arbeitslosigkeit und das Eröffnen von Perspektiven für die Jugend."

(Quelle: 2. Raumordnungsbericht Berlin-Brandenburg 2005, S. 46)

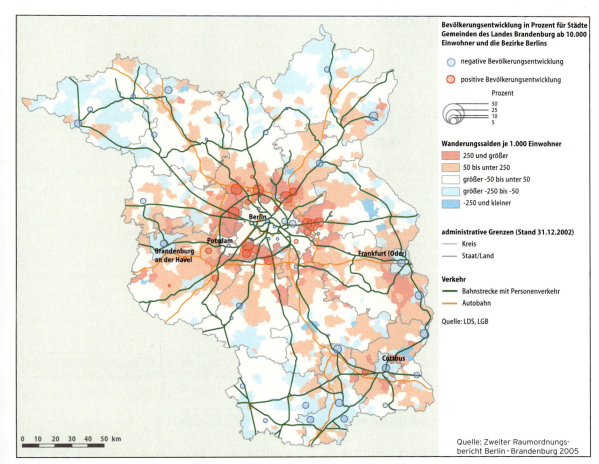

M5 *Wanderungssalden und Bevölkerungsentwicklung in Berlin und Brandenburg*

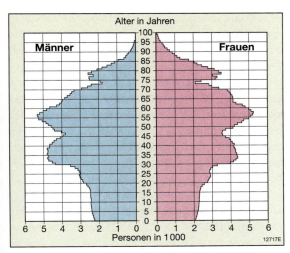

M6 *Prognostizierter Altersaufbau der Bevölkerung 2020 (Gesamtraum)*

1. Verfassen Sie einen Bericht über die demographische Entwicklung (natürliche Bevölkerungsentwicklung und Wanderungsbewegungen) im engeren Verflechtungsraum und im äußeren Entwicklungsraum von Berlin–Brandenburg mithilfe der Materialien.

2. Recherchieren Sie im Internet zu mindestens drei der sieben genannten Ziele der Raumordnung in Brandenburg konkrete Vorhaben im Bundesland, beispielsweise zu „aktive und kontinuierliche Stadt- und Dorfentwicklung", das Beispiel einer Dorferneuerungsmaßnahme jüngeren Datums. Stellen Sie Ihre Ergebnisse zu einer Präsentation zusammen.

Diercke Geographie vor Ort

	Oberzentrum	Mittelzentrum	Unterzentrum
Name	Paderborn	Bad Driburg	Marienmünster
Einwohnerzahl (31.12. 2005)	139 061	19 502	5516
Erreichbarkeit mit öffentlichen Verkehrsmitteln	90 min	60 min	30 min
Bildungseinrichtungen	Universität, Fachhochschulen, Bildungszentrum, Gymnasien	alle weiterführenden Schulen, Musikschule, Volkshochschule	Grundschule, Hauptschule
Kultureinrichtungen	Theater, Museen	kleinere Museen	Bücherei, Mehrzweckhalle
Sportstätten	Fußballstadion (2.-Liga-Mannschaft), Baseballstadion, Freizeitbäder	kleines Stadion mit Zuschauerrängen, Freizeitbad mit Sauna	Hallenbad, Tennisanlage, Kinderspielplätze
Einrichtungen für Gesundheit und Soziales	Krankenhäuser mit Schwerpunktversorgung, Spezialklinik	Krankenhaus der Grundversorgung, Ärzte verschiedener Fachrichtungen	Ärzte, Jugendheim
Sonstige Dienstleistungen	Warenhaus, spezialisierte Einkaufsmöglichkeiten für den höherwertigen Bedarf, größere Banken	vielseitige Einkaufsmöglichkeiten im gehobenen Bedarf, Hotels, Bankfilialen	Postamt, Apotheke, Lebensmittelmarkt
Behörden	Amtsgericht, Kreisverwaltung	–	–
Verkehr	Autobahnanschluss, Anschluss Bundesfernstraßennetz, Anschluss ICE im DB-Fernverkehrsnetz	Anschluss Bundesfernstraßennetz, Anschluss DB	Anschluss Bundesfernstraßennetz, Anschluss DB

M1 Beispiel für einen Ausstattungskatalog von Ober-, Mittel- und Unterzentren

Raumordnung und Raumplanung – vor Ort

Eines der wichtigsten Konzepte bundesdeutscher Raumordnung ist das der zentralen Orte. Es dient der Sicherstellung einer ausreichenden Versorgung der Bevölkerung mit zentralen Gütern und Dienstleistungen. Es ist dem Ziel verpflichtet, gleichwertige Lebensbedingungen in allen Teilräumen Deutschlands zu gewährleisten. Zur Erreichung dieses Ziels ermitteln die Raumplaner durch eine Bestandsaufnahme vor Ort eventuelle Versorgungsengpässe mit wichtigen zentralen Einrichtungen wie zum Beispiel Fachärzte und Krankenhäuser, Altenheime, Fachgeschäfte, weiterführende Schulen, größere Sportanlagen oder Kulturhallen. Aus den festgestellten Ausstattungen der Städte und Gemeinden ergibt sich jeweils das zu erhaltende beziehungsweise zu schaffende Angebot.

Im Folgenden sollen einige Möglichkeiten vorgestellt werden, wie eine Bestandsaufnahme bzw. auch Einschätzung zentralörtlicher Einrichtungen erfolgen kann.

Zentren unterschiedlicher Zentralitätsstufen

Um die zentralörtliche Gliederung in einer Region ermitteln zu können, ist es in einem ersten Schritt notwendig, sich einen Überblick über die dortige Verteilung von Städten und Gemeinden zu machen. Besorgen Sie sich zunächst einmal eine Karte, die das Gebiet zum Beispiel um Ihren Heimat- oder Schulort in einem Umkreis von circa 100 km abbildet. Legen Sie eine Tabelle mit allen dort befindlichen Städten und Gemeinden an, recherchieren Sie deren Einwohnerzahl (zum Beispiel über das Internet) und tragen Sie sie in der Tabelle ein. Fertigen Sie sodann eine Skizze an, auf der Sie die Städte und Gemeinden – unterschieden nach Zentralitätsstufen (etwa mehr als 100 000 Einwohner = Oberzentrum, mehr als 20 000 Einwohner = Mittelzentrum, mehr als 3000 Einwohner = Unterzentrum) – eintragen (M2).

Wählen Sie in einem weiteren Schritt aus Ihrer Tabelle beziehungsweise Skizze je ein Ober-, ein Mittel- und ein Unterzentrum aus und legen Sie für diese drei Städte

Diercke Geographie vor Ort

beziehungsweise Gemeinden eine neue Tabelle an, in der Sie mehrere Zeilen für zentralörtliche Güter und Dienstleistungen (wie in M1 exemplarisch dargestellt) anlegen. Recherchieren Sie sodann (entweder über das Internet oder durch Recherchen vor Ort) die Ausstattung der jeweiligen Bereiche.

Konsumentenbefragung

Mit der vorgestellten „Katalogmethode" lässt sich die Ausstattung von Orten unterschiedlicher Zentralitätsstufe mit zentralen Gütern und Dienstleistungen feststellen. Durch die Befragung von Konsumenten lässt sich des Weiteren ermitteln, welche konkreten Verflechtungen es zwischen den einzelnen Orten gibt. Erstellen Sie zu diesem Zweck einen Fragenkatalog mit zum Beispiel folgenden Schlüsselfragen:
- Woher kommen Sie?
- Mit welchem Verkehrsmittel sind Sie hierher gekommen?
- Wo (in welchem Ort) kaufen Sie regelmäßig die Waren des täglichen Bedarfs ein (zum Beispiel Lebensmittel)?
- Wo kaufen Sie Waren des gehobenen Bedarfs ein (zum Beispiel Bekleidung, Elektroartikel)?
- Wo kaufen Sie Waren des höchsten Bedarfs ein (zum Beispiel Möbel)?
- Wo gehen Sie ins Theater, Schwimmbad, Sportveranstaltung etc.?

Befragen Sie anhand dieser Schlüsselfragen auf einer Geschäftsstraße in jedem der drei ausgewählten Orte (am besten arbeitsteilig) möglichst viele Passanten. Werten Sie Ihre Ergebnisse aus, indem Sie zunächst Listen mit den Nennungen erstellen und das Ergebnis der zentralörtlichen Verflechtungen sodann interpretieren. Denken Sie bei der Interpretation daran, dass Ihre Untersuchung nur auf Stichproben beruht und nicht repräsentativ sein kann.

Bauleitplanung vor Ort

Raumordnung und -planung nimmt nicht nur Einfluss auf die Versorgung mit Gütern und Dienstleistungen, sondern sie regelt auch die bauliche Entwicklung in unserem Land. Durch die Bauleitplanung – die Erstellung von Bebauungs- und Flächennutzungsplänen – gewährleistet die Kommune eine geordnete städtebauliche Entwicklung. Wissen Sie, welche Baurichtlinien

M2 Versorgungszentren im Umland von Paderborn

in Ihrem eigenen Wohnbereich gelten? Wissen Sie, wie Ihr Wohnbereich im Flächennutzungsplan der Kommune gekennzeichnet ist?

Um diese Fragen zu klären, müssen Sie Kontakt zu der zuständigen Planungsstelle (Stadtplanungsamt oder Planungsamt der Kreisverwaltung) aufnehmen. Dort lässt sich in der Regel ein Interview mit einem für Ihren Bereich zuständigen Sachbearbeiter vereinbaren (zum Beispiel telefonisch). Mit einem vorbereiteten Fragenkatalog suchen Sie das Planungsamt auf, führen das Interview und bitten um Einsichtnahme in die entsprechenden Bauleitpläne. Damit Sie verschiedene Bebauungspläne beziehungsweise Baurichtlinien kennen lernen, ist es von Vorteil, wenn Sie sich in Kleingruppen zusammentun und Informationen zu mehreren verschiedenen Wohnbereichen erfragen.

Eine weitere Arbeitsgruppe könnte einen Termin bei einem anderen Sachbearbeiter erbitten, der für allgemeine Fragen der Stadtentwicklungsplanung zuständig ist. In einem solchen Gespräch könnten Fragen zur geplanten Flächennutzung in der Stadt bzw. Gemeinde geklärt werden, zum Beispiel zur Ausweisung neuer Gewerbe- oder Wohngebiete, von Schutzgebieten oder zur Anlage neuer Grünanlagen. Die Ergebnisse können in einer gemeinsamen Präsentation zur „Bauleitplanung in unserer Stadt" zusammengefasst werden.

Squattersiedlung und pavement dwellers in Mumbai (Bombay) / Indien

7

Un-„Eine Welt"

Problemfelder von Entwicklung

Etwa 80 Prozent der Staaten werden heute zur Dritten Welt, zu den Entwicklungsländern gezählt. Dabei gibt es unterschiedliche Auffassungen, woran ein Entwicklungsland erkannt werden kann, welches die aussagekräftigsten Indikatoren der Entwicklung sind. In allen diesen Ländern ist die soziale Lage der weitaus meisten Menschen sehr schlecht. Auch ein hohes Bevölkerungswachstum und Bevölkerungsdruck sowie große wirtschaftliche und räumliche Disparitäten innerhalb der Länder sind für die Staaten der Dritten Welt typisch. Die Einbindung in die Weltwirtschaft hat ihre Wurzeln in der Kolonialzeit, was heute noch in der Struktur des Welthandels deutlich wird. Welches die sinnvollsten Strategien zur Entwicklung sind, darüber gehen die Meinungen weit auseinander.

7.1 Entwicklungsunterschiede – Indikatoren und Klassifizierungen

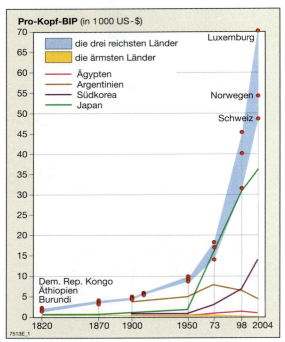

M1 *Entwicklung der Unterschiede zwischen Arm und Reich*

Etwa 83 Prozent der Weltbevölkerung leben heute in Staaten der Dritten Welt. Allgemein wird darunter eine Gruppe von Ländern verstanden, die hinsichtlich ihrer wirtschaftlichen, sozialen und politischen Entwicklung einen relativ niedrigen Stand aufweisen.

Merkmale

Folgende Merkmale sind für viele Entwicklungsländer typisch:
- im ökonomischen Bereich:
  - eine geringe Produktivität der Wirtschaft und daraus folgend ein geringes BSP und BIP,
  - ein geringes Pro-Kopf-Einkommen, gekoppelt mit einer extrem ungleichen Vermögensverteilung,
  - eine bedeutende Rolle des primären Sektors und des informellen Sektors,
  - eine einseitige, oft auf Rohstoffe ausgerichtete Exportpalette,
  - unterschiedliche Einbindung der einzelnen Regionen innerhalb des Landes in die Weltwirtschaft,
  - starke regionale Disparitäten,
  - hohe Arbeitslosigkeit und Unterbeschäftigung,
  - unzureichende Infrastruktur,
- im sozialen Bereich:
  - ein hohes Bevölkerungswachstum, geringe durchschnittliche Lebenserwartung,
  - geringer Bildungsgrad sowie Probleme in der Ernährung, der Versorgung mit sauberem Trinkwasser und der ärztlichen Versorgung bei sehr großen Teilen der Bevölkerung,
  - unkontrollierte Binnenmigration – Landflucht und Verstädterung,
  - Benachteiligung von Frauen,
  - große soziale Unterschiede,
- im politischen Bereich:
  - undemokratische Strukturen,
  - politische Instabilität,
  - Korruption, Klientelismus,
- im ökologischen Bereich:
  - Umweltzerstörung durch Verstädterung, Ausbeutung von Rohstoffen, Abholzung,
  - Desertifikationserscheinungen,
  - hohe Umweltbelastungen in Ballungsgebieten.

Einzelne dieser Merkmale werden als **Entwicklungsindikatoren** ausgewählt, um Ranglisten der Länder nach ihrem Entwicklungsstand erstellen und bestimmte Gruppen ausgliedern zu können. Dies kann zum Beispiel für die Vergabe von Entwicklungshilfe oder beim Abschluss von Handelsabkommen von Bedeutung sein.

Als Entwicklungsindikatoren sind vor allem die Merkmale geeignet, die gut berechenbar, das heißt in Zahlen fassbar und für alle Staaten der Erde verfügbar sind. Welches dieser Merkmale dann letztendlich zu einer Klassifizierung herangezogen wird, hängt davon ab, was unter „Entwicklung" verstanden wird.

Hier sind grundsätzlich zwei Perspektiven zu unterscheiden: Die eine sieht Entwicklung vor allem als ökonomische Entwicklung, mit einer Volkswirtschaft, die floriert, die zum Beispiel durch eine leistungsstarke Industrie und ein hohes Bruttosozialprodukt gekennzeichnet ist. Maßstab für eine hohe Entwicklung sind dabei die Industrieländer, deren wirtschaftliche Entwicklung als vorbildlich gilt (vgl. Kap. 7.6).

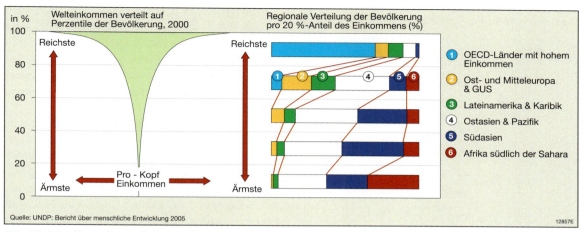

M2 Die Verteilung des Einkommens – weltweit

Die andere Perspektive richtet ihren Blick mehr auf das Wohl des einzelnen Menschen im jeweiligen Land, seine Möglichkeiten, menschenwürdig zu leben und an der wirtschaftlichen, kulturellen und politischen Entwicklung partizipieren zu können.

Wirtschaftliche Indikatoren

Ökonomische Daten wie das **Bruttosozialprodukt** (BSP) beziehungsweise das international gebräuchliche **Bruttonationaleinkommen** (BNE), das **Bruttoinlandsprodukt** (BIP) und das **Pro-Kopf-Einkommen** (BIP/pro Einwohner) sind seit Jahrzehnten die gängigsten Kenngrößen, um weltweite Disparitäten zwischen Industrie- und Entwicklungsländern darzustellen. Dabei errechnen sich das BSP und das nahezu identisch errechnete BNE aus der Summe der Wertschöpfung aller Wirtschaftsbereiche, inklusive der staatlichen Dienstleistungen. Das BIP ist nur der Teil des BSP beziehungsweise BNE, der von In- und Ausländern innerhalb der Landesgrenzen erstellt wird.

Diese Wirtschaftsdaten werden in allen Ländern der Erde regelmäßig erhoben und lassen Rückschlüsse auf die Wirtschaftskraft eines Landes oder Wirtschaftsraumes zu. Sie bieten sich daher an, um wirtschaftlich starke gegenüber wirtschaftlich schwachen Regionen abzugrenzen – so wie dies auch innerhalb Deutschlands oder der EU praktiziert wird.

Doch muss die Aussagekraft der wirtschaftlichen Indikatoren im globalen Maßstab mit zahlreichen Fragezeichen versehen werden. Dies wird am Bruttosozialprodukt deutlich:

M3 Gerade beim Grundbedürfnis Ernährung werden die Unterschiede in der „Einen Welt" besonders deutlich. Daher wird die Verfügbarkeit von Nahrungsmitteln häufig auch als Indikator genutzt. So wurde zum Beispiel auch ein „Big-Mac-Index" erstellt. Er sagt aus, wie viel Arbeitszeit ein Arbeitnehmer für den Erwerb dieses in seiner Qualität vergleichbaren, global angebotenen Produktes aufwenden muss. Das Ergebnis: Die aufgewendete Zeit ist in Entwicklungsländern bis zu 15-mal so hoch (z. B. Caracas: 243 Minuten, Nairobi: 177 Minuten) wie in Industrieländern (Chicago: 14 Minuten, Madrid: 31 Minuten).

7.1 Entwicklungsunterschiede – Indikatoren und Klassifizierungen

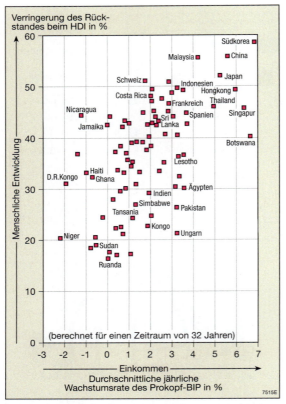

M1 *Langfristige Entwicklung von wirtschaftlichem Wachstum und menschlicher Entwicklung*

Ein großer Teil der Wirtschaft wird von dieser Messgröße gar nicht erfasst. Der **informelle Sektor** (vgl. Kapitel 3.1), eingeschlossen die gesamte Subsistenz- und Hauswirtschaft, fließen (gezwungenermaßen) in die Berechnung des BIP nicht ein. Im Gegensatz zu den Industrieländern ist dieser Bereich der Wirtschaft in den Entwicklungsländern jedoch von sehr großer Bedeutung. Der Anteil der hier beschäftigten Menschen und erbrachten Wirtschaftsleitung ist oftmals höher als der Anteil des offiziell vom BSP erfassten „formellen" Sektors. Zudem handelt es sich bei den angegebenen Werten immer um Durchschnittswerte des jeweiligen Staates. Da jedoch die sozialen Unterschiede innerhalb der Entwicklungsländer wesentlich höher sind als in Industrieländern, ist die Aussagekraft eines Durchschnittswertes eher gering. In Brasilien zum Beispiel erwirtschafteten die reichsten zehn Prozent der Bevölkerung, unter ihnen neun Milliardäre, über 60 Prozent des Volkseinkommens.

Schließlich sind die in Dollar angegebenen Werte auch bezüglich ihrer Kaufkraft nicht vergleichbar. So kann man in China für den Wert eines Dollars viermal so viele Grundnahrungsmittel kaufen wie in den USA. Aus diesem Grunde wird das Pro-Kopf-Einkommen heute häufig in Kaufkraft-Paritäten angegeben (Purchasing Power Parities, vgl. M2, Seite 411).

Der gewichtigste Kritikpunkt an einer Kennzeichnung des Entwicklungstandes von Staaten ausschließlich aufgrund ökonomischer Indikatoren liegt jedoch darin, dass dann „Entwicklung" vorrangig als ein wirtschaftlicher Prozess gesehen wird (vgl. Modernisierungstheorien, Kap. 7.6). Ein Land mit hoher Wirtschaftskraft gilt als „entwickelt" – ganz gleich wie die Lebensbedingungen der Menschen dort sind. So hat zum Beispiel der weltgrößte Erdölexporteur Saudi Arabien ein rund zehn Prozent höheres BSP pro Kopf als Tschechien, dennoch ist die soziale Situation der meisten Menschen in dem Ölstaat sehr viel schlechter: Die Kindersterblichkeit ist zum Beispiel sechsmal so hoch und die Zahl der eingeschulten Kinder nur etwa halb so groß wie in unserem Nachbarland.

Soziale Indikatoren

Die Klassifizierungen, die sich am Entwicklungstand der Menschen orientieren, arbeiten mit verschiedenen sozialen Indikatoren, die vor allem etwas darüber aussagen, wie die **Grundbedürfnisse** der Menschen befriedigt sind.

Darunter versteht man sowohl die materiellen Grundbedürfnisse (basic needs) wie ausreichend Nahrung, Kleidung und Trinkwasser, eine gesundheitliche Grundversorgung und eine menschenwürdige Wohnung als auch die immateriellen Grundbedürfnisse (basic human needs) wie Bildung, Arbeit, Selbstbestimmung der eigenen Lebensverhältnisse und Partizipation, das heißt die Mitbeteiligung an gesellschaftlichen Entscheidungsprozessen.

Die heute gebräuchlichste Klassifizierung ist der von der UNDP (United Nations Development Program) jährlich im Bericht über die menschliche Entwicklung veröffentlichte **Human Development Index (HDI)**. Er berücksichtigt drei Indikatoren: die Lebenserwartung, den Bildungsstand und das Pro-Kopf-Einkommen (M2). Er ist damit eine Synthese aus mehreren Werten und bezieht sowohl ökonomische als auch soziale Aspekte ein (vgl. Ländertabelle, M2, Seite 411).

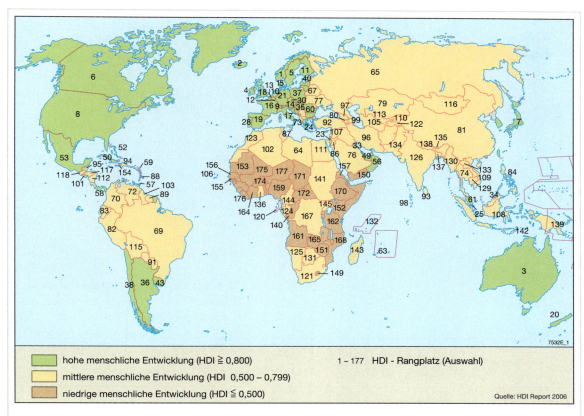

Der Human Development Index (HDI)
Der HDI misst den Entwicklungsstand eines Landes in drei grundlegenden Bereichen menschlicher Entwicklung: Langes und gesundes Leben, Wissen und ein angemessener Lebensstandard. Als zusammengesetzter Index enthält der HDI daher drei Variablen: Lebenserwartung bei der Geburt, Bildungsstand (Alphabetisierung bei Erwachsenen und die Einschulungsrate bei Grund-, weiterführender und Hochschule) und das Pro-Kopf-BIP (PPP $). Einkommen wird im HDI stellvertretend für einen angemessenen Lebensstandard genommen und als Ersatz für alle Wahlmöglichkeiten von Menschen, die nicht in den anderen zwei Bereichen berücksichtigt sind. Die Werte für diese drei Indikatoren werden auf eine Skala von 0 bis 1 projiziert, indem der jeweils höchste Wert als 1 und der niedrigste als 0 gesetzt wird. Der Mittelwert der drei Parameter ergibt den HDI.

The **human development index** (HDI) is based on three indicators: longevity, as measured by life expectancy at birth; educational attainment, as measured by a combination of the adult literacy rate (two-third weight) and the combined gross primary, secondary and tertiary enrolment ratio (one-third weight); and standard of living, as measured by GDP per capita (PPP US-$).

To construct the index, fixed minimum and maximum values have been established for each of these indicators:
• Life expectancy at birth: 25 years and 85 years.
• Adult literacy rate (age 15 and above): 0% and 100%.
• Combined gross enrolment ratio: 0% and 100%.
• GDP per capita (PPP): US-$ 100 and US-$ 40 000.
For any component of the HDI individual indices can be computed according to the general formula:

$$\text{Index} = \frac{\text{Actual value} - \text{minimum value}}{\text{Maximum value} - \text{minimum value}}$$

If, for example, the life expectancy at birth in a country is 65 years, the index of life expectancy for this country would be: 0,667.

$$\text{Life exp. index} = \frac{65 - 25}{85 - 25} = \frac{40}{60} = 0{,}667$$

The HDI is a simple average of the life expectancy index, educational attainment index and adjusted GDP per capita (PPP US-$) index, and so is derived by dividing the sum of theses three indices by 3.

(Quelle: Deutsche Gesellschaft f. d. Vereinten Nationen (Hrsg.): Bericht über die menschliche Entwicklung 2000, Bonn 2000, S. 307)

M2 Messung von Entwicklungsunterschieden mit Indexzahlen

7.1 Entwicklungsunterschiede – Indikatoren und Klassifizierungen

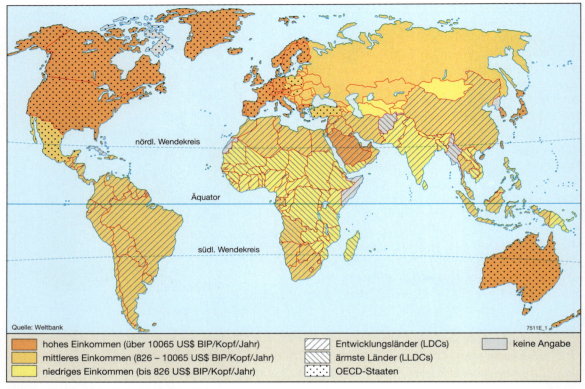

M1 Die Länder der Erde nach dem BIP

Trotz aller Bemühungen, valide Klassifizierungen zu erstellen, bleibt festzuhalten, dass kein Merkmal und auch kein Merkmalsbündel in gleicher Weise für alle Entwicklungsländer zutrifft. Letztlich gleicht kein Land dem anderen, gerade innerhalb der Dritten Welt sind die Unterschiede zwischen den Ländern beträchtlich.

Das einzige gemeinsame Kriterium, das alle Entwicklungsländer verbindet, ist, dass dort der größte Teil der Bevölkerung permanent am Rande des Existenzminimums lebt und daher seine Grundbedürfnisse nur unzureichend befriedigen kann.

In diesem Sinne ist ein Entwicklungsland eine Land, „*in dem die vorhandenen Natur- und Humanressourcen zur Befriedigung der Grundbedürfnisse, wirtschaftlichen Inwertsetzung, gesellschaftlichen/kulturellen Entfaltung, rechtlichen Sicherheit und politischen Stabilität/Souveränität (Demokratisierung) nicht bzw. nur unzureichend vorhanden sowie räumlich disparitär oder fragmentiert erschlossen bzw. ausgebildet sind.*"

(Scholz, F.: Entwicklungsländer. Braunschweig 2006, S. 50)

Entwicklungsländer – Dritte Welt – Erste Welt – Eine Welt

Für Industrie- und Entwicklungsländer werden unterschiedliche Bezeichnungen verwendet, von denen jedoch keine weltweit unumstritten Anwendung findet.

Die Entwicklungsländer selbst bevorzugen den Sammelbegriff „Süden" im Gegensatz zum entwickelten „Norden". Im Rahmen der Globalisierungsdebatte wird von den Ländern des Südens oder auch der neuen Peripherie gesprochen.

Die UNO bevorzugt den Sammelbegriff **Less Developed Countries (LDC)**, spricht aber auch weiterhin von Developing Countries. Manche kritisieren auch den unbedenklich erscheinenden Sammelbegriff **Entwicklungsländer**, weil er etwas vortäusche, was nicht stattfinde: Entwicklung.

Die Bezeichnung **Dritte Welt** ist aus der Abgrenzung gegenüber der Ersten Welt, den westlichen Industrieländern, und der Zweiten Welt, dem ehemaligen Ostblock, entstanden. Nach dem Zusammenbruch des ehemaligen

344

sozialistischen Staatenblocks verstärkte sich die Kritik an dieser Bezeichnung: Sie sei zum einen nicht mehr aktuell und zum anderen abwertend. So werden in der Fachliteratur auch sprachliche Hilfskonstruktionen gebildet, wie zum Beispiel „sogenannte Dritte Welt" oder gar „Zweidrittelwelt".

Doch ist heute in der Alltagssprache und in großen Teilen der Wissenschaft mangels besserer Alternative immer noch die Bezeichnung Dritte Welt gebräuchlich, dabei werden die besonders armen Länder, die **Least Developed Countries (LLDC)** häufig noch als Vierte Welt bezeichnet.

Seit den neunziger Jahren des vergangen Jahrhunderts wird diese Diskussion, der es in erster Linie um eine Abgrenzung geht, überlagert von einer integrativen Sichtweise: Die wirtschaftlichen, technischen, kulturellen und ökologischen Verflechtungen sind inzwischen so eng geworden, dass man sich heute mehr mit den gemeinsamen Problemen der **Einen Welt** beschäftigt beziehungsweise beschäftigen sollte.

M2 Karikatur: „Eine Welt"

LDC: Less Developed Countries nach Abgrenzung der UNO.
LLDC: Least Developed Countries. Laut UN-Definition Staaten mit extrem niedrigem Pro-Kopf-Einkommen, geringem Industrieanteil am BNE und einer Alphabetisierungsrate unter 20 Prozent.
LLC: Landlocked Countries. Länder ohne Zugang zum Meer und damit erheblichen Erschwernissen im Außenhandel.
Schwellenländer: Länder auf der Entwicklungsschwelle zum Industrieland mit wachsender Industrieproduktion, steigendem Export von Fertigwaren und steigendem Pro-Kopf-Einkommen.

NIC: Newly Industrializing Countries. Länder, die schon über ein hohes BSP und einen hohen Industrialisierungsgrad verfügen und damit auch zu den Schwellenländern zu rechnen sind.
Kleine Tiger: NIC in Südostasien. Erste Generation Südkorea, Taiwan, Hongkong, Singapur; zweite Generation: Malaysia, Thailand, Indonesien.
Industrieländer werden häufig mit den OECD-Staaten (Organisation for Economic Co-operation and Development) gleichgesetzt (obwohl hier auch Staaten Mitglied sind, die nach anderen Kriterien zu den Schwellenländern gezählt werden, wie zum Beispiel die Türkei und Mexiko).

M3 Ländergruppen

---

1. Diskutieren Sie die Aussage der Begriffe „Dritte Welt", „Entwicklungsland" und „Industrieland".
2. a) „Die üblichen Messgrößen für Armut und Entwicklung, nämlich das Pro-Kopf-Einkommen und wirtschaftliche Wachstumsraten, sind mit vielen Fehlerquellen, Täuschungs- und Verzerrungseffekten behaftet." (Nuscheler, F.: Lern- und Arbeitsbuch Entwicklungspolitik, S. 72 f.). Erläutern Sie diese Aussage.
b) Aktualisieren sie die Abbildung M1, S. 340 (Internet). Erläutern Sie die deutlich werdende Entwicklung.
3. Erklären Sie die entscheidenden Unterschiede zwischen dem BIP und HDI als Entwicklungsindikatoren.
4. Vergleichen Sie die Angaben zum HDI mit eventuell aktuelleren Angaben (Internet). Beschreiben Sie etwaige Veränderungen in der Einstufung von Ländern.

7.2 Soziale Lage – Kernfrage der Entwicklung

Die Merkmale der Unterentwicklung sind letztlich Symptome für die tief greifenden Probleme der Länder der Dritten Welt. Im Folgenden sollen die wichtigsten dieser Probleme genauer analysiert werden.

Armut
Kernproblem der meisten Menschen in der Dritten Welt ist ihre Armut. Rund ein Fünftel der Weltbevölkerung, 1,3 Milliarden Menschen, leben in **absoluter Armut**. Das heißt, sie haben weniger als einen Dollar pro Tag zur Verfügung, um ihren Lebensunterhalt zu bestreiten.
Die weitaus meisten dieser Menschen leben in Entwicklungsländern, besonders in Regionen, in denen aufgrund von Naturkatastrophen, Kriegen oder politischen Krisen das öffentliche Leben stark behindert wird. Wie global, so ist auch national die Armut bei bestimmten Bevölkerungsgruppen und in bestimmten Regionen besonders weit verbreitet. Gerade das räumlich enge Nebeneinander von grenzenlosem Reichtum und absoluter Armut ist in Entwicklungsländern besonders häufig anzutreffen (vgl. fragmentierende Entwicklung, Kapitel 7.4).
Dabei werden die Ungleichheiten sowohl global als auch national immer größer, sowohl in den Entwicklungs- als auch in den Industrieländern.

Nach einer Studie der Weltbank leiden die von absoluter Armut betroffenen Menschen vor allem unter vier Problemen:

1. Unsicherheit: Nichts schützt arme Menschen vor den Risiken des Lebens. Wenn die Ernte ausfällt, ein Kind erkrankt oder die Familie Verfolgung erleidet, ist es nicht nur eine „schwere Zeit", die sie durchleben. Ohne Sicherheiten und Schutz geht es schnell um das Überleben.
2. Aussichtslosigkeit: Ihre Lebenssituation, so sagt die Mehrheit der Befragten, habe sich nicht verbessert, sondern sei von Generation zu Generation schlimmer geworden.
3. Machtlosigkeit: Korruption und Gewalt bestimmen ihr Leben, ohne dass sie darauf Einfluss hätten. Für viele Regierungen sind sie nur Befehlsempfänger, die zu gehorchen haben, ohne eigene Stimme.
4. Ausgrenzung: Von Wohlstand und Mitbestimmung sind die Armen ausgeschlossen. Sie finden für ihre Interessen, ob Gesundheitsversorgung, Bildung oder Dorfentwicklung, auf der politischen Ebene keine Verbündeten."

(Arbeitskreis Armutsbekämpfung (AKA): Die Kluft überwinden, Bonn 2000, S. 4)

Wer absolut arm ist, kann also seine Grundbedürfnisse in keiner Weise befriedigen, kann nicht menschenwürdig leben – gerät in einen **„Teufelskreis der Armut"**: Die Probleme werden immer größer, die Kinder müssen zum Familieneinkommen beitragen, oft kommt es zu Kriminalität.
Das Aufbrechen des Teufelskreises ist möglich, gelingt aber oft nur von außen. Dies gilt für den einzel-

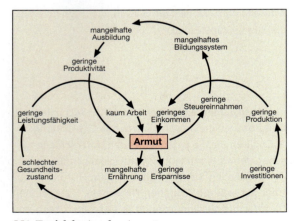

M1 Teufelskreise der Armut

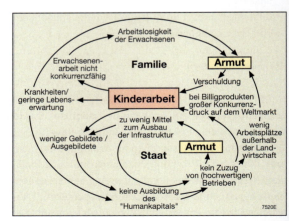

M2 Armut und Kinderarbeit – Ursachen und Folgen

Lorenzkurve und Gini-Koeffizient

Die Lorenzkurve erlaubt Konzentrationstendenzen graphisch darzustellen; man kann zum Beispiel ablesen, wie Landbesitz oder Einkommen auf die Bevölkerung oder wie die Nutzfläche auf die landwirtschaftlichen Betriebe verteilt sind.

An einer Lorenzkurve zur Einkommensverteilung wird die Vorgehensweise deutlich: Auf der Abszisse wird die Bevölkerung abgetragen, auf der Ordinate das Einkommen. Zur Erstellung der Kurve wird in das Koordinatensystem eingetragen, wie viel Prozent der Bevölkerung jeweils wie viel Prozent des Einkommens erhalten. Dabei werden die Werte kumuliert: Die ärmsten zehn Prozent der Bevölkerung erhalten x Prozent des Einkommens, die ärmsten 20 Prozent der Bevölkerung erhalten y Prozent des Einkommens (inklusive der ersten 10 Prozent) usw. Der letzte Wert zeigt dann, wie viel Prozent des Einkommens die ärmsten 90 Prozent der Bevölkerung erhalten. Aus der Verbindung der Punkte ergibt sich die Lorenzkurve. Entfällt auf jede Bevölkerungsgruppe der entsprechende Anteil des Einkommens, dann herrscht völlige Gleichverteilung – es ergibt sich eine Gerade.

Der Gini-Koeffizient wird aus der Lorenz-Kurve errechnet. Er ist definiert als das Verhältnis der Fläche zwischen der Lorenz-Kurve und der Diagonalen zur gesamten Fläche unterhalb der Diagonalen. Bei absoluter Gleichverteilung hat der Gini-Koeffizient den Wert 0, bei völlig ungleicher Verteilung erreicht er (theoretisch) den Wert 1. Je mehr der Wert also gegen 1 tendiert, desto größer ist die Konzentration. Der Gini-Koeffizient ist das am häufigsten verwendete Maß, um Konzentrationstendenzen in einem Wert auszudrücken. Achtung! Der Gini-Koeffizient basiert auf dem Inhalt einer Fläche, deren Begrenzung jedoch variabel ist. Das heißt, derselbe Koeffizient kann für verschiedene Formen der Konzentration stehen.

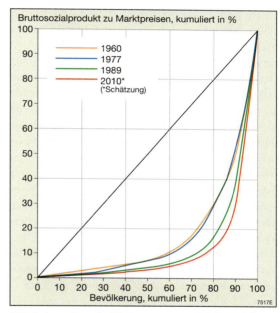

M4 *Internationale Einkommensungleichgewichte*

M3 *Darstellung von Gleichheit und Ungleichheit*

nen Menschen und für den gesamten Staat. Da Arme kein Kapital akkumulieren können, um auch nur in die einfachsten Geräte zu investieren, bleiben zum Beispiel Handwerk und Landwirtschaft unproduktiv. Der Staat erzielt dadurch nur geringe Gewerbe- und Einkommenssteuern. Daher fehlt Geld für dringend notwendige Investitionen, sei es im Sozialbereich oder in der Infrastruktur. Der Teufelskreis gibt somit einen Hinweis auf die Ausweglosigkeit der in absoluter Armut lebenden Menschen, eine Erklärung der komplexen Ursachen der Armut bietet er jedoch nicht. Denn kein Teufelskreis (auch kein Wirkungsgeflecht) kann tatsächlich alle Zusammenhänge abbilden oder gar in ihrer Bedeutung gewichten.

Arme, die von weniger als 1 US-$ pro Tag leben			
Region	1990	2015 *
Ostasien und Pazifik ohne China	472 97	14 2
Europa und Zentralasien	2	4
Lateinamerika und Karibik	49	29
Naher Osten und Nordafrika	6	3
Südasien	462	232
Afrika südlich der Sahara	227	336
Welt insgesamt ohne China	1218 844	617 606

* Schätzungen; Quelle: World Bank 2006: Global Economic Prospects 2006, Washington, D.C., S. 9

M5 *Weltweite Armutstrends nach Regionen (in Mio.)*

7.2 Soziale Lage – Kernfrage der Entwicklung

Ernährung und Gesundheit

Weltweit sind über 1,1 Milliarden Menschen von **Unterernährung** betroffen. Das heißt, sie haben zu wenig Nahrung, um ihren Energiebedarf zu decken. Wesentlich höher ist die Zahl derjenigen, die an **Mangelernährung** leiden, deren Nahrung also unzureichend zusammengesetzt ist, sodass Vitamine, Mineralstoffe, Proteine und Energieträger fehlen. Unter- und Mangelernährung treffen besonders Kinder: Ihre geistige und körperliche Entwicklung leidet, harmlose Kinderkrankheiten wie Masern können aufgrund der geringen Abwehrkraft tödlich enden. Atemwegs- und Durchfallerkrankungen sind bei unterernährten Kindern die Regel.

Die größten Probleme der Nahrungsmittelversorgung gibt es in ländlichen Regionen. Besonders vor der Ernte häufen sich die Fälle von Unterernährung. Das ist die Zeit, in der die Getreidevorräte der Familien zur Neige gehen, die Nahrungsmittelpreise steigen und der Arbeitsaufwand, also der Energieverbrauch des Körpers, am höchsten ist. Da die Arbeitskraft der Menschen von ihrer Kalorienzufuhr abhängt, reicht die Ernährung für die harte Feldarbeit oft nicht aus. Vor allem die Frauen, die durch Haushalt und Feldarbeit doppelt belastet sind, leiden an Unterernährung. Hinzu kommt, dass hier die Armut am weitesten verbreitet ist und daher Nahrungszukäufe nur selten möglich sind. Schließlich sind die ländlichen Gebiete wegen der schlechten Infrastruktur auch am schlechtesten mit Hilfsgütern zu erreichen.

Ähnliches gilt auch für die Trinkwasserversorgung. Noch immer haben große Teile vor allem der ländlichen Bevölkerung keinen Zugang zu sauberem Trinkwasser und keine Sanitäreinrichtungen.

Diese Hygienemängel und eine mangelhafte Gesundheitsversorgung sind wesentliche Gründe für die hohe Zahl schwerer Erkrankungen, die vor allem bei Kindern schnell zum Tod führen können. So sterben weltweit jede Woche über 250 000 Kleinkinder an leicht vermeidbaren Krankheiten und Unterernährung. Jeden Tag sterben 8000 an Masern, Keuchhusten oder Wundstarrkrampf, 7000 Kinder an durch Diarrhöe verursachter Dehydration, 6000 an Lungenentzündung – alles Krankheiten, die mit preiswerten Maßnahmen verhindert oder bekämpft werden könnten.

Die Zusammenhänge von Armut, mangelnder Hygiene und unzureichender Gesundheitsversorgung zeigen sich in den letzten Jahren auch in der Ausbreitung von **Aids**. Während diese Krankheit in den reicheren Staaten weitgehend unter Kontrolle zu sein scheint, breitet sie sich in vielen Entwicklungsländern rasant aus.

Von der HIV-Pandemie sind vor allem Erwachsene in jungem und mittlerem Alter betroffen, also genau jene Gruppe, deren Arbeit und Kenntnisse für die wirtschaftliche Entwicklung und die Vermittlung von Werten und Wissen an die folgende Generation besonders wichtig ist. In einigen Ländern Afrikas werden im Jahr 2010 mehr als 20 Prozent der Bevölkerung im arbeitsfähigen Alter an Aids gestorben sein.

So hat die Bevölkerung neben dem persönlichen Leid zunehmend auch mit wirtschaftlichen Problemen zu kämpfen: Arbeitsintensive Anpflanzungen müssen aufgegeben und die Nutztierhaltung eingeschränkt werden. Durch den Rückgang der landwirtschaftlichen Produktion werden Nahrungsmittelimporte nötig. Durch die sinkende wirtschaftliche Produktivität geht das

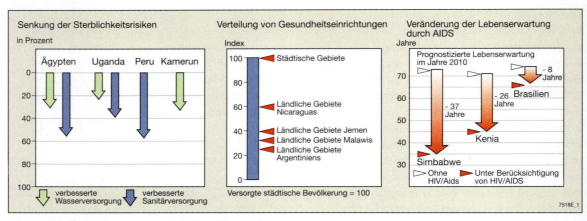

M1 Gesundheitsversorgung – nicht für alle gleich

Steueraufkommen zurück. Die Budgets für Gesundheitsversorgung sind weitgehend erschöpft und durch die enormen Kosten für das Gesundheitssystem müssen andere Projekte, zum Beispiel solche zur Armutsbekämpfung, zurückstehen.

So wird in nur wenigen Jahren der Erfolg der über Jahrzehnte gestiegenen Lebenserwartung zunichte gemacht. Hunderttausende Kinder und Jugendliche erliegen der Krankheit, Millionen Kinder werden als AIDS-Weisen groß.

Gender inequality – Benachteiligung der Frauen

In den letzten Jahrzehnten wurde die Schlüsselstellung der Frauen im Entwicklungsprozess immer deutlicher. Die Leistung der Frauen wird jedoch nur selten statistisch erfasst. Grund ist, dass bezahlte Arbeit überwiegend durch Männer verrichtet wird.

Da sich jedoch der gesellschaftliche Status häufig daran orientiert, welches Einkommen man erzielt, wurde der Beitrag der Frauen stark unterschätzt. Dabei sind gerade die im häuslichen Umfeld verrichteten Tätigkeiten von grundlegender Bedeutung (vgl. S. 166f.): Weltweit tragen Frauen den größten Anteil zur Ernährung ihrer Familien bei. Sie erarbeiten etwa die Hälfte der Nahrungsmittel, in Afrika sogar 80 Prozent. In vielen Ländern sind sie die Hauptproduzentinnen in der Subsistenzwirtschaft und für das Überleben der Familie verantwortlich, während der Mann als Wanderarbeiter unterwegs ist oder in der Stadt arbeitet. Durch die Erziehung der Kinder legen die Mütter zudem die Grundlage für die Leistungsfähigkeit der kommenden Generation.

Trotzdem werden Frauen in vielen Bereichen des täglichen Lebens benachteiligt. Wirtschaftlich, sozial, rechtlich, politisch: 70 Prozent der absolut Armen sind Frauen, sie nehmen einen wesentlich höheren Anteil an den Analphabeten und Mangelernährten (vgl. M1 S. 411) ein. UNICEF schätzt, dass jährlich 1,5 Millionen Mädchen sterben, weil sie in der Ernährung oder der medizinischen Versorgung benachteiligt werden. Inzwischen fehlen in Süd- und Ostasien viele Millionen Frauen, weil zum Beispiel durch die Benachteiligung der Mädchen deren Sterblichkeit höher ist oder weil weibliche Föten vor der Geburt abgetrieben wurden. Jedes Jahr stirbt eine halbe Million Mütter an Abtreibungen oder an Schwangerschaftskomplikationen, weil sie keinen Zugang zu ärztlicher Versorgung haben. Eine Änderung dieser Diskriminierung geht nur langsam

M2 In vielen Ländern sind Frauen auch für die sehr schweren körperlichen Arbeiten zuständig: das tägliche Wasserholen an zum Teil weit entfernten Brunnen oder das Schlagen von Brennholz in der weiten Umgebung.

vonstatten, da Frauen in den Spitzenpositionen von Wirtschaft und Politik stark unterrepräsentiert sind. Auch in Industrieländern gibt es ein **Gender-Problem**, doch während dort eher um eine generelle Gleichstellung von Mann und Frau gerungen wird, geht es in den Entwicklungsländern um die grundsätzliche Akzeptanz der Frau als soziales und oft sogar als menschliches Wesen.

1. a) Erklären Sie die Teufelskreise der Armut.
b) Machen Sie einen eigenen Vorschlag für einen Teufelskreis, in dem Sie Analphabetismus oder unzureichende Ernährung in das Zentrum stellen.
2. Setzen Sie die Werte der Lorenzkurven von 1960 und von 2001 in eine Tabelle um und erklären Sie diese.
3. Nennen Sie mögliche Gründe für den Anstieg des Gini-Koeffizienten in Russland.
4. Zeigen Sie die Auswirkungen von Aids in einem Schaubild auf.
5. „Bei der Entwicklung der Dritten Welt kommt den Frauen eine Schlüsselstellung zu." Begründen Sie.
6. Stellen Sie in einem Kurzreferat auf der Grundlage von Zusatzmaterial das Frauenbild in einer der Weltreligionen dar.

7.3 Bevölkerungsentwicklung – global von Bedeutung

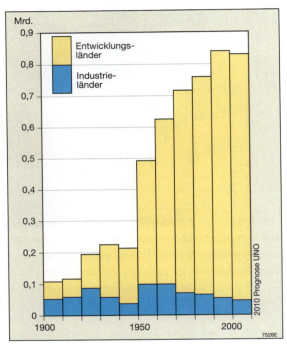

M1 Die Zunahme der Weltbevölkerung

Entwicklung von Geburten- und Sterberate

Eine Schlüsselrolle fällt den Frauen auch bei der Lösung der Bevölkerungsproblematik zu. In den Entwicklungsländern findet seit Ende des Zweiten Weltkrieges ein noch nie da gewesenes Bevölkerungswachstum statt. Die Gründe für dieses explosive **Bevölkerungswachstum (Bevölkerungsexplosion)** liegen vor allem in dem erheblichen Absinken der Sterberate. Bis Mitte des 20. Jahrhunderts war in den Entwicklungsländern die **Geburtenrate** (GR) zwar hoch, es kam aber nur zu einem geringen Bevölkerungswachstum, da die **Sterberate** (SR) sich auch noch auf hohem Niveau bewegte und die **Wachstumsrate** somit gering blieb.

Die für alle Entwicklungsländer bis Mitte des 20. Jahrhunderts typischen hohen Sterberaten resultierten vor allem aus einer unzureichenden medizinischen (Grund-) Versorgung verbunden mit schlechten hygienischen Bedingungen (zum Beispiel bei der Versorgung mit Trinkwasser). Es kommt immer wieder zu Seuchen, und selbst kleine Krankheiten können zum Tode führen. Verstärkt wird dies häufig durch Probleme bei der Nahrungsversorgung (zum Beispiel Unter-, Mangelernährung), die in Hungerkatastrophen mit Millionen Toten gipfeln können.

Seit Mitte des 20. Jahrhunderts wurden in allen Entwicklungsländern große Fortschritte in diesen Bereichen erzielt (zum Beispiel Massenimpfungen, Einsatz von DDT zur Bekämpfung der Anopheles-Mücke als Malaria-Überträgerin, Nahrungsmittelhilfe), sodass die Sterberate rapide sank und die Lebenserwartung stieg – natürlich von Land zu Land in sehr unterschiedlichem Maße.

Dies war der Beginn eines raschen Bevölkerungswachstums, das in vielen Ländern der Dritten Welt die „explosive" Grenze von zwei Prozent weit überschritt. Denn im Gegensatz zur Sterberate blieb die Geburtenrate zunächst hoch, da die Gründe für eine hohe Kinderzahl in vielen Ländern ihre Gültigkeit behielten: In Staaten ohne ausgebaute Sozialsysteme (Kranken-, Rentenversicherung) spielen in den ärmeren Schichten Kinder eine wichtige Rolle bei der Versorgung im Alter, bei Krankheit oder Arbeitsunfähigkeit. Zudem tragen sie in vielfältiger Weise zum Lebensunterhalt der Familie bei. Sie helfen zum Beispiel bei der Beschaffung von Trinkwasser und Brennholz, unterstützen die Eltern bei der Feldarbeit oder tragen durch Straßenverkäufe zum Familieneinkommen bei – und nicht selten auch durch regelmäßige Lohnarbeit (Kinderarbeit).

In einigen Kulturen ist die Zahl der Nachkommen, vor allem der männlichen, von Bedeutung für das soziale Ansehen der Familie. Frauen ohne Kinder gelten als minderwertig, Männer mit vielen Kindern sind besonders angesehen. Dies ist auch ein Grund, warum in vielen Regionen die Frauen häufiger schwanger werden als sie eigentlich wollen. Der Zugang zu Verhütungsmitteln wird ihnen verwehrt und die Männer sind nicht bereit, zur Verhütung beizutragen. Nicht selten besteht aber auch überhaupt keine Möglichkeit, sich Verhütungsmittel zu beschaffen und sich über ihren richtigen Gebrauch zu informieren. Es gibt zurzeit bei 120 Millionen Frauen in Entwicklungsländern Bedarf an Verhütungsmitteln, der nicht befriedigt wird. Bekämen sie die Möglichkeit der Verhütung, könnte die durchschnittliche Fruchtbarkeitsrate um 25 Prozent sinken (vgl. Kapitel 8.1).

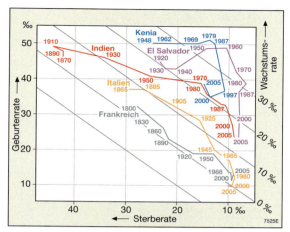

M2 Demographisches Vergleichsdiagramm

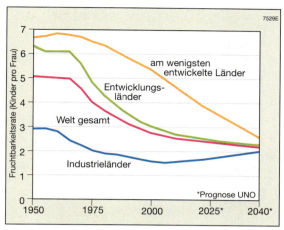

M3 Durchschnittliche Fertilität (Kinderzahl / Frau)

Zwar hat es in vielen Teilen der Welt in den letzten Jahrzehnten groß angelegte Programme der **Familienplanung** gegeben, in denen zum Beispiel der Zugang zu Verhütungsmitteln erleichtert und durch eine Vielzahl von Maßnahmen Aufklärung betrieben wurde. Doch sind diese Bemühungen vielerorts gescheitert, weil zu wenig Rücksicht auf Tradition und Religion genommen worden war, vor allem aber weil keine flankierenden Maßnahmen ergriffen wurden, um die soziale Situation, vor allem die der Frauen, zu verbessern.

Denn gerade hier zeigt sich die Schlüsselrolle der Frauen in der Entwicklung: Dort, wo sie nur geringe Möglichkeiten der Bildung und Ausbildung haben, ist die Einsicht in die Bedeutung und die Methoden der Empfängnisverhütung auch nur gering, zudem stehen Bildungsstand und Heiratsalter beziehungsweise der Zeitpunkt der ersten Mutterschaft in enger Korrelation. In vielen Entwicklungsländern sind Sechzehnjährige schon verheiratet, in Indien und Bangladesch sind über ein Drittel der Achtzehnjährigen schon Mütter. Mit zunehmender Bildung steigt dagegen das Heiratsalter und es verkürzt sich die Fruchtbarkeitsphase.

Erst mit der Beseitigung dieser Faktoren, das heißt zum Beispiel mit wachsendem Lebensstandard, mit Einführung eines staatlichen Sozialsystems, mit steigenden Bildungs- und Ausbildungsmöglichkeiten auch für den weiblichen Teil der Bevölkerung, begann in einigen Regionen der Erde auch die Geburtenrate und damit die Wachstumsrate nachhaltig zu sinken.

Doch selbst wenn es gelänge, die Geburtenrate weltweit sofort auf das „**Ersatzniveau**" von 2,1 Kindern pro Frau zu senken, der **Altersstruktureffekt** ließe die Geburtenrate noch einige Zeit weiter steigen, bis die heutige Kindergeneration zur Elterngeneration geworden ist (vgl. Kapitel 8.1).

Aber nur in wenigen Ländern der Dritten Welt hat sich die Geburtenrate der niedrigen Sterberate bisher wieder so weit angenähert, dass die Wachstumsrate nur noch

M4 Wo kommen die Babys her?

7.3 Bevölkerungsentwicklung – global von Bedeutung

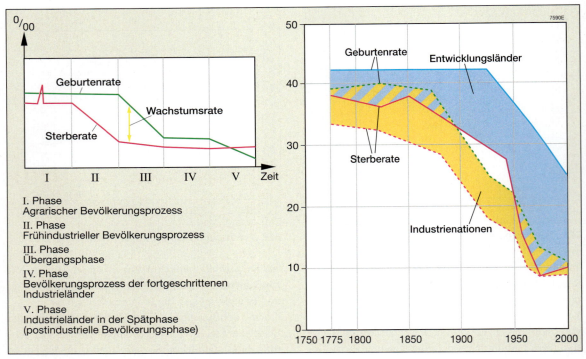

M1 Demographischer Übergang (vgl. auch S. 419 und S. 481)

gering ist. Für die Industrieländer mit hohem Lebensstandard und gesicherter Grundbedürfnisbefriedigung ist dies die Regel. Hier sinkt in einigen Staaten die Geburtenrate sogar noch weiter. Die lange Ausbildungszeit und die Berufstätigkeit vieler Frauen, die hohen finanziellen Belastungen durch die Kindererziehung, ein geänderter Lebensstil (Single-Gesellschaft), ein wenig kinderfreundliches Lebensumfeld („kinderfeindliche Gesellschaft") haben die Geburtenrate noch unter die Sterberate sinken lassen. Die Bevölkerung zahlreicher Industriestaaten nimmt ab, so auch die der Bundesrepublik Deutschland. Bis 2050 wird nach Berechnungen der UN in 56 Ländern (unter ihnen alle europäischen Länder und Japan) die Bevölkerungszahl sinken, während 60 Prozent des Zuwachses in nur zehn Ländern stattfinden wird, davon 21 Prozent allein in Indien.

Die Bevölkerungsentwicklung der Entwicklungsländer ist in vielen Teilen mit derjenigen der Industrieländer seit Mitte des 19. Jahrhunderts vergleichbar. Die demographischen Daten der Länder lassen sich damit den einzelnen Phasen des demographischen Übergangs zuordnen. Dieses Modell vom demographischen Übergang wurde von Bevölkerungswissenschaftlern schon in den dreißiger Jahren des 20. Jahrhunderts auf Grundlage der Bevölkerungsentwicklung in europäischen Ländern erarbeitet. Es teilt den typischen Verlauf von Geburten- und Sterberate in fünf Phasen ein und dient vor allem zur Klassifizierung von Ländern und Regionen nach ihrem Stand innerhalb der Bevölkerungsentwicklung. Die Zuordnung der Bevölkerungsentwicklung eines Landes zu einer Phase des demographischen Übergangs legt gleichzeitig Rückschlüsse auf die sozialen und wirtschaftlichen Verhältnisse nahe (vgl. S. 419).

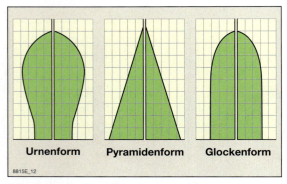

M2 Typen der Bevölkerungspyramide

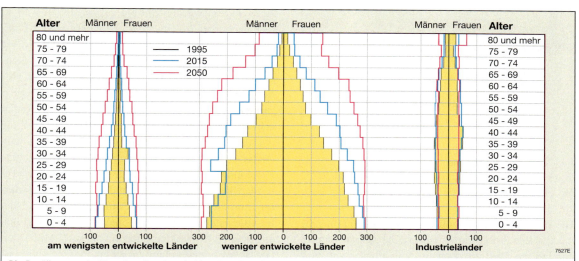

Die Bevölkerungsstruktur eines Landes wird in seiner Bevölkerungspyramide deutlich. Hier lässt sich der Altersaufbau nach Geschlechtern getrennt ablesen. Dies ermöglicht Rückschlüsse auf das generative Verhalten und auf den Platz eines Landes im demographischen Übergang.
Man unterscheidet drei Grundformen der Bevölkerungspyramide: die „Pyramide", die kennzeichnend ist für ein starkes Bevölkerungswachstum, die „Glocke", bei der ein in etwa ausgeglichenes Verhältnis zwischen GR und SR besteht und die „Urne", die auf Überalterung der Bevölkerung und Bevölkerungsrückgang hinweist. Einschnitte innerhalb der Pyramide weisen auf Ereignisse hin, die zu einem plötzlichen Rückgang der Geburtenrate (plötzlich zunehmende Akzeptanz von Verhütungsmitteln, geburtenschwache Jahrgänge während Kriegen und Wirtschaftskrisen) oder zu einer Erhöhung der Sterberate geführt haben (Hungersnöte, Seuchen, Kriege). Auch Wanderungsbewegungen sind erkennbar.

M3 *Bevölkerungspyramiden 1995, 2015, 2050 (vgl. auch S. 420 und 481)*

Folgen des Bevölkerungswachstums

Während sich der demographische Übergang in den Industrieländern über mehrere Generationen erstreckte, und diese damit Zeit hatten, sich den veränderten Gegebenheiten anzupassen, stehen die Entwicklungsländer durch das schnelle Absinken der Sterberaten und das daraus resultierende explosive Wachstum vor enormen Herausforderungen:

Für Millionen von Jugendlichen müssen zunächst Bildungs- und Ausbildungsplätze geschaffen werden und dann schließlich Arbeitsplätze. Bis zum Jahr 2050 wird die Zahl der Erwerbsfähigen in den Entwicklungsländern jährlich um 35 bis 40 Millionen steigen. In den 1980er-Jahren kamen in Afrika südlich der Sahara jährlich etwa acht Millionen Jugendliche in das erwerbsfähige Alter, heute sind es schon doppelt so viele (wobei in den von Aids betroffenen Ländern diese Zahlen zurzeit stark zurückgehen). Zum Vergleich: In Deutschland pendelt die Zahl der Arbeitslosen seit Jahren um vier bis fünf Millionen. Trotz enormen Einsatzes von Fördermitteln (zum Beispiel Programm „Aufbau Ost") gelingt es nicht, die Zahl deutlich zu senken.

M4 *Der deutsche Rentenzahler 2050*

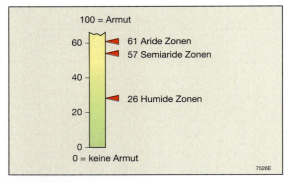

M1 Aridität und Armut

Die **Bevölkerungspyramide** (M2, S. 352, M3, S. 353) macht diese Problematik deutlich: Da sich die Länder der Dritten Welt zur Zeit noch in Phase zwei und drei des demographischen Übergangs befinden, ist die Bevölkerungspyramide dieser Länder an ihrer Basis sehr breit und verjüngt sich dann sehr schnell, die Lebenserwartung ist noch relativ gering. Ganz anders verhält es sich in den Industriestaaten. Hier ergibt sich das umgekehrte Problem: Einer kleinen Gruppe junger Menschen steht eine große Zahl von Senioren gegenüber. Die Probleme dieser Überalterung beschäftigen uns in der Bundesrepublik seit Jahren: Einem kleinen Steuer- und Sozialabgaben zahlenden Teil der Bevölkerung steht eine immer größer werdende Gruppe von älteren Menschen gegenüber. Die Finanzierung des Rentensystems gerät in Gefahr und es müssen alternative Formen der Altersversorgung gesucht werden. Gleichzeitig versuchen Verantwortliche, mit unterschiedlichen Maßnahmen der Familienpolitik die Geburtenrate wieder zu steigern und durch gezielte Einwanderung junger Menschen die Altersstruktur der Bevölkerung zu verjüngen (vgl. S. 420).

Labile Ökosysteme in Gefahr

Durch das rapide Bevölkerungswachstum wird in den betroffenen Ländern der **Bevölkerungsdruck** auf die landwirtschaftliche Nutzfläche ständig höher, die Produktionsfläche pro Kopf nimmt ab (vgl. S. 134f.). Dadurch werden zum einen die bestehenden Nutzflächen intensiver genutzt. Da oft das Kapital für Dünger und Hochleistungssaatgut fehlt, wird der Anbau durch Verkürzung der Brache intensiviert oder es wird auch das zur Drainage benötigte Wasser zur Bewässerung verwendet.

Zum andern werden die Nutzungsgrenzen weit in Gebiete vorgeschoben, die für eine permanente landwirtschaftliche Nutzung nicht geeignet sind: Landlose Bauern überschreiten in den Savannen die Trockengrenze des Anbaus, in den Hochgebirgen die Höhengrenze, in den Regenwäldern schließlich werden rund zehn Millionen Hektar jährlich gerodet. Dies hat schwerwiegende ökologische Schäden zur Folge, die die Armut der betroffenen Menschen und Länder noch weiter vergrößern, zum Beispiel durch großflächige Erosionsschäden bis hin zur Desertifikation, verheerende Überschwemmungen und zerstörte Infrastruktur-Einrichtungen. Allein in China wurden die Kosten für so entstandene Produktionsausfälle und regional auftretende Wasserknappheit auf bis zu 27 Milliarden US-Dollar in einem Jahr geschätzt.

Dabei konzentrieren sich diese ökologischen Probleme auf Räume, von denen viele ohnehin schon ökologisch benachteiligt sind, etwa durch Aridität, hohe Niederschlagsvariabilität, Bodenerosion, Versandung, Versalzung oder durch geringe Kationenaustauschkapazität und Sorptionsfähigkeit der Böden.

Schließlich kommt es auch durch die zunehmende Industrialisierung und „Modernisierung" zu erheblichen Umweltbelastungen. Für die heimische Industrie und transnationale Unternehmen (vgl. Kap. 4.2) sind die meist niedrigen Umweltstandards ein positiver Standortfaktor. Nicht selten werden umweltbelastende Produktionsprozesse daher in Entwicklungsländer ausgelagert. Der zunehmende Energieverbrauch durch Steigerung des Lebensstandards (elektrisches Licht, Kühlschrank, Klimaanlage) und die rasche Zunahme der Motorisierung führen gerade in den Ballungsräumen zu erheblichen Luftbelastungen. Das gilt vor allem für die Gruppe der Schwellenländer, insbesondere China.

Der Naturraum - Problem oder Chance

Für die Entwicklung eines Landes kann sich die naturräumliche Ausstattung als förderlich oder auch als hinderlich erweisen. Häufige Naturkatastrophen (zum Beispiel Erdbeben, Tsunami oder Wirbelstürme) können den Staatshaushalt erheblich belasten und Entwicklungserfolge zunichte machen.

Günstige klimatische Bedingungen zum Beispiel bieten dagegen die Basis für eine produktive Landwirtschaft oder einen schwerpunktmäßigen Ausbau des Tourismus. Das Vorhandensein von Bodenschätzen, insbesondere

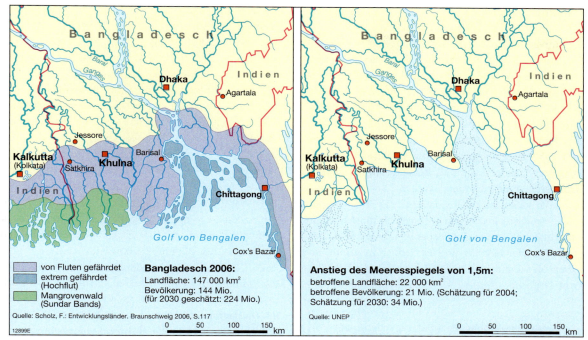

M2 Bangladesch ist mit 943 Ew./km² (2004) der dichtest besiedelte Flächenstaat der Erde. Aufgrund der hohen Wachstumsrate (1,9 %) und des Bevölkerungsdrucks sind alle verfügbaren Flächen des Landes in Ackerland umgewandelt. Der größte Teil Bangladeschs wird aus dem fruchtbaren Mündungsdelta der Flüsse Ganges und Brahmaputra gebildet. Durch die Abholzungen im Himalaja sind die für den Deltabereich typischen Überschwemmungen in den letzten Jahrzehnten immer häufiger und höher geworden. Da das Land zu den ärmsten der Erde gehört, kann es sich Schutzmaßnahmen kaum leisten – das gilt auch für die zu erwartenden Folgen des Klimawandels.

von Ölvorkommen ist eine gute Grundlage für eine positive wirtschaftliche Entwicklung. – Wie allerdings das ökologische Potenzial ausgeschöpft wird, das hängt nicht zuletzt von den sozialen und politischen Bedingungen im jeweiligen Land ab.

- Klima (insbesondere Niederschlag, Temperatur),
- Boden (Bodenqualität, Relief, Bodenschätze),
- Gewässernetz (Dichte, Lage),
- Vegetation (Vegetationsdichte, Arten)
- Fauna (Arten, zum Beispiel Fischreichtum),
- Häufigkeit von Naturkatastrophen,
- Eignung zum Beispiel für Agrar-, Forst- oder Fischereiwirtschaft, für industrielle oder touristische Nutzung und zum Ausbau der Infrastruktur.

M3 Ökologisches Potenzial – wirtschaftliche Nutzung

1. Erstellen Sie eine Mindmap zu den Ursachen für das Steigen und Sinken von Geburten- und Sterberate im demographischen Übergang.

2. a) Zeichnen Sie aufgrund der Daten im demographischen Vergleichsdiagramm für ein Entwicklungs- und ein Industrieland ein Kurvendiagramm mit Geburten- und Sterberate.
b) Teilen Sie die Kurven in die Phasen des demographischen Übergangs ein.

3. Erläutern Sie die Aufgaben, die sich aus der momentanen Altersstruktur und ihrer Entwicklung für Entwicklungsländer und Industrieländer ergeben.

4. Zahlreiche Länder der Dritten Welt kämpfen mit sehr ungünstigen naturräumlichen Bedingungen. Nennen Sie Beispiele aus den unterschiedlichen Klimazonen.

5. Erläutern Sie am Problem der Überweidung in Savannengebieten den Zusammenhang von Bevölkerungswachstum, Armut, labilem Ökosystem und Umweltzerstörung.

7.3 Bevölkerungsentwicklung – global von Bedeutung

Raumbeispiel: Kenia

Im südlichen Afrika ist die soziale Lage der Menschen besonders schlecht. Nahezu alle Länder zählen hier zu den Least developed countries und sind durch einen sehr niedrigen HDI gekennzeichnet. Nirgendwo wütet die Aids-Pandemie so sehr. Von weltweit rund 40 Millionen HIV/Aids-Erkrankten leben hier rund 70 Prozent. Dennoch wird sich die Bevölkerung in Afrika bis zum Jahr 2050 mehr als verdoppeln. Der Zusammenhang zwischen sozialer Lage und Bevölkerungswachstum wird gerade hier besonders deutlich.

Kenia ist zwar ein bei Europäern beliebtes Fernreiseziel, welches in einigen wenigen Regionen auch verhältnismäßig gute Lebensbedingungen bietet, der größte Teil der Bevölkerung lebt jedoch in Armut. So nimmt das Land im HDI-Index nur Rangplatz 152 (von 177) ein.

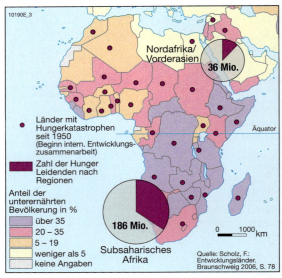

M1 Ernährungssituation

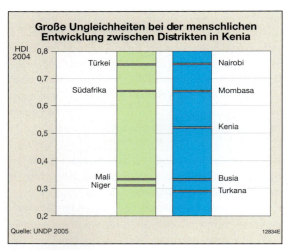

M2 Kenia: regionale Unterschiede im HDI

M3 Hungerkatastrophen
„Durch eine anhaltende Dürre waren zu Jahresbeginn 3,5 Millionen Menschen im Norden des Landes von einer Hungersnot bedroht. Schätzungen der FAO zufolge waren 15 Millionen Hirten und Bauen auf Nahrungsmittelhilfe angewiesen. Neben den dramatischen Wetterveränderungen am Horn von Afrika, die Wissenschaftler mit dem Klimaphänomen El Niño in Verbindung bringen, machte die FAO vor allem politische Versäumnisse für die zugespitzte Situation verantwortlich. So vernachlässe die Regierung zahlreiche von Dürren betroffene Gebiete völlig und kümmere sich nicht um den Bau von Straßen oder Wasserleitungen in diese Region."

(Quelle: Fischer Weltalmanach 2007. Frankfurt am Main 2006, S. 285, gekürzt)

M4 Wenn Kenias Bevölkerung weiter wächst
„Von den 596 000 Quadratkilometern Landfläche Kenias sind nur 17 Prozent ausreichend beregnetes Ackerland. Die übrigen 83 Prozent sind arid oder semiarid. Die 17 Prozent Ackerland müssen die Mehrheit der Bevölkerung ernähren. 2004 betrug die Bevölkerungsdichte 58 Einwohner pro Quadratkilometer bezogen auf das ganze Land, aber schon 330 Einwohner pro Quadratkilometer bezogen auf das verfügbare Ackerland – im Jahr 1979 waren es noch 154 Einwohner pro Quadratkilometer. Die für landwirtschaftliche Nutzung geeigneten Gebiete sind schon dicht besiedelt und werden intensiv genutzt.

Der Bevölkerungsdruck in den Gebieten mittleren und hohen landwirtschaftlichen Potenzials hat eine Wanderbewegung in die ariden und semiariden Gebiete erzeugt. Diese sind ökologisch labil. Ackerbau ist dort mit großen Risiken behaftet. Wir sehen zunehmend Ackerbau und Weidewirtschaft auf marginalen Flächen, was Bodenerosion und schließlich Desertifikation fördert."

(Nach: Daily Nation, Nairobi, 2007 aktualisiert)

	Kenia gesamt	Provinz Nairobi	Küsten-provinz
Frauen, die Familien-planung betreiben	26,9%	33,5%	18,1%
gewünschte Anzahl von Kindern	4,4	3,6	5,6
Frauen, die sich keine Kinder mehr wünschen	49,4%	43,7%	28,0%
Frauen, die Kennt-nisse über Verhü-tungsmethoden hatten	90,0%	94,8%	92,3%
Frauen, die Familien-planung für sinnvoll hielten	88,2%	92,7%	74,4%
Frauen ohne Schul-bildung	25,1%	8,5%	47,5%

M5 Einstellung der Frauen zur Familienplanung

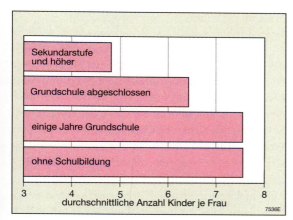

M6 Kenia: Bildungsgrad und Fertilität der Frau

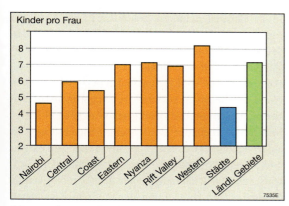

M7 Fertilität in den kenianischen Provinzen

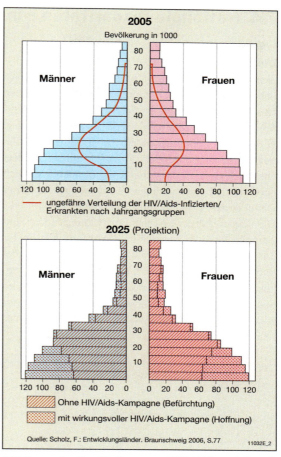

M8 Szenario: Der Einfluss von HIV/Aids auf die Altersstruktur am Beispiel des von Aids besonders betroffenen Botsuana (weltweit höchste Aids-Quote mit 30–40 Prozent)

1. Erstellen Sie ein kurzes Länderprofil von Kenia (unter Einbezug weiterer Quellen).
2. Erläutern Sie die Lebenssituation der Menschen am Beispiel der Befriedigung der Grundbedürfnisse.
3. Stellen Sie die Problematik von sozialer Lage, Bevölkerungsentwicklung und Bevölkerungsdruck in Kenia dar.
4. In einem typischen Vorort des Wirtschaftszentrums Kisumu sind 49 Prozent der Einwohner HIV-positiv, ein Spitzenwert in Kenia.
Erklären Sie die möglichen Auswirkungen dieser Entwicklung auf Basis des Szenarios zu Botsuana (M8).

7.4 Nationale Disparitäten – in Entwicklungsländern

Die Wirtschaftsstruktur im Wandel

Aussagen zur Wirtschaftsstruktur und zur wirtschaftlichen Entwicklung in Entwicklungsländern zu treffen ist schwierig, da gerade in diesem Bereich die statistischen Daten nur sehr wenig verlässlich sind. Das liegt vor allem am dominierenden Anteil des informellen Sektors in vielen Bereichen der Wirtschaft. Es liegt aber auch an den zahlreichen Unsicherheiten, die sich bei den Erhebungen und der Verarbeitung statistischer Daten gerade in der Dritten Welt ergeben.

Die überwiegende Zahl der Entwicklungsländer sind **Agrarstaaten**. Ihre Wirtschaft wird vom primären Sektor dominiert, das heißt der größte Teil der Menschen findet in Landwirtschaft, Fischerei, Forstwirtschaft und Bergbau Beschäftigung. Dabei sind die meisten Betriebe der Subsistenzwirtschaft und damit dem informellen Sektor zuzuordnen, nur wenige arbeiten für die Versorgung des nationalen Marktes oder gar für den Export.

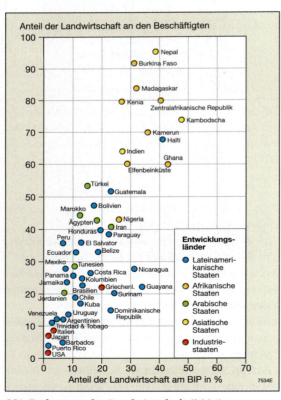

M1 Bedeutung der Landwirtschaft (2004)

Gerade in den ländlichen Gebieten werden die Dinge des täglichen Lebens noch auf (Bauern)märkten gekauft oder getauscht. Richtige Geschäfte sind nur in den größeren Dörfern und Städten zu finden. Aber auch dort versorgt sich der größte Teil der Menschen auf Märkten. Somit ist der tertiäre Sektor im Bereich Handel und Banken noch gering ausgeprägt. Typische Dienstleistungen erbringen Beschäftigte in den Bereichen Verwaltung, Polizei, Militär oder Transportgewerbe.

Auch der Beschäftigtenanteil des sekundären Sektors ist noch gering. Zum einen ist nicht genügend Kapital für Investitionen vorhanden und zum anderen fehlt der Bevölkerung genügend Geld zum Kauf von Konsumgütern. Auf dem Binnenmarkt besteht zu wenig Kaufkraft, um den Aufbau von Industrie lohnend erscheinen zu lassen. Industrielle Arbeitsplätze liegen daher häufig in Firmen, die für den Export produzieren.

Typisch für die meisten Entwicklungsländer ist auch der im Vergleich zur Beschäftigtenstruktur geringe Anteil des primären Sektors am BIP. Dies ist ein deutlicher Hinweis auf die geringe Produktivität der in diesem Bereich wirtschaftenden Betriebe. Eine stärkere Modernisierung, eine schnelle Anhebung der Produktivität ist jedoch auch nicht möglich. Dadurch würde zwar die Produktion erhöht und die Nahrungsmittelversorgung verbessert, aber es würden zu viele Arbeitskräfte freigesetzt, die in den anderen Wirtschaftssektoren keine Aufnahme finden können. Würden beispielsweise in der chinesischen Landwirtschaft ähnlich viele Maschinen eingesetzt wie in der Bundesrepublik, verlören über 100 Millionen Menschen ihre Arbeit.

In den Schwellenländern, den NICs, ist der Anteil der Industrie an den Beschäftigten und vor allem am BIP deutlich größer als in den weniger entwickelten Agrarstaaten. Sie sind im Rahmen der Sektorentheorie von Fourastié (vgl. S. 164f.) schon in den Beginn der zweiten Phase, der Industriegesellschaften, einzuordnen. Hier hat sich in einigen Städten häufig schon eine kaufkräftige Mittelschicht gebildet, eine leistungsfähige Industrie ist aufgebaut und es existiert ein relativ großer produktiver und oft exportorientierter Bereich innerhalb der Landwirtschaft. Durch die zunehmende Arbeitsteilung werden Geldwirtschaft, Handel und Banken immer wichtiger. Der Dienstleistungssektor gewinnt an Bedeutung.

358

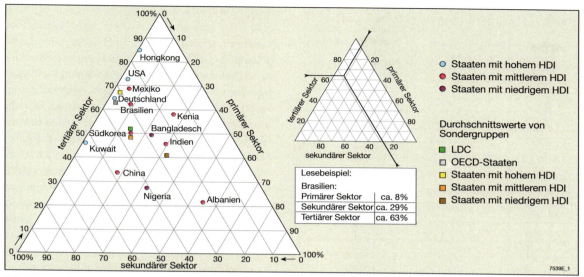

M2 Die Bedeutung der Wirtschaftssektoren (nach Beschäftigtenanteil, 2004)

Die Beschäftigtenstruktur erlaubt im Rückgriff auf die Sektorentheorie zahlreiche Rückschlüsse auf den Entwicklungsstand eines Landes und auf dessen wirtschaftliche Probleme.

Der informelle Sektor – Arbeitsplatz der Armen

In den offiziellen Statistiken nur unzureichend erfasst ist der **informelle Sektor**, da die hier Beschäftigten oft weder vom Steuersystem noch von etwa existierenden Sozialsystemen (Sozial-/Kranken-, Arbeitslosenversicherung) erfasst sind. Der informelle Sektor wird in Studien der ILO (International Labour Organisation) als Beschäftigung in Minifirmen, als selbstständige Tätigkeit und als Haushaltstätigkeit gefasst (vgl. S. 166). In Minifirmen gibt es in der Regel keine Arbeitsverträge und nur halb so hohe Einkommen wie im formellen Sektor. Es handelt sich dabei nicht um innovative Firmen oder Selbstständige in zukunftsträchtigen Branchen, sondern um Tätigkeiten, die aus der Not geboren sind, wenig Kenntnisse voraussetzen, mit einfachen Arbeitsmitteln ausgeführt werden und gerade das Überleben sichern.

So reichen diese Tätigkeiten vom Sammeln, Sortieren und Weiterverarbeiten von Müll (weit verbreitet: alte Autoreifen zu einfachen Gummisandalen) über Tagelöhnerarbeit an Großbaustellen bis hin zum Betrieb einer kleinen Garküche auf dem Bürgersteig eines Geschäftsviertels.

M3 Wochenmarkt in Nyaung U, Zentral-Myanmar: Auf den lokalen Märkten verkaufen die Bäuerinnen die wenigen landwirtschaftlichen Produkte, die zu Hause nicht selbst verzehrt werden. Hierhin treiben sie das gemästete Schwein, verkaufen es an einen Metzger, der es an Ort und Stelle schlachtet und das Fleisch dann der zahlreichen Kundschaft anbietet. Hier gibt es Friseure, Saatgutverkäufer und Händler mit Kleidung und Toilettenartikeln.

7.4 Nationale Disparitäten – in Entwicklungsländern

Land	Anteil insgesamt *	davon Selbstständige*	davon haushaltsnahe Dienstleistungen *	davon in Mikrofirmen *
Argentinien	53	27	8	19
Bolivien	63	38	6	20
Brasilien	59	24	10	26
Kolumbien	57	26	4	28
Mexiko	60	33	5	22
Paraguay	68	27	10	31
Peru	58	37	4	16
Uruguay	38	21	6	10
Venezuela	48	28	2	17

* Angaben in Prozent, Schätzungen

M1 *Anteil der informellen Wirtschaft an den Beschäftigten außerhalb der Landwirtschaft*

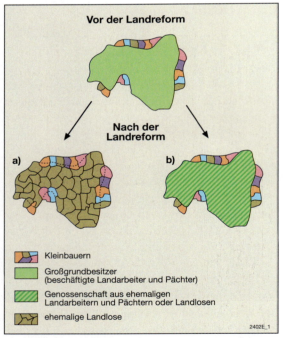

M2 *Ziel von Agrarreformen war häufig die Zerschlagung des Großgrundbesitzes. Dieser wurde entweder in zahlreiche private Kleinbetriebe aufgeteilt oder die Betriebsgröße wurde erhalten und durch eine Genossenschaft bewirtschaftet. Eine Agrarreform kann sowohl eine Bodenbewirtschaftungs- als auch eine Bodenbesitzreform umfassen.*

Auch die **Kinderarbeit** findet überwiegend im informellen Sektor statt, in der Teppichproduktion, der Zündholzherstellung oder bei der Orangen- oder Baumwollernte (vgl. M2, Seite 346). Die Kinder arbeiten hier für nur geringe Löhne und ohne Schutz in Kleinstunternehmen oder auch in Heimarbeit. Auch der Anteil von Frauen ist im informellen Sektor besonders hoch: Sie arbeiten als Köchinnen und Näherinnen, aber auch in Lehmziegelfabriken oder als Zwangsprostituierte.
In einigen Staaten werden ganze Branchen vom informellen Sektor dominiert: In Kairo basiert die komplette Müllentsorgung auf der Arbeit der in Hüttensiedlungen lebenden „Müllmenschen", in Pakistan werden in Heimarbeit Fußbälle für Europa hergestellt, in Lima ist der größte Teil des Verkehrssystems dem informellen Sektor zuzuordnen.
Da der informelle Sektor wenig produktiv arbeitet und nur geringe Steuerleistungen für den Staat erbringt, wurde er früher eher als hinderlich für die Entwicklung gesehen. Heute dagegen ist deutlich, dass die ständig zunehmende Zahl der Erwerbsfähigen keinesfalls in den moderneren und wenig arbeitsintensiven Betrieben des formellen Sektors Beschäftigung finden kann. Der informelle Sektor wird daher heute als ein wichtiger Bereich betrachtet, der Arbeitskräfte bindet und damit zum sozialen Frieden beiträgt. Zudem besteht die Möglichkeit der Aneignung von einfachen beruflichen Qualifikationen.

Strukturen der Ungleichheit in der Wirtschaft

Die Wirtschaft der Entwicklungsländer hat eine dualistische Struktur: Auf der einen Seite gibt es einen traditionell arbeitenden, zum Teil durch Subsistenzwirtschaft gekennzeichneten Sektor, in dem ein sehr großer Teil der armen Bevölkerung Arbeit findet; auf der anderen Seite existiert ein kleinerer, moderner Sektor, der zum Teil auch in den Weltmarkt integriert ist.
Am deutlichsten wird dieser **Dualismus** bei den Strukturen der Landwirtschaft, wie sie vor allem in den südamerikanischen Staaten typisch sind: Hier gibt es einerseits Großbetriebe zum Beispiel Plantagen (in Lateinamerika: „Latifundien"). Sie produzieren Cash crops für den Weltmarkt und sind unter hohem Kapitaleinsatz modern ausgestattet. Sie beschäftigen zahlreiche Lohnarbeiter und gehören Großgrundbesitzern oder nicht selten auch international tätigen Konzernen.

M3 Staatlich angeordnete Zerstörung von Opiumpflanzen in Afghanistan. Die Drogenökonomie ist in dem seit Jahrzehnten kriegsgeprägten Land der stärkste Wirtschaftszweig – mit einem Anteil von etwa 46 Prozent am BIP und etwa drei Millionen an der Drogenproduktion Beteiligten. Nicht selten sind in die Drogenmafia auch Vertreter aus Politik, Justiz und formaler Wirtschaft verstrickt.

Demgegenüber stehen andererseits Zigtausende von Klein- und Kleinstbetrieben („Minifundien") – wobei die Bezeichnung „Betrieb" oft zu hoch gegriffen ist. Sie betreiben Subsistenzwirtschaft oder versorgen die lokalen und regionalen Märkte. Schon allein aufgrund der geringen Betriebsgröße sind diese Familienbetriebe kaum mechanisiert und arbeitsintensiv. In vielen Staaten ist ihre wirtschaftliche Lage so schlecht, dass sie jeden Strohhalm ergreifen, um zu überleben. So pflanzen die Bauern statt Nahrungsmittel oft Rauschmittel an, zum Beispiel Coca in Südamerika oder Schlafmohn in Asien. Häufig ist dies für sie die einzige Möglichkeit, auf ihrer kleinen Fläche genügend Erlöse für ein menschenwürdiges Leben ihrer Familie zu erwirtschaften. Seitens der Regierungen werden immer wieder **Agrarreformen** versprochen, die zu einer gerechteren Aufteilung des Landes führen sollen. Die Regierungen sind jedoch in einem Dilemma: Teilt sie den Großgrundbesitz auf – was sich Landlose und Landarbeiter wünschen –, dann geht bei den kleinen Betriebsgrößen in der Regel die Produktivität zurück. Belässt sie die Großbetriebe zum Beispiel auch als Agrargenossenschaft, sind viele Menschen enttäuscht. So haben sich dort, wo schon Agrar- oder Bodenbesitzreformen durchgeführt wurden, die damit verknüpften hohen Erwartungen meist nicht erfüllt.

Entwicklungshindernis Bad Governance

Der wirtschaftliche und technologische Dualismus kennzeichnet alle Wirtschaftssektoren der Entwicklungsländer. Er findet seine Fortsetzung in einem sozialen Dualismus: Einer sehr vermögenden und politisch einflussreichen Oberschicht steht eine arme machtlose Unterschicht gegenüber.

Aus der Oberschicht rekrutieren sich in vielen Ländern der Dritten Welt seit Jahren die einflussreichsten Politiker, Militärbefehlshaber und Wirtschaftsführer. Oftmals wechseln sich über Jahre wenige Familien bei der Stellung des Staatsoberhauptes und der Minister ab. Mit dieser Machtkonzentration sind weitere Probleme verbunden, die sogenannte **Bad Governance**:

„Ein Entwicklungshemmnis ist die verbreitete Misswirtschaft, Fehlplanung und Korruption sowie politische Systeme, in denen der Personenkult, die Vetternwirtschaft und der Opportunismus nach wie vor eine große Rolle spielen. In vielen Fällen fehlt es auch in erheblichem Maße an öffentlicher Moral, an einem Verantwortungsgefühl für das Gemeinwohl und an einem Arbeitsethos der Verwaltung. Eine zusätzliche politische Belastung stellt das Militär dar, das nicht nur zahlreiche Ressourcen bindet, die viel besser verwendet werden könnten, sondern sich häufig auch wie ein Staat im Staate verhält und sich immer wieder zur ‚Rettung

	die ärmsten		die reichsten		Gini-Koeff.
	10 %	20 %	20 %	10 %	
Deutschland	3,2	8,5	36,9	22,1	28,3
USA	1,9	5,4	45,8	29,9	40,8
Russland	2,4	6,1	46,0	30,6	39,9
Japan	4,8	10,6	35,7	21,7	24,9
China	1,8	4,7	50,0	38,1	44,7
Indien	3,9	8,9	43,3	28,5	32,5
Brasilien	0,8	2,6	62,1	45,8	58,0
Kenia	2,5	6,0	49,1	33,9	42,5
Bolivien	0,3	1,5	63,0	47,2	60,1
Niger	0,8	2,6	53,3	35,4	50,5
Aserbaidschan	5,4	12,2	31,1	18,0	19,0 [1]
Namibia	0,5	1,4	78,7	64,5	74,3 [2]

[1] Minimum weltweit; [2] Maximum weltweit;
Angaben (außer Gini-Koeffizient) in Prozent
Quelle: UNDP: Bericht über die menschliche Entwicklung 2006, S. 401

M1 Einkommensverteilung in ausgewählten Ländern (Anteile an der Bevölkerung)

des Vaterlandes' berufen fühlt. Gestützt wird dieses politische System durch eine ineffiziente, komplizierte, schwerfällige und ebenfalls korrupte Bürokratie."

(Wöhlcke, M.: Die Ursachen der anhaltenden Unterentwicklung. In: Aus Politik und Zeitgeschichte 46/91, S. 20)

Die auch von der Weltbank immer wieder kritisierte Bad Governance in vielen Entwicklungsländern wirkt gerade für Investoren aus dem Ausland abschreckend.

Von der wirtschaftlichen und politischen Elite der Entwicklungsländer ist in den meisten Fällen kein großes Engagement im Inland zu erwarten. Sie identifiziert sich in der Regel nur wenig mit den Problemen des eigenen Landes, fühlt sich von den Problemen des Massenelends oder der Umweltzerstörung nur wenig betroffen, öffentlich zur Schau gestellter Nationalismus ist meist nur vordergründig.

Die bei der Oberschicht vorhandenen Mittel (Rohstoffe, Land, Kapital, Arbeit, Kreativität) werden nicht im Sinne einer Weiterentwicklung des Landes eingesetzt, sondern ausschließlich zur eigenen Gewinnmaximierung. Etwaige Kapitalanlagen finden oft in den Industrieländern statt, weil man sich dort höhere Renditen verspricht und das eigene Kapital sicher vor Inflation und politischen Wechseln weiß. Durch diese **Kapitalflucht** gehen den Entwicklungsländern jährlich Milliarden Dollar verloren, die zum Aufbau der Wirtschaft dringend notwendig wären. Im Bereich des Konsums werden (Luxus-) Güter aus dem Ausland bevorzugt, auch dadurch gehen der heimischen Wirtschaft Impulse verloren.

Die Masse der Bevölkerung – marginalisiert

Die breite Unterschicht ist durch **Marginalität** gekennzeichnet, das heißt sie ist vom offiziellen politischen, wirtschaftlichen und kulturellen Leben weitgehend ausgeschlossen. Die schlechte soziale Lage und geringe Bildungs- und Ausbildungsmöglichkeiten versperren den sozialen Aufstieg. Häufig kommt dazu noch eine Sprachbarriere, denn die weit verbreiteten Stammessprachen sind oft nicht die offiziellen Amts- und Wirtschaftssprachen. Ein peruanischer Indio zum Beispiel, der sich glänzend in seiner Muttersprache Aymara ausdrücken kann, hat in der Hauptstadt Lima keine Chance auf berufliches Fortkommen, wenn er nicht fließend Spanisch spricht. Und die Bräuche der Indianer und Indios sind zwar für Touristen pittoresk, im offiziellen kulturellen Leben gelten sie aber als zu traditionell und unmodern, hier orientiert man sich lieber an westlichen Vorbildern.

So wird diese Gruppe von einigen Wissenschaftlern auch als „redundant population", als „surplus people", als Überflüssige bezeichnet. Sie werden in einer rein ökonomisch denkenden Welt als Arbeitskräfte nicht benötigt und spielen als Konsumenten keine Rolle. Ihre Erzeugnisse werden weder global noch auf dem nationalen Markt gebraucht und lokal von Massenimporten und Secondhand-Waren verdrängt.

Durch die ungerechte Verteilung von Macht, Besitz, Einkommen und Zukunftschancen werden große Teile der Bevölkerung nicht nur extrem benachteiligt, ihre Arbeitsfähigkeit und Intelligenz geht auch der Entwicklung des Landes verloren. Dadurch, dass sich die Machtfülle auf der einen Seite und die Marginalität auf der anderen Seite oft auch auf bestimmte Volksgruppen konzentrieren, kommt es vielerorts zu Unruhen, Aufständen oder gar Bürgerkriegen. Diese sind damit eher die Folge von sozialen Ungerechtigkeiten als von ethnischer Vielfalt. Die ständig entstehenden Spannungen und Konflikte wirken wie Sand im Getriebe der Entwicklung.

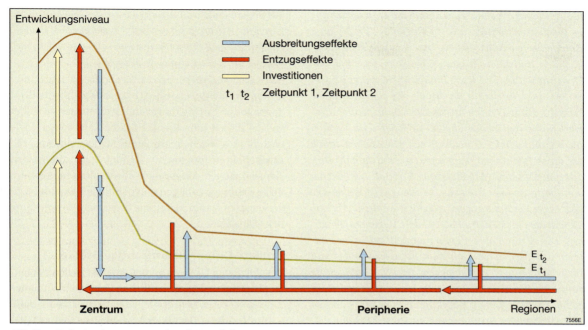

M2 *Der Polarisationsprozess (nach Myrdal)*

Städte – mit deutlichem Standortvorteil

Die großen Städte der Entwicklungsländer sind die dominierenden Standorte für Betriebe des sekundären und tertiären Sektors. Sie können als einzige Regionen innerhalb der Entwicklungsländer alle harten und weichen Standortfaktoren bieten: ein großes, leistungsbereites und sehr preiswertes Arbeitskräftepotenzial, Agglomerationsvorteile, eine gut ausgebaute und sicher zu nutzende Infrastruktur, alle wichtigen Behörden, unterschiedlichste Freizeiteinrichtungen, internationale Verkehrsanbindungen und einen großen, kaufkräftigen Markt, bestehend aus Wirtschaftsbetrieben und den (nur) hier ansässigen Mitgliedern der Oberschicht.

Wenn sich also ein Wirtschaftsbetrieb in einem Entwicklungsland ansiedelt, dann geschieht dies in einer größeren Stadt, vorzugsweise in der Hauptstadt. Hier befinden sich sowohl die Firmen des nationalen Kapitals als auch die Tochterfirmen transnationaler Unternehmen (vgl. Kap. 4.2). Hier werden auch von Seiten der Regierung **Exportproduktionszonen** (EPZ) errichtet und ausländische Direktinvestitionen gefördert.

So polarisiert sich die Entwicklung auf einige wenige Regionen oder sogar nur auf wenige wirtschaftliche und politische Zentren (vgl. Wachstumspole, Seite 328). Diese sind zwar Vorreiter der Entwicklung und es gehen von ihnen auch Wachstumsimpulse (Ausbreitungseffekte, spread effects) auf das Umland aus, sie entziehen den ländlichen Gebieten, der Peripherie, aber auch wichtige Ressourcen. So sind die Städte häufig nicht die erhofften Zugpferde der Entwicklung, die die weniger entwickelten Gebiete nach sich ziehen, sondern sie schöpfen diesen Gebieten die menschlichen und materiellen Ressourcen ab, die gerade diese so dringend zu ihrer Entwicklung brauchen.

Da dieser Prozess der Polarisierung von großer Bedeutung für Entwicklungsländer ist, werden seine Mechanismen seit Jahrzehnten intensiv untersucht. Wissenschaftler wollen Verfahren herausfinden, mit denen sie zu einer gleichmäßigen Entwicklung auch in den Peripherien kommen können. Ein entscheidender Beitrag zu diesen Forschungen wurde 1974 von dem Schweden Gunnar Myrdal geleistet. In seiner **Polarisationstheorie** stellt er fest, dass erstens *„dem freien Spiel der Kräfte eine Tendenz in Richtung auf regionale Ungleichheiten inhärent ist"* und zweitens *„diese Tendenz stärker wird, je ärmer ein Land ist"*.

(Myrdal, G.: Ökonomische Theorie und unterentwickelte Regionen. Frankfurt am Main 1974, S. 44)

Der Polarisationsprozess *„bewirkt sowohl innerhalb eines Landes als auch im internationalen Maßstab* *als sichtbares Ergebnis eine räumliche Differenzierung in Wachstumszentren und in Regionen, die in ihrer Entwicklung zurückbleiben. Das Ausmaß der interregionalen und internationalen Ungleichgewichte, wie Disparitäten im Pro-Kopf-Einkommen, hängt ab von der Art und Intensität der durch das wirtschaftliche Wachstum der Zentren ausgelösten zentripetalen Entzugseffekte (backwash effects) und der zentrifugalen Ausbreitungseffekte (spread effects). Die Medien, durch die diese Effekte wirksam werden, sind mobile Produktionsfaktoren (Arbeitskräfte, Kapital, technischer Fortschritt) und der Handel. (...) Entzugseffekte sind alle negativen Veränderungen, welche die wirtschaftliche Expansion eines Zentrums in andere Regionen hervorruft. Die Zentren absorbieren mobile Produktionsfaktoren aus peripheren Gebieten. Bessere Arbeits- und Lieferbedingungen initiieren eine selektive Wanderung von Arbeitskräften. Günstigere Investitionsmöglichkeiten und die höhere Kapitalrendite bewirken einen Transfer privater Ersparnisse. Die Folge ist eine Erhöhung des Produktionspotenzials in den Zentren bei dessen gleichzeitiger Reduzierung in den rückständigen Regionen. Im Bereich des interregionalen Handels geben interne und externe Ersparnisse den Industriebetrieben der Zentren einen Wettbewerbsvorsprung. Die Peripherie wird mit Industrieerzeugnissen überflutet, die das ortsansässige produzierende Handwerk und die verarbeitende Industrie zurückdrängen und die Gründung neuer Industriebetriebe erschweren.*

Ausbreitungseffekte sind alle positiven Veränderungen, welche durch die wirtschaftliche Expansion im Zentrum in anderen Regionen hervorgerufen werden. Beispiele hierfür sind die Ausbreitung technischen Wissens und städtischer Verhaltensweisen oder die außerhalb der Zentren befriedigte Nachfrage nach Gütern (vorrangig Agrarprodukte und bergbauliche Rohstoffe) sowie Dienstleistungen (zum Beispiel auf dem Gebiet des Naherholungs- und Fremdenverkehrs). Diese Effekte lösen in den zurückgebliebenen Regionen Entwicklungsimpulse aus, ohne jedoch zwangsläufig das Wachstum der Zentren zu beeinträchtigen.

Gunnar Myrdal erwartet, dass in aller Regel die Entzugseffekte die Ausbreitungseffekte in ihrer Wirkung übertreffen. Außerdem nimmt er an, dass mit steigendem Entwicklungsstand – aufgrund des verbesserten Kommunikationswesens und des höheren Bildungsniveaus – die zentrifugalen Effekte des wirtschaftlichen Wachstums verstärkt beziehungsweise die Widerstände gegen die Ausbreitung verringert werden. Je stärker die Ausbreitungseffekte wirken, desto schneller wächst die Wirtschaft eines Landes insgesamt (...)."

(Schätzl, L.: Wirtschaftsgeographie I. Stuttgart 2001, S. 129 f.)

Unter Fachleuten ist die Theorie Myrdals in ihrer Aussage für Entwicklungsländer umstritten. Kritiker weisen darauf hin, dass die Städte keineswegs – wie erhofft – als Wachstumspole mit wirksamen Ausbreitungseffekten fungieren. Vielmehr seien die in den Zentren tätigen Akteure vor allem daran interessiert, diese weiter auszubauen und dafür alle Ressourcen zu verwenden. Dadurch komme es zu einer Verstärkung der Disparitäten.

Primate Cities - übermächtige Städte

In zahlreichen Ländern kommt es sogar zu einer demographischen und wirtschaftlichen Dominanz nur eines Zentrums, einer Metropole. Es entsteht eine **Primate City**, die in ihrer Bevölkerungszahl, ihrer Wirtschaftskraft und ihrer politischen Macht alle anderen Städte des Entwicklungslandes weit überragt (vgl. S. 291).

Die demographische Primacy drückt sich im Primacy-Index aus. Dieser gibt an, wie viel mal mehr Bevölkerung die Primate City hat als die nächst größere Stadt (=Zweistädteindex) oder die nächsten drei Städte (=Vierstädteindex). So beträgt zum Beispiel in Thailand der Zweistädteindex für Bangkok 16,7 (Einwohnerzahl Bangkok geteilt durch Einwohnerzahl Samut Prakan = 6 320 000 : 379 000). Eine demographische Primacy ist auch in Industrieländern vereinzelt zu finden. So ist zum Beispiel London siebenmal so groß wie die nächst größere englische Stadt Birmingham.

Der eigentliche Unterschied zwischen den Metropolen der Ersten und der Dritten Welt liegt in der **funktionalen Primacy**, das heißt in ihrer Vormachtstellung in allen wichtigen Lebensbereichen: in Wirtschaft, Kultur, Politik in der Ausstattung mit allen Formen von Infrastruktur. Hinzu kommt, dass es sich dabei nicht nur um einen extremen Unterschied zwischen Primate City und Peripherie hinsichtlich der Quantität der Einrichtungen handelt, sondern auch hinsichtlich der Qualität. So finden sich in der Primate City nicht nur die meisten, sondern auch die besten Infrastruktureinrichtungen, nicht nur die meisten Industriebetriebe, sondern auch die modernsten und zudem die meisten Hauptsitze (vgl. auch São Paulo, Seite 294 ff.).

Push-Faktoren

- rasches Bevölkerungswachstum der einkommens-schwachen Schichten
- dadurch Bevölkerungsdruck auf die verfügbaren Land-, Brennstoff- und Wasserressourcen
- zu kleine, unrentable Betriebsgrößen in der Land-wirtschaft
- Einschränkung der Möglichkeit der Selbstversor-gung
- unzureichende Ernährungsgrundlage
- Unterbeschäftigung und/oder Arbeitslosigkeit
- mangelnde Berufsmöglichkeit im sekundären und tertiären Sektor
- Verringerung der landwirtschaftlichen Nutzflächen durch Naturkatastrophen, nicht standortgerechte Nutzung
- Bürgerkrieg, Verfolgung, Diskriminierung

Pull-Faktoren

vermeintliche Aussichten
- auf einen Arbeitsplatz
- auf höheres Einkommen
- auf Bildungsmöglichkeiten (besonders weiter-führende Ausbildung)
- auf Wohnkomfort
- auf höhere Qualität und bessere Erreichbarkeit der Gesundheitsdienste
- auf wirtschaftliche und soziale Unabhängig-keit
- Angebot/Konzentration von Dienstleistungs-, Kultur- und Freizeitangebot

M1 *Der Push-Pull-Faktoren-Komplex (vgl. auch Seite 288–290)*

Die Städte - überfordert

Den Landbewohnern erscheinen die Städte, deren Glanzbilder ihnen auch täglich durch die Medien vermittelt werden, wie eine Traumwelt, in der alles möglich ist. Und so machen sich jährlich Millionen Migranten auf den Weg in die Städte. Die Hoffnung auf einen Arbeitsplatz und den Kindern eine bessere Zukunft bieten zu können, sind dabei entscheidende Pullfaktoren (vgl. Seite 288–290).

Doch erweisen sich diese Hoffnungen für die meisten Migranten zunächst als Illusion: Sie landen in **Squat-ter-Siedlungen** und **Slums** oder im schlimmsten Fall gar als pavement dwellers (vgl. Kapitel 5.4) auf den Bürgersteigen der Großstädte (vgl. Seite 292). Arbeit finden sie höchstens im informellen Sektor. Dennoch hat die Stadt einen Vorteil, den das Land nicht bieten kann: „Jeden Tag ergibt sich eine neue Hoffnung!"

Und so nimmt die Migration in die Städte und damit die **Verstädterung** immer weiter zu. Das gilt sowohl für die kleineren Landstädte als auch besonders für die großen Metropolen. São Paulo, Lima, Mumbai (Bombay) oder Kairo zum Beispiel haben einen täglichen Zuwachs von 1000 bis 2000 Migranten zu verzeichnen. Die Zahl der Millionen- und der Megastädte in der Dritten Welt nimmt seit Jahren rapide zu (vgl. Kapitel 5.4).

„Solche Städte sind nicht nur bevölkerungsreich. Sie zeichnen sich auch durch große Horizontalerstreckung, ausgedehnte Hütten- und Slumareale, unzureichende

Infrastruktur, bruchhaften Zerfall (Fragmentierung) in punkthafte Wohlstandsinseln (Paradiese) und flä-chenhafte Armutsviertel (Höllen) aus. Die Schaffung offizieller Arbeitsplätze in Dienstleistung, Handel/ Gewerbe und Industrie, hält – trotz steigenden Be-darfs an Billiglohnarbeitern in den EPZ [vgl. S. 380],

Indikator	Manila		Bangkok		Seoul	
	1	2	1	2	1	2
Zwei-/Vier-städteindex	3,2* / 1,2		16,7 / 9,2		2,7 / 1,2	
BIP	32,5	247,7	39,1	361,6	25,5	103,6
Beschäft. Ind.	55,2	421,8	37,7	352,3	14,4	59,3
Wertsch. Ind.	48,2	367,8	45,8	424,0	10,3	42,1
Kraftfahr-zeuge	69,7	532,2	68,3	626,7	29,1	120,3
Telefonan-schlüsse	64,1	489,6	64,0	447,7	27,9	115,3
Studenten	35,9	273,9	93,2	582,4	26,4	109,1
Kranken-hausbetten	32,8	250,2	23,2	215,2	25,6	105,4
Familienein-kommen	210,6		225,9		111,0	

1) Anteil der Stadt am ges. Land (%); 2) Verhältnis Stadt zum Landes-durchschnitt (=100); * Agglomeration mit Quezon City

M2 *Die funktionalen Primacies Manila, Bangkok und Seoul*

7.4 Nationale Disparitäten - in Entwicklungsländern

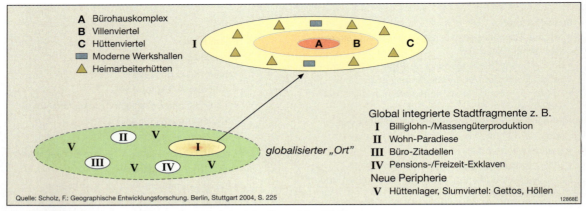

M1 *Modell lokaler Fragmentierung (vgl. Seite 294ff. und S. 459ff.)*

die hier vermehrt auftreten – mit der Nachfrage nicht Schritt. Der informelle Sektor gilt als Hauptarbeitgeber. Er erstreckt sich in alle Branchen und schließt sogar Organspenden, Kinderarbeit, Prostitution und Betteln mit ein. Gewalt und Kriminalität beherrschen den öffentlichen Raum, der zu regelrechten no-go-areas verkommen ist. Die Entstehung von gated communities, von abgeschlossenen, bewachten Hochhauskomplexen (vertikale Paradiese) oder von no-entrance-areas, den sogenannten Zitadellen, war/ist die Folge. Hierher haben sich die Wohlhabenden zurückgezogen, eigene Wachdienste eingerichtet und sozial wie kulturell von der übrigen Stadt regelrecht abgeschottet, fragmentiert. Selbst innerhalb und zwischen den Hüttenvierteln finden derartige Fragmentierungsprozesse statt. Sie äußern sich in Stacheldrahtverhauen, Mauern und Viertelabgrenzungen /-markierungen ebenso wie in Bandenbildung und Schutzgeldgangs. Die städtische Autorität hat sich in diesen Gegenden weitgehend zurückgezogen. Sie gelten als unregierbar.

(Scholz, F.: Entwicklungsländer. Braunschweig 2006, S. 40)

Lokale Fragmentierung (vgl. Kapitel 4.4)

So findet hier in den globalisierten Orten die globale **Fragmentierung** (vgl. S. 249 f.) ihre Fortsetzung in einer lokalen Fragmentierung. Von den Entscheidungen des globalen Wettbewerbs sind nur die Teile der Städte erfasst, in denen sich die Billiglohnproduktion mit den dazugehörigen Organisationsstrukturen konzentrieren (I). Das heißt hier könnten sich zum Beispiel die Bürohauskomplexe internationaler Konzerne befinden, die international vernetzt sind und die Aktivitäten im Entwicklungsland steuern (A). Von hier aus werden die Produktionsaufträge an formale, lokale Unternehmen gegeben oder über Jointventures abgewickelt. Häufig lagern diese formalen, lokalen Unternehmen – vor allem aus Kosten- und nicht selten auch aus Zeitgründen – Teile der Produktion zu informellen lokalen Kleinstunternehmern und Heimarbeitern aus – quasi dem letzten Glied im Global Sourcing. Auf diese Weise versuchen sie das Massenangebot billigster Arbeitskräfte, überwiegend Frauen und nicht selten auch Kinder, für den globalen Markt auszuschöpfen.

An diese Schaltstellen schließen sich meist räumlich direkt die parkartigen Villenviertel (Paradiese/Zitadellen) der ausländischen Repräsentanten und ihrer lokalen Agenten an (B). Dies geschieht aus eigentlich ganz profanen Gründen: Verkehrsdichte, Zeitdistanz und Sicherheit.

Meist unmittelbar daran grenzen ausgedehnte Hüttensiedelungen, Not- und Massenunterkünfte sowie trostlose Wohnsilos (C). Hier befinden sich auch entweder die technisch meist anspruchsvoll nach außen abgeschotteten Produktionszonen (1) oder die verstreut liegenden Produktionsstätten. Dabei kann es sich sowohl um hochmoderne Werkshallen wie um ausgedehnte Viertel mit einfachsten Werkstätten oder Heimarbeiterstätten handeln (2). Hier werden entweder Hightechprodukte oder Billigwaren gefertigt – je nach globaler Nachfrage. Jenseits dieser global integrierten Stadtteile befinden sich die Lebensräume der nicht global integrierten Bevölkerungsteile, die „Neue Peripherie" (V).

(Nach: Scholz, F.: Geographische Entwicklungsforschung. Berlin, Stuttgart 2004, S. 225 f.)

Ländliche Gebiete – im Abseits

Im Rahmen des Polarisierungs- und Fragmentierungsprozesses wird die Situation in den meisten ländlichen Gebieten immer aussichtsloser. Denn trotz aller Migrationströme wohnen in den Entwicklungsländern die meisten Menschen immer noch auf dem Land. Und häufig wächst dort auch die Bevölkerung noch stärker als in der Stadt. So nimmt der **Bevölkerungsdruck** in den ländlichen Gebieten immer weiter zu, und dies bei denkbar schlechten Lebensbedingungen: Weite Teile der arbeitsfähigen Bevölkerung sind unterbeschäftigt. Angesichts kleiner Betriebsgrößen mit häufig auch übernutzten und degradierten landwirtschaftlichen Flächen kann die Landwirtschaft keine zusätzlichen Arbeitsplätze bieten.

Wirtschaftsbetriebe des sekundären und tertiären Sektors sind jedoch so gut wie nicht vorhanden, denn zu schlecht ist in den ländlichen Gebieten die **Infrastruktur**: Nur selten gibt es eine funktionierende Trinkwasser- und Energieversorgung oder einen Anschluss an das Telefonnetz; Bildungseinrichtungen und Krankenstationen sind – wenn überhaupt vorhanden – weit gestreut. Allwetterstraßen existieren nur wenige und sind meist in einem sehr schlechten Zustand – nicht selten rechnen Reisende bei einer Busfahrt mit einer Durchschnittgeschwindigkeit von 20 Kilometern pro Stunde. Eventuell aus der Kolonialzeit vorhandene Eisenbahnlinien sind oft durch mangelnde Wartung, durch Naturkatastrophen oder als Folge von politischen Unruhen lahmgelegt, der Wagenpark aufgrund von Kapitalmangel überaltert. Eine gut ausgebaute Verkehrsinfrastruktur und leistungsfähige Transportmittel sind jedoch eine Voraussetzung für die Einbindung einer Region in das nationale oder gar internationale Wirtschaftsgeschehen. Eine schlecht ausgebaute Infrastruktur führt zur wirtschaftlichen Stagnation.

Dies mündet in einen Teufelskreis, denn aufgrund wirtschaftlicher Stagnation oder mangelnder Zukunftsperspektiven wandern die Menschen in die Städte. Meist sind es die dynamischen, innovationsbereiten, jungen Leute mit relativ hohem Bildungsstand, das heißt diejenigen, die lesen und schreiben können. Doch so fehlen die treibenden Kräfte für die ländlichen Gebiete: Innovationen in der Landwirtschaft setzen sich nicht oder nur schwer durch, eventuell ansiedlungswillige Wirtschaftsbetriebe finden kein attraktives Arbeitskräftepotenzial. So verstärken sich die sozialen und die regionalen Disparitäten.

M2 Indien – Überalterung aufgrund von Landflucht

1. Äußern Sie sich auf Grundlage von M1, Seite 358 zur Stellung der Landwirtschaft in den unterschiedlich entwickelten Ländern.
2. Unter Experten gibt es auch die Meinung, man solle mehr Projekte im informellen Sektor unterstützen. Diskutieren Sie diesen Vorschlag.
3. Kennzeichnen Sie die verschiedenen Dualismen, die typisch für Entwicklungsländer sind.
4. Stellen Sie in einem Schaubild die möglichen Auswirkungen von Bad Governance dar.
5. Untersuchen Sie ein Land, in dem aktuell politische Unruhen herrschen, inwieweit dort soziale Ungerechtigkeiten eine Ursache dafür sein können.
6. Erstellen Sie eine Mindmap oder ein Wirkungsgeflecht zu den Ursachen und Folgen der Entstehung von Primate Cities (demographisch und funktional).
7. Diskutieren Sie die Zukunftsaussichten von Slumbewohnern in der Zeit der Globalisierung.
8. Erläutern Sie die lokale Fragmentierung a) anhand des Auftaktfotos von Kap. 9.7, S. 486/487, b) am Beispiel von São Paulo (S. 294 ff.).

7.4 Nationale Disparitäten – in Entwicklungsländern

Raumbeispiel: Brasilien (vgl. S. 118f., 294f. 376f.)

Brasilien ist mit 8,5 Millionen Quadratkilometern und 184 Millionen Einwohnern (2004) der größte und auch wirtschaftlich bedeutendste Staat Lateinamerikas. Wie kaum ein anderes Land auf der Welt ist Brasilien geprägt von großen sozialen, wirtschaftlichen, technischen, kulturellen und regionalen Disparitäten und von Fragmentierung.

In Metropolen wie São Paulo und Rio de Janeiro grenzen moderne Hochhausviertel unmittelbar an Hüttensiedlungen, weltmarktintegrierte Stadtviertel mit international tätigen Firmen liegen neben Slums, in denen die Menschen fast ausschließlich im informellen Sektor ihren Lebensunterhalt verdienen.

Im Südosten des Landes boomt die Wirtschaft und im Nordosten und den größten Teilen Amazoniens herrscht Stagnation.

M1 Bad Government und die Landfrage

„Die Innenpolitik befand sich seit Mitte 2005 im Bann eines weitverzeigten Korruptionsskandals. Im Zentrum des Korruptionsnetzes stand der frühere Kabinettschef José Dirceu, der circa 40 000 Posten im Staatsapparat mit regierungstreuen Parteigängern und Gewerkschaftlern besetzt haben soll. Der Skandal führte zum Rücktritt einer großen Anzahl von Ministern, Parlamentsabgeordneten und Parteifunktionären. Die politische Krise verhinderte weitere Reformen der zehntgrößten Volkswirtschaft der Welt. Im Vergleich zum Vorjahr schwächte sich das BIP-Wachstum 2005 ab. Mit ihrer investorenfreundlichen Geldpolitik gelang es der Regierung jedoch, auch 2005 wieder große Mengen ausländischen Kapitals anzuziehen.

Erneut besetzten Tausende landloser Bauern Ende September 2005 in mehreren Städten Büros der Behörde für Agrarreform sowie Plantagen und Banken. Sie warfen der Regierung Versagen bei der Landverteilung an 130 000 mittellose Landarbeiter vor, da angeblich noch kein einziger Land erhalten hätte.

In Brasilien leben rund 4,6 Millionen landlose Familien, circa 26 000 Landbesitzern gehören 46 Prozent des landwirtschaftlich nutzbaren Landes. Seit Mitte der 1980er-Jahre hat der Landkonflikt mehr als 1300 Menschenleben gefordert."

(Nach: Der Fischer Weltalmanach 2007. Frankfurt am Main 2006, S. 88–90, gekürzt)

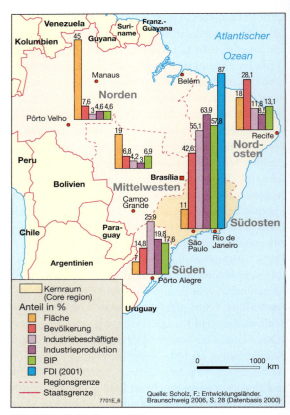

M2 Räumliche Disparitäten

Größenklasse	Zuckerrohr	Bohnen	Maniok
< 10 ha	33,12	0,38	7,04
10 - < 100 ha	44,12	0,40	8,13
100 - < 1000 ha	50,93	0,34	6,68
> 1000 ha	58,76	0,33	5,72

M3 Flächenproduktivität landwirtsch. Betriebe (t/ha)

Größenklasse	% der Betriebe	% der Fläche
< 1 ha	3,2	< 0,1
1 - < 5 ha	14,5	0,4
5 - < 10 ha	14,3	1,0
10 - < 50 ha	43,2	9,4
50 - < 100 ha	10,8	7,1
100 - < 500 ha	11,0	21,4
500 - < 1000 ha	1,7	10,7
1000 - < 5000 ha	1,2	23,0
5000 - < 10000 ha	0,1	17,4
10000 ha und mehr	< 0,1	9,6
gesamt	100	100

M4 Grundbesitzstruktur der brasilianischen Landwirtschaft

M5 Ineffiziente Latifundienwirtschaft

Von den 5,7 Millionen Quadratkilometern nutzbarer Fläche Brasiliens gehören etwa vier Millionen Latifundistas, die indessen mehr als die Hälfte brachliegen lassen oder absurden Raubbau an der Natur betreiben. In Mato Grosso wird die Diskrepanz für jedermann sichtbar: Die offizielle Landkarte des Teilstaates ist mit den Namen von Fazendas übersät, die die Größe schweizerischer Kantone meist weit übertreffen. Vor Ort stellt sich indessen heraus, dass auf großen Weiden oft nur zwanzig bis dreißig Rinder grasen und die Nutzung des Territoriums insgesamt laut Expertenangaben extrem unwirtschaftlich betrieben wird. Kräftige Gewinne, so heißt es, sind daher nur möglich, wenn man die Fazenda-Angestellten sehr niedrig bezahlt, sie im Grunde wie Sklaven hält.

Bemerkenswert ist zudem, dass es sich bei den allermeisten Latifundistas von Mato Grosso nicht etwa um archaische Figuren aus dem Kolonialbilderbuch handelt, sondern um reiche Politiker, Besitzer von Banken und Fabriken, die meistens in der lateinamerikanischen Wirtschaftsmetropole São Paulo wohnen und sich nie oder nur höchst selten auf ihren immensen Anwesen blicken lassen. Dort haben Verwalter (Gerentes) das Sagen, welche die vielen Aufgaben, darunter auch das Beaufsichtigen der Angestellten, von Subunternehmen erledigen lassen. Sofern diese die Arbeiter um ihren Lohn betrügen, durch Pistoleros foltern lassen oder gar Sklaven einsetzen, weisen die Gerentes dafür jede Verantwortung weit von sich.

Die sich gerne progressiv gebenden Neofeudalisten Mato Grossos sowie ganz Amazoniens gehören nachgewiesenermaßen zu den größten Steuerhinterziehern und Subventionsbetrügern Brasiliens und sind zudem für Umweltverbrechen verantwortlich. Ein einziger Latifundista ließ 1994 nahe den Indianerreservaten Xingu ungestraft 110 000 Hektar Wald abbrennen. Wildwestmethoden und Besitzkonzentration stimulieren die Abwanderung der Landbewohner in die Slums von Rio oder São Paulo.

1. Erstellen Sie ein kurzes Länderprofil von Brasilien (unter Einbezug weiterer Quellen).
2. Erläutern Sie die deutlich werdenden Dualismen.
3. Inwieweit lassen sich Anzeichen für Fragmentierungsprozesse erkennen? Erklären Sie.

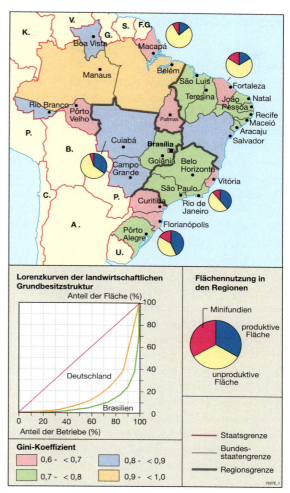

M6 Gini-Koeffizient und Flächennutzung

M7 Das Los der Landarbeiter

Die Landarbeiter werden „bóias-frias" (kalte Töpfe, kaltes Essen) genannt. Sie brechen in vielen Fällen um fünf Uhr morgens zur Arbeit auf und kehren erst um 19 Uhr wieder zurück. Fast nie sind die Arbeiterinnen und Arbeiter registriert. Die Schwierigkeit, Arbeit zu finden, führt dazu, dass die Landarbeiterinnen und -arbeiter zu sehr niedrigen Löhnen arbeiten und unter Bedingungen, die für ein entwickeltes Land inakzeptabel sind. Das Einkommen der „bóias-frias" beträgt durchschnittlich nur fünf Dollar pro Tag. Ihr Einkommen schwankt aber stark, da sie als Tagelöhner arbeiten: Bei starken Regenfällen oder bei schlechten Ernten finden sie keine Arbeit.

(aus: Misereor (Hrsg.): Orangensaft. Aachen o.J., S. 12)

7.5 Einbindung in die Weltwirtschaft - historisch und aktuell

Die Kolonialzeit

„Von wenigen Ausnahmen abgesehen (zum Beispiel Äthiopien, Liberia) sind die Länder der Dritten Welt im Zeitalter des Kolonialismus durch die Kolonialmächte, darunter bis zum Ende des Ersten Weltkriegs auch das Deutsche Reich, unterjocht und ihrer politischen, ökonomischen und soziokulturellen Selbstständigkeit beraubt worden. Ob damit vielversprechende eigene Entwicklungslinien dieser Länder dauerhaft abgeschnitten wurden, ist umstritten. Unstreitig haben aber die ‚Mutterländer' ihre Kolonien zwangsweise auf ihre Interessen ausgerichtet ..."

(Bundeszentrale für politische Bildung (Hrsg.): Informationen zur politischen Bildung 252: Entwicklungsländer, Bonn 1996, S. 30)

Oft wurde das bestehende politische System in den Kolonien auf brutale Art beseitigt und das unmittelbar vom „Mutterland" abhängige Kolonialsystem installiert. Die herrschende Schicht bestand aus Europäern oder aus mit dem Kolonialland verbundenen Einheimischen. Noch heute besteht die Oberschicht vieler Entwicklungsländer aus Nachfahren der ehemaligen Kolonialgesellschaft (zum Beispiel in Südamerika die Kreolen).

Zur Hauptstadt wählten die Herrscher sich häufig einen Ort an der Küste aus, um eine möglichst enge Bindung zum Mutterland halten zu können und für militärischen Nachschub schnell erreichbar zu sein. Lima mit seinem Hafen Callao, die Hauptstadt und Primate City Perus, wurde erst von den Spaniern gegründet, bis dahin war die Andenstadt Cuzco Hauptstadt des Inkareiches. Erst in jüngster Zeit verlegen einige Staaten ihre Hauptstädte wieder ins Zentrum des Landes, eine der ersten dieser Neugründungen war Brasília.

Die Entwicklung der Wirtschaftsstruktur verfolgte zur Kolonialzeit vor allem ein Ziel: die Ausbeutung der Rohstoffe. Dazu wurden die Bodenschätze erschlossen und die Landwirtschaft auf den Anbau von in Europa benötigten Agrarerzeugnissen umgestellt. Zur besseren Beherrschbarkeit und zur Steigerung der Produktivität wurden weite Ländereien verdienten Mitgliedern der Kolonialgesellschaft oder an Wirtschaftsbetriebe übereignet. Der vielfach heute noch existierende Großgrundbesitz hat seinen Ursprung in der damaligen Zeit.

Der Ausbau der Infrastruktur geschah vor allem zur Ausbeutung der Rohstoffe. So wurden Straßen und auch Eisenbahnen von den Hafenstädten zu den wirtschaftlich interessanten Gebieten mit Bodenschätzen oder Plantagen gebaut. Über diese Verkehrslinien wurden zum einen die Exportgüter transportiert, zum andern dienten sie aber auch als Nachschubwege für das Militär. Während die Verkehrswege zur Hauptstadt sehr gut ausgebaut wurden, unterbanden die Kolonialherren häufig den Kontakt zwischen den Regionen im Landesinnern, um eine gegen die Kolonialmacht gerichtete Zusammenarbeit zu verhindern. In Südamerika ließen

M1 *Deutschland als Kolonialmacht (zeitgenössische Darstellung)*

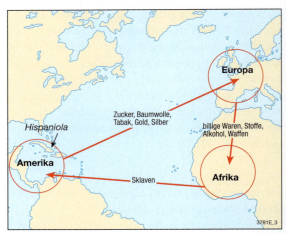

M2 *Transatlantischer „Dreieckshandel" während der Kolonialzeit*

sie zum Beispiel das von den Inkas geschaffene Wegesystem, das vor allem interregionale Verbindungen ermöglichte, verfallen.

Um den Absatz der europäischen Fertigwaren zu sichern, wurden aufkeimende Industrien in den Kolonien unterdrückt. So verboten die englischen Kolonialherren in Indien die Arbeit der damals hoch entwickelten indischen Textil- und Seidenmanufakturen, um der eigenen Textilindustrie den Markt zu öffnen. Nicht umsonst bestand eines der wichtigsten Merkmale des indischen Widerstandes gegen die Kolonialmacht England darin, sich demonstrativ Stoffe selbst zu weben – und nicht die englischen zu kaufen.

Die schwerwiegendste Hypothek aus der Kolonialzeit ist jedoch die Einbindung der Kolonien in die sogenannte **„internationale Arbeitsteilung"**, die damals begann: Bis heute exportieren zahlreiche Länder der Dritten Welt überwiegend Rohstoffe und die Industrieländer Fertigwaren.

Die Urbevölkerung wurde von der Kolonialmacht weitgehend entrechtet und teilweise sogar vernichtet. In Indonesien zum Beispiel wurden rund 90 Prozent der Bevölkerung ausgerottet, in Namibia töteten deutsche Truppen 1911 das Volk der Hereros fast vollständig. Wissenschaftler schätzen, dass 50 Prozent der Bevölkerung Amerikas, Australiens und Ozeaniens durch eingeschleppte Infektionskrankheiten zugrunde gingen. In den vielen ehemaligen Kolonien zählen die Nachkommen der Urbevölkerung bis heute zur marginalisierten Schicht.

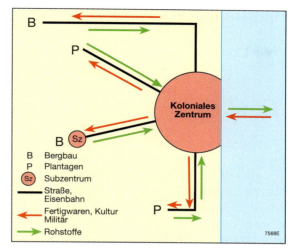

M3 Die koloniale Raumstruktur

In allen Kolonien kam es zu einer zum Teil weitgehenden **Akkulturation**: Die Kultur der Kolonialherren überprägte die der Urbevölkerung, zum Beispiel im Bereich der Religion, der Kleidung oder der Sprache – die heutigen Verkehrssprachen in den Entwicklungsländern sind dafür ein deutliches Zeugnis.

Fundamente für die Zukunft

In der Kolonialzeit wurden somit in vieler Hinsicht Strukturen angelegt, die bis heute noch Gültigkeit haben. Dennoch war die Kolonialzeit sicher nicht allein entscheidend für den heutigen niedrigen Entwicklungsstand vieler Länder. Denn nicht nur die ärmsten

„Er sagt, er heißt Kolumbus und sei gekommen, um uns zu entdecken!"

Karikatur aus einer mexikanischen Zeitschrift. In den ehemaligen Kolonien ist die Auffassung der Europäer, man habe sie „entdeckt", immer Anlass für spöttische Karikaturen oder bissige Kommentare.

M4 Karikatur

7.5 Einbindung in die Weltwirtschaft – historisch und aktuell

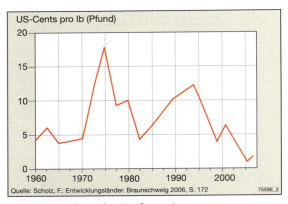

M1 *Entwicklung des Zuckerpreises*

Dem Wert eines deutschen Lastkraftwagens (6-10 t) entsprachen (jeweils Jahresdurchschnitt):			
1985	1992	1998	2000
6 t Kaffee	27 t Kaffee	12 t Kaffee	17 t Kaffee
44 t Bananen	79 t Bananen	26 t Bananen	64 t Bananen
8 t Kakao	37 t Kakao	26 t Kakao	34 t Kakao
49 Teppiche	133 Teppiche	144 Teppiche	173 Teppiche

(Qualitätsmerkmale: salvadorischer Hochlandkaffee, mittelamerikanische Bananen, ivorischer Kakao - good fermented, indische Teppiche à 6 m² 350-500 Knotenreihen)

M2 *Austauschverhältnisse an der deutschen Grenze. Die Terms of Trade geben das Verhältnis aus dem Index der Exportgüterpreise zum Index der Importgüterpreise an.*

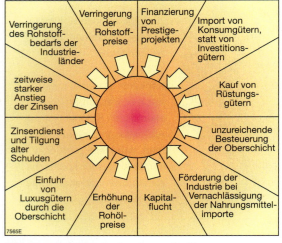

M3 *Ursachen der Auslandsverschuldung*

Länder Afrikas, auch die NICs waren Kolonien. Zum Teil haben die Kolonialmächte auch die Basis für eine positive Entwicklung gelegt, zum Beispiel durch den Aufbau leistungsfähiger Infrastrukturen.

Die Einbindung in den Welthandel

Seit Jahrzehnten gibt es heftige Kontroversen darüber, ob die Einbindung der Entwicklungsländer in die Weltwirtschaft die Unterentwicklung noch weiter verstärkt oder Entwicklung dadurch erst möglich wird.

Tatsächlich hat sich vor allem für die ärmsten Entwicklungsländer seit der Kolonialzeit in der Struktur des Außenhandels nur wenig geändert: Sie exportieren – wenn überhaupt – landwirtschaftliche oder mineralische Rohstoffe und importieren aus den weiter entwickelten Ländern Fertigwaren. Bei über 30 Rohstoffländern ist der Export sogar so monostrukturiert, dass über 50 Prozent der Erlöse aus dem Verkauf nur eines einzigen Rohstoffes stammen.

Dadurch ist ihre Wirtschaft in mehrfacher Weise krisenanfällig. Zum einen können bei agrarischen Rohstoffen Naturkatastrophen oder Seuchen zu großen Deviseneinbußen führen. Zum zweiten schwanken die Rohstoffpreise auf dem Weltmarkt stark, je nach Angebot und Nachfrage. So können die Preise zum Beispiel durch Überproduktion in den Erzeugerländern oder Konsumveränderungen in den Käuferländern sinken und durch Missernten oder Börsenspekulationen steigen. Der Trend bei den meisten Rohstoffpreisen ist dabei seit Jahren stagnierend oder gar fallend.

Dies bewirkt bei zahlreichen Ländern eine Verschlechterung der **Terms of Trade**, das heißt – vereinfacht ausgedrückt – sie erhalten für dieselbe Menge an exportierten Rohstoffen auf dem Weltmarkt weniger Fertigwaren wie zum Beispiel Maschinen, Fahrzeuge, Industrieeinrichtungen oder Lizenzen. Diese benötigen sie jedoch dringend zur Modernisierung der Wirtschaft, zur Produktivitätssteigerung in der Landwirtschaft, zum Aufbau und Ausbau eigener verarbeitender Industrien, letztendlich zur Konkurrenzfähigkeit auf dem Weltmarkt. Folglich investieren viele Länder zunächst in die Modernisierung des primären Sektors, um die Rohstoffexporte erhöhen und dadurch die Deviseneinnahmen steigern zu können. Dies führt jedoch wiederum zu einem höheren Angebot auf dem Weltmarkt und damit zu sinkenden Preisen – ein Teufelskreis.

Die Auslandsverschuldung steigt

Aus diesen und einigen anderen Gründen steigt die Auslandsverschuldung der Dritten Welt seit Jahrzehnten rapide an. Bad Governance verstärkt diese Problematik noch: Zahlreiche Regierungen in der Dritten Welt setzen beim Einsatz der finanziellen Mittel Schwerpunkte, die nicht der Entwicklung des gesamten Landes dienen, sondern nur dem Militär zugutekommen oder einzelnen Bevölkerungsgruppen (Klientelismus). 2004 lag die Gesamtsumme aller Schulden bei über 2,75 Billionen Dollar. Gläubiger sind Banken, Industrienationen, die Weltbank oder der Internationale Währungsfonds (**IWF**). Diese dringen auf eine vertragsgemäße Rückzahlung der Schulden. So wird ein großer Teil der Exporterlöse und neu vergebenen Kredite für Zins- oder Tilgungszahlungen benötigt und geht für die Entwicklung des Landes verloren. Die Regierung von Mosambik zum Beispiel gibt sieben Dollar pro Kopf der Bevölkerung für Zinsen und Schuldentilgung aus und nur drei Dollar für Basisgesundheitsdienste – und das angesichts von 160 000 Kleinkindern, die jährlich an leicht zu bekämpfenden Krankheiten sterben.

Hin und wieder kommt es sogar zur Zahlungsunfähigkeit einzelner Länder oder ganzer Staatengruppen. Angesichts solcher „Schuldenkrisen" gibt es in den

M4 *Karikatur*

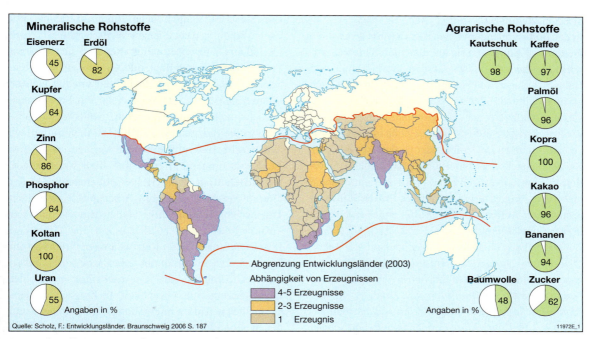

M5 *Rohstoffexporte aus der Dritten Welt*

Gläubigerländern Initiativen, die einen Schuldenerlass für die meisten oder zumindest die ärmsten Entwicklungsländer fordern. Dadurch, so ihre These, gibt es nicht nur Fortschritte in der menschlichen Entwicklung, sondern die armen Ländern gewinnen auch an Kaufkraft, sodass sie wirkliche Partner im Welthandel sein können.

Auf Initiative der Weltbank und des IWF beschlossen die G7 zur Jahrtausendwende die (Teil-) Entschuldung von 59 Low Income Countries (LIC) und Heavily Indebted Poor Countries (HIPC). An diesen Schuldenerlass sind jedoch Verpflichtungen zu politischen und wirtschaftlichen Reformen gebunden, die verhindern sollen, dass die positiven Auswirkungen des Schuldenerlasses durch Misswirtschaft, Korruption und Bereicherung einheimischer Machteliten zunichte gemacht werden.

Veränderung der Außenhandelsstruktur

Als eine sinnvolle Strategie zur Veränderung der problematischen Außenhandelsstruktur wird der Aufbau eigener Industrien gesehen, um so vom Import der Fertigwaren unabhängiger zu werden und eventuell auch eigene Industriegüter exportieren zu können. Damit wird die Exportstruktur diversifiziert und weniger anfällig für Schwankungen der Rohstoffpreise auf dem Weltmarkt.

In den Industrieländern sehen dies viele mit gemischten Gefühlen. Zwar haben sie auf der einen Seite die Entwicklungsländer gerne als Kunden für Maschinen und Industrieanlagen und gewähren ihnen zum Kauf auch gerne Kredite, auf der anderen Seite jedoch fürchten sie die Konkurrenz der „Billiglohnländer". So werden häufig seitens der Industrieländer Zölle für den Import von aufbereiteten Rohstoffen oder Fertigwaren erhoben. Kakaobohnen können dann zum Beispiel zollfrei importiert werden, auf fertigen Kakao wird aber ein Zoll von mehreren Prozent erhoben. Dieser **Protektionismus** bremst den Aufbau weiterverarbeitender Industrien in den Entwicklungsländern.

An dieser Praxis übte auch die Weltbank scharfe Kritik: *„Die hohen Handelsbarrieren der Industriestaaten gegen Importe von landwirtschaftlichen Gütern und Nahrungsmitteln, verbunden mit Beihilfen für die Landwirtschaft, tragen zu den relativ schwachen Ergebnissen der Entwicklungsländer beim Export solcher Güter bei."*

Die Durchschnittszölle liegen zwar bloß zwischen 4,3 und 8,3 Prozent. Doch vor allem die Zoll- und Handelsschranken für viele von Entwicklungsländern exportierte Waren sind zu hoch. Für Fleisch, Zucker, Milchprodukte und Schokolade werden oft über 100 Prozent verlangt. Besonders schädlich sind die Barrieren gegen die weiterverarbeiteten Produkte.

Globalisierung – eine Chance? (vgl. Kap. 4.4)

Im Rahmen der Globalisierung hat der Aufbau von Industrien in einigen Entwicklungsländern sprunghaft zugenommen. Die ausländischen **Direktinvestitionen** (ADI) von Konzernen aus Industrieländern in den Entwicklungsländern nehmen zu. Überall, wo unter günstigen Bedingungen produziert werden kann (Exportproduktionszonen mit vorfinanzierter Infrastruktur, geringen Umweltauflagen, niedrigen Löhnen, günstigen Ex-/Importbedingungen) und wo Wachstumsmärkte locken, errichten international tätige Firmen ihre Zweigwerke oder gründen Jointventures. In den letzten 30 Jahren ist die Zahl der Tochterunternehmen von multinationalen Konzernen um das Hundertfache auf heute über 270 000 gewachsen.

Dabei wurden früher im Ausland überwiegend solche Werke angesiedelt, die ein fertiges Produkt herstellten, Beispiele hierfür sind die VW-Werke in Mexiko und Brasilien. Heute gehen viele Firmen im Rahmen des Global Sourcing dazu über, die Wertschöpfungskette in viele kleine Segmente aufzuspalten und die einzelnen Produktionsschritte über den Globus zu verteilen, jeweils dort, wo sie am günstigsten erledigt werden können. So verlegt DaimlerCrysler ein Forschungszentrum nach Bangalore (Indien), Volkswagen transportiert die Einzelteile des Audi TT zur Endmontage nach Tschechien und deutsche Verlage lassen ihre Bücher in Singapur, China oder Malaysia drucken. So entstehen im Rahmen der Globalisierung in der Dritten Welt Millionen neuer Arbeitsplätze, erfolgt ein Transfer von Kapital und – vielleicht noch wichtiger – Know-how.

Die Bewertungen dieser Entwicklung in ihrem Nutzen für die Entwicklungsländer gehen weit auseinander. Zahlreiche Politiker und Wissenschaftler sehen in der Globalisierung eine Möglichkeit, die Entwicklungsländer endlich voll in die internationale Arbeitsteilung und den Welthandel zu integrieren und eine Entwicklung auf breiter Basis zu erreichen.

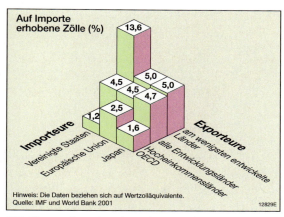

M1 Ungerechte Abstufung der Handelssteuern

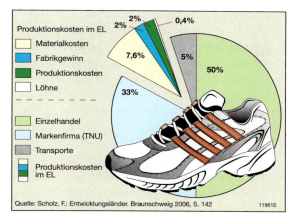

M2 Wer verdient am Turnschuh?

Bei dieser optimistischen Sicht könnte die Entwicklung nicht nur auf einfache Arbeiten und den Niedriglohnsektor beschränkt bleiben. Inzwischen werden ja auch zunehmend technologisch anspruchsvollere Produktionsschritte in die Entwicklungsländer verlagert, die auch moderne Organisations- und Fertigungsmethoden sowie eine räumliche Nähe zu Forschungs- und Entwicklungsabteilungen verlangen. Daher könnten sich in Zukunft in den Ländern der Dritten Welt auch „wissensbasierte regionale Cluster" herausbilden, wie zum Beispiel in Bangalore/Indien (vgl. Kap. 9.8). Diese Cluster könnten als Entwicklungspole zu einem gesamtwirtschaftlichen, breiten Wachstum führen.

Kritiker warnen jedoch: Eine positive Entwicklung ist bisher weder national noch international in großer Breite festzustellen. Nur wenige Länder haben große Direktinvestitionen zu verzeichnen, ganze Ländergruppen (insbesondere in Afrika) bleiben vom Welthandel und vom Weltkapitalverkehr abgekoppelt.

Innerhalb der Länder findet eine fragmentierende Entwicklung statt (vgl. Seite 366). Das Wachstum konzentriert sich auf wenige Wachstumspole, die globalisierten Orte. Eine Diffusion in die Breite findet kaum statt – weder räumlich noch sozial.

Die Arbeitskräfte sind weitgehend von den transnationalen Unternehmen abhängig, die ihre Investitionen vor allem nach Gewinnmaximierung ausrichten und daher auch schnell verlagern. So wurden von deutschen Konzernen in den neunziger Jahren innerhalb von fünf Jahren in Asien (ohne China) 33 000 neue Arbeitsplätze geschaffen, gleichzeitig wurden in Lateinamerika 68 000 und in Afrika 7000 Stellen abgebaut.

Das erwirtschaftete Kapital wird nur selten in den Entwicklungsländern investiert, der größte Teil fließt als **Gewinnretransfer** zu den Konzernzentralen in die Industrieländer zurück. So verbleiben nur minimale Summen in den Entwicklungsländern. Im Falle eines in Asien produzierten Sportschuhs (Verkaufspreis 120–160 Euro) sind dies 12 Prozent, davon 0,4 Prozent für die Arbeitslöhne.

Schließlich werden im Rahmen dieser zunehmenden Vernetzung gerade die besten Fachkräfte aus den Entwicklungsländern in die Industrieländer gezogen (zum Beispiel „Green Card"-Regelung für indische Computerspezialisten in Deutschland). Durch diesen „**brain drain**", diese Migration gerade der gut ausgebildeten und auch jungen Leute, gehen den Ländern der Dritten Welt wichtige Ressourcen für den Aufbau der eigenen Wirtschaft verloren.

1. Erläutern Sie das Modell der kolonialen Raumstruktur mit den dahinterstehenden Zielsetzungen.
2. Auch im Rahmen der Globalisierung kommt es heute vielerorts zu Akkulturation. Nennen Sie Beispiele.
3. 78 Prozent der Exporterlöse des Tschad kommen aus dem Verkauf von Baumwolle. Erläutern Sie die daraus resultierenden Probleme.
4. Forscher sprechen auch von einem „Teufelskreis der Verschuldung". Zeichnen Sie ihn auf und machen Sie Vorschläge zum Aufbrechen des Teufelskreises.
5. Inwieweit lässt sich das Polarisationsmodell von Myrdal auf die internationale Ebene übertragen (vgl. M2, Seite 363)? Erklären Sie.

7.5 Einbindung in die Weltwirtschaft – historisch und aktuell

Raumbeispiel: Brasilien (vgl. S. 118f., 294f., 368f.)

Wie alle lateinamerikanischen Staaten, so wurde auch Brasilien nachhaltig durch die Kolonialzeit geprägt. Sowohl hinsichtlich der Vorgänge während der Kolonialzeit als auch in Bezug auf seine Wirtschafts- und Handelsstruktur ist das Land typisch für die Länder Lateinamerikas.

M1 Die Wirtschaft im 19. Jahrhundert

„Die Gewerbthätigkeit Brasiliens steht noch auf sehr niedriger Stufe. Die beträchtlichen Bedürfnisse, welche die Industrie zu befriedigen bestimmt ist, werden nicht durch einheimische Thätigkeit, sondern durch Einfuhr fremder Produkte befriedigt. B. ist ein ackerbauendes Land, folglich ist auch die Produktion von Rohstoffen die Hauptaufgabe und wird es, da bis jetzt kaum der hundertste Teil des ungeheuern Gebiets urbar gemacht ist, vielleicht noch auf Jahrhunderte bleiben (...). Der Kaffee ist geradezu Brasiliens wichtigstes Produkt geworden, obschon die Preise stetig gesunken sind. B. exportierte in dem Dezennium 1830–40 jährlich ca. 53 Mill. kg Kaffee; Ende der 70er Jahre aber entwickelte sich die Kaffeeproduktion trotz der Sklavenemanzipation in erstaunlicher Weise (...).

Die größten Industrie-Etablissements werden übrigens vorzugsweise von Ausländern, besonders von Engländern und Deutschen, betrieben. (...) Die Zahl der jetzt in B. lebenden Deutschen wird auf 210 000 geschätzt. (...)

Der Großhandel befindet sich fast ausschließlich in den Händen der Engländer, Franzosen, Portugiesen, Nordamerikaner, Holländer und Deutschen und konzentriert sich in 19 Hafenplätzen. (...)

Die Hauptausfuhrartikel rangieren dem Wert nach folgendermaßen: Kaffee, Zucker, Kautschuk, Häute, Tabak, Baumwolle, Paraguaythee, Paranüsse, Diamanten, Kakao, Holz, Branntwein, Mandiokamehl, Haare, Wolle etc. Die Einfuhr umfaßt die meisten Industrieerzeugnisse Europas und alle dem Luxus dienenden fremden Produkte. An der Einfuhr ist in weitaus hervorragendster Weise England beteiligt, dann folgen Frankreich, die nordamerikanische Union, Deutschland u.a."

(Quelle: Meyers Konversations-Lexikon. 4. Aufl. Leipzig, 1885-1889, Bd. 3, S. 339)

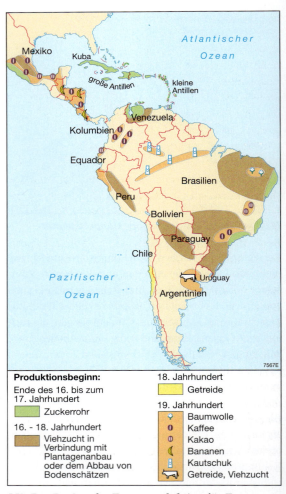

M2 Der Beginn der Exportproduktion für Europa

Zeitraum	Zahl exportierter Sklaven
16. Jh.	jährlich 500
17. Jh.	jährlich 5600
18. Jh.	jährlich 17 200
1840	29 300
1846	50 300
1847	60 000
1848	60 000
1849	54 000
1850	23 000

M3 Sklavenexporte von Afrika nach Brasilien

M4 Die Entwicklung des Außenhandels

„Die brasilianische Exportpalette ist breitgefächert, wobei sich der Schwerpunkt in wachsendem Maße auf Industrieprodukte verlagert: Von den 15 wichtigsten Ausfuhrgütern stammen acht aus dem Industriebereich und sieben aus dem Bereich Landwirtschaftliche Erzeugnisse und Rohstoffe. Insgesamt bestehen die brasilianischen Exporte zu 55 Prozent aus Fertigprodukten, zu 15 Prozent aus Halbfertigprodukten und zu 30 Prozent aus Basisprodukten. Im Industriebereich spielt der Flugzeugbau eine herausragende Rolle. Dies ist vor allem den hervorragenden Leistungen des Flugzeugherstellers Embraer zu verdanken, der zum weltweiten Marktführer im Bau von Regionaljets aufgestiegen ist.

In der Zeit von Januar 2003 bis Juni 2005 sind mehr als 37 Milliarden US-$ an ausländischen Direktinvestitionen nach Brasilien geflossen. Nach China ist Brasilien unter den Schwellenländern zweitgrößter Empfänger von ausländischen Direktinvestitionen. Diese Investitionen haben in entscheidendem Maße zur Verbesserung der Infrastruktur und Erhöhung der Produktivität des Landes beigetragen.

In dem Bestreben, die Industrie nicht nur in den großen Ballungszentren wie Rio de Janeiro und São Paulo zu fördern, bietet die brasilianische Regierung dem Investor eine Vielzahl von Investitionsanreizen in anderen Regionen. Auch die einzelnen Bundesstaaten bemühen sich – vor allem über Steuererleichterungen – vermehrt um die Ansiedlung neuer Unternehmen."

(Quelle: Brasilianische Botschaft in Berlin: Exporte und Investitionen. www.brasilianische-botschaft.de. 20.3.2007)

M6 Orangenernte in Brasilien

M7 Fairer Handel

„Orangensaft ist nach Apfelsaft der zweitliebste Saft in Deutschland. Pro Kopf und Jahr werden 9,5 Liter getrunken. Die Orangen kommen zu 90 Prozent aus Brasilien und werden auf den Plantagen von Tagelöhnern geerntet. Für eine Pflückleistung von bis zu 2000 Kilogramm Orangen pro Tag bekommen sie umgerechnet vier bis sechs Euro. Über den Fairen Handel erhalten die Kleinbauernorganisationen aus Brasilien, Mexiko und Kuba einen Mindestpreis von zurzeit 1200 US-Dollar pro Tonne, der über dem Weltmarktpreis liegt, sowie einen FairTrade-Aufschlag von 100 US-Dollar pro Tonne Orangensaftkonzentrat."

(Quelle: Fair feels good. Berlin 2007. www.fair-feels-good.de, 20.3.2007)

Wichtige Ausfuhrgüter	
1976	2005
• Kaffee (im Mittel bis 20 %), • Zucker, • Sojabohnen, -kuchen etc., • Baumwolle, • Eisenerz, • Fleisch, • Kakao, • Holz, • Eisen und Stahl	• 16 % Transportausrüstungen, • 11 % Metalle / -waren, • 8 % Soja, • 8 % Erdöl und -produkte, • 7 % Fleisch, • 7 % Eisenerz, • 6 % Chemikalien und chemische Produkte, • 6 % Maschinen, • 4 % elektr. Ausrüstung, • 4 % Zucker

Quelle: Fischer Weltalmanach 1978, S. 54 und 2007, S. 87

M5 Exportstruktur 1976–2005

---

1. Stellen Sie die Kolonisierung Südamerikas in groben Zügen dar.

2. Erklären Sie Ablauf und Struktur des Außenhandels zur Kolonialzeit.

3. Erläutern Sie die Veränderung der Exportstruktur Brasiliens und die dahinter stehenden Strategien zur Entwicklung.

7.6 Entwicklung – Ziele, Modelle und Strategien

Theorien von Unterentwicklung und Entwicklung

Die auf den letzen Seiten dargestellten Problemfelder sind mitverantwortlich für den momentanen Entwicklungsstand und die künftigen Entwicklungsmöglichkeiten der Länder. Zwei Theorien sind es vor allem, die seit Jahren die Diskussion um die Ursachen der Unterentwicklung und die richtigen Entwicklungsstrategien beherrschen.

Die **Modernisierungstheorien** suchen die Ursachen der Unterentwicklung vor allem innerhalb der Entwicklungsländer selbst, zum Beispiel in den gesellschaftlichen Strukturen, den Traditionen oder den naturräumlichen Gegebenheiten. Sie sind geprägt von dem Glauben, dass wirtschaftliches Wachstum und gesamtgesellschaftliche Modernisierung eng zusammenhängen und dass ein Land sich ohne wirtschaftliches Wachstum auch gesellschaftlich nicht weiterentwickeln kann.

Strategie ist es daher, die Entwicklung der Industrieländer nachzuholen, wobei externe finanzielle, technische und wirtschaftliche Hilfe der Ersten Welt vonnöten ist. Im Rahmen dieser Hilfe können dann zum Beispiel Wachstumspole aufgebaut und die Industrialisierung zusammen mit einer weiteren Integration in den Welthandel vorangetrieben werden. Die Durchführung aller Maßnahmen erfolgt (top down) in enger Zusammenarbeit mit der Elite des jeweiligen Entwicklungslandes. Erst wenn (zunächst punktuelles) wirtschaftliches Wachstum und Marktkreisläufe in Gang gekommen sind, kann sich das Land gesamtgesellschaftlich und in seiner ganzen räumlichen Breite entwickeln.

Diese Vorstellung von auf- und nachholender Entwicklung dominiert seit Jahrzehnten die Entwicklungspolitik der Industrieländer – auch oder gerade zur Zeit der Globalisierung.

Im Gegensatz dazu vertreten die **Dependenztheorien** eine völlig andere Position. Sie sehen die entscheidenden Ursachen der Unterentwicklung in der Abhängigkeit der Entwicklungsländer von den Industrieländern, begonnen von der Kolonialzeit bis heute. Für sie ist die Unterentwicklung nicht eine (selbst verantwortete) Rückständigkeit gegenüber den Industrieländern, sondern Ergebnis einer (immer noch anhaltenden) Deformation durch die Industrieländer. Die bis heute durch die Kolonialzeit geprägten wirtschaftlichen, sozialen und räumlichen Strukturen sind dafür der Beweis. Als wichtigsten Teil einer Strategie empfehlen Dependenztheoretiker die Dissoziation, die (zeitweilige) Abkopplung des Landes vom Weltmarkt, bis sich die Produktivkräfte nach eigenen Bedürfnissen und Möglichkeiten so weit entfaltet haben, dass eine Rückkehr in den Welthandel als gleichwertiger Partner möglich ist.

Diese Strategie haben weltweit nur wenige Länder (zum Beispiel China oder Tansania) verfolgt und inzwischen wieder aufgegeben. Dennoch hat die Dependenztheorie auf die heutige Entwicklungszusammenarbeit großen Einfluss gehabt. Auf sie gehen zum Beispiel die Konzepte der „Hilfe zur Selbsthilfe" und der Grundbedürfnisbefriedigung zurück. Wichtiger ist jedoch, dass sich bei den meisten Projekten eine Vorgehensweise nach dem buttom-up-Prinzip durchgesetzt hat.

M1 Ursachen und Strategien zur Entwicklung

M2 „Ansichten aus Rajasthan (Indien)" – Indische Aktionsgruppen gegen den Massentourismus befürchten unter anderem einen vom Tourismus ausgehenden zu schnellen Akkulturationsprozess.

Grundsätzlich gilt jedoch, dass für jedes Land individuell die Ursachen der Unterentwicklung und die Entwicklungspotenziale eingehend analysiert werden müssen, bevor eine der oft auch gegensätzlichen Strategien angewendet werden kann.

Entwicklung einzelner Wirtschaftsbereiche

„The central purpose of economic and social development is to meet human needs ... the satisfaction of human needs is indeed the whole purpose of growth, trade and investment, development assistance, the world food system, population policy, energy planning, commodity stabilisation, ocean management, monetary reform and of arms control ... When development is viewed as a more complex integration of social, cultural, economic, political, and environmental factors, satisfaction of the needs of the individual citizen for an adequate standard and quality of life becomes the key measure."

(Huston Declaration on Human Needs, International Conference of Human Needs 1977)

Zwar besteht grundsätzlich Einigkeit darüber, die Lebensbedingungen der Menschen in der Dritten Welt verbessern zu wollen. Wie das am sinnvollsten geschehen soll, darüber bestehen jedoch große Differenzen.

Die Förderung des **Tourismus** gilt vielen Ländern seit Jahren als die Trumpfkarte in der Entwicklung. Heute ist er nach dem Erdöl der zweitgrößte Devisenbringer für die Dritte Welt. Dort beschäftigt er mindestens 50 Millionen Menschen direkt und indirekt, zum Beispiel in der Gastronomie oder der Produktion von Souvenirs. Beobachter gehen davon aus, dass jedes neu gebaute Hotelbett die Anstellung von 1,5 bis 2,5 direkt Beschäftigten nach sich zieht. Dennoch ist auch diese Entwicklungsstrategie nicht unumstritten: 80 Prozent des Geschäfts mit Pauschalreisen ist in der Hand multinationaler Touristikkonzerne, nur ein Drittel der im Tourismus erwirtschafteten Devisen kommt dem Entwicklungsland zugute und die ökologischen und kulturellen Auswirkungen der großen Touristengettos werden auch von einheimischen Aktionsgruppen heftig kritisiert (vgl. Kapitel 3.7, Raumbeispiel Bali, S. 228).

Die **ländliche Entwicklung** und die Förderung der Landwirtschaft ist vor allem in den armen Entwicklungsländern von großer Bedeutung. Mit relativ geringen Investitionen können hier große Erfolge erzielt werden: Sei es durch den Ausbau der Verkehrsinfrastruktur und die damit verbundene Anbindung an die regionalen Märkte, sei es durch die Förderung von kleinen Be- und Entwässerungsprojekten zur Erhöhung der Produktion und der Produktivität oder durch die Verbesserung der Ausbildungsmöglichkeiten und Basisgesundheitsdienste. Verbunden ist mit solchen Projekten auch die Hoffnung, die Landflucht und die daraus resultierenden Probleme abzuschwächen.

Der Ausbau der **Infrastruktur** ist zum einen grundsätzlich eine unterstützende Maßnahme zum Ausbau der Wirtschaft. Zum anderen können so auch periphere Landesteile in das Wirtschaftsleben integriert werden. Denn durch gute Verkehrsverbindungen und eine ausgebaute Kommunikationsinfrastruktur werden auch Standorte im Landesinneren attraktiv.

Die Entwicklung der peripheren Gebiete ist aus entwicklungspolitischer Sicht eine zentrale Aufgabe für Raumplaner in Entwicklungsländern. Die **Polarisationsumkehr-Theorie** bietet hierzu ein Konzept (vgl. M1). Über die Förderung von Wachstumspolen (vgl. Seite 328) und die daraus resultierenden Ausbreitungseffekte erhoffen sich Raumplaner eine Trendwende in der räumlichen Konzentration, eine Abnahme der Primacy und die Entstehung neuer Subzentren auch in den peripheren ländlichen Gebieten. Das Ziel ist eine Umkehr der Polarisation und eine ausgeglichene Raumstruktur. Konzept ist also eine nachholende Entwicklung, eine Modernisierung der peripheren Räume. Obwohl dieses Konzept als Strategie häufig vertreten wird, zeigt die Erfahrung jedoch, dass – wie von Myrdal erwartet – die Entzugseffekte dominieren und es nur selten zu so starken Ausbreitungseffekten kommt, dass periphere Landesteile entwickelt werden (vgl. Kapitel 7.4).

Mit der Entwicklung der **Industrie** verknüpfen sich vielfältige Erwartungen: Die Schaffung von Arbeitsplätzen, die Verringerung der Importe, die Verbesserung der Exportstruktur, ein starkes Wachstum des BIP und damit höhere Steuereinnahmen – kurz die Industrialisierung war und ist für viele Regierungen der Dritten Welt das Synonym für (wirtschaftliche) Entwicklung. Dabei wird zum einen die Strategie der **Importsub-**stitution verfolgt. Das heißt, die Regierung fördert die Branchen, für deren Produkte im Land eine genügend große Nachfrage besteht, sodass sie in diesem Bereich von teuren Importen unabhängig wird. Der Aufbau von Exportindustrien führt zu einer **Exportsubstitution** (Diversifizierung der Exportstruktur) und schafft wichtige Devisen ins Land (vgl. Seite 374f.).

Häufig erfolgt der Aufbau der Industrie in Zusammenarbeit mit den Industrieländern. Dadurch erhofft sich die Regierung nicht nur Kapital, sondern auch eine Ausbildung der Arbeitskräfte und das Wissen, das auf dem Weltmarkt Konkurrenzfähigkeit garantiert. Durch attraktive Angebote versuchen die Regierungen, ausländische Direktinvestitionen ins Land zu bekommen. So werden vor allem in der Nähe von Häfen und Flughäfen große Gewerbegebiete ausgebaut, die über alle international üblichen Infrastruktureinrichtungen verfügen. Den ausländischen Betrieben werden für eine gewisse Zeit Steuerbefreiungen gewährt. Für die ausländischen Angestellten legt man besonderen Wert auf die weichen Standortfaktoren. Den leitenden Angestellten werden nicht selten Häuser am Strand, gut ausgebaute Freizeiteinrichtungen und Bustransfers zu den internationalen Schulen geboten. Häufig werden auch Exportverarbeitungszonen (export prozessing zone, EPZ) errichtet, für die Zollfreiheit besteht. Dort wird dann unter dem Einsatz einheimischer Arbeitskraft ausschließlich für den Export produziert. Besonders in den Wachstumsbranchen, die für ausländische Investoren attraktiv sind, wählen Verantwortliche das Jointventure als Form der Zusammenarbeit, das heißt hier gründen zwei oder mehr Firmen aus den beteiligten Ländern ein neues Unternehmen. Die Firma aus dem Entwicklungsland stellt dann zum Beispiel das Grundstück und die Gebäude, die aus dem Industrieland die Maschinen und das Grundkapital. Die Unternehmensentscheidungen erfolgen dann gemeinsam und die Gewinne werden geteilt.

Ein weltweit beachtetes Konzept stellt die in Bangladesch gegründete Grameen Bank („Bank auf dem Land") dar. Diese genossenschaftliche Institution verleiht vor allem an Arme kleine Geldbeträge zum Auf- bzw. Ausbau einer Existenz. Der Erfolg dieser Idee ist so überwältigend, dass ihr Initiator, Muhammad Yunus, 2006 mit dem Friedensnobelpreis ausgezeichnet wurde und dass sie überall auf der Welt kopiert wird (vgl. M2, Seite 383).

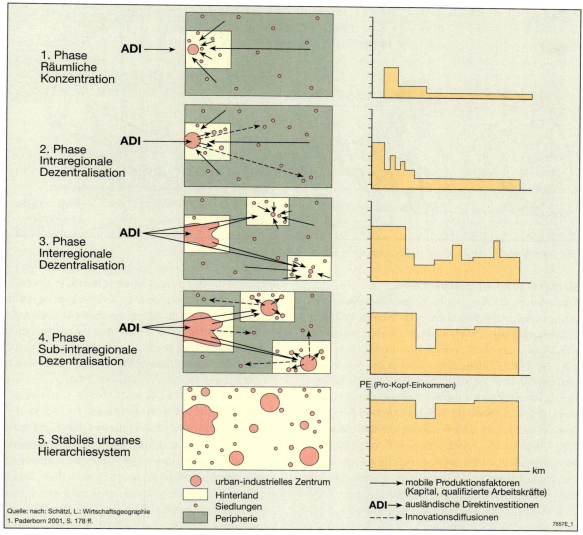

M1 Modell der Veränderung von Raumstruktur und Pro-Kopf-Einkommen nach der Polarisationsumkehr-Theorie (Polarization-Reversal-Hypothese) von H.W. Richardson (vgl. auch Polarisationstheorie Seite 363).

1. Der urban-industrielle Prozess nationaler Entwicklung beginnt aufgrund der Knappheit von Investitionsmitteln an einem Ort hoher Standortgunst. Dort wird auch vom Ausland investiert. Es setzt ein kumulativer Wachstumsprozess, ein Polarisationsprozess, ein.
2. Durch die hohen Wachstumsraten und die Zuwanderung kommt es in der Zentralregion zu Agglomerationsproblemen (Slums, Umweltprobleme usw.). Dies macht eine Ansiedlung im Umland attraktiv.
3. In einigen ausgewählten Standorten der Peripherie entstehen Subzentren, die eine eigene Wachstumsdynamik mit Agglomerationsvorteilen, Entzugs- und Ausbreitungseffekten entwickeln. Es kommt zu ersten ausländischen Direktinvestitionen, zu Firmenverlagerungen und Wanderbewegungen aus der Zentralregion in die Subzentren.
4. Die Subzentren wirken wiederum wie Wachstumspole: Es kommt zur Bildung weiterer kleiner Subzentren in deren Umland.
5. Diese Mechanismen wirken langfristig der Polarisation entgegen und es kommt zum Abbau der regionalen Disparitäten.

7.6 Entwicklung – Ziele, Modelle und Strategien

M1 Jetzt gebe ich dir erst mal Geld, damit ich dir ein neues Pferd verkaufen kann.

Verbesserung im Welthandel

Hinsichtlich der Integration in den Weltmarkt wird immer wieder der Ruf nach einer **Neuen Weltwirtschaftsordnung** (NWWO) laut. Dabei sollen die Strukturen des Welthandels so reformiert werden, dass die Entwicklungsländer stärker am Nutzen der Weltwirtschaft teilhaben. Dabei könnten zum Beispiel die Rohstoffpreise an die der Fertigwaren gekoppelt oder (Rohstoff-) **Kartelle** nach dem Vorbild der OPEC gebildet werden. Dabei werden die Rohstoffpreise und ihre Schwankungsbreite von den Erzeugerländern festgelegt. Schließlich sollte Protektionismus unterbunden und freier Handel ermöglicht werden. Obwohl die UN-Vollversammlung schon 1974 in zwei Erklärungen die Errichtung einer NWWO gefordert hat, sind die Erfolge bis heute nur gering. Zu unterschiedlich sind die Interessen der einzelnen Staaten. In diesem Zusammenhang und mit zunehmender Globalisierung wird der Ruf nach „Global Governance" immer lauter, im Rahmen derer die Beziehungen zwischen den unterschiedlich entwickelten Staaten der Erde von Grund auf neu und fair vertraglich festgelegt werden sollten.

Mehr Erfolg haben die Initiativen einzelner Staatengruppen oder Organisationen: So gewährt die EU seit 1975 zahlreichen Staaten Afrikas, der Karibik und des Pazifik (AKP-Staaten) beim Handel freien Zugang zum Europäischen Binnenmarkt.

Auf die private Initiative des Holländers Max Havelaar entstand in mehreren europäischen Ländern eine Initiative zur Förderung eines **fairen Handels**, in Deutschland TransFair. Ausgehend vom Kaffeehandel versucht sie inzwischen auch für zahlreiche andere Produkte den Kleinproduzenten in der Dritten Welt einen fairen Preis zu garantieren. Dies geschieht unter Ausschaltung von Zwischenhändlern, Geldverleihern und kommerziellen Handelsorganisationen (vgl. Seite 377).

Verbesserung der sozialen Lage

Die **Grundbedürfnisbefriedigung** und damit die Förderung der menschlichen Entwicklung ist heute das oberste Ziel all der Entwicklungsprojekte, die unmittelbar bei der betroffenen Bevölkerung ansetzen. Dabei haben die Verantwortlichen erkannt, dass innerhalb dieser Zielsetzung den Frauen eine Schlüsselrolle zufällt.

So ist heute die Förderung der Bildung, der Ausbildung, der Gesundheit, der Arbeitsmöglichkeiten und der politischen Partizipation von Frauen ein Entwicklungsschwerpunkt der meisten international tätigen Entwicklungsorganisationen, insbesondere der Nicht-Regierungsorganisationen (vgl. Seite 385).

In diesem Zusammenhang sind auch die „Millenium Development Goals" zu sehen, die auf Initiative der UNO im Jahr 2000 verabschiedet wurden. Darin hat sich die Weltgemeinschaft bis 2015 folgende Ziele gesetzt:

- Halbierung des Anteils der in absoluter Armut lebenden Menschen;
- Halbierung des Anteils der Hungernden, vor allem des Anteils der unterernährten Kinder;

- Grundschulbildung für alle Jungen und Mädchen:
- Beseitigung der Geschlechterdisparität auf allen Ebenen des Bildungssystems;
- Reduzierung der Sterblichkeit bei Kindern unter fünf Jahren um zwei Drittel;
- Reduzierung der Müttersterblichkeit bei der Geburt um zwei Drittel;
- Rückgang der Verbreitung von HIV/AIDS, Malaria und anderen Infektionskrankheiten;
- Durchführung nationaler Strategien für nachhaltige Entwicklung, um den Trend eines fortschreitenden Verlustes von Umweltressourcen umzukehren;
- Halbierung der Anzahl der Menschen, die keinen Zugang zu sauberem Trinkwasser haben.

Ein Erreichen dieser Ziele wäre für die Menschen der Dritten Welt ein gewaltiger Fortschritt. Da es jedoch keine Entscheidung über konkrete Maßnahmen gibt, hinkt die Realisierung der Ziele bislang den Vorgaben hinterher.

Good Governance und Nachhaltigkeit

Eine wesentliche Voraussetzung für das Gelingen aller Entwicklungsbemühungen ist eine konstruktive Politik der Regierungen innerhalb der Entwicklungsländer, eine **Good Governance**. Diese „gute Regierungsführung" ist zu einem Schlüsselbegriff in der Entwicklungszusammenarbeit geworden. Darunter wird die Art und Weise verstanden, in der eine Regierung ihre Mittel einsetzt, um das Ziel der wirtschaftlichen und sozialen Entwicklung des Staates und seiner Bevölkerung optimal zu verfolgen. Die Weltbank hat berechnet, dass unter Bedingungen der Good Governance die Zahl der in absoluter Armut lebenden Menschen innerhalb von sechs Jahren um 206 Millionen verringert werden könnte. Ein Beispiel für eine erfolgreiche, gute Regierungsführung ist der wirtschaftliche Aufschwung in den asiatischen Tigerstaaten, wie zum Beispiel in Singapur oder Südkorea.

Als übergeordnetes Prinzip und Ziel für alle Maßnahmen gilt – wie auch in anderen Bereichen – seit einigen Jahren die **nachhaltige Entwicklung** (sustainable development). Diese erfordert jedoch auch einen Wandel innerhalb der Industrieländer, sei es im Rahmen der Weltwirtschaft, in den Konsumgewohnheiten, im Umweltbewusstsein oder in der konkreten Zusammenarbeit von Menschen in den Industrieländern und in der Dritten Welt.

M2 Wie bei der Grameen Bank in Bangladesch, wo 97 Prozent der inzwischen über sechs Millionen Kreditnehmer weiblich sind (vgl. Seite 380), so sind auch in Indien Frauen die wichtigste Zielgruppe gemeinnütziger ländlicher Banken. Die Rural Women's Bank im indischen Bundesstaat Tamil Nadu vergibt ihre Darlehen an Frauen, die sich in Klein-Kooperativen zusammengeschlossen haben. Inzwischen gibt es bereits über 12 000 solcher Gruppen. Sie beraten und planen eigenverantwortlich den Einsatz des Geldes und bürgen gegenseitig für dessen Rückzahlung. Die finanzierten Projekte dienen zum Beispiel der Steigerung der landwirtschaftlichen Produktivität (Zisternenbau).

Unter nachhaltige Entwicklung *„verstehen wir eine Entwicklung, die den Bedürfnissen der heutigen Generation entspricht, ohne die Möglichkeiten künftiger Generationen zu gefährden, ihre eigenen Bedürfnisse zu befriedigen und ihren Lebensstil zu wählen. Die Forderung, diese Entwicklung „dauerhaft" zu gestalten, gilt für alle Länder und Menschen. Die Möglichkeit kommender Generationen, ihre eigenen Bedürfnisse zu befriedigen, ist durch Umweltzerstörung ebenso gefährdet wie durch die Unterentwicklung in der Dritten Welt."*

(Volker Hauff, Mitglied der WCED, der Weltkommission für Umwelt und Entwicklung, 1987)

Wie sehen Sie die Zukunftsperspektiven für die Dritte Welt in Zeiten der Globalisierung und des Klimawandels?

Globalisierung bringt durch die Liberalisierung des Weltmarktes und des Kapitalverkehrs für die Länder des Südens zweifellos Teilhabemöglichkeiten. So sind sie beispielsweise infolge geringer Löhne und unzähliger Arbeitskräfte für die lohnkostenintensive (Bekleidungs-)Industrie des Nordens interessant. Dadurch werden Arbeitsplätze geschaffen und Einkommen ermöglicht. Doch diese Aktivitäten konzentrieren sich nur auf wenige Orte und sie währen nur so lange, wie die Gewinne für die ausländischen Unternehmen stimmen oder bis Nachbarländer günstigere Konditionen anbieten. Da für die gefragte Arbeit kaum oder keine fachlichen Kenntnisse und Fähigkeiten benötigt werden, sind die Arbeitskräfte austauschbar und können die Löhne bei vielerorts unmenschlichen Arbeitsbedingungen niedrig gehalten werden. Auch ist Teilhabe stets nur Wenigen und nur für begrenzte Zeit möglich. Effekte für die lokalen Märkte und damit Anstöße für eine landesweite Entwicklung können dadurch nicht entstehen.

Der Klimawandel betrifft die Menschen des Südens ganz elementar. Trinkwasser wird knapper. Hochwasser und Wirbelstürme häufen sich. Dürren währen über Jahre. Weiden müssen aufgegeben werden. Missernten gefährden die Ernährung und den Export. Hungerkatastrophen, Unter- und Mangelernährung nehmen zu. Die Arbeitsleistung und damit letztlich die Wirtschaftskraft der Länder wird geschwächt. Und über allem schwebt das Damoklesschwert: Meeresspiegelanstieg. Damit ist für zahlreiche Länder des Südens Verlust an Land und Lebensraum verbunden. Die Folgen dieser Bedrohungen sind angesichts der an sich schon beklagenswerten, unmenschlichen Not kaum zu ermessen.

Welches ist für Sie persönlich die sinnvollste Entwicklungsstrategie?

Es gibt viele unterschiedliche Maßnahmen, die heute für sinnvoll und richtig gehalten werden. Geht es jedoch darum, die unbeschreibliche und für uns kaum vorstellbare und wachsende Not der Bevölkerungsmehrheit des Südens zu lindern, dann bedarf es weltweit einer anderen Entwicklungspolitik. Eine solche Politik darf nicht mehr durch wirtschaftliche, strategische und politische Interessen bestimmt sein. Sie muss den Menschen in den Mittelpunkt allen Handelns, aller Maßnahmen rücken. Davon sind wir aber weit entfernt. Doch es gibt Ansätze dazu. Das aus meiner langjährigen Erfahrung überzeugendste Konzept stellt die Ländliche Regionalentwicklung, 1983 im Bundestag verabschiedet, dar. Hierbei geht es um die Armen einer Region. Die Befriedigung ihrer Grundbedürfnisse steht im Mittelpunkt. Sie strebt Nachhaltigkeit an und versucht, sie über Partizipation, Selbstorganisation und Eigenverantwortung zu erreichen. Heute wird dieses Konzept leider nicht mehr verfolgt.

Welche Möglichkeiten hat jeder einzelne von uns, an einer besseren Zukunft für die Menschen in den Entwicklungsländern mitzuarbeiten?

Eine wirkliche Verbesserung für die Menschen des Südens kann nur erreicht werden, wenn wir uns erst einmal bewusst machen, dass wir auf ihre Kosten leben: Wir profitieren von ihrer billigen Arbeitskraft. Wir nutzen für unseren Luxus ihre Rohstoffe und Nahrungsmittel. Wir produzieren den Treibhauseffekt und gefährden damit ihre Existenz und ihren Lebensraum. Eine Besinnung ist notwendig und der erste, aber ganz wichtige Schritt. Jeder von uns kann ihn vollziehen.

Prof. Dr. Fred Scholz, Gründer und langjähriger Leiter des Zentrums für Entwicklungsländerforschung in Berlin (ZELF), entwicklungspolitischer Gutachter und Berater zahlreicher nationaler und internationaler Organisationen; hier mit einem Kollegen Bazargur (links) und einem mongolischen Nomaden (Mitte)

M1 *Interview mit Professor Scholz (15.03.2007, geführt mit dem Herausgeber)*

M2 Schenkungen von Nahrungsmitteln und Kleidung ist unmittelbar nach Katastrophen sehr sinnvoll. Längerfristig schaden kostenfrei oder zu billig eingeführte Güter aus den Industrieländern jedoch den Menschen in den Entwicklungsländern: Die einheimischen Produzenten (zum Beispiel Bauern, Schneider) sind nicht mehr konkurrenzfähig – Existenzen werden zerstört.

Die deutsche Entwicklungszusammenarbeit

Auf dem geschilderten Hintergrund bewegt sich auch die deutsche Entwicklungszusammenarbeit, sowohl die staatliche des Bundesministeriums für wirtschaftliche Zusammenarbeit (BMZ) als auch die der Nichtregierungsorganisationen (englisch: non-government organisation, **NGO**) wie Misereor, Brot für die Welt oder Welthungerhilfe.

Angesichts knapper finanzieller Mittel ist die Auswahl der Projekte, die erfolgversprechend erscheinen und daher unterstützt werden sollen, zunehmend schwierig. Daher werden im Vorfeld von Fachleuten (häufig Geographen, Agrarwissenschaftler, Wirtschaftswissenschaftler, Mediziner, Wasserwirtschaftler) Machbarkeitsstudien angefertigt, die über die Wirkungen und Erfolgsaussichten eines Projektes Auskunft geben sollen. Während und zum Abschluss der Projekte erfolgt eine Evaluation, die Auskunft über Erfolg oder Misserfolg gibt.

Hinweis: Zur aktuellen deutschen Entwicklungspolitik und zu den Projekten der NGOs gibt es eine Vielzahl stets aktueller Broschüren und ausgezeichnete Informationen im Internet.

1. a) Erstellen Sie rückblickend eine Mindmap mit allen Ihnen bekannten Faktoren von Entwicklung und Unterentwicklung.
b) Erstellen Sie eine Liste von Entwicklungsstrategien und erläutern Sie, welche Entwicklungsprobleme im Einzelnen damit verringert oder gelöst werden sollen.
2. a) Untersuchen Sie ein Entwicklungsland Ihrer Wahl auf die dort wirkenden entwicklungshemmenden und -fördernden Faktoren.
b) Entwickeln Sie selbst auf Basis der Ihnen bekannten Strategien zwei Vorschläge für Ihnen sinnvoll erscheinende Entwicklungsprojekte.
3. Erklären Sie die Theorie der Polarisationsumkehr an einem Raumbeispiel Ihrer Wahl.
4. Entwicklungshilfeprojekte sind häufig Anlass für spöttische Karikaturen. Welche kritische Aussage steht hinter der Karikatur Seite 383?
5. Berichten Sie anhand von Zusatzmaterial über die aktuelle deutsche Entwicklungspolitik.

Diercke Geographie vor Ort

Indikatoren von Entwicklung

Grundbedürfnisbefriedigung - Problematisieren Sie dieses Thema für sich und Ihren Bekanntenkreis.
Was sind für uns in Deutschland Grundbedürfnisse? In welchem Maße sind diese bei uns erfüllt?
Wo fängt bei uns Armut an? Wie drückt sie sich aus?

Soziale Lage

In Deutschland wird immer wieder von der „Neuen Armut" gesprochen. Forschen Sie nach, was damit gemeint ist und grenzen Sie diese „Neue Armut" gegenüber der „Armut" und der „absoluten Armut" in den Entwicklungsländern ab.

Inwieweit lässt sich auch für deutsche Verhältnisse ein „Teufelkreis der Armut" konstruieren?

Gehen Sie der Frage nach, welche Ernährungsprobleme es in Ihrem Bekanntenkreis / in Ihrer Klasse gibt. Stellen Sie Ihr Ergebnis graphisch dar.

In Deutschland gibt es bei den meisten öffentlichen Einrichtungen eine Gleichstellungsbeauftragte. Interviewen Sie eine Gleichstellungsbeauftragte, zum Beispiel die Gleichstellungsbeauftragte Ihrer Schule, über die Aufgaben und Ziele dieses Amtes.
Informieren Sie über die Angebote und Ziele des bundesweiten Girls day.

Bevölkerungswachstum

Untersuchen Sie das generative Verhalten in Ihrer Familie:
Stellen Sie die Zahl der Kinder für mindestens Ihre Eltern-, Großeltern- und Urgroßelterngeneration fest .
Erstellen Sie dazu eine Graphik (Diagramm, Stammbaum).
Weiten Sie diese Untersuchung auf Ihre Klasse oder Ihren Bekanntenkreis aus und präsentieren Sie die deutlich werdenden Tendenzen.

Gehen Sie genauso hinsichtlich der Themen Kindersterblichkeit und Lebenserwartung vor. Eine gute Grundlage für solch eine Untersuchung bietet eine Familienchronik.
Führen Sie in Ihrem Bekanntenkreis eine Umfrage durch, in der Sie die Lebenspläne Gleichaltriger untersuchen (zum Beispiel gewünschtes Heiratsalter, gewünschtes Alter einer ersten Elternschaft, gewünschte Zahl der Kinder).
Gehen Sie den Gründen nach, warum bei uns in Deutschland eine hohe Kinderzahl auf Ablehnung stößt.

Erkunden Sie die Bevölkerungsentwicklung in Ihrer Gemeinde / Stadt (Gemeinde-, Kreisverwaltung).
Welche Folgen ergeben sich für die Altersstruktur? Welcher Bedarf ergibt sich für den Ausbau der Infrastruktur?

Untersuchen Sie das ökologische Potenzial Ihrer Heimatregion (Bodenschätze, Klima etc.).
Inwieweit hat sich dieses positiv / negativ auf die wirtschaftliche Entwicklung in Ihrer Heimat ausgewirkt?

Räumliche und soziale Disparitäten

Das Modell der polarisierten Entwicklung ist auch in den Industrieländern gültig. Suchen Sie in Ihrer Region ein Beispiel, auf das sich dieses Modell übertragen ließe.

Das Modell der globalen und der lokalen Fragmentierung trifft auf Entwicklungs- und Industrieländer zu.
Ordnen Sie Ihren Heimatort in dieses Modell ein.
Forschen Sie nach, ob dieses Modell auf eine Großstadt in Ihrer Nähe übertragen werden könnte.

Auch in Deutschland gibt es auf nationaler, regionaler und lokaler Ebene Beispiele für Good Governance und Bad Governance.
Recherchieren Sie in Tageszeitungen Beispiele.

Einbindung in die Weltwirtschaft

Stellen Sie fest, welche Waren von der Obsttheke und welche Ihrer elektronischen Geräte aus Entwicklungsländern kommen.
Durchforsten Sie Ihren Kleiderschrank nach der Herkunft der Kleidungsstücke.
Erstellen sie eine Länderliste.
Früher gab es in vielen Orten einen „Kolonialwarenladen". Stellen sie fest, was damit gemeint war und was dort vertrieben wurde.

Beschreiben Sie ein Beispiel für Akkulturation in Ihrem Lebensbereich.

Diercke Geographie vor Ort

Generation	Zahl der Kinder										
	0	1	2	3	4	5	6	7	8	9	10
Kinder	II	III	III	I	I						
Eltern											
Großeltern											
Urgroßeltern											
	⋮	⋮	⋮	⋮	⋮	⋮	⋮	⋮	⋮	⋮	⋮
Zahl der Befragten: ℕℕ ℕℕ											

M1 Tabelle zur Erfassung der Kinderzahl

Strategien zur Entwicklung

Führen Sie eine Umfrage zur Hilfsbereitschaft der Menschen hinsichtlich der Dritten Welt durch.
Erfragen Sie die Spendenbereitschaft (z.B. momentanes Spendenverhalten, Anlässe, zeitlicher Rahmen).
Erkunden Sie, bei welcher Art von Projekten, bei welchen Anlässen die Menschen besonders hilfsbereit sind.
Überprüfen Sie im Lebensmittelgeschäft, welche fair gehandelten Waren dort aus welchen Ländern und unter welchem Siegel verkauft werden.

Welche mit der Entwicklungsländer-Problematik beschäftigten NGOs gibt es in Ihrer Region?
Welche Vereine gibt es, die besondere Einzelprojekte unterstützen?

Recherchieren Sie, inwieweit es in Ihrer (ehemaligen) Schule eine Patenschaft / Partnerschaft mit einer Institution in einem Entwicklungsland gibt.
Stellen Sie fest, ob Ihre Schule am „Sozialen Tag" teilnimmt.

M2 Fair gehandelte Kaffeesorten

Morgendliche Rushhour in Mumbai (Bombay) / Indien

8

Wege in die Zukunft

Herausforderungen und Perspektiven

Zukunftsaussichten der Menschheit? Mäßig – so jedenfalls ist das Gefühl bei vielen angesichts der globalen Herausforderungen. Wie wird sich die Zahl der Menschen auf der Erde entwickeln, wie viele Menschen kann die Erde tragen und wo werden die Menschen leben?

Was kommen wird, weiß niemand genau, aber es werden Szenarien entwickelt, die Anhaltspunkte liefern und die es erlauben, Perspektiven für die Zukunft zu entwickeln. Es geht darum, die Weichen für die Menschheit richtig zu stellen. Nur die Richtung ist klar: Nachhaltig muss die Entwicklung sein.

8.1 Tragfähigkeit - globale Herausforderungen

Globales Bevölkerungswachstum und Tragfähigkeit

„Innerhalb der vergangenen vier Jahrzehnte ist die Weltbevölkerung von drei Milliarden (1960) auf sechs Milliarden Menschen (1999) angestiegen. Oder anders ausgedrückt: Die Bevölkerung ist seit 1960 ebenso stark gewachsen wie in den vier Millionen Jahren zuvor, seit dem ersten aufrechten Gang unserer Urahnen.

Diese noch nie da gewesene Bevölkerungszunahme in Verbindung mit einem steigenden Pro-Kopf-Verbrauch lässt unsere Ansprüche an den Planeten bis an die Grenze der Tragfähigkeit wachsen. Die Erde ist heute dichter bevölkert als je zuvor. Und während die Zahl der Menschen weiter zunimmt, wächst der Planet, auf dem wir leben, nicht mit. Eine wachsende Weltbevölkerung bildet das Potenzial für weitere Schädigungen und Plünderungen von Ressourcen wie Ackerkrume, Grundwasser und Wälder und sie senkt auch die verfügbare Ressourcenmenge pro Person."

(Brown, L.R.: Wie viel ist zuviel? Stuttgart 2000, S. 11, 20 f.)

Schon 1798 warnte der englische Gelehrte Thomas Malthus vor den Konsequenzen des Bevölkerungswachstums. Er nahm an, dass dieses Wachstum exponentiell verlaufen würde, während die Erzeugung von Nahrungsmitteln nur linear gesteigert werden könne. Das unterschiedliche Wachstum müsse unweigerlich zur Nahrungsmittelknappheit, Massensterben und Kriegen führen. Malthus ging also von einer festen Obergrenze der Bevölkerung aus, die die Erde tragen könne. Zwar konnte bis heute die Nahrungsmittelproduktion mit dem Bevölkerungswachstum Schritt halten, doch geschah dies nicht nur aufgrund weiterentwickelter Produktionsmethoden, sondern vor allem auch unter unwiderruflicher Ausbeutung zahlreicher anderer Ressourcen, zum Beispiel des Grundwassers oder der fossilen Energieträger. So wird deutlich, dass die **Tragfähigkeit** der Erde nicht nur eine Frage der maximalen Anzahl der Menschen ist, die unseren Planeten bewohnen können. Vielmehr ist auch die Art und Weise, wie die Menschen leben und mit den Ressourcen umgehen, für die Tragfähigkeit ausschlaggebend: Würden alle im Einklang mit der Natur leben wie Indianer in der Urwäldern Brasiliens, könnten vielleicht über 20 Milliarden Menschen die Erde bevölkern; würden alle so viele Ressourcen verbrauchen wie die Einwohner der USA, wäre die Tragfähigkeit unseres Planeten längst überschritten. Bei Überlegungen zur Frage, wie viele Menschen die Erde dauerhaft trägt oder wie groß die Bevölkerung sein darf, damit Ressourcen so genutzt werden, dass das Leben zukünftiger Generationen noch gesichert ist, müssen also neben Bedingungen, die die Natur vorgibt, auch folgende Fragen berücksichtigt werden: Was verstehen Menschen zukünftig unter materiellem Wohlstand? In welcher Umgebung wollen sie leben? Welche Werte werden gelten? Welche politischen Institutionen regeln in welcher Weise Konflikte? Seit Jahren versuchen Wissenschaftler, das komplexe Zusammenspiel von Faktoren zu erforschen, die die Tragfähigkeit bedingen: Dass „explosionsartiges" Bevölkerungswachstum monokausal zu Hunger, Armut, ökologischem Kollaps und Ausbreitung von Epidemien führt, ist widerlegt. Diese sind viel stärker die Folge politischer Fehlleistungen, von Bad Governance, ungleicher Verteilung und Misswirtschaft.

Vom „Departement of Economic and Social Affairs" der Vereinten Nationen werden alle zwei Jahre Schätzungen zum künftigen Wachstum der Weltbevölkerung veröffentlicht. Solche Projektionen, also statistische Szenarien, vermitteln eine Vorstellung dessen, was die Menschheit in Zukunft erwartet. Sie sind allerdings mit größeren Unsicherheiten behaftet, da zahlreiche unterschiedliche Faktoren auf die Entwicklung der Geburten- und Sterberate einwirken. Deshalb werden von den Vereinten Nationen vier Szenarios durchgespielt: Ändert man zum Beispiel die Annahmen über die zukünftige Fertilitätsrate, ergeben sich sehr unterschiedliche Prognosen der Bevölkerungszahl für das Jahr 2050 (M2).

Die höchste Wachstumsrate der Weltbevölkerung wurde mit 2,19 Prozent 1962 / 63 erreicht. Nie zuvor hatte sich die Bevölkerung so stark vergrößert und sie wird ein solches Wachstum wohl auch nicht mehr erreichen. Zwar sinkt die Rate des Bevölkerungswachstums seit den 1970er-Jahren. Trotzdem ist der absolute Zuwachs der Bevölkerung immer noch sehr hoch, derzeit steigt die Weltbevölkerung jährlich etwa um 80 Millionen

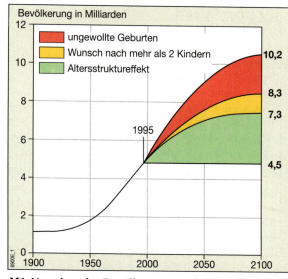

„Von den drei Faktoren, die das Bevölkerungswachstum im Wesentlichen beeinflussen, macht der **Altersstruktureffekt** allein insgesamt 76 Prozent des zu erwartenden Bevölkerungszuwachses zwischen 2000 und 2020 in den Entwicklungsländern aus. So bezeichnen Demographen das Phänomen, dass die Bevölkerung auch dann noch anwächst, wenn bei konstanter Sterblichkeit und einem Fehlen von Migration die Fertilität von heute auf morgen auf das Ersatzniveau von durchschnittlich 2,1 Kindern pro Frau sinkt. Da die Bevölkerung eine junge Altersstruktur aufweist, kommt die größte Jugendgeneration in der Geschichte erst noch ins Elternalter. Selbst wenn jede dieser jungen Frauen nur zwei Kinder bekommt, wird sich das Bevölkerungswachstum über die nächsten Jahrzehnte hinweg fortsetzen."

(Quelle: Bongarts, J.; Bruce, J.: Warum das Wachstum der Bevölkerung anhält. In: DSW-Newsletter 9/98)

M1 Ursachen des Bevölkerungswachstums (basierend auf dem mittleren Szenario der Vereinten Nationen)

Projektions-variante	Welt	EL	Asien	Afrika	LA	Europa
niedrig	1,54	1,57	1,40	1,97	1,36	1,26
mittel	2,02	2,05	1,90	2,46	1,86	1,76
hoch	2,51	2,54	2,39	2,95	2,36	2,26
konstant	3,49	3,69	2,94	5,47	2,67	1,47

EL = Entwicklungsländer; LA = Lateinamerika
Quelle: Population Division of the Department of Economic and Social Affairs of the UN Secretariat: World Population Prospects: The 2006 Revision. New York 2007

M2 Prognosen (2006) zur Fertilitätsrate 2045–2050

Milliarden	Jahr	Zeitraum
erste	1804	ges. Menschheitsgeschichte
zweite	1927	123 Jahre
dritte	1960	33 Jahre
vierte	1974	14 Jahre
fünfte	1987	13 Jahre
sechste	1999	12 Jahre
siebte*	2011	12 Jahre
achte*	2024	13 Jahre
neunte*	2047	23 Jahre

* Prognosen; Quelle: United Nations: World Population Prospects: The 2006 Revision. New York 2007

M3 Wachstum der Weltbevölkerung

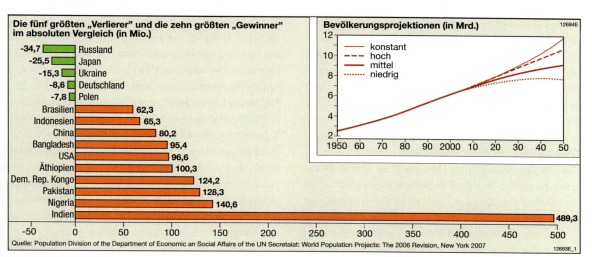

M4 Schwund und Wachstum 2007–2050 / Bevölkerungsprojektionen (2004) für 2050

8.1 Tragfähigkeit – globale Herausforderungen

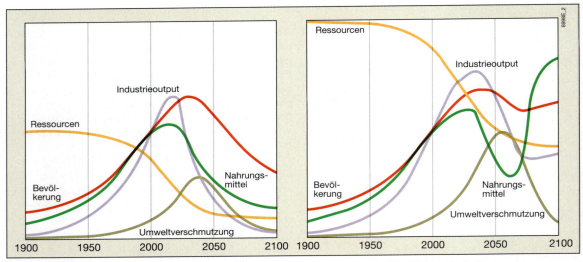

M1 Szenario 1 und Szenario 12 des Club of Rome, ausgehend von unterschiedlichen Verhaltensweisen

Menschen. Wichtigster Grund dafür ist die Trägheit des Bevölkerungswachstums (vgl. M3, S. 391). Selbst wenn die Fertilität unter das „Ersatzniveau" von 2,1 Kindern pro Frau auf 1,5 sänke, würde die Bevölkerung noch auf 7,8 Milliarden Menschen anwachsen. In den nächsten Jahrzehnten wird die Weltbevölkerung also weiter wachsen, nur langsamer als im 20. Jahrhundert.

Würde sich der heutige Trend des Fertilitätsrückgangs fortsetzen, lebten im Jahr 2050 9,2 Milliarden Menschen (mittlere Variante), bliebe die Fertilität auf dem heutigen Niveau, lebten dann 11,9 Milliarden (konstante Variante).

Zu den wichtigen Befunden der UN-Bevölkerungsprognosen gehört auch, dass das Bevölkerungswachstum räumlich stark differenziert verlaufen wird (vgl. Kap. 7.3). Wie viele Menschen im Jahr 2050 auf der Erde leben werden, entscheidet sich in den Entwicklungsländern. Die Menschen 2050 werden durchschnittlich länger leben (vgl. Kap. 7.3) und zu einem größeren Teil in Städten konzentriert sein (vgl. Kap. 5.4).

Weltmodell auf dem Prüfstand

Die niedrige Variante der UN-Projektion von 7,8 Milliarden Menschen im Jahr 2050 entspricht etwa der 1992 vom Club of Rome errechneten maximalen Tragfähigkeit der Erde. Dieser Schätzwert wurde mithilfe der Computersimulation World 3 von einem internationalen Team aus Kybernetikern, Naturwissenschaftlern und Ingenieuren errechnet. Dabei sahen sie die Erde als ein großes System mit untereinander in Wechselwirkung stehenden Problemkreisen; Bevölkerungswachstum, Nahrungsmittelangebot, industrielles Wachstum, Ressourcenverknappung und Umweltverschmutzung wurden erstmals in Beziehung zueinander gesetzt. Anhand der Computersimulationen entwickelten sie zwölf **Szenarios**, die Vorstellungen liefern vom zeitlichen Ablauf, von Größenordnungen der einzelnen Faktoren und von Grenzen, die eingehalten werden müssen, um nachhaltige Entwicklung zu erreichen. Den Szenarios liegen jeweils bestimmte Voraussetzungen und Annahmen zugrunde, auf deren Basis Prognosen erstellt werden. Solche „Wenn ..., dann ..."-Modelle zeigen also mögliche Handlungsspielräume der Menschen auf, zum Beispiel die Einführung von Maßnahmen zur Familienplanung oder den Einsatz zum Schutz natürlicher Ressourcen (M1).

Angesichts dieser Szenarios, die je nach Verhalten der Menschheit die Möglichkeit vom Überschreiten der Tragfähigkeit der Erde, katastrophale Umweltverschmutzung, Nahrungsmangel und ein Versiegen der Rohstoffquellen voraussagen, ziehen die Wissenschaftler ein deutliches Resümee:

„Mithilfe neu entstandener Technologien und Institutionen ist es möglich geworden, den ständigen Strom von Schadstoffen in die Umwelt zu reduzieren. Sogar die Massenarmut ließe sich beheben.

Keine dieser Möglichkeiten jedoch lässt sich realisieren, wenn das Bevölkerungswachstum ungezügelt

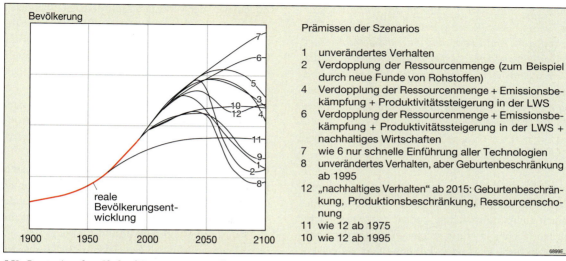

M2 Szenarios des Club of Rome zur Bevölkerungsentwicklung bei unterschiedlichen Verhaltensweisen

Die Studie „Die Grenzen des Wachstums" wurde von einem Team um Dennis L. Meadows 1972 erarbeitet und 1992 neu gefasst. Im Jahr 2005 zieht der Ökonom und Zukunftsforscher in einem Interview Bilanz:

Frage: Verstehen Sie Menschen, die Computermodellen nicht trauen?

Meadows: Selbstverständlich! Computermodelle erzeugen kein neues Wissen. Bestenfalls zeigen sie uns die konsequente Entwicklung eines Systems. Doch hängen die Ergebnisse stark von den Grundannahmen ab. Sind die Mutmaßungen unzutreffend oder unzureichend, kann das Modell vollkommen falsche Eindrücke vermitteln. Nichtsdestoweniger sind Computermodelle objektiv. (...)

Frage: In Ihren ersten Simulationsrechnungen sahen Sie ein moderates weltweites Wirtschaftswachstum bis zum Jahr 2030 voraus und dann einen Kollaps der Systeme. Haben Sie heute bessere Nachrichten für uns?

Meadows: (...) In allen Simulationen [1972] zeigte sich zunächst ein Wachstum der Bevölkerung, der Industrieproduktion und dergleichen. Bis zum Jahr 2010. Danach kam es entweder zu einem Kollaps der Systeme oder – in Abhängigkeit von kulturellen, technologischen oder Marktveränderungen – zu einem Übergang in eine nachhaltige Entwicklung. Doch mittlerweile hat sich das Blatt gewendet. Vor 30 Jahren gab es noch ausreichend Ressourcen. Damals bestand die Herausforderung darin, den Raubbau zu verlangsamen und der Erde Zeit zu geben, sich zu regenerieren. Heute ist diese Grenze überschritten. Weltbevölkerung und Industrieproduktion haben sich verdoppelt, das Konsumwachstum hat viele Ressourcen zerstört oder geschädigt, die Tragfähigkeit der Erde ist überschritten. Es besteht keine Möglichkeit mehr, den Klimawandel zu verhindern, selbst wenn wir auf einen vorindustriellen Energieverbrauch zurückschalten. (...) Nun gilt es Wege zu finden, den Verbrauch zurückzufahren. Das ist ein sehr viel schwierigeres Unterfangen. (...) Wir haben die vergangenen dreißig Jahre geschlafen!

Frage: Ist das nicht übertrieben? Zumal viele Ihrer Kritiker behaupten, Ihre Berechnungen beruhen auf zu simplen Annahmen über die Wirkzusammenhänge.

Meadows: Wir wissen doch alle, dass es wichtig ist politische Debatten mit Zukunftsbildern zu verknüpfen. Aber welche sollen wir nutzen? Ich bin überzeugt, dass unser Modell von 1972 trotz aller seiner Schwächen genauer, komplexer und nützlicher war als alle heutigen. Und es hat sich als treffsicher erwiesen. (...) Es macht keinen Sinn Prognosen zu verwerfen, ohne etwas Besseres in der Hand zu haben.

(Quelle: Spektrum der Wissenschaft, 12/2005, S. 72f.)

M3 Interview mit Dennis L. Meadows

weitergeht und wenn nicht rasch die Wirkungsgrade der Energie- und Ressourcennutzung erhöht sowie der Rohstoff- und Energieeinsatz weltweit ausgewogner verteilt werden. (...) Die Nachhaltigkeit ist die entscheidende Herausforderung für die Aktivität und Kreativität des Menschen. Wir halten die Menschen heute für fähig, diese Herausforderung anzunehmen und der Welt eine bessere Struktur zu geben."

(Meadows, D. H. u.a.: Die neuen Grenzen des Wachstums. Reinbeck 1992, S. 13 ff., gekürzt)

Die Studien und die ihnen zugrunde liegende Methode ist heftig kritisiert worden: So seien etwa Marktmechanismen nicht berücksichtigt und zu stark vereinfacht worden. Sicher ist, dass solche Modelle nicht alle Faktoren berücksichtigen können, aber sie zeigen Zusammenhänge auf, die auf die entscheidenden Probleme hinweisen. Daher sind sie zur Orientierung hilfreich.

Ernährung der Weltbevölkerung

Bislang ist der „Wettlauf zwischen Pflug und Storch" zugunsten des Pfluges ausgegangen: Denn rein theoretisch gesehen steht für jeden Menschen auf der Erde ausreichend Nahrung zur Verfügung. Allerdings werden viele Gründe dafür angeführt, dass die Welt vor einer zunehmenden Verknappung des Nahrungsmittelangebots stehe:
- Fast alle landwirtschaftlich nutzbaren Flächen der Erde sind bereits bewirtschaftet. Eine weitere Ausweitung der landwirtschaftlichen Nutzfläche ist kaum möglich oder ökologisch bedenklich.
- Zudem wird der Verlust an Kulturflächen dramatisch steigen: Bodendegradation, Desertifikation, abnehmende Bodenfruchtbarkeit vor dem Hintergrund des Bevölkerungsdrucks führen dazu, dass immer mehr Menschen von Landknappheit betroffen sein werden (vgl. Kapitel 1.6).
- Der zunehmende Anbau von Industriepflanzen, zum Beispiel von Raps oder Zuckerrohr als Energierohstoff, entzieht Potenziale für die Nahrungsmittelerzeugung.
- Immer mehr Menschen werden in den nächsten Jahrzehnten in Regionen leben, in denen Wasser chronisch oder zeitweise knapp ist. Die steigende Wasserknappheit verringert auch das Potenzial für die Nahrungsmittelproduktion (vgl. Kapitel 1.4).
- Der Klimawandel, noch verstärkt durch die Auswirkungen der Bevölkerungszunahme, führt gerade in Afrika und Südasien zur Bedrohung der Nahrungsmittelproduktion, zu Landverlust durch Meeresspiegelanstieg und regional zur weiteren Verknappung der Wasserressourcen (vgl. Kapitel 1.3).
- Die Überfischung der meisten Fischfanggebiete und die Verschmutzung der Binnen- und Küstengewässer gefährdet eine wesentliche Nahrungsquelle der Menschheit. Mit Aquakulturen werden zwar derzeit noch Verluste ausgeglichen, dies ist aber wegen der erheblichen ökologischen Folgekosten dauerhaft unmöglich.
- Die Produktion von Getreide und Fischmehl als Futtermittel für die Fleisch-, Milch und Eierproduktion stellt eine große Verschwendung von Nahrungsmitteln dar. Denn durchschnittlich müssen zur Erzeugung von

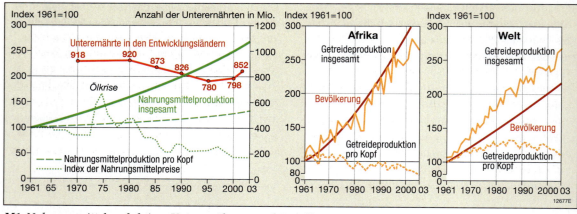

M1 *Nahrungsmittelproduktion, Unterernährung und Bevölkerungsentwicklung*

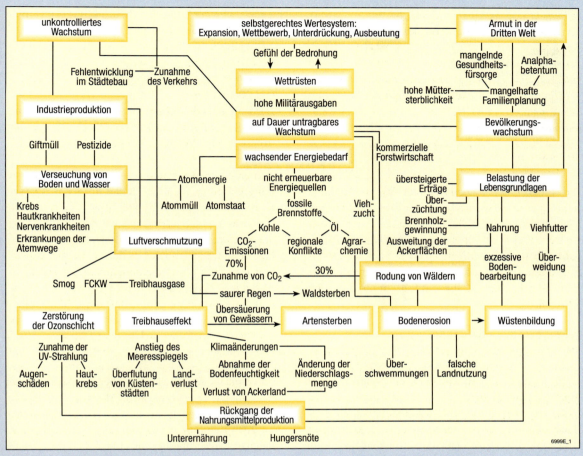

M2 Das Netz der Weltprobleme

Nachhaltige Entwicklung – im Netz der Weltprobleme
„Unsere Welt bildet ein vernetztes System. Nach Friedjof Capra sind die großen Problemkreise unseres Planeten miteinander vernetzt und ordnen sich als Teilsysteme in ein übergreifendes globales System ein. Sein Schaubild beruht auf Studien des Worldwatch-Instituts. Ein erstes Grundproblem darin ist das ungehemmte wirtschaftliche und technische Wachstum, das eine Kettenreaktion von Zivilisationsschäden und Umweltbelastungen auslöst. Auf der anderen Seite des Systems gefährden die Folgen von Armut in der Dritten Welt die Lebensgrundlagen von Natur und Mensch. Als drittes Krisenfeld steht die Ausbeutung der nicht erneuerbaren Rohstoffe im Netz der Weltprobleme. Die drei großen Problemkreise, der ökonomische, der ökologische und der soziale, haben ihre gemeinsame Ursache in einem ‚selbstgerechten menschlichen Wertesystem, das auf Expansion, Konkurrenz, Unterdrückung und Ausbeutung beruht. Sie bilden sozusagen die Facetten derselben Krise, die Folge eines überholten Weltbildes ist, das unter anderem auf dem Glauben an unbegrenzten materiellen Fortschritt durch wirtschaftliches und technisches Wachstum beruht'.
Lösungen von Weltproblemen werden von einem tief greifenden Wandel dieses überkommenen Weltbildes erwartet. Dieser Paradigmenwechsel strebt zu einem ganzheitlichen, ökologischen Weltbild. Nachhaltige, dauerhafte oder zukunftsfähige Entwicklung oder „Sustainability" wird so zum Schlüsselbegriff für diesen anzustrebenden Wertewandel. Bei diesem handelt es sich dann um „eine Verlagerung von Expansion zu Erhaltung, von Quantität zu Qualität, von Wettbewerb zu Kooperation, von Beherrschung zu Partnerschaft."

(Geiger, M.: Zukunftsorientierte Erziehung für die „Eine Welt". In: Praxis Geographie 4/1995, S. 10 f.)

8.1 Tragfähigkeit – globale Herausforderungen

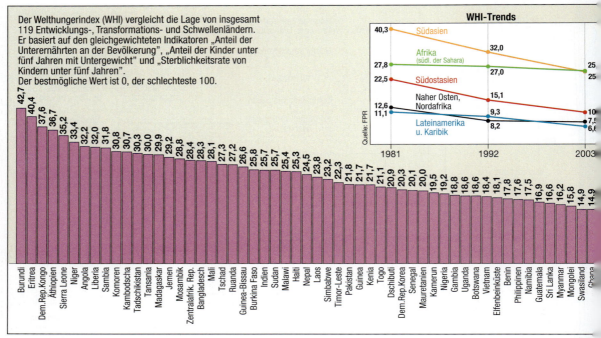

M1 Die Ernährungslage der Welt nach dem Welthungerindex (2003)

einer Kalorie in Form von tierischer Nahrung sieben Kalorien aus pflanzlicher Nahrung eingesetzt werden. Der größte Teil des Viehfutters kommt aus Entwicklungsländern, in denen diese als Cash crops angebaut werden. Angesichts der zu erwartenden Steigerung der Nachfrage nach tierischen Nahrungsmitteln, zum Beispiel aus China, wird sich die Ernährungslage verschlechtern.
- Produktivitätssteigerungen der Nahrungsmittelerzeugung, wie zum Beispiel durch die „Grüne Revolution", die mit dem Einsatz von Hochleistungssaatgut, Bewässerungssystemen, Dünge- und Pflanzenschutzmitteln erzielt werden können, müssen angesichts der ökologischen und ökonomischen Folgewirkungen bei der Übertragung auf andere Weltregionen kritisch geprüft werden (vgl. Kapitel 2.3, Kapitel 9.8).
- Große Hoffnungen werden vielfach auf die umstrittene „Grüne Gentechnologie" gesetzt.

Den pessimistischen Einschätzungen der Ernährungslage, die die Potenziale ausgeschöpft oder durch Bevölkerungswachstum und ökologische Katastrophen bedroht sieht, wird entgegengesetzt, dass dem Hunger durchaus gegengesteuert werden kann: Ernährungssicherheit sei ein schwieriges, aber doch ein lösbares Problem. Die Erde könne zwölf Milliarden Menschen, also etwa das Doppelte der heutigen Bevölkerungszahl, mit 2700 Kalorien an Nahrung täglich versorgen, so der UN-Bevölkerungsbericht. Hunger und Unterernährung sind demnach nicht einfach Folge des Bevölkerungswachstums, sondern vor allem ein strukturelles Problem. Für nur etwa zehn Prozent des Hungers in der Welt sind Kriege und Bürgerkriege, Dürreperioden und Naturkatastrophen verantwortlich.

Trotz global ausreichender Nahrungsmittelproduktion gelten heute etwa 850 Millionen Menschen weltweit als „schwerst unterernährt". Etwa 80 Prozent dieser Hungernden leben auf dem Land, die Hälfte davon sind verarmte und marginalisierte Kleinbauern, ein Viertel sind Landlose, die trotzdem überwiegend von der Landwirtschaft abhängig sind. Die übrigen leben meist in den Elendsquartieren der Städte. Hunger, so zeigt sich, ist ein ländliches Problem.

Hunger ist vor allem ein Folgeproblem von Armut (vgl. Kapitel 7.2): Er entsteht, wenn Menschen keinen Zugang zu Land oder unerfüllbare Pachtverträge haben, und auch sonst keine Chance haben, wirtschaftlich mitzuhalten – weil ihre Regierung sie ausbeutet, aber

396

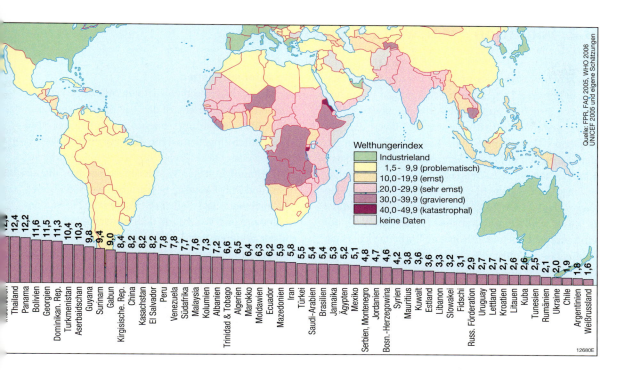

auch weil große Wirtschaftsräume wie die EU ihre Agrarprodukte mit so hohen Anbau- und Exportsubventionen fördern, dass Kleinbauern keine Konkurrenzchance haben.

Diesen Befunden entsprechen Strategien, den Hunger zu bekämpfen: die Stärkung der Agrarproduktion für inländische Märkte durch Agrarreformen und die Förderung von Kleinbauern entgegen der Förderung exportorientierter, devisenbringender Produktion von Cash crops vieler Entwicklungsländer. Wenn Kleinbauern zu ausreichenden Produktionsmitteln, Land und Kapital verholfen und Produktionsanreize für sie geschaffen werden, kann mit der Bekämpfung von Armut auch Ernährungssicherung betrieben werden. In Südkorea zum Beispiel stand am Beginn der Entwicklung zum „Tiger" eine Agrarreform. Im nachmaoistischen China setzte die Ablösung der Planwirtschaft durch Eigenverantwortlichkeit der bäuerlichen Familien unter marktwirtschaftlichen Vorzeichen eine große Steigerung der Nahrungsmittelproduktion in Gang.

„Hunger ist von Menschen gemacht", sagt Jean Ziegler, der Sonderberichterstatter der UN für das Recht auf Nahrung „ein Kind, das an Hunger stirbt, wird ermordet."

1. Die von Malthus aufgeworfene Problemstellung wird häufig vereinfacht als „Wettlauf zwischen Storch und Pflug" dargestellt. Erklären Sie diese Metapher.

2. Stellen Sie in einem Schaubild möglichst alle Gründe für das globale Bevölkerungswachstum dar (vgl. auch Kapitel 7.3).

3. Beschreiben Sie vergleichend die Szenarios 1 und 12 (M1, Seite 392). Erläutern Sie Wechselwirkungen und einzelne Aspekte, die zu den unterschiedlichen Szenarios geführt haben. Begründen Sie die jeweils prognostizierte Bevölkerungsentwicklung.

4. Definieren Sie angesichts der Überlegungen zur Tragfähigkeit den Begriff „Überbevölkerung".

5. Verfolgen Sie „Maschen" im „Netz der Weltprobleme" (zum Beispiel von „Armut" bis „Wüstenbildung"). Erläutern Sie einige der dargestellten Zusammenhänge. (Fokus, Seite 395)

6. Erläutern sie die Ernährungssituation der Welt (M1, Seite 394 und M 1, Seite 396) und die im Kapitel vorgestellte Strategie, den Hunger zu bekämpfen. Ordnen Sie diese in Entwicklungsstrategien ein und konkretisieren Sie diese Strategie an den Beispielen Brasilien und Indien.

7. Nehmen Sie zum Zitat von J. Ziegler Stellung.

8.2 Migration – weltweite Wanderungen

Menschen verlassen ihre Heimat auf der Suche nach einem besseren Leben. Nach Schätzungen versuchen derzeit jährlich bis zu 100 000 Afrikaner, über das Mittelmeer oder den Atlantik – etwa von Libyen, dem Senegal oder Mauretanien – nach Europa zu gelangen. An der spanischen und italienischen Küste sowie auf den Kanaren, wo die meist überladenen Boote ankommen, wird das menschliche Elend eines oft tödlich endenden Weges deutlich. Große Risiken nehmen diese Migranten in Kauf, weil sie offenbar ihre ganze Hoffnung auf ein besseres Leben in Europa, auf Arbeit, Sicherheit, Bildung und Wohlstand, gesetzt haben. Vergleichbare Migrantenschicksale finden sich an der Grenze der Vereinigten Staaten von Amerika zu Mexiko, wo die USA zum Teil mit Mauern und Zäunen versuchen, sich gegen jährlich Hunderttausende illegaler Einwanderer aus Mittel- und Südamerika abzuschotten – die andererseits als billige Arbeitskräfte gerade in der Landwirtschaft willkommen sind.

Am Beginn des 21. Jahrhunderts lebten rund 200 Millionen offiziell registrierte Migranten außerhalb ihres Geburtslandes. Das sind mehr als jemals zuvor. Geschätzt wird, dass mindestens ebenso viele nicht dokumentiert sind. Das Ausmaß dieser internationalen **Migration** hat sich seit der Mitte des 20. Jahrhunderts ständig erhöht, der Anteil von Migranten an der Weltbevölkerung ist aber mit 2,5 – 2,9 Prozent stabil geblieben. Ein großer Teil der Wanderungen läuft innerhalb der Dritten Welt ab. Noch vor wenigen Jahren gelangte nur ein geringer Teil der Migranten in die Industriestaaten, heute lebt einer von vier Migranten in Nordamerika, einer von drei in Europa.

Noch mehr Menschen setzt die **Binnenmigration** in Bewegung. Vor allem in Entwicklungsländern sind Millionen unterwegs. Allein in China wird die Zahl der Wanderarbeiter in den industriellen Zentren auf 250 Millionen geschätzt. (vgl. auch Kapitel 9.7)

Erzwungene Wanderungen, wie zum Beispiel **Flucht**, Vertreibung und Umsiedlung, werden begrifflich von Migration unterschieden. Im 20. Jahrhundert haben unzählige Menschen ihre Heimat auf der Flucht vor Kriegen, Verfolgung und Gewalt verlassen müssen. Im Jahr 2005 lag die Zahl der Flüchtlinge bei rund 40 Millionen.

Migrationsursachen

Die Menschheitsgeschichte ist von Migration geprägt. Wanderungen gehören seit den Jägern und Sammlern, der „Völkerwanderung", bis hin zu den Kriegs- und Armutsflüchtlingen unserer Zeit zur menschlichen Lebensweise. Diese Rolle von Migration beruht auf der Beständigkeit der Wanderungsursachen, die als Push- und Pull-Faktoren beschrieben werden können (vgl. auch Seite 288, Seite 365): materielle Not auf der einen Seite und Wohlstand oder wirtschaftliche Blüte auf der anderen Seite; Kriege und Verfolgungen auf der einen und politische Stabilität oder demokratische Freiheit auf der anderen Seite; Bevölkerungswachstum und -druck auf der einen oder Arbeitskräftebedarf oder Besiedlungsstrategien auf der anderen Seite. Zu den Ursachen von Wanderungen zählen auch Natur- und Umweltkatastrophen sowie zunehmend ökologische Probleme – viele durch Klimawandel ausgelöst.

Werden die Disparitäten größer, wächst das Potenzial für Migration. Beispielsweise besteht in Osteuropa durch die Disparitäten zu Westeuropa ein solches Migrationspotenzial: Arbeitslosigkeit, Unterbeschäftigung und ein wesentlich geringeres Lohnniveau sind Push-Faktoren, die Menschen mobilisieren können. Angesichts des größer werdenden Wohlstandsgefälles weltweit kann davon ausgegangen werden, dass auch der Migrationsdruck wächst.

In den Industriestaaten nimmt die Zahl arbeitsplatzorientierter Wanderungen durch Veränderung der Wirtschaft zu, denn die Notwendigkeit umzuziehen, um sich etwa beruflich zu verbessern oder um nicht arbeitslos zu werden, wächst. Ein Berufsanfänger muss derzeit in Deutschland damit rechnen, fünf- bis sechsmal den Arbeitgeber und damit verbunden meist auch den Wohnort zu wechseln. Da der „Job fürs Leben" immer seltener wird, scheinen häufige Ortsveränderungen aus beruflichen Gründen charakteristisch für das Arbeitsleben zu werden.

Migrationsbewegungen

Allein durch Push- und Pull-Faktoren ist das Zustandekommen von Migrationsströmen nicht zu erklären. Ausmaß, Richtung und Form von Migrationsströmen werden noch von anderen Faktoren beeinflusst:

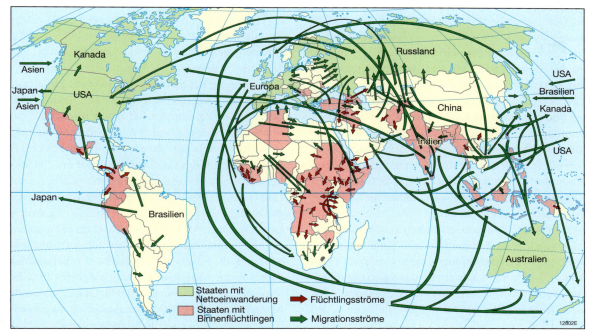

M1 Wichtige Migrationsströme seit 1990

Nicht alle Bevölkerungsgruppen sind in der Lage zu wandern. Denn Migration setzt bei den wandernden Menschen materielle Ressourcen voraus. Zur interkontinentalen Migration sind arme Bevölkerungsgruppen gar nicht oder nur unter größtem Opfer fähig, sie können sich Reisen oder Schleuserdienste nicht leisten. Auch wandern vor allem jüngere, qualifizierte Erwachsene, die in der Regel besonders flexibel und risikofreudig sind. Denn am Zielort muss sich ein Migrant erst in einer fremden Umgebung und Sprache zurechtfinden und neue Kontakte aufbauen. Mit Familie oder Besitz dagegen ist die Bindung an die Heimatregion stärker.

Migration findet fast immer „in den Fußstapfen" anderer statt. Denn für Richtung und Ausmaß von Wanderungen ist die Bedeutung sozialer Netzwerke hoch einzuschätzen: Kontakte zu Freunden und Verwandten in einer Zielregion, Institutionen, die Migranten unterstützen, aber auch kriminelle Schleuserbanden. So werden Informationen über Ziele und Wege transportiert.

Auch die Qualität der Verkehrs- und der Kommunikationsmöglichkeiten beeinflusst Migration. Dichtere Verkehrsverbindungen vereinfachen und verbilligen Mobilität und die Entwicklung von Netzwerken. Moderne Kommunikationsmittel erleichtern Kontakte, etwa zur zurückgebliebenen Familie in der Heimat. Auswanderung ist so für den Einzelnen also weniger riskant und endgültig.

Zuwanderungsbeschränkungen oder -regelungen von Staaten stellen Migrationshindernisse dar, die irreguläre Zuwanderung verringern. So wird ungewollte Zuwanderung in die EU durch starke Grenzkontrollen weitgehend verhindert. Andererseits fördern die Industriestaaten die Einwanderung hochqualifizierter, mobiler Arbeitskräfte und fragen Einwanderer für Arbeiten nach, die wegen niedriger Löhne und schlechter Arbeitsbedingungen von Einheimischen nicht übernommen werden.

Migration – Fluch oder Segen?

Die Abwanderung gerade von qualifizierten Migranten bedeutet für die Herkunftsländer, besonders die Entwicklungsländer, einen bedeutenden Verlust – schließlich wurde in deren Qualifikation investiert und sie könnten Stützen der Entwicklung sein. Dieser „**Braindrain**" und der geringere Bildungsgrad der zurückgebliebenen Bevölkerung haben Auswirkungen auf Wirtschaftswachstum und die Möglichkeiten der Armutsbekämpfung in diesen Ländern. Dies zeigt sich zum Beispiel deutlich im Gesundheitssystem vieler Entwicklungsländer: Die Anwerbepolitik von Industriestaaten führt verbreitet zum Mangel an Ärzten und qualifiziertem Pflegepersonal. Beispielsweise arbeiten in Manchester mehr malawische Ärzte als in ganz Malawi.

Andererseits sind auch durchaus positiv zu bewertende Rückkopplungseffekte für die Herkunftsländer zu verzeichnen. Nicht zu unterschätzen ist die Rolle von Überweisungen von Migranten in ihre Herkunftsländer. Vor allem in kleineren Entwicklungsländern machen sie einen beträchtlichen Teil des BIP aus, so etwa in Tonga mit 31 Prozent oder in Moldau mit 27 Prozent. Aber auch in China stammen etwa 70 Prozent der ausländischen **Direktinvestitionen** von Auslandschinesen. Es wird beobachtet, dass es sich um sehr stabile Zuflüsse von Kapital handelt, die vor allem privaten Haushalten zur Verfügung stehen und großen Einfluss auf die Entwicklung der Volkswirtschaften und die Armutsbekämpfung haben können. Sie kurbeln den Konsum an und ermöglichen Investitionen besonders in Kleinunternehmungen. Manche Experten wenden ein, dass gerade die Ärmsten nicht davon profitieren und die Rücküberweisungen die Abhängigkeit vom Ausland verstärken.

Auch Rückflüsse ganz anderer Art spielen eine Rolle: Migranten transportieren **Innovationen**, Wissen oder Werthaltungen in ihre Herkunftsländer. Darüber hinaus bilden die Migranten für die Herkunftsländer gewissermaßen ein Reservoir von Arbeitskräften, die womöglich hochqualifiziert zurückkehren. Sie bilden „Brückenköpfe" der einheimischen Wirtschaft, die wichtige Rollen bei der Vermarktung von Produkten

spielen können. So wird zum Beispiel der Erfolg der koreanischen Autoindustrie nicht zuletzt auf Koreaner im Ausland zurückgeführt. Umstritten bleibt, ob der Nutzen oder die Kosten für die Herkunftsländer von Migranten überwiegen.

Auswirkungen hat Migration auch auf die Einwanderungsländer. Dies zeigt sich am Beispiel Deutschland: Seit dem 19. Jahrhundert hat sich Deutschland von einem Auswanderungsland zu einem Zuwanderungsland entwickelt. Nach dem Zweiten Weltkrieg kamen bis 1950 acht Millionen Vertriebene, seitdem rund 29 Millionen Menschen: Aussiedler, Arbeitsmigranten, deren Familienangehörige oder Asylbewerber. Insgesamt hat Deutschland von der Zuwanderung profitiert. Zu diesem Ergebnis kommen Studien, die volkswirtschaftliche Kosten und Nutzen gegeneinander aufrechnen. Vor allem schlägt zu Buche, dass Zuwanderer zur Erhöhung des Sozialprodukts beitragen sowie den Konsum und die Konjunktur stützen. Sicher wäre das „Wirtschaftswunder" ohne die Zuwanderung von Arbeitskräften kaum denkbar gewesen. Auch die damit einhergehende Verjüngung der Bevölkerungsstruktur hat positive Folgen: Einwanderer tragen in der alternden und schrumpfenden Gesellschaft zur Stabilität der Sozialsysteme der Gesellschaft bei. Um allerdings den Bevölkerungsrückgang auszugleichen, wäre eine beispiellose Zuwanderung notwendig, die sicherlich kaum auf Akzeptanz bei den Einheimischen stoßen würde. „Ersatzmigration" kann also nur ein Lösungsansatz sein.

Problematischer ist die Integration vieler Zugewanderter. Nicht wünschenswerte Folgen mangelnder Integration in die Gesellschaft, wie Segregation – etwa in Form von Gettobildung – oder die Entwicklung so-

Was wäre, wenn Deutschland bis zum Jahr 2050...					
	... keine Zuwanderung hätte?	... eine mäßige Zuwanderung hätte?	... die Bevölkerungszahl stabil halten wollte?	... die Zahl der 15- bis 64-Jährigen stabil halten wollte?	... den Altersquotienten stabil halten wollte?
Netto-Zuwanderung pro Jahr (1995-2050)	keine	200 000 bis 240 000	324 000	458 000	3,4 Mio.
Bevölkerung 2050	58,8 Mio.	73,3 Mio.	81,7 Mio.	92 Mio.	299 Mio.
Veränderung gegenüber 1995	-28%	-10%	keine	+13%	+266%
Altersquotient 2050	1,8	2,1	2,3	2,4	4,4

Basis: Bevölkerungsstand 1995: Bevölkerung 81,7 Mio., Personen im erwerbsfähigen Alter (15- bis 64-Jährige): 55,8 Mio, Altersquotient (Relation der 15-bis 64-Jährigen zu den über 65-Jährigen) 4,4:1

M1 Ohne Einwanderung keine Zukunft?

zialer Unterschichten, die sich zum Beispiel in geringeren Bildungs- und beruflich-sozialen Chancen zeigt, sind mindestens in der Tendenz in der Bundesrepublik festzustellen.
Oft ist Migration ein konfliktträchtiger Vorgang. Einwanderung erzeugt Konflikte, wo Zuwanderer und Einheimische in Konkurrenz um knappe materielle Güter wie Arbeitsplätze, Schulen, Wohnungen, Sozialleistungen und Siedlungsraum zu stehen glauben oder tatsächlich darum konkurrieren. Es ergeben sich kulturelle Konflikte, wenn Einheimische und auch Einwanderer Werte, Identitäten oder Lebensstile bedroht sehen. In Krisen verschärfen sich oft solche Konflikte. Häufig sind Migranten die ersten Opfer von Wirtschafts- und politischen Systemkrisen und von populistischen Kampagnen, die Fremden- und Konkurrenzängste auszubeuten versuchen.

M2 *Jenseits von Afrika*

Der „globale Marsch": unabwendbar?

Auch eine am Bedarf orientiere Einwanderung von einigen Millionen Menschen in die überalternden Industriestaaten kann den globalen Migrationsdruck kaum entschärfen. Prognosen erwarten für die nähere Zukunft eine weitere Zunahme der Migration aufgrund der Verschärfung ihrer Push-Faktoren, und sie wird immer mehr Länder einbeziehen. Auch werden sich die Migrationsformen weiter ausdifferenzieren.
Der Entwicklungsexperte Franz Nuscheler wendet sich gegen eine Problembeschreibung durch „Worst-case-Szenarien", die einen „globalen Marsch" oder einen „Sturm auf Europa" voraussagen, da sie den Blick auf mögliche Lösungen verstellen. Solche Szenarien basierten auf der Annahme eines weiter anhaltenden Bevölkerungswachstums, damit verbunden zunehmender Arbeitslosigkeit, Verknappung der Nahrungsmittel und wachsender Umweltbelastung. Er hält dagegen, dass neuere Bevölkerungsprognosen weniger drastische Entwicklungen voraussagten und solche schwarzmalerischen Szenarien die Handlungsmöglichkeiten der Politik außer Acht ließen. So könne die „Integration von Bevölkerungs- und Entwicklungspolitik" das generative Verhalten verändern: durch die Verbesserung der sozialen Lage von Armutsgruppen, gezielte Investitionen in Bildungs- und Gesundheitssysteme, Familienplanung und Frauenförderung. Auch Fluchtursachen könnte stärker durch menschenrechtlich orientierte Außen- und Sicherheitspolitik entgegengewirkt werden und Fluchtbewegungen durch präventive Diplomatie und Konfliktprävention sowie „in schweren Konfliktsituationen durch Friedenserzwingung mit militärischer Intervention" wirkungsvoller verhindert werden.
„Migration kann nicht verhindert werden. Die Frage ist, wie ungewollte und konfliktschaffende Migrationsvorgänge eingedämmt oder gesteuert werden können. Plausibel ist, dass das Migrationsproblem nur durch Bekämpfung seiner Ursachen entschärft werden könnte. Wenn die Staatengemeinschaft aber nur einen Teil der von ihr auf den Weltkonferenzen verabschiedeten Aktionsprogramme umsetzt, könnte sie mit der Bekämpfung der Armut auch den existenziellen Zwang zur massenhaften Migration verringern." (nach SEF: Globale Trends 2000, S. 117)

1. Stellen Sie in einem Schaubild dar, welche Faktoren Entscheidungen zur Migration, Zahl und Ziele von Migranten bedingen.
2. Analysieren sie die Karte (M 1, Seite 399). Informieren Sie sich über einzelne Migrationsströme und deren Hintergründe und stellen Sie Ihre Arbeitsergebnisse in einem Kurzreferat vor.
3. Migration – Fluch oder Segen? Erörtern Sie bezogen auf Herkunfts- und Einwanderungsländer.
4. Erläutern Sie den Schlusssatz: „Wenn die Staatengemeinschaft..." Nehmen Sie zu dieser These Stellung.

8.3 Nachhaltigkeit und nachhaltige Entwicklung – Perspektiven

M1 Karikatur

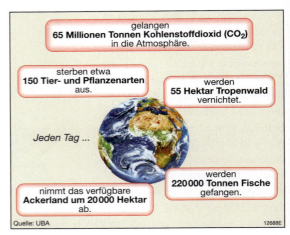

M2 Belastungen unserer Erde

„Leitbild einer nachhaltigen Entwicklung ist eine Entwicklung, die den Bedürfnissen der heutigen Generation entspricht, ohne die Möglichkeiten künftiger Generationen zu gefährden, ihre eigenen Bedürfnisse zu befriedigen und ihren Lebensstil zu wählen."
Brundtland-Kommission (1987)

„Unsere größte Herausforderung im 21. Jahrhundert ist es, die einstweilen noch abstrakt erscheinende Idee einer nachhaltigen Entwicklung zur Realität für Menschen dieser Erde zu machen."
Kofi Annan, UN-Generalsekretär 1996–2006

Die laufende Diskussion über Nachhaltigkeit zeigt, dass es keine präzise Definition für **„Nachhaltigkeit"** oder **„nachhaltige Entwicklung"** zu geben scheint. Sichtbar wird eine Fülle an möglichen Inhalten: Krieg, Frieden, Armut, Reichtum, Globalisierung, Naturzerstörung, Rechtsradikalismus, Partizipation, Gentechnik, Wirtschaftswachstum, kulturelle Vielfalt, das Wohnen am Südpol, die Ausbeutung der Tiefsee, der Tourismus auf dem Mount Everest, die Gleichberechtigung der Frauen und die Chancengleichheit der weniger Privilegierten im Bildungssystem. Es scheint, als ob alles, was die Welt aktuell bewegt, Teil dieser (nicht-)nachhaltigen Lebensweise sein kann. Und tatsächlich berührt das Prinzip nachhaltiger Entwicklung alle Lebensbereiche.

Moderner kategorischer Imperativ

In Anlehnung an den „kategorischen Imperativ" des Philosophen Immanuel Kant aus dem 18. Jahrhundert könnte die Leitidee der Nachhaltigkeit im 21. Jahrhundert ihre Konkretisierung erfahren: „Denke, lebe und handle stets so, dass die Maxime deines Willens jederzeit als Prinzip der Nachhaltigkeit gelten könnte."
Das prinzipiell Neue an dem modernen Begriff der Nachhaltigkeit ist die globale Dimension. Noch vor 300 Jahren wäre es mit der damaligen Technik keiner noch so verantwortungslosen Weltgesellschaft gelungen, das Ökosystem Erde kollabieren zu lassen. Heute ist dies ohne Weiteres denkbar – und auch möglich.

Nachhaltigkeit als Paradigma

Nachhaltigkeit ist kein Thema, keine Disziplin, sondern ein Paradigma, eine Art und Weise zu denken, zu entscheiden und zu handeln; ein Wert, ein Prinzip, eine Leitidee. Es gilt, in allen Bereichen des Lebens die Ursachen und die Folgen unseres Handels zu betrachten:
- unter ökologischen, ökonomischen und sozialen Aspekten,
- von der lokalen bis zu globalen Ebene,
- mit Blick auf eine gerechte gemeinsame Welt von Mensch, Tier und Pflanze,
- in zeitlichen Dimensionen, die die eigene Generation und die Generationen nach uns nicht aus dem Blick verliert.

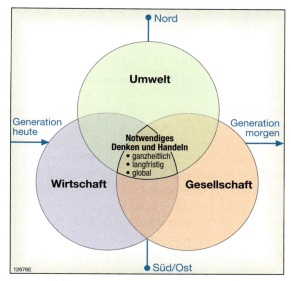

M3 Nachhaltige Entwicklung abstrakt

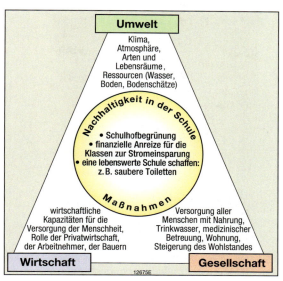

M4 Nachhaltige Entwicklung konkret

Kategorien der Diskussion und der Entscheidung über nachhaltige Entwicklung können zum Beispiel Rationalität, Moral und Ästhetik auf unterschiedlichen Raumebenen sein.

Perspektiven?
Die Frage nach der Zukunftsperspektive stellt sich der globalen Gesellschaft drängender denn je. Lassen sich Antworten eher auf der persönlichen und lokalen oder auf der globalen Ebene finden?

Ein bedeutender Schritt in Richtung auf nachhaltiges Handeln war die Konferenz für Umwelt und Entwicklung der Vereinten Nationen in Rio de Janeiro im Jahre 1992. Hier wurde von 179 Staaten die **Agenda 21** beschlossen, ein Leitpapier zur nachhaltigen Entwicklung, ein entwicklungs- und umweltpolitisches Aktionsprogramm für das 21. Jahrhundert. Da viele der globalen Probleme am besten auf der örtlichen Ebene zu lösen sind, wird jede Kommune aufgerufen, eine eigene „lokale" Agenda 21 zu erarbeiten.

Dimensionen / Träger	Akteure	Rationalität Klugheit, Ökonomie	Moral Beziehungen zwischen Menschen/Tieren	Ästhetik Beziehungen Menschen / nicht tierische Natur
Mikro-Ebene individuell	Einzelpersonen (privat und beruflich)	ökologische Produkte	(fairer) individueller Konsum; Vegetarismus	Spaziergang in der Natur; individueller Naturgenuss
Meso-Ebene mittlere Kollektive	Konzerne, Verbände, Schulen	ökologischer Konsum, Öko-Firmen	Unternehmenskultur, Schulkultur, ...	Umwelt-Managementsysteme
Makro-Ebene große Kollektive	Gesellschaften, Staaten, UNO	Bau von Autobahnen, Förderung der Bahn, Hochwasservorsorge	Tierschutz, Entwicklungshilfe, Kyoto-Protokoll	Artenschutz

Quelle: Europäische Akademie für Technologiefolgenabschätzung 2007

M5 Nachhaltigkeit auf einen Blick

8.3 Nachhaltigkeit und nachhaltige Entwicklung – Perspektiven

M1 Ökologischer Fußabdruck von Hamburg

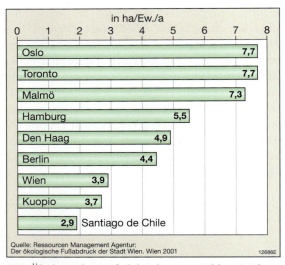

M2 Ökologischer Fußabdruck ausgewählter Städte

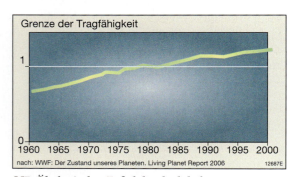

M3 Ökologischer Fußabdruck global

Ökologischer Fußabdruck – ein Konzept zur Berechnung von Nachhaltigkeit

Wissenschaftler hatten für die Belastung der Erde durch Lebensstil und Konsum das Modell vom „Ökologischen Rucksack" entwickelt, der vielen Produkten ein virtuelles Gewicht zuwies, das von der Gewinnung der Ressourcen bis zur Herstellung des Endproduktes entsteht.

1997 wurde ein verbessertes und bis heute gültiges Modell entwickelt, der „**ökologische Fußabdruck**". Dabei wird die Belastung anschaulich in ein Flächenmaß übersetzt, was allerdings eine Fülle an statistischem Material und umfangreiche Rechenoperationen erfordert. Das Grundprinzip aber ist einfach: Die Nutzfläche der Erde lässt sich grob in Siedlungs-, Acker-, Weide-, Wald- und Meeresflächen unterteilen. Der Konsum des Menschen kann ebenfalls sehr grob in Nahrung, Wohnung, Verkehr und Konsumgüter unterschieden werden. Jede Konsumform erfordert unterschiedliche Flächenarten: Für die Nahrungsherstellung brauchen wir Äcker (Getreide), Weiden (Fleisch und Milch) und Meer (Fisch); zum Wohnen Siedlungs-, aber auch Waldfläche für Bauholz und Möbel. Verkehr benötigt Siedlungsfläche und Ackerland für die Gewinnung von Treibstoff. Konsumgüter in Form von Kleidung brauchen zum Beispiel Äcker für Baumwolle und Weiden für Wolle und Leder. Verpackungen und Zeitungspapier benötigen Waldfläche.

Jede Konsumform benötigt Energie. Fossile Energie (Kohle, Gas, Erdöl) setzt beim Verbrennen zusätzliches Kohlenstoffdioxid (CO_2) frei. Deshalb wird sie in die Waldfläche umgerechnet, die nötig ist, um das freiwerdende CO_2 zu binden. Für die Kernenergie gilt ähnliches, um sie wegen ihres hohen Risikopotenzials nicht „besser"-zustellen.

Um später die einzelnen Flächenanteile zu einer einheitlichen Gesamtfläche addieren zu können, werden sie in ihrer jeweiligen Produktivität verglichen. So ist Ackerland nach den Berechnungen zum Beispiel 2,8 mal so produktiv wie der Durchschnitt aller Flächen und erhält deswegen den „Äquivalenzfaktor" 2,8. Da aber die Ackerflächen-Produktivität in den verschiedenen Regionen der Welt sehr unterschiedlich ist, muss zum Beispiel beim ökologischen Fußabdruck der Deutschen wegen der „hochproduktiven" Landwirtschaft noch ein „Ertragsfaktor" von 2,08 berücksichtigt werden.

Fokus

Von der Milch zum Biogas
Wie nachhaltiges Wirtschaften im Bereich der Landwirtschaft aussehen kann, verdeutlicht ein ehemals traditionell arbeitender Milchviehbetrieb aus dem Westerwald: Wegen der unsicheren Ertragslage im Milchbereich verweigerte 2004 eine Bank dem Landwirt Gerd Meurer einen Kredit von 250 000 Euro, mit dessen Hilfe er eine Aufstockung seines unrentablen Milchviehbetriebes von 35 auf 70 Milchkühe geplant hatte. Daraufhin verkaufte der Landwirt die Kühe und stellte seinen Betrieb auf die Produktion von Biogas zur Gewinnung von Strom und Wärme in einem Blockheizkraftwerk um. Dazu erhielt er einen Kredit von rund 500 000 Euro. Grundlage war das geltende Energieeinspeisungsgesetz (EEG), das über 20 Jahre eine sichere Einnahmequelle für den Betreiber darstellt.
Typisch für nachhaltiges Wirtschaften ist auch die Kreislaufwirtschaft: Feste Rückstände aus der Anlage gelangen als Dünger wieder auf die Ackerflächen. Zudem wird die Landschaft offen gehalten, die Energiegewinnung erfolgt CO_2-neutral, die Umstellung des Betriebs schafft Arbeitsplätze und ländliche Traditionen werden fortgesetzt.

M4 Biogasanlage des Landwirts Gerd Meurer

Nachhaltigkeit in der Landwirtschaft
Die heimische Landwirtschaft war und ist einer der landschaftsprägenden Faktoren. Zugleich ist die moderne, industrielle Landwirtschaft hochproduktiv in der Erzeugung von Nahrungsmitteln und Rohstoffen. Hoher Energiebedarf und hohe Belastung von Böden und Gewässern durch mineralische Dünger und Pestizide sowie die Gesundheit belastende chemische Rückstände auch der Nahrungsmittel sind seit Jahren die Folgen.
Nachhaltiges Wirtschaften in der Landwirtschaft bedeutet allerdings nicht nur, umweltschonend anzubauen, wirklich nachhaltiges Wirtschaften heißt, alle drei Dimensionen der Nachhaltigkeit zu berücksichtigen: die ökologische, die ökonomische und die soziale. **Ökologische Dimension** bedeutet, Ackerbau und Tierzucht so zu betreiben, dass auch für künftige Generationen keine Schäden in der Umwelt zurückbleiben. Die **ökonomische Dimension** beinhaltet, den Betrieb langfristig unter diesen Maßgaben am Leben zu erhalten. Den Menschen in seinem Leben und seiner Lebensweise mit einer guten Perspektive zu versehen, ist das Grundprinzip der **sozialen Dimension**.

1. Erläutern Sie den Begriff der Nachhaltigkeit anhand der Abbildungen M3, M4 und M5, Seite 403).
2. Fassen Sie die wesentlichen Aussagen zum ökologischen Fußabdruck zusammen.
3. Erläutern Sie anhand des Beispiels aus der Landwirtschaft (Fokus) die verschiedenen Aspekte der Nachhaltigkeit.
4. Erklären Sie anhand folgender Beispiele aus diesem Buch, was nachhaltiges Wirtschaften bedeuten würde:
a) im Bereich der agrarischen Nutzung des Regenwaldes, der Savannenzone, der Steppen, der borealen Nadelwälder (vgl. Kapitel 2.3, 2.6, 2.8),
b) im Bereich der Industrie (Industrieansiedlung, industrielle Produktion, vgl. Kapitel 3.3, 3.4),
c) im Bereich der Raumplanung (vgl. Kapitel 6.3),
d) im Bereich der Stadtplanung (vgl. Kapitel 5.6),
e) im Bereich der Entwicklungshilfe (vgl. Kapitel 7.6).
5. Erörtern Sie die mögliche Bedeutung des kategorischen Imperativs im Sinne der Nachhaltigkeit (Seite 402) für die Lebens- und Wirtschaftsweise des Menschen.

Diercke Geographie vor Ort

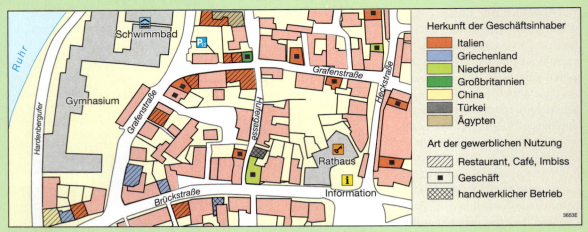

M1 Erdgeschossnutzung durch ausländische Geschäftsinhaberinnen und -inhaber im Ortskern von Essen

Migration

Wanderungsbewegungen sind ein bestimmender Faktor der Geschichte und Gegenwart Deutschlands. Erarbeiten Sie, wie Migration Ihre Gemeinde, Stadt oder Region geprägt hat oder prägt.

- Untersuchen Sie die Zusammensetzung der Bevölkerung an Ihrem Wohnort: Ermitteln Sie Zu- und Abwanderung. Identifizieren Sie verschiedene Gruppen von Zuwanderern: Welche Gruppen kamen wann und aufgrund welcher Rahmenbedingungen? Dokumentieren Sie die Anteile der Migranten und der Menschen mit „Migrationshintergrund" an der regionalen Bevölkerung.
- Dokumentieren Sie die Zuwanderung einer der Migrantengruppen oder in einer der historischen oder aktuelleren Migrationsphasen genauer.
- Entspricht die Zusammensetzung der Schülerschaft Ihrer (ehemaligen) Schule der Ihrer Gemeinde?
- Inwiefern ist Ihre Familie, Verwandtschaft oder Bekanntschaft von Migration geprägt? Welche Wanderungen mit welchen Hintergründen zeigen sich? Tragen Sie den „Migrationshintergrund" der Teilnehmer Ihres Kurses zusammen und stellen Sie ihn anschaulich in einer Karte dar.
- Untersuchen Sie, wann, wohin und warum Menschen ihre Gemeinde oder Region verlassen haben?
- Dokumentieren Sie mit Fotos, wie sich Migration im Straßen- und Stadtbild niedergeschlagen hat.

Als Ausgangspunkt zur Recherche entsprechender Informationen eignen sich die regionalen statistischen Ämter und die Archive der Kommunen oder Kreise.

Untersuchen Sie die Lebenswege von Migranten und deren Lebenssituation an Ihrem Wohnort.

- Führen Sie Interviews mit Einwanderern durch. Fragen Sie nach deren Herkunft, nach Gründen zur Auswanderung und zur Einwanderung nach Deutschland sowie nach Gründen zur Ansiedlung gerade an Ihrem Schulort. Orientieren Sie sich bei der Entwicklung eines Interviewleitfadens an den Erklärungsansätzen für Migration im Text (S. 398f.) und erarbeiten Sie Fragestellungen.

Ordnen Sie ihre Ergebnisse ein: Inwiefern sind diese Lebenswege typisch?

- Befragen Sie Migranten. Erarbeiten Sie dazu einen Fragebogen. Inwiefern bestehen Bindungen an deren Herkunftsregion, wie sind die Bindungen an die deutsche Gesellschaft? Entwickeln Sie einen Katalog von Indikatoren, die darüber Aussagen zulassen. So kann danach gefragt werden, welche Zeitungen, Fernsehprogramme und Musik in welcher Sprache genutzt oder konsumiert werden, welche Herkunft Person überwiegend haben, mit denen in der Freizeit Kontakt besteht, oder welche Sprache zu Hause gesprochen wird. Ermitteln Sie weitere Themenbereiche und dazu entsprechende aussagekräftige Indikatoren, die Aussagen über die Lebenssituation von Migranten erlauben.
- Ermitteln Sie in einer Umfrage, welche Haltung Menschen in Ihrer Stadt zu Einwanderung und Migration einnehmen. Inwiefern wird Migration als eine Lösungsmöglichkeit der schrumpfenden und alternden

Diercke Geographie vor Ort

Gesellschaft beurteilt? Wird Einwanderung als konfliktträchtiger oder als bereichernder Vorgang wahrgenommen? Erarbeiten Sie weitere Themen und entsprechende Fragen.
- Stellen Sie die räumliche Verteilung der Wohnstandorte von Einwanderern in einer Karte dar. Erkundigen Sie sich zum Beispiel bei der Stadtverwaltung nach entsprechenden Daten. Grundlage einer thematischen Karte kann auch die Auszählung von Namen auf Tür(klingel)schildern (M2) sein.

Untersuchen Sie die Bedeutung von Einwanderern für die regionale Wirtschaft:

M2 Am Eingang eines mehrstöckigen Wohnhauses in Essen

- Kartieren Sie die Standorte von ausländischen Geschäften und Unternehmen in Ihrer Gemeinde oder in bestimmten Stadtvierteln (M1). Ermitteln Sie Branchenschwerpunkte ausländischer Unternehmen. Datenbasis einer solchen thematischen Karte können Branchenbücher oder Daten der Stadtverwaltung sein.

Nachhaltigkeit

- Stellen sie zum Beispiel unter dem Titel „Jeder kann, wenn er will!" Tipps zu nachhaltigem Verhalten zusammen, die jeder alltäglich umsetzen kann. Erläutern sie jeweils kurz Hintergründe und mögliche Wirkung dieser Tipps.
- Recherchieren und dokumentieren Sie beispielhafte konkrete Ansätze von Haushalten, Unternehmen, Initiativen und Institutionen zu einer nachhaltigen Entwicklung in Ihrer Region.
- Dokumentieren Sie die Aktivitäten zur Agenda 21 in ihrer Gemeinde oder in ihrer Region (Ansätze: Agenda-Büros ihrer Kommune oder des Kreises). Erläutern Sie auf der Basis einer Internetrecherche das politische Konzept der „Agenda 21", insbesondere auch der „lokalen Agenda 21". Inwiefern wird die Agenda der Mehrdimensionalität von Nachhaltigkeit gerecht? Stellen Sie auch Kritikpunkte an der Agenda zusammen. Bewerten Sie vor diesem Hintergrund die Aktivitäten in ihrer Gemeinde. Verfassen Sie als Abschluss Ihrer Dokumentation eine ausführliche Stellungnahme.

- Wie kann Ihre Ausbildungsstätte zu einer nachhaltigen Entwicklung ihrer Kommune beitragen? Entwickeln Sie Ansätze und Konzepte. Dabei muss „das Rad nicht neu erfunden werden": Recherchieren Sie solche Projekte an Schulen, die sich zum Beispiel mit Energiesparprogrammen, Solarstrom vom Schuldach, der Lebensqualität von Rollstuhlfahrern in der Schule oder mit Produkten aus fairem Handel befassen. Welche Möglichkeiten haben Sie an der Schule? Welche Hilfen, welche Kontakte stehen Ihnen zur Verfügung?
- Erarbeiten Sie in Ihrem Kurs eine Ausstellung, die sich mit nachhaltigem Handeln auf den verschiedenen Ebenen auseinandersetzt. Legen Sie gemeinsam einen Ausstellungstitel fest, vereinbaren Sie gemeinsam Standards für die Präsentation und teilen Sie sich in Kleingruppen auf, die verschiedene Aspekte des Themas bearbeiten. Eine sinnvolle Struktur Ihrer Ausstellung könnte sich beispielsweise an den verschiedenen Dimensionen und Ebenen von Nachhaltigkeit (M5, Seite 403) oder am „Netz der Weltprobleme" (Seite 395) orientieren.

9

Ausgewählte Räume

Regionale Entwicklungen und Prozesse

Das folgende Kapitel rückt einzelne Staaten beziehungsweise Staatengruppen in den Fokus. Dabei werden die Länder der Erde thematisiert, die zum einen von besonderer politischer und wirtschaftlicher Bedeutung sind (zum Beispiel die Triade oder China), oder Staaten, an denen sich einzelne Themen der ersten acht Kapitel besonders gut verdeutlichen lassen (zum Beispiel die Sahel-Sudan-Staaten).

9.1 Im Fokus: Staaten und Staatengruppen

Thematische versus regionale Vorgehensweise

Sei es bei der Darstellung von Sachverhalten oder bei der Analyse von Problemen – die Geographie unterscheidet grundsätzlich zwei Möglichkeiten der Vorgehensweise: die an einem bestimmten Thema orientierte und die an einem bestimmten Raum orientierte.

Die thematisch orientierte (nomothetische) Betrachtungsweise befasst sich mit allgemeingeographischen Gesetzmäßigkeiten und übertragbaren Regelhaftigkeiten, die in unterschiedlichen Räumen über die Erde verstreut angetroffen werden können. Dies sind zum Beispiel die Abhängigkeit des Niederschlags vom Relief, die Verteilung von Siedlungen oder die Bedingungsfaktoren für die Bevölkerungsentwicklung.

Die ideographische Betrachtungsweise stellt die Analyse eines individuellen Raumes (z. B. Staat, Gemeinde) und der darin wirkenden Kräfte in den Vordergrund.

Die Kapitel 1 bis 8 des vorliegenden Bandes sind nomothetisch ausgerichtet (und bieten ergänzend unter ideographischem Blickwinkel Raumbeispiele).

Das folgende Kapitel 9 ist ideographisch ausgerichtet. Dabei kann natürlich kein Land in seiner ganzen Breite und Vielfalt dargestellt werden. Vielmehr haben Fachwissenschaftler (die zum Teil schon Jahrzehnte in den jeweiligen Räumen ihre Forschungsschwerpunkte haben) thematisch geordnet Materialien zusammengestellt, die wichtige Themen und Probleme des jeweiligen Landes thematisieren. Dadurch sind die „Länderkapitel" so gegliedert, dass eine direkte Verknüpfung zu den „Themenkapiteln" 1 bis 8 möglich ist.

Natürlich können die Materialien in den folgenden Kapiteln die einzelnen Themen und Probleme nur anreißen, eine Ergänzung um andere Quellen (z. B. Fachbücher, Internet, beiliegende CD-ROM) ist daher unerlässlich.

Das fachmethodische Instrument zur Untersuchung eines Raumes ist die **Raumanalyse**. Sie sieht den Raum als Individuum, in dem einzelne Kräfte zusammenwirken. Im Rahmen der Raumanalyse gilt es, die individuelle Verflechtung der unterschiedlichen raumprägenden Faktoren aufzudecken und ihre charakteristische Ausprägung im Raum darzustellen.

Vorgehensweise

1. Festlegung der Problemstellung / der Fragestellung: Unter welcher Fragestellung, unter welchem Blickwinkel soll der jeweilige Raum analysiert werden?
2. Festlegung / Abgrenzung des Untersuchungsraumes
3. Erstellung eines Arbeitsplans:
   • Welche Aspekte, welche Teilfragen müssen berücksichtigt werden?
   • Welche Geo- und Humanfaktoren sollten untersucht werden?
   • Welche zusätzlichen Informationsquellen können / müssen erschlossen werden?
   • Welche Form der Präsentation ist sinnvoll?
   • Wie ist der zeitliche Ablauf?

4. Durchführung der eigentlichen Raumanalyse: Dabei Analyse der folgenden Faktoren (hinsichtlich der zentralen Fragestellung):
   • Analyse der Geofaktoren
     – Klima, Böden, Oberflächenformen,
     – Gewässernetz, Fauna, Vegetation.
   • Analyse der Humanfaktoren
     – land-, forst-, fischereiwirtschaftliche Nutzung,
     – Industrie, tertiärer Sektor (inkl. Tourismus),
     – Betriebsstrukturen,
     – Bevölkerung, Besiedlung, Siedlungstypen und -strukturen,
     – Verkehrsstrukturen und sonstige Infrastrukturen,
     – politische Verhältnisse, geschichtliche Entwicklung,
     – kulturelle Zusammenhänge: Religion, Sprache, Tradition, Bauweise.
5. Zusammenführen und Verknüpfen der Einzelergebnisse
6. Präsentation
7. kritische Reflexion der Arbeitsergebnisse und der eigenen Vorgehensweise

M1 Raumanalyse

Länder	D	USA	Russ-land	Japan	China	Indien	Brasi-lien	Niger	EL	LDC	Sub-sahara	Süd-asien	OECD	Welt
HDI-Rang	21	8	65	7	81	126	69	177	-	-	-	-	-	-
Bev.-anteil unter Armutsgrenze (%)	-	-	-	-	16,6	34,7	7,5	60,6	-	-	-	-	-	-
Bevölkerung 2004 (Mio.)	82,6	295,4	143,9	127,9	1308,0	1087,1	183,9	13,5	5093,6	740,0	689,6	1.528,1	1164,8	6389,2
Bevölkerung 2015 (Mio.)	82,5	325,7	136,7	128,0	1399,0	1260,4	209,4	19,3	5885,6	950,0	877,4	1801,4	1233,6	7219,4
Wachstumsrate/a 1975-2004 (%)	0,2	1,0	0,2	0,5	1,2	1,9	1,8	3,2	1,9	2,5	2,7	2,1	0,8	1,6
Anteil städt. Bev. 2004 (%)	75,1	80,5	73,1	65,7	39,5	28,5	83,7	16,7	42,2	26,3	34,3	29,9	75,4	48,3
Bevölkerungsanteil unter 15, 2004 (%)	14,6	20,9	15,7	14,1	22,0	32,5	28,1	49,0	31,2	42,0	43,9	33,6	19,6	28,5
Bevölkerungsanteil über 65, 2004 (%)	18,3	12,3	13,6	19,2	7,5	5,2	6,0	2,0	5,4	3,2	3,1	4,8	13,6	7,3
Geburten pro Frau (2000-2005)	1,3	2,0	1,3	1,3	1,7	3,1	2,3	7,9	2,9	5,0	5,5	3,2	1,8	2,7
Ärzte pro 100 000 Ew. 2004	337	256	425	198	106	60	115	3	-	-	-	-	-	-
Bev.-anteil mit Zugang zu sauberem Wasser 2004 (%)	100	100	97	100	77	86	90	46	79	59	56	85	99	83
Lebenserwartung bei Geburt 2000-2005 (Jahre)	78,7	77,3	65,4	81,9	71,5	63,1	70,3	44,3	64,9	52,0	46,1	63,2	77,6	67,0
Müttersterblichkeit pro 100 000 Geb. 2000	8	17	67	10	56	540	260	1600	-	-	-	-	-	-
Alphabetenrate 2004 (%)	99,0 *	99,0 *	99,4	99,0 *	90,9	61,0	88,6	28,7	78,9	63,7	63,3	60,9	-	-
Alphabetenrate männl. 2004 (%)	-	-	99,7	-	95,1	73,4	88,4	42,9	-	-	-	-	-	-
Alphabetenrate weibl. 2004 (%)	-	-	99,2	-	86,5	47,8	88,8	15,1	-	-	-	-	-	-
BNE/Kopf 2004 (US-$)	33 212	39 883	4042	36 182	1490	640	3284	228	1685	355	731	697	28 453	6588
BNE/Kopf PPP 2004 (US-$)	28 309	39 676	9902	29 251	5896	3139	8195	779	4775	1350	1946	3072	27 571	8833
Gini-Index	28,3	40,8	39,9	24,9	44,7	32,5	58,0	50,5	-	-	-	-	-	-
Internetanschlüsse pro 1000 Ew. 2004	500	630	517	587	258	32	357	2	64	8	19	29	484	138
Exportanteil Rohstoffe 2004 (%)	9	14	35	3	34	26	18	91	22	66	70	29	17	18
Exportanteil Fertigwaren 2004 (%)	84	82	62	93	8	73	46	8	74	-	32	76	80	77

EL = Entwicklungsländer; * = Schätzung; - = keine Angaben / nicht berechenbar
Quelle: UNDP: Bericht über die menschliche Entwicklung 2006, Berlin 2006
Die farbig markierten Daten bilden die Grundlage für die Berechnung des HDI.
Die Daten sind alle dem Bericht über die menschliche Entwicklung 2006 des United Nations Development Programm (UNDP) entnommen. Da die Erhebungsmethoden und auch die Quellen der Rohdaten von Land zu Land und von Statistik zu Statistik variieren, ist es möglich, dass die angegebenen Daten nicht mit anderen in diesem Buch veröffentlichten Daten übereinstimmen.
Die Daten lassen sich jährlich aktualisieren. Auf der Internetseite http://www.undp.org sind unter „Human Development Reports" die jeweils aktuellsten Berichte mit den aktuellsten Zahlen abrufbar.

M2 *Wichtige Kenndaten der Regionalbeispiele im Vergleich*

M1 Berlin – politisches Zentrum Deutschlands und Anziehungspunkt für Touristen aus aller Welt

9.2 Deutschland

Deutschland zählt zu den höchstentwickelten Nationen der Erde. Nach wirtschaftlichen Gesichtspunkten nimmt Deutschland einen vorderen Platz unter den Industrienationen ein. Davon zeugen zum Beispiel das hohe Bruttonationaleinkommen pro Kopf oder die Warenexportquote des „Exportweltmeisters".

Doch die Wirtschaft ist nicht alles. Die schrumpfende und alternde Bevölkerung, der Strukturwandel in der Landwirtschaft und die nur schleppende Angleichung der Lebensverhältnisse von Ost- an Westdeutschland sind nur einige Herausforderungen, denen sich das Land im 21. Jahrhundert stellen muss.

9.2 Deutschland

Naturraum (vgl. Kapitel 1)

Deutschland hat Anteil an allen wichtigen Oberflächenformen der Erde: der Küste, dem Tiefland, den Mittel- und Hochgebirgen. Durch seine Lage in der kühl gemäßigten Laub- und Mischwaldzone (nach BRAMER) und der daraus resultierenden dichten Besiedlung findet man kaum Regionen, in denen die ursprüngliche Naturlandschaft erhalten blieb. Sie wandelte sich anthropogen beeinflusst vor allem in den letzten 1000 Jahren zur Kulturlandschaft. Nur an sehr steilen, unzugänglichen Hängen in den Gebirgen und in echten Auenwäldern, die jährlich natürlich überschwemmt werden, gibt es noch naturbelassene Landschaftsareale.

Deutschland erfährt in der Zone des gemäßigten Klimas bzw. im Typ des Übergangsklimas (nach NEEF) nur selten extreme Wettererscheinungen, dafür jedoch ein sehr abwechslungsreiches Wetter, das durch die häufige Beeinflussung von Zyklonen zu erklären ist.

M1 Naturräumliche Gliederung Deutschlands

Hamburg													53° 38' N / 10° 00' O 14 m ü. M.
	J	F	M	A	M	J	J	A	S	O	N	D	Jahr
T (°C)	0,0	0,3	3,3	7,5	12,0	15,3	17,0	16,6	13,5	9,1	4,9	1,8	8,4
N (mm)	57	47	38	52	55	64	82	84	61	59	57	58	714

Karlsruhe													49° 01' N / 8° 23' O 114 m ü. M.
	J	F	M	A	M	J	J	A	S	O	N	D	Jahr
T (°C)	0,8	1,8	6,0	10,1	14,4	17,7	19,5	18,6	15,2	9,8	5,3	1,7	10,1
N (mm)	66	56	43	59	66	84	76	80	66	56	57	52	761

München													48° 09' N / 11° 42' O 527 m ü. M.
	J	F	M	A	M	J	J	A	S	O	N	D	Jahr
T (°C)	-2,4	-1,2	3,0	7,6	12,2	15,4	17,2	16,6	13,3	7,8	2,9	-0,9	7,6
N (mm)	59	55	51	62	107	125	140	104	87	67	57	50	964

M2 Klimadaten von Deutschland

Bildmerkmale	Identifizierte reale Objekte
Bereiche im schwarzen Farbton	Wasserflächen
hellblaue Bereiche mit schwarzen Linien an der Nordseeküste	Wattbereich mit Prielen
weiße Flecken mit deutlich ausgeprägten Schattenstrukturen	Wolken
weiße bis hellblaue Strukturen in den deutschen Alpen	Gletscher
rote Flecken	Siedlungen
homogen hellgrüne Bereiche in Niedersachsen	Grünland
Bereiche mittlerer bis dunkler Grüntöne	Wald bzw. Forst
• mittlerer Grünton	• Laubwald
• dunkler Grünton	• Nadelwald
gesprenkelte Muster mit gelben, grünen, rotbraunen Farbtönen	Ackerland/Grünland
• gelb	• reife Getreidefelder
• grün	• Felder mit Hackfrüchten oder Grünland
• rotbraun	• Abgeerntete Felder oder Brachen ohne Vegetation
gelbbraune Flecken	Tagebaue

M3 Legende zum Satellitenbild (M4)

M4 Satellitenbild von Deutschland (Maßstab: 1:35 000 000)

9.2 Deutschland

M1 Geologie Deutschlands

„Deutschland ist wesentlich ein Land der Mittelgebirge, die vor Hunderten von Millionen Jahren entstanden sind und inzwischen durch Verwitterung und Abtragung ihre heutigen Formen erhalten haben. Schroffes Gelände ist nur dort zu beobachten, wo besonders harte Gesteinsbänke herauspräpariert wurden. Im Süden der Republik, in den mit Zehnermillionen Jahren jungen Alpen, lässt sich erkennen, wie die Mittelgebirge früher ausgesehen haben könnten. Der auch heute noch anhaltende Aufstieg der Alpen wird gleichzeitig von Zerstörung begleitet, von der jede Mure und jeder Felssturz kündet, über die die Medien berichten. Das war immer so und es lässt sich am augenfälligsten an den tief eingeschnittenen Tälern beobachten, welche das Gebirge zergliedern.

Deutschland ist auch ein Land geologischer Bruchstrukturen, die die Gesteinskörper durchziehen. (...) Selbst unter dem Sand Norddeutschlands, unter der großen Tiefebene, gehen die Brüche weiter. (...).

Das heutige Landschaftsbild und seine Oberflächenformen sind im Wesentlichen durch die jungquartären Eiszeiten geprägt: Moränenwälle, Seen und Schotterfelder im Alpenvorland, Sand in der Mark Brandenburg (der früher als „Streusandbüchse des Reiches" bezeichneten Landschaft eines Fontane), Löss und Urstromtäler. Alles in allem der Beweis, dass einst das Inlandeis aus den Gletschern Skandinaviens bis Berlin und darüber hinaus nach Süden geflossen war und die exotischen Findlinge ortsfremder Gesteine mitgebracht hatte (...).''

(Rothe, P.: Die Geologie Deutschlands. Wissenschaftliche Buchgesellschaft. Darmstadt 2005, S. 11)

M2 Das Norddeutsche Tiefland

Das Norddeutsche Tiefland umfasst den Küstenraum der Nord- und Ostsee, im Westen die Marsch-, Geest- und Niedrigterrassenbereiche sowie im Osten die Jung- und Altmoränenlandschaften mit der Glazialen Serie. Die 200-Meter-Isohypse bildet die natürliche Grenze zum Mittelgebirgsraum.

Marschen sind fruchtbare Landgewinnungsgebiete, die ausgiebig ackerbaulich genutzt werden. Dagegen stellen die Geestbereiche überwiegend mit sandigen Substraten ausgestattete, wenig fruchtbare Altmoränenlandschaften dar. Im Jungmoränengebiet, das sich im Nordosten des deutschen Tieflandes erstreckt, findet man gut erhaltene Formen der Glazialen Serie wie Endmoränenzüge und kuppige Grundmoränenlandschaften vor. Im Gegensatz dazu sind jene in den sich südlich daran anschließenden Altmoränengebieten bereits weitestgehend abgetragen. Auch die ehemals vorhandenen eiszeitlichen Seen sind verlandet. Eine Ausnahme bilden die Seen der Schleswig-Holsteinischen und Mecklenburgischen Seenplatte. Hier schmolzen die Gletscher erst vor zirka 12 000 Jahren und füllten die durch sie entstandenen Hohlformen mit Wasser.

Die Bodengüte ist in den Glazialgebieten recht unterschiedlich ausgeprägt. Zu den ertragreichsten Landwirtschaftsgebieten zählen aufgrund ihrer fruchtbaren Böden die Börden im Lössgürtel, der sich am Nordrand des Mittelgebirgsraumes erstreckt. Fruchtbare Böden weisen auch die Grundmoränenareale auf. Dagegen sind die Böden der Sander- und Heidegebiete weitgehend unfruchtbar.

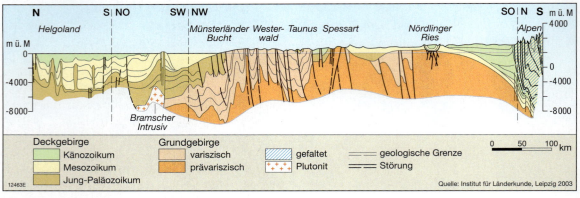

M3 Geologischer Querschnitt durch Deutschland

	Urstromtal	Sander	Endmoräne	Grundmoräne
Ursprung	vom Schmelzwasser geschaffen	vom Schmelzwasser geschaffen	vom Eis geschaffen	vom Eis geschaffen
Relief	flaches Tal mit Fluss (ehemals Urstrom)	flach bis leicht wellig	hügelig mit zum Teil steilen Hängen	flach bzw. flach-wellig, kuppig
Material	feines Material (durch Schmelzwasser akkumuliert)	Sand (aus Grund- und Endmoräne durch Schmelzwasser ausgespült, sortiertes Material, grobkörnig bis feinkörnig)	unsortiertes Material unterschiedlicher Korngrößen (beim Abtauen des Gletschers abgelagert, Blockpackung)	feines Material (durch Druck des Gletschers zerkleinert), Geschiebelehm und Findlinge
Nutzung	Grünlandnutzung	vorwiegend forstwirtschaftliche Nutzung (Kiefern)	forstwirtschaftliche Nutzung (z.B. Buche), Erholungsgebiete	vorwiegend Ackernutzung

M4 Die glaziale Serie und ihre Nutzung

M5 Der deutsche Mittelgebirgsraum und das Alpenvorland

Der Mittelgebirgsraum weist eine heterogene Struktur und Genese auf. Einen Teil bilden im Tertiär herausgehobene Bruchschollengebirge, wie zum Beispiel der Schwarzwald, der Harz, der Bayerische Wald, der Thüringer Wald, das Erzgebirge sowie das Rheinische Schiefergebirge. In letzterem schuf der Rhein ein markantes Durchbruchstal. Im Süden Deutschlands nimmt das Schichtstufenland mit der Schwäbischen und Fränkischen Alb einen großen Raum ein. Daneben finden sich im Mittelgebirgsraum ausgedehnte Becken und Senken, wie zum Beispiel die Hessische Senke, das Thüringer Becken und die Oberrheinische Tiefebene, aber auch Vulkanlandschaften wie die der Eifel, des Vogelsberges und der Rhön. Die deutschen Mittelgebirge erreichen mit dem Feldberg im Schwarzwald eine Höhe von knapp 1500 Metern.

Die Schwäbische und Fränkische Alb trennt eine Landschaft, die nicht irdischen Ursprungs ist. Das Nördlinger Ries und das 42 Kilometer von ihm entfernte Steinheimer Becken zählen zu den größten und besterhaltenen Impaktstrukturen Europas, die durch Bruchstücke eines Meteoriten vor zirka 15 Millionen Jahren entstanden.

Südlich an den Mittelgebirgsraum grenzt das Alpenvorland mit Höhen bis zirka 800 Metern. Genetisch ist es mit der Heraushebung der Alpen verbunden. Am Nordrand der Alpen weist es seine höchste Erhebung auf und fällt nach Norden allmählich ab. Im Pleistozän wurde es von den Alpengletschern und ihrem Schmelzwasser geprägt.

M6 Die deutschen Alpen

Deutschland hat nur einen geringen Anteil an den Alpen. Spitze, schroffe Felsgipfel und weite Trogtäler prägen das Landschaftsbild. Der höchste deutsche Gipfel, die 2965 Meter hohe Zugspitze, ist im Gegensatz zu den höchsten Erhebungen in den Zentralalpen um ca. 2000 Meter niedriger.

Im Pleistozän drangen die Alpengletscher bis in das südliche Alpenvorland vor und schufen so die weiten Talungen der Alpen. Heute ziehen sich die Gletscher aufgrund der zunehmenden Erwärmung immer mehr in die hohen Gebirgsregionen zurück.

Für den Ackerbau eignen sich die unteren Gebirgslagen. Besonders gern genutzt werden die südexponierten Hänge mit ihrer intensiven Sonnenbestrahlung.

1. Erschließen Sie sich aus dem Satellitenbild markante Großlandschaften und lokalisieren Sie die Teilräume der naturräumlichen Gliederung Deutschlands.

2. Ordnen Sie dem geologischen Profil die naturräumlichen Teilräume Deutschlands zu.

3. Beschreiben Sie Klimaunterschiede in Deutschland und begründen Sie diese.

4. Begründen Sie die unterschiedliche landwirtschaftliche Nutzung im Norddeutschen Tiefland.

5. Verschaffen Sie sich mithilfe der Fachliteratur einen Überblick über die unterschiedlichen Gebirgstypen im deutschen Mittelgebirgsraum und erläutern Sie Unterschiede ihrer Genese.

Bevölkerung (vgl. Kapitel 7.3)

Deutschland zählt mit seinen ca. 82,5 Millionen Einwohnern zu den bevölkerungsreichsten Ländern der Erde (Platz 12, Stand 2005). 8,9 Prozent davon sind Ausländer, zudem leben vier Minderheiten in Deutschland:
- Sorben (60 000) in Brandenburg und Sachsen,
- Dänen (50 000) in Südschleswig,
- Friesen (12 000) in Nordfriesland und Saterland,
- Sinti und Roma (50 000).

Deutschland steht vor einem großen demographischen Problem: Seine Bevölkerung wächst nicht mehr. Die daraus resultierenden Folgen erfordern in den nächsten Jahren und Jahrzehnten große Veränderungen im Leben der Menschen.

M 1 Karikatur

M2 Probleme schrumpfender Gesellschaften: Das Beispiel Deutschland

Ausgangssituation und demographischer Wandel
Die Entwicklung der Bevölkerung in Deutschland war bislang durch Wachstum gekennzeichnet. Im Jahr 1890 lebten im deutschen Kaiserreich weniger als 50 Millionen Einwohner, im Jahr 1950 waren es auf dem heutigen Staatsgebiet weniger als 70 Millionen Einwohner, im Jahr 2000 waren es 82 Millionen. Diese Entwicklung neigt sich nun ihrem Ende zu, nach dem Jahr 2010 wird sich die Bevölkerungszahl rückläufig entwickeln. Diese Trendumkehr deutet sich seit geraumer Zeit an, denn die Bevölkerungszuwächse sind schon seit etwa den 1960er-Jahren rückläufig. (...)

Ursachen des demographischen Wandels
Nicht das zunehmende Altern der Bevölkerung ist das eigentliche Problem, sondern der drastische Geburtenrückgang (...). Dieser ist nach BIRG (2005b, S. 46) im Zusammenhang mit der sozialen Absicherung des Einzelnen durch die Solidargemeinschaft zu sehen. (...) Eine Rolle für den Geburtenrückgang spielen vor allem folgende Trends und Veränderungen (MEYER 2004, S. 59-60):

- *Funktions- und Strukturwandel der Familie. Die Mithilfe der Kinder in der Landwirtschaft oder anderen Familienwirtschaften sowie ihre Fürsorge bei Krankheit und im Alter waren früher Motive für hohe Kinderzahlen. Diese Funktionen sind durch die staatliche soziale Fürsorge weitgehend entfallen.*
- *Emanzipation und Enthäuslichung der Frau. Der verstärkte Wunsch der Frauen nach Selbstbestimmung und Ausübung einer beruflichen Tätigkeit führt dazu, dass die Realisierung von Kinderwünschen aufgeschoben wird und unter Umständen gänzlich unterbleibt.*
- *Mangelnde staatliche Versorgung mit Kinderbetreuungsplätzen. Dieser Mangel steht der Vereinbarkeit von Berufsausübung und dem Aufziehen von Kindern entgegen.*
- *Konsumdenken und anspruchsvoller Lebensstil. Kinder bedeuten einen erheblichen Aufwand (Kosten und Mühe) und schränken die Bewegungsfreiheit der Eltern, insbesondere der Mütter, stark ein. Der Wunsch nach individuellem Lebensstil, hohem Lebensstandard und persönlicher Ungebundenheit kollidiert mit der Realisierung eines Kinderwunsches.*

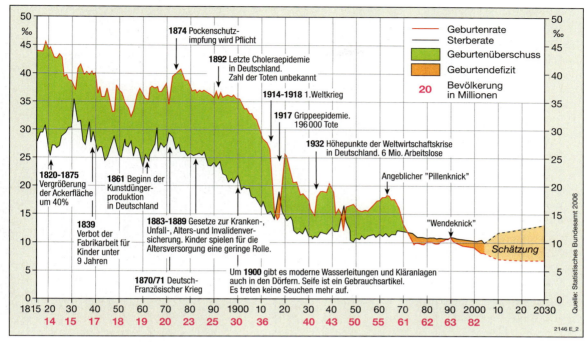

M3 Die Entwicklung der Geburten- und Sterberaten in Deutschland

- Strukturelle Rücksichtslosigkeit gegenüber der Familie. Die strukturellen Gegebenheiten in der Gesellschaft und im Berufsleben verschaffen zumeist denjenigen Konkurrenzvorteile, die nicht durch Kinder in ihrer räumlichen oder zeitlichen Dispositionsfreiheit eingeschränkt sind.
- Zunehmende gesellschaftliche Akzeptanz von Kinderlosigkeit. Im Zuge von Pluralisierung und Differenzierung der Privatheit gewinnen Lebensformen ohne Kinder an gesellschaftlicher Akzeptanz. Einen sozialen Druck, Kinder zu haben, gibt es nicht mehr.

Vielfach hat sich die DINK-Familie (double income, no kids) durchgesetzt. „Mit zwei Einkommen und keinen Kindern lebt es sich besser als mit einem Einkommen und drei Kindern. Deutschlands Fun-Gesellschaft vergreist" (SINN 2005, S. 54). (...)

Folgen und Konsequenzen
Die Folgen und Konsequenzen dieser Entwicklung sind außerordentlich weitreichend und praktisch nicht mehr zu stoppen, da der einmal eingeleitete Prozess sich selbst verstärkt. Je weniger Kinder geboren werden, desto kleiner wird auch die Enkelgeneration sein.

Jedes nicht geborene Kind fehlt doppelt: Es fehlt in der Versorgung der Elterngeneration und es fehlt in der Sorge um die Nachfolgegeneration (DIETZ 2004, S. 194).

Der Prozess der kontinuierlichen demographischen Alterung beinhaltet fünf Merkmalskomplexe (nach MAI 2003, S. 14):

- *Verjüngung:* Der subjektive, individuelle Beginn des Alters verschiebt sich immer mehr nach hinten, die Menschen fühlen sich immer länger jung.
- *Entberuflichung:* Die erwerbslose Phase im Alter wird durch die steigende Lebenserwartung immer länger.
- *Feminisierung:* Der größte Teil der älteren Menschen sind Frauen.
- *Singularisierung:* Die Zahl der allein lebenden Senioren nimmt durch den Wandel der Lebensstile immer mehr zu.
- *Hochaltrigkeit:* Die individuelle Lebensspanne verlängert sich stetig, die Menschen werden immer älter.

(nach: Klohn, W.: Strukturen und Probleme der Bevölkerungsentwicklung. – Vechtaer Materialien zum Geographieunterricht, Heft 13. Vechta 2006. S. 99 – 101)

9.2 Deutschland

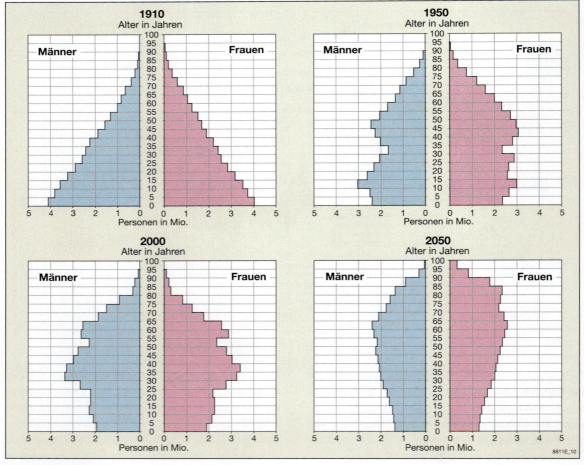

M1 *Altersaufbau der Bevölkerung in Deutschland*

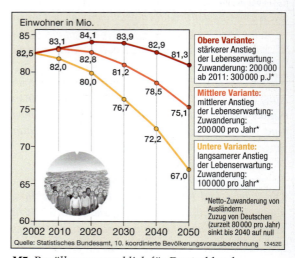

M2 *Generationenvertrag im Wandel*

M3 *Bevölkerungsausblick für Deutschland*

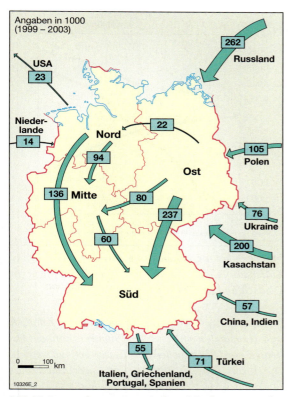

M4 Nettowanderungen zwischen Ländergruppen innerhalb Deutschlands und Nettowanderungen zwischen Deutschland und dem Ausland (Auswahl) von 1999 bis 2003 (Angaben in 1000)

M5 Demographische Entwicklung in Deutschland: Prognose bis 2015

Bundesland	Ausländeranteil in % (2005)
Baden-Württemberg	11,9
Bayern	9,5
Berlin	13,7
Brandenburg	2,6
Bremen	13,1
Hamburg	14,2
Hessen	11,5
Mecklenburg-Vorpommern	2,3
Niedersachsen	6,8
Nordrhein-Westfalen	10,7
Rheinland-Pfalz	7,8
Saarland	8,5
Sachsen	2,8
Sachsen-Anhalt	1,9
Schleswig-Holstein	5,4
Thüringen	2,1
Deutschland	8,9
Quelle: Statistisches Bundesamt 2006	

M6 Deutschland – ein Einwanderungsland?

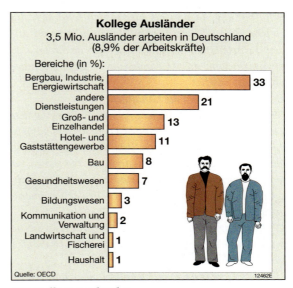

M7 Kollege Ausländer

M1 „Abwanderung erledigt sich von selbst"

„Die Schrumpfung und Alterung der Bevölkerung wird immer dramatischer. Eine Studie warnte (...) vor der Entvölkerung ganzer Landstriche und einer „Verlustschneise" von Görlitz bis Gelsenkirchen. Die Experten sagen einen „Einwohnerkannibalismus" voraus – einen Kampf der Kommunen um die besten Köpfe. Sachsens Ministerpräsident Georg Milbradt (CDU) warnt im folgenden Interview jedoch vor Panikmache.

Leipziger Volkszeitung (LV): Steht Sachsen vor einem demographischen Abgrund?

Georg Milbradt: In der Bevölkerungsentwicklung werden die Szenarien immer düsterer. Aber ich kann vor Panikmache mit Begriffen wie „Einwohnerkannibalismus" und „Verlustschneisen" nur warnen. Zwar erleben wir derzeit den dramatischsten Einschnitt in der Bevölkerungsstruktur, den es je zu Friedenszeiten gab und der nur mit den Folgen des Dreißigjährigen Krieges zu vergleichen ist. Aber Alterung und Schrumpfung sind keine Einbahnstraßen ins Abseits. Die Auswirkungen werden regional sehr unterschiedlich ausfallen und auch positive Veränderungen mit sich bringen.

LV: Zum Beispiel?

Milbradt: Das Schulsystem hat von der Halbierung der Kinderzahlen enorm profitiert. Zwar mussten wir viele Standorte schließen und Lehrer auf Teilzeit setzen. Aber an den vorhandenen Schulen können wir die Ausstattung und die Schüler-Lehrer-Relation deutlich verbessern. Davon profitiert die Qualität der Schulbildung. In drei bis vier Jahren wird sich die gleiche Entwicklung an den Hochschulen und auf dem Lehrstellenmarkt fortsetzen. Ich gehe davon aus, dass sich dann die Abwanderung in andere Länder von selbst erledigt.

LV: Dennoch nimmt die Landflucht zu?

Milbradt: Die Binnenwanderung in die Ballungszentren Leipzig, Dresden und Chemnitz ist enorm. Dem können wir begegnen, indem wir die Straßenanbindungen ins Umland ausbauen. Damit können die Menschen im Dorf wohnen, aber rasch am städtischen Arbeitsplatz sein. Und Investoren können sich in der Peripherie ansiedeln und Fachkräfte aus den Städten nutzen.

LV: Doch auf dem Lande herrscht Sorge, dass selbst die medizinische Versorgung zusammenbricht und Behörden unerreichbar werden...

Milbradt: Gerade die ländlichen Regionen können aber von den parallel entstehenden, technischen Chancen profitieren. Durch eine enge Vernetzung von Kliniken und Hausärzten mit mobilen Diensten können Patienten vor Ort schneller und besser betreut werden. Durch das Internet können Rathäuser und Landratsämter so servicefreundlich werden, wie es etwa Banken heute schon vormachen."

(Heitkamp, S.: Abwanderung erledigt sich von selbst: In: Leipziger Volkszeitung 18.3.2006)

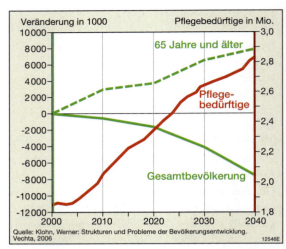

M2 *Bevölkerungsentwicklung der über 65-Jährigen / Entwicklung der Anzahl der Pflegebedürftigen in Deutschland (2000 – 2040)*

---

1. Beschreiben Sie die Bevölkerungsentwicklung in Deutschland seit dem 19. Jahrhundert bis in die Gegenwart.

2. Erklären Sie das Problem der „schrumpfenden Gesellschaft" in unserem Land und seine Ursachen.

3. Erstellen Sie Prognosen für die demographische Zukunft allgemein und für ausgewählte Regionen in Deutschland.

4. Begründen Sie Migrationsströme in Deutschland.

5. Erläutern Sie die Rolle der ausländischen Mitbürger im Prozess des demographischen Strukturwandels.

6. Leiten Sie aus dem Prozess des demographischen Strukturwandels Veränderungen für Stadt-Umland-Beziehungen in der Zukunft ab. Finden Sie Vor- und Nachteile.

7. Vergleichen Sie die demographische Entwicklung in Deutschland, Russland (Kap. 9.4) und Japan (Kap. 9.6).

Industrie (vgl. Kapitel 3.3, 3.4)

Deutschland zählt zu den wirtschaftlich stärksten Ländern der Erde. Produkte „Made in Germany" sind seit Jahrzehnten weltweit gefragt, ganz gleich ob es sich um Kraftfahrzeuge, Maschinen, komplette Industrieanlagen, chemische Grundstoffe oder auch Textilien handelt. So ist der Export von Industriegütern seit Jahrzehnten ein Eckpfeiler der deutschen Wirtschaft.

Seit der Wende eröffnen sich im Osten Deutschlands zahlreiche Probleme, aber auch neue Potenziale. Gleichzeitig ist in den letzten Jahren im Rahmen der Globalisierung der Standort Deutschland unter Druck geraten. Es werden die unterschiedlichsten Strategien diskutiert und angewendet, um auf dem Weltmarkt auch in Zukunft konkurrenzfähig zu bleiben. Beispiele aus der ostdeutschen chemischen Industrie und der Textilindustrie lassen Strategien erkennen, wie die Zukunftsaufgaben gemeistert werden könnten.

Rang / Bundesland	Wert (Deutschland = 100)
1. Bayern	130,6
2. Baden-Württemberg	130,4
3. Hessen	125,4
4. Hamburg	120,6
5. Nordrhein-Westfalen	110,0
6. Rheinland-Pfalz	108,6
7. Niedersachsen	105,6
8. Schleswig-Holstein	105,4
9. Saarland	104,8
10. Bremen	99,4
11. Sachsen	82,8
12. Thüringen	82,6
13. Berlin	79,8
14. Brandenburg	78,4
15. Sachsen-Anhalt	69,4
16. Mecklenburg-Vorpommern	66,4

Quelle: IW Consult / Gesellschaft für Wirtschaftliche Strukturforschung

M3 *Deutschland - Wirtschaftsranking (2004)*

M4 *Lohnstückkosten in ausgewählten Ländern*

Branche	Zahl der Betriebe	Beschäftigte (Mio.)	Exportquote (%)
Fahrzeugbau	1740	0,945	57,9
Elektrotechnik und Elektronik	5931	0,835	47,0
Maschinenbau	7234	0,948	52,9
chem. Industrie	1864	0,445	53,2
Ernährungsgewerbe	5985	0,523	14,0
Industrie ges	47 973	6,015	39,6

Quelle: Fischer Weltalmanach 2007, S. 661

M5 *Wichtigste Industriezweige Deutschlands (2004)*

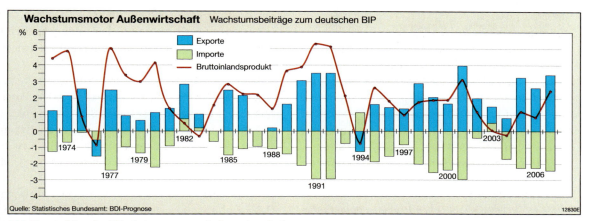

M6 *Deutschland – Wachstumsmotor Außenwirtschaft*

9.2 Deutschland

M1 Leuchttürme Ost-Chemie – Branche mit Umsatzplus, mehr Jobs und Nachwuchssorgen

„Die ostdeutsche Chemie kann in doppelter Hinsicht durchatmen. Mit dem Abriss der riesigen Dreckschleudern und dem Neuaufbau hochmoderner Anlagen hat sich nicht nur in Böhlen, Leuna und an den anderen traditionsreichen Chemiestandorten die Umwelt deutlich verbessert, die Branche gilt heute als eine der wettbewerbsfähigsten im Lande. Grund für den stärkeren Aufwind im Osten sei, dass Aufträge in wirtschaftlich schwierigen Zeiten eher an kostengünstigere Firmen gingen, sagte Verbandschef Horst Huß. Dies sei im Osten mit modernsten Anlagen und deutlich geringeren Tarifentgelten der Fall. Zum Teil könnten die Unternehmen auch Preiserhöhungen am Markt durchsetzen, was Anzeichen einer Konjunkturaufhellung sei. Auch langfristig wird sich die ostdeutsche Chemieindustrie nach Einschätzung des Verbandes überdurchschnittlich gut entwickeln. „Wir haben die modernste chemische Industrie der Welt", betonte der Hauptgeschäftsführer des Verbandes, Rolf Siegert. Von 1990 bis 2002 seien insgesamt 14,1 Milliarden Euro investiert worden, so dass nun günstig und effektiv produziert werden könne.

Sorge bereitete allerdings der Fachkräftebedarf. In wenigen Jahren würden nur noch halb so viele Schulabgänger wie heute zur Verfügung stehen. Zudem lasse das Interesse an Naturwissenschaften immer mehr nach, kritisierte der Verband. In den letzten Jahren habe man feststellen müssen, dass Lehrstellenbewerber immer häufiger die an sie gestellten Anforderungen nicht erfüllen."

(Quelle: Leipziger Volkszeitung 19.11.2004, S. 6, Andreas Dunte, gekürzt)

M2 Umsetzung des Chemieparkkonzepts Leuna

„Im Chemiepark Leuna gelang es, nahezu das gesamte Dienstleistungsspektrum – Energie, Wasser, Logistik, Sicherheit, Standortentwicklung – in einer Gesellschaft zu vereinigen: Mitte 1996 wurde die InfraLeuna Infrastruktur und Service GmbH als integrierte Standortgesellschaft gegründet. Diese arbeitet als „cost center", kostendeckend, aber nicht gewinnbringend, um den ansässigen Unternehmen den Standortservice möglichst günstig anbieten zu können.

Charakteristisch für den Standort Leuna war und ist ein ausgeprägter Raffinerie-Chemie-Verbund. Die Sicherung des Raffineriekomplexes hatte daher eine Schlüsselfunktion und wurde 1992 mit der Veräußerung an das französische Unternehmen Elf Aquitaine (heute TotalFinaElf) verwirklicht. Der Neubau der Raffinerie war mit einem Volumen von umgerechnet ca. 2,4 Mrd. Euro zugleich eines der größten Investitionsprojekte in den neuen Bundesländern."

(Quelle: Faupel, T., Nieters, Ch., Derlien, H.: Chemieparks als innovative Standortstrategie? In. Geogr. Rundschau 3/2001)

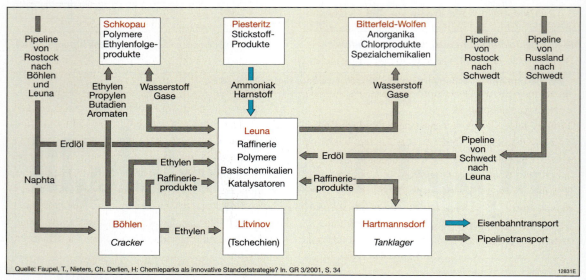

M3 *Der regionale Verbund im Chemiedreieck*

Herr Foltin, wie wird Deutschland international konkurrenzfähig bleiben können?
Deutschland spielt eine führende Rolle im Bereich der Umwelttechnologien, der Materialentwicklung und in der Autoindustrie mit einer sehr guten anwendungsorientierten Forschungs- und Entwicklungslandschaft. Bei den heutigen Wirtschaftsstrukturen ist es unerlässlich, dass Entwicklungen in Netzwerken durchgeführt werden. Die Zusammenführung unterschiedlicher Fachdisziplinen zu interdisziplinären Projektteams ist notwendig. Dazu gehören auch die Nachwuchsförderung und der Aufbau von Entwicklungszentren, um die Spezialisten im Land zu halten. Nur durch Entwicklungsvorsprung werden Arbeitsplätze geschaffen und gesichert. Das erreicht man mit Fachkompetenz und Entwicklungsgeschwindigkeit.

Welche Branchen werden Ihrer Meinung nach zu den Wachstumsbranchen zählen?
Bezogen auf den demographischen Wandel haben alle Industrieländer eine Überalterung der Gesellschaft zu verzeichnen. Gesundheit und Wellness spielen hier eine sehr große Rolle. Die Logistikbranche profitiert vom weltweiten Handel. Nur was messbar ist, ist auch zu managen - die Entwicklungen in der Versorgungskette zielen hier auf Produktkennzeichnungen mit eigener Intelligenz, die mit dem „Internet der Dinge" bezeichnet werden. Zum Beispiel können Produkte, die mit einem Chip gekennzeichnet werden, mit der Umwelt kommunizieren, woher sie kommen und wohin sie gehören. Durch die Entwicklungen in der Informationstechnik sehen wir in der weiteren Zukunft ein erhebliches Potenzial für die Branche der Service Roboter. Hier ist die Komplexität der Wertschöpfungskette vergleichbar zur Automobilindustrie.
Im Einklang mit den Forderungen nach Energieeffizienz und Nachhaltigkeit ist auch das Energiemanagement eine wachsende Branche. Hier sind regenerative Energiequellen und Energiespeicher die Lösungen der Zukunft, die von Entwicklungen der heutigen Querschnittstechnologien wie Nanotechnologie und Biotechnologie profitieren. Bei all diesen Entwicklungen haben neue Materialien einen wesentlichen Anteil, um wirtschaftliche Lösungen zu entwickeln. Diese ermöglichen zum Beispiel neue Bauelemente mittels der organischen Elektronik.
Ich glaube auch, dass die Umsetzung von Erkenntnissen aus der Natur durch die Bionik ganz neue Möglichkeiten eröffnen wird. Hier gibt es bereits an der Hochschule in Bremen einen Studiengang, der professionell die Disziplinen Ingenieurswissen und Biologie miteinander kombiniert, sodass die Absolventen die komplexean Zusammenhänge in der Natur verstehen und in eine technische Sprache übersetzen können. Grenzgänger zwischen den einzelnen Fachdisziplinen haben zukünftig sehr gute Berufschancen.

Welches werden die wichtigsten Käufergruppen bzw. die wichtigsten Absatzmärkte der Zukunft sein?
In unserem Zukunftsszenario „Future Living 2020", welches wir gemeinsam in einem Partnernetzwerk mit Firmen aus den verschiedensten Branchen durchgeführt haben, wird deutlich, dass es eine stärkere Splittung von Zielgruppen gibt, wie z.B. Job Nomaden, Patchwork Familien oder die Silver ageing society. Dies führt in den Industrieländern zum Trend der Variantenvielfalt von Produkten bis hin zum individualisierten Gebrauchsgegenstand. Die Absatzmärkte mit hohen Bevölkerungszahlen und entsprechendem Nachholbedarf liegen in Asien, Osteuropa und Südamerika.

Eckard Foltin (2.v.r.), Leiter des Creative Centers der Bayer MaterialScience AG - New Business. Das Creative Center ist ein Kompetenzteam aus den Bereichen Marketing, Maschinenbau, Chemie, Physik und Produktdesign. Zusammen mit seinen Mitarbeiterinnen und Mitarbeitern sucht er neue Produkt- und Geschäftsfelder. Dazu steht er in engem Kontakt mit den für Innovation zuständigen Abteilungen anderer Konzerne

M4 *Interview mit Eckhard Foltin (04.04.2007, geführt mit dem Herausgeber)*

Damino GmbH, Großschönau

Beschäftigtengrößenklasse: 100-199 Beschäftigte
Profil: Herstellung und Vertrieb von Bettwäsche und Tischwäsche, Damaste für Bekleidung und Haushalt sowie Anstaltwäsche und Objektwäsche

SPEKON Sächsische Spezialkonfektion GmbH, Seifhennersdorf

Beschäftigtengrößenklasse: 20-49 Beschäftigte
Profil: Entwicklung, Design, Produktion und Vertrieb von: Fallschirmen/Luftfahrterzeugnissen, militärischer Einsatzbekleidung und persönlicher Ausrüstung, Feuerwehr- und Arbeitsschutzkleidung, textile Isolationsmatten für Flugzeugbau, Langzeitlagersysteme für die kostengünstige Lagerung von Produktion unter klimatisch kontrollierten Bedingungen, NATO AQAP-110

Frottana Textil GmbH & Co. KG, Großschönau

Profil: Der Oberlausitzer Textilbetrieb will mit einem neuen Sanierungskonzept aus seinem Auftragstief herauskommen. Durch den Konkursantrag der Muttergesellschaft war auch das Textilunternehmen betroffen.
Frottana ist der erste Frotteehersteller Deutschlands. Die Produkte zeichnen sich durch ein starkes Preis-Leistungsverhältnis aus.
Das Unternehmen ist seit Januar 1997 selbstständig, nachdem es durch den Konkurs der Vossen-Gruppe in Mitleidenschaft gezogen war. Frottana hat eine Tochter in Tschechien, bei der 60 Beschäftigte konfektionieren. Das Großschönauer Werk beschäftigt 250 Mitarbeiter. Die Gesellschafteranteile werden zu 75 Prozent von Norbert Vossen und 25 Prozent von Rudi Sauer gehalten.
Das Unternehmen wurde bei der Textiles Show New York preisgekrönt.
Mit der im mittleren Preissegment angesiedelten Frottee-Marke „Möve" entwickelte sich das Unternehmen deutschlandweit zum drittgrößten Hersteller von Frotteeware.

Quellen: Industrie- u. Handelskammer Dresden, eigene Recherchen

M1 Firmenprofile erfolgreicher Textilbetriebe aus der Lausitz (Sachsen)

M2 *Ostdeutsche Textilbranche wächst weiter*

„Die ostdeutsche Branche mit rund 260 Unternehmen und 19 000 Beschäftigten – 13 000 davon in Sachsen – erwirtschaftet etwa 1,7 Milliarden Euro Umsatz pro Jahr.
‚Den Importen aus Asien wird Sachsen aber nur standhalten, wenn es sich neue Segmente erschließt. In dieser Hinsicht sind wir auf einem guten Weg‘, bestätigte der Vorstandsvorsitzende Wolf Heindorf am Rande der Versammlung. Längst sei nicht mehr die Bekleidungsindustrie das umsatzstärkste Segment der Branche. Heinemann: ‚T-Shirts produzieren können andere billiger.‘ Die Unternehmer im Ursprungsland der Textilindustrie haben längst begonnen, sich auf technische Textilien zu spezialisieren, deren Anteil 2005 bereits bei 42 Prozent aller Waren lag. Dahinter folgen Heimtextilien mit 30 Prozent und Bekleidung mit 28 Prozent.
Zum Einsatz kommen technische Textilien in der Fahrzeugindustrie für Autositze und Türinnenverkleidungen, als Geo-Textilien für Hangbewehrungen, als schwimmende Pflanzinseln oder als Gardinen, mit denen das Raumklima beeinflusst werden kann. In der Sicherheitskleidung für Polizisten befinden sich mittlerweile Leuchtstreifen."

(Quelle: Robak, S.: Ostdeutsche Textilbranche wächst weiter. In: Leipziger Volkszeitung 1.6.2006, S. 6, gekürzt)

1. Erstellen Sie mithilfe von Atlaskarten einen tabellarischen Überblick über Deutschlands wichtigste Industriestandorte (Standorte, Branchen, evtl. Standortfaktoren).
2. Charakterisieren Sie die Bedeutung des Außenhandels für die deutsche Industrie.
3. Erläutern Sie auf Basis der Materialien drei Gründe, warum auch in Zukunft die deutsche Industrie weltweit konkurrenzfähig sein kann.
4. Fassen Sie das Interview zu den Zukunftsperspektiven der deutschen Industrie thesenartig zusammen.

Landwirtschaft (vgl. Kapitel 2.7)

Die Landwirtschaft in Deutschland produziert auf einem sehr hohen Niveau. Immer weniger Bauern ernähren immer mehr Menschen. Die hohe Produktivität wird erzielt durch einen sehr hohen Mechanisierungsgrad, den Einsatz von wissenschaftlichen Anbau- und Tierhaltungsmethoden sowie durch ausgefeilte Logistik und ein fundiertes Finanzmanagement. Damit dieser Stand erreicht wurde, musste die Landwirtschaft einen tief greifenden, oft schmerzhaften Strukturwandel durchlaufen, der sich auch in der Landschaft spiegelt.

Die Gemeinsame Agrarpolitik der EU hat diesen Prozess begleitet und zum Teil gesteuert. War früher die Steigerung der Produktivität eines der zentralen Ziele, so haben heute die nachhaltige Landwirtschaft, der Bioanbau und die Produktion nachwachsender Rohstoffe an Bedeutung gewonnen (vgl. GAP, Seite 442 f.).

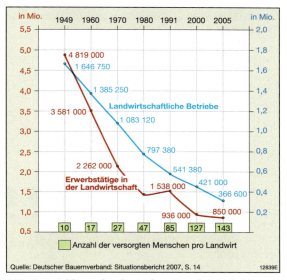

M3 *Entwicklung der deutschen Landwirtschaft*

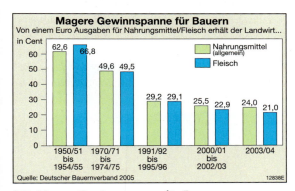

M4 *Magere Gewinnspannen für Bauern*

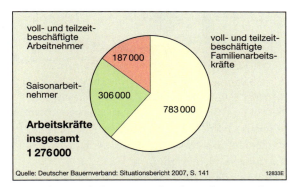

M5 *Arbeitsverhältnisse in der deutschen Landwirtschaft 2005*

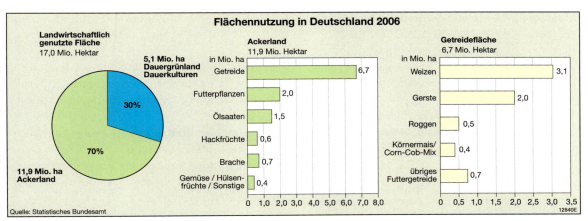

M6 *Flächennutzung in Deutschland 2006*

427

9.2 Deutschland

	Einheit	um 1900	um 1950	2005
Milchleistung	kg pro Kuh	2165	2480	6760
Legeleistung	Eier pro Henne	–	120	278
Schlachtgewicht Rinder	kg	248	254	319
Schlachtgewicht Schweine	kg	91	100	93

Angaben für 1950 beziehen sich auf das frühere Bundesgebiet   Quelle: Situationsbericht des deutschen Bauernverbandes 2007

M1 *Landwirtschaft im Vergleich*

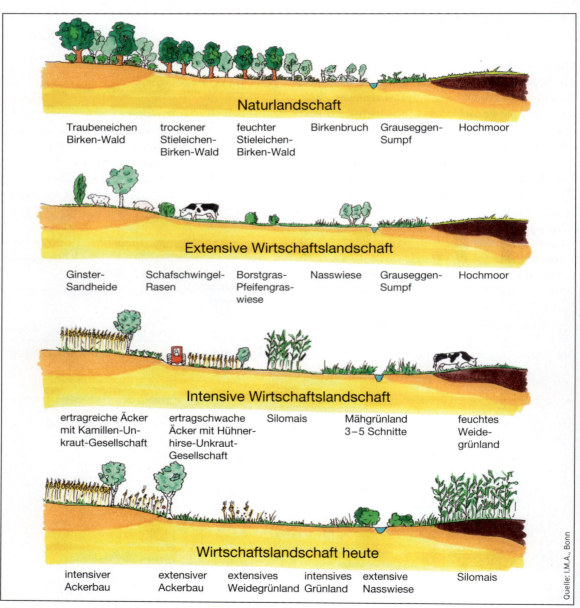

M2 *Vegetationsprofil einer nordwestdeutschen Landschaft und deren Entwicklung*

M3 Nachhaltige Land- und Forstwirtschaft: Zehn Orientierungshilfen

„1. Erzeugung von qualitativ hochwertigen und gesunden Nahrungsmitteln zur Versorgung der Bevölkerung
2. Einkommensverbesserung für die Erwerbstätigen der Land- und Forstwirtschaft
3. Arbeitsplatzsicherung und –modernisierung in der Land- und Forstwirtschaft und den vor- und nachgelagerten Bereichen
4. Förderung / Stabilisierung des ländlichen Raumes als Wirtschaftsstandort, Kultur- und Erholungslandschaft
5. Erhalt der Arten- und Biotopvielfalt in den verschiedenen Kulturräumen
6. Weiterentwicklung der standortangepassten Landnutzung und tiergerechter Haltungsbedingungen
7. Bereitstellung und Reinhaltung des Grundwassers und Nutzung von Wasser entsprechend der natürlichen, regionalen Neubildung
8. Erhaltung der Bodenfruchtbarkeit und Minimierung von Bodenerosion und schädlicher Bodenverdichtung
9. Sorgfältiger Einsatz von Dünge- und Pflanzenschutzmitteln sowie weitgehende Schließung der Nährstoffkreisläufe zur Minimierung von Schadstoffemissionen
10. Förderung des Anbaus und der Verwendung nachwachsender Rohstoffe und erneuerbarer Energie sowie verantwortungsvolle Nutzung organischer Rohstoffe."

(Quelle: Deutscher Bauernverband: Agrimente 2005)

M4 Konkurrenz um die Flächen

„Die Landwirte sehen sich bei der Bewirtschaftung ihrer Flächen vielfältigen konkurrierenden, aber auch einander ergänzenden Nutzungsansprüchen gegenüber. Dazu gehören Tourismus, Freizeit, Wohnen, Gewerbe, Infrastruktureinrichtungen, Naturschutz oder Wassergewinnung. Der Flächenverbrauch für die Land- und Forstwirtschaft durch Siedlungs- und Verkehrsmaßnahmen betrug 2006 in Deutschland über 90 Hektar pro Tag."

(Quelle: Deutscher Bauernverband: Situationsbericht 2007)

M5 Flächenintensiver staatlicher Naturschutz

„Naturschutz dient zur Erhaltung der Lebensräume von Tier- und Pflanzenarten durch die Ausweisung von Schutzgebieten. Neben den rund 4,6 Millionen Hektar Flächen (2002), die in Deutschland in Agrarumweltprogrammen freiwillig nach bestimmten Umwelt- und Naturschutzkriterien bewirtschaftet werden, zählt die Ausweisung von Schutzgebieten immer noch zu den wichtigsten Instrumenten des traditionellen, hoheitlichen Naturschutzes.

Vorrangiges Ziel ist dabei häufig nicht mehr der Schutz einzelner bedrohter Arten, sondern eine großflächige Unterschutzstellung von Lebensräumen."

(Quelle: Deutscher Bauernverband: Situationsbericht 2007)

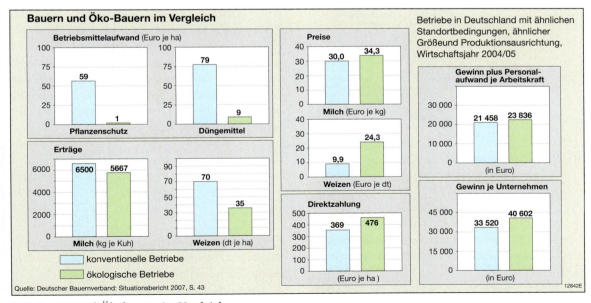

M6 Bauern und Ökobauern im Vergleich

9.2 Deutschland

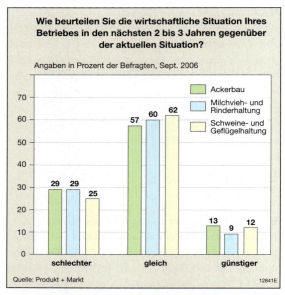

M1 *Zukunftserwartungen nach Betriebsformen*

M2 *Neue Einnahmequellen für Landwirte*

M3 Landwirtschaft kann sich wieder lohnen

„Es ist einer der seltenen Momente, in denen es Bauer Rolf Winter noch in den Stall schafft. Die Angus-Rinder in der ersten Reihe recken die lockigen Köpfe durchs Stallgitter, als Winter ihnen eine Schippe Kartoffeln hinwirft. Landwirt Winter kommt so selten, weil er mittlerweile mehr Manager als Bauer ist. Und er ahnt, dass diese Momente noch viel seltener werden könnten. „Ich bin seit 25 Jahren in der Landwirtschaft tätig, aber eine solche Situation habe ich noch nicht erlebt." Früher hätte die Preisentwicklung für Feldfrüchte und Fleisch nur eine Entwicklung gekannt: nach unten. Derzeit bekommt er mehr, als er noch vor Jahresfrist erwartet hatte. „Wie Öl, Gas oder Metalle genießen nun auch Agrarrohstoffe eine weltweite Wertschätzung", sagt der Bauer.

Rolf Winter hat wenig mit dem althergebrachten Bild des Biobauern zu tun, der in Gummistiefeln einen Korb voll wurmstichiger Äpfel auf den Markt trägt. In Tangstedt vor den Toren Hamburgs hat er einen 240 Hektar großen Betrieb gepachtet. Er pflanzt Kartoffeln, Getreide, Viehfutter, Erbsen und Erdbeeren. Er hält Rinder, Schweine, Geflügel. Alles Bio, aber im großen Stil. „Wir hatten im vergangenen Jahr 22 Prozent Umsatzwachstum, 2005 waren es auch schon 20 Prozent." Einen wesentlichen Beitrag dazu liefert die eigene Gutsbäckerei und die Direktvermarktung nach Hamburg. Viel Arbeit, und die meiste davon im Büro. Winter profitiert mit seinem Bioland-Betrieb voll vom Bioboom. 4,5 Milliarden Euro geben die Deutschen mittlerweile für kontrolliert angebaute Lebensmittel aus. Bei einem jährlichen Wachstum von 15 Prozent. Kein Wunder, dass die Erzeuger da nicht mehr mitkommen. Obwohl mittlerweile 17 000 Betriebe ihre Äcker und Ställe ökologisch bewirtschaften, kann die Nachfrage kaum befriedigt werden (...)"

(Quelle: Fründt, S.: Landwirtschaft kann sich wieder lohnen. In: Welt am Sonntag, 14.1.2007, S. 26)

---

1. Erstellen Sie eine Kartenskizze zu den wichtigsten Anbaugebieten Deutschlands (Region, Anbaufrüchte, Nutztiere).

2. Erläutern Sie den Strukturwandel in der deutschen Landwirtschaft.

3. Begründen Sie, warum die Erlöse der deutschen Bauern trotz Steigerung der landwirtschaftlichen Produktion immer geringer werden.

4. „Landwirtschaft kann sich wieder lohnen." Erklären Sie!

Hauptstadt Berlin (vgl. Kapitel 5.1. 5.2, 5.3, 6.3)

Seit der deutschen Wiedervereinigung und dem wiedererlangten Hauptstadtstatus versucht Berlin, als Stadt wieder zusammenzuwachsen und seine einstige Bedeutung in Europa und die Welt wiederzuerlangen. Dazu wurden eine Vielzahl von städtebaulichen und Infrastrukturmaßnahmen in Angriff genommen. Die wirtschaftliche Entwicklung verläuft aber schleppend. Arbeitslosigkeit, Armut und soziale wie auch ethnische Segregation nehmen eher zu.
Der Berliner Senat versucht durch verschiedene Maßnahmen, den Wirtschaftsstandort Berlin zu stärken. Dazu gehört auch die Steigerung der Attraktivität als Ziel in- und ausländischer Touristen.

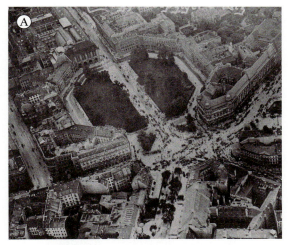

	1871	1895	1925	1970	1990	2005
Bevölkerung (1000)	878	1627	4032	3122	3420	3383
Fläche (km²)	59	63	878	480	889	892

Quelle: Luisenstädter Bildungsverein (Hrsg.): Geschichte der Stadt Berlin, Berlin o.J.

M4 Entwicklung der Einwohnerzahl und Fläche

M5 Berlin nach der Wiedervereinigung

„Nach der Vereinigung standen die Berliner Politik und Planung vor der Herausforderung, zwei Stadthälften, die sich in den Jahrzehnten zuvor als eigenständige Städte etabliert hatten, wieder zusammenzuführen. Die Verkehrswege zwischen Ost- und Westteil sowie dem Umland mussten modernisiert und viele Strecken wieder in Betrieb gesetzt werden. Die Zentren sollten ausgebaut und neu definiert werden und in den Außenbezirken neue Wohngebiete entstehen. Der Beginn der 1990er-Jahre war geprägt von einer enormen Bautätigkeit in Berlin. In der Innenstadt wurden Baulücken geschlossen, der Potsdamer Platz bebaut und das alte Zentrum um die Friedrichstraße erneuert. Eine Vielzahl von städtebaulichen Entwicklungsgebieten wurde zu Beginn der 1990er-Jahre ausgewiesen, die dann 2003 aufgrund der hohen Kosten und geringen Nachfrage gestoppt wurden. Stagnierende Einwohnerzahlen und hohe Leerstände im Wohnungsbestand führten zu dieser Entscheidung."

(Quelle: Kapphan, A.: Berlin: Stadtentwicklung und Segregation in der Hauptstadt. In: Geographische Rundschau 9/2004, S. 48)

M6 Potsdamer Platz 1920 (A) und 1963 (B)

M7 Berlin – Schuldenstandsentwicklung

M2 Tourismus – ein wichtiger Wirtschaftsfaktor für Berlin

„Die positive Entwicklung in der Tourismusbranche hat auch eine direkte Auswirkung auf die Berliner Wirtschaft. In der Tourismusbranche wurden im Jahr 2003 über 5,8 Mrd. Euro Bruttoumsätze erwirtschaftet. Von diesem Umsatz profitierten vor allem das Gastgewerbe (45 % des Umsatzes), knapp gefolgt vom Einzelhandel (40 %) und den Dienstleistungsunternehmen. Im Durchschnitt gab jeder Berlin-Besucher pro Tag rund 30 Euro im Einzelhandel, im Gastgewerbe und für sonstige Dienstleistungen aus. Hinzu kommt, das touristisch bedingte Umsätze zum Teil auch anderen Branchen nutzen. So führen Bauunternehmen Renovierungs- und Bauarbeiten in Hotels durch, das Ernährungsgewerbe liefert Waren an die Gastronomie. Insgesamt bewirkte der Tourismus im Jahr 2003 einen Einkommensbeitrag von über 2,7 Mrd. Euro, somit sind 5 % aller in Berlin entstandenen Einkommen und Gewinne dem Tourismus zuzurechnen. Daher gilt: der Tourismus schafft und sichert eine Vielzahl unterschiedlicher Arbeitsplätze und gehört zu den wichtigsten Wirtschaftszweigen der Stadt."

(Quelle: IHK Berlin. www.Berlin.ihk24.de/BIHK24/servicemarken/branchen/tourismus/Brancheninformation_für_Gastgewerbe_und_Tourismusanalysen_fakten/7wf_tour.jsp (25.01.2007))

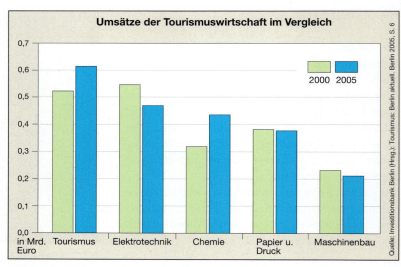

M1 Umsätze der Tourismuswirtschaft im Vergleich

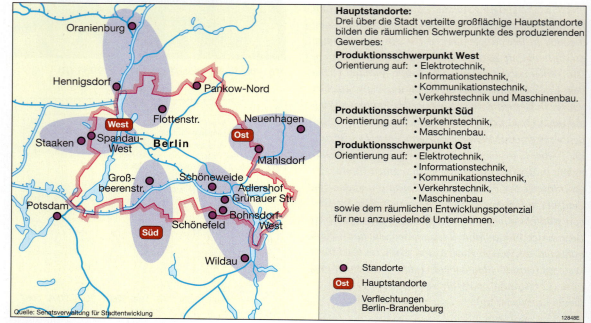

M3 Hauptstandorte der Berliner Industrie

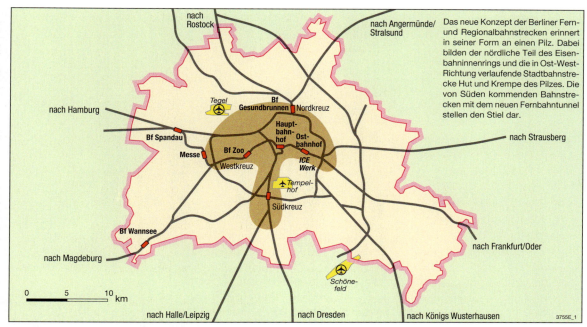

M4 Das Pilzkonzept als Planungsmodell

M5 Leitziel des Berliner Senats

Um die Wettbewerbsposition der Wirtschaftsregion Berlin im ‚Ranking' der europäischen Metropolregionen zu stärken, ist Berlin – anknüpfend an sein endogenes Potenzial – schrittweise zu einer ‚Stadt des Wissens und der Wissensproduktion' zu entwickeln. Dabei gilt es, insbesondere die Innovationsfähigkeit der Berliner Wirtschaft zu verbessern. Eine Schlüsselrolle bei der Modernisierung des Wirtschaftsstandortes Berlin kommt weiterhin dem Produzierenden Sektor zu, da eine leistungsfähige industrielle Basis eine entscheidende Voraussetzung der Weiterentwicklung Berlins zu einer Dienstleistungsmetropole ist.

1. Geben Sie eine ausführliche Lagebeschreibung Berlins in Deutschland und Europa (Atlas).
2. Stellen Sie dar, wie Berlin nach der deutschen Wiedervereinigung zusammenwächst und welche Probleme dabei auftreten (vgl. auch Seite 332 ff.).
3. Erläutern Sie die derzeitige Wirtschaftsstruktur Berlins und die Bedeutung des Tourismus.
4. Beschreiben Sie die Maßnahmen des Senats zur Stärkung der Wirtschaft beziehungsweise des Wirtschaftstandorts (vgl. auch Seite 332 ff.).

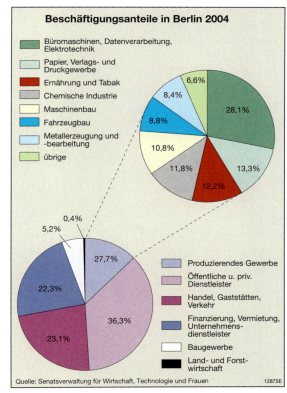

M6 Erwerbsstruktur in Berlin

M1 *Satellitenbild von Europa mit den Umrissen von Deutschland*

9.3 Europäische Union

Seit der Unterzeichnung der Römischen Verträge im Jahr 1957 hat sich die Zahl der EU-Mitgliedsstaaten von sechs auf 27 erhöht, mit weiteren Ländern wird verhandelt. Das gemeinsame „Haus Europa" wächst, seine Bewohner haben jedoch unterschiedliche Vorstellungen vom Zusammenleben. Nur 15 EU-Mitgliedsländer haben das Schengener Abkommen zum freien Grenzverkehr ratifiziert, und erst 13 der EU-Staaten bilden die Eurozone mit dem Euro als gemeinsame Währung.

Trotz dieser unterschiedlichen Integrationsstufen besitzt keine andere regionale Staatengemeinschaft größere wirtschaftliche Macht als die Europäische Union.

Gemeinsame Politikfelder

Als 1951 der Vertrag über die Gründung der Europäischen Gemeinschaft für Kohle und Stahl (Montanunion) durch die Länder Deutschland, Belgien, Frankreich, Italien, Luxemburg und Niederlande unterzeichnet wurde, war der erste Schritt zu einer europäischen Integration vollzogen. 1957 gründeten diese sechs Staaten dann die Europäische Wirtschaftsgemeinschaft (EWG), 1967 ging daraus die Europäische Gemeinschaft (EG) hervor.

Im Jahr 1993 wurden der EG-Binnenmarkt und eine Liberalisierung des Personen-, Dienstleistungs- und Kapitalverkehrs geschaffen. Gleichzeitig war für andere Länder nun der Weg für einen EU-Beitritt frei.

Eine Reihe von Institutionen, allen voran das Europäische Parlament, der Europäische Rat und die Europäische Kommission, regelt heute das Zusammenleben im gemeinsamen „Haus Europa".

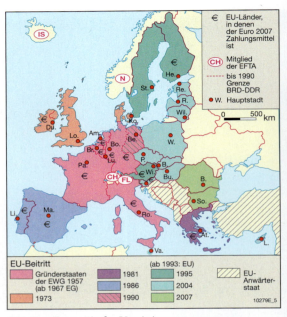

M1 Der Europäische Vereinigungsprozess

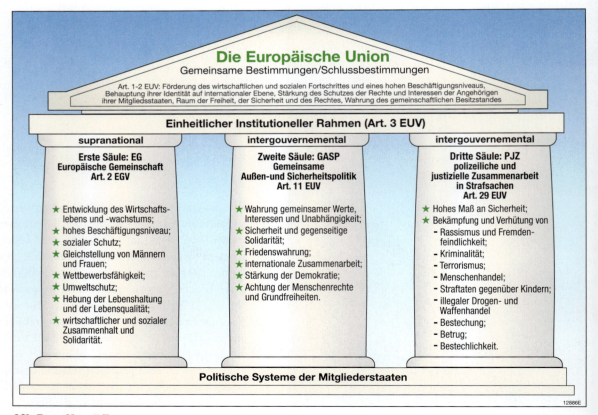

M2 Das „Haus" Europa

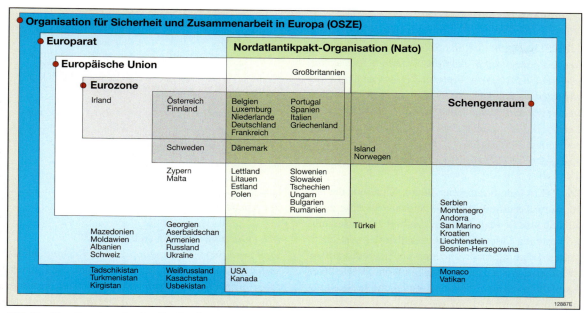

M3 *Ein Kontinent und seine Institutionen*

Einnahmen	Ausgaben
• 73 % Beiträge der Mitgliedstaaten entsprechend ihrem Bruttoinlandsprodukt • 14 % Mehrwertsteuer-Abgaben • 12 % Zölle auf Waren aus Drittländern, Agrarzölle, Zuckerabgaben • 1 % Sonstiges (insbesondere Überschüsse aus vorherigem Haushaltsjahr)	• 46 % Gemeinsame Agrarpolitik einschließlich Entwicklung des ländlichen Raumes („2. Säule") • 31 % Struktur- und Kohäsionspolitik • 8 % interne Politikbereiche (transeuropäische Netze und Forschungspolitik) • 5 % externe Politikbereiche (Gemeinsame Außen- und Sicherheitspolitik und humanitäre Hilfe) • 6 % Verwaltungsausgaben • 4 % Vorbereitung der EU- Erweiterung, PHARE-Programm

Quelle: Europäische Kommission

M4 *EU-Haushalt 2006 (insgesamt 112,6 Milliarden Euro)*

M5 *Karikatur: Siebenundzwanziger mit Steuermann*

M6 *Karikatur*

Räumliche Disparitäten (vgl. Kapitel 6.2)

„Die EU versteht sich als Solidargemeinschaft. Das heißt, sie sorgt dafür, dass die Stärkeren den Schwächeren helfen, dass den ärmeren Regionen mehr Gelder zufließen als den reicheren. Dadurch soll den Menschen in den benachteiligten Gebieten zu einem Lebensstandard verholfen werden, wie er in anderen Gebieten selbstverständlich ist."

(Grupp, C. D.: Sechs – Neun – Zehn – Zwölf.- E.G. Köln 1986, S. 61)

Die EU ist kein homogener Raum. Nicht nur die Naturraumausstattung der EU-Länder weist eine große Vielfalt auf, sie zeigt sich auch in ihrer Inwertsetzung. So bestehen Disparitäten hinsichtlich der wirtschaftlichen Leistungskraft und der Lebensbedingungen zwischen den Staaten, aber auch innerhalb der Länder. Kennziffern dafür sind zum Beispiel das Bruttonationaleinkommen pro Kopf, die Arbeitslosenquote oder die Lebenserwartung. Ziel des europäischen Einigungsprozesses ist der Abbau dieser regionalen Disparitäten. Das betrifft das Zentrum-Peripherie- und das West-Ost-Gefälle.

Ein Mittel zum Abbau der Disparitäten ist das seit 1999 bestehende Europäische Raumentwicklungskonzept (EUREK). Es verfolgt im Wesentlichen drei Ziele: den wirtschaftlichen und sozialen Zusammenhalt, die Erhaltung der natürlichen Lebensgrundlagen und des kulturellen Erbes sowie eine ausgeglichene Wettbewerbsfähigkeit des europäischen Raumes.

„Wohlstandsland"	„Armutsland"
• hohe Einkommen	• niedrige Einkommen
• hohe Löhne	• niedrige Löhne
• stabile Regeln für wirtschaftliches Handeln	• instabile Regeln für wirtschaftliches Handeln
• relativ hohes Infrastrukturniveau	• niedriges Infrastrukturniveau
• großer Markt	• kleiner Markt
• relative Kapitalknappheit	• absolute Kapitalknappheit

← legale und illegale Migration →

Kapitaltransfer →

Nachfrage durch private Haushalte

M1 Ostgrenze der EU: Wohlstandsgefälle

*M2 **Förderung in der EU** (vgl. Seite 322 f.)*
Drei Strukturfonds der europäischen Regionalpolitik sollen im Rahmen der Kohäsion helfen, die Disparitäten in der EU zu überwinden. Kohäsion bedeutet Zusammenhalt und versinnbildlicht die Solidarität der EU-Mitgliedsstaaten. Die Kohäsionspolitik ist auf mehr Wachstum und Beschäftigung für alle Regionen, aber vor allem auf die ärmsten Länder ausgerichtet. Fördermittel von über 300 Milliarden Euro sollen von 2007 bis 2013 durch die drei Fonds EFRE (Europäischer Fond für regionale Entwicklung), ESF (Europäischer Sozialfond) und den Kohäsionsfond ausgeschüttet werden. 80 Prozent der Mittel fließen in Regionen, in denen das BIP pro Kopf geringer als 75 Prozent des europäischen Durchschnitts ausfällt. Das betrifft etwa die Hälfte der EU-Bevölkerung.

Förderung der Entwicklung des ländlichen Raumes (ELER-Verordnung) durch den Europäischen Landwirtschaftsfond für die Entwicklung des ländlichen Raums		
Verbesserung Wettbewerbsfähigkeit Landwirtschaft	**Umwelt- und Landmanagement**	**Ländliche Entwicklung im weiteren Sinne (Diversifizierung, Lebensqualität)**
• Investitionen in landwirtschaftlichen Betrieben • Humanressourcen / Bildung, Beratung, Vorruhestand • Niederlassung von Junglandwirten • Qualität: Verbesserung der Vermarktung landwirtschaftlicher Erzeugnisse	• Nachhaltige Bewirtschaftung landwirtschaftlicher und forstwirtschaftlicher Flächen • Agrarumwelt- und Tierschutzmaßnahmen • Ausgleichszahlungen für benachteiligte Gebiete	• Diversifizierung der Wirtschaft hin zu nichtlandwirtschaftlichen Tätigkeiten (Förderung von Tourismus, Kleinstunternehmen) • Unterstützung zur Bewahrung des ländlichen „Erbes" (Dorferneuerung, Flurbereinigung) • Dienstleistungen / Infrastruktur für ländliche Wirtschaft und Bevölkerung • Humanressourcen (Berufsbildung)

Quelle: Grabski-Kieron, U., Krajewski, Ch.: Ländliche Raumentwicklung in der erweiterten EU. In: GR 7/2007, S. 17, verändert

M3 Förderung und Entwicklung des ländlichen Raumes (ELER-Verordnung 2007 – 2013)

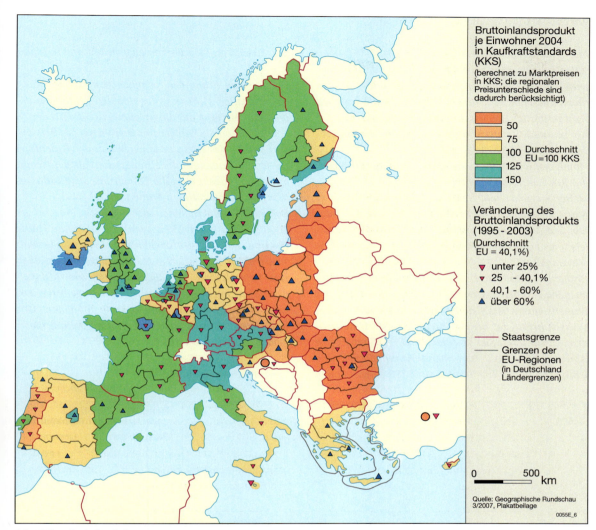

M4 *Wirtschaftskraft in Europa*

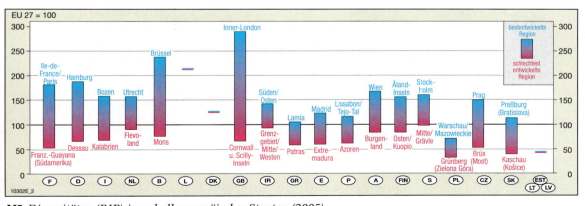

M5 *Disparitäten (BIP) innerhalb europäischer Staaten (2005)*

Wirtschaft (vgl. Kapitel 3.6)

M1 Unternehmenssitze in Europa

„Die Globalisierung beeinflusst zunehmend die Raumentwicklung. Wachsende internationale Produktions- und Handelsverflechtungen sowie die enormen Fortschritte im Bereich des Transportwesens und der Kommunikationstechnologie verändern die Wettbewerbsbedingungen der Regionen.

Damit verkoppelt sind eine räumliche Spezialisierung, die Konzentration wichtiger Funktionen auf wenige Metropolregionen und die Herausbildung ökonomischer Kerne, in denen sich Unternehmensverwaltungen, Banken und hochrangige unternehmensbezogene Dienstleistungen (Advanced Producer Services) vorzugsweise versammeln. (...)

Betrachtet man die Zusammensetzung der tausend weltweit größten Unternehmen nach dem Land des Firmensitzes, kristallisieren sich klar die drei großen Wirtschaftsblöcke heraus. Mehr als 400 Unternehmen haben ihren Sitz in einem NAFTA-Staat (North American Free Trade Agreement) (davon allein in den USA 378). In den EU-Staaten sind 280 Unternehmen der tausend größten Firmen angesiedelt und in Japan 226. (...)

Die tausend führenden europäischen Unternehmen erwirtschaften 21 Prozent des globalen Bruttoinlandsprodukts. Bezogen auf die erweiterte EU, die EU der 27, erwirtschaften die Firmen rund drei Viertel des BIP dieser Länder. Dies zeigt zum einen die enorme Bedeutung der Unternehmen für die europäische Volkswirtschaft auf, zum anderen wird die Dimension des Einflusses deutlich, die von diesen Firmen ausgeht. (...)

Lediglich 77 Unternehmen (das heißt acht Prozent) der 1000 größten Unternehmen erwirtschaften die Hälfte des Umsatzes aller Unternehmen. (...) Die fünf bedeutsamsten Wirtschaftszweige der europäischen Wirtschaft sind Fahrzeugbau, Versicherungen, Kokerei/Mineralölverarbeitung, Einzelhandel und Kreditgewerbe. Die hohe Konzentration von Firmensitzen in London (121) und Paris (73) unterstreicht die Vorrangstellung dieser beiden Metropolen in Europa."

(Quelle: Bundesamt für Bauwesen und Raumordnung: Informationen aus der Forschung des BBR)

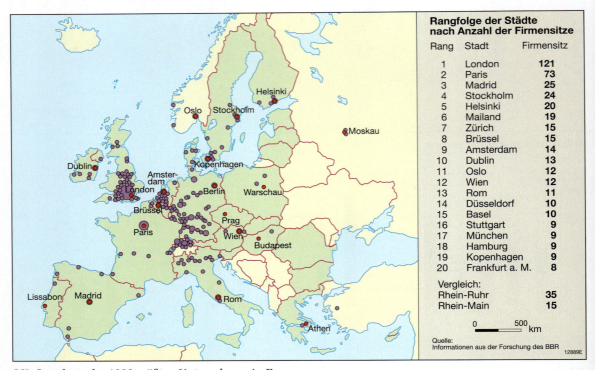

M2 Standorte der 1000 größten Unternehmen in Europa

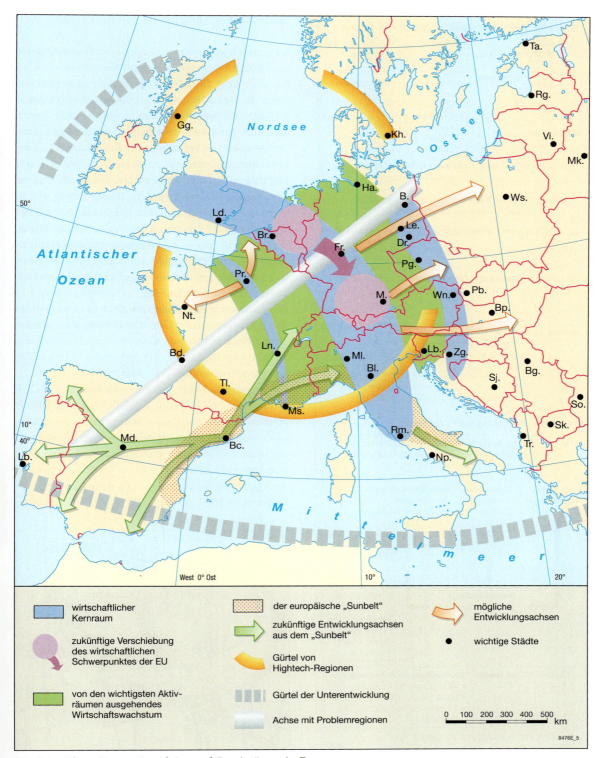

M3 Die „Blaue Banane" – Aktiv- und Passivräume in Europa

9.3 Europäische Union

M1 *Entwicklung der GAP*

Gemeinsame Agrarpolitik (GAP) (vgl. Kap. 2.1)

Im politisch zersplitterten Europa der Nachkriegszeit lag der Selbstversorgungsgrad mit Nahrungsmitteln bei nur 85 Prozent. Doch innerhalb weniger Jahre hatte der durch die Gemeinsame Agrarpolitik (GAP) gestaltete und ab 1964 funktionsfähige „Grüne Markt" bereits die in ihn gesetzten Erwartungen in einem zentralen Punkt erfüllt: Die Versorgung der Bevölkerung und der Lebensmittelindustrie mit einem ganzjährig stabilen und vielfältigen Warenangebot zu angemessenen Preisen war ständig besser geworden. Dieser Erfolg wurde aber begleitet von krisenhaften Entwicklungen, die vor allem ab den 1980er-Jahren immer deutlicher wurden. Sie waren bereits in der Grundkonstruktion dieses zunächst allein durch „Marktordnungen" regulierten und über eine gemeinsam ausgehandelte Preispolitik gesteuerten Marktes angelegt.

Die Gemeinschaft reagierte auf die Krisen mit immer neuen Korrekturen der GAP. Dabei wurde die zunächst im Mittelpunkt stehende Absenkung der Produktionsmengen zunehmend mit der Förderung ökologischer und agrarstruktureller Verbesserungen verknüpft.

2005 begann die bisher tiefstgreifende Reform: Die GAP will sich noch stärker an den „Bedürfnissen der Öffentlichkeit" orientieren, das heißt nachhaltige und qualitätsbewusste Produktionsweisen fördern, Markt- und Agrarstrukturförderung gleichgewichtiger behandeln, ihre agrarpolitischen Instrumente vereinfachen – und die Agrarbetriebe durch eine veränderte Einkommensstützung bis 2013 fit für den (Welt-)Markt machen.

M2 *Der Holzweg*

Kernelemente dieser Neuausrichtung der GAP sind:
- Entkopplung der Direktzahlungen von der Produktion: Betriebsprämien lösen die bisher nur an Hektarerträgen, Tierbestand oder Milchproduktion orientierten Ausgleichszahlungen ab. Über Beginn, Umfang und Ausgestaltung der Entkopplung entscheiden die Mitgliedsstaaten. Deutschland hat sich für ein „Kombi-Modell" entschieden. Dabei bleibt ein Teil der Direktzahlungen zunächst noch am Umfang der bisher gewährten Direktzahlungen orientiert. Ab 2007 werden die Prämien für die Flächennutzung aber schrittweise gekürzt. Ab 2013 soll es nur noch regional einheitliche, auf die jeweilige Flächennutzung bezogene Direktzahlungen geben. Dann kann zwar zukünftig jeder Betrieb mit jährlich rund 300 Euro pro Hektar kalkulieren (Hektarprämienrecht) – ob Grünland oder Acker, ob viel oder wenig Ertrag –, muss sich in seinen weiter gehenden Produktionsentscheidungen aber an den jeweiligen Marktbedingungen orientieren.
- Cross Compliance (= Überkreuzverpflichtung): Generelle Bindung der Direktzahlungen an die Einhaltung definierter EU-Standards in den Bereichen Umwelt- und Tierschutz, Tierkennzeichnung, Futtermittel- und Lebensmittelsicherheit. Außerdem müssen die Flächen in „gutem landwirtschaftlichen und ökologischen Zustand" sowie das Dauergrünland im Umfang des Jahres 2003 erhalten werden. Dafür müssen jedoch jeweils nationale Regelungen erstellt werden.
- Modulation: Zurückhaltung eines Teils der Direktzahlungen zur gezielten Förderung ländlicher Räume.

Durch diese Veränderungen der GAP kann ab 2007 erstmals der größte Teil der Agrarförderung im EU-Haushalt (etwa 25 der jährlich circa 40 Milliarden Euro) unabhängig von Produktionsmengen vergeben werden.

„Ziel der gemeinsamen Agrarpolitik ist es,
a) die Produktivität der Landwirtschaft durch Förderung des technischen Fortschritts, Rationalisierung der landwirtschaftlichen Erzeugung und den bestmöglichen Einsatz der Produktionsfaktoren, insbesondere der Arbeitskräfte, zu steigern;
b) auf diese Weise der landwirtschaftlichen Bevölkerung, insbesondere durch Erhöhung des Pro-Kopf-Einkommens der in der Landwirtschaft tätigen Personen, eine angemessene Lebenshaltung zu gewährleisten;
c) die Märkte zu stabilisieren;
d) die Versorgung sicherzustellen;
e) für die Belieferung der Verbraucher zu angemessenen Preisen Sorge zu tragen."

M3 Artikel 39 der Römischen Verträge von 1957

M4 Karikatur: Der ganz normale EU-Wahnsinn

1. Beschreiben Sie die räumliche Entwicklung der EU.
2. Nennen Sie die wesentlichen Aufgabenfelder und möglicherweise auftretende Probleme bei der gemeinsamen Politik.
3. Beschreiben Sie die wirtschaftlichen Disparitäten in der EU.
4. Erläutern Sie die Maßnahmen der Regionalpolitik (vgl. Kap. 6.2).
5. Beschreiben Sie ein konkretes Beispiel für eine Fördermaßnahme (Internet).
6. Kennzeichnen Sie die Raumentwicklung in der Europäischen Union, ausgehend von der „Blauen Banane".
7. Beschreiben Sie die Entwicklung der Gemeinsamen Agrarpolitik (GAP).
8. Diskutieren Sie, inwieweit die Ziele der Römischen Verträge hinsichtlich der GAP heute noch Gültigkeit haben.
9. Gerade die GAP ist häufiges Thema von Karikaturen. Erklären Sie.

443

M1 *Feedlot in Lubbock, Texas (USA)*

9.4 Vereinigte Staaten von Amerika (USA)

Die Vereinigten Staaten von Amerika sind nicht nur die stärkste Wirtschaftsmacht der Welt, sie prägen auch weltweit die politischen und kulturellen Lebensbedingungen. Dabei befindet sich auch dieses westliche Industrieland in einem kontinuierlichem Wandel, der den traditionellen Sektor der Landwirtschaft seit Jahrzehnten erfasst hat, aber auch die Industriestruktur und die US-amerikanischen Städte prägt.

Landwirtschaft (vgl. Kapitel 2.1, 2.6)

Die Landwirtschaft spielt seit der Besiedlung Amerikas eine bedeutsame Rolle in der amerikanischen Kultur und Wirtschaft. Sie versorgt nicht nur die Bevölkerung mit Grundnahrungsmitteln, auch der Bauer oder Farmer an sich verkörpert das amerikanische Ideal von Fleiß, Eigeninitiative und Selbstständigkeit. An diesem Bild hat selbst die Industrialisierung und Tertiärisierung der Wirtschaft, welche die Bedeutung des Agrarsektors für die Ökonomie verringerte und zu einem starken Rückgang der Zahl der landwirtschaftlichen Betriebe wie auch der im Agrarsektor Beschäftigten führte, nichts geändert. Verschiedene Faktoren haben zum Erfolg der amerikanischen Farmer beigetragen. Zum einen sind dies die günstigen natürlichen Bedingungen – die Böden des amerikanischen Mittleren Westens zählen zu den fruchtbarsten der ganzen Welt. Zum anderen hatte die starke Technisierung die Produktivität der Landwirtschaft enorm gesteigert.

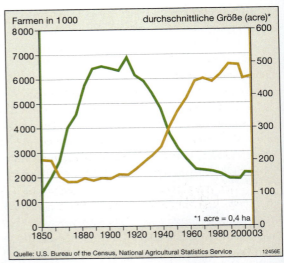

M1 Entwicklung der Zahl und Größe der Farmbetriebe in den USA

M2 Strukturwandel in der Landwirtschaft

Mit der zunehmenden Technisierung der Landwirtschaft ging ein deutlicher Strukturwandel des Agrarsektors einher. Von den ehemals sechs Millionen Farmbetrieben, die in den 1940er-Jahren existierten (durchschnittliche Betriebsgröße 67 Hektar), sind heute noch 2,2 Millionen Farmen übrig. Sie bearbeiten eine Fläche von durchschnittlich 190 Hektar. Gleichzeitig ist die Bevölkerung, die direkt oder indirekt von der Landwirtschaft lebt, im Laufe von nur zwei Generationen von 30 Millionen Menschen auf rund 4,6 Millionen Menschen gesunken. Der Anteil der Farmbevölkerung an der Gesamtbevölkerung sank somit von rund einem Viertel auf 1,8 %. Trotz dieses deutlichen Rückgangs ist das 20. Jahrhundert durch kontinuierliche Ertragssteigerungen in der Landwirtschaft gekennzeichnet. Immer weniger Farmen produzieren immer größere Mengen landwirtschaftlicher Produkte, was sich in einem deutlichen Preisverfall der Produkte, einem Farmsterben sowie einer Ausweitung des Agrobusiness ausdrückt. Die sogenannte family farm, also der Familienbetrieb, der von Generation zu Generation weitergeführt wird, verliert gegenüber den Großfarmen und agrarindustriellen Unternehmen stetig an Bedeutung. Ein besonderes Phänomen sind die sogenannten suitcase farmer, die fernab ihrer landwirtschaftlichen Nutzflächen in der Stadt wohnen und nur noch zur Kontrolle ihrer Betriebe aufs Land fahren. Die Verteilung der landwirtschaftlichen Betriebe nach Größenklassen – in den USA üblicherweise nicht als Flächengröße, sondern nach Höhe des Verkaufswerts agrarischer Güter gemessen – ergibt ein sehr differenziertes Bild.

M3 Hochindustrialisierte Landwirtschaft

„It is not unusual to see today's farmers driving tractors with air-conditioned cabs hitched to very expensive, fast-moving plows, tillers, and harvesters. Biotechnology has led to the development of seeds that are disease and drought-resistant. Fertilizers and pesticides are commonly used (too commonly, according to some environmentalists). Computers track farm operations, and even space technology is utilized to find the best places to plant and fertilize crops. What's more, researchers periodically introduce new food products and new methods for raising them, such as artificial ponds to raise fish."

(U.S. Department of State: An Outline of the U.S. Economy. Chapter 8: American Agriculture: Its Changing Significance. URL: http://usa.usembassy.de/etexts/oecon/chap8.htm, 18.10.2006)

M4 Ernteaussaat per Satellit

„Da sich die Hauptwirtschaftsgebiete der USA über rund 25 Breitengrade und entsprechend differenzierte Klimazonen erstrecken und die Großfarmen online mit dem Landwirtschaftlichen Beratungsdienst des US Department of Agriculture (USDA) verbunden sind, kann stets in irgendeinem Landesteil eine „börsengerechte" Aussaat beginnen, die noch in derselben Anbausaison einen Ernteverlust in einem anderen Land durch amerikanische Produktion und den Verkauf auf dem Weltmarkt ausgleichen kann. Satelliten, die für das USDA im Abstand von rund 18 Tagen dieselben Areale überfliegen, haben schon in den 1980er-Jahren Ernte- und Krankheitsentwicklungen wie Schädlingsbefall bei Weizen insbesondere in der damaligen Sowjetunion genauestens erfassen können. Zeichnete sich zum Beispiel die Entwicklung von Ernteverlusten bei Weizen in der Ukraine ab, konnten sie in fast allen Weizenanbaugebieten der USA (...) durch späte Aussaat noch wettgemacht werden."

(Schneider-Sliwa, R.: USA. Darmstadt 2005, S. 205, verändert.)

M5 Bedeutung des Agrobusiness

„Der wachsende Kapitaleinsatz und die Kreditaufnahme in der Landwirtschaft sind von einem Ansteigen der durchschnittlichen Farmgrößen und der Ausbildung einer dualen Struktur begleitet, d.h. einem relativ kleinen Prozentsatz sehr großer Megafarmen, die vertikal integrierten Unternehmen angeschlossen sind, und einer großen Anzahl von kleinen, oft marginal wirtschaftenden Farmen. Von den rund 2,2 Mio. Farmbetrieben, die landwirtschaftliche Produkte in einem Gesamtwert von 208 Mrd. Dollar produzieren, erzeugen allein 300 000 Großfarmen (auch „corporate farms" genannt) rund 85 % des landwirtschaftlichen Outputs. Vergleicht man diesen Wert mit der Automobilbranche, die insgesamt Waren von 500 Mrd. Dollar produziert, wird die Wirtschaftskraft der Landwirtschaft, insbesondere aber der großen Agrofirmen, deutlich. Diese Megafarmen arbeiten vornehmlich mit saisonalen Erntehelfern: Jährlich sind bis zu einer Million bezahlte Farmarbeiter auf den landwirtschaftlichen Betrieben der USA tätig."

(Schneider-Sliwa, R.: USA. Darmstadt 2005, S. 202-208, verändert)

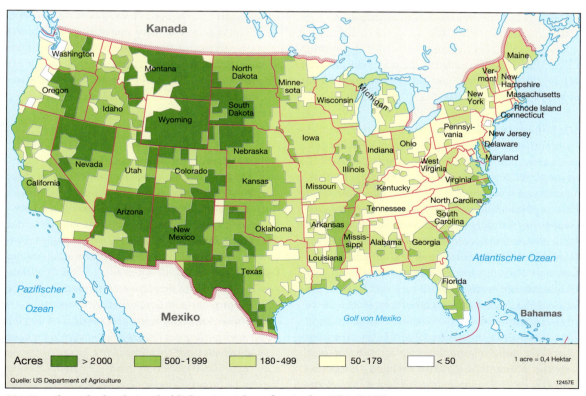

M6 Verteilung der landwirtschaftlichen Betriebsgrößen in den USA (2002)

9.4 Vereinigte Staaten von Amerika (USA)

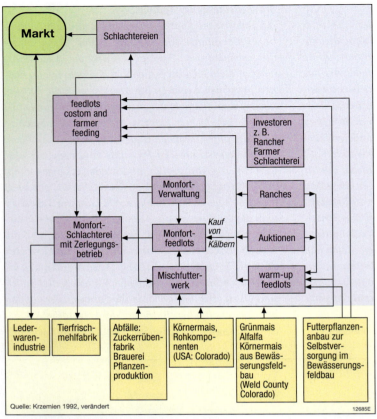

M1 *Produktionsverbund der Mastrinderproduktion im Monfort Feedlot in Weld County, Colorado*

M2 „Kuner feedlot - US lot feeding on massive scale: A heavy reliance on lotfeeding has helped raise United States beefproduction, quality and consistency, with the flow-on effect of boosting returns for producers. America now has 13 million cattle in feedlots, easily outstripping Australia's 1 million head despite a 20 per increase in local lotfeeding in the past year. The sprawling Kuner feedlot complex outside Greeley, Colorado gives some idea of the production scales involved. The feedlot can handle up to 120,000 head in some 400 pens spread across the 500 acre site. Cattle at the lot spend an average of 130 days in the yards and eat almost 1,200 tonnes of feed per day. Despite the size, the entire operation needs only one worker to operate the automated feedmill and just a few minutes to mix and deliver the feed."

(Peter Lewis: US lot feeding on massive scale, 2000. www.abc.net.au/landline/stories 08.01.2007)

M3 Viehmast als Kapitalanlage

Früher benötigte ein Rind drei Jahre, um schlachtreif zu werden, mithilfe solch großer Mastgehege, der feedlots, ist dies in 17 Monaten möglich. So können Gewinne doppelt so schnell abgeschöpft werden, das investierte Kapital ist nur halb so lange festgelegt. Die Investitionen in die Nahrungsmittelindustrie können auf diese Weise mit denen in der Industrie konkurrieren.

Die Besitzer der feedlots haben mit der eigentlichen Landwirtschaft nur noch wenig zu tun. Firmen und Geschäftsleute investieren in Farmen und feedlots, um ihr Geld möglichst ertragreich arbeiten zu lassen. Dabei versprechen extrem große Betriebe auch besonders große Gewinne, nicht nur wegen der Möglichkeiten optimalen Maschinen- und Arbeitskräfteeinsatzes, sondern auch wegen der Mengenrabatte, die bei Treibstoff, Dünger und Futter bis zu 25 Prozent betragen können. Angesichts dieser Tatsachen findet gerade in der Rindermast eine immer größere Konzentration statt: 0,02 Prozent aller Farmen erwirtschaften ein Fünftel des Verkaufserlöses, vier agroindustrielle Unternehmen kontrollieren über 80 Prozent des Marktes.

Auch die Futtermittelindustrie ist an solchen Mastgehegen interessiert: Futter für Vieh bringt hohe Gewinne. So gehören die großen feedlots oft zu den großen Konzernen der Agroindustrie. Diese Firmen sind vertikal integriert, das heißt sie arbeiten in allen Bereichen von der Erzeugung agrarischer Produkte bis hin zu Verarbeitung, Vermarktung und Direktverkauf.

Die vertikale Verflechtung ist dabei so eng, dass dort die Zusammensetzung des Futters computergesteuert nach dem Tagespreis der Getreidebörse in Chicago bestimmt wird. Fällt der Weizenpreis, wird zum Beispiel mehr Weizen verfüttert. Oberstes Ziel ist die Maximierung der Gewinne.

M4 The „rhapsody" of the family farm

„(…) the American family farm – rooted firmly in the nation's history and celebrated in the myth of the sturdy yeoman – faces powerful economic challenges. Urban and suburban Americans continue to rhapsodize about the neat barns and cultivated fields of the traditional rural landscape, but it remains uncertain whether they will be willing to pay the price – either in high food prices or government subsidies to farmers – of preserving the family farm."

(U.S. Department of State: An Outline of the U.S. Economy. Chapter 8: American Agriculture: Its Changing Significance. URL: http://usa. usembassy.de/etexts/oecon/chap8.htm, 18.10.2006)

M5 Subventionsabhängigkeit der US-Landwirtschaft

Die hohen Produktivitätssteigerungen in der US-Landwirtschaft haben zu einem der größten Probleme des Agrarsektors geführt: zu zeitweiser hoher Überproduktion landwirtschaftlicher Produkte und dem damit einhergehenden Preisverfall vieler Agrargüter. Viele Farmer mussten ihre landwirtschaftlichen Betriebe aufgrund von Überschuldung aufgeben, da auch die jahrzehntelangen Subventionen von Seiten der Regierung nicht mehr halfen. Wegen der volkswirtschaftlichen und auch geopolitischen Bedeutung der Landwirtschaft wird dieser Wirtschaftszweig seit Jahrzehnten von der Bundesregierung mit Fördermaßnahmen unterstützt. Diese belaufen sich zum einen auf Kredithilfen, die aus einer bundesstaatlichen Farmkreditversicherung, der Federal Agricultural Mortgage Corporation (umgangssprachlich „Farmer Mac") bestehen, zum anderen auf der Unterstützung des Agrobusiness durch erhebliche Steuervorteile. Auch die amerikanische Entwicklungshilfe in Form von Nahrungsmittelhilfe, die food aid, fungiert als Förderinstrument der Landwirtschaft. So werden amerikanische Agrarprodukte, die im Überangebot produziert werden und daher preisinflationär wirken, auf neuen Märkten in Entwicklungsländern abgesetzt. Damit werden die Preise auf dem heimischen Markt stabilisiert. Schließlich gibt es zahlreiche Hilfsmaßnahmen der Bundesregierung für den ländlichen Raum. Diese verschiedenen Maßnahmen der Bundesregierung haben entscheidend dazu beigetragen, den Agrarsektor zu einem der wichtigsten Wirtschaftszweige auszubauen und die USA zu einem weltweiten Lieferanten von Agrarprodukten zu machen.

(Quelle: Schneider-Sliwa, R.: USA. Darmstadt 2005, S. 206 f., verändert)

Agrarprodukt	Exportanteil an der Produktion (in %)
Mandelkerne	79
Walnusskerne	60
Getrocknete Pflaumen	48
Reis	42
Grapefruit	38
Kirschen	37
Rosinen	36
Sojabohnen	33
Weizen	33

Quelle: US Department of Trade, Briefing Room. US Agricultural Trade 2003

M6 Exportanteil an der Gesamtproduktion für ausgewählte Güter

M7 Exportabhängigkeit der US-Landwirtschaft

Da die Produktivität der amerikanischen Landwirtschaft seit Jahrzehnten schneller steigt als die einheimische Nachfrage nach Lebensmitteln, ist sie stark von Exporten abhängig. Exporterlöse machen rund 20 bis 30 Prozent des Einkommens im Agrarsektor aus, wobei die Exportrate bei einigen Produkten besonders hoch ist. Wichtigster Exportmarkt war lange Zeit der asiatische Raum, in den letzten zehn Jahren wurde er durch die NAFTA-Staaten Kanada und Mexiko abgelöst. Aber auch die Europäische Union ist ein wichtiger Abnehmer für amerikanische Agrargüter. Da die US-Agrarexporte seit den 1950er-Jahren die Importe übersteigen, stellt der Handelsüberschuss bei Agrarprodukten einen wichtigen Beitrag zu der seit Jahren defizitären Gesamthandelsbilanz des Landes dar.

1. Erläutern Sie die wichtigsten Entwicklungstrends in der US-amerikanischen Landwirtschaft und deren Triebkräfte.

2. Erklären Sie im Bereich des Landbaus und im Bereich der Viehwirtschaft die Maßnahmen, die die Produktivität erhöhen.

3. Beschreiben Sie die wirtschaftliche Bedeutung des US-amerikanischen Agrarsektors für die USA und für andere Staaten.

9.4 Vereinigte Staaten von Amerika (USA)

Land	Bruttoinlandsprodukt
1. USA	12 151 Mrd. US-$
2. Japan	4750 Mrd. US-$
3. Deutschland	2489 Mrd. US-$
4. Großbritannien	2016 Mrd. US-$
5. Frankreich	1859 Mrd. US-$
6. VR China	1677 Mrd. US-$
7. Italien	1504 Mrd. US-$
8. Kanada	906 Mrd. US-$
9. Spanien	876 Mrd. US-$
10. Mexiko	876 Mrd. US-$
11. Indien	691 Mrd. US-$

Quelle: Fischer Weltalmanach 2007

M1 *Die wirtschaftlich stärksten Länder (2004)*

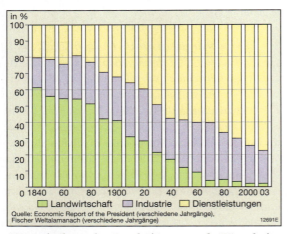

M2 *Aufteilung der Beschäftigten nach Wirtschaftssektoren*

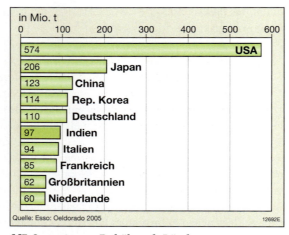

M3 *Importe von Rohöl nach Ländern*

Wirtschaft (vgl. Kapitel 3.3, 3.4)

Die USA gelten vielfach als Vorreiter für Entwicklungen, die bei uns in zeitlich und zum Teil in abgeschwächter Form ebenfalls eintreten. Daher sind Wandlungen US-amerikanischer Städte sowie Wirtschaftsstrukturen von besonderem Interesse, auch wenn sie aufgrund anderer politischer und gesellschaftlicher Wertvorstellungen in den USA eine besondere Eigendynamik und Eindrücklichkeit entwickeln. Im Zuge des Postfordismus haben sich Wirtschaft und gesellschaftliche Strukturen verändert. In weniger als 130 Jahren entwickelten sich die USA von einem einstigen Agrarland zur führenden Industriemacht der Welt.

M4 Global Player der Weltwirtschaft
Die USA bilden die einzige noch verbliebene ökonomische und militärische Supermacht der Welt. Nicht nur im geostrategischen Sinne, auch über die „McWorld"-Kultur hat sich die Wirtschaftsmacht USA eine Vorherrschaft erobert, die bis in die abgelegensten Winkel der Erde reicht. Dies verdeutlichen einige Eckdaten der US-Wirtschaft: Das Bruttoinlandsprodukt hat sich in den letzten 30 Jahren verzehnfacht und beträgt heute ein Vielfaches von dem anderer Länder. Bereits die Werte für zehn Bundesstaaten, die zusammen die Hälfte des BIP erzeugen, sind für sich genommen größer als das BIP von Volkswirtschaften wie z. B. Australien. Und auch die Firmengewinne zeugen von einer starken Wirtschaftskraft. Sie stiegen zwischen 1970 und 2002 von 74 Mrd. US-$ auf 653 Mrd. US-$ an. Der Wert der Exporte im Jahr 2005 betrug 904 Mrd. US-$, wovon zwei Drittel allein auf Exporte in die Industrieländer Kanada, Japan, Westeuropa, Australien, Neuseeland und Südafrika entfallen. Die USA sind somit zu fast 10 % am gesamten Weltexport beteiligt. Die Importe übersteigen jedoch die Exporte, wodurch die Handelsbilanz seit Jahren negativ ausfällt (2005: – 697 Mrd. US-$). Ein Grund für dieses Missverhältnis ist der Import von Rohöl, der zurzeit zwar nur etwa ein Zehntel aller Importe ausmacht, aber kontinuierlich ansteigt. Der wichtigste Faktor hierbei ist nicht etwa der industrielle Verbrauch, sondern der private Konsum: Dieser ist um die Jahrtausendwende innerhalb von sieben Jahren um 75 % gestiegen – weder die Erdölkrise 1972 noch der Irakkrieg 2003 haben eine Verhaltensänderung der Verbraucher bewirkt.

(Quelle: Schneider-Sliwa, R.: USA. Darmstadt 2005, S. 182 f., verändert)

M5 In den 1990er-Jahren: Aufbruch in den Süden

M6 Veränderungen der Beschäftigtenstruktur

Die Beschäftigtenstruktur zeigt das typische Bild einer Dienstleistungsgesellschaft, bei der Landwirtschaft und Industrie – die eigentlichen Motoren der Wirtschaftsmacht – zunehmend an Bedeutung verlieren. Der globale Wettbewerb betrifft vor allem die Stahl-, Automobil- und Flugzeugbauindustrie, die mit starken Strukturanpassungen und teilweise massiven Beschäftigtenrückgängen zu kämpfen haben, während der Hightechsektor (besonders Computer, Elektronik und Biochemie) und seit dem Irakkrieg 2003 auch wieder die Rüstungsproduktion deutlich zunehmen. Insbesondere im Bereich der hochwertigen Dienstleistungen hat sich in den letzten Jahren eine ganze Reihe neuer Berufssparten herausgebildet. Dazu zählen zum Beispiel Web-Master, Umweltingenieure, Konsumentenkreditberater, Volontärzeit-Koordinatoren und ähnliche hoch spezialisierte Professionen. Den größten Zuwachs verzeichneten die Gesundheits- und Sozialdienste sowie das Bildungs- und Ausbildungswesen. So hat das akademische Fachpersonal (Hospitäler, Colleges/Universitäten und Soziale Dienste) seit 1980 um mehr als die Hälfte zugenommen, die Zahl der Beschäftigten bei den unternehmensbezogenen Dienstleistungen hat sich im gleichen Zeitraum etwa verdreifacht.

M7 Wandel der Raumstruktur

Mit dem Wandel in der Beschäftigtenstruktur ist auch eine räumliche Veränderung verbunden. Während im traditionellen Industriegürtel zwischen Ostküste und Großen Seen nur gemäßigte Werte in der Beschäftigtenentwicklung zu beobachten sind, verzeichnet der Süden und insbesondere der Westen des Landes deutliche Beschäftigungsgewinne. Wichtige Standorte der Hightechindustrie sind das Silicon Valley, die sogenannte Route 128 bei Boston oder das Research Triangle North Carolina, die sich alle durch ein besonderes, „kreatives Unternehmensmilieu" auszeichnen.

Aber auch Standorte der Militärforschung, wie zum Beispiel Los Angeles und Phoenix, sowie unternehmensgebundene Standorte, wie New York und Dallas, zählen dazu. Im Unterschied zu den traditionellen Industriezweigen benötigen diese Industrien keine Nähe zu Rohstoffen, sondern vielmehr zu innovativen, bildungsintensiven Universitäten und Forschungseinrichtungen, die das gebildete Humankapital für diesen Wirtschaftsbereich bereitstellen. Die Ansiedlung größerer Firmen, die das Kapital für Forschung und Entwicklung zur Verfügung stellen, ist ebenfalls ausschlaggebend für die Ausbildung innovativer Industriezentren.

9.4 Vereinigte Staaten von Amerika (USA)

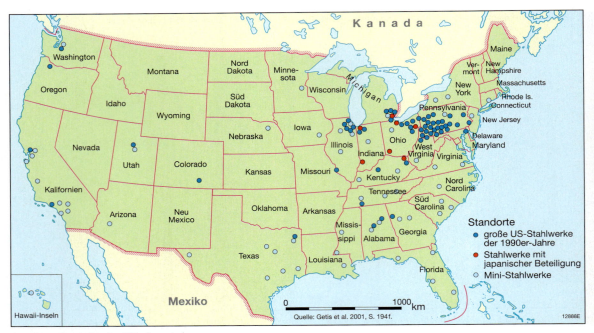

M1 *Standorte der Stahlindustrie*

M2 Die Schwerindustrie im Umbruch

„Kaum eine andere Stadt der USA symbolisiert wie Pittsburgh den Wandel vom Agrar- zum Industrieland sowie der anschließenden „postindustriellen" Ära. Nach der Entdeckung von Kohlevorkommen Ende des 19. Jahrhunderts in der Region und der Entwicklung der Eisenbahn avancierte die Stadt zum wichtigsten Stahlproduktionsstandort der USA, sie wurde zur „Steel City", in der sich die großen Stahlunternehmen des Landes wie Carnegie konzentrierten.

Der Niedergang der rohstoffintensiven Industrien hat der Stadt einen erneuten Umbruch beschert, der stellvertretend für den wirtschaftlichen Strukturwandel steht und in vielen Industriestädten des Nordostens beobachtet werden kann. Die „Stahlkrise" setzte bereits Ende der 1950er-Jahre ein, als Stahl auf dem Weltmarkt sehr viel billiger produziert werden konnte und den ehemals größten Stahlexporteur der Welt zu einem Importeur werden ließ. Die großen Stahlfirmen, die mit ihrer Oligopolstellung bis dahin den Stahlpreis bestimmt hatten, reagierten mit einer massiven Re-Organisation der Stahlproduktion, die neben Schließungen und Massenentlassungen (allein im Ballungsraum Pittsburgh verloren zwischen 1960 und 1970 166 000 Menschen ihren Arbeitsplatz; in den gesamten Vereinigten Staaten ging die Zahl der Beschäftigten in der Stahlindustrie zwischen 1960 und 1986 um 62 Prozent zurück) zu einer Produktdiversifizierung der Stahlwerke führte.

Seit den 1990er-Jahren kristallisieren sich drei Formen der Stahlindustrie mit neuen Standortmustern heraus: Zum einen entstanden durch die Konsolidierung der Unternehmen riesige sogenannte integrierte Stahlwerke, die – in Nähe der vorhandenen Rohstoffe – eine große Palette von Stahlprodukten herstellen. Parallel dazu nahm die Zahl kleiner Mini-Stahlwerke zu, die weniger als eine Millionen Tonnen Stahl pro Jahr produzieren und dabei elektronische Öfen und Abfallprodukte für die Energiegewinnung verwenden. Um den hohen Löhnen der traditionell gewerkschaftlich organisierten Stahlbranche zu entgehen, siedeln sie sich vornehmlich in den Südstaaten mit ihrem investorenfreundlichen Klima an. Einen dritten Entwicklungsstrang stellen Stahlwerke mit japanischer Beteiligung dar, die eng mit der japanischen Automobilproduktion in den USA verbunden sind. Durch sinkende Transportkosten werden Standorte in der Nähe der Zulieferindustrie gewählt, um Fühlungsvorteile auszuschöpfen und zum Beispiel Just-in-time-Produktionen zu ermöglichen."

(Quelle: Getis, A., Getis, J..: The United States and Canada: the land and the people. o.O. 2001, S. 74 ff. verändert)

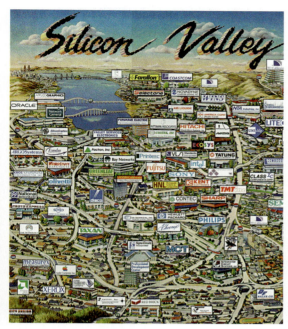

M3 Hightechcluster Silicon Valley

M4 Neues Bürozentrum von Pittsburgh

M5 Hightechindustrie = Wachstumsindustrie

Eine der wichtigsten Wachstumsbranchen und Schlüsselindustrien ist der Hightechsektor. Das Silicon Valley ist die größte und bekannteste Agglomeration von Hightechfirmen weltweit. Heute arbeiten hier rund zwei Millionen Menschen, wobei die Beschäftigungszuwächse insbesondere in den 1990er-Jahren zu Zeiten des Internetbooms enorm waren: Allein im Jahr 1996 wurden 50 000 neue Arbeitsplätze geschaffen. Seinen Anfang nahm das Silicon Valley mit zwei Absolventen der renommierten Stanford University in Palo Alto bei San Francisco, die in einer Garage den Vorläufer des ersten PC entwickelten. Die beiden, William Hewlett und David Packard, gründeten wenig später am selben Standort die Firma Hewlett Packard, die heute rund 140 000 Mitarbeiter in 178 Ländern beschäftigt. Gespeist durch das forschungsintensive Milieu der umliegenden Universitäten ließen sich weitere Softwareentwicklungsfirmen hier nieder, die die Vorteile des Hightechclusters nutzten und in enger Interaktion Forschung und Entwicklung vorantrieben. Charakteristisch für diese Branche ist eine kleinteilige Unternehmensstruktur: Von den rund 3000–5000 Firmen besitzen viele weniger als 20 Mitarbeiter. Durch die zahlreichen Spin-off-Effekte entstehen ständig neue Firmen.

Der extreme Boom in der Bay Area um San Francisco brachte aber auch Agglomerationsnachteile mit sich. Aufgrund der hohen Nachfrage und des Zuzugs von Personen zählt der Immobilienmarkt von San Francisco zu den teuersten der gesamten USA: Die Mieten haben sich innerhalb kurzer Zeit verdreifacht. Viele Stadtteile, in denen sich mittlere und untere Einkommensschichten auf niedrigem Mietniveau eingerichtet hatten, werden durch moderne Wohn- und Bürokomplexe aufgewertet und die ansässige Bevölkerung somit verdrängt. Viele Beschäftigte müssen weite Anfahrtswege auf verstopften Highways in Kauf nehmen und die Städte wachsen immer weiter ins Umland. So bieten andere Standorte der Hightechindustrie inzwischen durchaus günstigere Standortbedingungen. Das Research Triangle North Carolina zum Beispiel punktet mit deutlich niedrigeren Lohn- und Bodenkosten. Im Umfeld dreier renommierter Universitäten wurde hier der größte Technologiepark der USA angesiedelt, in dem 109 Forschungs- und Entwicklungsfirmen sowie 136 Organisationen zur Risikofinanzierung ansässig sind. Heute arbeiten dort über 40 000 Menschen – fast alle im FuE-Bereich. Neben einigen großen multinationalen Firmen, die die Hälfte aller Mitarbeiter beschäftigen, besitzen 40 Prozent der Firmen weniger als zehn Beschäftigte.

9.4 Vereinigte Staaten von Amerika (USA)

Land	1995	2000	2004
Japan	7,61	8,36	8,62
Deutschland	4,82	5,14	5,12
USA	6,35	5,54	5,02
Frankreich	3,05	2,88	3,28
Südkorea	2,00	2,60	2,65
Spanien	1,96	2,37	2,26
Großbritannien	1,53	1,63	1,63
Brasilien	1,31	1,35	1,52
Kanada	1,34	1,55	1,37
Italien	1,42	1,42	1,13

Quellen: Global Car Production Statistic Pages, www.geocities.com/motorcity/speedway/ 4939/carprod.html#country; Economic Development Future Journal, www.don-iannone. com/edfutures/2005/12/industry-quiz-global-car-production.html, 10.04.2007

M1 Weltweite Pkw-Produktion 1995–2004 (in Mio.)

M2 Automobilindustrie – eine Schlüsselindustrie unter Globalisierungsdruck

Als einer der weltweit größten Hersteller von Pkws ist die amerikanische Automobilindustrie eine der Schlüsselindustrien der US-Wirtschaft: Von ihr hängen rund 6,6 Millionen Arbeitsplätze direkt und indirekt ab. Aufgrund eines großen Absatzmarktes im eigenen Land, hohen Investitionen im Bereich der Forschung und Entwicklung sowie überdurchschnittlichen Arbeitslöhnen stellte sie lange einen relativ stabilen Industriezweig dar, der sogar in Zeiten der allgemeinen wirtschaftlichen Rezession in den 1990er-Jahren wuchs. Doch heute befindet sich auch die amerikanische Automobilindustrie in einem tief greifenden Strukturwandel, der insbesondere durch den globalen Wettbewerbsdruck bedingt ist. Typisches Merkmal ist die weltweite Vernetzung der Produktionsstandorte. So eröffnete BMW im Jahr 1995 ein Werk in Spartanburg (South Carolina), nicht nur um die Importzollbeschränkungen bei der Einfuhr der Autos auf dem großen amerikanischen Absatzmarkt oder die Wechselkursschwankungen zu umgehen, sondern um die lokalen Produktionsfaktoren auszuschöpfen. Vorteile dieses Standortes sind zum Beispiel das besondere investorenfreundliche Klima (die Körperschaftssteuer von 5 und 6 Prozent in South Carolina zählt zu den niedrigsten in den gesamten USA) sowie die engen Verflechtungen mit den Zulieferbetrieben. Insgesamt arbeiten mehr als 600 Zulieferfirmen in der Region mit einer Gesamtbeschäftigtenzahl von 67 000. Allein das BMW-Zuliefernetzwerk umfasst 132 Standorte und reicht von Kanada bis Mexiko. 63 Zulieferbetriebe mit rund 2500 Beschäftigten sind in unmittelbarer Nähe angesiedelt. Die Fühlungsvorteile sind somit groß und die Bedingungen für Just-in-time-Produktionen sind nicht zuletzt auch wegen der guten Verkehrslage günstig. Auch Lebensqualität und Freizeitwert der Region sind hoch.

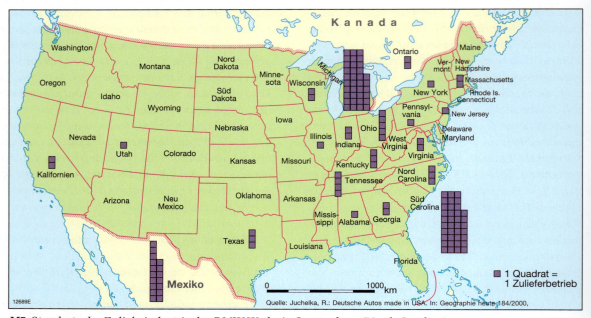

M3 Standorte der Zulieferindustrie des BMW-Werks in Spartanburg (North Carolina)

M4 Die „Motor City" Detroit zur Blütezeit des Automobilbaus.

M5 Detroit: Das ehemalige Michigan Theatre wird heute als Parkdeck genutzt.

M6 Standortfaktoren im Wandel

Am Beispiel der Automobilindustrie zeigt sich, welchen Wandel die Standortfaktoren in den USA erfahren haben. Denn Spartanburg im Süden des Landes zählt eher zu den neueren Industrieregionen. Zur Zeit der Industrialisierung und der beginnenden Massenmobilität durch das Auto galt die Minimierung der Transportkosten und somit eine Orientierung an den Rohstoffvorkommen, den zuliefernden Industrien sowie am Absatzmarkt als wichtigster Standortfaktor der Automobilindustrie. Die „Big Three" der Automobilindustrie (General Motors, Ford und Chrysler) wählten ihren Standort daher im Raum Detroit und bauten dort ein dichtes Netz von Zulieferindustrien auf.

Mit der zunehmenden Konkurrenz durch ausländische Hersteller, insbesondere aus Japan, die bis 1980 rund ein Viertel des US-Marktes für Autos eroberten, wurden weitere Standorte in einigen Regionen des Altindustriegürtels gegründet, zum Beispiel in Illinois, Indiana, Michigan, Ohio und Kentucky. Hiermit sollte gezielt der Krise der traditionellen Industriestandorte entgegengewirkt werden.

In jüngerer Zeit ist jedoch eine Südwanderung der Automobilindustrie festzustellen, da der höhere Transportkostenfaktor durch niedrigere Lohnkosten aufgewogen wird. Der Süden gibt sich dabei bewusst investorenfreundlich, da die Arbeitskräfte dort nicht gewerkschaftlich organisiert und somit die Löhne niedriger als in anderen Landesteilen sind. Zudem werden relativ großzügige Steuererleichterungen geboten. Neben South Carolina bilden Kalifornien, Texas, Tennessee und Florida weitere wichtige Standorte der Automobilproduktion, die insbesondere von ausländischen Herstellern gewählt werden.

Dadurch verlieren die klassischen Standorte der Autoindustrie zunehmend an Boden. In der ehemaligen „Motor City" Detroit wurden und werden Zehntausende entlassen. Innerhalb des Großraumes ist ebenfalls eine Standortverlagerung zu beobachten, indem zunehmend periphere Standorte gewählt werden, um preiswerten Boden für die flächenintensiven Werke sowie eine gute Verkehrsanbindung zu den Zulieferern zu gewährleisten. Das Bild Detroits ist geprägt durch leer stehende Gebäude und großflächige Industriebrachen, die das negative Image der Stadt mit hoher Arbeitslosigkeit, besorgniserregender Kriminalität und weiter zurückgehenden Beschäftigungsmöglichkeiten prägen. Die Stadt bemüht sich daher um die Ansiedlung von Wachstumsindustrien in Hightechindustrieparks, kann damit aber die Abwanderung in den Süden kaum verhindern.

1. Kennzeichnen Sie die Wirtschaftsstruktur der USA.

2. Erläutern Sie die Entwicklung der räumlichen Verteilung der Industrie.

3. Beschreiben Sie Auswirkungen der Globalisierung auf die US-amerikanische Automobilindustrie.

9.4 Vereinigte Staaten von Amerika (USA)

Städte (vgl. Kapitel 5)

Ein Großteil der US-amerikanischen Bevölkerung lebt in Städten. Allein die großen Ballungsräume (Metropolitan Areas) umfassen 226 Millionen Einwohner. Das sind rund 80 Prozent der Gesamtbevölkerung. Hier wird auch der größte Teil des amerikanischen Bruttoinlandproduktes (BIP) erwirtschaftet. Vergleicht man das BIP einzelner Großräume mit weltweiten Volkswirtschaften, würde allein Chicago auf Platz 20 rangieren. Insbesondere die großen Metropolen des Landes weisen einen bedeutenden Wachstumsschwerpunkt auf, dessen besondere Entwicklungsmuster im Folgenden diskutiert werden.

M1 Global Cities in den USA und Kanada

M2 Von den weltweit 500 umsatzstärksten Unternehmen haben allein 36 ihr Headquarter in Manhattan.

Metropolitan Statistical Area	Bev. 2004 (in 1000)	Veränderung 2000-2004 (%)	Metropolitan Statistical Area	Bev. 2004 (in 1000)	Veränderung 2000-2004 (%)
New York – Newark-Edison	18 710	2,1	Miami – Forth Lauderdale – Miami Beach	5362	7,1
Los Angeles – Long Beach – Santa Ana	12 925	4,5	Washington – Arlington – Alexandria	5140	7,2
Chicago – Naperville-Joliet	9392	3,2	Houston – Baytown – Sugar Land	5180	9,9
Philadelphia – Camden – Wilmington	5801	2,0	Atlanta – Sandy Springs – Marietta	4702	10,8
Dallas – Forth Worth – Arlington	5700	10,4	Detroit – Warren – Livonia	4493	0,9
Quelle: U.S. Census Bureau 2005					

M3 Bevölkerungsentwicklung der zehn größten Metropolen der USA zwischen 2000 und 2004

M4 Manhattan – Kern der Global City New York

M5 Globales, nationales und lokales Wettrüsten der Städte

Kein Land der Welt besitzt so viele sogenannte Global Cities wie die USA, womit Funktionen wie wichtiges Finanzzentrum, Anwesenheit der Hauptquartiere großer internationaler Unternehmen, ein rapider Anstieg des Dienstleistungssektors aber auch starke Gegensätze zwischen den verschiedenen Bevölkerungsgruppen sowie eine heterogene, multikulturelle Einwohnerschaft verbunden sind. Allein drei Städte, New York, Chicago und Los Angeles zählen zur obersten Ebene der Global Cities, den sogenannten Alpha-Städten, eine Reihe weiterer Städte nimmt Funktionen der sogenannten Beta- und Gamma-Ebene wahr (M1). Das heißt, dass sich auch hier einige der „Kommandozentralen der Weltwirtschaft" befinden, allerdings in nicht so großer Zahl und Dichte wie in den höherrangigen Städten. Folge der Globalisierungsprozesse sind zum einen eine zunehmende Diskrepanz zwischen städtischen und ländlichen Räumen: Das Wachstum der US-Wirtschaft spielt sich fast ausschließlich in den Metropolitanräumen des Landes ab, rund 83 % des BIP werden hier produziert. Das Durchschnittseinkommen liegt doppelt so hoch wie im Landesdurchschnitt. Zum anderen nimmt die Polarisierung auch zwischen den Städten zu. Während die älteren Städte des Nordostens und Mittleren Westens – insbesondere die klassischen Industriemetropolen wie Detroit oder Pittsburgh (vgl. Kap. 3.3) – nur sehr langsam wachsen oder sogar Bevölkerungsverluste hinnehmen müssen, boomen die Städte im Süden des Landes (M3). So büßten Cleveland, St. Louis und Pittsburgh ihren Rang unter den zehn größten Metropolen des Landes ein, ihre Plätze wurden von „Newcomern" wie Houston, Dallas-Forth Worth oder Atlanta eingenommen, die auch zu den Global Cities mittleren Rangs zählen. Und schließlich nimmt die Polarisierung auch innerhalb der Städte zu, womit viele Probleme, die typisch für US-amerikanische Städte sind, noch verstärkt werden.

9.4 Vereinigte Staaten von Amerika (USA)

	New York City	Chicago City	Pittsburgh City	USA
In labor force (in %)	62.0	65.3	62.4	65.9
Mean travel time to work (in minutes)	39.1	34.3	21.7	25.1
Median household income (in US-$)	43,434	41,015	30,278	46,242
Per capita income (in US-$)	27,233	23,449	22,018	28,035
Families below poverty level (in %)	16.3	18.0	17.1	10.1
Owner-occupied homes (median value in US-$)	449,000	245,000	74,000	167,580
Owner-occupied housing units (in %)	33.1	48.5	53.4	66.9
Speak a language other than English at home (in %)	47.4	37.4	9.7	19.4
Bachelor's degree or higher (in %)	32.2	29.9	32.3	27.2
Quelle: U.S. Census Bureau, American Fact Finder				

M1 *Economic Characteristics of New York City, Chicago City and Pittsburgh City (2005)*

M2 New York – DIE Global City
Eine Global City par excellence ist New York City. Mit einer Gesamtbevölkerung von 18 Millionen Einwohnern im Großraum stellt sie bei weitem die größte Stadt der USA dar, aufgrund ihrer globalen und nationalen Bedeutung nimmt die Bevölkerung beständig zu. Zudem konzentrieren sich hier so viele Unternehmenshauptsitze, Finanz- und Medienunternehmen wie in keiner anderen Stadt der USA. Von den 100 umsatzstärksten Unternehmen des Landes im Jahr 2003 hatten 24 ihren Hauptsitz in New York – gegenüber lediglich sechs im nächstrangigen Großraum Chicago oder nur vier in der Metropolitan Area Los Angeles. Die Stadt ist mit

Abstand der wichtigste Börsenplatz der USA, sämtliche große Banken, Broker und Versicherungen haben hier ihre Zentrale. Auch in der Medienindustrie ist New York führend. Bereits historisch bedingt konzentrieren sich in Manhattan die Werbeindustrie, Printmedien und Fernsehsender. Random House zum Beispiel, der weltgrößte Produzent englischsprachiger Medien, hat hier seinen Hauptsitz. Dieser Trend zur globalisierten Dienstleistungsgesellschaft (vgl. Kap. 3.4) spiegelt sich auch in der Beschäftigtenstruktur New Yorks wider. Heute arbeiten rund ein Viertel aller Erwerbstätigen in dem so genannten FIRE-Sektor, der sich aus Finanzen (finances), Versicherungen (insurances) und Immobilien (real estate) zusammensetzt. Eine weitere Hälfte der Beschäftigten ist in den sonstigen Dienstleitungen tätig. Vergleicht man die Entwicklung der Beschäftigtenstruktur in den unternehmensorientierten Dienstleistungen zwischen New York und dem ebenfalls sehr bedeutsamen Großraum Chicago, zeigt sich, wie stark New York seine Stellung als führende Global City ausbauen konnte.
Allerdings sind mit dem globalen Wetteifern auch Probleme verbunden. So verliert New York kontinuierlich Arbeitsplätze im produzierenden Gewerbe, während der Aufschwung im Dienstleistungsbereich mit starken Schwankungen verbunden ist. Zudem sind Global Cities aufgrund der weltweiten medialen Vernetzung ideale Schauplätze für Terroranschläge, da Terroristen vor den Augen fast der gesamten Welt die „Steuerungszentralen der Weltwirtschaft" angreifen und zerstören können. Nicht erst die Terroranschläge des 11.9.2001 haben gezeigt, wie verletzlich gerade die globalen Städte sind.

Economic restructuring in New York
Several major facts dominate the economic history of New York since 1960. First, there was a massive decline in manufacturing, with a loss of over half a million jobs. Second, there was a massive loss of headquarters and hence of office jobs. Third, there was a rapidly deterioriating fiscal situation, culminating in an officially declared crisis in 1975 – 1976. Fourth, amidst the overall decline in the period after the fiscal crisis, there was rapid growth of finances and producer services, concentrated in Manhattan, beginning 1977, and accelerating in the early 1980s.

(Sassen, S.: The Global City: New York, London, Tokyo. 2001)

M3 *Die wirtschaftiche Entwicklung New Yorks*

458

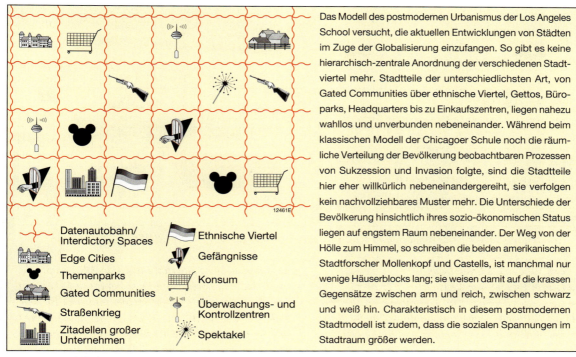

M4 Das Modell des postmodernen Urbanismus (nach M. Dear und S. Flusty)

M5 Washington D.C. – eine fragmentierte Stadt

„Durch die globale Bedeutung dieser Städte werden bestimmte Entwicklungsmuster, die bislang schon in amerikanischen Städten beobachtet werden konnten, noch verstärkt. Hierzu zählen die zunehmende multikulturelle Zusammensetzung der Bevölkerung, die durch extreme Polarisierungs- und Segregationstendenzen begleitet ist, ein weiteres Wachstum der Städte in ihr Umland, meist als Suburbanisierung oder gar Exurbanisierung bezeichnet, sowie die Rückkehr bestimmter Bevölkerungsgruppen in die Innenstädte, die sogenannte Gentrifizierung oder auch Reurbanisierung der Städte.

Wer als Tourist die US-Hauptstadt Washington, D.C. besucht, findet auf den offiziellen Stadtplänen meist nur einen Ausschnitt der Stadt: den Nordwestsektor, beginnend mit dem US Kapitol und dem Weißen Haus sowie den sich daran anschließenden nördlichen Stadtvierteln. Die Stadt scheint kurz hinter dem Kapitolhügel zu enden, obwohl hier noch rund ein Drittel der Gesamtbevölkerung lebt. Für Touristen bleibt dieser Stadtteil jedoch verborgen, denn er stellt die Schattenseite der prosperierenden Weltstadt Washington, D.C. dar: Hier gibt es kaum schicke Restaurants oder Shops, keine Museen locken mit weltberühmten Sehenswürdigkeiten. Hier wohnt eine vornehmlich schwarze Bevölkerung. Fast die Hälfte der Bevölkerung lebt unterhalb der offiziellen Armutsgrenze. Das durchschnittliche Familieneinkommen beträgt mit jährlich 24000 US-$ lediglich ein Zehntel des Durchschnittseinkommens im nordwestlichen Sektor der Stadt. Auch die Bildung ist unterdurchschnittlich: Nur zehn Prozent der Bevölkerung besitzen einen Collegeabschluss.

Das hier beschriebene Bild ist ein typisches Beispiel für die Fragmentierung des Stadtraumes, die es in nordamerikanischen Städten zwar immer schon deutlich stärker als in Europa gegeben hat, die jedoch im Zuge der Globalisierung weiter zunimmt. Grund hierfür ist nicht zuletzt die internationale Einwanderung, die insbesondere in den letzten Jahrzehnten vielfältiger geworden ist. In einigen Städten bilden Einwanderer mehr als ein Drittel der Bevölkerung, viele von ihnen sind erst in der letzten Dekade zugezogen. Die Stadt mit den meisten Einwohnern, die im Ausland geboren sind, ist Miami (40 %), gefolgt von Los Angeles (31 %) und New York (30,9 %). Dagegen haben die älteren Industriestädte

9.4 Vereinigte Staaten von Amerika (USA)

M1 Gentrifizierte Häuser im Stadtteil Adams Morgan in Washington D.C.

M2 Verlassene Häuser in Washington, D.C., wenige Minuten vom US Capitol entfernt

im Nordosten des Landes deutlich geringere Anteile. Auch variiert die ethnische Zusammensetzung in den Städten stark. Während im Kernraum von Washington, dem District of Columbia, 90% der Bevölkerung afro-amerikanischer Herkunft sind, bilden in vielen Städten Kaliforniens die Hispanos die Mehrheit der Bevölkerung. Diese ethnische Vielfalt trägt zum einen zur Attraktivität der multikulturellen Städte bei, zum anderen ist sie jedoch nicht losgelöst zu sehen von den sozialen Unterschieden, die damit verbunden sind."

(Quelle: Gerhard, U.: Global City Washington, D.C. Bielefeld 2007, S. 111 ff., verändert)

Stadtviertel	Hauspreis 2003 in US-$	Veränderung 1999-2003
China Town (Innenstadt)	330 938	+ 193 %
Mount Pleasant (Sektor im NW)	326 277	+ 113 %
Capitol Hill (Nähe des Capitols)	406 922	+ 105 %
Downtown Bathesda (nördliche Vorortgemeinde)	286 109	+ 93 %
Kalorama, Adams Morgan (Sektor im NW)	271 421	+ 92 %

Quelle: Washingtonian 4/2004

M3 Entwicklung der Hauspreise in ausgewählten Stadtteilen Washingtons, D.C.

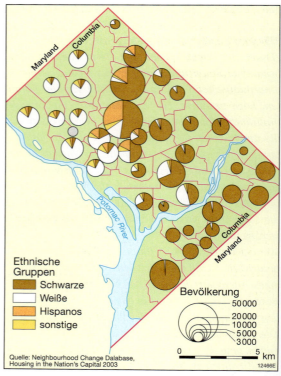

M4 Ethnische Zusammensetzung der Bevölkerung in Washington, D.C.

M5 Urban Sprawl: flächenhafte Ausdehnung der Städte

„Der Großteil des Wachstums der Städte in den USA ist auf den Bevölkerungsanstieg in den Vororten, den sogenannten suburbs, zurückzuführen. Während die Bevölkerung dort ständig zunimmt, verlieren viele Kernstädte kontinuierlich an Einwohnern. Mehr als die Hälfte der amerikanischen Bevölkerung lebt heute in Vororten, die zum Teil 50 km entfernt von der Innenstadt liegen. Das gilt nicht nur für die auto-orientierten Metropolen des amerikanischen Westens, sondern auch für die traditionell eher dicht besiedelten Städte an der Ostküste. Diese weisen zwar eine relativ höhere Bevölkerungsdichte auf, expandieren allerdings in den letzten Jahren weitaus stärker ins Umland. Der Landkreis Loudoun County zum Beispiel, rund ein bis zwei Stunden westlich von Washington D. C. gelegen, gilt seit einigen Jahren als der am schnellsten wachsende Landkreis der USA. Allein innerhalb eines Jahres ist die Bevölkerung hier um 8,7 Prozent gewachsen. Lag die Einwohnerzahl 1990 noch bei 86 000, war sie im Jahr 2005 bereits bei 255 518 und hat sich somit innerhalb von fünfzehn Jahren verdreifacht. Dennoch ist die Bevölkerungsdichte hier nach wie vor sehr gering: Beträgt sie im District of Columbia, also der Kernstadt Washingtons, 9317 Personen je Quadratmeile, wohnen in dem entfernten Landkreis nur 326 Menschen je Quadratmeile. Einen weiteren „Rekord" hält die Stadt Atlanta im Süden der USA: Sie gilt als die Stadt mit der niedrigsten Bevölkerungsdichte der gesamten Welt."

(Gerhard, U.: Stadt und Wirtschaft der USA im Wandel. In: Praxis Geographie 3/2006, S. 7, verändert)

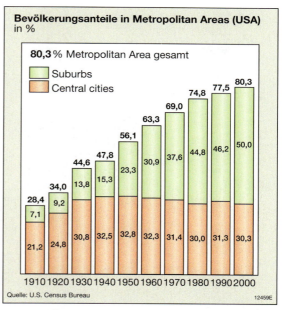

M6 Bevölkerungsanteile in Metropolitan Areas und deren Verteilung auf die Kernstadt und Vororte (in Prozent der Gesamtbevölkerung, 1910–2000)

Großraum	Anteil der im Ausland geborenen Bevölkerung an der Gesamtbevölkerung
New York	24,4
Los Angeles	30,9
Chicago	16,0
Philadelphia	7,0
Dallas	15,0
Miami	40,2
Washington	12,9
Houston	19,2
Quelle: U.S. Census Bureau 2003	

M7 Anteile der im Ausland geborenen Bevölkerung in den acht größten Städten der USA

1. a) Beschreiben Sie die räumliche Verteilung der US-amerikanischen Städte (Atlas).
b) Vergleichen Sie die Verteilung der Städte mit den Standorten der Industrie und der Lage landwirtschaftlich geprägter Räume. Wo zeigen sich besonders deutlich Zusammenhänge?
2. Welche besondere Rolle nimmt New York im US-amerikanischen Städtesystem ein?
3. a) Beschreiben Sie die aktuellen Entwicklungstrends in den US-amerikanischen Städten.
b) Vergleichen Sie diese Trends mit denen der deutschen Städte.
4. Trifft das Modell des postmodernen Urbanismus auch auf deutsche Städte zu?
5. Stellen Sie Zusammenhänge zwischen der Entwicklung der Stadtviertel und der ethnischen Zugehörigkeit der Bevölkerung dar.

M1 *Mirnij (Republik Sacha-Jakutien) lebt vom Abbau von Diamanten. Der Durchmesser des Kraters beträgt über ei...*

...eter, die Tiefe etwa 525 Meter.

9.5 Russland und seine Nachbarstaaten

Der mit 17,1 Millionen Quadratkilometern flächengrößte Staat der Erde weist eine außerordentlich große Vielfalt auf. Unterschiedliche Naturräume, Reichtum an Bodenschätzen, ausgedehnte Waldgebiete, eine große Zahl unterschiedlicher Völker, aber auch schroffe Gegensätze zwischen der in die Globalisierung eingebundene Hauptstadt Moskau und peripheren ländlichen Räumen sind nur wenige Beispiele. Dies bringt erhebliche Anpassungs- und Entwicklungsprobleme mit sich, zumal die Folgen der Sowjetzeit (1917–1991) noch nicht überwunden sind. Umweltkrisen, territoriale Konflikte, massive Bevölkerungsabwanderung aus den sowjetzeitlichen Erschließungsräumen seien exemplarisch genannt.

Naturraum (vgl. Kapitel 2.1, 2.6)

Russland gilt bis heute als einer derjenigen Staaten, in denen der Naturraum in hohem Maß den Handlungsspielraum des wirtschaftenden Menschen absteckt. Sowohl die Vielfalt an Nutzungsformen als auch die Restriktionen, die sich einer Nutzung entgegenstellen, treten deutlich hervor. Auf der anderen Seite bietet der Naturraum eine Fülle von Ressourcen, die einen wesentlichen, in der Wirtschaftsbilanz messbaren Reichtum Russlands darstellen. Beide Aspekte lassen sich teilweise sogar aus dem hohen Stellenwert ersehen, den die Geowissenschaften vor allem im 20. Jahrhundert in Russland bzw. der Sowjetunion innehatten. Die Bodenkunde hatte bereits im ausgehenden 19. Jahrhundert eine Systematik entwickelt, die auf der regelhaften nord-südlichen Abfolge von Klima- und Vegetationszonen beruhte, denen Bodenbildungsprozesse und unterschiedliche Bodentypen zugeordnet wurden. Im 20. Jahrhundert wurde daraus eine Landschaftskunde entwickelt, die vom vegetationskundlichen Befund ausging, mit den Leitbegriffen Tundra, Taiga, Waldsteppe und Steppe aber eine Fülle großräumige geoökologische Zusammenhänge verband, auf die man sich bis heute besinnt.

M1 Land der Gegensätze

Die ungeheure Größe des Landes (17,1 Mio. km² oder 11,4 % der Festlandfläche der Erde) lässt auch große naturräumliche Unterschiede erwarten. Während der hohe Norden zur baumlosen Tundra gerechnet wird, auf den Inseln des Nordpolarmeers sogar zur Eistundra, gehört der Süden bereits zu den hochkontinentalen Räumen mit langen, heißen Trockenperioden.

Gegensätzlich ist auch die Witterungsentwicklung im Jahresverlauf. Im Norden des Fernen Ostens liegt in Oimjakon bei Werchojansk der Kältepol der Nordhalbkugel, an dem im Jahr 1964 mit –71,1 °C die bisherige Tiefsttemperatur gemessen wurde, während in der Kaspischen Niederung im Sommer das Thermometer auf über 40 °C klettern kann. Die Gegensätze in den Höhenlagen werden deutlich, wenn man auch die Nachbarstaaten einbezieht. Mit dem Pik Pobedy und dem Pik Lenina werden im Tien Shan an der Grenze zur VR China Höhen um 7000 m erreicht, während der Seespiegel des Kaspischen Meeres 28 m unter dem Meeresspiegel liegt. In den dicht besiedelten Gebieten des europäischen Russland ist der Höhenunterschied allerdings weniger bedeutend.

M2 Russische Förderation – Naturräume

M3 Vom traditionellen Holzblockbau zum modernen Wohnhochhaus: Anpassung an Natur und Kulturentwicklung

M4 Fragile Ökosysteme und massive Umweltschäden

„Die Weite des Landes darf nicht darüber hinwegtäuschen, dass die Ökosysteme der genannten Landschaftszonen leicht verwundbar sind: Die fruchtbare Steppenschwarzerde verliert beim Einsatz schwerer Maschinen ihre Porosität, sodass Bodenwasser nicht mehr ausreichend zirkulieren kann. Schon in zurückliegenden Jahrhunderten wurden die Waldgebiete der Waldsteppe in einem Ausmaß gerodet, dass heute kaum noch naturnahe Gehölze bestehen. Die Wälder der Taiga scheinen zwar unendlich zu sein, doch verlangen sie eine nachhaltige Bewirtschaftung, weil die Bäume nur sehr langsam wachsen. Die Nutzung des Holzes in den Papier- und Zellulosefabriken am Baikalsee trägt maßgeblich zur Umweltbelastung der Region bei. Sorglose Verlegung der Pipelines im Norden Westsibiriens führt zu Rohrbrüchen und ausgedehnten Verschmutzungen, die Boden und Wasser in hohem Maß belasten.

M5 Handicap durch den Dauerfrostboden

Eine Folge früherer und aktuell andauernder winterlicher Abkühlung ist die Verbreitung von Dauerfrostboden, der 47 % der Landesfläche einnimmt und im äußersten Nordrussland sowie in weiten Teilen Sibiriens und des Fernen Ostens den landwirtschaftlichen Anbau beeinträchtigt und auch alle Bautätigkeit an Gebäuden und Verkehrsanlagen erschwert und verteuert. Der Untergrund ist teilweise über 200 m tief gefroren und taut während der sommerlichen Erwärmung nur in einer dünnen Bodenschicht auf. Gebäude müssen durch Pfähle, heute meist aus Beton, tief im Untergrund verankert und gegen Wärmeleitung zwischen Gebäude und Boden geschützt werden. Die wichtigsten Nutzungen mit Dauerfrostboden sind die Gewinnung von Bodenschätzen, die Rentierzucht und der Holzeinschlag."

(Stadelbauer, J.: in: Russland unter Putin. Stuttgart (= Der Bürger im Staat 51, H. 2/3) 2001, S. 88, gekürzt)

Bahnhof	Zeitzone	Ankunft	Aufenthalt	Abfahrt	km	Tage-Std-Min
Moskau	MOZ			17:06	0	0-00-00
Perm	MOZ + 2 Std.	12:52	00:20	13:12	1397	0-19-46
Nowosibirsk	MOZ + 3 Std.	15:19	00:21	15:40	3303	1-22-13
Krasnojarsk	MOZ + 4 Std.	03:44	00:20	04:04	4065	2-10-38
Irkutsk	MOZ + 5 Std.	22:13	00:23	22:36	5153	3-05-07
Tschita	MOZ + 6 Std.	15:09	00:21	15:30	6166	3-22-03
Birobidshan	MOZ + 6 Std.	03:34	00:05	06:36	8320	5-13-28
Wladiwostok	MOZ + 7 Std.	22:05			9259	6-04-59

Alle Zeitangaben innerhalb Russlands erfolgen üblicherweise in Moskauer Zeit (MOZ). Um die Ortszeit zu ermitteln, muss die Zeitverschiebung (siehe Spalte „Zeitzone") zur Fahrplanzeit addiert werden. Zug Nr. 2 („Rossija") verkehrt ab Moskau immer an ungeraden Tagen (1., 3., 5. des Monats usw.); Ausnahmen: verkehrt nicht am 31. des Monats. Letzte Aktualisierung: Mai 2005

M6 Fahrplan des Zuges Nr. 2 der Transsibirischen Eisenbahn (Auszüge)

M1 Bodenbearbeitung in der russischen Steppe

M2 Schwarzerdeprofil in der Ukraine

M3 Schwarzerde – ein gefährdetes Ökosystem

„Die wirtschaftliche Bewertung beruht auf dem hohen Gehalt an stickstoffreichen Huminsäuren, den Mikroorganismen, der krümeligen Struktur, der guten Drainage und dem Kalkgehalt. Gefahren entstehen der Schwarzerde durch lineare Erosion und Deflation, aber auch durch den Einsatz überschwerer Maschinen, die die lockeren oberen Bodenhorizonte verdichten und dadurch die Zirkulation von Bodenluft und Bodenwasser beeinträchtigen. Die prinzipielle natürliche Fruchtbarkeit der Schwarzerde darf also nicht zu der irrigen Meinung verleiten, daß dieses Substrat in jeder beliebigen Weise landwirtschaftlich genutzt werden könnte. (...) Bei der früher üblichen Zwei- oder Dreifelderwirtschaft liegt der Boden in einem von zwei bzw. drei Jahren brach; dann kann Wasser ungehindert angreifen, wobei die Lockerheit des Bodens die Erosion unterstützt. Die Häufigkeit von Starkregen im südlichen Rußland verstärkt diese Gefahr, ebenso die rasche Erwärmung im Frühjahr und eine damit sprungartig einsetzende Schneeschmelze. (...) Auf stark geschädigten Schwarzerdeböden wurden Ertragsrückgänge um 70 bis 80 % gegenüber ungeschädigten Schwarzerden berechnet. Wo die Bodenerosion zu tief eingeschnittenen Steppenschluchten (ovrag) führte, werden Teile der Großblockfluren unnutzbar. Schutzmöglichkeiten (verbesserte Pflugtechnik, Schutzwaldstreifen, Anbau von Kulissenpflanzen) sind seit langem bekannt, werden aber zu wenig genutzt."

(Quelle: Stadelbauer, J.: Die Nachfolgestaaten der Sowjetunion. Darmstadt 1996, S. 380)

M4 Ovrag, in Rückbildung begriffen

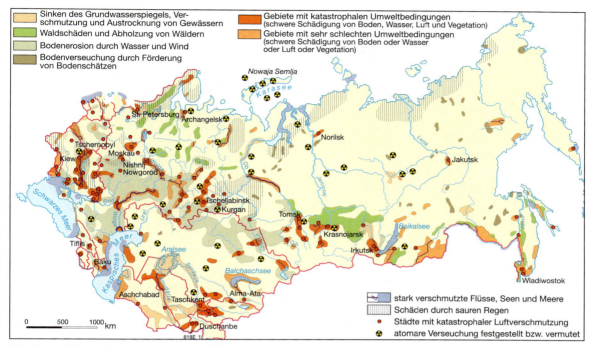

M4 Räumliche Verbreitung von Umweltbelastungen in der GUS und in den baltischen Staaten

M5 Naturräume und Transformationsfolgen

„Die großen Naturräume wurden in unterschiedlicher Weise von Transformationsfolgen erfasst: In der Tundra belebte sich bei der indigenen Bevölkerung der Rentiernomadismus von neuem, der in sowjetischer Zeit durch das Kolchoz- und Sovchoz-System verdrängt worden war. Allerdings ist es heute ein Wirtschaften an der Subsistenzgrenze. Die Nadelwälder der Taiga stehen unter Nutzungsdruck; im europäischen Norden und in Teilen Sibiriens und des Fernen Ostens hat die Nachfrage nach Holz und Holzprodukten zu übermäßigen Einschlägen geführt.

Die Agrargebiete von Laubwaldkeil, Waldsteppe und Steppe leiden vor allem unter der geringen Zugänglichkeit und Erschließungsrückständen, die das Leben im ländlichen Raum relativ wenig attraktiv erscheinen lassen. In den südlichen und kontinentalen Steppengebieten stellen Bodenerosion, Dürreperioden und Staubstürme latente Bedrohungen für die Landwirtschaft dar.

Die Erschließung ausgedehnter Hochgebirgsräume ist unter den derzeitigen ökonomischen Bedingungen kaum möglich, zumal kein besonderer Bevölkerungsdruck besteht. Dadurch bleiben aber auch Potenziale für den Fremdenverkehr ungenutzt, die eine umfangreiche, sich an internationalen Standards orientierende touristische Infrastruktur voraussetzen würden, welche nur selten vorhanden ist."

(Stadelbauer, J.: Russland unter Putin (= Der Bürger im Staat 51, H. 2/3) 2001, S. 87 f., verändert)

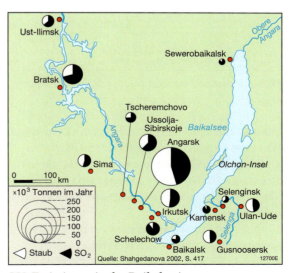

M6 Emissionen in der Baikalregion

9.5 Russland und seine Nachbarstaaten

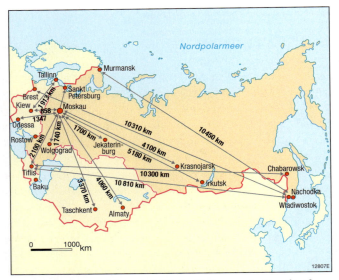

M2 *Distanzen und hauptsächliche Gateways in Russland*

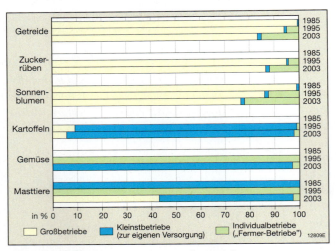

M3 *Agrarproduktion (Mengen) nach Betriebstypen*

1. Ordnen Sie Umweltbelastungen und -schädigungen den für Sie charakteristischen großen Naturräumen zu.
2. Vergleichen Sie anhand der Atlaskarte die Verteilung der Großstädte Russlands mit den Landschaftszonen. Welche Gebiete lassen sich als dichter, welche als weniger dicht besiedelt ausmachen?
3. Tragen Sie Problemsituationen zusammen, die die Erschließung des Hohen Nordens erschweren.
4. Ordnen Sie Risiken und Naturkatastrophen den einzelnen Naturräumen Russlands zu (vgl. auch Aralsee, Seite 133).

M1 Reichtum an Rohstoffen, aber Erschließungsprobleme

„Arm an Bodenschätzen ist die Weite der Russischen Tafel im europäischen Teil des Landes; nur im äußersten Nordosten geht sie mit den Kohlelagerstätten von Workuta in die Gebirgssenke vor dem Ural über, im zentralen Teil finden sich die Eisenerze der Kursker Magnetanomalie, und im Süden wird sie vom Senkensystem begrenzt, in dem die Kohle des Donbass lagert. Erzvorkommen finden sich vor allem in alt gefalteten Gebirgen (Gebirgszug der Chibinen auf der Kola-Halbinsel, Ural, Altai, Sajane sowie andere sibirische Gebirgszüge), Lagerstätten von Steinkohle in den Vorsenken dieser alten Gebirge. Unter den heutigen wirtschaftlichen und technischen Rahmenbedingungen sind umfangreiche Kohlevorkommen in Sibirien wie die Lagerstätten des Tunguska-Beckens nicht nutzbar. Die relative Entfernung von den Hauptdichtezentren der Bevölkerungsverteilung bewirkte, dass die Erschließung zahlreicher Bodenschätze erst relativ spät erfolgte. Entlegene Lagerstätten von Buntmetallerzen wie den Kupfer-, Kobalt- und Nickelerzen von Norilsk wurden aus strategischen Interessen erschlossen. In den subarktischen Bergbaugebieten auf der Kola-Halbinsel, im Petschora-Becken (Workuta) und bei Norilsk ist der Bergbau mit hohem Emissionen und massiven Landschaftsschäden verbunden. Lagerstätten von Erdöl und Erdgas sind an weitgespannte geologische Becken wie die Kaspische Senke, das westliche Uralvorland oder Westsibirien gebunden. Russland verfügt über außerordentlich umfangreiche Lagerstätten, deren Nutzung mit hohem Infrastrukturaufwand verbunden ist. Der Abbau lohnt sich nur, wenn die einzelnen Lagerstätten besonders ergiebig sind. Die westsibirischen Abbauregionen gehören aufgrund der günstigen Absatzchancen zu den reichsten Gebieten Russlands mit den höchsten Durchschnittseinkommen."

(Stadelbauer, J.: In: Russland unter Putin. Stuttgart (= Der Bürger im Staat 51, H. 2/3) 2001, S. 88, verändert)

Wirtschaft und Bevölkerung (vgl. Kapitel 3.2, 7.3)

Binnenwirtschaftlich übernahm Russland von der ehemaligen Sowjetunion die Zielsetzung, sich weitgehend selbst versorgen zu können; dennoch werden hochwertige Produktionsgüter und im Konsumgütersektor vor allem Textilien über den Außenhandel eingeführt. Die wichtigste Basis für die Exportwirtschaft sind die Rohstoffe, die den natürlichen Reichtum Russlands ausmachen. Vor allem Erdöl und Erdgas sind dabei von großer geoökonomischer Bedeutung; daher hält der Staat den größten Anteil an den führenden Energiekonzernen.

Die Auflösung der Sowjetunion und die Transformation des Wirtschaftssystems zur Marktwirtschaft hatten Binnenverflechtungen abreißen lassen und zu einer massiven De-Industrialisierung geführt, die nur langsam überwunden wird. In der Landwirtschaft erweisen sich nicht alle umstrukturierten Großbetriebe überlebensfähig.

M4 Die aktuelle wirtschaftspolitische Lage in der Russischen Föderation

„Unterstützung sollen die kleinen und mittleren Unternehmen (KMU) nun auch verstärkt von Seiten des Staates bekommen, der die entscheidende Bedeutung der KMU für die Volkswirtschaft inzwischen erkannt hat. Derzeit sind rund 950 000 russische KMU aktiv – zu wenig, damit Russland als „normale" Marktwirtschaft westlichen Typs funktionieren kann. (…) Von den Banken des Landes bekommen die russischen Mittelständler allerdings leider noch zu wenig Rückenwind. Probleme bei der Finanzierung sind angesichts hoher Zinssätze bei kurzen Laufzeiten nach wie vor der größte Hemmschuh für investitionswillige Betriebe. (…). Auch wenn es 2005 wieder zu einer Reihe von bemerkenswerten Bankenfusionen gekommen ist (…), ist der russische Bankensektor nach wie vor zersplittert."

(Quelle: Ost-West-Contact 01/2006, S. 56, Auszüge)

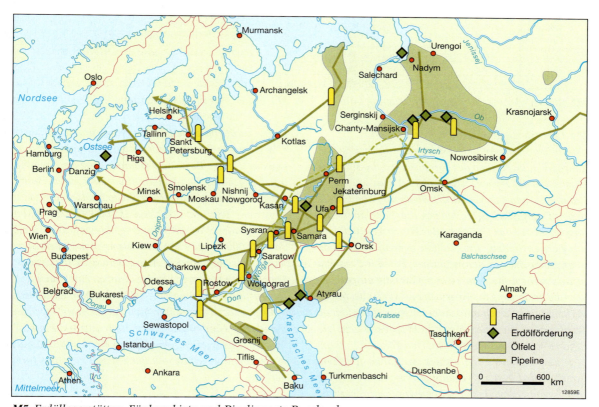

M5 Erdöllagerstätten, Fördergebiete und Pipelinenetz Russlands

M1 Energiegewinnung in Sibirien

Jahr	Steinkohle	Gusseisen	Stahl
1970	345	42,0	63,9
1980	391	55,2	84,4
1990	395	59,4	89,6
1995	263	39,8	51,6
1996	257	37,1	49,3
1997	245	37,3	48,5
1998	232	34,7	43,7
1999	250	40,9	51,5
2000	258	44,6	59,2
2001	270	45,0	59,0

Quelle: Rossijskij statisticeskij ezegodnik 2000, M. 2000: 323ff.; 2001: 357ff.; 2002: 363

M2 Kohleförderung, Eisen-, Stahlerzeugung (Mio. t)

Jahr	Erdöl (Mio. t)	Erdgas (Mrd. m^3)
1970	285	83
1980	547	254
1990	516	641
1995	307	595
1996	301	601
1997	306	571
1998	303	591
1999	305	591
2000	324	584
2001	348	581

Quelle: Rossijskij statisticeskij ezegodnik 2000, M. 2000: 323ff.; 2001: 357ff.; 2002: 363

M3 Erdöl- und Erdgasförderung

M4 Lebensbedingungen im Hohen Norden

„Mit hohem Aufwand hatte die Sowjetunion Erschließungsarbeit im Norden des europäischen Russland, Sibiriens und des Fernen Ostens geleistet. Das sowjetische Prämiensystem sah Vergünstigungen für Arbeitskräfte in den Erschließungsräumen vor, die die Realeinkommen leicht auf das Dreifache des Durchschnittslohnes anwachsen ließen. Inzwischen verschiebt sich der Migrationssaldo in den negativen Bereich. Das Prämiensystem wurde zwar nicht vollständig aufgegeben, aber die Versorgung der Nordregionen wird – bei rascher Verteuerung und schwindender Leistungsfähigkeit der Transportinfrastruktur – Marktkräften überlassen. Dies führt zu Versorgungsengpässen. Den höheren Einkommen stehen wesentlich höhere Ausgaben für Güter des täglichen Bedarfs gegenüber – wenn diese Güter in den entlegenen Gebieten überhaupt verfügbar sind. Vor allem die Vorsorge für den langen Winter wurde in den zurückliegenden Jahren immer problematischer (...). Einzelne Siedlungen mussten sogar definitiv aufgegeben werden. Besonders dramatisch ist die Situation auf der Tschuktschen-Halbinsel; im Nationalen Bezirk der Tschuktschen halbierte sich die Bevölkerungszahl zwischen 1989 und 2002 von 157 000 auf 73 800, im angrenzenden Verwaltungsgebiet Magadan sank sie von 386 000 auf 229 200. Reduzierte Lebenserwartung, wachsende Sterblichkeit, Abwanderung von russischen Fachkräften wegen fehlender Berufsperspektiven und ungünstige Versorgungslage ließen den Norden zur Krisenregion werden. Insgesamt wird der Migrationsverlust des Hohen Nordens zwischen 1990 und 1999 mit 1,2 Mio. Menschen angegeben; dieser Raum hätte damit ein Zehntel seiner Bevölkerung durch Abwanderung verloren (...)."

(Stadelbauer, J.: Migration in den Staaten der GUS. In: Geographische Rundschau 6/2003, S. 38, verändert)

M5 Gesetz über den Erdkörper

„(…) Die Zulassung zur Gewinnung von Bodenschätzen soll künftig flexibler werden und nicht mehr durch Vergabe von Lizenzen, sondern durch den Abschluss von Verträgen mit den Bewerbern erfolgen. (…) Das Gesetz soll künftig Ausländer von der Bodenschatzgewinnung ausschließen. Ausnahmen aufgrund eines Gesetzes sind jedoch vorgesehen. Auch russische Gesellschaften mit einer Auslandsbeteiligung sollen künftig von der Bodenschatznutzung durch eine Ministerialentscheidung ausgeschlossen werden können. Solche Einschränkungen sollen für bestimmte Abbaugebiete gelten, wenn die abzubauenden Bodenschätze eine „strategisch wichtige" Bedeutung haben. Es ist zu erwarten, dass die bisherige Praxis des Ministeriums für Naturressourcen beibehalten wird. Es sieht derzeit Erdölvorkommen ab 150 Millionen Tonnen oder Kupfervorkommen ab zehn Millionen Tonnen als strategisch relevant an."

(Quelle: Ost-West-Contact 01/2006, S. 73, Auszüge)

M6 Russlands demographische Krise

„Die natürliche Bevölkerungsbewegung ist seit Ende der 1980er-Jahre durch niedrige Geburtenraten, steigende Sterberaten und eine sinkende Lebenserwartung gekennzeichnet. Während 1990 13,4 Geburten je 1000 Einwohner noch 11,2 Sterbefälle gegenüberstanden, waren es im Jahr 1994 auf dem Höhepunkt der Krise 9,6 Geburten, jedoch 15,7 Sterbefälle je 1000 Einwohner. Erst kurz vor der Jahrhundertwende kehrte sich dieser Trend etwas um (1998: 8,8 Geburten bei 13,6 Sterbefällen je 1000 Einw.). Die eher überalterte ländliche Bevölkerung ist von Bevölkerungsverlusten besonders betroffen.

Trotz leichten Rückgangs der negativen Salden ist die demographische Krise nicht überwunden. Im Altersaufbau sind die hohen Verluste der Stalinzeit und des Zweiten Weltkriegs nach wie vor spürbar; sie führten in der Folgegeneration der heute etwa 30-Jährigen zu unterdurchschnittlichen Kohorten. In der Gegenwart überlagern sich die Folgen dieser Ausfälle mit den Folgen von Geburtenregelung und Geburtenausfällen, die durch die sozioökonomische Lage bedingt sind. Damit ist abzusehen, dass sich der Bevölkerungsrückgang fortsetzt. Er betrifft die russische Bevölkerung meist mehr als die nichtrussische, bei der in der Regel höhere natürliche Zuwachsraten bestehen."

(Stadelbauer, J.: In: Russland unter Putin. Stuttgart (= Der Bürger im Staat 51, H. 2/3) 2001, S. 90, verändert)

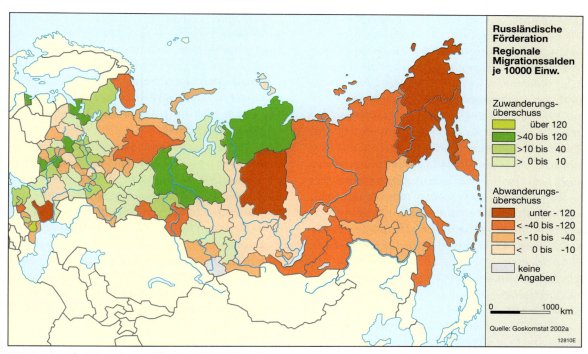

M7 Regionale Migrationssalden je 10000 Einwohner

M1 Verlassene Häuser in Iwanowo im Norden Russlands, einer ehemaligen Textilhochburg, in der vorwiegend Textilien für die russische Armee hergestellt wurden.

M2 Abwanderung aus den Nordgebieten

„Das Kohlenbecken bei Vorkuta im Norden der Republik Komi war seit den 1930er-Jahren erschlossen worden. Wenig später wurden weitere Arbeitersiedlungen im Umkreis des Hauptortes errichtet; in ihnen fanden Zwangsumsiedler Unterkunft, darunter Deutsche. Bis 1991 stieg die Bevölkerung in der Stadt kontinuierlich auf 117 400 Einwohner an, in der Stadtregion auf 217 000 Einwohner. Seither findet Abwanderung statt. Zwar war der Wanderungssaldo bereits in den 1970er-Jahren negativ, doch konnten die Wanderungsverluste durch Geburtenüberschüsse ausgeglichen werden. Dies hat sich geändert: 1994 standen 9800 Zuwanderern 19 000 Abwanderer gegenüber. Die Gesamtverluste von 1990 bis 1995 beliefen sich auf 36 292 Personen, und Anfang 2002 lebten nur noch 166 800 Personen in der Stadtregion Vorkuta.

Die Ziele der Abwanderer liegen überwiegend in Verwaltungsgebieten des europäischen Teils Russlands, aber außerhalb der Republik Komi. Dabei dominieren die arbeitsfähigen Jahrgänge. Die schwierigen Lebensbedingungen unter extremen Klimaverhältnissen, die unsichere Versorgungslage in der Transformationskrise, die Verschlechterung der Wohnraumsituation, gesundheitliche Probleme und deutlicher werdende Gefahren in veralteten Bergwerksanlagen sind Wanderungsgründe. Dafür werden die mit der Übersiedlung in andere Gebiete verbundenen Schwierigkeiten (Auffinden eines neuen Arbeitsplatzes, Mitnahme von Hab und Gut, Einholen von Zuzugsgenehmigungen, Übertragung von Rentenansprüchen usw.) in Kauf genommen (Maleva 1997).

Die Probleme auf einem enger werdenden Arbeitsmarkt sind offensichtlich der Hauptmotor für diesen Wanderungstyp. Die ausbleibende Restrukturierung der Bergbaugebiete, das Fehlen staatlicher Hilfen für Migranten und für die verbleibende Arbeitsbevölkerung sowie die Ungewissheiten am neuen Wohnort erschweren die Migration. Arbeitsunfähigkeit und Frühinvalidität sind unter den Abwanderern häufig vertreten. Damit wirft dieser Wanderungsprozess ein Licht auf die Arbeitsbedingungen in den subpolaren Bergbaugebieten, ohne dass Verbesserungen in Sicht sind."

(Stadelbauer, J.: Migration in den Staaten der GUS. In: Geographische Rundschau 6/2003, S. 38, verändert)

M3 Regionale Straße in Ostsibirien im Sommer

M4 Verkehrserschließung als Basis wirtschaftlicher Nutzung

Spätestens seit dem Baubeginn der Transsibirischen Eisenbahn 1892 ist für Russland die Bedeutung großer Fernverkehrswege unübersehbar. Anders kann die Weite des Raumes nicht überwunden werden. Unter den Verkehrsarten überwiegt noch immer der Eisenbahntransport, insbesondere bei Gütertransporten. Holz, Kohle, Eisenerze und andere Rohstoffe werden über besonders große Entfernungen verfrachtet, obwohl die Transformation zu aufwandgerechten Kostenberechnungen führte und damit solche Transporte teuer machte.

Der Flugverkehr muss wie in der Sowjetzeit die Zugänglichkeit entlegener Siedlungen ermöglichen; hier sind die Preissteigerungen noch deutlicher spürbar, die im Personen- und Frachtbetrieb durchschlagen. In einigen Fällen mussten bereits entlegene Siedlungen völlig aufgegeben werden, weil eine ausreichende Versorgung mit Grundgütern nicht mehr zu verträglichen Preisen möglich war.

Erdöl und Erdgas sind auf die Pipelinesysteme angewiesen, über die ein wesentlicher Beitrag zur Versorgung Mittel- und Westeuropas geleistet wird und die daher auch in Zusammenarbeit mit Abnehmerstaaten konzipiert werden.

1. Erarbeiten Sie eine Gegenüberstellung von Zentralverwaltungswirtschaft und Marktwirtschaft (Internet und andere Quellen) und beschreiben Sie die Transformationsprobleme Russlands nach 1991.
2. Erläutern Sie die Rolle des russischen Staates in der aktuellen Wirtschaftsentwicklung.
3. Erläutern Sie die Entwicklung von Förder- und Produktionsmengen ausgewählter Roh- und Grundstoffe.
4. Nennen Sie die Mechanismen, die in der Sowjetzeit zu einer Zuwanderung von Arbeitskräften in die Nordgebiete führten. Welche Überlegungen lassen aktuell Arbeitskräfte abwandern?
5. Vergleichen Sie die demographische Krise Russlands mit der Bevölkerungsentwicklung Deutschlands. Welche Unterschiede und welche Parallelen lassen sich feststellen?

M1 *Neu gewonnenes Land in Tokio seit Mitte des 19. Jahrhunderts (gestrichelte Linie: Küstenlinie um 1870)*

9.6 Japan

Japan ist heute eine der am höchsten entwickelten Volkswirtschaften der Welt, in vielen Bereichen sind japanische Produkte auf den Weltmärkten führend. Dabei basiert die moderne Wirtschafts- und Landesentwicklung nicht zuletzt auf dem Bemühen, naturräumlich bedingte Nachteile wie Raumenge, Bedrohung durch Naturkatastrophen und Ressourcenmangel durch Anpassungsmaßnahmen zu überwinden. Im Zeitalter der Globalisierung steht das Inselreich heute vor neuen Herausforderungen. International muss Japans „reife" Volkswirtschaft mit den jungen, aufsteigenden Wirtschaftsriesen wie China und Indien mithalten, im Inland muss die Alterung der japanischen Gesellschaft bewältigt werden – Herausforderungen, die es in ähnlicher Weise auch in Deutschland zu meistern gilt.

9.6 Japan

Naturraumausstattung und Landesentwicklung (vgl. Kapitel 1.2)

Die entscheidenden naturgeographischen Nachteile Japans liegen in den ständig drohenden Naturkatastrophen: Erd- und Seebeben, Tsunami, Vulkanausbrüche und Taifune, in deren Folge Feuersbrünste, Überschwemmungen und Bergstürze auftreten können. Die Geotektonik, die Reliefzerstückelung und die spezifischen meteorologischen Bedingungen des japanischen Archipels bilden die Grundlagen dieser Bedrohungen, die zugleich die Inwertsetzung des Raumes erschweren.

Ein weiterer Nachteil der Naturausstattung besteht darin, dass Japan nur geringe eigene Ressourcenvorkommen hat. Sowohl mineralische als auch agrarische Rohstoffe müssen überwiegend importiert werden. Die nationale Energiestrategie sieht daher unter Einschluss der Weiterentwicklung erneuerbarer Energien auch den Ausbau der Kernenergie vor.

M1 Bucht von Isahaya: Eindeichung zum Zwecke der Neulandgewinnung (Polder)

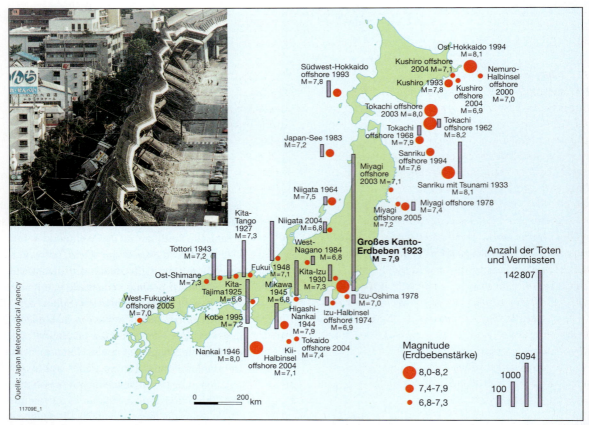

M2 Japan: Starke Erdbeben (Magnitude M ≥ 6,8) im 20. Jahrhundert (Epizentrum, Magnitude, Zahl der Toten und Vermissten), das Foto zeigt Schäden nach dem Erdbeben in Kobe im Januar 1995.

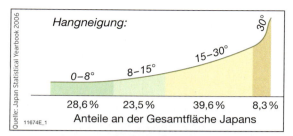

M3 Verteilung der Landesfläche nach Hangneigung 2006

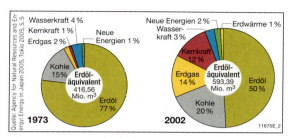

M4 Primärenergiebedarf Japans insgesamt und differenziert nach Energieträgern (1970–2002)

Jahr	1965	1970	1975	1980	1985	1990	1995	2000	2003
berechnet auf Kalorienbasis	73	60	54	53	53	48	43	40	40
berechnet auf Volumenbasis für									
• Getreide (Nahrungs- und Futtergetreide)	62	46	40	33	31	30	30	28	27
• Reis	95	106	110	100	107	100	104	95	95
• Weizen	28	9	4	10	14	15	7	11	14
• Gemüse	100	99	99	97	95	91	85	82	82
• Obst	90	84	84	81	77	63	49	44	44
• Fleisch (ohne Walfleisch)	90	89	77	81	81	70	57	52	54

Quelle: Statistics Bureau, Ministry of Internal Affairs and Communications: Japan Statistical Yearbook, verschiedene Jahrgänge

M5 Nahrungsmittel-Selbstversorgungsgrad Japans 1970–2003 (in Prozent)

M6 Probleme der Landesentwicklung

„Die klimatischen Vorzüge der pazifischen Seite haben erhebliche Auswirkungen auf die moderne Wirtschafts- und Bevölkerungsentwicklung. Für die unterschiedliche Bewertung beider Küstenteile hat die japanische Sprache treffende Bezeichnungen. Die durch ihre Lage gegenüber dem Festland scheinbar attraktive, doch klimatisch und auch großräumlich benachteiligte Japanmeer-Seite heißt „Ura-Nihon" (Rückseiten-Japan), im Gegensatz zum pazifischen „Omote-Nihon" (Vorder- oder Fensterseiten-Japan). Die pazifische Seite ist, außer durch diese entscheidenden klimatischen Vorteile, auch geomorphologisch durch größere Buchten und Küstenebenen begünstigt. (…) In jüngster Zeit erscheint die Ungunst des Klimas der Japanmeer-Seite durch die enorm gestiegene Bedeutung des Skitourismus nicht mehr ganz so extrem. Als attraktive Skizentren haben sich insbesondere solche Standorte entwickelt, die nicht nur ausreichenden Schnee und gute Pisten bieten, sondern auch von den Metropolregionen aus (…) schnell erreichbar sind."

(Flüchter, Winfried: Die Naturgeographie Japans und ihre Bedeutung für den Menschen. In: Pohl, Manfred (Hrsg.): Japan. Stuttgart, Wien 1986, S. 40-42)

M7 Neulandgewinnung und Tiefwasserhäfen

„Die Landknappheit sowie der Flächen- und Tiefwasserbedarf von Hafengewerbe und -industrie führten vor allem seit Mitte der Fünfzigerjahre zum seeseitigen Ausbau von Neuland. Die moderne Neulandgewinnung vor den Küsten erfolgte einerseits durch Aufschüttung von Boden aus dem Umland, kombiniert mit dem Abtragen und Einebnen von Berg- und Hügelland für Siedlungszwecke. Andererseits – und als solche viel bedeutender – war sie ein Resultat der Aufspülung von Baggergut aus dem unmittelbar vorgelagerten Meeresboden, kombiniert mit dem Bau von Tiefwasserhäfen. Mithilfe moderner Ingenieurtechniken und ausländischer Kredite (bis Ende der sechziger Jahre) wurden gerade auch naturbenachteiligte Küstenabschnitte, die für Tiefwasserhäfen zuvor unbrauchbar waren, ins positive Gegenteil verkehrt. Insbesondere an seichten Buchten gelang es, nicht nur Tiefwasserhäfen mit adäquaten Fahrrinnen, sondern auch (…) große, möglichst erweiterungsfähige Hafenlandflächen zu schaffen."

(Flüchter, Winfried: Geographische Fragestellungen, Strukturen, Probleme. In: Pohl, Manfred und Jürgen Mayer (Hrsg.): Länderbericht Japan. Bonn: Bundeszentrale für politische Bildung 1998, S. 28)

9.6 Japan

M1 Akashi-Kaikyo-Hängebrücke zwischen der Hafenmetropole Kobe und der Insel Awaji (Blick von Kobe)

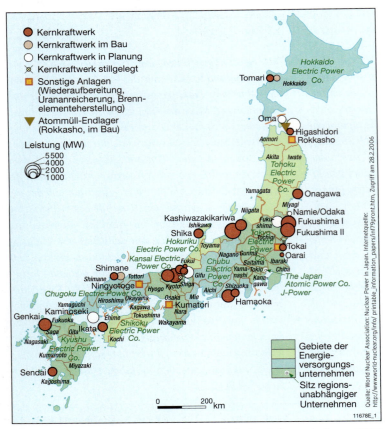

M2 Kernkraftwerke und sonstige kerntechnische Anlagen in Japan 2006

1. Stellen Sie Nachteile der naturräumlichen Ausstattung Japans im Hinblick auf die Landesentwicklung zusammen.

2. Erörtern Sie die Landschaftsgliederung (M3, S. 477) im Hinblick auf die Besiedlungseignung Japans.

3. Analysieren Sie anhand von M4, S. 477 Entwicklung und Struktur der Energieversorgung Japans.

4. Interpretieren Sie die Standortverteilung kerntechnischer Anlagen in Japan (M2) und folgern Sie daraus auf die generellen Standortbedingungen von Kernkraftwerken in Japan.

5. Diskutieren Sie anhand von M5, S. 477 die These, „Japaner ernähren sich immer mehr ‚fremd'".

6. Erklären Sie die Neulandgewinnung in Japan und ihre Bedeutung für die Landesentwicklung.

Bevölkerung und demographischer Wandel (vgl. Kapitel 7.3, 9.2, 9.5)

Aktuelle Bevölkerungsprognosen zeichnen ein düsteres Bild von der demographischen Zukunft Japans: Die Bevölkerung wird in den kommenden Jahrzehnten bei wachsendem Tempo altern und schrumpfen. Im Jahr 2050 wird der Anteil der über 65-Jährigen auf mehr als ein Drittel ansteigen, gleichzeitig wird die Gesamtbevölkerung um mehr als ein Fünftel auf etwa 100 Mio. Einwohner schrumpfen.

Diese Zunahme der älteren Bevölkerung bewirkt weitreichende Folgen für die sozialen Sicherungssysteme, und durch den Mangel an Arbeitskräften auch für die Volkswirtschaft. Unter raumplanerischen Aspekten besonders gravierend sind die Auswirkungen des demographischen Wandelns auf die künftigen infrastrukturellen Angebotsstrukturen in den ländlichen, heute schon rückständigen Räumen. „Schrumpfung" bedeutet eben nicht nur Bevölkerungsabnahme, sondern auch den Verlust wirtschaftlicher Aktivität und gesellschaftlich-sozialer Vitalität.

M3 Bevölkerungswandel in Japan: Abnahme der Kinderzahlen, steigende Lebenserwartung und geringe Zuwanderung führen zur Überalterung der Gesellschaft

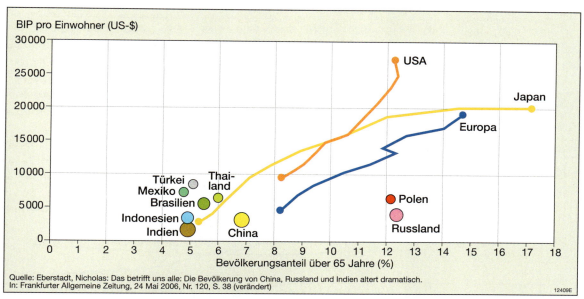

M4 Bevölkerungsanteil der über 65-Jährigen und Bruttoinlandsprodukt je Einwohner: Entwicklung von Industrieländern (1950–2000) im Vergleich zu Schwellenländern (2000)

9.6 Japan

Land	Bevölkerung absolut (in Mio.)				Bevölkerungsentwicklung (in %)	
	1995	2000	2005	2025	1995–2005	2005–2025
Japan	126	127	128	125	1,6	–2,3
Kanada	29	31	32	38	10,3	18,8
USA	270	284	298	350	10,4	17,4
Frankreich	58	59	60	63	3,4	2,1
Großbritannien	58	59	60	64	3,4	5,0
Italien	57	58	58	56	1,8	–3,4
Deutschland	82	82	83	82	1,2	–1,2
Russland	148	147	143	129	–3,4	–9,8

Quelle: Statistics Bureau, Ministry of Internal Affairs and Communications: Population Census of Japan 2005; United Nations Population Division (= UNPD): World Population Prospects. The 2004 Revision. Highlights. New York 2005

M1 *Bevölkerungsentwicklung in ausgewählten Industriestaaten 1995–2025*

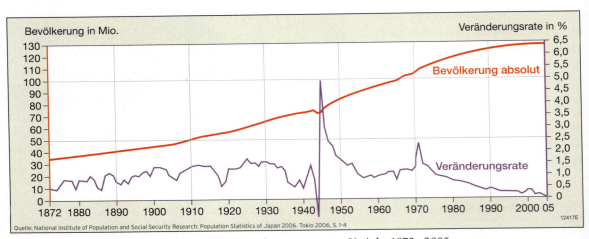

M2 *Japan: Bevölkerungsentwicklung und Veränderungsrate zum Vorjahr 1872–2005*

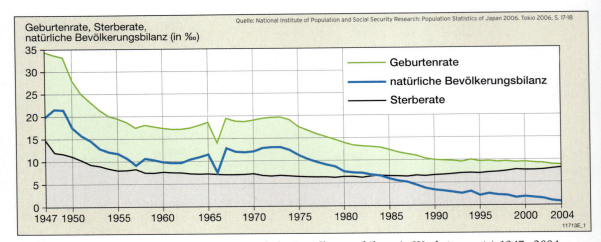

M3 *Japan: Geburten- bzw. Sterberate und natürliche Bevölkerungsbilanz (= Wachstumsrate) 1947–2004*

M4 Migration nach Japan

„Japan wird (…) oft als die große Ausnahme unter den Industrieländern identifiziert. Auch bezüglich internationaler Migration scheint Japan seine Stellung als einmaliger Sonderfall zu bestätigen. Fast alle fortschrittlichen Industrieländer verzeichneten während der Hochwachstumsphase in der Nachkriegszeit signifikante Immigrationsflüsse ausländischer Arbeitnehmer. Im Fall Japans fehlen hingegen bis Ende der 1970er-Jahre trotz eines fulminanten Wirtschaftswachstums Immigrationsbewegungen in einem relevanten Ausmaß, sodass das Land der aufgehenden Sonne als Nichtimmigrationsland bezeichnet werden durfte. In den beiden letzten Dekaden hat sich die Situation in Japan jedoch geändert. Zwar ist der Anteil der ausländischen Arbeitskräfte, welche während dieser Zeitspanne immigrierten, in Proportion zur japanischen Bevölkerung und der Gesamtzahl aller Erwerbstätigen gering. Doch erreicht ihre absolute Zahl mit über 760 000 am Ende des 20. Jahrhunderts eine stattliche Größe (…). Japan hat sich im Laufe der letzten Jahre zum Immigrationsland gewandelt."

(Quelle: Chiavacci, David: Vom Nichtimmigrationsland zum Immigrationsland: der regionale Kontext der neuen Migration nach Japan. In: Asien 95, April 2005, S. 9-10)

Anmerkung: Berechnungen der Vereinten Nationen zum Umfang der zur Bevölkerungsstabilisierung notwendigen „Ersatz-Einwanderung" sind jedoch ernüchternd: Um die Bevölkerungszahl des Jahres 1995 zu erhalten, wären 17 Millionen Zuwanderer bis 2050 erforderlich. Der Anteil der ausländischen Bevölkerung an der Gesamtbevölkerung läge dann bei 18% - gegenüber 1,5% im Jahr 2004.

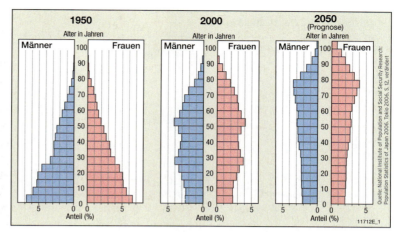

M5 Bevölkerungspyramiden Japans der Jahre 1950, 2000 und 2050 im Vergleich

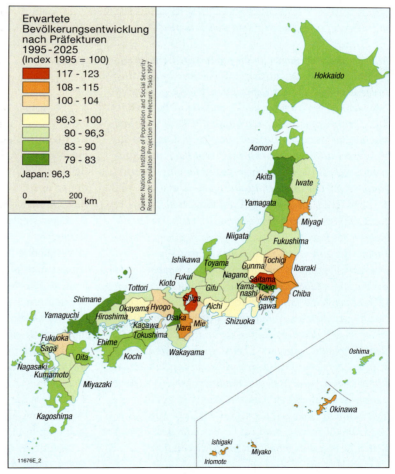

M6 Prognostizierte Bevölkerungsentwicklung Japans 1995–2025

481

9.6 Japan

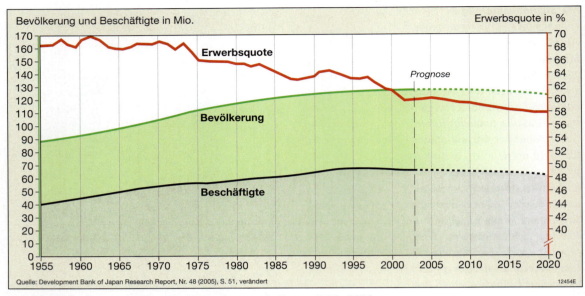

M1 Bevölkerung, Beschäftigte und Erwerbsquote in Japan 1955–2020

M2 Herausforderungen an die japanische Gesellschaft
„Japan hat eine der niedrigsten Geburtenraten aller fortgeschrittenen Industrienationen. Dieser Tatbestand beschleunigt die Alterung der japanischen Gesellschaft. Die demographische Entwicklung übt Druck auf die japanische Sozialpolitik aus, die sich bislang auf die Privatsozialleistung der Firmen (Wohlfahrtskorporatismus) sowie die Privatvorsorge der Familien (Hausfrauen und teilzeitbeschäftigte Frauen) gestützt hat. (…) Der zu erwartende Druck auf Gesundheitssystem, Rentensystem, Altersvorsorge und Arbeitsmarkt hat die Reform des japanischen Sozialstaates zu einem Hauptthema der öffentlich-politischen Diskussion in den 90er-Jahren gemacht. Im internationalen Vergleich sind die Sozialausgaben des japanischen Staates niedrig. Im OECD-Vergleich lag der Prozentsatz der öffentlichen Sozialausgaben als Anteil des Bruttoinlandsprodukts in Japan seit den 60er-Jahren oft an letzter Stelle. Mit dem System der nationalen Pension, einer öffentlichen Krankenversicherung, niedrigen Säuglingssterberaten, hoher Lebenserwartung und niedriger Arbeitslosigkeit wurde der „schlanke" japanische Wohlfahrtsstaat lange Zeit kaum in Frage gestellt. Es gehörte auch zur Politik der LDP-Regierung, die Last der Sozialausgaben von Seiten des Staates möglichst niedrig zu halten."

(Kevenhörster, Paul, Pascha, Werner und Shire, Karen A.: Japan. Wirtschaft – Gesellschaft – Politik. Opladen 2003, S. 252-253)

1. Erläutern Sie anhand von M4 S. 479 den Zusammenhang von Alters- und Einkommensentwicklung am Beispiel Japans im Vergleich zu anderen Industrienationen und Entwicklungsländern.

2. a) Analysieren Sie die Bevölkerungsgröße und Bevölkerungsentwicklung Japans im internationalen Vergleich.

b) Vergleichen Sie die demographische Entwicklung Japans mit der Deutschlands (Kapitel 9.2) und Russlands (Kapitel 9.5).

3. Erläutern Sie, wie sich die Bevölkerung Japans seit der Nachkriegszeit verändert hat. Diskutieren Sie mögliche Ursachen.

4. Interpretieren Sie M4 S. 481 und M1 im Hinblick auf wirtschaftliche Folgen des demographischen Wandels in Japan.

5. Erörtern Sie die sozial- und raumentwicklungspolitischen Konsequenzen, die sich aus der Alterung der japanischen Gesellschaft ergeben.

6. Diskutieren Sie auf der Grundlage von M4 S. 481 die These, Japan habe sich zu einem „Immigrationsland" gewandelt.

Globalisierung der Wirtschaft (vgl. Kapitel 4)

Im Zeitalter der Globalisierung ist Japan als eine der weltweit führenden Wirtschaftsmächte auf vielfältige Weise mit der Welt verflochten. Handelsströme von Sachgütern und Dienstleistungen, ausländische Direktinvestitionen, Freihandelsabkommen, aber auch Passagier- und Güterverkehrsströme sind dabei wichtige Indikatoren der außenwirtschaftlichen Beziehungen.

Die Auslandsverlagerung beschäftigungs- und damit arbeitskostenintensiver Produktionsstufen in das asiatisch-pazifische Umfeld ist eine wichtige Strategie multinationaler Konzerne zur Sicherung der internationalen Wettbewerbsfähigkeit im Rahmen von Global Sourcing. In diesem Prozess spielt der ost- und südostasiatische Raum traditionell auch als Ziel japanischer Direktinvestitionen eine besondere Rolle, jüngst insbesondere die Volksrepublik China.

Da Japan ebenso wenig wie Deutschland mit der aufstrebenden Weltmacht China in arbeitsintensiven Produktbereichen konkurrieren kann, setzen beide Staaten im Inland auf ihre Stärken im wissensintensiven Hochtechnologie- und Dienstleistungsbereich.

M3 *Global City Tokio: Steuerungszentrale der japanischen Wirtschaft und mit rund 42,4 Millionen Einwohnern (2005) in einem Umkreis von 100 km um den Kern größter Ballungsraum der Welt.*

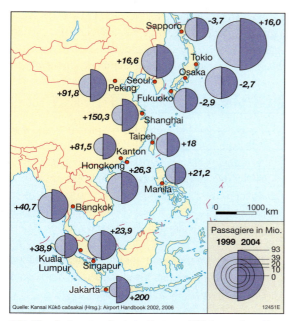

M4 *Flughafenstandorte in Ost- und Südostasien: Entwicklung des Passagieraufkommens 1999–2004*

M5 Toyota weitet China-Engagement aus

„Japans größter Autohersteller Toyota Motor Corp., Toyota-City, wird seine Aktivitäten in China ausbauen. Wie es zum Wochenauftakt hieß, plant Toyota den Bau einer dritten Produktionslinie im Reich der Mitte. Gemeinsam mit dem chinesischen Partner FAW sollen in den kommenden zwei Jahren Fertigungskapazitäten von weiteren 500 000 Autos im Jahr hochgezogen werden. Damit kämen die Japaner auf Kapazitäten von insgesamt 720 000 Einheiten. Bisher betreiben sie eine Fertigung zur Herstellung der Luxusmarke „Crown". Darüber hinaus haben sie einen Betrieb zur Produktion von Modellen wie „Corolla" und „Vios". Mit dem jüngsten Vorhaben sucht Toyota gegenüber Konkurrenten wie Honda, Volkswagen oder General Motors in China Boden gutzumachen. Für das Jahr 2010 hat es einen Marktanteil von zehn Prozent in China im Blick. Zurzeit liegt er bei knapp drei Prozent. Dagegen kommt etwa Volkswagen auf 25 Prozent."

(Quelle: Frankfurter Allgemeine Zeitung Nr. 68 vom 22. März 2005, S. 18)

9.6 Japan

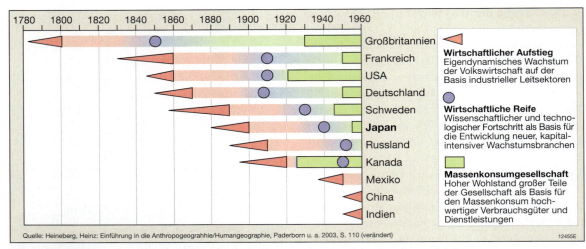

M1 *Stufen industriellen Wachstums nach W. W. Rostow (1959/60) im Ländervergleich*

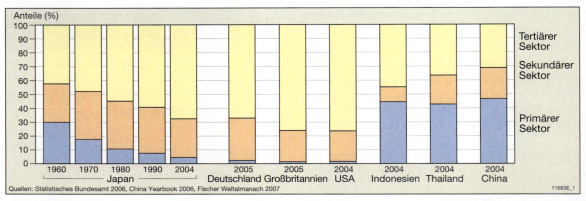

M2 *Wirtschaftlicher Strukturwandel in Japan und ausgewählten Ländern nach der Sektorentheorie (Beschäftigte)*

M3 *Shanghai boomt, auch durch ausländische Direktinvestitionen, die nicht zuletzt aus Japan kommen.*

Land/Großregion	2001	2002	2003	2004
Welt	2,5	3,0	4,0	5,1
Japan	0,2	-0,3	1,4	2,7
USA	0,8	1,6	2,7	4,2
EU25	1,8	1,1	1,0	2,3
China	7,5	8,3	9,5	9,5
ANIEs	1,2	5,3	3,1	5,6
ASEAN4	2,8	4,4	5,2	5,8

ASEAN4 = Indonesien, Malaysia, Philippinen, Thailand
ANIEs (Asian Newly Industrializing Economies) = Singapur, Hongkong, Taiwan, Südkorea
Quelle: Zusammengestellt nach JETRO (= Japan External Trade Organization): 2005 JETRO White Paper on International Trade and Foreign Direct Investment (Summary). Internetquelle: http://www.jetro.go.jp/en/stats/white_paper/2005.pdf, 10.2.2007.

M4 *Wachstumsraten des Bruttoinlandsprodukts nach Staaten bzw. Großregionen (in Prozent)*

484

Land / Großregion	Außenhandel		Ausländische Direktinvestitionen	
	Importe	Exporte	Zufließende	Abfließende
Welt	9068,6 Mrd. US-$ = 100 %	9402,4 Mrd. US-$ = 100 %	639,8 Mrd. US-$ = 100 %	758,9 Mrd. US-$ = 100 %
Japan	6,2	4,8	1,2	4,1
USA	9,0	15,6	16,7	33,2
EU-15	38,0	35,9	29,8	36,8
China	6,5	6,0	8,6	0,2
ANIEs	9,6	8,8	9,4	8,2
ASEAN4	3,7	3,1	1,1	0,4
Sonstige	27,0	25,8	33,2	17,1

ASEAN4 = Indonesien, Malaysia, Philippinen, Thailand
ANIEs (Asian Newly Industrializing Economies) = Singapur, Hongkong, Taiwan, Südkorea
Quelle: Zusammengestellt nach JETRO (= Japan External Trade Organization): 2005 JETRO White Paper on International Trade and Foreign Direct Investment (Summary). Internetquelle: http://www.jetro.go.jp/en/stats/white_paper/2005.pdf, 10.2.2007

M5 *Anteile am Welthandel und an den ausländischen Direktinvestitionen 2004 (in Prozent)*

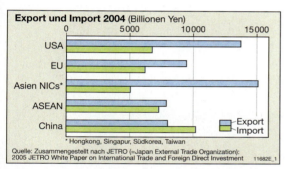

M6 *Japans Export- bzw. Importanteile differenziert nach Ländern bzw. Großregionen 1980 bis 2004*

M7 *Ausländische Direktinvestitionen 1999 und 2004*

M8 Japans Beitrag zur Entwicklungshilfe

„Für die japanischen Wirtschaftspolitiker ist die Entwicklungshilfe seit jeher ein wichtiges Instrument der Außenwirtschaftspolitik gewesen, das der Sicherung der Außenhandelsmärkte dienen sollte. Dabei ging es vor allem um den Export hochwertiger japanischer Industriegüter und um die Sicherung der Rohstoffversorgung Japans. Daher wurde die Entwicklungspolitik (…) als eine im nationalen (…) Interesse Japans liegende Politik betrachtet. Hierin liegt zugleich die regionale und sektorale Ausrichtung der japanischen Entwicklungspolitik begründet. (…) Noch 1996 gehörten mit Indonesien, Thailand und den Philippinen drei der großen ASEAN-Mitglieder zu den fünf Hauptempfängern japanischer ODA-Leistungen."

(Quelle: Kevenhörster, P., Pascha, W. und Shire, K.A.: Japan: Wirtschaft – Gesellschaft – Politik. Opladen 2003, S. 369–370)

1. Begründen Sie, warum die Fluggastaufkommen ein geeigneter Indikator für die Globalisierung der Wirtschaft sind, und nennen Sie die verkehrsgeographischen Zentren in Ost- und Südostasien (M4 S. 483).
2. Beschreiben Sie anhand von M1 den Industrialisierungsweg Japans und Unterschiede zu Europa und Amerika und untersuchen Sie die Auswirkungen des Wirtschaftsstrukturwandels auf die Beschäftigung (M2).
3. Beschreiben Sie die weltwirtschaftliche Bedeutung Japans im internationalen Vergleich (M4 und M5).
4. Erörtern Sie die außenwirtschaftliche Bedeutung „Asiens" für die japanische Volkswirtschaft (M6, M7).
5. Analysieren Sie den Zusammenhang zwischen Außenwirtschaftspolitik und Entwicklungshilfe in Japan.

M1 *Aufbruch in Shenzen, der ersten Sonderwirtschaftszone Chinas*

9.7 China

China ist zu Beginn des Jahrhunderts ein Entwicklungsland im rasanten Aufstieg zur Wirtschafts-Weltmacht. Durch den Wirtschaftsboom konnten sich fast eine Milliarde Menschen durch harte Arbeit aus der Armut befreien, dennoch gibt es krasse soziale Unterschiede. Über 150 Millionen Menschen strömten aus den Dörfern in die Städte, es ist die größte Migrationsbewegung in der Geschichte der Menschheit. Die Veränderungen in China haben weltweite Wirkungen. Chinesische Waren sind aus unserem Alltag nicht mehr wegzudenken, von einfachen Spielwaren bis zu aufwendigen elektronischen Geräten. China bestimmt mit der Verlagerung von Arbeitsplätzen, dem globalen Anstieg der Rohstoffpreise und mit seiner Wirtschaftsoffensive immer stärker unseren Alltag.

Kulturelle Basis

Trotz zahlreicher regionaler Unterschiede, wie z.B. unterschiedlicher Dialekte, Wohnformen und Lebensweisen, ist die chinesische Kultur relativ einheitlich. Das hängt damit zusammen, dass China seit etwa 200 v. Chr. fast immer ein zentralistisch regierter Einheitsstaat war. Dieses Gesellschaftssystem brach zu Beginn des 20. Jahrhunderts zusammen, als sich Ideen aus Europa durchsetzten. 1911 wurde das Kaisertum durch eine bürgerliche Revolution gestürzt, nach einem blutigen Bürgerkrieg 1949 die Volksrepublik China ausgerufen. Seit 1980 hat sich China bewusst geöffnet: Mit westlicher Technologie und westlichen Wirtschaftsformen kommen auch westliche Ideen ins Land. Die kommunistische Regierung akzeptiert das System der Marktwirtschaft, weil dadurch rasch die Lebensbedingungen von weit über einer Milliarde Menschen verbessert wurden. Die Bildung einer Mittelschicht führt aber unter anderem dazu, dass auf der Grundlage traditioneller Verhaltensweisen in den städtischen Zentren Ostchinas eine kulturelle Dynamik einsetzt, welche die weitere soziale wie politische Entwicklung prägen wird.

M1 Konfuzius-Statue: Die Ideen von Konfuzius (um 500 v. Chr.) gelten als eine Grundlage der traditionellen Kultur.

M2 Traditionelle Kultur und ihre Anpassung an die Gegenwart
China ist mit einer überlieferten Geschichte von rund 4000 Jahren die älteste noch immer bestehende Hochkultur der Welt. Der Eigenname lautet „Land der Mitte" (Zhong Guo) und weist auf die Weltsicht hin: China als Zentrum (M3). Dieses auf die Geschichte bezogene Selbstbewusstsein ist auch heute noch Grundlage für einen starken Nationalismus. Er wird durch die Erfolge Chinas auf den Gebieten der Technik (u.a. erfolgreiche eigenständige bemannte Weltraumfahrt als dritte Nation nach den Supermächten USA und Sowjetunion) und durch das seit etwa 1980 anhaltende hohe Wirtschaftswachstum verstärkt, das China bis 2005 zur fünftstärksten Wirtschaftsmacht der Welt aufsteigen ließ.
In China gelten noch heute die Ideen des Philosophen Konfuzius (um 500 v.Chr.) als bedeutsam. Ihr Ziel ist es, das Zusammenleben der Menschen auf moralischer Grundlage zu regeln – ein Verzicht auf transzendentale Begründungen. Nachfolgend werden Vorstellungen aufgelistet, die sich teilweise aus dem Konfuzianismus ableiten, auf jeden Fall stark pragmatisch sind. Sie regeln das Zusammenleben der chinesischen Gesellschaft.

- *Leistung wird anerkannt, harte Arbeit gilt als vorbildlich. Auch in der Schule wird ständig geprüft, nur die Besten können studieren. In der Wirtschaft gilt der Erfolg als moralisch gerechtfertigt. „Arbeit hat in der konfuzianischen Gesellschaft noch nie als Last, sondern als selbstverständliche Bestimmung des Menschen gegolten." (Weggel 2002)*
- *Risikobereitschaft. Chinesische Unternehmer sind vielfach wesentlich aufgeschlossener, innovative Investitionen zu wagen als zum Beispiel deutsche Manager. Das führt oft zu raschem wirtschaftlichen Aufstieg, allerdings werden auch Milliardenwerte vernichtet.*
- *Hierarchische Strukturen. Das Wohl der Gemeinschaft (von der Familie über die Firma bis zur Nation) erfordere die Einordnung des Einzelnen. Das westliche Ideal der Selbstverwirklichung des Individuums wird abgelehnt (hier bahnt sich ein Wandel an). Deswegen werden auch die sozialen Aspekte der Menschenrechte höher geachtet als die Rechte etwa des einzelnen Bürgers gegenüber dem Staat.*
- *Betonung der Harmonie. Die westliche Kultur ist eine „Streitkultur", bei der chinesischen werden Gemein-*

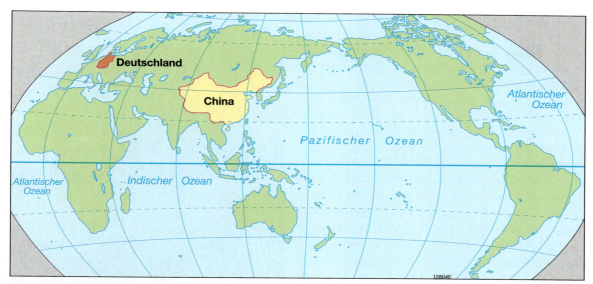

M3 China, das Reich der Mitte – die Welt aus chinesischer Sicht

samkeiten betont. Das heißt nicht, dass Unterschiede nicht erkannt werden, Ziel ist aber eine Vereinbarung, der alle zustimmen können. Das ist dann möglich, wenn es eine „Garantie reziproker Vorteile" gibt, sich jeder als Gewinner betrachten kann.

- Bedeutung persönlicher Beziehungen. In China ist ein neutrales sachbezogenes Rechtssystem erst im Aufbau. Deswegen sind persönliche Beziehungen wichtig: Geschäftsbeziehungen werden stärker auf Vertrauensbasis als auf der Grundlage von Verträgen entwickelt. Man entwickelt ganze Netzwerke von Beziehungen (guanxi). Unternehmer stellen sich mit Parteifunktionären gut, die wiederum auf Behörden einwirken, das kann positiv zu Genehmigungen jenseits bürokratischer Hürden führen, negativ zur geduldeten Missachtung von Umweltschutz- und Arbeitssicherheitsgesetzen. Größter Nachteil der persönlichen Beziehungen jenseits formaler Rechtswege ist eine wuchernde Korruption.

Auf diesem Hintergrund hat sich in China eine „fragmentierte Gesellschaft" herausgebildet. Der ungeheure soziale und wirtschaftliche Umbruch führt dazu, dass Altes und Neues auf engem Raum nebeneinander existieren. Arm und Reich, Tradition und neue, oft westliche Ideen prallen aufeinander. Lange gültige Werte werden plötzlich fraglich, die kommunistische Idee überzeugt kaum noch, gegenwärtig zählt vor allem das Materielle, der Wohlstand.

M4 Morgenappell bei Yuanda in Shangsha – die 800 Arbeiter des Klimaanlagenherstellers singen die Firmenhymne

1. Nennen Sie die wichtigsten Kennzeichen der chinesischen Kultur, die für Wirtschaftsbeziehungen bedeutsam sind.

2. Erläutern Sie, welche Anforderungen sich für europäische Verhandlungspartner in China ergeben könnten.

3. Beurteilen Sie die Bedeutung eines Rechtssystems nach westlichem Muster.

Räumliche Strukturen (vgl. Kapitel 7.4)

Die sozioökonomischen Disparitäten im nationalen Maßstab zwischen den Küstengebieten und dem Hinterland werden in regionalem Maßstab durch solche zwischen Stadt und Land überlagert. Selbst lokal verstärken sich die Unterschiede im Einkommen und über die Bildungsmöglichkeiten auch die Zukunftschancen der kommenden Generation. Die gesamtstaatliche Entwicklungspolitik muss von den großräumigen Gegebenheiten der Naturstrukturen und der dadurch bedingten Bevölkerungsverteilung ausgehen, wobei besonders durch Gebirge, kleinräumige Ebenen und unfruchtbare Böden der Ausbau der Infrastruktur im Westen ungleich aufwendiger ist als in den Ballungsräumen Ostchinas. Um den wachsenden Abstand zwischen beiden Landeshälften zu verringern, wurde 2000 ein „Großer Entwicklungsplan für den Westen" verkündet, mit dem bis 2050 eine Angleichung des Lebensstandards auf nationaler Ebene erreicht werden soll. Die Einkommensunterschiede zwischen den Städten und ihrem Umland verringern sich durch den Ausbau der Verkehrsinfrastruktur, entlang der Autobahnen bilden sich Entwicklungskorridore.

M1 Nutzung kleinster Feldflächen in der Provinz Guizhou

M2 Naturbedingte Raumstrukturen
Die wirtschaftlichen Entwicklungsmöglichkeiten innerhalb Chinas werden durch zwei naturgeographische Faktoren bestimmt: durch das Relief und durch das Klima. Das Relief Chinas lässt sich vereinfacht als Treppe darstellen, die von West nach Ost vom Hochland von Tibet (4000–5000 m über NN) über zentrale Bergländer, Hochebenen und Becken (1000–2000 m) hinab zu den Hügelländern und Ebenen der Küste führt. Das Klima wird durch den Monsun geprägt, hier sind vor allem die sommerlichen Niederschläge entscheidend.
Klima und Relief verursachen eine grobe Zweiteilung in einen humiden Osten und einen ariden Westen. Die landwirtschaftlich nutzbare Fläche beträgt nur 13% der Staatsfläche und konzentriert sich im Osten des Landes. Doch selbst dort hindern besonders im Süden steile Berge und Karstlandschaften den Anbau. Zwar ist die absolute Ackerfläche beeindruckend, vor allem wenn man berücksichtigt, dass in Südchina mehrere Ernten pro Jahr möglich sind und dadurch die landwirtschaftlich genutzte Fläche über 1,5 Mio. km² beträgt. Doch der relative Wert, die Landnutzungsfläche pro Kopf, liegt weit unter dem Weltdurchschnitt.

M3 Bevölkerungsverteilung
Die Naturbedingungen prägen auch die Bevölkerungsverteilung, weil sich in China die Bevölkerung dort konzentriert, wo Ackerbau möglich ist. Auch umfassende Ansiedlungsmaßnahmen in Westchina haben an dieser Zweiteilung letztlich wenig geändert: Auf 4,4 Mio. km² im Osten drängen sich 1220 Millionen Menschen, während im Westen Chinas auf 5,2 Mio. km² „nur" 80 Millionen leben (Stand 2005).
Nicht zuletzt beeinflusste die Natur auch die ethnische Verteilung der Bevölkerung. Die ethnischen Chinesen, die sich selbst Han nennen, waren fast ausschließlich Ackerbauern und siedelten daher im Osten Chinas. Im Westen leben noch heute die „nationalen Minderheiten", im Norden die Mongolen, im Nordwesten Uiguren und Kasachen, im Westen die Tibeter und im Südwesten zahlreiche weitere Ethnien.
Der mit der Industrialisierung Chinas einhergehende Urbanisierungsprozess hat die Bevölkerungsverteilung dadurch verändert, dass zahlreiche Städte zu Millionenstädten anwuchsen: Gab es 1950 erst sieben Städte mit über einer Million Einwohnern, so waren es im Jahr 2007 über 40.

M4 *Die vier Farben Chinas spiegeln die naturräumlichen Gegebenheiten wider*

M5 *Regionale Verteilung der wirtschaftlichen Leistungsfähigkeit: Pro-Kopf-Einkommen auf Provinzbasis.*

M1 Wirtschaftsräumliche Gliederung Chinas – eine Folge zentraler Planung

Während die Kommunistische Partei Chinas ihre absolute Macht seit Gründung der Volksrepublik 1949 durchsetzte, änderte sie ihre Politik mehrfach. Nachfolgend die wichtigsten Zielsetzungen mit ihren sozialen, wirtschaftlichen und räumlichen Auswirkungen.

1. Die Raumplanung in den 1950er-Jahren erstrebte nach sowjetischem Vorbild die Erschließung des gesamten Landes. Deswegen wurden vor allem im Landesinneren zahlreiche Industriebetriebe gegründet.

2. Im „Großen Sprung nach vorn" (1958-1961) sollte die Wirtschaftsleistung sprunghaft wachsen, gleichzeitig eine egalitäre kommunistische Gesellschaft entstehen. Der Privatbesitz wurde kollektiviert, auf dem Land errichtete man „Volkskommunen", auch auf dem Dorf sollten Industriebetriebe entstehen. Das Ergebnis war die wohl größte Hungersnot der Geschichte, bei der durch politische Willkür zwischen 15 und 46 Millionen Bauern umkamen.

3. In den 1960er-Jahren befürchtete man einen Angriff auf China, daher wurden zahlreiche Betriebe im zentralen Binnenland errichtet.

4. Von 1966-1976 tobte in China die „Große Proletarische Kulturevolution". Sie sollte durch einen radikalen Bruch mit der chinesischen Kultur, ja sogar mit der bisherigen Parteilinie einen neuen, kommunistischen Menschen hervorbringen. Das Ergebnis war ein ungeheurer Verlust an Kulturgütern und ein wirtschaftliches Chaos.

5. Seit 1978 änderte die KP China den Kurs völlig, die neue Ideologie eines „Sozialismus mit chinesischem Charakter" führte zur Errichtung der Marktwirtschaft und zur Öffnung gegenüber dem Ausland. Auch in der Regionalplanung vollzog sich ein umfassender Wandel: das erste Mal seit der Gründung der Volksrepublik wurden die Küstengebiete bevorzugt. Dort sollte, in enger Kooperation mit dem Ausland, sehr rasch ein wirtschaftlicher Aufschwung stattfinden. Die Räume im Landesinnern sollten durch einen „trickle down"-Effekt entwickelt werden, indem sie z.B. Rohstoffe oder Nahrungsmittel in die Küstengebiete lieferten. Diese Politik war äußerst erfolgreich, allerdings nehmen die regionalen Disparitäten auf allen Maßstabsebenen zu.

6. Im Jahre 2000 beschloss die Regierung einen „Großen Entwicklungsplan für den Westen", der bis 2050 eine Minderung der Disparitäten erreichen soll.

Jahr	städtische Bevölkerung		Bevölkerung auf dem Land	
	Mio. Menschen	% der Gesamtbev.	Mio. Menschen	% der Gesamtbev.
1980	190	20	795	80
1985	250	24	807	76
1990	302	26	841	74
1995	352	29	860	71
2000	460	36	808	64
2005	562	43	745	57

Quelle: China Statistical Yearbook 2006, S. 99 (Zahlen gerundet)

M2 *Veränderung der Zusammensetzung von ländlicher und städtischer Bevölkerung*

M3 Land-Stadt-Migration

Während die stadtnahen Gebiete des ländlichen Raumes durch rasches wirtschaftliches Wachstum gekennzeichnet sind, ist es in abgelegenen Gebieten und im gesamten Westen Chinas kaum möglich, außerhalb der Landwirtschaft Arbeit zu finden. Daher ziehen vor allem junge Menschen in die Städte, wo besonders in den Küstenregionen auch für ungelernte Kräfte Erwerbsmöglichkeiten bestehen: auf den Hunderttausenden von Baustellen, in den Hunderttausenden neu gegründeter Industriebetriebe, in den zahllosen kleinen Verkaufs- und Imbissständen. In China vollzieht sich derzeit die größte Wanderungsbewegung der Geschichte weltweit – und das innerhalb des eigenen Staates. Die Angaben schwanken, doch Beobachter schätzten, dass um 2005 zwischen 100 und 140 Millionen Menschen aus dem ländlichen Raum zumindest zeitweilig in den Städten leben. In vielen Dörfern leben vorwiegend ältere Frauen und kleine Kinder, die Jugend und oftmals auch die Männer arbeiten in teilweise weit entfernten Städten. Die Regierung duldet das im Gegensatz zu früher, denn diese Arbeitsmigranten sind es, welche die kühnen Bauten in den Städte errichten und in den Arbeitsstätten für geringen Lohn bei minimalen sozialen Sicherungen arbeiten. Obwohl sie weit weniger verdienen als die schon immer in der Stadt lebenden Arbeiter, ist es noch immer wesentlich mehr, als sie im abgelegenen Dorf verdienen könnten. Viele sparen eisern und senden Geld nach Hause. Dies führt zu einer Verbesserung der sozialen Situation auch in den abgelegenen Gebieten und stabilisiert dort die sozialen Verhältnisse.

	Stadt	Land
Fahrrad	120	98
Motorrad	25	41
Auto	3	‹ 1
Waschmaschine	95	40
Kühlschrank	90	20
Farbfernseher	135	84
Computer	42	2
Kamera	47	4
Klimaanlage	80	6
Telefon	94	58
Mobiltelefon	137	50
Quelle: China Statistical Yearbook 2006, S. 364 / 377		

M4 *Versorgung mit Konsumgütern im ländlichen und städtischen Raum (Angaben in Prozent)*

M5 Die Situation auf dem Land

Auf dem Lande vollzieht sich seit etwa 1980 ein gravierender wirtschaftlicher und sozialer Strukturwandel, der auch noch stark in stadtnahe und stadtferne Gebiete differenziert ist.

* *Landwirtschaftliche Produktion: Die 1958 zwangsweise durchgeführte Kollektivierung der Landwirtschaft (Volkskommunen) wurde um 1980 wieder aufgelöst. In kurzer Zeit wuchs die Menge der landwirtschaftlich produzierten Güter, und das rascher, als es alle politischen Kampagnen zuvor vermocht hatten. Gleichzeitig stieg auch die Qualität sprunghaft an. Schließlich hat sich auch die Anbaustruktur gewandelt. Besonders in der Nähe eines kaufkräftigen städtischen Marktes wird statt Getreide vor allem Geflügel, Obst und Milch produziert, denn dabei lassen sich gute Gewinne erzielen.*
* *Industrie im ländlichen Raum: Die kommunistische Führung hatte seit der Gründung der Volksrepublik auch eine Industrialisierung im ländlichen Raum betrieben, diese war auf die regionalen Bedürfnisse des nahen Umlands ausgerichtet (Landmaschinen, Düngemittel, Baumaterialien und einfache Produkte für den Alltag). Nach 1980 setzte eine starke Industrialisierung ein, die auch überregional einen zunehmend kaufkräftigeren Markt versorgt. Für das Dorf bedeutsam sind die dabei entstehenden Arbeitsplätze, denn in der Landwirtschaft werden durch eine langsam einsetzende Mechanisierung zahlreiche Kräfte freigesetzt. Bereits um 2000 arbeiteten in den ländlichen Industriebetrieben über 130 Millionen*

Menschen. Im stadtnahen ländlichen Raum florieren die Betriebe. Hier entstanden zudem zahlreiche moderne Industrieparks, in denen unter anderem ausländische Investoren günstig produzieren können. In entfernten Gegenden wurden ebenfalls zahlreiche Unternehmen gegründet, doch behindert dort die mangelnde Infrastruktur die Entwicklung, denn die Erzeugnisse gelangen wegen der Transportkosten nur auf den wenig kaufkräftigen regionalen Markt.

* *Neue soziale Strukturen: Der wirtschaftliche Umbruch führte auch zu völlig neuen Sozialstrukturen. Die durch politische Kampagnen bis um 1980 zwangsweise egalitäre Gesellschaft, in der lediglich Parteifunktionäre eine herausragende Rolle spielten, differenzierte sich, die sozialen Unterschiede nahmen stark zu. Sehr rasch entstand eine Schicht wohlhabender Unternehmer, deren Initiative sowohl Privatbetriebe als auch Genossenschaftsunternehmen aufblühen ließ. Hier bildet sich ein Mittelstand, der beginnt, China stark zu verändern. Gleichzeitig wächst durch Wucher und Ausbeutung vor allem von dorffremden Arbeitskräften eine neue Unterschicht heran. Die früher allmächtige Gruppe der Parteifunktionäre versucht, durch Korruption am Wohlstand teilzuhaben. Als Antwort auf den raschen sozialen Wandel werden alte Clanstrukturen wieder wichtig, denn viele müssen sich durch Beziehungen vor der Willkür der Verwaltung und der neuen Reichen schützen.*
* *Soziale Probleme im ländlichen Raum: Insgesamt geht es fast allen Menschen im ländlichen Raum Chinas wesentlich besser als früher (M2, Seite 494). Dennoch kommt es hier zu zahlreichen Unruhen. Sie werden vor allem durch Willkürakte von Behörden ausgelöst. Neben offiziellen Steuern werden zahlreiche weitere Abgaben erhoben. Bis zu 112 Arten von Sondergebühren für den Privatsektor wurden 1993 in Sichuan festgestellt, und daran hat sich wenig geändert. Oftmals werden den Bauern die Felder weggenommen, etwa weil die Behörden ein Gewerbegebiet einrichten wollen; die gesetzlich vorgeschriebene Entschädigung fällt gering aus, denn das meiste Geld fließt in andere Taschen. 2006 verkündete die chinesische Regierung, sie wolle den vielen lokalen Unruhen durch eine neue Politik begegnen: durch Steuersenkungen und staatliche Investitionen, vor allem aber durch strikte Einhaltung der Gesetze soll das „sozialistische Dorf" entstehen.*

M1 Die Situation in der Stadt

Zwar lebt auch 2006 erst etwa ein Drittel aller Chinesen in Städten, doch sind das in absoluten Zahlen rund 440 Millionen Menschen. In den Städten wird der größte Teil der Wirtschaftsleistung erbracht, auch hier gilt wieder: Im Osten sind die Städte wesentlich wohlhabender und dynamischer als im Westen. Dies ist nicht zuletzt eine Folge der Öffnungspolitik.

Chinas Städte werden seit den 1980er-Jahren im Aufriss durch Hochhäuser geprägt, im Grundriss durch eine Vervielfachung der bebauten Fläche, in der sozialen Struktur durch einen steigenden Gegensatz zwischen Arm und Reich. Dies gilt für ganz China, besonders aber die Städte im Osten.

Chinas Städte sind heute sozial sehr differenziert: Da sind die entlassenen Arbeiter früherer Staatsbetriebe, die neben einem hohen gesellschaftlichen Status auch die finanzielle Sicherung verloren. Da sind auch die Wanderarbeiter, die jede Arbeit annehmen und Stadtbewohner durch Lohndumping um ihre Stellen bringen. Da sind fernerhin die Arbeiter in den privaten Betrieben, die sich mit den steigenden Einkommen immer hochwertigere Dinge leisten können, und da sind schließlich die Reichen, die Geld wieder investieren, die aber auch konsumieren.

Auch im Stadtbild spiegelt sich die soziale Situation. Die meisten Menschen leben in Hochhäusern, deren Qualität zunehmend steigt. Wanderarbeiter werden als Bauarbeiter vielfach in provisorischen Quartieren untergebracht, als Arbeiter in Fabriken vielfach in Wohnheimen. Die Reichen sondern sich in eigenen Vierteln ab, bei denen Villen überwiegen. Arm und Reich leben nur wenige Kilometer auseinander, aber in unterschiedlichen Welten.

Die Innenstadt wird heute durch eine Vielzahl von Kaufhäusern, Geschäften jedweder Branchen, Restaurants und Banken geprägt, die oft architektonisch wesentlich moderner als vergleichbare Einrichtungen in Europa sind. Fußgängerzonen laden zum Bummeln ein, sind meist überfüllt, denn trotz einer hohen Sparquote geben die Menschen viel Geld aus, etwa, um modisch gekleidet zu sein oder sich elektronische Geräte zu kaufen.

Auch in Städten kommt es teilweise zu Unruhen, vor allem, wenn Betriebe nicht die Löhne auszahlen (können). Doch ist die Situation stabiler, weil die Chancen auf wirtschaftliches Fortkommen wesentlich größer als auf dem Land sind.

Jahr	Pro-Kopf-Jahresnettoeinkommen der ländlichen Haushalte		Pro-Kopf-Jahresnettoeinkommen der städtischen Haushalte	
	Wert (Yuan)	Index	Wert (Yuan)	Index
1978	133,6	100,0	343,4	100,0
1980	191,3	139,0	477,6	127,0
1985	397,6	268,9	739,1	160,4
1990	686,3	311,2	1510,2	198,1
1995	1577,7	383,7	4283,0	290,3
2000	2253,4	483,5	6280,0	383,7
2005 *	3255,0	624,5	10493,0	607,4

Quellen: www.china.org / * China Statistical Yearbook 2006, S. 347

M2 Entwicklung der Jahreseinkommen der ländlichen und städtischen Bevölkerung

	1980	1990	2000	2005
Getreide (in Mio. t)	300	400	408	484
Fleisch (in Mio. t)	22	30	64	77
Obst (in Mio. t)	6	18	62	161
Bevölkerung (in Mio.)	990	1145	1260	1308

Quellen: China Statistical Yearbook, Der Fischer Weltalmanach, verschiedene Jahrgänge

M3 Landwirtschaftliche Produktion seit Beginn der Wirtschaftsreform

1. Weisen Sie nach, dass die Raumstruktur Chinas großräumig durch Naturfaktoren geprägt wird.

2. Zeichnen Sie eine Kartenskizze Chinas mit den Räumen intensiver landwirtschaftlicher Nutzung und den Räumen dichter Besiedlung.

3. Zeigen Sie auf, dass die naturgeographischen Bedingungen auch die ethnische Struktur der Bevölkerung bestimmte.

4. Erklären Sie, wie sich die raumplanerischen Maßnahmen im Lauf der Jahrzehnte auf die Küste und das Binnenland auswirkten.

5. Erklären Sie die Unterschiede in der Entwicklung stadtnaher und stadtferner Gebiete.

6. Werten Sie die Statistik aus und zeigen Sie zum einen die Entwicklung der Einkommen jeweils in Stadt und Land auf, vergleichen Sie zum anderen die Einkommensrelationen zwischen Stadt und Land.

7. Erläutern Sie, wie sich die soziale Fragmentierung auch räumlich auswirkt.

Weltwirtschaftliche Bedeutung (vgl. Kap. 4, 7.5 f.)

Seit den 1980er-Jahren verlagern zahlreiche Firmen ihre Produktion nach China und importieren die dort hergestellten Waren wieder in die Industrieländer. Seit der Jahrtausendwende greift das Land selbst aktiv als Global Player in die Weltwirtschaft ein. Nicht nur in China durch ausländische Firmen gefertigte Waren, sondern zunehmend original chinesische Produkte erobern die Märkte von Entwicklungsländern wie Industriestaaten. Der Bedarf an Rohstoffen führte zum starken Anstieg der Preise, was u.a. Entwicklungsländern zugute kam. Zunehmend kaufen chinesische Firmen Unternehmen im Ausland, etwa auch in Deutschland, auf.

Jahr	Umfang der Exporte (Mrd. US-$)	Exporterzeugnisse (Anteil einzelner Produktionsgruppen am gesamten Export in Prozent)
1980	18	Landwirtschaftliche Produkte (40), Rohstoffe (40), Textilien (10)
1990	62	Landwirtschaftliche Produkte (10), Textilien und Bekleidung (16), Maschinen (10)
2000	249	Elektroerzeugnisse (17), Bekleidung (14), chemische Produkte (5), Maschinen (5), Schuhe (4)
2005	762	Textilien und Bekleidung (15), EDV (15), Radio, TV (12), Maschinen (6), landwirtschaftliche Produkte (3)

Quellen: Fischer Weltalmanach (verschiedene Jahrgänge), China Statistical Yearbook (verschiedene Jahrgänge)

M4 *Umfang und Art der Exporte Chinas*

M5 Chinesische Ziele und ihre Verwirklichung

Die chinesische Regierung verfolgte mit der wirtschaftlichen Öffnung zum Ausland mehrere Ziele:

- *Gewinnung von Kapital: Die kumulierte Gesamtsumme an ausländischen Direktinvestitionen belief sich bereits bis 2004 auf 500 Mrd. US-$, zu Beginn des 21. Jahrhunderts war China das Entwicklungsland, in welches das meiste Geld floss. Damit ist China zwar im Ausland hoch verschuldet, doch konnte es durch den Handel inzwischen so viele Devisen gewinnen, dass keine Abhängigkeit besteht: 2005 hatte China die nach Japan größten Devisenreserven der Welt (670 Mrd. US-$, EU-Staaten: 180 Mrd. US-$).*
- *Transfer moderner Technologie nach China: Die chinesische Regierung verlangte von den ausländischen Firmen, etwa von Volkswagen bei seinem Werk in Shanghai, den Anteil der in China selbst gefertigten Komponenten an einem Produkt ständig zu erhöhen. Weil die von chinesischen Unternehmen gelieferten Teile anfangs qualitativ zu schlecht waren, musste weitere moderne Technologie aus dem Ausland eingeführt werden. Diese wurde im Lande, teilweise durch „Produktpiraterie" (d.h. durch illegales Kopieren), rasch verbreitet. Seit Beginn der Öffnung kaufen chinesische Unternehmen auch selbst ausländische Technologie ein, z.B. 2004 die damals modernste Kokerei aus Dortmund. Zunehmend werden ausländische Firmen gekauft und damit auch ihre Technologie. So erwarb 2005 ein chinesisches Unternehmen die PC-Sparte des US-Giganten IBM, das dadurch sofort drittgrößter Computerhersteller der Welt wurde.*

- *Arbeitsplätze für Millionen: Die ausländischen Unternehmen sind zahlenmäßig gering, doch ihr Einfluss auf die chinesische Wirtschaft geht weit über quantitativ erfassbare Daten hinaus. Denn sie wurden ein Motor für Innovationen, der rasch auch chinesische Betriebe erfasste. In nur zwei Jahrzehnten entstanden weit über 150 Millionen neuer Arbeitsplätze, vor allem im Baugewerbe, aber auch in der Industrie.*
- *Gewinnung von Devisen: Von Anfang an war China bestrebt, durch Exporte Devisen zu gewinnen. Dies gelang in sehr kurzer Zeit, bis 2004 hatte China einen Handelsüberschuss von über 500 Milliarden US-$ erwirtschaftet. Mit ein Grund für den erfolgreichen Handel war der Umtauschkurs, die chinesische Währung ist nach Meinung westlicher Wirtschaftsfachleute unterbewertet. Während man 1980 für einen US-Dollar nur 1,70 Yuan bekam, waren es 2005 8,28 Yuan.*
- *Eroberung ausländischer Märkte: Von Anfang an wollte China Waren für den Weltmarkt produzieren. Das gelang anfangs kaum, denn die Qualität der Erzeugnisse war zu schlecht. Die in China produzierenden ausländischen Firmen sorgten jedoch nicht nur dafür, dass westliche Qualitätsstandards eingeführt wurden, sie verfügten auch bereits über Absatzmärkte in westlichen Industriestaaten. Die Qualität in China hergestellter Produkte verbesserte sich rasch, denn chinesische Firmen übernahmen westliche Technologien (teilweise durch illegalen Nachbau). Inzwischen sind chinesische Unternehmen auch mit eigenen Waren auf dem Weltmarkt sehr erfolgreich. 2006 wurde der erste chinesische Geländewagen vorgestellt – Konkurrenz für eine Schlüsselindustrie des Westens.*

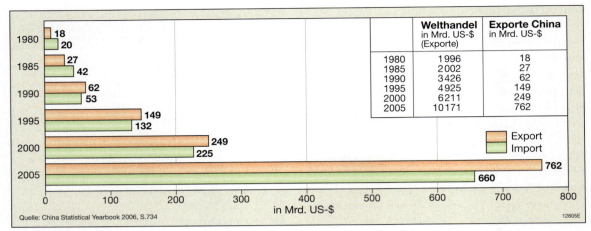

M1 Chinas Anteil am Welthandel / Chinas Außenhandel

M2 Die Industrieländer und China

„‚Die Wirtschaftsstrategie der USA besteht faktisch darin, die wichtigsten Industrien des Landes ins Ausland zu verschiffen', das sei ein ‚Albtraum-Szenario', behauptet der amerikanische Wirtschaftswissenschaftler Clyde Prestowitz. Allein in den USA gingen in den Jahren 2000 bis 2005 2,7 Millionen Arbeitsplätze verloren. Amerikanische Banken und Magazine betonen andererseits die Vorteile der Wirtschaftsbeziehungen mit China. Über 600 Milliarden Dollar haben die Verbraucher in den USA allein zwischen 1995 und 2005 durch Billigimporte gespart. Weil die chinesischen Waren auch bei guter Qualität preisgünstig sind, konnten besonders die sozial schwächeren Gruppen der Gesellschaft ihren Lebensstandard deutlich steigern (nach: Hornig/Wagner (2005): Duell der Giganten – Der Spiegel, 32/2005, S. 77). Auch aus Deutschland verlagerte man zahlreiche Arbeitsplätze nach China, auch Deutschlands Verbraucher profitieren vom preisgünstigen Angebot der Waren ‚Made in China' – von Spielwaren bis zu Computern. Die Beziehung zwischen China und den Industrieländern wird unterschiedlich bewertet. Die eine Sicht: China sei der hauptsächliche Gewinner, weil es durch den Handel nicht nur Geld, sondern auch technisches Know-how gewinne, während in den Industrieländern immer größere Bevölkerungsgruppen verarmten. Die andere Sicht: Mit dem Handel würden nicht nur bei uns preiswerte Waren angeboten, sondern durch den zunehmenden Wohlstand in China wüchsen auch die Chancen der Industrieländer auf den Absatz der eigenen Produkte."

M3 China öffnet sich ausländischen Firmen

Chinas Öffnung vollzog sich sowohl räumlich wie volkswirtschaftlich in Etappen. 1980 wurden zunächst vier kleine „Wirtschaftssonderzonen" errichtet, 1984 kamen „14 geöffnete Küstenstädte" hinzu und seit den 1990er-Jahren kann man fast überall investieren. Ähnlich wurden die Kooperationsmöglichkeiten bei den Unternehmensformen erweitert: Waren anfangs nur Beteiligungen an staatlichen chinesischen Firmen erlaubt (Joint Ventures), so sind heute alle Besitzverhältnisse möglich, auch 100% ausländisches Eigentum. Der Staat gibt immer weitere, bislang abgeschottete Bereiche auch für ausländische Firmen frei, etwa im Bankgeschäft oder bei der Telekommunikation.

M4 China als Weltinvestor

„Um auf dem Markt der Industriestaaten erfolgreich zu sein, brauchen chinesische Unternehmen neben Fachwissen, Vertriebsketten und Einkaufsmacht vor allem eine auch im Westen anerkannte Marke. Nur damit lassen sich Märkte erobern. Die Zahl der Beispiele für diese Strategie wächst: Der Elektronikhersteller TCL Corp. wird durch die Übernahme von Geschäftsfeldern der französischen Thomson SA zum größten Fernsehhersteller der Erde. (...) Es wird keine Dekade mehr dauern, bis der erste westliche Automobilkonzern, die erste Bank aus dem Westen von Chinesen übernommen werden wird. Bereits mittelfristig dürfte China, ähnlich wie Japan, auch mit eigenen Marken und Fertigungsstätten in Industrieländern aktiv werden."

(Frankfurter Allgemeine Zeitung, 11.12.04, Christoph Hein, ergänzt)

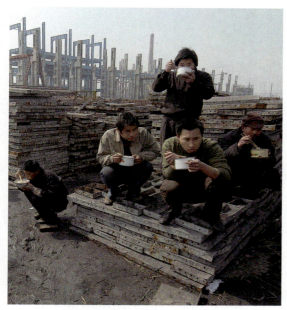

M5 Wanderarbeiter in China

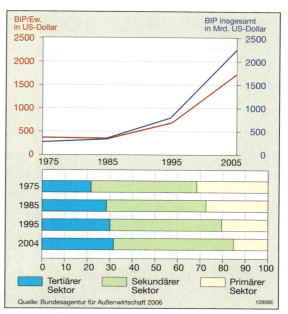

M6 Wirtschaftliche Entwicklung in China

M7 Herstellung von Barbiepuppen in China

M8 Die politische Bedeutung des Handels

Mit der zunehmenden wirtschaftlichen Stärke wächst auch das politische Gewicht Chinas. Die Investitionen westlicher Industrieländer lohnen nur bei politischer Stabilität, das stärkt den Einfluss Chinas in internationalen Gremien, zum Beispiel der UN. Die Verbraucher etwa in Europa setzten durch, dass die Einfuhr preisgünstiger chinesischer Waren nicht durch Handelshemmnisse behindert wird. Der Rohstoffhunger Chinas führte zum Anstieg der Preise für Öl, Metalle, Stahl, was wiederum die Wirtschaft in den westlichen Industrieländern beeinflusste.

M9 Die kulturelle Dimension

Vielfach wird Chinas Aufstieg rein ökonomisch gesehen. Dabei übersieht man, dass China nicht nur westliche Technik und Managementmethoden übernimmt, dass nicht nur Jeans und McDonalds, Mercedes und Popmusik viele Chinesen begeistern. Der deutsche Journalist Georg Blume sieht in China eine „Erneuerung auf vielen Ebenen". „Bei genauem Hinsehen kommen nicht nur Billiglöhne zutage, sondern auch neue Effizienzbegriffe jenseits des kurzfristigen Shareholder-Value. Nicht nur ein turboschneller Markt, sondern auch ein altes Wertesystem mit seinen eigenen Begriffen von Mitmenschlichkeit und Erziehung. Kapitalismus und Konfuzianismus erweisen sich als kompatibel. Zum ersten Mal in der Geschichte entwickelt sich eine riesige Industriegesellschaft, die mit dem Westen – insbesondere mit den USA auch kulturell konkurrieren kann."

1. Skizzieren Sie die wichtigsten wirtschaftspolitischen Entscheidungen in China während der letzten Jahrzehnte.

2. Nennen Sie Strategien, mit denen China seinen technologischen Rückstand aufholte.

3. Erörtern Sie die Vor- und Nachteile der Integration Chinas in den Welthandel für die Verbraucher in den Industrieländern.

M1 *Schulklasse einer höheren Schule in Kalkutta – nur sechs Prozent aller Schüler erhalten eine höhere Schulau*

9.8 Indien

Indien teilte über Jahrzehnte das typische Image eines Entwicklungslandes und wurde im Westen als Wirtschaftsmacht kaum beachtet. Trotz der 1991 eingeleiteten Reformpolitik und der sich abzeichnenden hohen Wirtschaftsdynamik stand es lange im Schatten seines großen Nachbarn China. Erst die Erfolge in den Bereichen IT, Pharma und Biotechnologie führten zu Beginn des neuen Jahrtausends zu einem globalen Imagewechsel. Entgegen der Euphorie, die aus dem hohen Wirtschaftswachstum resultiert, bleiben viele Widersprüche bestehen und Probleme ungelöst, wie das Bevölkerungswachstum, die weiterhin bestehende Massenarmut oder die Benachteiligung des ländlichen Raumes.

Bevölkerung (vgl. Kapitel 5.4, 7.3, 7.4)

Im Jahr 2025 werden in Indien voraussichtlich 1,4 Milliarden Menschen leben. Damit wird Indien China als das bevölkerungsreichste Land der Erde abgelöst haben. Die Konsequenzen des rasanten Bevölkerungswachstums sind komplex und vielschichtig. Über die Hälfte der indischen Bevölkerung ist jünger als 25 Jahre, nur etwa fünf Prozent hat das Pensionsalter erreicht. Das junge Durchschnittsalter ist Chance und Herausforderung zugleich. Einerseits gilt es, insbesondere im ländlichen Raum ausreichend Arbeitsplätze zu schaffen und andererseits erweist sich mittelfristig der deutlich geringere Anteil an Alten als ein Wettbewerbsvorteil, auch im Vergleich zu China. Etwa ein Drittel der Bevölkerung lebt noch immer unterhalb der Armutsgrenze von einem Dollar pro Tag, davon fast 75 Prozent im ländlichen Raum. Etwa zwei Drittel der indischen Bevölkerung haben weniger als zwei Dollar pro Tag zur Verfügung. Im globalen Maßstab ist die Urbanisierung in Indien noch sehr gering. Sie betrug 2000 nur 27 Prozent, trotz des Bevölkerungswachstums wird sie bis 2025 nur auf schätzungsweise 33 Prozent anwachsen.

M2 Auswirkungen des Bevölkerungswachstums

„Täglich strömen Tausende armer Bauern in die Megametropolen Indiens, weil sie auf dem Dorf ihre Familien nicht mehr ernähren können. Rund 28 Prozent der Bevölkerung leben schon heute in den Ballungsräumen. 34 indische Städte haben mehr als eine Million Einwohner. Und der Zug in die Metropolen reißt nicht ab. (...) Dabei ist das Bevölkerungswachstum nur einer der Gründe für die gigantischen Zahlen. (...) Und immer weniger Inder sehen in diesen Zahlen eine Gefahr. Seit Premierministerin Indira Gandhi in den 70er-Jahren mit Zwangssterilisationen unter Männern den Unmut der Bevölkerung auf sich zog, werden drakonische Maßnahmen wie die chinesische Ein-Kind-Politik von Regierung und Bevölkerung gleichermaßen als undemokratisch abgelehnt. Vor allem Frauengruppen drängen auf bessere Gesundheitsvorsorge für Mutter und Kind auf dem Land. So ist denn das indische Bevölkerungswachstum nicht Ausdruck einer höheren Geburtenrate, sondern der steigenden Lebensdauer, was vor allem auf eine verbesserte Gesundheitsvorsorge zurückzuführen ist. Die durchschnittliche Lebenserwartung indischer Männer ist seit 1971 von 44 auf 63,6 Jahre gestiegen.

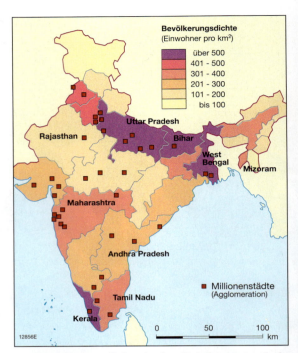

M1 Bevölkerungsdichte in den Bundesstaaten Indiens

Die Frauen werden heute durchschnittlich 65,2 Jahre alt. Damit gehört Indien zu den wenigen Ländern der Welt, in denen die Lebenserwartung von Männern und Frauen fast identisch ist."

(Peterson, B.: Auf der Suche nach der Mittelklasse. In: Das Parlament Nr. 32–33, 7.8.2006)

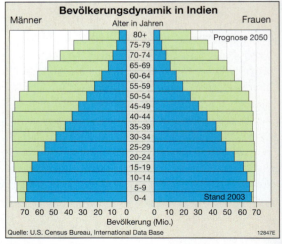

M3 Die Bevölkerung in Indien 2003 und 2050

Bundesland	Sex Ratio* 2001	Säuglingssterblichkeit 2003 in ‰		Alphabetisierungsrate 2001 in %		Zugang zu sauberem Trinkwasser 2001 in %	
		Jungen	Mädchen	Männer	Frauen	rural	urban
Andhra Pradesh	978	59	59	70,9	51,2	76,9	90,2
Bihar	921	59	62	60,3	33,6	86,1	91,2
Kerala	1058	11	12	94,2	87,9	16,9	42,8
Maharashtra	922	32	54	86,3	67,5	68,4	94,4
Mizoram	938	16	17	90,7	86,1	23,8	47,8
Rajasthan	922	70	81	76,5	44,3	90,4	93,5
Tamil Nadu	986	44	43	82,3	64,6	85,3	85,9
Uttar Pradesh	898	69	84	70,2	43,0	85,5	97,2
West Bengal	934	45	46	77,6	60,2	87,0	92,3
Indien	933	57	64	78,9	54,2	73,2	90,0

* Zahl der weiblichen Einwohner pro 1000 männlicher Einwohner;
Quellen: Gvt. of India: India, A Reference Annual ; Gvt. of India (versch. Jahrgänge): Union Budget and Economic Survey of India

M4 Kenndaten ausgewählter indischer Bundesländer

M5 Mädchen unerwünscht?!

„Man kennt und fürchtet sie: Renuka Chowdhury, Ministerin für Frauen und Kinderentwicklung. (...) Renuka Chowdhury, setzte sich mit der millionenfachen Abtreibung weiblicher Föten auseinander. Eine Praxis, die dazu führt, dass in Indien auf 1000 männliche Neugeborene nur 927 weibliche kommen. Weltweit liegt die Zahl bei 1050 Mädchen. (...) Also schlug die Ministerin vor, dass die Mütter ihre Mädchen lieber dem Staat geben sollten, anstatt sie zu töten. In jedem Bezirk wolle man ein Waisenhaus einrichten. „Wir werden die Kinder aufziehen. Tötet sie nicht, dies ist wirklich eine Krisensituation.“ Mit dem „Krippenplan“ will Chowdhury den massenhaften Mord an den Ungeborenen stoppen. (…) Immer mehr Schwangere in Indien treiben Mädchen ab – weil sie unbezahlbar sind. Der Preis richtet sich nach Hautfarbe, Erziehung, Einkommen, Kaste und Zukunftschancen der Männer. Der Brautvater zahlt. Geschenk nennt man das. Laut Gesetz ist Mitgift in Indien seit 1961 verboten. In Wahrheit ist sie eine der einfachsten Arten, an Geld zu kommen. Wer einen Sohn hat, kassiert. Wer eine Tochter loswerden muss, zahlt. Waschmaschinen, Mopeds, Autos, Häuser, Geld. Bis zu zwanzig Prozent des Familieneinkommens. Es ist ein ruinöser Handel. Diesem Irrsinn hat die Ministerin jetzt den Kampf angesagt. (…) Es sei eine Schande, ein Land mit neun Prozent Wirtschaftswachstum töte seine eigenen Töchter (…).“

(Steinberger, K.: Renuka Chowdhury. In: Süddeutsche Zeitung vom 21.2.2007)

M6 Herausforderung Bildung

„Fast die Hälfte der indischen Bevölkerung ist jünger als 20 Jahre und noch im ersten Viertel des 21. Jahrhunderts wird Indien mehr Leute in den Arbeitsprozess einbeziehen als das gesamte Ostasien (China, Japan, Korea). Das ist eine große Herausforderung für das indische Bildungssystem. Derzeit erhalten nur sechs Prozent aller Schüler eine höhere Schulbildung. Während China frühzeitig auf die Alphabetisierung der Bevölkerung setzte, stärkte Indien die akademische Bildung. Indien hat etwa 14 Millionen Universitätsabsolventen. Das sind fast doppelt so viele wie in den USA und 1,5 mal so viele wie in China. Dieses geballte Know-how aus primär eigenen Absolventen und sekundär Rückkehrern ist attraktiv für die Wirtschaft. Die gute Ausbildung vieler Inder ist schon jetzt der größte Reichtum des Subkontinents. Auf diese Weise entsteht ein Wissensreservoir, das Indien von anderen aufwärtsstrebenden Nationen unterscheidet. Es könnte das erste Entwicklungsland sein, das nicht Rohstoffe oder die schiere Arbeitskraft als Triebfeder der Wirtschaft nutzt, sondern die auf Universitäten erworbenen Kenntnisse seiner Menschen.“

1. Beschreiben Sie die Herausforderungen und das Potenzial, die aus dem demographischen Wandel resultieren.

2. Diskutieren Sie mögliche Ursachen für die regionalen Unterschiede ausgewählter demographischer Kennwerte.

Landwirtschaft (vgl. Kapitel 2.3, 2.4)

Oberflächlich betrachtet scheint Indiens landwirtschaftliche Entwicklung eine Erfolgsgeschichte zu sein. Die Erfolge wurzeln im Wesentlichen auf einem Maßnahmenkatalog, der unter dem Terminus Grüne Revolution bekannt geworden ist. Die Pro-Kopf-Verfügbarkeit für fast alle Nahrungsmittel ist signifikant gestiegen und das Land besitzt mittlerweile auch reichlich Reserven. Eine genauere Analyse offenbart jedoch ein differenzierteres Bild. Aus heutiger Sicht werden die planerischen Maßnahmen der Grünen Revolution kritisch betrachtet. Der Agrarsektor steckt in einer ernsten Krise. Durch ihre Abhängigkeit vom Monsun weist die indische Landwirtschaft starke Ertragsschwankungen auf. Die großen Herausforderungen sind die über Jahrzehnte vernachlässigten strukturellen Probleme, ein ineffizienter Bewässerungssektor und die Probleme des traditionellen Landbaus.

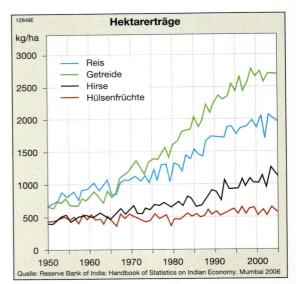

M1 Entwicklung der Hektarerträge ausgewählter Nahrungsmittel

M2 Bewässerung und Landwirtschaft

„Der Agrarsektor, von dem noch immer zwei Drittel der indischen Bevölkerung leben, nutzt mit über 80 Prozent den großen Teil der äußerst ungleich verteilten Wasserressourcen. Der Wasserbedarf wächst stetig und das nicht nur in der indischen Landwirtschaft. Besonders im industriellen Bereich wird angesichts des stetigen Wirtschaftswachstums der Wasserbedarf in den kommenden Jahren signifikant ansteigen. Nach Schätzungen wird sich im Vergleich zu den 1990er-Jahren der Wasserbedarf bis 2050 fast verdreifachen und liegt dann deutlich über dem derzeit mit konventionellen Methoden nutzbaren Potenzial von 1122 m³/a. Studien schlussfolgern, dass Indien am Beginn einer ernstzunehmenden Wasserkrise steht, die vor allem die westlichen Landesteile und weite Gebiete im Inneren des Subkontinents betreffen wird. Zukünftig werden die Wasserkonflikte auf lokaler und regionaler Ebene zunehmen. So führen trotz einer Vielzahl an zwischenstaatlichen Abkommen bereits einige Konflikte zu Spannungen zwischen einzelnen Bundesländern, meist zwischen den Anrainern am Ober- und Unterlauf eines Flusses. Der Bewässerungssektor steckt seit Jahren in einer tiefen Krise. Die großen prestigeträchtigen Vorhaben, meist Staudämme und Kanäle, sind zu teuer, unrentabel und ökologisch fragwürdig. In den bewässerungsintensiven Gebieten der ‚Grünen Revolution', dem traditionellen Motor der indischen Landwirtschaft, stagniert im Vergleich zum Bevölkerungswachstum schon seit den 1980er-Jahren die Produktion. Wesentliche Wachstumsimpulse sind von hier auch zukünftig nicht zu erwarten. Angesichts dieser Problematik erfahren die Gebiete des traditionellen Landbaus, in denen es nur kleinräumige Bewässerungsprojekte gibt, ein verstärktes politisches Interesse und auch Förderung."

(nach Hennig, Th.: Bewässerungsdynamik in Südindien. In: Geographische Rundschau 58, Heft 7/8)

Unter Wasserernte wird zum Beispiel das Auffangen und Speichern von Regenwasser zur Wasserversorgung bzw. zur kleinräumigen Bewässerung verstanden. Dabei wird sowohl der Oberflächenabfluss als auch der Zwischenabfluss genutzt. Als Speichermedium können Stauteiche, Zisternen, der Boden selbst, aber auch Dächer dienen. Dabei lassen sich, je nach eingesetzter Technologie, Verwendungszweck und Systemgröße unterschiedliche Formen unterscheiden. In Indien existiert seit Jahrhunderten ein großer Reichtum an ausdifferenzierten Techniken zur Wasserernte. Weltweit wird dieses System wegen seiner Nachhaltigkeit zunehmend propagiert.

M3 Water harvesting (Wasserernte)

M4 Der Reisanbau ist in den semiariden und oft auch dürregefährdeten Räumen Indiens nur über Bewässerung möglich. Außerhalb der großen Bewässerungsprojekte spielt deshalb die kleinräumige, meist vom Monsun abhängige Bewässerung eine zentrale Rolle. Dazu zählen z.B. Röhrentiefbrunnen, offene Schachtbrunnen oder Stauteiche (Tanks) unterschiedlichster Größe. Mit der Tankbewässerung existiert in Indien sogar ein einzigartiges kulturlandschaftsprägendes Bewässerungssystem. Durch die äußerst kleinparzelligen Strukturen und meist nur sehr geringen Besitzverhältnisse vieler Bauern wird die Reisernte in vielen Gebieten noch manuell durchgeführt

M5 Grüne Revolution

„Der Begriff ‚Grüne Revolution' kam Ende der 1960er-Jahre auf und umfasst einen markanten Durchbruch in der Landwirtschaft von Entwicklungsländern. Charakteristisch war das zeitliche Zusammentreffen von bestimmten geopolitischen, biologisch-technischen, bevölkerungspolitischen und wirtschaftlichen Entwicklungen. Das Ergebnis waren starke Anstiege in der Nahrungsgetreideproduktion. Sie wurden v.a. in der Bewässerungslandwirtschaft erzielt, sodass es zu einer erheblichen Ausweitung der Bewässerungsflächen sowie einem Anstieg des Wasserbedarfs kam. Binnen weniger Jahre stellten sich häufig wasserrelevante Probleme ein (Süßwasserverknappung, Grundwasserabsenkung, Versalzung, Wasserverschmutzung). Die Grüne Revolution umfasst letztendlich die großräumige, staatlich geplante und rapide Modernisierung der Landwirtschaft mit importierter, nicht angepasster Agrartechnologie zur Ernährungssicherung. Dabei wurden negative Auswirkungen auf die naturräumlichen Produktionsbedingungen sowie die Sozialstruktur in Kauf genommen.

In Indien blieben die Erfolge der Grünen Revolution zwar auf Reis und Weizen beschränkt, doch ist das Land seit etwa 1990 autark in der Nahrungsmittelversorgung. Ohne die in der indischen Geschichte beispiellosen Veränderungen im Bewässerungsfeldbau wären die Erfolge nicht denkbar gewesen. Allerdings macht der Bewässerungsfeldbau nur knapp 40 Prozent der indischen Agrarfläche aus und konzentriert sich vor allem auf die Alluvialräume im Norden und entlang der Ostküste. Durch diese Konzentration sind die wirtschaftsräumlichen Disparitäten gestiegen. Auch konnten die Kleinbauern nicht in dem Maße partizipieren, sodass auch die sozio-ökonomischen Disparitäten wuchsen."

(nach: Wissenschaftlicher Beirat der Bundesregierung, Globale Umweltveränderungen: Welt im Wandel. Berlin, Heidelberg 1998, S. 148–154, verändert)

9.8 Indien

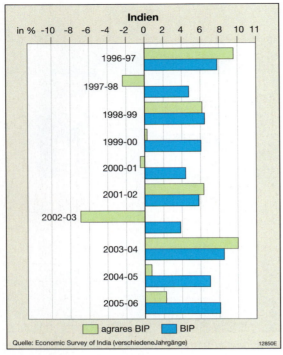

M1 *Vergleich des Wachstums zwischen BIP und dessen landwirtschaftlicher Komponente*

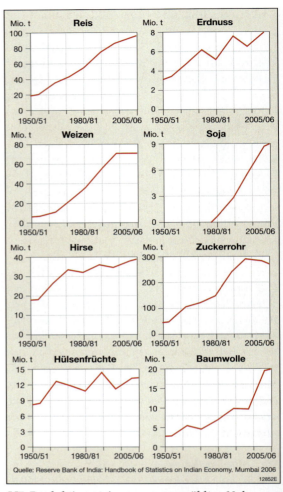

M3 *Produktionssteigerung ausgewählter Nahrungsmittel und Marktfrüchte*

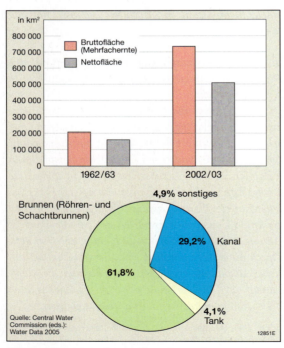

M2 *Bewässerungsdynamik und -zusammensetzung*

1. Beschreiben Sie den Naturraum Indiens in seiner Eignung für die landwirtschaftliche Nutzung (Klima, Böden, Relief etc.).
2. Erläutern Sie Formen, Verbreitung und Bedeutung der Bewässerung für die indische Landwirtschaft.
3. Erklären Sie die Grundidee des water harvesting (M3, S. 502) an Beispielen aus verschieden Kontinenten und nennen Sie mögliche Gründe, warum es weltweit an Bedeutung gewinnt.
4. Erstellen Sie eine Mindmap zum Themenfeld Grüne Revolution (vgl Kapitel 2.3).

Wirtschaft, Globalisierung und Infrastruktur (vgl. Kapitel 4, 7.5, 7.6)

Indiens Wirtschaftsmodell beruhte über Jahrzehnte auf einer zentralisierten Planwirtschaft mit nur bescheidenen Zuwächsen („Hindu-Wachstum"). Das Jahr 1991 brachte die Wende: Indien fügte sich einem Strukturanpassungsfond des IWF und begann, wirtschaftliche Reformen einzuleiten. Importquoten wurden abgeschafft, die Zölle gesenkt, ausländische Investoren in vielen Bereichen willkommen geheißen. Seit Mitte der 1990er-Jahre zeigen sich die ersten Anzeichen des neuen indischen Wirtschaftswunders. Insbesondere die Erfolge in der IT- und Softwarebranche verhalfen zu einem Imagewechsel. Indiens Privatunternehmer treiben den Wachstumsprozess entscheidend voran. Demokratische Grundwerte, weitgehende Rechtssicherheit, der Schutz geistiger Eigentumsrechte und englischsprachiges Fachpersonal lassen Indien zu einer der wichtigsten Volkswirtschaften heranreifen. Schon jetzt gilt Indien als wichtige verlängerte Werkbank sowie als Forschungslabor und Schreibtisch der Welt. In den Bereichen IT, Pharma, Biotechnologie und Automobilzubehör hat Indien bereits internationale Wettbewerbsfähigkeit erreicht. Zudem gewinnt es eine zunehmende Attraktivität als einer der besten Offshore- und kostengünstigen Produktionsstandorte. Dadurch wächst der relative Bedeutungsgewinn im Vergleich zum mächtigen Nachbarn aus China.

M5 Indien als Dienstleister der Welt

„Anders als beim Reich der Mitte sind die Konzerne, die Indiens Wirtschaft nach vorne bringen – etwa Infosys und Wipro – nicht in der Industrie zu finden, sondern im Service-Bereich. Während China zur ‚Werkbank der Welt' avanciert ist und diese mit billigen PCs oder Digitalkameras beglückt, wird der Subkontinent immer mehr zum ‚Dienstleister der Welt'. Zugute kommen Indien dabei gut ausgebildete Hochschulabsolventen, eine hohe Rechtssicherheit und weit verbreitete Englischkenntnisse. Noch liegt Indien allerdings weit hinter China zurück. Anders als Peking hatte sich Delhi erst in den 90er-Jahren (unter dem jetzigen Ministerpräsidenten Singh) zu Reformen und wirtschaftlicher Öffnung durchgerungen. Mit 775 Mrd. Dollar macht die Volkswirtschaft des Subkontinents gerade einmal ein Drittel der chinesischen aus. Folglich sehen viele Experten noch enormes Aufholpotenzial."

(Eckert, D.: Indien als Dienstleister der Welt. In: Die Welt, 10.11.2006)

	1995	2004
Import	(36,7 Mrd. US-$)	(109,2 Mrd. US-$)
Erdöl und -erzeugnisse	23,1	29,9
Werkzeugmaschinen	16,5	7,1
Chemische Produkte	9,9	6,0
Schmuck und Edelsteine	5,7	8,6
Gold und Silber	k.A.	10,0
Dünger	4,6	1,0
Stahl, Eisen	3,6	3,8
Export	(31,8 Mrd. US-$)	(80,5 Mrd. US-$)
Maschinenbau, Elektronik	13,7	20,6
Textilien, Textilprodukte	22,7	12,1
Agrarprodukte	19,9	10,5
Schmuck und Edelsteine	16,6	17,1
Chemische Produkte	9,3	12,1
Brennstoffe, Erdölerzeugnisse	1,7	8,6
Erze und Mineralien	2,9	6,2

Quelle: Gov. of India, Economic Survey, verschiedene Jahrgänge

M4 Anteil ausgewählter Sektoren am Außenhandel Indiens (Angaben in Prozent)

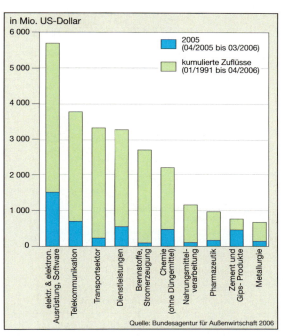

M6 Realisierte ausländische Direktinvestitionen ausgewählter Sektoren

M1 Indiens IT-Sektor in der Globalisierung

„1981 gaben sieben junge Männer ihre Jobs als Programmierer auf und gründeten eine Firma, die sie Infosys nannten. Ein angemietetes Zimmer in Pune und der neue Computer im Wert von 250 Dollar waren das einzige Startkapital. Inzwischen ist das Softwareunternehmen nach Bangalore umgezogen, beschäftigt 26 000 Mitarbeiter und heuert jeden Monat 600 bis 800 neue Angestellte an. Gopalakrishnan, einer der Infosys-Gründer, berichtet, dass Gewinne und Erlöse jedes Jahr um rund 30 Prozent zulegen. Und dann sagt er einen aufschlussreichen Satz: „Nur drei Prozent unseres Umsatzes von einer Milliarde Dollar machen wir in Indien." Den Rest bringen vor allem Aufträge aus Amerika (70 Prozent) und Europa (20 Prozent). Ähnlich sieht es bei großen Softwarefirmen wie Wipro, MBT und TCS aus, die ihr Geschäftsmodell hauptsächlich auf den Export ausrichten und mit zweistelligen Raten wachsen. Neben den einheimischen Spezialisten siedeln sich auch immer mehr ausländische Unternehmen in den indischen IT-Zentren an - kein Konzern kann sich dem Sog entziehen. Alles, was mit dem Computer zu tun hat, wird hier zu niedrigen Kosten und mit hoher Qualität erledigt. In Callcentern beantworten akzentfrei Englisch sprechende Universitätsabsolventen Kundenanfragen aus aller Welt. Andere Firmen gleichen Tickets für Fluggesellschaften ab. Wieder andere – wie zum Beispiel Infosys – kümmern sich um die Abwicklung kompletter Geschäftsprozesse, von der Buchhaltung bis zur Personalverwaltung. Die Bedeutung der prosperierenden IT-Branche liegt nicht so sehr in den direkten Beschäftigungseffekten. Viel wichtiger ist, dass das IT-Wissen die Aufholjagd von Unternehmen in klassischen Branchen wie Fahrzeugherstellung oder Maschinenbau beschleunigen wird. In den meisten dieser Firmen laufen Automatisierung und Computerisierung jetzt erst an. Sie werden in den nächsten Jahren enorm profitieren vom großen Reservoir IT-erfahrener Fachkräfte – zum Leidwesen der internationalen Konkurrenz."

(nach: Manager Magazin 6/2004)

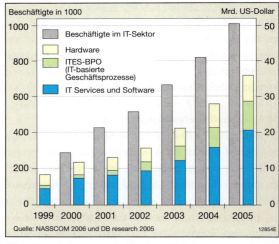

M3 Kenndaten zum indischen IT-Sektor

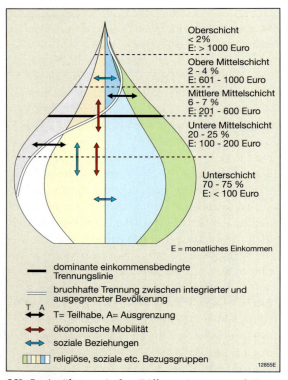

M2 Sozio-ökonomische Differenzierung und Fragmentierung unter dem Einfluss der Globalisierung (Modell nach Dittrich 2003) am Beispiel Bangalore

1. a) Beschreiben Sie die Standortvor- und Standortnachteile Indiens im globalen Wettbewerb.
b) Erklären Sie anhand von Beispielen die Problematik des Standortfaktors Infrastruktur.
c) Vergleichen Sie die Standorte Indien und China (vgl. Kap. 9.7) als Ziele für Direktinvestitionen.
2. Erläutern Sie die Entwicklung Indiens zum „Dienstleister der Welt".

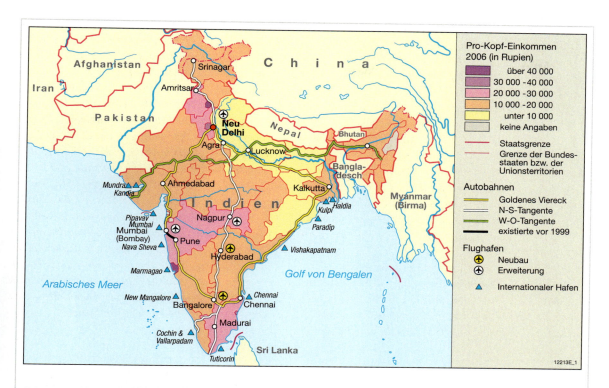

Die mangelhafte und veraltete Infrastruktur ist ein wesentliches Hemmnis der gesamtwirtschaftlichen Entwicklung Indiens. Erheblichen Nachholbedarf gibt es bei der gesamten Verkehrsinfrastruktur, aber ebenso bei der Versorgung mit Strom und Wasser. So braucht Indien für seine weitere wirtschaftliche Entwicklung die doppelte Menge elektrischer Energie. Eine substanzielle Verbesserung der Infrastruktur käme nicht nur unmittelbar dem Gesamtwachstum zugute, sie würde das Land auch für ausländische Investoren interessanter machen. Das hat die indische Regierung erkannt und ambitionierte Investitionsvorhaben initiiert. So wurden in 55 Jahren seit der Unabhängigkeit ganze 550 Kilometer Autobahn gebaut, derzeit sind es elf Kilometer pro Tag. Über eine halbe Million Menschen sind im Autobahnbau beschäftigt. Das indische Straßennetz ist mit etwa 3,3 Millionen Kilometern eines der längsten der Welt. Der Anteil des Straßentransports an der landesweiten Güterbeförderung ist inzwischen auf 70 Prozent gestiegen. Das unterstreicht die Position, die diesem Infrastrukturbereich im Rahmen der gesamtwirtschaftlichen Entwicklung zukommt. So machen die nationalen Schnellstraßen nur zwei Prozent des gesamten Beförderungsnetzes aus, sie stehen aber für 40 Prozent der landesweiten Güterbeförderung auf der Straße. Auch im indischen Eisenbahnnetz, dem zweitgrößten der Welt, werden erhebliche Investitionen getätigt. Das aus der Kolonialzeit stammende Netz, mit seinen unterschiedlichen Spurweiten, wird derzeit umfassend modernisiert, d.h. elektrifiziert, zum Teil zweispurig ausgebaut und auf eine einheitliche Spurweite geändert. Durch den beträchtlichen Anstieg des Güterverkehrs auf der Schiene schreibt die indische Eisenbahn jetzt schwarze Zahlen. Der indische Flugmarkt gehört zu den schnellst wachsenden weltweit. Im Jahr 2005 expandierte dieser um 24 Prozent, das Tempo soll in den nächsten Jahren anhalten. Nirgendwo auf der Welt gibt es einen solchen Wachstumsmarkt und ein Reservoir an potenziellen Passagieren. Billiganbieter planen in den kommenden Jahren, jeden zweiten Fluggast zu transportieren. Sie werben zunehmend Passagiere von Indiens rückständigem Eisenbahnnetz ab.

M4 Indiens Infrastrukturprobleme / geplante Verkehrsprojekte

M1 Niger/Illéla: Die Hungersnot des Jahres 2004/05 hat besonders hart die Fulbe-Nomaden und dabei die Fra
barländer. Die Frauen und Mädchen mussten zurückbleiben, um sich um die verhungernden Tiere zu kümmern.

en. Die Männer zogen in die Städte und die südlichen Nach-

9.9 Sahel-Sudan-Staaten

In Asien und Lateinamerika gibt es vielerorts erfreuliche und stellenweise sogar bemerkenswerte Entwicklungserfolge. In Afrika, insbesondere in den Sahel-Sudan-Ländern, sind selbst Entwicklungsansätze selten, nehmen Armut und Hunger zu.

9.9 Sahel-Sudan-Staaten

Allgemeine Entwicklungssituation (vgl. Kapitel 7.1, 7.2)

Viele gähnen hinter vorgehaltener Hand, wenn von einer Hungersnot in Afrika die Rede ist. Politik und Wissenschaft sprechen vom „abgekoppelten", vom „verlorenen" Kontinent Afrika, und die Sahel-Sudan-Region gilt als hoffnungsloser afrikanischer Armutsgürtel. In der Afrika-Agenda der G8-Staaten (2005) bezeichnet der britische Premierminister, Tony Blair, Afrika sogar als „eine Wunde im Gewissen der Welt".

In der Rangliste des Pro-Kopf-Einkommens oder des Human Development Index (HDI) erlangen die Staaten der Sahel-Sudan-Region seit Jahrzehnten fast unverändert immer nur letzte Positionen. Sie zeichnen sich durch wiederkehrende Dürren und Heuschreckenplagen, durch Desertifikation, Hungerkrisen und massenhafte Armut aus. Fast fortwährend werden sie von internen, meist extrem militant verlaufenden Konflikten erschüttert. Eine ausreichende Befriedigung selbst der elementaren Grundbedürfnisse findet nicht statt. Eine landesdurchdringende nachhaltige Entwicklung von Wirtschaft, Infrastruktur und Gesellschaft blieb trotz internationaler Entwicklungshilfe bislang aus. Und von politischer, rechtlicher und persönlicher Sicherheit und Gleichheit kann kaum gesprochen werden. Am Beispiel des Armutslandes Niger sei der Situation und ihren Ursachen besonders nachgegangen.

	Afrika	Latein-amerika	Welt
Bevölkerungswachstum	2,3 %	1,6 %	1,2 %
Armutsquote	66 %	26 %	53 %
Anteil HIV-Infizierter	6,1 %	0,7 %	1,2 %
Anteil Malaria-Kranker [1]	59 %	3 %	?
Anteil an: • Welthandel (Export) • Foreign Direct Inv. (FDI) • Internet-Nutzern (global) • Internet-Nutzern an Ew.	2,3 % 2,7 % 1,7 % 1,8 %	5,0 % 8,9 % 7,3 % 12,5 %	14,6 %

[1] 90 % aller Malaria-Toten der Erde entfallen auf Afrika.
(Quellen: n. PRB: World Pop. Data Sheets, 2003/04; WB: World Development Report, 2005; UN, Human Development Report 2005; WTO: Intern. Trade Stat. 2004; U NCTAD: World Inv. Rep. 2003)

***M1** Entwicklungsdaten im Vergleich (2003)*

In der 177 Staaten umfassenden Rangliste des Human Development Index (HDI) nimmt die Republik Niger den vorletzten Platz ein. Sie gilt damit als eines der ärmsten und rückständigsten Länder der Welt. Ihr niedriges Entwicklungsniveau spiegelt sich auch in den demographischen und ökonomischen Strukturdaten sowie in ihrer kargen natürlichen Ausstattung und deren begrenzten Nutzung.

	A	B		C		D		E		F	
	2003	1975	2002	1970	2002	1970	2004	1977	2002	1970	2002
Äthiopien	**90**	158	170	24	17	41,8	45,5	85	58	1739	1857
Burkina Faso	**300**	159	175	29	20	41,2	45,7	95	87	1759	2462
Eritrea	**164**	-	156	-	9	44,3	52,7	-	43	-	1515
Djibouti	756	-	154	24	14	41,0	45,7	-	34	-	2220
Mali	**338**	153	174	40	22	38,2	48,6	91	81	2133	2174
Mauretanien	548	139	152	24	18	43,4	52,5	83	58	1846	2772
Niger	**211**	161	176	33	26	38,2	46,2	95	83	2033	2130
Senegal	655	145	157	28	14	41,8	52,9	90	61	2235	2279
Sudan	**347**	138	139	10	6	43,6	55,6	80	58	2087	2228
Tschad	**270**	155	167	-	20	39,0	44,7	85	54	2083	2113
Welt (mittel)	5787	-	-	14	8	59,8	66,9	37	27	2432	2804

A = Pro-Kopf-Einkommen in US-$, 2003 (**fett** = unter der Grenze absoluter Armut = 365 US-$ pro Jahr und Person); **B** = HDI-Rang (1975: 162 Länder, 2002: 177 Länder); **C** = Kindersterberate (unter 5 Jahre; %); **D** = Lebenserwartung in Jahren; **E** = Analphabetenquote; **F** = Kalorienverzehr pro Tag und Person (Quellen: Weltbank, World Development Report 2005; UNDP, Human Development Report 2004)

***M2** Sahel-Sudan-Länder (Auswahl)*

510

M3 *Fulbe-Nomaden südlich von Agadez: Als Tragtiere dienen nicht mehr Dromedare wie einst, auch fehlen die Ziegenherden. Diese verarmten Nomaden leben in Zelten, verdingen sich als umherziehende Handarbeiter.*

M4 *Traditioneller Brunnen südwestlich von Ingall: Mit einem Ledersack werden ca. 20 Liter Wasser aus einer Tiefe von rund 15 Metern per Hand an die Oberfläche befördert.*

Mobile Tierhaltung (Nomadismus) und unsicherer, ertragsarmer Regenfeldbau auf einfachstem technischem Niveau herrschen vor. Hirse, Sesam, Reis und Mais sind neben Bohnen, Baumwolle, Süßkartoffeln/Maniok und Erdnüssen die wichtigsten Anbaugewächse. Die industrielle (Verbrauchs-)Güterproduktion spielt keine nennenswerte Rolle.

Hauptexportgut ist Uranerz (41%) gefolgt von Lebendvieh/Rohhäuten (17%) und Baumwolle (7%). Wichtigster Handelspartner (ca. 74%) ist seit der Unabhängigkeit (1960) unverändert das ehemalige Mutterland Frankreich. Der Staatshaushalt setzt sich zu einem Viertel aus Steuern, einem Drittel aus Importzöllen und Roherzexporterlösen sowie aus Zuschüssen von Geberländern (Auslandshilfe: 42%) zusammen. Die Außenhandelsbilanz ist beständig negativ. Die Auslandsverschuldung übersteigt das BSP. Für den Ex- und Import ist dieses Binnenland (LLC) auf Häfen und Straßen seiner Nachbarn angewiesen. Das Netz durchgehend asphaltierter Straßen (798 von 10 100 km) erfasst nicht einmal alle Provinzhauptstädte. Öffentliche Transportmittel fehlen.

Die Trinkwasserreserven sind unzureichend. Die Versorgung mit Elektrizität, medizinischen und schulischen Einrichtungen ist lokal eng begrenzt, unsicher und überfordert. Und von den wiederkehrenden Hungerkatastrophen waren nach Schätzungen von Welthungerhilfe und UNO/UNICEF stets mehrere Hunderttausend Kinder und bis zu einem Drittel der Bevölkerung betroffen.

Auch kann von Demokratie und menschenwürdiger Gleichheit kaum gesprochen werden: *„So gelten über 50% der Bevölkerung – Mädchen und Frauen – als Menschen zweiter Klasse. Sie tragen zwar die Arbeit, verfügen aber kaum über Zugang zu den Ressourcen Boden, Kredite, Bildung, Rechte.*

Ihre geringe Wertschätzung, geradezu ihre Missachtung, spiegelt sich erschütternd in dem in Niger gängigen Ausspruch wider: Ohne Frauen, Esel und Libanesen werden alle Nigerer verhungern" (Dr. Ch. Alff, ehem. DED-Expertin aus Niger, 2005).

1. Stellen Sie die spezifischen Entwicklungsmerkmale für die Situation der Sahel-Sudan-Länder und insbesondere für Niger zusammen.
2. Welche dieser Merkmale sind nach Ihrer Kenntnis selbstverschuldet und welche extern verursacht?

Ursachen der Misere (vgl. Kapitel 7.2 bis 7.5)

Afrikaner schieben die Schuld an ihrer Misere gern den Europäern zu und verweisen auf Kolonialherrschaft und Sklavenhandel. Europäer sehen die Ursachen eher in Natur, Kultur und Tradition. Sie führen mangelnde Bildung, hohe Geburtenrate und ähnliche endogene Faktoren an. Eine allgemein akzeptierte und für alle Länder gültige Antwort auf die Ursachenfrage gibt es nicht. Sie sei beispielhaft für Niger diskutiert.

An erster Stelle werden stets die natürlichen Rahmenbedingungen angeführt. So nehmen zum Beispiel *„seit Ende der 1960er-Jahre die Niederschläge ab. Bedeckungsgrad und Artenvielfalt der Vegetation sowie die Weideareale schwinden. Außerdem wächst die Bevölkerung enorm – im Mittel gebärt jede Frau sieben Kinder – und verstärkt den Druck auf Nutzflächen und Vegetation ständig: stabile Altdünen werden landwirtschaftlich erschlossen und dadurch ihrer schützenden Pflanzendecke beraubt. Sie beginnen erneut zu wandern und fallen der Erosion anheim; infolge Grundwasserabsenkung sind die Rinderherden auf die wenigen Tiefbrunnen angewiesen: in deren weiterem Umland vernichtet Überweidung die schon an sich dürftige Futterbasis"* (Dr. H. Kußerow, GTZ-/KfW-Gutachterin in Niger, 2005).

Die natürlichen Grundlagen sind zweifellos extrem begrenzt. Von den 1,267 Millionen Quadratkilometern Landesfläche, deren Grenze von der französischen Kolonialmacht recht willkürlich gezogen wurde, ent-

fallen gerade einmal fünf Prozent auf die semiaride Buschsavanne der Sudan-Zone, wo Regenfeldbau möglich ist. Nur 0,05 Prozent gelten als Bewässerungsland und erlauben Dauerackerbau. Doch beim Anbau herrschen die exportwürdigen Cash crops Baumwolle und Erdnüsse vor. Die traditionellen lokalen Nahrungsmittel (Yams, Taro, Hirse) werden zunehmend durch importierten Weizen und Mais verdrängt. Die Getreidelieferungen der internationalen Hungerhilfe gelangen illegal in den Handel, unterminieren den Markt für lokale Nahrungsmittel und zerstören ihre Erzeugung: *„Ein einheimischer Bauer kann seine Hacke gleich aus der Hand legen; mit dem UNO-Welternährungsprogramm kann niemand mithalten."* (J. Shikwati, afrikanischer Wirtschaftsexperte).

Problematisch wirkt sich auf die interne Situation nach Expertenmeinung der externe Einfluss, zum Beispiel selbst Entwicklungshilfe aus. So hatte unter anderem die EU nach der Sahel-Katastrophe Anfang der 1970er-Jahre erfolgreich zahlreiche Hilfsmaßnahmen zur Verbesserung der Tierhaltung und Basisversorgung der Bevölkerung mit tierischen Nahrungsmitteln finanziert: Brunnenbau, Futterproduktion, Tierhygiene, Schlachthäuser, Vermarktung. Folge davon waren die extreme Zunahme der Tierzahl und wachsender Fleischkonsum.

Anfang der 1990er-Jahre führten Maßnahmen der Weltbank zur Verbesserung der Zahlungsfähigkeit (Strukturanpassung) unter anderem zur Öffnung der Märkte der meisten Sahel-Sudan-Staaten. Die EU nutzte diese

Einwohnerzahl (Mio.)	11,5 (1960: 2,95)
Anteil unter 14-Jährige (%)	47,5
Bevölkerungszuwachsrate (%)	2,8 (1980=3,4)
Geburtenrate	4,9
Sterberate	2,1
Anteil der absolut Armen (%)	61,4
Analphabetenquote (%)	78 (m), 93 (w)
Kindersterblichkeit (%)	28
HIV-Infizierte (%)	4
Erwerbspersonen in der Landwirtschaft	88,5
Beitrag d. Landwirtschaft zum BIP	39,3
(Quellen: WB, Landesdaten, 2003; CIA, The World Factbook, Niger, 2004)	

M1 *Niger – Bevölkerungsdaten*

Landesfläche (km^2)	1,267 Mio.
davon: • Aride Sahara / aride Sahel-Dornsavanne (Weide bedingt möglich)	80 %
• Semiaride Sahel-Grassavanne (Weide möglich)	15 %
• Semiaride Sahel-Buschsavanne (Regenfeldbau möglich)	5 %
• Landwirtschaftlich genutzte Fläche	4 %
• Bewässerungsland	0,05 %
Export : Import	1 : 1,5
Staatseinnahmen : Entwicklungshilfe	1 : 0,4
Staatseinnahmen aus: Steuern Zöllen Auslandshilfe	25 % 33 % 42 %
(Quellen: CIA, The World Factbook, Niger, 2004; GTZ, Aus den Ländern: Niger, 2004)	

M2 *Niger – Wirtschaftsdaten*

Chance und begann, ihren Fleischüberschuss durch subventionierte Exporte dorthin abzubauen. Mit den günstigen Preisen für die hochwertigen Importwaren konnten die afrikanischen Produzenten nicht mithalten. Die zuvor mit EU-Mitteln verbesserte lokale Tierproduktion und -vermarktung brachen zusammen.

Mobile/nomadische Tierhaltung ist für 80 Prozent der nigerischen Landesfläche jedoch die einzig mögliche und sinnvolle Nutzungsweise. Ihr Niedergang zog die fast völlige Aufgabe dieser weit verbreiteten, überlebenssichernden Subsistenzwirtschaft und den Verlust an Beschäftigungsmöglichkeiten nach sich. Dies schwächte nicht zuletzt auch die nigerische Volkswirtschaft und verstärkte die generelle Außenabhängigkeit des Landes.

Diese externe Abhängigkeit zeigt sich insbesondere auch im Außenhandel. Niger verfügt zwar über die auf dem Weltmarkt begehrten Rohstoffe Molybdän und vor allem Uran. Diese Erzvorkommen werden jedoch von ausländischen französischen Unternehmen (zum Beispiel SOMAIR) erschlossen, gefördert und als Rohstoff exportiert. Die Regierung erhält einzig Ertragsanteile (Royalities). Ihre Höhe hängt von der Offenlegung der Bilanzen durch die externen Unternehmen und vom Weltmarktpreis ab, der für Uranerz bis 2004 auf niedrigem Niveau erheblichen Schwankungen unterlag. Ähnlich weltmarktabhängig ist Niger auch bei Erdnüssen und Baumwolle, die ebenfalls nur als Rohprodukte zu Niedrigstpreisen in den Export gelangen.

Importiert werden neben den schon erwähnten Lebensmitteln und Gebrauchtwagen vor allem gebrauchte Kleidung, Schuhe, Fernseher und Computer; meist in Europa gesammelt. Damit werden selbst die entlegenen dörflichen Märkte überschwemmt. Der Niedergang des traditionellen lokalen Handwerks ist damit verbunden.

Entwicklungshemmend und verunsichernd wirken nicht zuletzt die immer wiederkehrenden internen Konflikte. Sie hängen in erster Linie vom Nebeneinander unterschiedlicher, um die Existenz-/Überlebensgrundlagen konkurrierender Volks-/Stammesgruppen ab. Insbesondere in dem klimatisch günstigeren Süden treten sechs sprachlich, kulturell und physiognomisch verschiedene Gruppen neben- und miteinander auf.

Gewaltsame Unruhen entstehen in diesem Landesteil vor allem auch dadurch, dass sich die Repräsentanten von Regierung und Verwaltung fast ausschließlich aus der um die Hauptstadt Niamey verbreiteten Volks-

M3 EG-Weizen aus Hilfslieferungen auf dem Markt in Ingall

9.9 Sahel-Sudan-Staaten

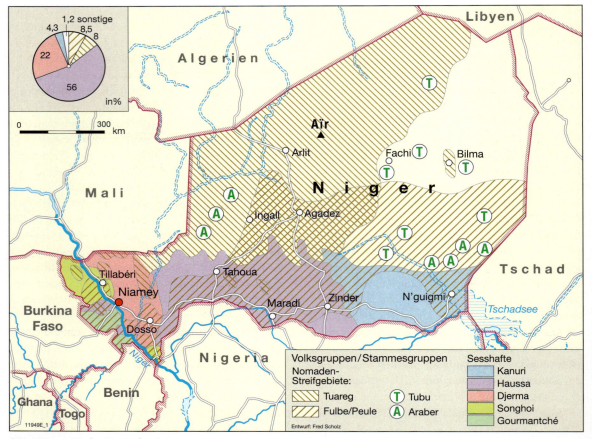

M1 Niger – Verbreitung der Stämme

gruppe der Djerma rekrutieren. Sie betreiben – wie Beobachter betonen – Selbstbereicherung und Günstlingswirtschaft. Dadurch werden regionale Bedürfnisse (zum Beispiel nach Straßen, Brunnen, Trinkwasser) meist nur selektiv, momentan und lokal befriedigt. Spannungen sind dadurch vorprogrammiert.

Eine solche Politik geschieht auf Seiten der Herrschenden – so die wissenschaftliche Erfahrung – *„aus Machterhalt und zur Sicherung eigener Pfründe. Sie gefährdet jedoch die innere Ruhe und hält lokale Investoren ebenso von wirtschaftlichen Initiativen ab wie die internationalen Entwicklungsagenturen von der Durchführung notwendiger Projekte"* (Prof. Dr. F. Scholz, ZELF, FU Berlin, 2005).

Unruhen und Konflikte, zentralistische Verwaltung sowie selbst die extremen räumlichen Disparitäten Nigers in Naturausstattung und Bevölkerungsverteilung, alles Faktoren, die Entwicklung hemmen, werden letztlich als koloniales Erbe, zum Beispiel als Ergebnis und Folge kolonialherrlicher Grenzziehung interpretiert. Als alleinige Erklärung der internen Unzulänglichkeiten des Landes – darüber ist sich die wissenschaftliche Diskussion einig – reicht diese These jedoch nicht aus. Wenn sie dennoch im Nord-Süd-Dialog benutzt wird, dann dient sie zum einen dazu, undemokratisches, korruptes politisches Handeln (Bad Governance) zu entschuldigen. Zum anderen wird sie als (moralisches) Argument zur Einmahnung der Verantwortung des Nordens und zur Einwerbung von Entwicklungsgeldern benutzt.

„Doch dieser Strategie", so ein langjähriger Beobachter und Kenner der politischen Szene Afrikas, *„bedient sich nicht einzig das Land Niger. Sie durchzieht das politische Handeln unzähliger Regierungen in den Ländern des Südens seit der formalen Eigenstaatlichkeit. Darin spiegelt sich zum einen der Fortbestand kolonial geprägter Beziehungsgeflechte. Zum anderen aber ist*

Jahr	Ereignis
1899	Beginn des französischen Einflusses
1922	Autonome Kolonie innerhalb Französisch-Westafrika (siehe Diercke Weltatlas S. 126)
1947	Erste regionalpolitische Bewegungen
1956	Beschränkte Autonomie
1958	Erste Forderungen nach Unabhängigkeit
1960	Proklamation der Unabhängigkeit und Präsidialrepublik
1974–1989	mehrere Militärputsche
1989	Wahlen zur Nationalversammlung auf der Basis einer vom Militär dominierten Einheitsliste
1990	Unruhen; Diskussionen um Mehrparteiensystem
1993	erste demokratische Wahlen
1999	Verfassung und Regierung nach französischem Vorbild; seither wiederkehrend politische Unruhen

M2 Niger – politische Entwicklung

M3 Gebrauchte Kleidung auf dem Markt von Tahoua

sie [die Strategie] Beleg für die Herausbildung neuer, postkolonialer Abhängigkeitsstrukturen. Ihnen können sich vor allem die Regierungen der armen Länder wie Niger eben nicht entziehen, wenn sie überleben wollen" (Prof. Dr. St. Brüne. Dt. Übersee-Institut, Hamburg).
In Niger wurde die Unabhängigkeit von Frankreich 1960 proklamiert. Bislang zeigt die politische Entwicklung jedoch wenig Eigenständigkeit und politische Kontinuität. In erster Linie scheint sie weiterhin französischem Einfluss zu unterliegen:
So ist die politische Klasse Nigers in Paris erzogen und ausgebildet worden. Dort formierten sich in der Vergangenheit die verschiedenen politischen Bewegungen und Parteien, wurden die Entscheidungen für Wahlen und sogar Putsche vorbereitet. Selbst die sich seit den Parlamentswahlen 1993 (erste demokratische Wahlen seit 20 Jahren!) schrittweise vollziehende Einführung demokratischer, parlamentarischer Strukturen folgt französischem Vorbild (French Civil Law).
Amts- und Universitätssprache sind Französisch. „Ein Wissenschaftler oder Schriftsteller, der reüssieren will, muss sich des Französischen bedienen. Die Entscheidung darüber, wer in Niamey ein führendes Amt bekleiden soll, wird letztlich noch immer in Paris vorbereitet. Und selbst das französische Brot ‚Baguette' wird ebenso allerorts angeboten wie Pastis oder französischer Wein" (Dr. J. Akpaki. ehem. DED-Experte in Niger, 2003).

Hinter diesem postkolonialen Einfluss Frankreichs stehen nicht zuletzt auch nigerische Eigeninteressen: Denn die politische Klasse des Landes konnte bislang ohne direkten oder indirekten französischen Beistand kaum überleben. Und Frankreich nutzt diese Abhängigkeit zur Sicherung seines politischen und ökonomischen Einflusses. Auch weiß Niger, dass es wegen seiner Uranvorkommen geopolitisch nicht uninteressant ist. Und wegen seiner Lage am Südrand der islamischen Welt (moslemischer Bevölkerungsanteil = 85 Prozent) erlangt es seit September 2001 auch geostrategische Bedeutung. Sichtbarer Ausdruck dafür ist die Kooperation mit den USA. Im Rahmen der Pan-Sahel-Initiative haben sie die militärische Ausbildung und Ausrüstung von Anti-Terroreinheiten in Niger und einigen Nachbarländern aufgenommen.

1. Listen Sie die spezifischen Merkmale der Misere Nigers auf und begründen Sie ihre (internen/externen) Ursachen.
2. Entwickeln Sie daraus und unter Beachtung Ihrer allgemeinen Kenntnisse zu Unterentwicklung und Entwicklung ein Schaubild, aus dem sich die Zusammenhänge für die bisher geringe/ausgebliebene Entwicklung von Niger ableiten und erklären lassen.

Externe Maßnahmen zur Entwicklung (vgl. Kap. 7.6)

Im Fall Niger stellt sich ernsthaft die Frage, ob es überhaupt nachhaltige Lösungen für seine Probleme gibt und ob sich die Weltgemeinschaft nicht mit derartigen Ländern abfinden muss? Doch diese akademisch sicher nicht uninteressante Frage darf nicht dazu führen, die Augen vor der akuten Not der nigerischen Bevölkerung zu verschließen. Vielmehr ist es notwendig, sich Rechenschaft über die Entwicklungsaktivitäten zu geben.

M1 Mit Tafeln, die die Maßnahmen veranschaulichen (Anbau, Terrassierung, Aufforstung, Bewässerungskarte), stellt sich das Projekt in Tahoua und Umgebung dar.

M2 Was wurde bisher getan?

Niger ist Ziel von Entwicklungsmaßnahmen der UN und vieler Länder des Nordens. Sie waren/sind auf die Bereiche Landwirtschaft, Viehzucht, Forstwirtschaft, Bildung, Gesundheit, Energie und Infrastruktur gerichtet. Die deutsche (bilaterale) Entwicklungshilfe für Niger begann vor über 30 Jahren, hält sich aber wie in den Nachbarstaaten seit Jahren fast unverändert auf quantitativ niedrigem Niveau (2003: 13,2 Mio. US-$ = 0,09 Prozent der Zahlungen an die LDC; zum Vergleich: Mali 20,5 / 0,15; Burkina Faso: 25,5 / 0,19; Tschad: 13,3 / 0,1). Deutscher Entwicklungsdienst (DED), Gesellschaft für Technische Zusammenarbeit (GTZ) und Kreditanstalt für Wiederaufbau (KfW) sind hier tätig. Ihre meist gemeinsam getragenen Maßnahmen sind unter (paritätischer) Mitwirkung der nigerischen Regierung praktisch auf Gesundheit, Bildung und hygienische Trinkwasserversorgung, auf Infrastruktur, Aufforstung und Erosions-/Ressourcenschutz gerichtet.

Oberstes Entwicklungsziel bildet stets die Armutsminderung durch ländliche Regionalentwicklung (LRE). Um die Maßnahmen nachhaltig zu festigen, bemühte man sich, die Bevölkerung (benefit-users) mit einzubeziehen. Zahlreiche sogenannte vertrauensbildende Maßnahmen, wie zum Beispiel der Bau von Pisten, Brunnen, Stauwehren oder Versammlungshäusern, halfen dabei, die Motivation der Bevölkerung zu erhöhen.

M3 Was sollte außerdem getan werden?

Notwendig für die vorherrschend agrarische Bevölkerung Nigers wären funktionierende lokale, nationale und auch internationale (Absatz-)Märkte und gesicherte Preise. Nur auf diese Weise können bäuerliche Haushalte relativ stabile Einkommen und das Land die notwendigen Devisen erzielen. Dazu ist zum Beispiel auf Produzentenebene ein Mindestmaß an Kenntnissen über die relevanten (Markt-)Zusammenhänge und eine breitere Basisbildung erforderlich. Doch dafür gibt es bislang ebenso wenige Förderprogramme wie für die Vermittlung von effektiven Anbaumethoden oder von (technischen) Verfahren zur langfristigen Lagerung von Nahrungsmitteln. Nach Auffassung von Landeskennern sollten im Mittelpunkt von Hilfsprogrammen der internationalen Geber grundlegende Maßnahmen zur Verringerung der Bevölkerungsexplosion (1969=4 Mio.; 2000=12 Mio.; 2025=25,7 Mio.) und der Ausdehnung von AIDS/HIV stehen. Doch all diese Maßnahmen können nur greifen, wenn der Norden bereit ist, seine übermäßigen Eigeninteressen zugunsten der Länder des Südens, insbesondere Afrikas zurückzunehmen. Doch selbst dann werden sich die Ergebnisse in bescheidenen Grenzen halten. Dies aber darf nicht dazu verleiten, die Entwicklungsmaßnahmen zu reduzieren; denn neben Not und Elend bietet Afrika nicht weniger kulturellen Reichtum, biologische Einmaligkeit und menschliche Wärme, Werte somit, die es zu bewahren gilt.

M4 Schautafel „hygienischer" Brunnen (deutsches Entwicklungsprojekt von GTZ, DED und KfW)

M5 Deutsche Entwicklungsaktivitäten

„Das Programm ‚Erosionsschutz Tahoua und Tillabéry' wurde von 1991–2003 von KfW, GTZ und unter Beteiligung des DED durchgeführt. Ziel waren Armutsbekämpfung, Ressourcenschutz und ländliche Entwicklung. Unter Anwendung mechanischer und biologischer Erosionsschutzmaßnahmen wurde versucht, die Bewuchsdichte großflächig zu verbessern. Durch geeignete Ackerbautechniken wirkte man der Winderosion entgegen. Dabei wurde die nachhaltige Sicherung dieser Maßnahmen durch Partizipation der Nutznießer-Bevölkerung angestrebt. Zur Erlangung dieses wichtigen Zieles veranlasste man sie zur aktiven Beteiligung, indem verantwortliche Gruppen (institution building) geformt und ihnen die Verantwortung für die Durchführung der Maßnahme übertragen wurde (Zielgruppenorientierung). Stimulierend wirkten dabei rasche und greifbare Erfolge der Maßnahmen, zum Beispiel Ertragssteigerung, Trinkwassersicherung.

Die Realisierung dieser Ziele erforderte laufende Anpassungsmaßnahmen. So blieb der Erosionsschutz nicht nur wie anfangs auf die einfacher zu bearbeitenden Plateauareale beschränkt. Seine Ausdehnung auf die problematischeren Tal- und Hanglagen wurde von der Bevölkerung begrüßt, kam sie doch ihren Erfahrungen entgegen. Auch wurde bald der Einsatz von schwerem (importiertem) Ackergerät zugunsten angepasster Werkzeuge, die vor Ort hergestellt werden konnten, und lokaler Arbeitskräfte, die in großer Zahl zur Verfügung standen, weitgehend aufgegeben. Insbesondere für die Frauen erwuchsen daraus sowie aus den verschiedenen ‚food for work'-Projekten neue Erwerbsmöglichkeiten. Und durch die Regelung ihres Zugangs zu Pachtland und Krediten wurde ihre Emanzipation gefördert.

Durch die Einführung und Realisierung begleitender vertrauensbildender technischer Maßnahmen, zum Beispiel Bau von Pisten, Brunnen, Stauwehren, Terrassen, Versammlungshäusern, gelang es, die Bevölkerung an den Projektmaßnahmen zu interessieren und zu beteiligen. Und über die schon erwähnte Organisation von Dorfvertretungen übernahm sie Selbstverantwortung und entwickelte Eigeninitiative.

Eine quantitative Bewertung dieses Projektes ist jedoch nur unzulänglich möglich. Erfolgreich verliefen – so die Einschätzung einer deutschen Projektverantwortlichen – auf jeden Fall der Einbezug lokaler Anbautechniken, Ackergeräte, reichlich vorhandener Arbeitskräfte sowie die Initiierung des Bewußtseins zu Selbsthilfe und Partizipation. Ein beachtenswertes Ergebnis stellt zweifellos die ökonomische Emanzipation der Frauen dar. (…)"

(Quelle: GTZ-Unterlagen, Eschborn, 2003, 2005)

1. Kennzeichnen Sie die (deutsche) Entwicklungshilfe in Niger. Stellen Sie ihre Merkmale und Aktivitäten zusammen und nutzen Sie dazu auch das Internet.

2. Welche Entwicklungsprobleme Nigers sollen und könnten dadurch gelöst werden? Diskutieren Sie. Nutzen Sie dazu auch das Internet.

	1882	1925	1950	1990	1998	1998	2005
	(Deutsches Reich)		(alte Bundesländer)			(neue BL)	
I	43,4	30,5	22,1	3,6	2,7	3,6	2,2
II	33,7	41,4	44,7	30,6	34,2	32,4	25,9
III	22,8	28,1	33,3	55,8	63,1	64,0	71,9

M1 Tabelle: Entwicklung des primären, sekundären und tertiären Sektors in Deutschland

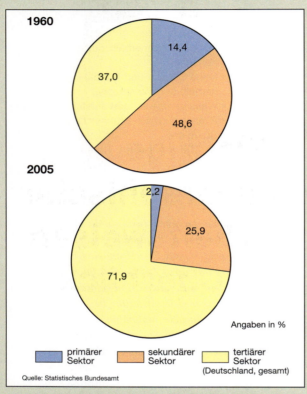

M2 Kreisdiagramm: Entwicklung des primären, sekundären und tertiären Sektors in Deutschland

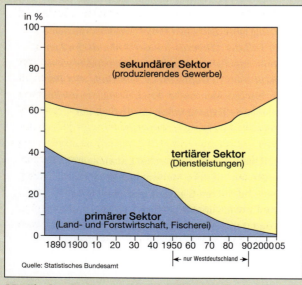

M3 Flächendiagramm: Entwicklung des primären, sekundären und tertiären Sektors in Deutschland

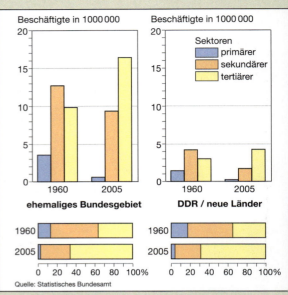

M4 Säulen- und Balkendiagramm: Beschäftigte in de drei Sektoren in Deutschland 1960 und 2005

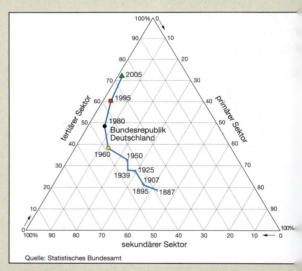

M5 Dreiecksdiagramm: Entwicklung des primären, sekundären und tertiären Sektors in Deutschland

M6 GIS-Karte: Gesundheits- und Umweltatlas der St München

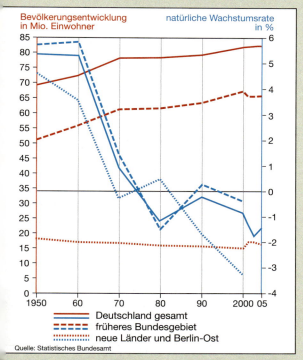

17 Liniendiagramm: Bevölkerungsentwicklung und natürliche Wachstumsrate in Deutschland

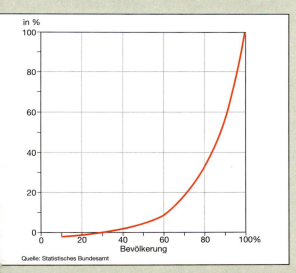

8 Konzentrationsdiagramm: Anteile am Nettovermögen

Teil einer Mindmap zum Thema „Ökosystem tropischer Regenwald"

10

Wichtige geographische Arbeitsweisen im Überblick

Tabellen, Diagramme, Bilder, Karten und Texte sind die wichtigsten Arbeitsmaterialien in der Geographie. Ihre Auswertung ist Basis jeglicher geographischer Arbeit, sei es bei der Beschäftigung mit schulischen Fragestellungen, bei der Erstellung von Referaten oder bei der Beschaffung von Information als Grundlage eigenständiger Arbeit vor Ort. Dabei müssen die Aussagen dieser Materialien jedoch immer kritisch hinterfragt und in den Zusammenhang mit der Aussage anderer Materialien gesetzt werden. Aber auch die Durchführung eigener Erhebungen zum Beispiel durch Befragungen oder Kartierungen und die sachgerechte Anfertigung geographischer Materialien wie Karten mithilfe von GIS gehören heute zum geographischen Basiswissen.

Interpretation

Prinzipiell können die meisten der in der Geographie genutzten Materialien (z.B. Tabellen, Diagramme, Karten) nach einem ähnlichen Schema ausgewertet bzw. interpretiert werden (M1). In der Schule ist in der Regel keine umfassende Interpretation eines Materials nötig. Meist steht ein Thema im Vordergrund, sodass nicht alle Inhalte interpretiert werden.

Bei der Interpretation von Tabellen und Diagrammen sollte man auf folgende Aspekte besonders achten:

- Zeitpunkt der Erhebung (der Zeitpunkt der Erhebung liegt oft relativ weit zurück, das muss bei Beurteilung und Folgerungen beachtet werden, vgl. Seite 523.);
- Maßeinheiten / Werte: absolut, relativ (Ew./km²). Vorsicht! Der Trend relativer und absoluter Werte kann scheinbar widersprüchlich sein.
- Sonderfall Indexzahlen in Tabellen und Diagrammen: Mit Indexzahlen können Entwicklungen besonders gut sichtbar und vergleichbar gemacht werden. Die Werte des Basisjahres werden auf hundert gesetzt und die vorhergehenden und folgenden Jahre (prozentual) darauf bezogen. Vorsicht! Indexzahlen erlauben keine Rückschlüsse auf die absoluten Zahlen!

Tabellen und Diagramme

In **Tabellen** können Mengen und Entwicklungen sehr genau dargestellt werden. Sie dienen oft als Basis zur Erstellung von Diagrammen.

Diagramme setzen die Werte von Tabellen graphisch um und machen sie damit anschaulicher und leichter fassbar. Vor allem Trends lassen sich hier besser ablesen, besonders da durch graphische Mittel und die Wahl bestimmter Diagrammtypen (Kreis-, Stab-, Säulen, Kurven-, Blockdiagramm u.a.) inhaltliche Betonungen möglich sind. Durch die Aufbereitung wird auch die Vergleichbarkeit erhöht (zum Beispiel beim Klimadiagramm).

Tipp zur Anfertigung von Diagrammen
Die Farbwahl sollte der dargestellten Thematik angemessen sein: Verwenden Sie nach Möglichkeit „sprechende Farben" (zum Beispiel blau für Wasser oder Kälte; grün für Landwirtschaft beziehungsweise Vegetation).

Vorgangsweise bei der Interpretation von Materialien

1. Beschreibung

1.1 Thema (Angabe zum Raum, Zeitraum usw.) Achtung: meist nicht identisch mit der Abbildungsbezeichnung!

1.2 Gesamttendenz: grober Überblick über die dargestellten räumlichen, zeitlichen Zustände oder Entwicklungen

1.3 Extremwerte: Nennung der wichtigsten Minima und Maxima (in Karten: besonders Konzentrationen oder das Fehlen bestimmter Strukturen), sie bestätigen oder differenzieren die Tendenz

1.4 Ausnahmen: Angaben, die nicht in die erarbeitete Gesamttendenz hineinpassen

1.5 Verknüpfung: Aufzeigen von Zusammenhängen zwischen einzelnen Werten oder Tendenzen

2. Erklärung (mithilfe des Vorwissens)

2.1 Erklärung der Gesamttendenz

2.2 Erklärung der Extremwerte

2.3 Erklärung der Ausnahmen

2.4 Erklärung der erarbeiteten Zusammenhänge

3. Bewertung / Folgerungen (mithilfe des Vorwissens)

3.1 Zusammenfassung der wichtigsten Aussagen, Darstellung der wichtigsten Trends

3.2 Schlussfolgerungen oder Probleme

3.3 Kritik an den dargestellten Sachverhalten, evtl. Lösungsvorschläge für aufgezeigte Probleme

evtl.: 4. Kritik der Darstellung

4.1 Ist die Darstellung dem Thema angemessen?

4.2 Ist die Darstellung eindeutig, übersichtlich, stimmig? (Sind zum Beispiel die Abstände in Zeitreihen gleich, sind sie sinnvoll gewählt?) Werden durch die Art der Darstellung Inhalte tendenziös dargestellt, verzerrt oder gar verfälscht?

M1 Schema zur Interpretation von Materialien

Säulendiagramm / Balkendiagramm (vgl. S. 518)

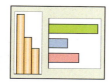

Gut geeignet:
- zur anschaulichen Darstellung statistischer Größen in zeitlicher, räumlicher, sachlicher Folge.

Achtung:
- In vielen Darstellungen beginnt die Skala nicht bei Null. Die Werte werden dadurch auf den ersten Blick verfälscht (z.B. scheinen die Unterschiede zwischen den einzelnen Säulen größer).
- Die Säulen bzw. Balken können in sich noch einmal unterteilt werden, um Teilgrößen zu verdeutlichen.
- Durch unterschiedliche Balken- bzw. Säulendicke kann eine weitere Größe angegeben werden.

Flächendiagramm (vgl. S. 518)

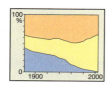

Gut geeignet:
- zur Darstellung von Zeitreihen/Entwicklungen einer Gesamtgröße mit unterschiedlichen Teilgrößen,
- sowohl bei relativen Werten (meist: Summe der Flächen = 100%), als auch bei absoluten Werten, die oberste Fläche gibt dann den Gesamtwert an.

Achtung:
- Gerade in Computergraphiken werden Liniendiagramme gerne dreidimensional als „hintereinander stehende Flächen" dargestellt. Dann dürfen die Werte natürlich nicht addiert werden.

Konzentrationsdiagramm (Lorenzkurve) (vgl. S. 519)

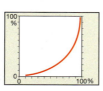

Gut geeignet:
- um darzustellen, wie sich etwas über verschiedene Gruppen verteilt (z.B. Verteilung des Einkommens, des Landbesitzes).

Auswertung:
- Ablesen der Werte wie beim Liniendiagramm

Achtung:
- Konzentrationen werden deutlich, wenn man besonders aussagekräftige Werte gegenüberstellt (Beispiel: In Brasilien haben 20% der Bevölkerung nur 2% Anteil am Volkseinkommen, die reichsten 10% haben dagegen einen Anteil von 47%.)

Dreiecksdiagramm (Strukturdreieck) (vgl. S. 518)

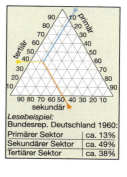

Gut geeignet:
- zur Darstellung eines Strukturwandels, wenn die Struktur aus drei Teilgrößen einer Gesamtgröße (=100%) besteht (z.B. Wirtschaftsstruktur, Erwerbsstruktur, Altersstruktur) und
- zum Vergleich des Strukturwandels in verschiedenen Bereichen/Regionen.

Auswertung
- Aus jedem Punkt im Dreieck lassen sich drei Werte ablesen (die in der Summe 100% ergeben). Die Werte kann man an den Seiten des Dreiecks ablesen.
- In welcher Richtung man abliest, wird in der Regel durch Pfeile im Diagramm angezeigt.

Kreisdiagramm (vgl. S. 518)

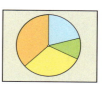

Gut geeignet:
- zur Darstellung der Aufteilung einer Gesamtmenge (Kreis = 100%, 1% = 3,6°) in Teilmengen.
- zum Vergleich der absoluten Größe verschiedener Gesamtmengen (unterschiedliche Kreisgrößen).

Achtung:
- Werden in einer Darstellung mehrere Kreisdiagramme verwendet, so benutzt man meist die Kreisfläche, um Größen auszudrücken (nicht den Durchmesser).
- Start der Kreissektoren ist nicht immer „12 Uhr".

Kurvendiagramm (Liniendiagramm) (vgl. S. 519)

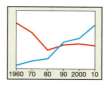

Gut geeignet:
- zur Darstellung von Zeitreihen und Entwicklungen,
- zum Vergleich verschiedener Zeitreihen und Entwicklungen.

Achtung:
- Durch Stauchung bzw. Zerrung der Abszisse oder der Ordinate können zum Beispiel Tendenzen übertrieben dargestellt beziehungsweise suggeriert werden.
- Der Maßstab bei Abszisse oder Ordinate wird manchmal zur Verdeutlichung logarithmisch gewählt.

Klimadiagramme und Thermoisoplethendiagramme

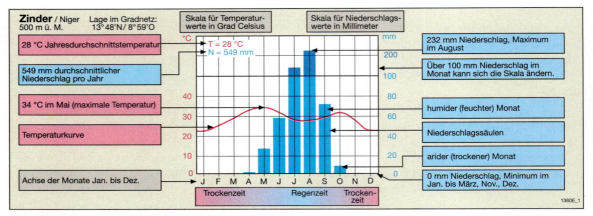

M1 Klimadiagramm von Zinder nach Köppen / Geiger

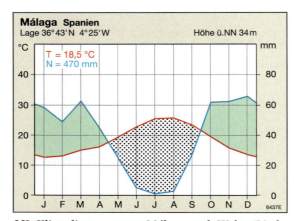

M2 Klimadiagramm von Málaga nach Walter/Lieth

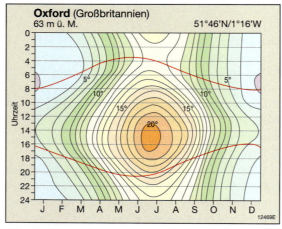

M3 Thermoisoplethendiagramm von Oxford

Klimadiagramme ermöglichen es, den Jahresgang von Temperatur und Niederschlag übersichtlich darzustellen. Dabei werden beide Werte auf den Ordinaten in Korrelation gesetzt: Der Wert für den Niederschlag ist auf gleicher Höhe doppelt so hoch wie der der Temperatur. Heute werden zwei unterschiedliche Darstellungsformen verwendet: Im **Klimadiagramm nach Köppen/Geiger** werden die monatlichen Durchschnittstemperaturen als Kurve und die monatlichen Niederschlagssummen als Säulen dargestellt. Im **Klimadiagrammen nach Walter/Lieth** sind auch die Niederschläge als Kurve aufgetragen. Damit ist eine Information leichter ablesbar: Liegt die Temperaturkurve über der Niederschlagskurve, dann kann man grob vereinfacht von ariden Verhältnissen während dieses Zeitraumes ausgehen, liegt sie darunter, so handelt es sich um eher humide Bedingungen.

Über die üblichen Interpretationsschritte (S. 520) hinaus sollte bei der Auswertung Folgendes beachtet werden: der Name der Station, ihre geographische Lage und ihre Höhenlage, ggf. die Jahresamplituden der Temperatur und des Niederschlags, mögliche Zusammenhänge zwischen Temperatur- und Niederschlagsverlauf, ggf. Angaben zur Frost- bzw. frostfreien Periode.

Thermoisoplethendiagramme stellen den Jahres- und den Tagesgang der Temperatur an einem Ort dar. Jeweils gleiche Werte sind durch Linien miteinander verbunden (vergleichbar mit Höhenlinien in einer topographischen Karte). In der Senkrechten lässt sich der Tagesgang an einem bestimmten Tag im Jahr ablesen, in der Waagerechten der Jahresgang zu einer bestimmten Uhrzeit.

Daten kritisch hinterfragen

M4 Durchschnittswerte – nicht immer aussagekräftig

Die in Fachbüchern, den Medien oder dem Internet veröffentlichten Zahlen suggerieren Aktualität und Verlässlichkeit. Doch viele Daten sind fehlerhaft, ungenau oder sogar manipuliert. Folgende Aspekte gilt es zu beachten:

Geschätzte Daten sind in Statistiken keine Ausnahme. So kennt z.B. niemand die genaue Einwohnerzahl Deutschlands, da Bevölkerungszählungen nur selten durchgeführt werden; die letzte fand 1987 statt. Alle aktuelleren Daten werden von Fachleuten „fortgeschrieben".

„Uralte" Daten sind oft die neuesten, die zum Veröffentlichungszeitpunkt zu bekommen sind. Nur wenige Daten werden regelmäßig erhoben und veröffentlicht. Das gilt für die Industrieländer und in besonderem Maße für die Entwicklungsländer.

Unterschiedliche Abgrenzungskriterien führen zu unterschiedlichen Angaben. Bei der Einwohnerzahl von Städten kommt es daher besonders oft zu stark abweichenden Angaben.

Zu genaue Daten sollten auch misstrauisch machen. Oft ergeben komplizierte Rechenwege scheinbar sehr genaue Werte. Die zugrunde liegenden Daten sind dann aber oft nur grob geschätzt oder errechnet.

Die Gefahr der Verfälschung, der Verzerrung, der bewussten oder unbewussten Fehlinformation ist gerade im Internet besonders groß. Viele Seiten sind tendenziös, es soll oft nicht informiert, sondern manipuliert werden. Tendenziöse graphische Darstellungen sind nicht korrekt, aber durchaus üblich. Um eine bestimmte Tendenz zu betonen, gibt es verschiedene Möglichkeiten (M5):

M5 Umsatzentwicklung der Musterfirm-AG – Varianten 1 bis 3

- durch die Wahl der Abmessungen (Höhe, Breite);
- durch die Eingrenzung der Werteskala;
- durch das Weglassen missliebiger Zeiträume;
- durch Hinzufügen von Schätzungen, die einen gewünschten Trend verstärken.

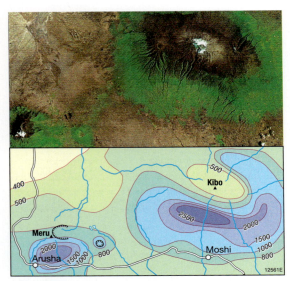

M1 Kilimandscharo: Satellitenbild / Karte der Niederschlagsverteilung

Karten

Karten gehören zu den wichtigsten geographischen Arbeitsmitteln. Ihre Interpretation gleicht der anderer geographischer Materialien (vgl. S. 520). Es gibt jedoch einige Besonderheiten:
Bei der Beschreibung kann man zwischen zwei Vorgehensweisen wählen:
- regionaler Zugriff: sukzessive Beschreibung der einzelnen Teilräume (z.B. Landschaftsräume, Staaten);
- thematischer Zugriff: sukzessive Beschreibung einzelner Faktoren (z.B. Gewässernetz, Standorte der Industrie). Dabei wird stets der gesamte Kartenausschnitt betrachtet.

Tipps
- Sichten Sie zunächst in der Legende alle Signaturen und Farben bzw. Farbabstufungen und verschaffen Sie sich damit einen Überblick über die Karteninhalte.
- Bei der Interpretation von Karten geht es meist um die Verteilung von Signaturen, wie eine besondere Häufung (z.B. Verdichtung von Industrie) oder das Fehlen von Signaturen (z.B. siedlungsleere Räume).
- Beides, die Konzentration und das Fehlen von Signaturen, muss erklärt und bewertet werden. Dazu ist es sinnvoll, andere Karten (auch solche mit anderem Maßstab) hinzuzuziehen.

Bilder – Luftbilder – Satellitenbilder

Bilder bieten die Möglichkeit, einen Raumausschnitt genauer zu analysieren – gleichsam als Ersatz für die originale Raumbetrachtung. Aber Vorsicht! Ein Bild stellt nur einen bestimmten Ausschnitt zu einer bestimmten Zeit dar. Grundsätzlich ist daher immer zu berücksichtigen:
- die Tageszeit (z.B. wichtig bei der Interpretation des Verkehrsaufkommens, hilfreich ist oft der Schattenfall) und die Jahreszeit (Bodennutzung, Vegetation),
- die Lage im Raum (ist beispielsweise eine Einnordung möglich?).

Bei den üblichen Fotografien vom Boden aus ist die Gefahr einer Manipulation besonders groß, allein durch die Wahl der Perspektive (zum Beispiel Froschperspektive, Vogelperspektive). Zudem wählt ein guter Fotograf einen Bildausschnitt sehr genau aus. So kann er Unerwünschtes weglassen. Ein Foto ist eben immer nur ein – bewusst gewählter – Ausschnitt der Wirklichkeit.
Bei der Interpretation sollte man sich daher immer fragen, ob es sich bei dem gezeigten Bild um etwas Typisches oder etwas Singuläres handelt – oder ob durch ein gestelltes (oder gar retuschiertes) Foto eine Manipulation zu befürchten ist.
Bei der Interpretation gliedert man ein Bild am besten in Vordergrund, Bildmitte und Hintergrund und geht von den das Bild bestimmenden Strukturen aus.

Schräg- oder **Senkrechtluftbilder** zeigen größere Raumausschnitte. Sie sind nicht selten Grundlage für thematische Karten.
Satellitenbilder werden aus mehreren Hundert Kilometern Höhe aufgenommen. Sie verdichten die Strukturen auf der Erdoberfläche so sehr, dass in der Regel nur grobe Übersichtsstrukturen erkennbar sind.
Die Interpretation von Luft- und Satellitenbildern ist ähnlich der Karteninterpretation.

Tipps
- Die Anfertigung einer Übersichtsskizze mit Signaturen und Schraffuren (zum Beispiel auf Pergamentpapier oder Folie) erleichtert die Interpretation.
- Die Verortung des Bildausschnittes in einer Karte und der Vergleich mit verschiedenen Karten ist hilfreich für die Erklärung und Bewertung.

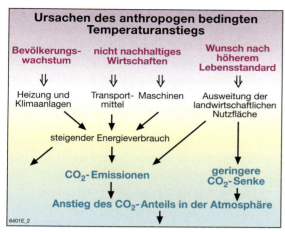

M2 Wirkungsschema

Wirkungsschema und Mindmap – gedankliche Strukturen sichtbar gemacht

Um die für die Geographie typischen komplexen Zusammenhänge darzustellen, eignet sich das **Wirkungsschema** (Kausalkette, Wirkungskette, Flussdiagramm, Wirkungsgeflecht) besonders gut. Dabei werden Folgewirkungen in Stichworte gefasst und mit Linien oder Wirkungspfeilen untereinander verbunden. Die Pfeile haben die Bedeutung „daraus folgt" oder „wirkt auf". Durch unterschiedliche Ebenen können räumliche oder thematische Zusammenhänge (z.B. Zeitabläufe, Hierarchien) angedeutet werden.

Tipps
- Die einzelnen Elemente der Kausalkette können durch unterschiedliche Farbgebung oder Markierung, zum Beispiel durch Einkreisungen, unterschiedlichen Gruppen zugeordnet werden.
- Die Verbindung zwischen einzelnen Elementen kann in Form, Farbe und Strichstärke variiert werden.

Achtung
- Pfeile/Linien gleicher Form oder Farbe müssen dieselbe Bedeutung haben (z.B. „daraus folgt", „wirkt auf").

Auch eine **Mindmap** visualisiert gedankliche Strukturen: Hier steht in der Mitte das Thema. Von dort aus führen einzelne Äste und Nebenäste, sie bilden einzelne Cluster (= 1 Hauptast + Nebenäste).

Sachgerechter Umgang mit geistigem Eigentum

Bei der Verwendung von Materialien aus gedruckten oder elektronischen Medien in schriftlichen Arbeiten muss in jedem Fall die Quelle angegeben werden. Dies ist gerade angesichts der zahlreichen Manipulationsmöglichkeiten, der Unsicherheit hinsichtlich der Autorenschaft im Internet oder auch zur Darstellung unterschiedlicher Fachmeinungen unumgänglich.

Die Form der **Quellenangaben** ist nicht einheitlich geregelt. Wichtig ist, dass bei der eigenen Arbeit (z.B. Referat, Facharbeit) eine einheitliche Form beibehalten wird, zum Beispiel die folgende:

- Bücher:
  Autor, Vorname: Titel. Ort der Veröffentlichung Jahr der Veröffentlichung, Seitenzahl
  Beispiel: Scholz, Fred: Entwicklungsländer. Braunschweig 2006, S. 88
- Zeitschriftenaufsätze:
  Autor, Vorname: Titel. In: Name der Zeitschrift, Jahrgang, Heftnummer, Seitenzahl
  Beispiel: Scholz, Fred: The Theory of Fragmenting Development. In: GR International Edition 2/2005, S. 4–11
- Internetquellen:
  Autor, Vorname: Titel der Seite (Überschrift) Entstehungsjahr der Seite o. Aktualisierungsjahr, URL, Datum des Zugriffs
  Beispiel: Max-Planck-Institut für Meteorologie: Einführung in die Erdsystemforschung o.J., www.mpimet.mpg.de/ausbildung/, 2.2.2007
  Achtung! Internetquellen haben oft kein Impressum und machen keine Angaben über den Autor. Solche anonymen Quellen sind jedoch häufig unseriös und sollten nur im Notfall verwendet werden.

Plagiate – Vorsicht!
Gerade das Internet verleitet dazu, Abbildungen und Texte herunterzuladen und zu verwenden, ohne sie als fremdes geistiges Eigentum zu kennzeichnen. Solche Plagiate sind unter Umständen strafbar und werden streng geahndet. In vielen Universitäten werden schriftliche Arbeiten, in denen Plagiate entdeckt werden, nicht oder mit „ungenügend" gewertet. Auch viele Schulen haben für Referate und Facharbeiten diese Regelung übernommen.

Standortfakor	sehr wichtig	wichtig	weniger wichtig	unwichtig
Absatzmarkt				
Nähe zu einem Hauptabnehmer				
günstiger Preis des Ansiedlungs-geländes				
gute Verkehrsan-bindung				
qualifizierte Ar-beitskräfte				

M1 Gebundene Fragen: Frage- / Auswertungsbogen

Erhebung eigener Daten

Befragung

Das Wichtigste bei einer Befragung ist die Formulierung einer zielgerichteten Frage. Will man die Antworten hinterher auswerten, dann müssen die Fragen auch so gestellt sein, dass sich die Antworten gut weiterverarbeiten lassen.

Gebundene Fragen geben verschiedene Antworten vor und werden oft mit einer Tabelle und Wertungen kombiniert. (Tipp: keine ungerade Anzahl von Wertungen vorgeben, sonst wird gerne die mittlere Zahl, sozusagen das Unentschieden gewählt.) Am Ende jeder der vorgegebenen Fragen sollte man immer noch Platz lassen für zusätzliche Anmerkungen. Diese Art von Antworten lassen sich auch gut miteinander vergleichen, graphisch darstellen und mit Computerprogrammen verarbeiten.

Offene Fragen lassen dem Befragten die Möglichkeit, frei und beliebig lang zu antworten. Diese Antworten lassen sich zwar schwerer auswerten und mit den Antworten anderer Interviewpartner vergleichen, aber sie geben auch Informationen und Anregungen.

Befragungen können sowohl durch Einzelbefragung in Form eines Interviews als auch durch Umfragen – mündlich bzw. schriftlich mit Fragebögen – durchgeführt werden. Wichtig bei schriftlichen Befragungen ist, sich das Ziel der Umfrage zu verdeutlichen und sich auf einen Verantwortlichen für den Fragebogen zu verständigen.

Bei einem **Interview** ist Folgendes zu beachten:
• Vor einem Interview sollten Sie sich genau über das Thema informieren, nur dann können Sie gute und zielgerichtete Fragen stellen. Und nur dann sind Sie für Ihren Interviewpartner auch ein interessanter Gesprächspartner, bei dem es sich lohnt, ausführliche Antworten zu geben.
• Einen Interviewpartner zu finden, der über eine Thematik viel weiß und sich zudem auch die Zeit nimmt, Ihre Fragen zu beantworten, ist nicht immer einfach.
• Informieren Sie sich zunächst, wer ein geeigneter Ansprechpartner sein könnte (zum Beispiel über das Internet). Firmen haben häufig jemanden, der sich um die Öffentlichkeitsarbeit kümmert.
• Rufen Sie bei der Firma oder Behörde an, stellen Sie sich vor (z.B. Schule, Name) und beschreiben Sie kurz, was Sie genau erwarten. Sollten Sie weiterverbunden werden, notiere Sie die Namen, die man Ihnen nennt.
• Erstellen Sie eine Frageliste mit zielgerichteten Antworten.
• Achten Sie beim Interview auch auf die formalen Rahmenbedingungen (angemessene Kleidung, Aufnahme mit dem Diktaphon nur bei Einwilligung des Interviewpartners).

Kartierung

Durch eine Kartierung kann die Verbreitung bestimmter Phänomene im Raum gut verdeutlicht werden. Folgende Arbeitsschritte sind dabei sinnvoll:
1. Fragestellungen der Kartierung genau formulieren.
2. Den zu kartierenden Raumausschnitt genau festlegen (Ist er repräsentativ? Hat er eine angemessene Größe?)
3. Festlegung der zu kartierenden Themen und daraus resultierend Festlegung der Legende (evtl. Anfertigung einer Mindmap, Erstellung je einer Karte für ein Cluster der Mindmap).
4. Wahl des Kartenmaterials, das als Grundlage dienen soll (in der Regel topographische Karten).
5. Anfertigung mehrerer Kopien der Kartengrundlage (mehrere für die Kartierung, eine für die spätere Reinzeichnung).
6. Durchführung der Kartierung. Hier gilt: Je genauer man die Informationen einträgt, desto weniger Arbeit hat man hinterher. Tipp: Auf gut unterscheidbare Farben achten!
7. Reinzeichnung der Ergebnisse in eine weitere Kopie (mit Titel und Legende).

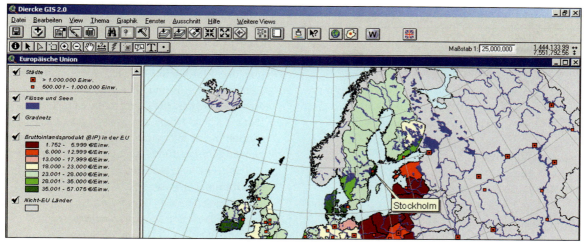

M1 GIS-Karte: Bruttoinlandsprodukt in der EU 2005 (Web-GIS)

Geographische Informationssysteme (GIS)

Als **G**eographisches **I**nformations**s**ystem (GIS) wird eine Software bezeichnet, mit deren Hilfe man Daten, wie zum Beispiel Strukturdaten (M1), über einen Raum
• mit einer Dateneingabe erfassen,
• in einer Datenbank verwalten,
• über eine Datenauswertung analysieren und
• mit einer Datenausgabe präsentieren kann (Karte).
Zwei unterschiedliche GIS Anwendungen sind zu unterscheiden: In einem **WebGIS** (z.B. www.diercke.de/webgis/, http://webgis.bildung-rp.de) werden Datensätze vorgegeben, die zu Karten verarbeitet, aber nicht verändert werden können. Das wesentlich aufwändigere **Desktop-GIS** wird auf lokalen Rechnern und Netzwerken installiert und bietet die Möglichkeit, eigene Daten einzugeben und auch zum Beispiel eigene Klassifizierungen zu erstellen. Unterschiedliche Formen des Desktop-GIS finden sich in nahezu allen mit Planungsaufgaben befassten Behörden und Firmen sowie in Schulen (z.B. Diercke-GIS, GDV Spatial Commander; siehe CD-Beilage).
Eine GIS-Karte besteht aus verschiedenen Layern (M2). Ein Layer beinhaltet entweder einzelne Punkte, Linien oder Flächen. Jeder dieser Layer kann einzeln sichtbar und aktiv geschaltet werden. Dadurch ist es auf einfache Weise möglich, Karten zu vergleichen, sie neu zu zeichnen sowie Datenbankabfragen durchzuführen, die wiederum sofort in einer neuen Karte dargestellt werden können.

Zudem verfügt jedes GIS über zahlreiche Werkzeuge (Tools). So können über das Tool „i" (für „identifizieren") zusätzliche Daten abgerufen werden (z.B. Wirtschaftssektoren, Bevölkerung). Weitere Tools beinhalten zum Beispiel eine Suchfunktion (Abfragemanager) oder Entfernungsmessungen.

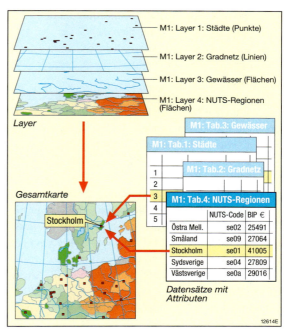

M2 Das Prinzip der Layer

527

Selbstständiges fachwissenschaftliches Arbeiten – Facharbeit – Jahresarbeit

Das Fach Geographie lebt von der Arbeit vor Ort, von der Lösung raumbezogener Probleme. Hier bieten sich zahlreiche interessante Themen zur Durchführung einer Jahres- oder Facharbeit an, wie sie in zahlreichen Bundesländern gefordert wird. Hier die wichtigsten Stufen bei der Durchführung einer solchen Arbeit:

1. **Themenfindung**
   - Thema überlegen (Was interessiert mich besonders? Wo finde ich leicht zugängliches Material?)
   - Thema mit Fachlehrer/in diskutieren und endgültig festlegen.
2. **Aufstellen eines Zeitplans**
3. **Genaue Abgrenzung des Themas**
   - Was besagt mein Thema genau?
   - Welche (Rand)Bereiche werden davon erfasst?
4. **Informationsbeschaffung**
   - Fachliteratur: Sie ist die grundlegende Literatur, die das Grundwissen über das Thema liefert. Fachliteratur findet sich in der Schulbibliothek und in Büchereien (evtl. über Fernleihe) in Form von Fachlexika, Schulbüchern, Sammelwerken, Monographien, Zeitungsartikeln, Zeitschriften(aufsätzen);
   - elektronische Medien
     – Internet → zusätzliche Informationen und Materialien, selten Facharktikel
     – CD-ROMs, Filme u.a.

   Daraus ergeben sich:
   a) Sachinformationen,
   b) Anregungen zum methodischen Vorgehen:
   - sinnvolle Untersuchungsmethoden
   - eine möglichst günstige graphische Umsetzung
   - eine möglichst wirkungsvolle Präsentation (Diagramme, Karten u.a.)?
5. **Entwurf einer Gliederung**
   Eine Gliederung ist das Gerüst der Arbeit und eine der wichtigsten Schritte beim Abfassen der Arbeit. Hier werden Schwerpunkte und Vorgehensweise klar. Gliederung mit Fachlehrer/in besprechen!
6. **Arbeit vor Ort**
   Befragungen, Kartierungen, Messungen, Versuche usw.
7. **Erfassung und Ordnung der Ergebnisse**
   Zuordnung der Materialien zu den Gliederungspunkten, evtl. Abänderung der Gliederung
8. **Schriftliches Abfassen der Facharbeit**
   Dabei ist zu beachten:
   - angemessene Verwendung der geographischen Fachsprache,
   - Formalrichtigkeit (z.B. Rechtschreibung),
   - keine Plagiate! Quellenangaben (vgl. S. 525),
   - Einhaltung der vorgeschriebenen Rahmenbedingungen (Umfang und weitere formale Vorgaben, Anhang, Quellenverzeichnis).
9. **Präsentation**
   - Darstellung der Arbeitsergebnisse, der Vorgehensweise und der aufgetretenen Probleme;
   - kritische Wertung der eigenen Arbeit bzw. Vorgehensweise;
   - Beantwortung von Fragen (zusätzlich evtl. Kolloquium mit Fachlehrer/in oder Jury).

Während der Arbeit...
- Immer mit anderen Schülerinnen und Schülern zusammenarbeiten und sich austauschen! Erst dadurch wird vieles richtig durchdacht. So erkennt man selbst logische Fehlschlüsse und unlogische Vorgehensweisen.
- Die Gliederung und den Zeitplan überprüfen.
- Immer wieder überprüfen, ob die Arbeit nicht am Thema vorbeiführt.

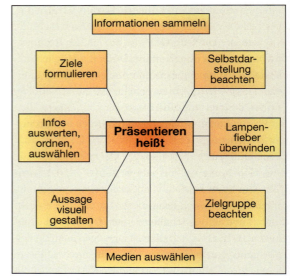

M1 Die Präsentation

Klausur und Kursarbeit

Die Vorbereitung
- Versuchen Sie, sich den vorzubereitenden Stoff gedanklich zu gliedern (zum Beispiel mithilfe einer Mindmap).
- Üben Sie nicht nur die Reproduktion! Das sichere Beherrschen des Stoffes ist nur eine Voraussetzung für den Erfolg: Das Erlernte muss auch angewendet werden können.
  Bearbeiten Sie vergleichbare Themen- oder Raumbeispiele. Material dazu finden Sie zum Beispiel im Buch und im Atlas.

Das Vorgehen in der Klausur
- Lesen Sie alle Aufgaben genau durch und schauen Sie sich das angegebene Arbeitsmaterial an.
- Machen Sie sich klar, was in den Aufgaben von Ihnen verlangt wird, was die Arbeitsaufträge bedeuten. Viele Fehler entstehen daraus, dass man nicht genau weiß, was mit dem Arbeitsauftrag gemeint ist (M2).
- Ordnen Sie das Arbeitsmaterial den Aufgaben zu, soweit das von der Lehrkraft noch nicht geschehen ist.
- Erstellen Sie nach dieser ersten Übersicht einen Zeitplan für Ihre Bearbeitung.
- Werten Sie die Materialien intensiv aus! Viele Fehler entstehen gerade hier durch Flüchtigkeit! (Marker, Farbstifte, Randbemerkungen helfen).
- Achten Sie auf Querverbindungen und Verknüpfungen bei den Materialien.
- Legen Sie zu jeder Aufgabe in Stichworten eine übersichtliche Gliederung an, die als roter Faden für die Reinschrift dienen soll.
- Fertigen Sie die Reinschrift an! Beachten Sie hierbei, dass Ihre Aussagen immer einen klaren Materialbezug haben.

- **nennen**: ohne Erläuterungen auflisten/aufzählen
- **wiedergeben**: vorgegebene/bekannte Inhalte in eigenen Worten wiederholen/zusammenfassen
- **skizzieren**: in groben Zügen das Wichtigste verdeutlichen
- **beschreiben**: über einen Sachverhalt durch umfassende Angaben berichten
- **darstellen**: einen Sachverhalt mit Text, Diagramm, Tabelle und/oder Zeichnung ausführlich wiedergeben
- **gliedern**: nach vorgegebenen oder selbstgewählten Merkmalen ordnen/unterscheiden
- **kennzeichnen**: Typisches/Auffälliges herausstellen und gegebenenfalls veranschaulichen
- **untersuchen**: an einen Gegenstand gezielte Arbeitsfragen stellen und gewonnene Erkenntnisse darlegen
- **vergleichen**: zu vorgegebenen oder selbst gewählten Gesichtspunkten Gemeinsamkeiten und Unterschiede feststellen
- **übertragen**: Vorgegebenes/Bekanntes auf ein anderes (Raum-)Beispiel übertragen
- **erläutern**: Sachverhalte beschreiben und deren Beziehungen verdeutlichen

- **erklären**: das Verstehen von Erscheinungen / Entwicklungen / Zusammenhängen / Ursachen ermöglichen
- **analysieren**: Strukturmerkmale und deren Zusammenhänge (veranschaulichend) herausarbeiten
- **erarbeiten**: ein neues Konzept in Ansätzen entwickeln
- **(über-)prüfen**: eine Hypothese (begründete Vermutung) an neuen Beobachtungen oder ihrer inneren Logik messen
- **diskutieren/erörtern**: einen Sachverhalt im Hinblick auf positive und negative Erscheinungen/Wirkungen ausführlich untersuchen, die Ergebnisse darstellen und bewerten
- **Stellung nehmen**: zu einem Sachverhalt/einer Behauptung eine eigene, begründete und bewertende Meinung äußern
- **beurteilen, bewerten**: ein eigenes Urteil über Richtigkeit / Wahrscheinlichkeit / Zumutbarkeit / Angemessenheit / Anwendbarkeit eines Sachverhaltes/einer Behauptung fällen und dieses Urteil stichhaltig begründen

(zusammengestellt nach: Brameier, U. und Fraedrich, W.:Klausuren: Tipps für den Erfolg. - In: Praxis Geographie 10/1993, S. 10)

M2 Arbeitsaufträge und die erwartete Leistung

Register

abiotische Faktoren 64
Abrasionsplattform 77
Absatzmarkt 180)
Absolute Armut 346, 382
Absorbtion 26, 32
Advektion 34)
Aerosol 26, 28, 40
Agenda 21 403, 407
Agglomerationsraum 261, 263, 291
Agglomerationsvorteil 180, 187, 194, 208, 210, 223, 328, 363
Agrarreform 361, 397
Agrarstaat 358
Agrobusiness 447, 449
Agroforstwirtschaft 115
Agroindustrieller Betrieb 150
agronomische Trockengrenze 108
Agrum 138
AIDS 348, 356
Akkulturation 371
Akkumulation 66, 69, 70, 71, 72, 131, 139
AKP-Staaten 382
Aktivraum 441
Albedo 26, 28, 33, 46, 73, 119
alternativer Landbau 106
Altersstruktureffekt 351
Altglazial 74
Altmoräne 149
Altwasser 53
Anerbenrecht 108
Anökumene 132, 154, 155, 260
anthropogener Treibhauseffekt 29
Antizyklone 36, 44, 154
äolische Erosion 132, 145
äolische Sedimente 72
Apartheid 241
Aquakultur 59, 394
Äquator 110, 111
äquatoriale Tiefdruckrinne 35

Aquifer 54
arbeitsintensive Produktion 178
Arbeitskräfteangebot 180
Arbeitsproduktivität 106
Aridität 45
Ästuar 53
Atmosphäre 25, 27, 28, 73, 79, 119
Aue 65
Auenwald 94, 95
auf der grünen Wiese 216, 218
Ausgleichsküste 77
Ausgleichsströmung 58
ausländische Direktinvestition 247, 252, 363, 374, 377, 380, 400, 483
Außenhandelsbilanz 511
Bad Governance 361, 373, 390, 515
Badland 145
Ballungsraum 188, 296, 456, 500
Basalt 67
Basisinnovation 192
Bauleitplanung 320
Baumgrenze 155, 156
Bebauungsplan 320
Bedeutungsüberschuss 280
Benthal 61
Bergsenkung 175
Bergsturz 476
Bergwald 107
Bevölkerungsdichte 261
Bevölkerungsdruck 367, 394
Bevölkerungsexplosion 350
Bevölkerungspyramide 353
Bevölkerungswachstum 350
Bewässerungsfeldbau 123, 503
Bild 524
Billiglohnland 374
Binnenmigration 398
Binnenwüste 130
biologische Verwitterung 68, 80

biologischer Landbau 106
biologischer Sauerstoffbedarf 55
Biomasse 112, 114, 115, 116, 122, 143, 149
Bionik 425
Biotechnologie 425
Black Smoker 14
Blaue Banane 441
Blockheizkraftwerk 405
Boddenküste 76, 77
Bodenacicität 112
Bodenart 82, 86,
Bodendegradation 108, 114, 126, 145, 146
Bodendegradation 84, 394
Bodenhorizont 78, 86
Bodenluft 82
Bodenproduktivität 106
Bodenprofil 79, 86
Bodenschutz 84
Bodentyp 79, 87
Bodenwasser 54, 82
Börde 72, 416
Boreale Zone 104, 156, 157
Bottom up-Planung 316
Buttom up-Prinzip 378
Brackwasser 54
Brain drain 375, 399
Brandrodung 114, 119, 122, 123
Brandrodungsfeldbau 106, 107, 108
Brandungshohlkehle 77
Braunerde 149
Brennstoff 168
Brunnenoase 133
Bruttoinlandsprodukt 166, 341, 456
Bruttonationaleinkommen 166, 206, 341, 400, 438
Bruttosozialprodukt 341
Buhne 60, 70, 77, 94
Bürostadt 271

Caldera 21
Canaleküste 77
Canyon 71
Cash crop 122, 123, 128, 295,
    360, 396, 512
CBD (Central Business District)
    218
chemische Verwitterung 68, 80,
    112, 131, 149
City 262, 268, 280,307
Cluster 186, 187, 194, 210, 222,
    375, 453
CO_2-Senke 29
CO_2-Sequestrierung 49
Coriolisablenkung 35, 36, 37
Corioliskraft 154
Cottage industry 178
Cross Compliance 443
Daseinsgrundfunktion 272
Dauerfrostboden 155, 465
Deckgebirge 90
DED (Deutscher Entwicklungs-
    dienst) 516, 517
Deflation 72, 132, 146, 147, 466
Degradation 107, 125, 138
Deindustrialisierung 183
Delta 53, 70
demographische Primacy 291,
    364
demographische Segregation
    274
demographischer Übergang 352
demographischer Wandel 334
Denudation 71
Dependenztheorie 378
Depression 192
Desquamation 68
Desertifikation 84, 108, 121,
    125, 126, 127, 145, 340, 394,
    510
Desktop-GIS 527
Destruent 78
Diagenese 67
Diagramm 520
Dienstleistung 164, 165, 186,
    210, 247

DINK-Familie 419
Direktinvestition 196, 247, 400
Dissoziation 378
divergente Plattengrenze 21
divergierender Plattenrand 19,
    22
Diversifizierung 183
Doline 139
Dorf 262
Dorftyp 265
Dornsavanne 120, 121, 122
Dreischichttonmineral 80
Dritte Welt 344
Drittes System 167
Dry farming 144, 147
Dualismus 360
Düne 72, 77
Dust-Bowl-Syndrom 145
dynamischer Luftdruckunter-
    schied 36
Ebbe 58
Ecofarming 115
Economies of scale 191
Edaphon 78, 80, 81, 82, 87
Edge city 218
Effektive Klimaklassifikation 45
EG (Europäische Gemeinschaft)
    436
Eine Welt 345
Einkaufszentrum 218
Einwohnerwert 55
Einzelhandel 216
Einzugsbereich 208, 216
Einzugsgebiet 55
Eisbergmodell 166
Eiszeit 73
Element 9
El-Niño 46
Emission 151
Endenergie 169
Endmoräne 74
Endogene Kraft 22, 66
Endogene Regionalentwicklung
    329
Energieeffizienz 49
Entwicklungsachse 327

Entwicklungsindikator 340
Entwicklungsland 171, 172, 344
Epizentrum 22
EPZ (Exportproduktionszone)
    363
Erdbeben 22
Erdgas 67, 168, 170, 172, 176
Erdöl 67, 157, 168, 170, 176
Erg 131
erneuerbare Energie 118, 172,
    476
Erosion 66, 90, 107, 125, 139
Ersatzmigration 400
Ersatzniveau 351
Eruption 20
Erzschlamm 59
ethnische Segregation 274
Euregio 323
EUREK (Europäisches Raum-
    entwicklungskonzept) 323,
    438
Europäische Kommission 436
Europäischer Rat 436
Europäisches Parlament 436
Eurozone 435
Eutrophierung 11, 55, 63
Evaporation 39
Evapotranspiration 55, 126
EWG (Europäische Wirtschafts-
    gemeinschaft) 436
Exogene Kraft 66
Exportsubstitution 380
extensive Nutzung 122
Exurbanisierung 459
fairer Handel 377, 382
Faltengebirge 16
Familienplanung 351
Fauna 12 93
feedlot 448
Fertigungstiefe 199
Feuchte Mittelbreiten 104, 148,
    150
Feuchtsavanne 111, 121, 122,
    128
Feuchtsteppe 142
Filialisierung 216

531

Findling 74, 416
FIRE-Sektor 458)
Fjell 75
Fjord 53, 75, 76
Flächennutzungsplan 320
Flächenproduktivität 106
Flächenspülung 142
Flachküste 77
Flexifactory production 199
Flora 12, 93
Flucht 398
Flurbereinigung 108, 151
Flussoase 133
Flusssystem S.52
Flut 58, 60
fluviatile Erosion 132, 142, 145, 147
Föhnwind 40
Fond für Regionalentwicklung 322
footloose industry 196
Fördenküste 76, 77
Forstwirtschaft 116
fossile Energieträger 29, 390
fossiler Brennstoff 168, 170, 172
Fossiles Grundwasser 54
fragmentierende Entwicklung 249, 257, 375
fragmentierte Gesellschaft 498
Fragmentierung 365, 368, 459
Freizeitwert 271
Fremdlingsfluss 52, 132
Frostsprengung 68
frühzeitige Bürgerbeteiligung 321
Fühlungsvorteil 210, 454
funktionale Gliederung 272
Funktionale Primacy 291, 364
Funktionsentmischung 281
Funktionsgemeinschaft 280
Funktionswandel 281
Furkationszone 94
Fusion 184, 190
G8-Staaten 510
GAP (Gemeinsame Agrarpolitik der EU) 442

Garrigue 139
Gated Community 293, 366
Gebietsentwicklungsplan 319
Gebietstyp 313
Gebirgswüste 130
gebundene Frage 526
Geburtenrate 350
Geest 416
Gegenstrahlung 22
Gegenstromprinzip 316
Gekriech 71
Gemäßigte Zone 148
Gemeinschaftsaufgabe 317
Gender-Problem 349
generatives Verhalten 386, 401
Genese 90
genetische Erosion 253
genetische Klimaklassifikation 45
Gentrifizierung 262, 275, 283, 459
Geofaktor 8, 99, 410
Geoökofaktor 10, 46, 88
Geoökomodell 9
Geoökosystem 8
Geoökotop 88
geopolitische Bedeutung 172
Geosphäre 10, 100
Geosynklinale 58
Geothermie 22, 91
Geschäftstourismus 224
Gewässerstruktur 64
Gewässerstrukturgüte 56
Gewinnretransfer 375
Gezeiten 58
Gini-Koeffizient 347
GIS (Geographische Informationssysteme) 106, 527
Glaziale Serie 74, 75, 149, 416, 417
Gleithang 65, 70
Gletscher 74, 102
Gletscherschliff 75
Gleyboden 155
Global City 249, 457, 458
Global Governance 382

Global Player 196, 239, 291
Global sourcing 196, 366, 374, 483
globale Fragmentierung 250, 366
Globaler Ort 249, 257
globaler Wasserhaushalt 55
Globalisierter Ort 249, 257, 375
Globalisierung 196, 212, 236
Golfstrom 38
Good Governance 383
Grabenbruch 17
Gradientkraft 34, 35
Great Plains 146
Großsiedlung 280
Großwetterlage 44
Grundbedürfnis 342
Grundbedürfnisbefriedigung 382
Grundfisch 62
Grundgebirge 90
Grundmoräne 74
Grundschleppnetz 62
Grundwasser 54
grüne Gentechnologie 396
Grüne Revolution 107, 124, 396, 502, 503
GTZ (Gesellschaft für technische Zusammenarbeit) 516
Haftwasser 54
Halbwüste 130
Halophyt 132
Hamada 131
harter Standortfaktor 186
Hartlaubgewächs 137
Haupterwerbsbetrieb 151
HDI (Human development Index) 342, 356, 510
Hinterhofindustrie 178
HIPC (Heavily Indebted Poor Country) 374
Historisch-genetische Gliederung 272
Hochwasser 58
Höhenstufung der Vegetation 107
Hot Spot 21

Humanfaktor 410
Humankapital 451
Humid 143, 149, 154
Humidität 45
Humifizierung 81
Huminsäure 466
Huminstoff 81, 156
Humus 66, 81, 87, 112
Hurrikan 50
Hybridsaatgut 124
Hydratation 132
Hydrosphäre 66
Hypozentrum 22
Idealkontinent 102
ideographische Betrachtungs-
    weise 410
Immerfeuchte Subtropen 105,
    136
Immerfeuchte Tropen 105,
    110,111, 112
immergrünes Hartlaubgewächs
    137
Immission 151
Importabhängigkeit 172
Importsubstitution 380
Individualtourismus 224
Industrialisierung 164, 180
Industrie 378
Industriebrache 183
Industrieland 171
Industrielle Revolution 164
Industrierevier 182
Information 238
Informationsgesellschaft 212
informeller Sektor 166, 292,
    342, 358, 359, 365, 368
Infrastruktur 367, 370, 380
Inkulturnahme 149
Inlandeis 74, 75, 76, 155, 416
Innovation 192
innovatives Milieu 319
Inselkette 16
Insolationsverwitterung 68,
    131
Intensität 106
intensive Nutzung 122

internationale Arbeitsteilung
    371
internationale Migration 398
Internet 239
Interview 526
Interzeption 54, 55
Inversion 92
IPCC (Intergovernmental Panel
    on climate change) 46, 49
Isobaren 34
Isothermie 110
IT (Informationstechnologie)
    165
ITC (Innertropische Konver-
    genz) 37, 47, 137
IWF (Internationaler Währungs-
    fond) 373
Jahreszeitenklimate 33
Jetstream 35, 36
Joint Venture 196, 366, 374, 380,
    496
Jungglazial 74
Jungmoränenlandschaft 416
Just-in-sequence 199
Just-in-time-Produktion 186,
    199, 452, 454
kalte Wüste 130
Kältegrenze 107
Kaltfront 43
Kapillarwasser 54
Kapitalflucht 362
kapitalintensive Industrie 178
Kapitalproduktivität 106
Karst 139, 490
Karstsee 52
Karte 524
Kartell 382
Kartierung 526
Kaste 501
Kationenaustauschkapazität
    (KAK) 78, 80, 81, 82, 112,
    121, 149
Kaufkraft-Parität .342
Kerbtal 69, 71
Kernsprung 68, 131
Kernstadt 270

KfW (Kreditanstalt für Wieder-
    aufbau) 516, 517
Kinderarbeit 360
Klamm 69, 71
Kliff 77
Klimadiagramm 522
Klimadiagramm nach Köppen/
    Geiger 522
Klimadiagramm nach Walter/
    Lieth 522
klimatische Trockengrenze 111
Klimawandel 24
Klimazone 45, 46, 102
Kohäsion 438
Kohlekrise 182
Kohlenstoffkreislauf 28
Kolke 64
Kollektivierung 493
Kolloid 78, 80, 81, 82, 112
kommunale Verkehrsplanung
    321
komparativer Vorteil 250
Kompartiment 9
Kondensation 39, 40
Konfuzianismus 497
Konjunkturzyklen 192
konservierender Plattenrand
    19, 22
Konsolidierungsphase 227
Kontinentalität 33, 107, 149
Kontinentalverschiebungstheo-
    rie 13
Kontinentalwüste 130
Konvektion 34
Konvektionsstrom 13, 22
Konvergenzregion 323
konvergierender Plattenrand
    19, 22
Korngröße 82
Korrasion 72, 132
Kraft-Wärme-Kopplung 49
Kreatives Milieu 262
Kreislauf 55
Kryosphäre 25
Kulissenpflanzen 466
Kurzgrassteppe 142

Küstenwüste 130
Kyotoprotokoll 49
Lagerente 108
Lagerstätte 174
Landesentwicklungsplan 318
Landesentwicklungsprogramm 318
Landesplanung 319
Landflucht 270, 288, 340
ländliche Entwicklung 378
ländlicher Raum 261, 263
Landschaft 99, 100
Landschaftsgürtel 100
Landschaftszone 99, 149
Landwechselwirtschaft 123
Langgrassteppe 142
latente Wärme 27, 39, 40
Laterit 122
laufende Raumbeobachtung 313
LDC (Less Developed Country) 344, 516
Leanmanagement 199
Leanproduction 199
LIC (Low Income Country 374
Lithosphäre 22, 25, 66, 79, 90, 91
LLDC (Least Developed Country) 345, 356
Lorenzkurve 347
Löss 72, 75, 84, 149, 416
Luftdruck 27
Mäander 53, 70, 94
Maar 21
Macchie 139
Makrostandort 186, 209
Mangelernährung 348
Manufaktur 179
Marginalität 362
Marginalviertel 292
Maritimität 33, 107, 149
Marktordnung 108
Marsch 149, 416
Massentourismus 224, 228
Meeresspiegel 58, 102
Meeresströmung 38, 58, 73
Megacity 288

Mercalli-Skala 22
Metamorphose 67
Metropole 291
Metropolregion 328
Mietskaserne 282
Migration 236, 365, 398
Mikrostandort 186, 209
Millenium Development Goal 116, 382
Mindmap 525
Mineralgelhalt 78
mineralischer Rohstoff 168
Mineralisierung 81, 156
Mischgrassteppe 142
Mittelgebirge 416
Mittelmeer 58
Mittelozeanischer Rücken 14, 18, 21
Mittelzentrum 326
Modernisierungstheorie 378
Monokultur 114, 115, 118
Monostruktur 181, 189
Monsun 46, 47, 490
Montanindustrie 181, 182, 190
Montanunion 436
Moräne 416
Mulchen 116
Muldental 69, 71
Mykorrhizae 113, 115
nachhaltige Entwicklung 49, 116, 201, 313, 324, 383, 392, 402, 510
Nachhaltigkeit 201, 329, 394, 402, 407
nachwachsender Rohstoff 427
NAFTA (North American Free Trade Agreement) 440, 449
Nährstoffkreislauf 115, 156
Nanotechnologie 425
Nasse Hütte 184, 190
NATO (North Atlantic Treaty Organisation) 240
natürlicher Treibhauseffekt 27
Naturschutzgebiet 329
Nebelwüste 130
Nebenerwerbsbetrieb 151

Nehrung 77
neue Peripherie 249, 257, 344, 366
Neulandgewinnung 477
NGO (Non Governmental Organisation) 240, 323, 385
NIC (Newly Industrializing Country) 345, 372, 385
Niederschlagsvariabilität 120
Niederterrasse 94
Niedriglohnland 239
Niedrigwasser 58, 94
NN (Normalnullfläche) 58
Nomadismus 122, 156, 511
nomothetische Betrachtungsweise 410
NRO (Nichtregierungsorganisation) 291, 323, 382
NUTS-Ebenen 322
Nutzenergie 169
NWWO (Neue Weltwirtschaftsordnung 382
Oase 133
Oberzentrum 326, 336
OECD-Staaten 124
offene Frage 526
Öffentlicher Raum 366
Offshore-Windpark 58, 63
Okklusion 44
Ökoaudit 201
ökologische Dimension 405
ökologischer Fußabdruck 404
ökologischer Landbau 106
ökologischer Rucksack 404
ökologisches Potenzial 355
ökonomische Dimension 405
Ökosystem 8, 46, 56, 78, 100, 101, 109, 112, 113, 115, 116, 127, 144
Ökosystem Stadt 298
Ökotop 100
Ökozone 99, 100, 101, 102, 106, 109, 120
Ökumene 132, 155, 260
Oligopol 198
Ölsand 170

OPEC (Organization of the Petroleum Exporting Countries) 176
orogenetischer Prozess 90
Ortstein 83
Outsourcing 166, 186, 199, 251
Ozonloch 31
Pangäa 12
Parabraunerde 149
Passat 37, 47, 58, 120, 121
Passivraum 441
pavement dweller 290, 292, 365
Pedologie 86
Pedosphäre 10
Pelagial 61
peripherer Raum 226, 380
Peripherie 293, 363
Peripherraum 314
Perkolation 54
Permafrostboden 31, 46, 155
Persistenz 186
personenbezogene Dienstleistung 206
Phasing-In-Region 323
Phasing-Out-Region 323
Photorespiration 101
Photosynthese 101, 102, 112, 148
physikalische Verwitterung 68, 80, 131
Phytomasse 101, 144
Plagiat 525
planetarische Frontalzone 35, 40
Plantagenwirtschaft 115
Planungshoheit 316
Plattentektonik 12, 16, 20
Pleistozän 73
Podsol 83, 149, 156
polare Frostschutzzone 155
polare Kältewüste 155
Polare Zone 104, 154
Polarfront 35, 44
Polarisationsprozess 363
Polarisationstheorie 363
Polarisationsumkehr-Theorie 380

Polarisierung 459
Polarkreis 148, 154
Polarnacht 154
Polartag 154
Polder 95
Polje 139
polyzentrisches Städtesystem 218
Postfordismus 450
postfordistische Produktionsweise 199
Prallhang 65, 70
Präzession 28
Priel 60
Primärenergie 169
primärer Sektor 164, 168, 261, 358
Primärproduktion 100, 101, 102
Primärrohstoff 174
Primate City (Primatstadt) 291, 364, 370
Prinzip der Wachstumspole 328
Produktivität 106, 165, 197
Produktlebenszyklus 193, 201, 206
Pro-Kopf-Einkommen 341
Protektionismus 242, 253, 374
Pull-Faktor 128, 271, 288, 365, 398
punkt-axiales Konzept 327
Push-Faktor 288, 296, 365, 398
quartärer Sektor 206
Quellenangabe 525
Quelloase 133
Rahmenkompetenz 316
Rainwater Harvesting 122
Ranching 144
Randmeer 58
Raumanalyse 410
räumliche Disparität 172, 202, 227, 339, 514
Raumnutzungskonflikt 310
raumordnerischer Entscheid 318
Raumordnung 310
Raumordnungsverfahren 318

Rausche 64
Realteilung 108, 151
Recycling 174
Reduzent 143
Reflexion 26, 32
Reg 131
regenerative Energie 49
Regenfeldbau 108, 122, 123, 138, 144, 511, 512
Regenzeit 120
regionale Disparitäten 311, 312, 367, 368, 438
regionaler Flächennutzungsplan 319
Regionalmarketing 329
Regionalplanung 319
Rekultivierung 174
Reliefwüste 130
Remineralisierung 78, 82
Renaturierung 174
Rentabilität 108
Reserve 170, 172
Ressource 170, 172, 390
Retention 95
Reurbanisierung 459
Riasküste 77
Richter-Skala 22
Rift 14
Risikokapital 200
Rohstoffvorkommen 180
Römische Verträge 435
Rückseitenwetter 43
Rundhöcker 75
Sahel-Syndrom 125, 127
Salzgehalt 59
Salzverwitterung 132
Salzwiese 61
Salzwüste 131
Sander 74, 75, 149, 416
sanfter Tourismus 224
Sanierungsplanung 321
Satellitenbild 524
Savannenzone 120
Schären 75
Schärenküste 76
Schelfgebiet 58

Schelfmeer 60
Schengener Abkommen 435
Schichtflut 132
Schichtvulkan 20
Schildvulkan 21
Schlafstadt 281
Schlick 60
Schlucht 69
Schlüsselindustrie 197
Schmelzwasser 74, 76
Schrägluftbild 524
Schutthalde 68
Schwarzerde 83, 466
Schwebstoff 69
Schwellenland 171, 182, 377
Schwermineralseifen 59
Sea Floor Spreading 14
Sedimentation 59, 66, 70, 72, 90
Sedimentgestein 66,67
Segregation 272, 274, 283, 285,
    292, 400, 431, 459
seismische Welle 22
Seitenerosion 69, 70, 71
Sektoren-Theorie 164
Sekundärenergie 169
sekundärer Sektor 164, 358, 363
Sekundärrohstoff 174
Selbstreinigung 55
semiarid 512
Senkrechtluftbild 524
Serir 131
Sesquioxid 112, 156
shifting cultivation 114, 115,
    117, 123
silikatisches Gestein 68
SKE (Steinkohleeinheiten) 168)
Slum 292, 365, 368
Smog 11, 262
Sohlenkerbtal 71
Sohlental 69
Sohlenvertiefung 94
Solarkonstante 26, 28
Solifluktion 155
Sommerfeuchte Tropen 105,
    120, 122, 123
Sonnenfleck 28

Sorptionsfähigkeit 81
soziale Dimension 405
soziale Gliederung 272
soziale Segregation 274
Speckgürtel 278
Spezialisierung 184
Spinn-off-Betrieb 195
Spin-off-Effekt 453
Sprunghöhe 90
Spurengas 31, 119, 151
Squattersiedlung 290, 292, 365
Stadt 262
Städtebau 317
Städtenetz 330
Stadtentwicklungsplanung 321
Stahlkrise 182, 189, 190
Standortfaktor 179, 180, 186,
    208, 354, 363
Standortgemeinschaft 280
Start Up 195
Stausee 52
Steilküste 77
Steinwüste 131
Steppe 102, 105, 136, 142, 144,
    145, 154, 464
Sterberate 350
Stoffkreislauf 11
Strahlungsbilanz 26
Strahlungsintensität 112
Strandhaken 77
Strandsee 77
Strandwall 60
Stromstrich 64, 70, 94
Strukturkrise 183
Strukturmaßnahmen 108
strukturschwacher Raum 312
Strukturwandel 183, 188, 189,
    210, 212, 244, 265, 446, 454
Sturmflut 58, 60
Subduktionszone 16, 18, 20,
    21, 22
subpolare Tiefdruckrinne 37,
    154
Subsistenz 107, 114, 123
Subsistenzwirtschaft 349, 361,
    513

Substrat 101
Subsystem 9, 25
Subtropen 102, 105, 110, 111,
    136
subtropischer Hochdruckgürtel
    37
suburbaner Raum 270, 313
Suburbanisierung 218, 265, 270,
    271, 281, 332, 334, 459
Subvention 150, 242, 244, 253
Suitcase farmer 446
Sukkulent 132, 142
Süßwasserdargebot 55
Süßwassersee 52
Symbiose 113, 128
Synergieeffekt 191, 195, 210
System der zentralen Orte 326,
    336
Systemhierarchie 9
Systemstruktur 9
Szenario 392
Tabelle 520
Tageszeitenklima 33
Taifun 476
Taiga 156, 464
Talsperre 70
Taphrogenese 90
Technologieregion 329
Telearbeit 212
Temperaturverwitterung 131
Terms of Trade 244, 372
tertiärer Sektor 164, 358, 363
Tertiärisierung 206, 210, 214,
    446
Teufelskreis der Armut 346
Textilkrise 185
thermohaline Zirkulation 38, 46
Thermoisoplethendiagramm
    110, 156, 522
Tidenhub 58
Tiefenerosion 69, 70, 71, 94
Tiefland 416
Tiefseegraben 16
Tonmineral 80, 81, 82, 112, 113,
    121
Tonwüste 131

Top down-Planung 316
Top-down Prinzip 378
Tourismus 224
Tragfähigkeit 390
Transamazônica 119
Transformation 467, 468, 473
Transformgrenze 16
Transhumanz 128
Transpiration 39, 54, 151)
Transportkosten 180
Transportkostenminimalpunkt 180
Treibhauseffekt (S.11)
Treibhausgas 27, 49, 50
Triade 242
Trockenbrache 108, 147
Trockene Mittelbreiten 104, 142
Trockenfeldbau 108, 122
Trockengebiet 130
Trockengrenze 108, 125, 144
Trockengrenze des Regenfeldbaus 108
Trockensavanne 102, 110, 111, 120, 121, 122, 128
Trockensteppe 142
Trockental 132
Trockenzeit 120
Trogtal 71
Tropen 102, 105, 110, 111, 112
Tröpfchenbewässerung 56
tropischer Regenwald 110, 112, 113, 115, 116, 117
Tschernosem 83, 143, 149
Tsunami 22, 23, 354, 476
TNU (transnationales Unternehmen) 239
Tundra 74, 102, 104, 154, 464
Übertage 17
Überweidung 125
Umweltmanagement 200
Umweltpolitik 317
Umweltverträglichkeitsprüfung 318
UNO (United Nations Organisation) 240
Unterernährung 348

unternehmensorientierte Dienstleistung 206
Untertage 174
Unterzentrum 326, 336
Urbanisation economics 210
Urbanisierung 270, 500
Urbanisierungsgrad 289
Urstromtal 74, 75, 416
Verbundwirtschaft 182
Verkarstung 139
Verkehrsinfarkt 11
Verkehrspolitik 317
Verkrautung 64
Verlagssystem 179
verlängerte Werkbank 196, 197, 505
Versalzung 84, 131, 132, 133, 134, 145, 147
Versauerung 87, 151, 174
Versiegelung 84, 85
verstädterter Raum 261
Verstädterung 270, 291, 365
Verstädterungsvorteile 210
vertikal integriertes Unternehmen 447, 448
vertikale Integration 191, 198
Verwerfung .90, 91
Verwitterung 66, 67, 68, 78, 80, 81, 82, 83
Vierschichttonmineral 80
virtuelles Unternehmen 196
virtuelles Wasser 57
Vollwüste 130
Vorfluter 55
Vorranggebiet 329
Wachstumsindustrie 195
Wachstumsrate 350
Wadi 132
Waldsteppe 142, 464
Waldsterben 151
Wanderarbeiter 398, 494
Wanderfeldbau 114
Warmfront 43
Warmsektor 43
Wasserarmut 52
Wasserbilanz 101

Wasserknappheit 52
Wasserkreislauf 39, 54, 55, 57
Wassermangel 52
Wasserverschmutzung 55
Watt 58, 60, 61
Wattenmeer 61, 63
WebGIS 527
Wechselfeuchte Tropen 111, 120
Wehr 70, 95
Weicher Standortfaktor 187, 210, 380
Weltbank 373
Weltwirtschaft 242
Wendekreis 110, 148
Wertschöpfungskette 197, 248, 374
Westwindzone 36, 137
Wildbeutertum 105
Windkanter 72, 73
Windschliff 72, 132
Winterfeuchte Subtropen 105, 136, 139
Wirkungsgrad 170
Wirkungsschema 525
wirtschaftlicher Strukturwandel 164
Wirtschaftskreislauf 174
Wirtschaftsstruktur 164
Wohnwert 271
Wohunungspolitik 317
WTO (World Trade Organisation) 240, 242
Wurzelsprengung 68
Wüstensteppe 142, 144
Zenitalregen 112, 121
zentrale Orte 326
zentralörtliche Funktion 208, 216
Zentralraum 314
Zersiedelung 313
Zulieferer 199
Zweischichttonmineral 80, 112, 121
Zwischenraum 314
Zyklone 36, 40, 44, 45, 137, 154

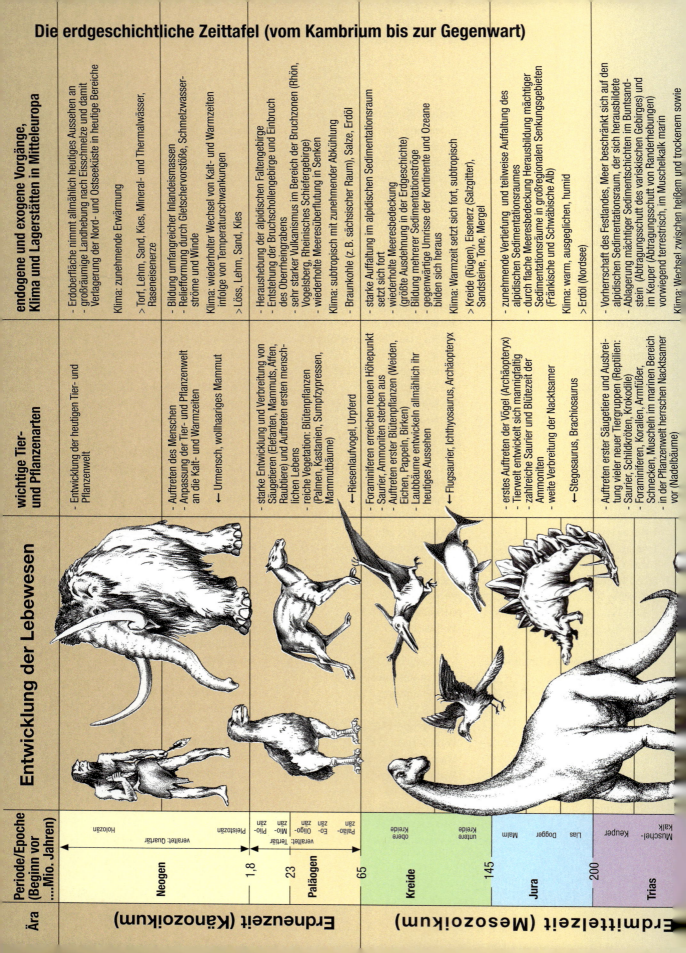

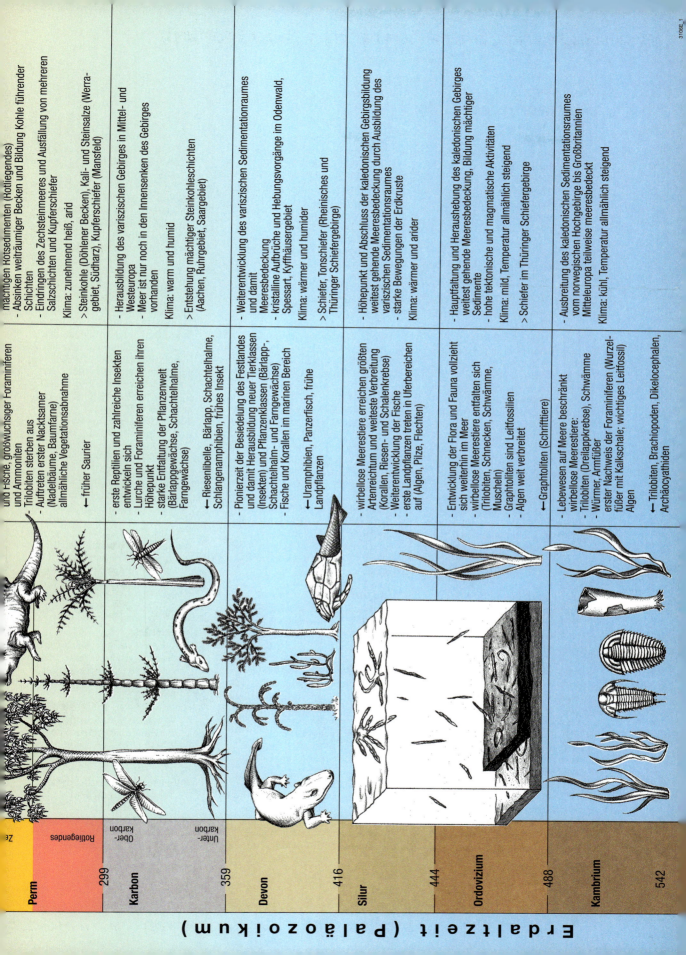

Literaturverzeichnis

Kapitel 1.1
Leser, Hartmut (Hg.): Diercke Wörterbuch Allgemeine Geographie. München 2005.
Leser, Hartmut (Hg.): Handbuch des Geographieunterrichts, Bd. 11: Umwelt – Geoökosysteme und Umweltschutz. Köln 1997.

Kapitel 1.2
Erdbeben. Geographie und Schule, Nr. 151/2004. Köln, Leipzig 2004.
Frisch, Wolfgang, Martin Meschede: Plattentektonik. Kontinentverschiebung und Gebirgsbildung. Darmstadt 2005.
Lithosphärenforschung. Geographie und Schule, Nr. 119/1999. Köln, Leipzig 1999.
Schmincke, Hans-Ulrich: Vulkanismus. Darmstadt 2000.
Vulkanismus. Geographie heute, Nr. 247/2007. Seelze 2007.

Kapitel 1.3
Gaede, Peter-Matthias (Hg.): Wetter und Klima. GEOkompakt, Nr. 9. Hamburg 2006.
Hupfer, Peter, Wilhelm Kuttler: Witterung und Klima. Stuttgart, Leipzig 2006.
Rahmstorf, Stefan, Hans-Joachim Schellnhuber: Der Klimawandel. München 2006.

Kapitel 1.4
Greenpeace (Hg.): Mehr Meer. Ein Vorschlag für Meeresschutzgebiete in Nord- und Ostsee. Hamburg 2004.
Leibundgut, Christian, Franz-Josef Kern: Die Wasserbilanz der Bundesrepublik Deutschland – Neue Ergebnisse aus dem Hydrologischen Atlas Deutschland. In: Petermanns Geographische Mitteilungen, Heft 6/2003, S. 6 ff.
Lozán, José Luis et al. (Hg.): Warnsignale aus Nordsee und Wattenmeer. Eine aktuelle Umweltbilanz. Hamburg 2003.
Sondergutachten des Rates von Sachverständigen für Umweltfragen: Meeresumweltschutz für Nord- und Ostsee. Drucksache 15/2626 vom 24.02.2004.

Wissenschaftlicher Beirat der Bundesregierung Globale Umweltveränderungen (WBGU): Welt im Wandel, Wege zu einem nachhaltigen Umgang mit Süßwasser. Jahresgutachten 1997.

Kapitel 1.5
Bauer, Jürgen et al.: Physische Geographie. Hannover 2001.
Harms, Heinrich et al.: Physische Geographie und Nachbarwissenschaften. München 1990.
Leser, Hartmut: Geomorphologie. Das Geographische Seminar. Braunschweig 1998
Schulz, Dietrich: Formung und Formen der Erdoberfläche. Eine Einführung in die Geomorphologie. Stuttgart, Dresden 1992.

Kapitel 1.6
Boden als Ressource. Geographie und Schule, Nr. 22/2000. Köln 2000.
Eitel, Bernhard: Bodengeographie. Das Geographische Seminar. Braunschweig 1999.
Hädrich, Friedhelm: Die Pedosphäre. In: Heinz Nolzen (Hg.): Handbuch des Geographieunterrichts, Bd. 10/II: Physische Geofaktoren, S. 48–111
Scheffer, Fritz, Paul Schachtschabel: Lehrbuch der Bodenkunde. Stuttgart 2002.

Kapitel 1.7
Liedtke, Herbert, Joachim Marcinek (Hg.): Physische Geographie Deutschlands. Gotha 1995.

Kapitel 2.1
Klohn, Werner, Hans-Wilhelm Windhorst: Physische Geographie – Böden, Vegetation, Landschaftsgürtel. Vechtaer Materialien zum Geographieunterricht, Heft 6. Vechta 2006.
Müller-Hohenstein, Klaus, Franz-Dieter Miotke: Die geoökologischen Zonen der Erde. In: Länder, Völker, Kontinente Band 1: Die Erde als Natur und Lebensraum. Gütersloh 1997.
Schultz, Jürgen: Handbuch der Ökozonen. UTB für Wissenschaft 8200. Stuttgart 2000.

Walter, Heinrich, Siegmar-W. Breckle: Vegetationen und Klimazonen. UTB für Wissenschaft 14. Stuttgart 1999.

Kapitel 2.2 bis 2.8
Blümel, Wolf Dieter: Physische Geographie der Polargebiete. Stuttgart 1999.
Degradation – Desertifikation. Petermanns Geographische Mitteilungen. Zeitschrift für Geo- und Umweltwissenschaften, Heft 4/2001. Gotha 2001.
Hofmeister, Burkhard: Die gemäßigte Breiten: besonders die kühlgemäßigten Waldländer. Das Geographische Seminar zonal. Braunschweig 1985.
Jahn, Reinhold: Die Böden der winterfeuchten Subtropen. In: Geographische Rundschau, Heft 10/2000, S. 28 ff
Klohn, Werner, Hans-Wilhelm Windhorst: Die Landwirtschaft der USA. Vechtaer Materialien zum Geographieunterricht, Heft 1. Vechta 2005.
Meyer, Günter: Toshka – Megaprojekt zur Eroberung der Wüste Ägyptens. In: Praxis Geographie, Heft 7-8/2001, S. 18–21
Ökologie der Tropen. Geographische Rundschau, Heft 1/1997. Braunschweig 1997.
Scholz, Ulrich: Die feuchten Tropen. Das Geographische Seminar. Braunschweig 1998.

Kapitel 3.1
Bundeszentrale für politische Bildung: Wirtschaft Heute. Schriftenreihe der Bundeszentrale für politische Bildung, Bd. 499. Bonn 2006.
Thurow, Lester: Die Zukunft der Weltwirtschaft. Schriftenreihe der Bundeszentrale für polit. Bildung, Bd. 468. Bonn 2004.

Kapitel 3.2
Wissenschaftlicher Beirat der Bundesregierung Globale Umweltveränderungen (Hg.): Welt im Wandel: Energiewende zur Nachhaltigkeit. Berlin, Heidelberg, New York 2003.

Wirtschaftsvereinigung Bergbau (Hg.): Das Bergbauhandbuch. Essen 1994.

Kapitel 3.3 / 3.4

Batheld, Harald, Johannes Glückler: Wirtschaftsgeographie. Stuttgart 2003.

Haas, Hans-Dieter, Simon-Martin Neumair: Wirtschaftsgeographie. Stuttgart 2007.

Kulke, Elmar: Wirtschaftsgeographie. Stuttgart 2004.

Schätzl, Ludwig: Wirtschaftsgeographie 1, Stuttgart, 2003. Sick, Wolf-Dieter: Agrargeographie. Das Geographische Seminar. Braunschweig 1997.

Kapitel 3.5 / 3.6

Bathelt, Harald, Johannes Glückler: Wirtschaftsgeographie, ökonomische Beziehungen in räumlicher Perspektive. Stuttgart 2002.

Häußermann, Hartmut, Walter Siebel: Dienstleistungsgesellschaften. Frankfurt a.M. 1995.

Großbritannien. Geographische Rundschau, Heft 05/2006. Braunschweig 2006.

Kulke, Elmar (Hg.): Wirtschaftsgeographie Deutschlands. Gotha 1998.

Kapitel 3.7

Steinecke, Albrecht: Tourismus. Eine geographische Einführung. Das geographische Seminar. Braunschweig 2006.

Kapitel 4

Backhaus, Norman: Zugänge zur Globalisierung – Konzepte, Prozesse, Visionen. Schriftenreihe Anthropogeographie Vol. 17. Zürich 1999.

Bundeszentrale für politische Bildung: Globalisierung. Informationen zur Politischen Bildung, Heft 280. Bonn 2003.

Gresh, Alain et al.: Atlas der Globalisierung. Le Monde diplomatique. Berlin 2006.

Schirato, Tony. & Webb, Jen: Understanding Globalization. London 2003.

Schirm, Stefan A. (Hg.): Globalisierung. Schriftenreihe der Bundeszentrale für politische Bildung, Bd. 609. Bonn 2007.

Stiglitz, Joseph: Die Chancen der Globalisierung. Bonn 2007.

Kapitel 5

Bähr, Jürgen, Ulrich Jürgens: Stadtgeographie II, Regionale Stadtgeographie. Das geogr. Seminar. Braunschweig 2005.

Fassmann, Heinz: Stadtgeographie I, Allgemeine Stadtgeographie. Das geographische Seminar. Braunschweig 2004.

Heineberg, Heinz: Grundriss Allgemeine Geographie: Stadtgeographie. Paderborn, München, Wien, Zürich 2000.

Institut für Länderkunde, Leipzig (Hg.): Nationalatlas Bundesrepublik Deutschland, Dörfer und Städte. Heidelberg, Berlin 2002.

Opaschowski, Horst W.: Besser leben – schöner wohnen? Leben in der Stadt der Zukunft. Schriftenreihe der Bundeszentrale für politische Bildung, Bd. 531. Bonn 2005.

Kapitel 6

Blotevogel, Hans H.: Neuorientierung der Raumordnungspolitik? Die neuen "Leitbilder und Handlungsstrategien für die Raumentwicklung in Deutschland" in der Diskussion. In: Raumforschung und Raumordnung, Heft 6/2006, S. 460–472

Grabski-Kieron, Ulrike: Raumforschung, Raumordnung und räumliche Planung in der Bundesrepublik Deutschland. In: Schenk, Winfried, Konrad Schliephake: Allgemeine Anthropogeographie. Gotha, 2005, S. 665-726

Maretzke, Steffen: Regionale Disparitäten - eine bleibende Herausforderung. In: Informationen zur Raumentwicklung, Heft 9/2006, S. 473-484

Priebs, Axel: Raumordnung und Raumentwicklung als Zukunftsaufgabe. In: Geographische Rundschau, Heft 3/2005, S. 4-9

Kapitel 7

Bundeszentrale für politische Bildung: Entwicklung und Entwicklungspolitik. Informationen zur Politischen Bildung, Heft 286. Bonn 2004.

Bundeszentrale für politische Bildung: Bevölkerungsentwicklung. Informationen zur Politischen Bildung, Heft 282. Bonn 2005.

Engelhard, Karl: Welt im Wandel. Grevenbroich, Stuttgart 2004.

Nuscheler, Franz: Lern- und Arbeitsbuch Entwicklungspolitik. Bonn 2006.

Sachs, Jeffrey D.: Das Ende der Armut. Schriftenreihe der Bundeszentrale für politische Bildung, Bd. 511. Bonn 2005.

Scholz, Fred: Entwicklungsländer. Braunschweig 2006

Kapitel 8.1

Diamond, Jared: Kollaps: Warum Gesellschaften überleben oder untergehen. Frankfurt a.M. 2005.

BUND/Misereor (Hg.): Zukunftsfähiges Deutschland. Basel 1997.

Ziegler, Jean: Wie kommt der Hunger in die Welt, ein Gespräch mit meinem Sohn. München 2002.

Kapitel 8.2

Bade, Klaus J.: Europa in Bewegung, Migration vom späten 18. Jahrhundert bis zur Gegenwart (Europa bauen). München 2000.

Schwelien, Michael: Das Boot ist voll, Europa zwischen Nächstenliebe und Selbstschutz. Hamburg 2004.

UNFPA, Bevölkerungsfonds der Vereinten Nationen (Hg.): Weltbevölkerungsbericht 2006, Der Weg der Hoffnung, Frauen und internationale Migration. Stuttgart 2006. [Herausgeber der deutschen Übersetzung: Deutsche Stiftung Weltbevölkerung]

Kapitel 8.3

Bundeszentrale für politische Bildung: Die Diskussion um Nachhaltigkeit. Politik und Zeitgeschichte, Nr. 31-32. Bonn 2002.

Wuppertal Institut (Hg.): Fair Future. Schriftenreihe der Bundeszentrale für politische Bildung, Bd. 533. Bonn 2006.

Kapitel 9.1

UNDP: Berichte über die menschliche Entwicklung. Berlin. (erscheinen jährlich, online unter www.undp.org)

Kapitel 9.2

Henningsen, Dierk: Einführung in die Geologie der Bundesrepublik Deutschland. Stuttgart 1986.
Institut für Länderkunde, Leipzig: Das vereinte Deutschland. Eine kleine Geographie. Leipzig 1992
Klohn, Werner, Hans-Wilhelm Windhorst: Die Landwirtschaft in Deutschland. Vechta 2001.
Pascher, Peter et al.: Agrimente 2006. Bonn 2006.

Kapitel 9.3

Bauer, Jürgen et al.: Europa im Wandel. Braunschweig 2006.
Bundeszentrale für politische Bildung: Europäische Union. Informationen zur politischen Bildung, Heft 279. Bonn 2006.
Bundeszentrale für politische Bildung: Europa. Politik und Zeitgeschichte, Nr. 10. Bonn 2007.
Europäische Union. Geographische Rundschau, Heft 3/2007. Braunschweig 2007.
Industrie in der EU. Geographische Rundschau 12/2005. Braunschweig 2005.
Klohn, Werner, Hans-Wilhelm Windhorst: Die Landwirtschaft in der Europäischen Union. Vechta 2006.

Kapitel 9.4

Bundeszentrale für politische Bildung. USA - Geschichte, Wirtschaft, Gesellschaft. Informationen zur politischen Bildung, Heft 268. Bonn 2004.
Gerhard, Ulrike: Global City Washington, D.C. Eine politische Stadtgeographie. Bielefeld 2007
Lösche, Peter, von Loeffelholz, Hans Dittrich (Hg.): Länderbericht USA. Schriftenreihe der Bundeszentrale für politische Bildung, Band 401. Bonn 2004.
Schneider- Sliwa, Rita: USA. Darmstadt 2005

Kapitel 9.5

Bundeszentrale für politische Bildung: Russland. Informationen zur politischen Bildung, Heft 281. Bonn 2003.
Bundeszentrale für politische Bildung: Russland. Politik und Zeitgeschichte, Nr. 11. Bonn 2006.

Höhmann, Hans-Hermann, Hans-Henning Schröder (Hg.): Russland unter neuer Führung. Politik, Wirtschaft und Gesellschaft am Beginn des 21. Jahrhunderts. Münster 2001.
Russland im Wachstumsrausch. Geographische Rundschau 12/2003. Braunschweig 2003.
Stadelbauer, Jörg: Die Nachfolgestaaten der Sowjetunion. Großraum zwischen Dauer und Wandel. Darmstadt 1996.

Kapitel 9.6

Feldhoff, Thomas: Bau-Lobbyismus in Japan. Institutionelle Grundlagen - Akteursnetzwerke - Raumwirksamkeit. Dortmund 2005.
Flüchter, Winfried: Georisikoraum Japan: Physiogene Verwundbarkeit und präventiver Katastrophenschutz. In: Glaser, Rüdiger, Klaus Kremb (Hg.): Planet Erde: Asien, S. 239-251
Hohn, Uta: Stadtplanung in Japan. Geschichte - Recht - Praxis - Theorie. Dortmund 2000.

Kapitel 9.7

Böhn, Dieter, Müller, Johannes: Volksrepublik China. Gotha, Stuttgart 1997.
Bundeszentrale für politische Bildung: China. Politik und Zeitgeschichte, Nr. 49. Bonn 2006.
China. Praxis Geographie, Heft 01/2005. Braunschweig 2005.
Heberer, Thomas, Taubmann, Wolfgang: Chinas ländliche Gesellschaft im Umbruch. Opladen, Wiesbaden 1998.
Staiger, Brunhild, Friedrich, Stefan, Schütte, Hans-Wilm (Hg.): Das große China-Lexikon. Darmstadt 2003.
Taubmann, Wolfgang: Binnenwanderung in der Volksrepublik China. In: Geographische Rundschau, Heft 06/2003. Braunschweig 2003.

Kapitel 9.8

Ihlau, Olaf: Weltmacht Indien. Die neue Herausforderung des Westens. Schriftenreihe der Bundeszentrale für politische Bildung, Bd. 558. Bonn 2006.
Indien. Geographische Rund-

schau, Heft 4/2008. Braunschweig 2008.
Neue Macht Indien. Das Parlament, Themenausgabe Nr. 32-33. Bonn 2006.
Stang, Friedrich: Indien. Geographie, Geschichte, Wirtschaft, Politik. WBG-Länderkunde. Darmstadt 2002.
Tharoor, Shashi: Eine kleine Geschichte Indiens. Schriftenreihe der Bundeszentrale für politische Bildung, Bd. 510. Bonn 2005.

Kapitel 9.9

Krings, Thomas: Sahelländer. Darmstadt 2006.
Lange, D.: Niger. In: Hofmeier, Rolf, Matthias Schönborn (Hg.): Politisches Lexikon Afrika. München 1985.
Scholz, Fred: Entwicklungsländer. Entwicklungspolitische Grundlagen und regionale Beispiele. Das Geographische Seminar. Braunschweig, 2006.

Fachzeitschriften, Schriftenreihen und Periodika
Zu den meisten Themen dieses Werkes sind in folgenden Fachzeitschriften, Schriftenreihen oder Periodika Aufsätze oder Themenhefte erschienen.

Fachzeitschriften
Geographische Rundschau
Praxis Geographie
geographie heute
Geographie und Schule

Schriftenreihe
Informationen zur politischen Bildung

Periodika
Der Fischer Weltalmanach aktuell
Globale Trends
Statistisches Jahrbuch Deutschland (auch im Internet unter: www.destatis.de)

Internetergänzung

Weiterführende Links zu den einzelnen Kapiteln finden Sie unter www.diercke.de.

Bildquellenverzeichnis

Agenda, Hamburg: 383 M2 (Boethling); akg images, Berlin: 179 M3; Allgemeine Klima-, Hydro und Vegetationsgeographie, Gotha, Leipzig: 41 M3 (Hendl, Jäger); Anders, U., Braunschweig: 86 M1; Arend, J., Wedel: 245 M2; Associated Press, Frankfurt/Main: 379 M2, 457 M4 (Kathy Willens); Astrofoto, Leichlingen: 260 M1; Baaske Cartoons, Mühlheim: 437 M6; Bähr, J., Altwittenbek: 297 M4; Berger, M., Braunschweig: 359 M3; Bildagentur Huber, Garmisch-Partenkirchen: 224 M1; Bildagentur-online, Burgkunstadt: 46 M1 (Gordon/Tips); Bilderberg, Hamburg: 470 M1 (Burkhard); Blickwinkel, Witten: 95 M3 (Welzel); Bulls Press, Frankfurt/Main: 351 M4; Bundesamt für Bauwesen und Raumordnung, Bonn: 315 M2, 317 M2 und M3, 318 M1, 330 M1; Bundesfamilienministerium, Berlin: 353 M4; Busching, Ludwigshafen: 168 M1; Caro, Berlin: 156 M2 (Bastian), 333 M2 rechts (Hechtenberg); Cartoon-Caricature-Contor/ www.c5.net: 341 M3 (Haitzinger), 345 M2 (Haitzinger), 373 M4 (Haitzinger), 401 M2 (Gottscheber), 402 M1 (Stauber), 437 M5 (Mester), 443 M4 (Haitzinger); Casterman S.A., B-Brüssel: 304 M1 (B. Peeters and F. Schuiten/"Les portes du possible"); Christoph & Friends/Das Fotoarchiv, Essen: 21 M3, 367 M2 (Christoph); Citè de la Crèation: 284 M2; Corbis, Düsseldorf: 67 M3 (Polking/Frank Lane Picture Agency), 98/99 (Ed Kashi), 123 M3 (DLILLC), 125 M2 (Taylor), 131 M3 (Bertrand), 133 M3 (Terres du Sud), 137 M3, 143 M3 (Everton), 147 M5, 179 M2 (Kowall), 213 M3 (Jagadeesh/Reuters), 220 M1 (Krecichwost), 408/409 mitte (Van Sant/zefa), 408/409 Bild 3 (Hamilton Smith), 444/445 M1 (Hamilton Smith), 460 M2 (Butow), 465 M3a (Conger), 465 M3b (Müller), 497 M5 (Reuters); Das Luftbild-Archiv, Wennigsen: 263 M4, 408.1, 412/413 M1; Deuter, W., Willich: 256 M2; Deutsche Forschungsgemeinschaft, Weinheim: 94 M1; DLR, Oberpfaffenhofen: 41 M1, 308/309; Emin/Cook, www.ersoyemin.com: 215 M3; FAZ, Frankfurt/Main: 46 M3 (Bearbeitung Sieber); Feldhof, T., Duisburg: 476 M1 u. M2; 478 M1, 479 M3, 483 M3, 484 M3; Focus, Hamburg: 115 M3; Foltin, E., Leverkusen: 425 M4; Frambach, T., Braunschweig: 257 M4; GeoContent GmbH, Magdeburg: 175 M2; Gerber, W., Leipzig: 68 M1, 70 M2, 72 M2; Gerhard, U., Würzburg: 460 M1; Gernandt, P., Göttingen: 83 M3 u. M4, Gerster, G., CH-Zürich: 13 M2, 147 M6; Gesellschaft für ökologische Forschung, München: 25 M2, 26 M3 (Grosse); Getty Images, München: 197 M2 (AFP), 455 M5 (Pugliano); Glaser, P., Berlin: 314 M1; Gnad, Oldenburg i. Holstein: 293 M2; Greenpeace, Hamburg: 117 M3; Greser & Lenz, Aschaffenburg: 418 M1; Heitefuß, D., Braunschweig: 263 M3; Henning, T., Marburg: 503 M4; Image Science & Analysis Laboratory, NASA Johnson Space Center, USA-Houston: 294 M1; Inkognito, Berlin: 284 M1 (Haderer); Ivenz, J.: 171 M2; Jürgens Ost- und Europa-Photo, Berlin: 144 M2; Klingsiek, G., Petershagen: 97 M2; KNA Pressebild, Frankfurt/Main: 338/339; KNMI/ESA: 31 M3; Kuntze, P.H.: Das Volksbuch unserer Kolonien, Leipzig: 370 M1; laif, Köln: 296 M1, 377 M6 (REA), 497 M7 (Sinopix); Landesarchiv, Berlin: 431 M6 oben, 431 M6 unten; Landesbildstelle Baden, Karlsruhe: 149 M3; Landesvermessungsamt Nordrhein-Westfalen, Bonn: 268 M2; Landesvermessungsamt Rheinland-Pfalz, Koblenz: 89 M3 (Ausschnitt aus der Satellitenbildkarte Rheinland-Pfalz/Saarland 1:250000, mit Genehmigung des LVA Nr. 116/96); Landschaftspark Duisburg-Nord: 189 M5 (Zielske); Latz, W., Linz: 57 M2, 138 M2, 233 M1, Lineair, NL-Amsterdam: 385 M2 (Schytte); LOOK, München: 488 M1 (Johaentges); Mager, Gengenbach: 87 M4, 102 M3; Marzinzik, J., Kiel: 256 M1; Menges, R., Hamburg: 277 M4; Mensing, R., Münster: 162/163 M1; Meteomedia AG, CH-Gais: 42 M1 u. M2, 42 M4; Metzger, G., Bielefeld: 67 M2; Meyer-Werft, Papenburg: 325 M5; Ministerium für ländliche Entwicklung, Potsdam: 88 M2; Mittenzwei, K., Berlin: 274 M1, 275 M2; Nachbarschaftsverband, Heidelberg-Mannheim: 319 M3; NASA, USA-Houston: 70 M1, 524 M1, 6/7 M1; Nebel, J., Muggensturm: 407 M2; Neumann, K., Gelsenkirchen: 408/409 Bild 7, 498/499 M1; Norman Backhaus, Zürich: 243 M2, 253 M3; NRSC Ltd., GB-Farnborough: 434/435 M1; Okapia, Frankfurt/Main: 39 M2 (Keith Kent/P. Arnold), 114 M2; Picture-alliance/dpa, Frankfurt/Main: 138 M1 (Fotoreport), 141 M5 (Handout), 166 M1 (Hackenberg), 234/235 M1 (Nietfeld), 240 M1 (UPPA Chinafotopress), 241 M4 (Kersey), 251 M2 (Photoreporters Code), 255 M6 (Hollemann), 288 M1, 292 M1, 361 M3 (Sabawoon), 455 M4 (Bratke), 466 M1; Projekt schrumpfende Städte, Berlin: 472 M1 (Peter Oswald); Rupprecht, H., Frankfurt/Main: 258/259; Sander, W., Leimbach: 405 M4; Schimanek, L., Herbolzheim: 473 M3; Scholz, F., Berlin: 57 M3; 384 M1; 409.8, 508/509 M1, 511 M3, 511 M4, 513 M3, 515 M3, 516 M1; Scymanska, F., Hamburg: 277 M3; Spiegel-Verlag, Hamburg: 157 M3 (Traufetter), 173 M1; Spotphoto, Lübbecke: 388/389 M1 (Priske); Stadelbauer, J., Freiburg: 466 M2, 466 M4; Stark, F., Dortmund: 349 M2; Statoil, N-Stavanger: 61 M5; Still Pictures, GB-London: 46 M2 (UNEP/Still Pictures); Thannheiser, D., Hamburg: 155 M4; Thüringer Ministerium für Bau und Verkehr, Erfurt: 327 M3; TransFair, Köln: 387 M2; transit, Leipzig: 490 M1 (Roetting); ullstein, Berlin: 408.6, 486/487 M1; vision photos, Berlin: 257 M3; Visum, Hamburg: 333 M2, 409.4, 462/463 M1 (Ludwig); Volkswagen AG, Wolfsburg: 204 M1; Wehrhahn, R., Kiel: 297 M5; Wildlife, Hamburg: 55 M3; Wilken, Thomas: 72 M1; Windhorst, Vechta: 453 M4; Windstoßer, P., Gesamtverband der Textilindustrie, Eschborn: 184 M1; Wings Photo Enterprise, Tokio: 408.5, 474/475 M1; Wirtschaftsförderung Sachsen: 203 M6, Wostok, Berlin: 466 M1.

Hinweis: Für den Fall, dass berechtigte Ansprüche von Rechteinhabern unbeabsichtigt nicht berücksichtigt wurden, sichert der Verlag die Vergütung im Rahmen der üblichen Vereinbarungen zu.

Inhalt CD-ROM

Klima - Darstellung, Klassifikation, Messung
• Klimadiagramme beschreiben; so messen Profis Klima und Wetter; Wetter, Witterung und Klima; Aridität und Humidität; kontinentales und maritimes Klima; Klimadiagramme zwischen Pol und Äquator; Klimaklassifikation nach Köppen/Geiger (zu Kap. 1.3)

Wasser - Qualität und Wirkung
• Von der Quelle zur Mündung; Saprobienindex – wie funktioniert's?; Bestimmungsübung am Bach; Arbeiten im Labor; Stickstoffkreislauf; Stickstoffmessung: Ein Schnelltest für Nitrit; Sauerstoffmessung; PH-Wert: Messung des pH-Wertes; wie funktioniert der pH-Indikator?; Ein Schnelltest für Phosphat (zu Kap. 1.4)
• Delta; Entstehung eines Altarms; vom Felsblock zum Kiesel; Entstehung von Talformen; Hochwasser. (zu Kap. 1.5)
• Verschmutztes Wasser unter dem Mikroskop (zu Kap. 1.4)
• Der gebändigte Fluss (zu Kap. 1.4, 1.5)
• Wasserkreislauf (zu Kap. 1.3, 1.4)
• Leitorganismen (Saprobienindex) (zu Kap. 1.4)

Grundlagen der Plattentektonik
• Unruhiger Planet; Erde im Wandel?; Alter des Atlantiks; Konvektion - die treibende Kraft; dynamische Plattengrenzen; Kontinentaldrift; Zukunft der Erde; Plattengrenzen und Driftraten; Black Smoker; Mittelatlantischer Rücken; Mittelozeanische Rücken weltweit; Aufbau des Erdmantels; Vulkanismus; Querschnitt durch die Erde (zu Kap. 1.2)

Stadt - funktionale Gliederung
• Einzelhandelsstruktur (zu Kap. 3.5, 3.6)
• GIS – was ist das? (zu Kap. 10)
• München – Innenstadtnutzung; Passagen – die Stadt in der Stadt; Düsseldorf – funktionale Gliederung; Regensburg – Altstadtsanierung; Hannover als Dienstleistungsstandort; Hamburg – Tag- und Nachtbevölkerung; Westerland/Sylt – Fremdenverkehr; Dortmund – Wandel eines Stadtkerns; Lindau am Bodensee (zu Kap. 3.5, 3.6, 5)

Methode - Arbeit mit Diagrammen
• Bevölkerungspyramiden im Wandel (zu Kap. 7.3); zwischen Illusion und Wirklichkeit; Manipulation leichtgemacht.;Daten kritisch hinterfragt (zu Kap. 10); zeichnen Sie selbst ein Klimadiagramm (zu Kap. 1.2)

Geowissenschaften - Dimensionen und Berufsfelder
• Panorama: Geo im Alltag; Dimension der Geowissenschaften; Berufsbilder; Von der Schule zum Beruf; Geowissenschaften studieren: Master – Bachelor; Übersicht Infoquellen; Eignungstest

Tools
• Erstellen eines Klimadiagramms – Klimatool (zu Kap. 1.3)
• Klimadiagramm-Datenbank mit Möglichkeit, eigene Daten einzupflegen
• Gewässeruntersuchung – Gewässeruntersuchungstool (zu Kap. 1.4)
• Tool zur Durchführung einer Gewässeruntersuchung inklusive Berechnung des Saprobienindex
• Erstellen eines Wirkungsgefüges – Wirkungsgefügetool (zu Kap. 10)

GIS-Datenbausteine
Für die GIS-Projekte ist der ArcExplorer von ESRI und der Spatial Commander von GDV auf der CD-ROM zur Installation vorhanden. Alternativ lassen sich die Projekte auch mit dem DierckeGIS öffnen.
• Welt (Human & Gender Development Index (HDI/GDI))
• Europa (EU-Regionen im Vergleich)
• Deutschland (deutsche Regionen im Vergleich)
• Berlin/Brandenburg (Bevölkerungsentwicklung und Ausländer)

Hinweis: Bei Verlust der CD können Sie diese unter Angabe der Nummer 938.202 über unseren Bestellservice, telefonisch (0 18 05) 21 31 00 (0,14 Euro aus dem deutschen Festnetz) oder per Fax (05 31) 70 85 88, nachbestellen.